【제6판】

사회복지정책론

박경일

KNOWLEDGE COMMUNITY 공동체

머리말

그동안 사회복지정책을 공부하고 가르치면서 25년 이상의 세월이 훌쩍 지나가버린 것 같다. 책을 쓰면서 늘 혼자 쓴다는 게 자신이 없고 그저 부족한 마음뿐이었다. 그래서 은사님이나 동료교수나 후배교수들과 함께 하면서 그 부족한 마음을 메우고, 어쩌면 책임감의 분산으로 자신의 일천함을 위안 삼았는지 모른다.

필자의 박사학위 논문은 가족수당정책의 형성과 발달이다. 그래서 학문적 관점은 늘 정책의 바탕에서 사회복지를 바라보고 생각하고 있다.

사회복지정책을 강의하면서 다른 훌륭한 교수님들의 신간 서적을 학생들에게 소개하고 가르치면서도 늘 평소 사회복지정책을 써야겠다고 마음먹고 있었다. 그리하여 틈틈이 방학 때면 외국 자료를 번역하기도 하고 늘 새해에는 정부 정책 자료를 검토하여 홈페이지에 올려놓고 학생들에게 보여주기도 하며 국내의 훌륭한 사회복지정책 서적들을 비교 검토도 하였다. 3년 전부터 『사회복지정책 강의』를 써야지 하면서 매번 조금씩 시도는 했었지만 필자의 능력 부족과 게으름의 소치로 차일피일 미루어 오다가 이번에 초안이 만들어지게 되었다. 작년 1년간 학생들과 초안의 문제점을 분석하고 기존의 서적들과 비교 검토하여 후학들에게 조금이나마 도움이 될 수 있는 『사회복지정책론』을 쓰고 싶은 것이 필자의 바람이자 욕심이다.

그리하여 본 저서는 크게 5부로 구성하였다. 제1부는 총론으로서 사회복지정책의 개념과 구성체계, 정책의 가치와 이념적 모형, 사회복지정책의 발달이론, 복지국가와 복지사회 등을 다루었다. 제2부는 정책선택의 기로라는 관점에서 필자의 학문적 연구방법으로서 6W 2H(5W에서 for Whom을 추가하여 6W로 How는 How much와 How many로 구분하여 2H로 함)의 접근방법을 사용하였다. 즉, 사회복지정책의 대상과 급여, 공급주체와 전달체계와 재원조달을 어떻게 선택할 것인가에 따라 국가나 지방자치단체의 복지유형과 수준은 차이가 있을 것이다.

사실 1부와 2부는 10년 전부터 필자가 "사회복지정책 분석도"라는 타이틀로 한 장의 그림을 그려 학생들에게 그동안 소개해 오던 것이었다. 이 분석도는 1부의 간지에서 사용하고 있다. 처음에는 어려운 사회복지정책을 학생들에게 전체적으로 한눈에 알기 쉽게 보여주기 위해 그렸던 것인데 이 분석도가 필자가 바라보는 사회복지정책의 주된 학습내용이다. 제3부는 정책형성과정과 분석을 다루었고 특히 저자의 박사학위 논문에서 사용한 가족수당정책 분석틀을 3부 간지에서 제시하고 다양한 학자들의 정책분석틀을 소개하고 있다. 제4부는 사회복지정책이 정책가치와 이념을 바탕으로 형성되고 선택되어 현재 국민들을 위하여 집행되고 있는 것을 제도론으로 정리하여 각 분야별 사회복지정책을 서술하였다. 그런데 기존의 사회보장 구성체계별로 서술하였지만 세부적인 내용을 생략하고 1급 시험에서 다루어질 수 있는 현행 사회보험제도들을 각 체계도라는 이름으로 간단히 요약해 놓았다. 이것은 우리 학생들의 도움으로서 필자가 일부 수정한 것이다. 그리고 사회복지서비스 분야는 최근에 제도화되었거나 우리 사회에서 반향을 불러일으키고 있는 정책문제나 제도 및 서비스들을 주로 보건복지부나 대통령 자문위원회의 발간자료들을 기초로 간략히 서술하였다.

마지막 제5부는 발전론으로서 사회복지정책이 나아가야 할 방향성 검토나 현재 사회복지학의 패러다임 모색을 위한 정책전망과 방향을 언급하였다. 즉, 사회적 배제, 사회자본, 제3의 길, 복지거버넌스, 파트너십 등이다.

필자가 5부로서 서술한 이유는 사회복지정책이란 1부의 이념과 목표에 따라 2부의 정책기준을 선택하고, 이 선택에 따라 3부의 정책형성이 이루어지고 4부의 제도화에서 정책이 만들어지고 집행된다. 그리고 이 제도화는 3부의 정책분석과 평가를 거쳐 개혁하고 그러한 개혁이 올바른 방향으로 나아가기 위해 제5부의 발전론에서 다양한 대안과 방향들이 검토되고 있다고 판단했기 때문이다. 아울러 저자는 사회복지사 1급 시험에 대비하기 위하여 기출간된 사회복지정책론들의 내용을 간략하나마 소개하고자 노력하였고, 본문의 중간 중간에 시험에 출제될 수 있는 중요한 내용들을 요약하여 독자들이 요점정리할 수 있도록 Box처리하였다. 또한 1급 시험에서 문제로서 언급될 수 있는 것들을 측면 여백에 key word식으로 처리하여 시험대비시 중점적으로 공부해야 할 사회복지정책 내용을 강조하였다.

오늘이 있기까지 내가 대학 강단에 설 수 있도록 늘 격려하고 정신적 지주가 되어주신 부산대학교 류기형 교수님을 위시한 은사님들, 또한 동국대 부임 초창기 많은 학문적 토론과 시간을 함께 한 김용택 교수님을 위시한 동료 교수님들과 후배 교수님들에게도 이 지면을 빌려 고마움을 표한다. 아울러 한결같이 하늘에서 염하시중의 미소로 지켜보고 계시는 아버님과 형님, 내가 학문의 길로 갈 수 있도록 뒤에서 늘 커다란 버팀목이 되어 준 어머님, 말없이 지지해 주고 언제나 한결같은 마음으로 내조를 해준 사랑하는 아내, 나의 희망이면서 언제나 착하고 복스럽고 건강한 지영이와 준언이, 그리고 어려울 때마다 용기를 불어 넣어주고 넉넉한 울이 되고 있는 누나들과 형수, 조카들에게도 고마움을 표한다. 또한 학내외의 즐겁고 어려운 일들로 가슴앓이를 할 때나 힘들 때에 학문적 열정과 학생들에 대한 애정이 식지 않도록 늘 긍정적 이야기와 지지를 보여주었던 나의 제자들에게도 고마움을 표한다.

끝으로 사회복지 각 분야별 서적을 중점적으로 출판하여 한국 사회복지 발전에 큰 기여를 하고 있으면서 본 서의 출간을 기꺼이 맡아 주신 공동체의 김동훈 사장님과 직원 여러분에게도 깊은 감사를 드린다.

2007년 2월

온방골 普潤齊에서

박경일

개정증보판 발행에 즈음하여...

2007년 『사회복지정책론』의 초판이 출간되고 난 후 5년이라는 시간이 흘렀습니다. 그 동안 우리나라의 복지환경은 급속도로 변화되었고 사회복지정책 또한 새롭게 기획되거나 다양하게 변경되었습니다.

본 개정증보판은 이러한 변화에 입각하여 새로운 사회복지정책이론과 변경된 사회복지정책들을 독자들이 보다 쉽게 이해하고 강의할 수 있도록 개정증보하고자 노력하였습니다. 본 개정증보판에서는 가능한 한 최신 사회복지정책 관련 통계와 자료를 수록하고자 노력하였으며, 최근 정부의 보건복지정책 변화와 동향을 기술하고자 노력하였습니다. 특히 제4부 14장에서는 초판에서 서술한 대상 분야별 사회복지정책 대신에 최근에 강조되고 있는 사회서비스정책을 요약정리하여 바우처사업과 사회서비스 일자리정책을 추가하였습니다. 그리고 사회복지정책의 중요한 용어와 1급 시험에서 출제될 수 있다고 생각되는 주제들은 측면 여백에 정리해 놓았습니다. 또한 현실적인 수업분량과 강의시간에 부합하고자 본 서의 내용을 축소하여 한 학기 교재분량에 적절하도록 구성하였습니다.

그동안 많은 교수님과 학생 및 독자 여러분들의 성원과 지도편달에 거듭 감사드리며, 본 서의 수정보완을 위해 수고한 동국대 오승환, 권진아 선생님과 또한 본 서의 출간을 기꺼이 맡아 주신 공동체의 김동훈 사장님과 직원 여러분에게도 이 지면을 빌어 고마움을 표합니다. 아울러 본 서를 애용하는 많은 독자들이 사회복지정책에 대한 체계적인 이해와 학문적 관점을 정립할 수 있도록 저자는 계속적으로 수정·보완해 나갈 것을 약속드립니다.

2013년 3월

온방골 普潤齋에서

박 경 일

4판 개정판 머리말

저자는 2007년 『사회복지정책론』의 초판이 출간되고 난 후 5년 뒤 개정증보판을 출간하였습니다. 주지하다시피 개정증보판을 출간하고 난 뒤 불과 2년이라는 시간이 흘렀지만, 우리나라의 복지환경은 여전히 빠르게 변화되고 있으며 사회복지정책 또한 새로운 제도가 생겨나거나 기존 제도의 정책기준이나 급여수준이 변경되었습니다.

본 4판 인쇄 개정판은 이러한 변화에 입각하여 새롭게 변경된 사회복지정책의 기준과 급여수준, 전달체계의 트렌드 등을 독자들이 보다 빨리 이해하고 강의할 수 있도록 개정하고자 노력하였습니다. 본 4판 개정판에서는 가능한 한 최신 사회복지정책 관련 통계와 자료를 수록하고자 노력하였으며, 최근 정부의 보건복지정책 변화와 동향을 기술하고자 노력하였습니다. 특히 국민기초생활보장제도의 선정기준이 2015년 7월부터 최저생계비 기준에서 중위소득 기준으로 변경되었으며 노인장기요양보험제도의 등급판정기준이 3등급에 5등급으로 확대되었고 사회서비스정책 내 바우처사업의 변화 등을 현 상황에 맞추어 수정하였습니다. 아울러 복지거버넌스의 개념이 국가거버넌스에서 지방거버넌스로, 최근에는 동네거버넌스로 그 중심점이 옮겨가고 있으므로 동 주민자치센터의 복지허브화를 꾀하고자 하는 전달체계의 변화트렌드도 소개하였습니다.

그동안 많은 교수님과 학생 및 독자 여러분들의 성원과 지도편달에 거듭 감사드리며, 본 서의 출간을 기꺼이 맡아 주신 공동체의 김동훈 사장님과 직원 여러분들, 특히 4판 개정에서 전체적으로 꼼꼼히 교정을 보아준 편집부장님에게 이 지면을 빌어 고마움을 표합니다. 아울러 본 서를 애용하는 많은 독자들이 사회복지정책에 대한 체계적인 이해와 책 표지의 그림과 제1부 총론의 사회복지정책분석도를 통해 저자가 가지고 있는 학문적 관점을 정립할 수 있도록 저자는 계속적으로 수정·보완해 나갈 것을 약속드립니다.

2016년 2월

온방골 普潤齊에서

박경일

5판 개정증보판 발간에 즈음하여...

2007년 『사회복지정책론』의 초판이 출간되고 난 후 어언 13년이라는 시간이 지났습니다. 지금까지 저자는 4번에 걸쳐 사회복지정책론을 개정하고 보충하였습니다만, 여전히 새롭게 변화된 정책과 도입된 제도들로 말미암아 저자는 2019년 연구년 동안 사회복지정책론을 수정·보완하여 본 5판 개정증보판을 발간하였습니다.

본 5판 개정증보판은 이러한 복지정책의 동향과 변화에 입각하여 가능한 한 최신 사회복지정책 관련 통계와 자료를 수록하고자 노력하였습니다. 구체적으로 살펴보면, 최근 정부의 아동수당 도입과 근로소득세 및 기초노령연금의 인상, 제2차 사회보장계획, 제3차 저출산·고령사회 기본계획(브릿지 플랜), 사회적 기업 등 일자리 정책의 변화와 맞춤형 복지로서 전달체계의 변화와 긴급복지지원제도, 한국형 실업부조제도, 포용적 복지 등 최신 보건복지정책의 변화와 동향을 기술하였습니다. 특히 본 5판 개정증보판에서는 그동안 정책학이나 행정론에서 이슈화되고 있는 정책 이론을 소개하고 그에 적합한 정책사례들을 수록하고자 노력하였습니다. 그리하여 기본소득에 대한 동향과 증거기반정책 이론과 사례, 정책발달 이론에서 이익집단 이론, 사회적 위험의 개념 변화, 복지국가의 유형화로서 중복지-중부담, 제3섹터의 기여와 문제점, 사회적 경제와 사회성과보상사업의 동향과 사례, 제4차 산업혁명에 따른 사회복지정책의 대응과 복지기술, 공유복지의 개념, 그리고 생태복지의 개념 등을 새롭게 소개하고자 노력하였습니다.

그동안 많은 교수님과 학생 및 독자 여러분들의 성원과 지도편달에 거듭 감사드리며, 본 개정증보판의 출간을 기꺼이 맡아주신 공동체의 김동훈 사장님과 직원 여러분들, 그리고 5판 전체적으로 꼼꼼히 교정을 보아준 김민지 팀장님에게도 이 지면을 빌어 고마움을 표합니다. 아울러 저자가 생각하는 사회복지정책의 상징적 표현으로서 책 표지의 그림과 색채는 초판 발행 때부터 사용하던 것을 지금까지 그대로 사용하였습니다. 또한 저자는 제1~5부의 간지에서 각 부의 총괄적 의미를 전달하기 위해 그림이나 퀴즈를 사용하였습니다. 특히 제1부 총론의 사회복지정책 분석도는 저자가 학부 때부터 공부하면서 고민한 사회복지정책학에 대한 학문적 관점을 학생들에게 쉽게 이해시키기 위해 체계도로 정리해 본 것입니다. 비록 사회복지정책에서 공부해야 할 내용 전체를 다 담아내지는 못했지만, 숲을 보고 나무를 이해하는 데 도움을 주고자 한 노력의 결실입니다.

특히 제1부 총론의 사회복지정책분석도는 저자가 학부 때부터 공부하면서 고민한 사회복지정책학에 대한 학문적 관점을 학생들에게 쉽게 이해시키기 위해 체계도로 정리해 본 것입니다. 또한 제3부 정책형성과 분석의 간지에서는 저의 박사학위 논문 "가족수당정책의 형성과 발달에 관한 연구-한국 가족수당정책의 수립방향 모색(1995)"에서 사용한 정책형성 과정과 분석틀을 소개해 놓은 것입니다. 비록 사회복지정책에서 공부해야 할 내용 전체를 다 담아내지는 못했지만, 각 부의 간지에 소개한 체계도와 그림들은 숲을 보고 나무를 이해하는 데 도움을 주고자 한 노력의 결실입니다.

2020년 3월

온방골 普潤齊에서

박경일

차 례

제 4 부 제 도 화

제1부 총 론

사회복지정책 분석도

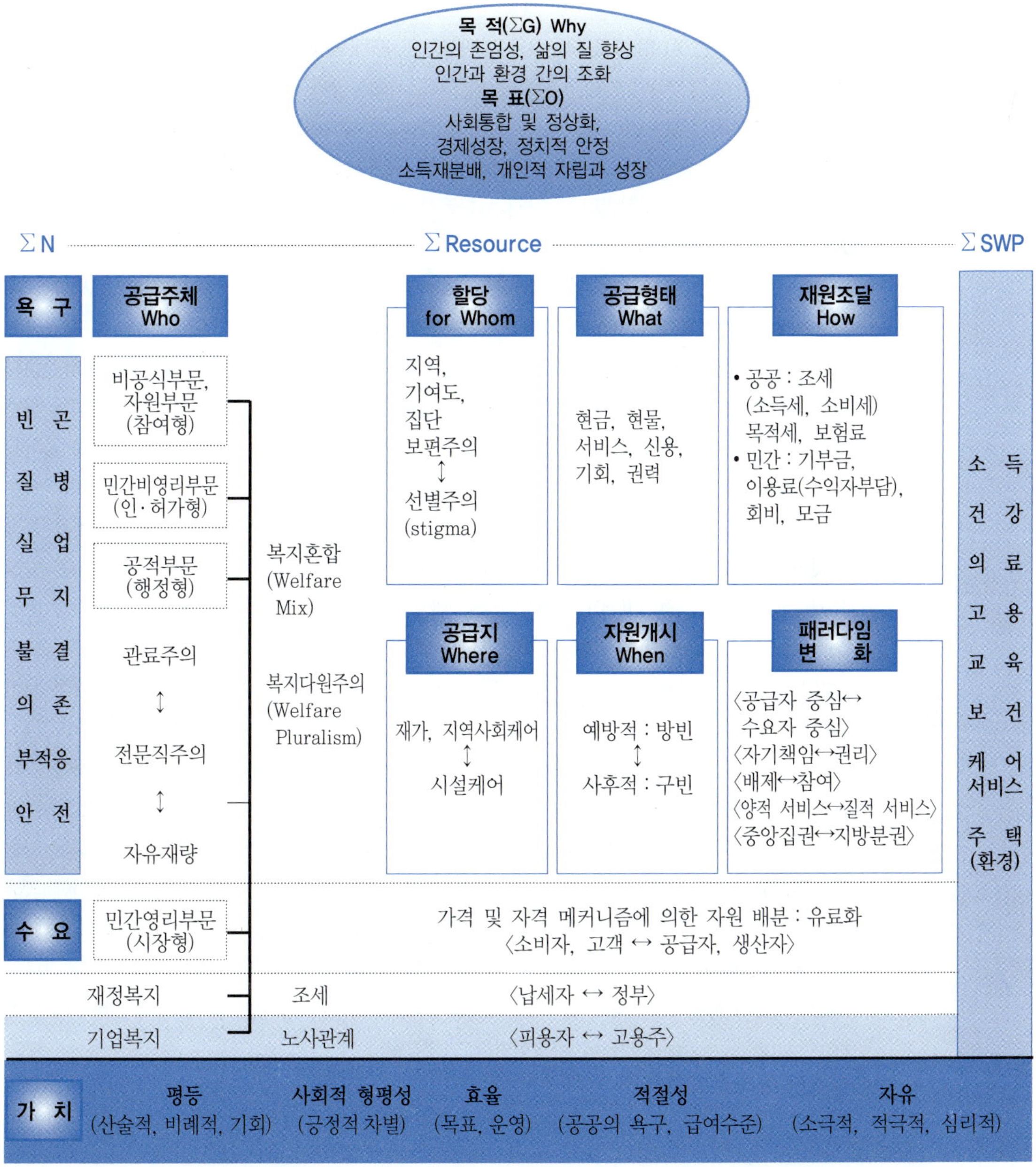

그동안 사회복지를 배우고 가르치면서, 저자는 '학생들이 사회복지정책을 체계적이고 통합적으로 이해할 수 있는 분석틀은 없을까?' 하는 의문을 품고 있었다. 그리하여 10여 년 전부터 나름대로 사회복지정책의 큰 그림(숲)으로서 사회복지정책 분석도라는 틀을 만들어 학생들에게 가르쳐 왔다.

저자가 생각하는 사회복지정책은 사회복지정책의 가치(평등, 형평성, 효율, 적절성, 자유)에 입각하여 인간의 존엄성이나 인간과 환경 간의 조화, 사회통합과 정상화라는 목표를 달성해 나가는 것이다. 사회복지정책은 이러한 가치들 가운데 정책결정자나 국민들이 혹은 지역사회가 어떤 가치를 더 선호하고 중요하다고 결정하느냐에 따라, 국가에 따라서 지방에 따라서 시대에 따라서 그 모습은 달라진다고 생각한다. 따라서 사회복지정책은 당연히 가치개입적인 정책이라고 할 수 있다.

보다 구체적으로 본 분석틀을 설명하면, 사회복지정책은 인간의 욕구(ΣN : 기본적·사회적 욕구)에 대해서 국가와 지역사회가 가지고 있는 인적·물적·사회적 자원(ΣResource)을 활용하여 이러한 욕구들을 충족시켜 주기 위한 정부나 공·사적 기관들의 지속적인 계획이며, 의사결정의 지침이며, 행동의 선택이라고 생각한다. 이러한 계획을 짜고, 의사결정을 내리고 행동선택을 하는 데에는 여러 가지의 정책기준과 방법이 있을 것이다. 이러한 정책기준과 방법을 분류함에 있어서 저자는 6W2H를 사용해 왔다. 즉, 6W는 Who, When, Where, What, Why, for Whom이며, 2H는 How를 How many와 How much로 구분한다. 본 사회복지정책 분석도에서는 누가 자원을 공급할 것인가, 사회복지정책의 공급형태로서 어떤 자원(무엇)을 제공할 것이며, 누구에게 어떤 방식과 기준으로 제공할 것이며, 어디에서 자원을 제공할 것이며, 언제 자원을 제공할 것인가를 분석기준으로 삼는다. 그리하여 오늘날 사회복지정책의 패러다임은 공급자 중심에서 수요자 중심으로 변화되고 있고, 사회복지는 권리의 개념이 강조되고 있으며, 참여에 의한 복지공급과 양적 서비스에서 질적 서비스의 중시, 중앙집권에서 지방분권으로 그 비중이 옮겨가고 있는 경향이다.

Titmuss는 사회정책의 구성으로서 사회복지뿐만 아니라 재정복지, 기업복지도 포함해야 한다고 하였다. 또한 사회복지를 공급하는 주체가 국가나 지방자치단체와 같은 공적부문(행정형)뿐만 아니라 참여형으로서 가족, 친구, 이웃, 직장동료와 같은 비공식부문과 자원봉사조직과 같은 자원부문 그리고 사회복지법인과 같은 민간비영리부문(인·허가형)뿐만 아니라 시장의 유료화에 의해 제공되는 민간영리부문, 또한 기업이나 종교단체 등도 복지를 공급한다는 복지혼합(welfare mix) 혹은 복지다원주의(welfare pluralism)가 오늘날 주장되고 있다. 아울러 복지 공급주체가 관료주의화될 것인지 자유재량주의로 될 것인지를 둘러싸고 양극단보다 사회복지정책의 공급주체는 전문직주의(professionalism)가 더 바람직하다고 생각된다.

CHAPTER 01

사회복지정책의 개념 및 구성체계

제 1 절 사회복지정책의 개념

사회복지정책이란 '사회복지'라는 단어와 '정책'이라는 단어가 합성된 용어이다. 따라서 먼저 사회복지의 의미와 정책의 의미를 살펴보고 이 둘을 합한 사회복지정책의 의미와 개념들을 살펴보고자 한다.

1. 사회복지의 어의적 의미

'사회복지'라는 어휘는 '사회적(social)'이라는 형용사와 '복지(welfare)'라는 명사의 두 단어가 합쳐져서 만들어진 복합명사이며, 어원은 'social welfare'라는 영어이다. 'social'이란 'society'라는 명사에서 파생된 용어이다.

영어의 'welfare'라는 뜻은 'well'과 'fare'의 복합명사로서 '평안히 잘 지내는 상태'를 의미한다. 즉, 영어의 의미는 well + fare로서 만족스러운 상태(satisfactory state), 건강과 번영(health and prosperity), 행복(복락, well-being)의 의미로 사용되고 있다. 독일어의 경우는 'Wholfahrt'로서 '행복(Whol)'과 '가다(fahren)(명사 die Fahrt)'의 복합명사로서 행복한 상태로 가기 위한 노력으로 볼 수 있다(박경일 외, 2003).

한편 여기에 'social'이라는 형용사를 붙이면 '사회적으로 행복한 생활 상태'를 뜻하게 된다. 즉, 개인의 행복만을 추구하는 것뿐만 아니라 사회 구성원 모두의 행복을 추구하기 위한 노력을 의미하는 것이다. 이러한 점에서 '사회적'이라는 단어는 사회복지를 누가 하는가라는 주체와 사회 구성원 모두가 함께 복지를 향유한다는 대상과 어떻게 할 것인가라는 방법과 연관성을 지니게 되며, 다음과 같은 세 가지의 뜻을 지니게 된다. 첫 번째는 사회복지의 주체로서 복지를 누리지 못하고 있는 사람들에게 복지의 상태로 전환시키기 위한 노력을 전체 사회 구성원 모두가 함께 한다는, 즉 개인적 차원이 아닌 사회연대적 차원의 활동이라는 의미를 가지고 있다. 두 번째의 사회적이라는 의미는 사회복지의 대상으로서 나 혼자만 행복(well-being)해지는 것이 아니라 사회 구성원 모두 함께 행복하게 살아간다는 의미를 지니고 있다. 세 번째의 사회적 의미는 경제적(economic) 의미와 대비되는 것이다. 즉, 복지활동의 동기가 이윤 추구와 같은 경제적 동기가 아니라 상부상조 또는 이타주의와 같은 사회적 동기라는 의미이다.

이러한 단어의 뜻을 종합해 볼 때 사회복지란 누구나 행복을 누릴 권리와 존엄성이 있다는 이상과 'fare', '살아가다'라는 동사(動詞)가 말해주듯이 그 이상을 지향하는 실천상태, 즉 구체적 제도나 서비스는 사회 구성원의 집합적 활동에 이루어져야 한다는 것이다. 아울러 여기서의 행복은 비단 경제적인 풍요만을 뜻하는 것은 아니고 신체적·심리적·지적·정신적 발달의 기회를 누구나 가질 수 있는 상태도 함께 의미하는 것이다.

2. 정책의 의미와 정의

1) 정책의 의미

사회복지가 무엇인가에 관한 논의는 위에서 언급하였기 때문에 여기서는 정책에 관한 논의를 하고자 한다. 정책(policy)이라는 의미는 'police'라는 그리스어에서 파생된 것이다. police의 원래 의미는 도시국가를 뜻한다. 이후 라틴어와 만나면서 'politia'라는 의미로 변화되었으며, 중세에 이르러 '공공문제의 처리' 또는 정부의 행정관리를 뜻하는 'police'라는 의미로 변화되었다(Dunn, 1981 : 7-8). 따라서 어원적으로 볼 때, 정책이라는 의미에는 도시국가(police), 경찰(police), 정치(politics)와 같은 의미가 내포되어 있다. 이것은 곧 정책이 정치의 영역에 속하는 것임을 말해주고 있다. 정치가 국가 또는 정부의 활동이라는 점에서 정책 역시 국가나 정부의 활동이라 할 수 있다(최봉기, 2004 : 91). 그러나 정책의 개념은 정책의 종류, 정책의 기능, 정책연구자의 관점이나 연구목적에 따라 다양하다.

Hogwood와 Gunn(1984 : 13-19)은 정책이라는 단어는 서로 다른 의미로 사용되고 있다고 주장하면서 학생들이 스스로 쉽게 시도해 볼 수 있는 간단한 방법을 제시하였다. 즉, 그들은 학생들이 일주일 정도 신문을 조사하여 정책이라는 단어가 얼마나 자주 그리고 어떻게 서로 다른 맥락에서 나타나고 있는지를 주목해 보면 잘 알 수 있다고 하였다. 그는 매스미디어에서 사용되고 있는 다양한 의미의 정책이라는 용어를 열 가지의 의미로 범주화해 볼 수 있다고 하였다. 본 서에서는 다음 일곱 가지로 구분하여 살펴보고자 한다.

첫째, 활동분야의 명칭으로서 정책이다. 즉, 정부의 경제정책, 사회복지정책, 외교정책, 주택정책 등과 같은 지칭들로서 정부의 활동과 개입분야로서 정책이 사용되고 있음을 알 수 있다.

둘째, 일반적인 목적 혹은 바람직한 상황에 대한 표현으로서 정책이다. 예를 들어, 김영삼 대통령의 문민정부는 '삶의 질의 세계화'를 표방하였고, 김대중 대통령의 국민의 정부는 '생산적 복지'를 표방하였으며, 노무현 대통령의 참여정부는 '참여복지'를 표방하였고, 이명박 대통령의 실용정부는 '능동적 복지'를 표방하였다. 박근혜 대통령의 신뢰받는 정부는 '맞춤형 고용·복지'를 표방하였다. 문재인 대통령은 취임 초기 국민의 나라라는 슬로건으로 '포용적 복지국가'에서 최근 '혁신적 포용국가'로 변화되었다. 윤석열 정부는 여타 정권에서처럼 복지슬로건을 내걸고 있지 않지만, 취임후 6대 국정목표에서 따뜻한 동행, 모두가 행복한 사회(2022.7)를 제시하고 있다. 최근에는 복지국가 전략으로서 '지속가능한 복지국가' 비전 아래 '약자 복지','서비스 복지','복지 재정 혁신'을 중점 추진한다는 내용을 담고 있다.

셋째, 특정한 제안으로서 정책이다. 신문을 조사하면서 종종 발견하게 되는 것이 정부가 시도하는 특정한 활동에 관한 진술인데, 예를 들어 종합적인 장애인 일자리 지원대책으로서 'Able 2010'(2006. 2), 저출산·고령사회위원회(2006. 7)의 '새로마지 플랜 2010', 정부(2006. 8)의 '비전 2030-함께 가는 희망 한국', 일자리정책 5년 로드맵(일자리위원회, 2017), 제2차(2018~2022) 노인일자리 및 사회활동 종합계획으로서 앙코르 라이프 플랜 등이 그러한 것이다(제4부 제도화 제14장 사회서비스정책 참조).

장애인 일자리 지원대책은? –Able 2010

프로그램으로서 사회복지정책으로 옳게 짝지어진 것은?

넷째, 프로그램으로서 정책이다. 프로그램으로서 정책은 특정한 일괄적인 입법, 조직, 자원 등을 포함하는 정부의 활동이 규정되고 비교적 구체적으로 제시된 영역이다. 따라서 우리는 사회복지정책(명칭으로서 정책)이 많은 프로그램들로 구성되어 있다고 말할 수 있다. 그러한 프로그램들은(2008), 사회투자정책의 일환으로서 저소득층 아동의 보호를 위한 사전예방적 및 맞춤형 통합서비스 지원체계인 드림스타트 프로그램[1] 등이 그것이다. 또한 보건복지 정보·상담서비스를 한곳에서 통합적으로 제공함으로써 국민의 편의성을 높일 수 있도록 보건복지콜센터 '희망의 전화 129' 설치(2005. 11), 복지포털 복지로(bokjiro.go.kr)에서 2017년부터 온라인으로 신청하는 '생애주기별 복지알림이' 서비스, 2019년 지역사회 통합돌봄(커뮤니티 케어) 선도사업[2] 등으로 말할 수 있다.

성과로서 사회복지정책의 개념에 대한 설명으로 옳은 것은?

다섯째, 성과로서 정책이다. 정책의 의미를 검토하는 또 다른 방식으로서 성과의 관점에서, 즉 실제로 무엇이 성취되었는지의 관점에서 정책을 검토해 보는 것이다. 산출(제공하는 시점에서 정부의 활동 : output or product)과 성과(이러한 활동의 영향 : outcome or performance) 간의 구별이 현실적으로 어렵지만, 사회복지정책에서 양자의 구별은 매우 중요한 것이다. 예를 들어, 1970년대 우리나라의 산아제한정책(산출)은 1990년 이후 출산율의 저하(여성 한 명이 평생 낳을 수 있는 자녀 수인 합계출산율 2011년 1.24명, 10년이 지난 2022년 0.78명으로 10년째 OECD 최하위)와 함께 인구고령화의 가속화(2017년 고령사회)에 진입한 이후, 고령(65세 이상)인구 비중은 지속적으로 증가해 2022년말 전체 인구의 18.0%를 차지하고 있다. 또한, 고령인구 성별 비중은 여자(20.1%)가 처음으로 20%를 돌파하였으며, 남자(15.9%)보다 4.2%p 높은 것으로 나타났다. 2023.1.15. 행정안전부 보도자료와 생산가능인구와 노동

1) 드림스타트(Dream Start)는 취약계층 아동의 건강한 성장과 발달을 지원함으로써 공평한 출발 기회를 보장하고, 궁극적으로 빈곤의 대물림을 차단하는 것을 목적으로 하는데, 2007 희망스타트가 2008년부터 드림스타트로 변경되었다. 드림스타트 사업은 지역사회 복지자원 네트워킹을 통해 취약계층 아동과 가족 중 사업대상 아동 발굴 및 문제·욕구 파악, 지역자원 연계를 통해 건강, 영양, 교육, 문화, 복지 등의 맞춤형 통합서비스 제공제공하고 있다(보건복지부, 2023 드림스타트 사업안내).

2) 지역사회 통합돌봄(Community Care)이란 지역에 돌봄이 필요한 주민이 자신이 살던 집(그룹홈)에서 어울려 살아갈 수 있도록 주거·보건의료·요양·돌봄·독립생활 등을 통합적으로 지원해 주는 지역주도형 사회서비스 정책을 말한다. 보건복지부는 2019. 6월부터 8개 지방자치단체를 선정하여 모델사업(노인 지역사회통합돌봄 모델, 장애인 자립생활 및 지역사회정착 모델, 정신질환자 지역사회정착 지원 모델)을 실시하고 있다(https://hineca.kr/1842).

생산성의 감소로 인한 경제성장의 둔화, 노인부양 부담 증가에 따른 세대 간의 갈등 등의 파급영향(성과)으로 나타난 것이다. 또한 공적연금제도는 개인의 저축 행위에 영향을 미치거나 우리나라 조세, 공적이전에 의한 시장소득의 불평등 감소가 나타난 것 등이 그것이다(제3부 제10장 제3절 정책효과 참조).

드림스타트 사업에 대한 설명으로 옳지 못한 것은?

여섯째, 이론 혹은 모델로서 정책이다. 우리는 많은 정책들을 살펴보면서 관심을 기울이는 것이, 과연 정부가 무엇을 할 수 있고 정부의 정책이나 행동 결과가 어떻게 될 것인가에 관한 가정이다. 이러한 가정들은 명확하게 설명되지 않지만, 그럼에도 불구하고 많은 정책들은 원인과 결과에 관한 하나의 이론(혹은 모델)을 암시하고 있다. 가장 간단한 형태로, 이러한 이론이 취하는 형태는, 'X이면 Y가 수반될 것이다'라는 것이다. 예를 들어, 보건복지부는 관계부처 합동회의 결과 '희망한국 21－함께하는 복지'를 제안하고 사회안전망에 10조 원 추가 투자 시 2003년 기준 Gini계수가 0.306에서 0.289로 개선(OECD 평균 가처분소득 Gini 계수 : 0.272)될 것으로 추정하였다. 영국의 제3의 길에 대한 검토라든지, 유럽에서 논의되고 있는 사회투자국가 모델이 한국적 상황에서도 적용 가능한지에 관한 토론에서 제기되는 사회투자정책[3]이 그것이다.

일곱째, 과정으로서 정책이다. 전술한 6가지의 정책 의미들은 대부분 목적의 진술이나 제안, 결정의 순간, 법안, 이론이나 모델 등 정지 사진으로 비유될 수 있는데, 과정으로서의 정책은 정책결정과정이 시간의 경과에 따라 복잡하게 전개되는 것을 전제로 한다. 따라서 과정으로서의 정책은 절차적 접근방법으로서 본 서의 제3부 정책과정이나 정책형성과정에 대한 내용으로서의 정책이 될 것이다.

2) 정책의 학자별 개념과 정의

Titmuss(1974)는 '정책'이 특정 목표를 향한 행동을 결정하는 원칙(principle)을

3) 사회투자정책이란 국민 누구나 자신의 능력을 개발하여 시장에서 발생하는 다양한 위험에 스스로 대처할 수 있도록 함은 물론, 사회 · 경제적 참여를 통해 삶의 질 향상을 도모할 수 있도록 '사람에 대한 투자'를 강화하는 정책이다. 이는 기존의 사후 대응적·소비적 복지패러다임과 달리 모든 사회 구성원이 능동적 주체가 되어 경제발전에도 기여할 수 있는 사전예방적 사회정책 패러다임이며, 소득이전을 통한 케인즈적 총수요 증대 효과 외에 고용증대 및 인적자본 고도화를 통한 노동생산성 향상으로 중장기적인 공급능력 확대까지를 포괄하는 전략이라고 하였다(사회투자국가 제5부 발전론 제15장 제3절 제3의 길 참조).

의미한다고 하고, '정책'이라는 개념은 목표뿐만 아니라 행동을 좌우하는 원리에 관련된 것을 의미하기 때문에 필연적으로 변화하는 행동체계, 즉 실천을 의미한다고 하였다. 여기에서 우리가 유의하여야 할 것은 정책이란 우리가(사회나 집단 혹은 조직) 어떤 형태로든지 변화에 영향을 줄 수 있다고 믿을 때만이 의미가 있다는 점이다. 우리는 날씨에 대한 정책을 가지고 있지 않다. 왜냐하면 아직까지는 날씨에 대하여 어떻게 해볼 수 있는 능력이 없기 때문이다. 그러나 우리는 미혼모에 대한 정책을 가지고 있고 또 가질 수도 있다. 왜냐하면 우리는 미혼모의 삶에 영향을 줄 수 있는 능력을 가지고 있다고 생각하기 때문이다. 이와 같이 '정책'이라는 말은 행동지향적인 의미로 사용된다.

정책의 의미

여러 학자들의 정책에 관한 정의를 살펴보면 다음과 같다.

Kahn(1979)은 "정책이라는 것은 지속적인 계획(a standing plan), 장래의 의사결정의 지침(guideline)이거나 결정의 연속선으로서 특수한 프로그램, 입법, 우선순위를 뒷받침하는 원리에 있어서 암시적이거나 명시적인 중핵"이라고 하였다. 보다 광의적 의미로서 Boulding은 "소여의 목적을 향한 행동지배의 제 원리"이고, 협의적 의미로서 Gilbert와 Specht(1986)는 "공사의 기관에 있어 행동의 방향이나 계획의 기초를 이루는 제 결정과 선택(decision making & choice)"이라고 하였다.

결국 정책이란 정책목표를 달성하기 위한 일련의 행동원칙이며, 의사결정의 지침이거나 행동의 방향을 나타내는 선택이라고 볼 수 있다.

Flynn(1985 : 13)은 각 학자들의 정책 정의를 검토해 보면 다음 9가지로 요약할 수 있다고 하였다. 즉, 정책이란

① 목적이나 가치 있는 결과의 공식적·비공식적 표현
② 선택된 대안들의 방향을 제시한 바람직한 결과의 진술
③ 우선순위 정하기
④ 하나의 조직 원칙
⑤ 지속적인 계획
⑥ 의사결정이 이루어진(혹은 이루어지지 않은) 결정
⑦ 명시적 혹은 묵시적인 입장

⑧ 누가 무엇을 언제 어떻게 얻는지에 대한 사회선택의 결과

⑨ 체계적으로 만들어진 정보이다.

정리해 보면 정책이라는 용어는 우리에게 아주 친숙하지만 정확하게 설명하기는 어렵다. 웹스터사전에 의하면 정책이란 '행동의 원칙, 계획 혹은 과정(a principle, plan, or course & action)'이라고 되어 있다. 이상의 정의로부터 우리는 두 가지의 분명한 주제를 도출해 낼 수 있을 것이다.

첫째, 원칙이라는 의미에서 정책이란 어떠한 위치(position), 즉 진술되어야 하는 가치(value)나 신념(belief)을 내포하고 있고,

둘째, 행동의 계획과 과정이라는 의미에서 정책은 구체적인 단계(steps), 절차 혹은 방법(methods)을 내포하고 있다고 생각된다.

♣ 정책이란 문제시되는(problem) 어떤 사회적 사실을 개선시키려는(value) 정책의지의 실천적 표현(action)

Policy = f (problem, value, action)

@ 정책은 문제지향적, 가치지향적, 행동지향적

♣ 정책이란 정책목표를 달성하기 위한 일련의 행동원칙이며 의사결정의 지침이거나 행동의 방향을 나타내는 선택

Policy = f (principle, guideline, choice of decision making and action)

따라서 사회복지정책 수업에서는 사회복지의 목표(인간의 존엄성, 행복의 추구, 삶의 질의 향상 등)를 달성하기 위한 가치와 이념을 공부해야 하고 정책이 만들어지는 단계와 절차, 즉 누가, 어떻게 해서 만들어지는지에 대한 정책형성과정을 이해해야 한다. 그리고 목표달성을 위해 어떠한 정책방법을 선택해야 하는가, 선택된 방법이 잘되었는지를 분석하는 방법을 공부해야 할 것이다. 따라서 본 서는 정책의 가치나 이념을 제1부에서 다루고, 정책형성과정을 제3부에서, 그리고 선택방법을 제2부에서 다루고 있다. 제4부는 실제 형성되고 선택된 정책이 조직화 된 구조로서, 즉 사회구조의 체계로서 현재 시행되고 있는 사회복지제도를 살펴보고 제5부는 정책의 발전방향으로서 사회복지정책의 전망과 방향을 살펴볼 것이다.

챗GPT, Bing의 활용은?

최근 인공지능(AI) 기술이 발달함에 따라 국내외 대학 교육에서도 AI 기반 적응형 학습 시스템에 대한 관심이 증가하고 있다. 그러나 관련 기술의 발전에도 불구하고 AI 기반 적응형 학습 시스템을 어떻게 실제 수업에 적용할지에 대한 실제적인 방안이 확립되지 않았고 그 효과성에 대한 검증도 충분하지 않은 실정이다(신종호 외 6. 2021). 그렇지만 저자는 예비사회복지사들에게 플립러닝[4]이라는 교수학습방법으로서 챗GPT를 활용해 보라고 권하고 싶다. 왜냐하면 예비사회복지사들이 수업에 임하기 전에 먼저 챗GPT로 그날의 학습주제를 한번 검색해 보고 학습에 임한다면 많은 도움을 얻을 수 있을 것으로 생각하였기 때문이다. 그리하여 챗GPT와 bing에게 정책의 의미를 물어 보았습니다. 그 결과 다음과 같은 답변을 들을 수 있었는데, 그 내용은 본 교재의 정책의 의미 같은 맥락으로 답변하고 있고 학자별 정의를 이해하는 데 도움이 될 것이다.

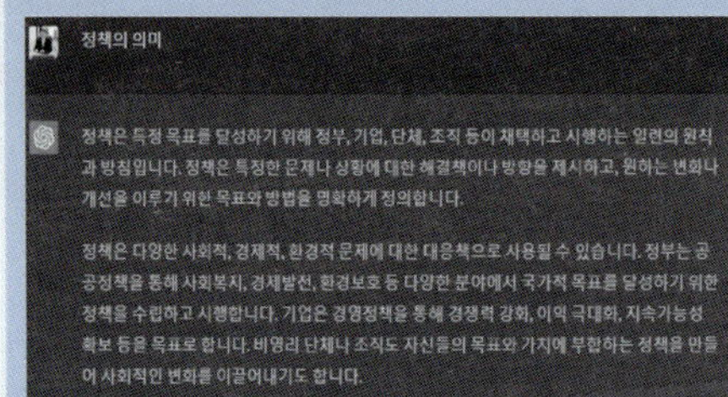

3. 왜 정책을 연구하는가?

정책에 대한 연구는 현재 시행되고 있는 정책의 실상을 자세히 파악하고 앞으로 더 나은 정책을 만들어 시행하기 위해 필요하다. 그런데 관련집단에 따라 또는 연구상황에 따라 정책연구의 관심은 다양할 수밖에 없다. 정책담당자들은 우선 현 정책의 실상을 알기 위해 정책연구가 필요하다. 정책의 영향과 효과가 어

4) 이해를 돕기위해 플립러닝(Flip Learning)이라는 교수학습방법은 온라인 강의를 통해 집에서 미리 학습한 내용을 교실에서 활동수업으로 심화하는 교육 방식으로 국내에서는 거꾸로 수업이라는 용어를 사용하기도 한다. 즉 수업 전에 비디오 등과 같은 학습 자료를 통해 학생들이 자기 주도적으로 지식을 습득하고 수업시간에는 습득한 지식에 대한 논의와 평가 등을 통해 확인 및 보완 후 문제풀이 혹은 토론을 통해 지식의 응용에 집중한다. 저자는 여기서 엄밀한 의미에서는 플립러닝이 아니지만 인공지능을 사전학습(예습)에 사용한다는 점에서 이 용어를 사용하였다. Bing에게 사회복지분야의 거꾸로 수업사례는 어떤 것이 있는지 질문해보았다. 그 결과 사회복지실천론 수업에서는 사회복지 실천 과정을 실제 있었던 사례에 가상으로 적용해보는 과제를 통해 거꾸로 교실을 실시한 사례가 있다고 답변하였다. 그러면서 거꾸로 수업은 학생들의 창의성과 비판적 사고력, 의사소통 능력, 협업 능력 등 21세기 핵심 역량을 키우는 데 도움이 된다고 답변하고 있었다.

떻게 나타나고 있는지 또는 예상치 못한 결과를 파악하기 위해 필요하다. 학자나 지식인들 그리고 언론매체들은 냉정한 비판활동을 통해 이를 올바른 방향으로 유도하기 위해 필요하다. 이들은 정책을 과학적이거나 가치개입적으로 이해하여 정책과정에 대해 연구를 한다. Anderson(1985 : 17-19)은 정책을 연구하는 이유로서 다음의 과학적, 실무적, 정치적 이유 세 가지를 제시하였다.

정책연구의 이유

① **과학적 이유** : 공공정책은 그 기원, 전개과정, 사회에 미치는 결과에 관해 보다 많은 지식을 얻기 위해 연구된다. 이는 정치체제 및 사회일반에 대한 이해를 증진시킬 것이다.

② **실무적 이유** : Price는 지식의 탐구만을 추구하는 '과학의 영역(scientific estate)'과 과학적 지식을 실제적인 사회문제 해결에 적용하려 하는 '실무의 영역(professional estate)'을 구분짓고 있다. 만약 정책형성에 영향을 미치는 요인들과 정책의 결과를 알 수 있다면, 우리는 개인, 집단 및 정부가 어떻게 정책목표를 달성할 수 있을 것인지에 대해 조언을 할 수 있을 것이다. 그러한 조언은 특정 목표를 성취하기 위해 어떠한 정책이 강구될 수 있고, 주어진 정책의 전개에 어떠한 정치적·환경적 요인이 도움이 되는지를 지적해 줄 수 있다.

③ **정치적 이유** : 최소한 일부 정치학자들은 공공정책의 연구가 정부로 하여금 '올바른' 목표를 달성하기 위해 적절한 정책을 채택하도록 해야 한다고 말한다. 무엇이 '적절한' 정책이고 무엇이 '올바른' 정책목표인지에 대해서는 상당한 의견불일치가 있음에도 불구하고 정책분석가들은 자신들이 바람직하다고 생각하는 방향으로 공공정책의 질을 개선하려고 한다. 이러한 정치학자들의 노력이 몇몇 부분에서 빛을 발하고 있다.

④ **정당성의 수립에 필요한 지식의 제공** : 이것은 위의 세 가지 이외에 정책연구의 이유이다. 즉, 인류는 오랜 옛날부터 바람직한 사회를 건설하는 문제에 관심을 가져왔다. 그리고 각자 나름대로 여러 가지 처방을 제시하여 왔다. 그러나 이러한 처방들이 모두 다 정책으로 채택되는 것은 아니다. 따라서 어떤 처방 또는 정책대안을 주장하는 사람들은 자신의 대안이 정책으로

수용될 수 있도록 그것의 정당성을 제시하고자 한다. 그러므로 어떤 정책대안을 주장하는 사람들은 그것이 경험적이든 아니면 규범적이든 정당한 근거를 수립하려고 노력하게 된다. 정책연구는 바로 이 정당성이 있는 근거의 수립에 필요한 지식을 제공하는 것이 그 목적이라고 할 수 있다.

4. 정책의 유형

1960년대 말부터 기존의 정책과정 중심의 연구에 비판이 대두되기 시작했다. 정책의 내용이나 유형을 중시하는 학자들을 중심으로 비판이 제기되었는데, 이들은 정책의 유형을 알면 그러한 정책이 어떠한 과정을 거쳐 결정될 것이라는 것을 예측할 수 있다고 보았다(최봉기, 2004 : 42).

정책의 유형

정책유형 연구는 기준에 따라 다양하게 분류되는데 국방·외교·문화 등의 실질적 분류가 있는가 하면, Lowi식의 배분·규제·재분배정책 등의 분류와 상위·하위정책 등의 계층제적 분류가 있다. 또한 법률·계획 등과 같이 정책과 혼용되는 유사개념도 있다. 다음에서는 많은 학자들 중에서 가장 영향을 많이 미친 Lowi(1992 : 298-300)와 Almond와 Powell(1996 : 195-201)의 분류를 중심으로 보기로 한다.

1) Lowi의 분류

① **분배정책** : 분배정책(distributive polices)은 특정한 집단 또는 부문에 자원을 제공(분배)하는 정책으로 정부의 예산이나 관직, 교육의 기회, 직위, 훈장 등의 가치 분배, 부의 소득세(negative tax)와 편파적 규제 등을 가하는 정책이며, 국민에게 권리나 이익, 서비스를 분배하는 내용을 지닌 정책이다. 예로서는 사회간접자본 구축, 수출보조금, 농어업장려금, 교육기관보조금 등이 있다.

② **규제정책** : 규제정책(regulatory polices)은 특정한 개인이나 집단의 재산권 행사나 행동의 자유를 구속, 억제하여 반사적으로 다른 사람들을 보호하려는 정책이다. 예로서는 불공정경쟁규제, 식품위생법, 근로기준법, 광고규제, 환

경규제, 노동규제 등 사회적 규제정책, 형사정책, 시민권 정책 등이 있다.

③ **재분배정책** : 재분배정책(redistributive polices)은 정부가 개인과 집단 사이의 부·재산·소득·권리 등 제반 이익과 가치의 재분배에 관여하는 정책으로 부의 분배상태를 다시 조정하는 정책, 소득이전을 목적으로 하는 정책이다. 재분배정책은 시장의 원활한 작동과 저소득층의 고통을 경감하고 시장경제에의 능력을 높이는 것이다. 예로서는 사회보장정책—장애인, 실업자, 노인, 빈민—이 있다. 재분배정책

④ **구성정책** : 구성정책(constitutive polices)은 체제의 구조와 운영에 대한 방침을 정하는 것, 헌정 수행에 관한 운영규칙에 관련된 정책이다. 구성정책의 예로서는 선거구 조정, 공무원 보수, 정부기구개혁, 정부기관 신설 등이 있다. Lowi의 구성정책으로 옳은 것은?

2) Almond와 Powell

Almond와 Powell(1996 : 195-201)은 정치체제의 산출활동의 기능적 특성을 중심으로 추출정책, 규제정책, 분배정책, 상징정책으로 분류하였다. 이 중에서 분배·규제 정책은 Lowi의 것과 비슷하다.

① **추출정책** : 추출정책(extractive polices)은 조세, 노역 등과 같이 국내 및 국외 환경으로부터 인적·물적 자원을 추출해 내는 산출활동으로 이루어진 정책을 말한다. 추출정책의 내용은 추출물의 종류, 그리고 그러한 추출에 의해 영향을 받는 집단의 특성에 의해 특징지어진다. 추출정책의 쟁점은 추출의 대상과 그 비율·절차 등이다.

② **규제정책** : 규제정책(regulatory polices)은 개인이나 집단의 행동에 대하여 정부의 통제와 관련된 정책이다. 규제정책을 다룸에 있어서는 어떤 부류의 개인이나 집단이 규제를 받으며, 개인생활이나 집단생활의 어떤 측면이 규제를 받느냐 하는 문제뿐만 아니라 간섭의 척도와 강도가 고찰되어야 한다.

③ **분배정책** : 분배정책(distributive polices)은 추출정책과는 반대로 정부가 각종의 물품, 서비스, 명예, 지위, 기회 등을 사회 내의 개인이나 집단에게 배분하는 문제와 관련된 정책이다.

상징정책

④ **상징정책** : 상징정책(symbolic polices)은 정부의 결정체제가 국내 및 국제사회에 공포하는 상징적인 판단, 가치선택, 결정 등과 관련된 정책을 말한다. 예로서는 국기게양, 분열식, 군대의식, 정책천명, 박물관, 역사관 건립, 문화예술제 등이 있다.

5. 정책의 3대 요소

정책의 3대 요소로 옳게 짝지어진 것은?

정책은 그것을 통해 달성하려는 정책목표와 정책을 책임지고 실행하는 정책주체, 그리고 그 정책이 대상으로 하는 사회 내 특정한 문제나 지역, 계층 혹은 집단 등의 정책대상으로 구분해 볼 수 있다. 이를 정책의 3대 요소라고 일컫고 있다. Boulding(1958)은 정책연구는 다음 세 가지 사항을 다루어야 한다고 하였다. 즉, 우리들이 바라는 것이 무엇이고(목적 혹은 목표), 우리들이 어떻게 이것을 달성할 것인가(수단), 그리고 우리들이라는 정책과 관련 있는 사람들의 조직 혹은 집단으로서 정책을 실시하는 집단이 어떤 성격인가(주체)라는 세 가지 사항이다.

1) 정책목표

정책목표란 "정책을 통해서 달성하려는 미래의 바람직한 상태", "현재는 존재하지 않지만 정책을 통하여 미래에 있어서 발생하도록 하고자 하는 상태"를 일컫는다. 전술한 1부의 표지그림, 즉 사회복지정책 분석도에서 제시하고 있는 인간의 존엄성 추구, 삶의 질(QOL) 향상, 인간과 환경 간의 조화, 사회통합, 정상화 등이 여기에 해당된다.

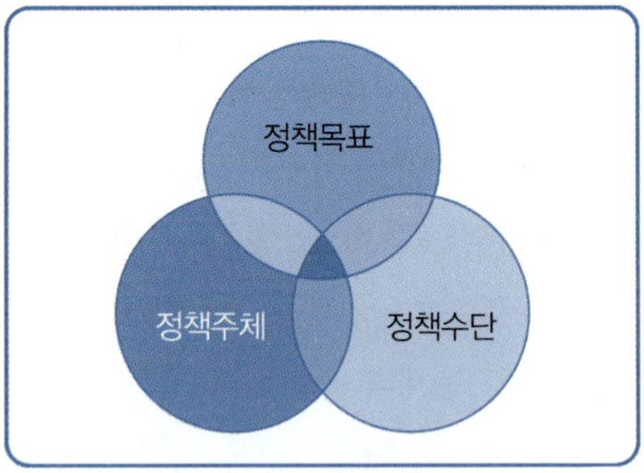

|그림 1-1| 정책의 3요소

2) 정책주체

정책주체란 정책을 책임지고 실행하는 주체를 말한다(본 서의 제2부 제5장 공급주체를 참고). 예를 들어, 복지공급을 책임지고 있는 주체가 누구인가를 기준으로 사회복지정책을 구분하는 경우에는 중앙정부 및 지방정부에 해당되는 공적 주체를 정책주체로 보는 것이 보편적이다. 공적 주체는 사회복지 전체에서 차지하는 비중과 역할이 가장 높다고 볼 수 있다. 그러나 복지국가의 위기 이후 민간복지부문의 확대와 공적복지부문의 축소경향으로 다양한 형태의 사회복지 공급주체(자원봉사조직, 사회단체, NGO, 기업, 종교단체 등)가 활성화되고 있다. 전술한 제1부의 표지그림(사회복지정책 분석도) 중 왼쪽에 있는 복지혼합, 복지다원주의가 여기에 해당된다(제2부 제5장 공급주체 참조).

3) 정책수단(방법)

후술하는 제2부의 논쟁점과 선택의 기로가 정책방법에 대한 내용이다. 즉, 사회복지정책의 대상자를 선택하는 정책방법은 모든 국민을 대상으로 보편적으로 할 것인가 아니면 자산조사와 소득조사를 통하여 선별적으로 할 것인가? 또한 정책대상으로서 어떠한 정책문제를 그 주된 대상으로 삼을 것인가, 즉 빈곤문제를 일차적으로 해결할 정책대상으로 삼을 것인가? 건강문제를 일차적 대상으로 삼을 것인가? 소외나 부적응 문제를 일차적 대상으로 삼을 것인가? 실업을 일차적 대상으로 삼을 것인가?에 따라 정책수단(방법)은 달라질 것이다. 그리고 정책공급주체로서 중앙정부가 모든 책임을 지고 전달할 것인가, 지방정부가 할 것인가? 민간이나 사회단체, 자원봉사조직이 전달할 것인가? 등의 방법을 선택하는 것이 곧 정책수단이고 정책방법이다(제2부 제5장 정책대상 참조).

제2절 사회복지정책의 정의와 특징

1. 사회복지정책의 정의와 용어 구분

1) 사회복지정책의 정의

전술한 정책의 정의를 활용하여 사회복지정책의 정의를 내린다면, 사회복지정책은 사회복지를 위한 행동의 원칙이며, 사회복지를 수행하기 위한 의사결정의 지침이고, 사회복지를 실천하는 행동의 방향이라고 볼 수 있다. 따라서 사회복지정책은 사회복지적 문제를 개선시키려는 정책목표를 향한 정부, 지방자치단체, 사회복지기관들의 정책의지의 원칙이며 실천행동의 수단이라고 할 수 있다.

영미계 사회정책의 개념을 대표하는 Marshall(1970 : 11-15)은 "사회정책이란 서비스 혹은 소득을 제공함으로써 사람들의 복지에 직접적인 영향을 미치는 정부의 정책"이라고 정의내리고 여기에 해당하는 핵심 프로그램으로 사회보험, 공공부조, 건강 및 복지서비스 그리고 주택을 들고 있다. 그리고 영국의 1950년대 사회행정학파의 창시자인 Titmuss(1974)는 "사회정책이란 일정한 물질적 및 사회적 욕구, 특히 요구호 욕구에 관하여 시장에서 충족(만족)하지 못하거나 충족시킬 수 없는 사회적 약자에게 부여하는 정부의 행위"라고 정의하였다. 아울러 그는 "사회정책은 사회복지 체계로서(a system of social welfare) 시혜적(beneficient)이고, 재분배(redistributive)적이며, 경제적 목적뿐만 아니라 비경제적 목적을 가진 정책"이라고 규정했다. 영국의 Townsend(1975 : 2)는 사회정책이란 "일반적으로 인정된 특수한 사회문제를 시정하거나 사회목적을 추구하기 위한 국가와 지방당국의 건강, 교육, 복지 및 사회보장 서비스와 같은 서비스의 개발과 관리에 관련된 정책"이라고 하였다. 이와 같이 영국에서 사회정책은 국가나 정부가 하는 일로서 간주하고 있다.

미국의 Prigmore는 사회복지정책이란 "사회복지 프로그램과 문제에 있어서 의사결정을 위해 사용되는 지침"이라고 하였고, Jansson(1994 : 4)은 "사회정책은 사회문제에 대처하기 위한 집합적 전략"이라고 하였다. 그는 사회정책이 해결해야 할 문제는 "물질적 지원의 박탈, 정신적 혹은 정서적 박탈, 인지적 박탈, 대인관계의 박탈, 기회의 박탈, 개인적 권리의 박탈, 그리고 신체적 박탈의 일곱 가지 박탈"을 제시하였다. 또한 DiNitto와 Dye(1983 : 2)는 "사회복지정책이란 국민의 생활의 질에 영향을 미치는 것을 정부가 할 것인가 또는 하지 않을 것인가를 선택하는 어떤 것"이라고 규정하고 있다. 이와 같이 미국은 사회정책이라는 용어보다 사회복지정책이라는 용어를 더 선호하고 있고 지침이나 전략, 선택이라는 용어를 사용하고 있어 전술한 정책의 이론적 정의에 나타난 개념정의를 더 선호하고 있는 것 같다.

결국 사회복지정책은 '사회복지'와 '정책'의 합성어이므로 각 학자들이 제시한 사회복지정책의 개념을 참고하여 이를 몇 가지 개념으로 정리하면 다음과 같다.

사회복지정책의 개념

① 사회복지정책은 인간의 기본적·사회적 욕구를 충족시키거나 사회문제를 해결하기 위해 중앙정부나 지방정부가 일차적인 정책주체가 되어 행하는 국가의 정책이다.

② 사회복지정책은 사회문제의 해결 또는 욕구 충족과 같은 주요한 기능들을 수행하는 사회제도[5]의 하나이다.

③ 사회복지정책은 인간다운 생활의 보장과 삶의 질을 향상시키기 위한 국가의 행동지침이나 지속적인 계획이다.

④ 사회복지정책은 인간다운 생활의 보장이나 삶의 질을 향상시키기 위해 다양한 정책수단들을 선택하는 의사결정과정이다.

⑤ 협의의 의미로서 사회복지정책은 사회적 약자나 저소득층에게 소득이나 의료 및 서비스를 제공하기 위한 사회적 노력 혹은 집합적 활동으로 볼 수 있다(본 장의 제1절 2) 정책의 학자별 개념과 정의를 참조).

⑥ 사회복지정책은 모든 사람들의 행복을 추구하기 위해 주택, 교육, 노동, 조세 및 환경정책까지 포함하는 광의의 개념으로 볼 수 있다.

5) 제도는 사회적으로 정해진 법규나 규범 따위와 같이 조직적인 구조를 말하고(위키낱말사전), 사회제도는 일상생활의 문제를 해결하기 위한 방식으로 관습화되고 공식화된 방법과 절차 혹은 사회구성원들 간의 조직화한 행동 양식을 말한다. 사회제도의 중요성은 ① 개인적 차원에서 사회 구성원의 욕구 충족의 기반, 욕구 충족의 범위와 방법에 대한 안내를 하고, ② 사회적 차원에서 사회의 안정적 유지·발전에 기여, 사회의 기본 질서 유지 및 변화를 추구한다.

2) 사회복지 개념을 기준으로 협의·광의의 사회복지정책 구분

첫째, 사회복지 개념을 협의로 해석할 경우 협의의 사회복지정책 영역이 규정된다. 소위 사회사업이라 할 수 있는 것으로 사회생활상에 어려움을 가진 사람들에 대한 기본적 생활의 보장을 위한 정책이 협의의 사회복지정책이 된다. 그 영역에는 사회적 취약계층이라 할 수 있는 아동, 장애인, 노인, 여성, 저소득층 등을 위한 보호, 육성, 지도, 치료 및 재활 등과 관련되는 사회복지서비스가 포함된다. 협의의 사회복지정책의 주류는 비화폐적 서비스이며 전문사회복지사와 관련 전문직업인의 대인적 서비스가 중요한 매개체가 된다.

광의의 사회복지정책

둘째, 사회복지 개념을 광의로 해석할 경우 사회복지정책은 협의의 사회복지 정책에 사회보장, 보건의료, 주택, 고용, 교육, 사법 등이 포함되는 정책으로서 최저수준 또는 평균적 욕구가 충족되지 않는 개인, 가족, 집단 등에게 급여를 제공하는 정책이라 할 수 있다. 이 경우 사회보장은 사회보험과 공공부조, 사회복지서비스라 볼 수 있고 나머지 부분은 인간의 기본적 욕구를 충족시키기 위해 제공되는 관련 복지정책이라 할 수 있다.

- 사회복지 = 사회문제를 해결하기 위한 사회복지정책+개인문제를 해결하기 위한 사회사업
- 광의의 사회복지정책 = 사회보장(사회보험+공공부조+사회복지서비스) + 보건의료 + 주택 +고용 + 교육 + 조세 + 환경정책
- 용어의 범위 : 사회정책>사회복지정책>사회보장>사회복지서비스

3) 사회정책과 사회복지정책의 용어 구분

사회복지정책은 종종 사회정책과 혼용되어 사용되기도 한다. 그러나 사회정책은 사회복지정책의 활동영역보다 더 광범위하기 때문에 사회복지정책은 사회정책의 하위범주에 속한다고 할 수 있다.

Gil(1992 : 9)은 사회복지정책을 빈곤, 아동학대, 주택 등과 같은 특수한 욕구나 문제에 대한 사회적 대응과 관계되는 것으로 보고 있으며, 사회정책은 사회에서 전반적인 삶의 질과 사회 구성원들의 삶의 상태, 인간과 인간의 인간관계, 인간과 전체 사회의 관계를 형성하는 노력과 관련되는 것으로 포괄적이고 추상적인

개념으로 보고 있다.

사회복지정책은 워낙 많은 제도들을 포함하고 있고, 사회정책, 사회보장, 사회서비스 등 매우 유사한 용어들과 혼용되고 있으며, 북유럽에서는 포괄적인 사회복지 개념을 의미하는 사회서비스라는 용어를 사용하고 있고, 독일과 영국에서는 주로 사회정책이라는 용어를 사용하고 있는 데 비해, 미국에서는 사회정책 대신 사회복지정책이라는 용어를 더 많이 쓰고 있다. 최근 미국에서는 사회복지사에 의한 협의의 사회사업 이외에 간호, 상담, 재활, 개호 분야의 서비스 활동까지 포함한 휴먼서비스[6]라는 용어를 사용하고 있다.

〈표 1-1〉 사회정책과 사회복지정책의 차이점

사회정책(social policy)	사회복지정책(social welfare policy)
• 獨(권위주의적) / 英(탈권위주의적) • 사회복지정책의 상위개념(질서유지정책) • 사회가 공인한 사회행동으로서 인간사의 공식적·체계적 질서유지를 위한 정책	• 美(强 탈권위주의적) • 사회정책의 하위체계(욕구충족정책) • 고용, 소득, 음식, 주택, 보건의료, 사회관계 등 기본적 욕구 충족을 위한 급여를 제공하는 것

출처 : 원석조(2004). 사회복지정책의 궤적. 양서원, pp. 255-256.

2. 국가별 사회(복지)정책의 특징

1) 영국의 사회복지정책의 개념과 특징

영국은 사회복지정책보다는 사회정책(social policy), 사회행정(social administration : 1950년대) 또는 사회서비스(social service : 1970년대 이후)라는 용어를 많이 사용하는데, 여기에는 사회보장, 대인적 사회서비스(personal social service), 건강, 교육, 주택, 고용 및 가족정책 등이 포함되는 것으로 우리가 일반적으로 사용하는 사회복지정책보다 넓은 범위를 포함하고 있다(현외성, 2000). 대표적인 학자들의 정의로는 전술한 제2절 1. 사회복지정책의 정의에 나타난 Marshall과 Titmuss, Townsend 등이 있다.

6) 휴먼서비스란 인간에 대한 직접적인 서비스를 행사하는 의료, 교육, 복지 등의 부분을 포함하는 것으로 개인의 행동이나 속성 혹은 사회적 지위를 규정하거나 변화시킴으로써 그 개인의 안녕을 유지하거나 증진시키는 데 기여하는 것

2) 미국의 사회복지정책의 개념과 특징

미국은 사회복지정책이라는 용어를 사용하지만 1935년 세계 최초로 「사회보장법」을 제정한 국가라는 점에서 사회보장이라는 개념을 발전시켜 온 것 같다. 미국에서 사회복지정책은 공공부문뿐만 아니라 민간부문의 사회복지활동까지 포함하는 개념으로 쓰이기도 한다. 상대적으로 유럽국가들이 사회정책을 '국가정책'의 하나로서 간주하는 데 비해 미국의 사회복지정책은 공공부문의 역할이 다소 미흡하며 민간영역의 역할이 크다. 특히 의료보장에 있어서 강제가입식 사회보험제도 도입이 계속 실패하면서, 공적 의료보장이 취약하다고 평가받아 왔다. 대표적인 학자들의 정의로는 전술한 제2절 1.의 Prigmore, Jansson, DiNitto와 Dye, Gilbert와 Specht 등이 있다.

3) 독일계 사회정책의 개념과 특징

독일은 전통적으로 사회정책(Sozial Politik)이라는 용어로서 사회복지정책보다 광의의 개념을 사용하였다. 독일은 1880년대 강단사회주의[7]자(Wagner, Schmoller, Brentano)가 중심이 되어 사회정책학회를 설립함으로써 사회복지정책이 등장하였다. 독일의 사회정책은 사회생활 중에서 일어나는 여러 가지 문제를 해결해 주는 국가적 조치인데, 그 주류는 노동자와 그 가족의 생활문제를 해결하는 노동정책 혹은 경제정책의 하나로 파악하는 경향이 있다(신섭중, 1993).

분배정책적 사회정책론

① **분배정책적 사회정책론 – 강단사회주의자의 사회정책론** : Wagner는 독일의 강단사회주의자 가운데 우파 보수적 사회개량파로서 "사회정책이란 분배과정의 영역에 있어서 모든 폐해를 입법 및 행정수단으로 극복하려는 국가정책"이라고 정의하고 있다.

7) 1860년대부터 1890년대에 걸쳐 독일 경제학자들이 주창한 사회정책론에 붙인 명칭이다. 그들은 슈몰러를 중심으로 사회정책학회를 창설하여(1872) 당시의 비스마르크식 사회정책을 위한 윤리적 기초를 제공하였으며, 또한 교단을 통하여 활발하게 사회개량을 위한 계몽을 담당하였다. 이 때문에 그들의 사회정책론은 당시 자유주의자에 의하여 강단사회주의로 불렸다.

② **생산정책적 사회정책** : 제1차 세계대전 후 Wunderlich는 "생산정책적 사회정책은 생산력으로서의 노동력을 보전하며 자본축적을 순조롭게 하기 위한 자본가적 생산 증가책이다"라고 하였다.

생산정책적 사회정책

③ **사회주의적 사회정책론** : 사회주의적 사회정책론은 동태적 사회정책으로서 사회주의로 나아가기 위한 필연적·인과적 사회발전과정으로 인식하고 있다. 즉, 사회정책은 사회주의에 다리를 놓는 것으로 사회정책과 사회주의는 단지 양적·시간적 차이에 지나지 않으며, 양자 간에 본질적 차이를 찾아볼 수 없다고 한다.

④ **전체주의적 사회정책** : 개체를 전체에 포함시키는 유기체적 협동사회에서의 사회정책으로서 전체주의는 국가경제에 대한 전면적 통제·감독으로 특징지을 수 있다. 1930년대 나치시절의 사회정책은 중앙집권적이었음에도 불구하고 기존의 체계는 그대로 유지한 채 국민사회주의 사회정책으로 이행되었다.

4) 일본계 사회복지정책의 정의와 특징

일본의 사회복지정책 개념은 제2차 세계대전 이전에는 독일의 영향으로 사회정책 개념을 선호하여 노동정책 중심의 개념이 주류를 이루었다. 그러나 전후에는 사회복지정책의 개념이 한층 다양해져서 영미에서 사용하는 사회복지정책의 개념이 점차 중요한 개념으로 변화되고 있다. 소위 욕구와 서비스를 중심으로 하는 사회복지정책이 그것이다(신섭중, 1993 : 33).

① **역사적 형성체로서 사회정책** : 자본주의 사회의 발전법칙 속에서 파악하여 "국가독점 자본주의 사회에서 자본주의 체제의 유지를 위해 필요한 국가정책의 일부"이다.

② **운동론적 시각에서 사회복지정책** : 사회복지정책의 내용을 개선할 수 있는 힘으로서 복지노동자와 지역주민에 의한 실천을 중시한다.

운동론적 사회복지정책의 설명으로 옳은 것은?

③ **니드와 서비스론을 중심으로 하는 사회복지정책** : 三浦文夫(1988 : 13)는 일반행정서비스와 같은 차원에서 사회복지정책의 형성 및 운영관리를 중시한다.

사회복지 니드 파악과 충족방법 및 수단선택에 대한 검토, 자원의 조달과 배분, 조직과 기관의 관리운영 등 사회복지정책의 내용에 대한 검토와 평가이다.

5) OECD의 통합사회정책과 적극적 사회정책

통합사회정책

통합사회정책(integrated social policy)은 산업경제 주도형의 발전패턴을 반성, 제고함으로써 경제, 사회, 문화 등의 시스템을 포함하는 넓은 의미의 사회시스템의 조화를 이룬 발전을 중시하면서 그 필요성이 나타났다. 그리하여 통합사회정책은 인적·물적 자원을 대상으로 하는 사회=경제정책을 하부시스템으로 하여 가족, 지역사회, 계층과 사회이동, 자연계 등의 여가, 가치관, 의식, 문화까지 포함하는 전체 사회시스템을 대상으로 하는 정책이다.

OECD는 통합적 사회정책이라는 용어 대신에 적극적 사회정책(active social policy)이라는 용어를 사용하고 있다. OECD 사회정책장관회의(2004. 3. 31.~4. 1)는 "기회증진과 국민편익 증진방안(Expending Opportunities : How Active Social Policy Can Benefit Us All)"을 의제로 하여 각국 사회개혁 성과와 적극적 사회정책의 비전과 추진전략에 관해 논의하였다. OECD가 표방하는 적극적 사회정책은 지속가능한 사회발전을 위한 수단으로서,

적극적 사회정책의 수단으로 볼 수 없는 것은?

첫째, 생산가능계층이 주류사회에서 배제되지 않도록 빈곤퇴치와 근로유인 강화, 고용안정서비스 개혁 및 인적자원 개발에 대한 투자확대를 강조한다.

둘째, 인구 고령화에 따른 노인인구의 증가와 이들의 다양한 요구를 충족시킴으로써 제3의 인생기에 적극적 노화(active aging)를 지원해야 할 것을 제안한다.

셋째, 아동의 빈곤문제를 완화하고 기회의 균등을 보장하며 부모의 일-가정생활의 조화로운 양립지원을 통해 저출산 문제를 해결할 수 있다고 본다.

넷째, 사회보호에 있어 공공과 민간의 협력체계 강화 등 복지다원주의를 실현하여 복지국가의 부담을 덜고 개개인의 욕구 충족을 극대화하고자 한다.

6) 사회적 안전망

사회적 안전망은 IMF, World Bank가 주로 사용하였으며, 빈곤의 세계화가 야기되자 그 해결책을 모색하면서 사회보장제도에 관심을 가지면서 사회안전망(social safety net)이라는 용어를 사용하였다.

사회적 안전망에 대한 설명으로 옳지 않은 것은?

또한 신자유주의 경제학자들은 사회안전망에 관심이 있으며, 기존의 사회보장이라는 용어 대신 사회안전망이라는 용어를 선호한다. 이들은 사회안전망이란 구조조정을 위한 경제 개혁조치(신자유주의적 재편)가 사회적 취약계층에게 미치는 역효과를 최소화하기 위한 조치(주로 단기적 사회복지 정책)라고 정의한다(Chu, K., & S. Gupta, 1998, Social Safety Net. IMF). 이와 같이 사회안전망을 구조조정에 따른 부작용을 보완하는 단기적인 사회복지정책으로 간주하기 때문에 사회안전망에는 특정 취약집단에 대한 생계보조수당, 민영화로 실업자가 된 공공부문 노동자를 위한 해고수당, 근로창출을 위한 공공근로사업, 극빈층을 보호하기 위한 최저한의 사회보장(이는 기존의 관대한 사회보장을 선택주의적으로 재정비하는 것을 의미한다)이 포함된다.

사실 이러한 대책들은 대부분 사회보장제도에 포함된다. 그런데도 굳이 이들이 사회보장 대신 사회안전망이라는 용어를 사용하는 이유는 서구 복지국가의 사회보장이 고비용－비효율－관료주의적이며, 정부의 과도한 재정지출이 시장경제를 해치고, 삶에 대한 개인의 책임을 약화시키는 주범이라고 생각하기 때문이다.

고비용
비효율
관료주의적

다른 한편 사회안전망이 구조조정의 보충장치라는 사실은 우리나라가 1997년의 외환위기 극복을 위해 1998년 IMF 구제금융의 대상이 되었을 때 확인되었다. 당시 World Bank는 우리 정부에 구조조정차관(Structural Adjustment Loan Ⅱ, SAL Ⅱ) 20억 달러를 지원하면서 금융개혁, 기업구조조정, 사회안전망 등 세 분야의 구조 개혁과제들을 적시한 정책 프로그램을 제시했다.

♣ 세계화(Globalization)

- 각 국가경제의 세계경제로의 통합을 의미
- 국가 및 지역 간에 존재하던 상품, 서비스, 자본, 노동, 정보 등에 대한 인위적 장벽이 제거되어 세계가 일종의 거대한 단일시장으로 통합되어 나가는 추세
- 상품, 서비스, 자본 등의 국제적 이동을 촉진시키는 생산, 금융, 정보 등의 새로운 거대한 조직
  ⇒ 세계화 속에서는 정치력, 경제력 등 힘의 이동이 한 나라 국경 내의 일정한 영역에서 세계 모든 나라의 영역으로 촉진된다. 정보통신기술과 그 인프라(infrastructure)의 발달로 인해 이른바 '국경 없는 세계(Borderless World)'가 실현되어 가고 있다.
- 복지국가를 사회정책의 집합적 개념으로 볼 때, 세계화는 복지국가의 기반을 침식하고 불평등을 조장한다는 비판이 있다.

※ Vic George와 Paul Wilding(2004)은 이제 '세계화'는 '걱정거리'만도 아니고 추구해야 할 이상적 '목표'도 아니라는 사실을 이해하고, 사회적 사실과 기회로서의 세계화를 어떻게 활용하여 인간복지와 사회복지를 이루어 나갈 것인가 하는 것이 우리에게 남겨진 과제라고 하였다.

사회안전망의 특징

♣ 사회안전망(social safetynet)의 특징

- IMF, 세계은행 사용
- 단기적 사회복지정책
- 최저한의 사회보장
- 신자유주의 경제학자 선호
- 구조조정을 위한 경제개혁 조치
- 서구복지국가는 고비용-저효율-관료주의적 비판

그리하여 IMF 외환위기 이후 경제위기를 극복하는 과정에서 사회 양극화 해소를 위한 사회안전망의 기본틀을 구축하여 4대 사회보험과 기초생활보장제도를 점진적으로 확대하고, 주 소득원의 사망 등으로 인한 소득상실, 중병, 가정폭력, 화재, 이혼 등 위기 발생 시 생계, 의료비, 주거비 등을 지원하는 긴급 지원제도 도입 및 사회복지서비스를 다양화하였다.

사회안전망의 사각지대 발생이유

그러나 산업구조/ 노동시장/ 소득의 양극화 현상이 사회갈등과 경제효율을 감소시키는 악순환의 고리로 작용하는 상황에서 사회안전망에 다수의 사각지대 발생으로 제도개선 압력이 끊이지 않고 있는 실정이다. 이러한 사각지대는 ① 한정된 복지예산으로 설계된 느슨한 사회안전망, ② 전달체계(공공)의 취약, ③ 민관협력의 미흡, ④ 취약계층의 정보 소외 등으로 인해 발생된다. 따라서 글로벌 경

제위기에 대한 사회복지정책의 대응방향을 취약계층의 기본생활 보장과 중산·서민층의 빈곤층 추락방지에 집중하여 촘촘한 사회안전망을 범국가적 차원에서 구축[8]해 나가야 할 것이다.

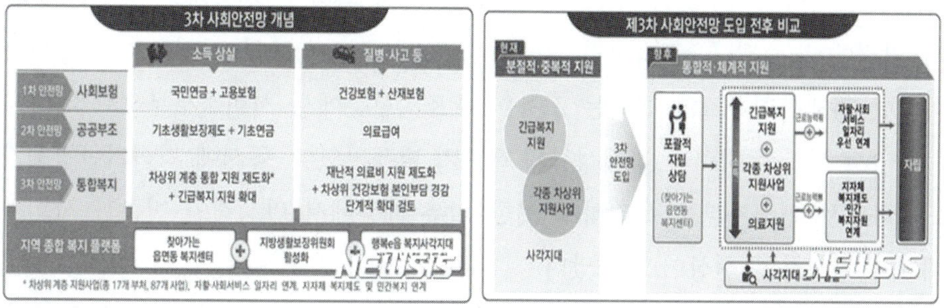

출처 : 제2차 사회보장기본계획(2019~2023).

7) 영미권의 사회투자정책

(1) 사회투자정책의 개념과 등장배경

사회투자론(social investment)은 1990년대 이후 유럽을 중심으로 논의되었는데, 전통적인 복지국가정책은 소득보장과 질병치료를 중심으로 하는 구사회적 위험(old social risk)에 대응하는 것이다. 하지만 지식기반경제로 대표되는 경제사회구조의 변화로 인한 새로운(신) 사회적 위험이 창출되고 있어 전통적 사회복지정책 이상의 새로운 사회정책이 요구된다는 것이다(Taylor-Gooby, 2004; Esping-Anderson, 2002). 이와 관련된 일련의 사회정책들을 묶어 사회투자정책이라고 하고 Giddens(1998)는 그의 저서 『제3의 길』[9]의 프로그램의 하나로서 사회투자국가를 제시한 바 있다.

사회투자정책은 인적자본과 사회자본에 대한 투자확대를 통해 시민들의 경제활동 참여기회를 극대화시켜 빈곤예방과 기회의 평등을 제공함으로써 경제성장과 사회발전을 동시에 추구하는 정책을 의미한다. 따라서 사회투자정책의 공통적인 특성은 첫째, 사회적 배제가 아닌 통합을 위한 정책, 둘째, 삶의 기회균등을 위한 정책, 셋째, 사후대응이 아닌 사전예방을 위한 정책으로 요약해 볼 수 있다

사회투자정책의 특징으로 볼 수 있는 것은?

8) 제2부 6장 제1절 3. 할당원칙의 선택과 관련된 이슈와 제7장 제1절 전달체계 4. 맞춤형 복지팀에서 복지사각지대의 범위와 정책과제 참조

9) 제5부 발전론 제15장 제3절 제3의 길 참조.

(Perkins, et al., 2004; OECD, 2005; 이재원, 2011).

이러한 사회투자정책의 등장배경을 보면 자본주의 경제사회구조의 변화와 새로운 사회적 위험의 출현이다. 1970년대 중반 이후 전통적 복지국가를 지탱했던 자본주의 경제사회구조는 근본적인 변화를 겪게 되며, 복지국가는 상당한 변화의 압력에 노출된다. 후기산업사회(post-industrial society)로의 이행으로 통칭되는 이러한 경제사회구조의 변화는 고용이 제조업부문에서 서비스부문으로 대량이동하면서 생산성 하락과 경제성장의 둔화가 발생하였다. 동시에 지식기반경제가 도래하면서 인적자본을 축적하지 못한 일부 계층에서 만성적인 빈곤과 사회적 배제를 경험하는 현상이 나타났다.

• 저출산
• 고령화
• 저성장
• 양극화

이와 같이 경제사회구조의 변화는 새로운 사회적 위험[10]을 만들어 냈다. Goodby는 이 위험을 "후기산업사회로의 이행과 연관된 경제, 사회변동의 결과로서 사람들의 생애기간에 직면하는 위험들"로 규정하고 신사회적 위험의 발생경로를 네 측면에서 고찰하고 있다(정형선, 2007).

신사회적 위험으로 볼 수 없는 것은?

첫째, 맞벌이 부부의 증가와 여성교육의 향상으로 여성들의 노동시장 참여가 급증하면서 일과 가정을 양립하기 어려운 저숙련 여성층에서 신사회적 위험(new social risks)이 나타난다.

둘째, 노인인구의 증가로 노인케어의 부담이 급증하고 있다.

셋째, 노동시장구조의 변화는 교육수준이 낮은 사람들이 사회적으로 배제되는 위험을 발생시킨다.

넷째, 일부 국가에서 민영화된 공적연금, 의료보험 등에서 소비자가 선택을 잘 못할 경우, 민영보험에 대한 규제가 잘 이루어지지 않을 경우 새로운 위험이 발생할 수 있다.

---

10) 새로운 사회적 위험에 대한 시각은 다양한데, 국내의 연구에서는 한국사회가 경험하고 있는 새로운 사회적 위험을 가족구조의 변화, 저출산·고령화, 여성의 노동시장 참여증대로 인한 돌봄 문제, 노동시장의 유연화에 따른 고용불안정 증대, 절대적·상대적 빈곤의 증가, 비정규직 확산과 근로빈곤층 확대, 사회양극화 심화, 그리고 이러한 새로운 사회적 위험의 출현에 따른 사회보장제도 배제 인구의 증가, 또 다른 연구에서는 아동돌봄, 청년실업, 노인빈곤 등으로 구분하고 있기도 하다(김주현·박병현, 2018). 보건복지부(2007)는 우리나라의 새로운 사회적 위험으로서 ① 빈곤의 장기화 고착, ② 지식경제사회 도래로 인한 고용의 불안전성, ③ 돌봄수요의 급증 등을 들고 있다(제2부 제5장 제1절 정책대상 3. 사회복지정책 대상으로서 사회문제와 사회적 위험 참조).

(2) 사회투자정책의 목표와 프로그램

사회투자정책의 목표는 다음 네 가지로 정리해 볼 수 있다.

사회투자정책의 목표

첫째, 실질적인 기회의 평등을 보장하여 사회적 이동성을 제고하였다. 즉, 소득의 재분배보다는 기회의 재분배에 비중을 두었다. 적어도 근로가능인구에 대해서는 전통적인 소득보장정책을 넘어서 경제사회적 환경변화에 대응할 수 있도록 생애주기별 직업능력의 배양에 초점을 둔다.

둘째, 모든 시민이 경제활동에 참여하는 것을 활성화시킨다. 즉, 시장으로부터 소외된 계층에 대한 보호보다 모든 시민이 시장에서의 경제활동에 참여하도록 독려함을 강조한다. 그리고 노동시장의 유연화를 추구하면서도 개개인의 고용안정성을 높이는 방식으로 완전고용을 추구한다.

셋째, 복지(사회)정책의 효율성 및 지속가능성 제고를 통해 책임 있는 복지를 지향한, 즉 사회복지의 낭비와 의존성을 야기하지 않고, 고용과 경제발전을 증진시킬 수 있도록 복지수급자에게 권리에 상응하는 자기노력이 병행되도록 하였다.

넷째, 사회복지지출이 비생산적이고 경제에 부담을 주는 상충적 관계로 인식하는 것에서 벗어나 사회정책의 생산적 기능 내지는 경제성장과 사회개발의 상호보완적 관계를 인식한다.

보다 구체적으로 사회투자정책의 주요 프로그램을 크게 나누어 보면 ① 근로연계복지(welfare to work)와 적극적 노동시장정책 등을 포괄하는 유급노동화정책, ② 아동과 여성 친화적 정책 등의 사회복지서비스 프로그램, ③ 자산형성(asset-building) 접근법 등으로 나누어 볼 수 있다.

자산형성접근법은 미국에서 논의되어 최근 영국, 싱가포르, 캐나다 등으로 확산되고 있는 프로그램이며 최근 한국에서도 아동발달계좌 Children Development Account[11]라는 형태로 제도화가 이루어지고 있다. 이 프로그램의 기본 아이디어

최근 한국의 사회투자정책으로 볼 수 있는 것은?
- 아동발달계좌 (디딤씨앗통장)
- 드림스타트 프로젝트

11) 2007년 4월부터 CDA는 요보호아동이 보호자나 후원자의 후원금 가운데 3만 원(2017년 기준 4만 원) 내에서 아동발달지원계좌(CDA)에 적금하면, 정부에서도 만 17세까지 같은 금액을 1대 1 매칭펀드로 적립하여 만 18세 이후 사회진출 시 학자금, 기술습득·취업훈련비용, 주거마련비용, 창업지원, 결혼지원 등 자립자금에 한하여 사용할 수 있도록 하는 아동자립 프로젝트이다. CDA

는 단순히 저소득층이나 취약계층에게 공공부조를 통해 현금을 지원하는 대신 저축으로 상징되는 물적 자산을 형성시켜 줌으로써 공공부조 수혜자의 근로의욕 감소를 줄이고, 저소득층이 노동시장에 적응할 수 있는 물적 기반을 형성시켜 주자는 것이다. 그러므로 CDA는 미래 성장 동력인 취약계층 아동들에게까지 '빈곤의 대물림'이 이어지는 것을 예방하고 저소득 아동의 자립의지를 함양하기 위한 복지정책이다.

금융복지란?[11]
최근에는 자산형성을 하는 것은 아니지만 서울시 복지재단은 자산형성을 간접적으로 지원할 수 있는 금융복지상담센터를 운영하고 있다.

참고로 전통적 복지정책과 사회투자정책을 문제인식, 주요 정책과 대상, 재정의 우선순위, 거버넌스 및 기본적 특성을 비교해 보면 다음 표와 같다.

〈표 1-2〉 전통적 복지정책과 사회투자정책

구 분	전통적 복지정책	사회투자정책
문제인식	전통적 사회위기 (빈곤과 질병)	새로운 사회위기 (양극화, 근로빈곤, 저출산·고령화)
주요 정책	소득보장, 의료보호	인적자산 및 사회기반 투자
주요 대상	빈곤선과 기초생활보장수급자(3%, 150만 명)	일반서민 전체(평균소득 이하 60%)
재정의 우선순위	경제개발(물리적 기반 투자)	사회개발(사회적 기반 투자)
거버넌스	집권, 표준, 중앙정부 공급자중심	분권, 다양, 시장, 지방정부 소비자중심, 납세자책임
기본 특성	잔여적 복지(시혜와 권리)	보편적 사회서비스(욕구와 보완)
	배제, 분리, 수요관리	통합, 계층유동성, 최적투자

출처 : 이재원(2008).

는 국민들에게 쉽게 다가가기 위해 2009년 1월부터 디딤씨앗통장으로 명칭을 변경하여 운영되고 있으며 그 대상은 도움이 필요한 시설보호·가정위탁·소년소녀 가정·공동생활가정·장애인 시설 아동 등 취약계층 아동들과 2011년부터 저소득 가구 아동의 자립지원을 위해 기초생활수급자 가정 아동이 지원대상으로 포함되었다.

12) 금융복지란 단순한 개인적 문제로서 금융을 넘어서 사회적 책임과 복지적 관점에서 시민들이 직면하는 금융활동의 애로를 제거, 개선 촉진하여 시민생활의 향상에 기여하는 것이다. 예를 들어, 서민금융(바꿔드림론, 새희망홀씨, 햇살론, 미소금융, 주거안정자금 등)의 정보 제공과 안내, 복지서비스(주거복지, 법률복지 등)와 연계하여 금융상황의 개선을 도모한다.

3. 사회복지정책의 특징

Jones(1985)는 사회복지정책의 개념 안에 다음과 같은 다섯 가지 특징이 있다고 보았다(현외성, 2000 : 34-37).

사회복지정책의 특징에 대한 설명으로 옳지 않은 것은?

① **변화하는 정책** : 사회복지정책은 앞으로도 마찬가지로 사회변동에 따라 변화하는 개념이라고 할 수 있다. 사회복지정책이 다른 정책에 비하여 상대적으로 빠르게 변화하는 정책이라는 말은 자신이 스스로 인간다운 생활을 영위할 수 없는 사회적 약자에 대응하여 사회복지정책이 변화한다는 것이다.

② **가치 개입적 정책** : 사회복지정책 역시 다른 정책과 마찬가지로 합리성과 효율성, 효과성을 중시하고 여기에 따라 좌우되기도 하지만 사회복지정책은 다른 정책에 비하여 상대적으로 가치와 이념에 관한 연관성을 지니고 있다.

가치 개입적 정책

③ **희소성의 원칙이 지배하는 정책** : 사회복지정책은 사회 내의 한정된 자원으로써 충족되지 않고 존재하는 욕구를 해결하기 위한 정책이라는 의미이다.

④ **이익집단의 힘이 약한 정책** : 사회복지정책은 다른 정책에 비하여 정책의 부산물인 사회복지서비스를 향유하는 대상집단이 이익집단화되는 경우가 많지 않다.

이익집단의 힘이 약한 정책

⑤ **내용 포착이 어려운 정책** : 사회복지정책은 경제적·화폐적 계량화가 어려우므로 사회복지정책의 개념화와 내용 포착이 용이하지 않다. 그리고 정책목표가 모호하게 설정되는 경우가 많으므로 복지정책의 내용과 영역이 불분명한 경우가 많다.

그 밖의 사회복지정책의 특성으로는 다음과 같다(박병현, 2003).

⑥ **인간지향적 정책** : 어떤 사람이든 누구나 인간으로서의 존엄성을 지켜나가면서 인간으로서 대우받을 수 있는 생활을 보장하는 데 그 목적이 있으므로 인간의 존엄성을 기본 가치로 하는 정책이다.

⑦ **재분배정책**(소득의 일방적 이전 정책) : 경제정책은 재화의 생산을 통한 소득의 증대가 그 목적이나 사회복지정책은 경제 성장의 과실로서 나타나는 증대된 소득의 배분에 관한 것이다. 경제정책은 사회 구성원들 사이에 시장기구

소득의 일방적 이전을 전제

를 통해 이루어지는 교환관계, 곧 쌍방적 이전을 전제로 하지만 사회복지정책에서는 주로 급여 제공이라는 소득의 일방적 이전[13]을 내용으로 하여 수립된다는 점에서 그 특징이 있다.

⑧ **정책형성 또는 집행에 있어 클라이언트의 참여를 필요로 하는 정책** : 사회복지정책의 대상이 클라이언트이고 정책의 성과 역시 클라이언트에게 달려 있는 까닭에 그 어떤 다른 분야의 정책보다도 클라이언트의 참여가 요구된다.

제 3 절 사회복지정책의 목표

우리말 큰사전(1991 : 1439)에 의하면 목표란 "목적을 이루기 위하여 실제적 대상으로 삼는 것"으로 되어 있다. 정책목표(objective)란 주어진 시간 안에 프로그램(정책)이 성취하기를 의도하는 결과와 영향을 기술하는 것이다(Myron, 1990 : 254-255). 즉, 사회복지정책의 목표는 사회복지정책의 목적(인간의 존엄성, 삶의 질 향상, 인간과 환경 간의 조화, 정상화 등)을 달성하기 위한 구체적·실제적인 대상이라고 볼 수 있다.

1. 정책목표의 성격과 중요성

정책목표의 성격

사회복지정책의 가치와 이념이 실현되는 것으로서 정책목표는 다음 네 가지의 성격을 가지고 있다. 즉, ① 정책목표는 미래지향적 성격을 가진다. ② 정책목표는 정통성(legitimacy)의 근거를 제공하는 기능적 성격을 가진다. ③ 정책목표는 공통적인 것(commonness)이라는 속성을 가진다. ④ 정책목표는 효과성(effectiveness)의 기준이 된다.

또한 정책목표를 설정하는 이유는 다음과 같은 세 가지의 중요성이 있기 때문이다. ① 정책목표는 정책개발 내지 정책분석 활동의 방향을 제시한다. ② 정책

13) Titmuss는 사회정책이란 기존의 사회적 장치로서는 해결할 수 없는 욕구 충족에 관련된 것으로서 경제정책이 쌍방적 이전(bilateral transfer)에 의해 이루어지는 것과는 달리 일방적 이전(unilateral transfer)이나 선물(gift)형태로 이루어지는 정부의 활동이라고 하였다.

목표는 정책의 집행을 구속하는 행동지침이 된다. ③ 정책목표는 정책집행의 결과 및 성과를 평가하는 기준이 되기 때문이다(Easton, 1965 : 358).

2. 정책목표의 유형

1) 장기적 목표와 단기적 목표

정책의 목표는 우선 단기적인 목표와 장기적인 목표로 구분할 수 있고, 대부분의 정책들은 이러한 두 가지 목표를 동시에 가지고 있다. 그런데 문제가 되는 것은 이러한 두 가지 목표가 흔히 혼동됨으로써 정책의 내용에서 이 두 가지 목표가 명확하게 구분되지 못하는 데 있다. 특히 장기적 목표는 일반적으로 정확히 예측하여 설정하기가 어렵기 때문에 정책내용의 장기적 효과 분석에는 많은 논란이 존재할 수 있다.

2) 공표된 목표와 숨어 있는 목표

공표된 목표는 일반적으로 정부의 문서를 통해 발표되거나 책임 있는 관련자를 통해 천명된다. 숨어 있는 목표 혹은 드러나지 않은 목표는 두 가지 측면에서 이해된다. 그 첫째는 밝힐 필요가 없는 사소한 사항에 관한 것이거나 고위 정책결정권자들 사이에서 이해되는 목표이다(George & Wilding, 1984 : 2-4). 숨어 있는 목표가 특히 문제시될 수 있는 점은, 숨어 있는 목표가 드러난 목표와 전연 다르거나 상충적인 목표를 가질 경우이다. 이는 보통 정치적인 목적에서 나온 것으로서, 사회복지정책 발달 이론으로 '음모이론(conspiracy theory)' 혹은 '사회통제이론(social control theory)'으로 불리는데, 이는 숨어 있는 정책목표는 정치지배집단의 이익을 옹호하는 것이고, 겉으로는 그럴듯한 명분을 정책목표로 내세워 정책을 실행한다는 것이다(현외성, 2005 : 50).

숨어 있는 목표
– 음모이론

3) 의도한 목표와 의도하지 않은 목표

정책의 목표는 또한 의도한 목표와 의도하지 않은 목표로도 구분할 수 있다.

의도한 목표는 특정한 정책의 대상, 효과 등과 관련하여 정책입안 초기에 미리 의도했던 목표를 말하는 것이고, 의도하지 않은 목표는 정책의 목표설정 당시에는 예상하지 못한 것으로 정책의 집행과정에서 나타난 부수적인 결과로서 확인 가능한 것이다.

사회복지정책 목표는 문제해결과 욕구 충족이라는 목표를 궁극적으로 지향하므로 문제의 내용과 욕구의 내용에 1 : 1로 대응하여 정책목표와 수단이 강구되는 경향이 있다. 그럼에도 불구하고 대부분의 사회복지정책은 복합적인 정책목표를 지닌다고 볼 수 있다.

4) 무형목표와 유형목표

정책목표의 유형성(tangibleness)의 기준에 따라 무형목표와 유형목표로 구별할 수 있다. 무형목표(intangible goal)는 내용이 추상적이어서 구체성이 없는 것을 말한다. 유형목표(tangible goal)는 내용이 구체적이며 계량화가 가능한 목표를 말한다. 이러한 구분은 상위목표와 하위목표의 구별과 유사하다. 그것은 상위목표일수록 추상적이고 관념적이기 때문에 무형목표일 가능성이 많고, 하위목표일수록 구체적이고 실제적이기 때문에 유형목표일 가능성이 많기 때문이다.

하위목표 – 유형목표

5) 창조적 목표와 치유적 목표

치유적 목표

창조적 목표는 이때까지 없었던 새로운 상태를 정책목표로 내세우는 것이다. 예를 들어, 참여정부의 희망한국 비전 2030에서는 1인당 GDP 4만 9천 달러, 복지지출 수준 21%로 2001년 OECD 평균(21.2%), 삶의 질 세계 10위를 목표로 하는 것에서 볼 수 있다. 치유적 목표(remedial goal)는 정책문제를 해결할 것을 목표로 삼는 경우이다. 실업자가 많을 때 실업을 감소시키거나 출산율이 하락할 때 출산율 증대정책 등으로, 예를 들어 우리나라의 저출산 고령화 대책이 여기에 해당될 것이다. 이 경우에 목표를 달성하는 정도를 나타내는 효과성은 결국 정책문제를 해결한 정도를 의미한다.

3. 사회복지정책의 목표

사회복지정책의 목표

사회복지정책의 기본 목표는 인간의 존엄성을 유지하는 것이다. 인간의 존엄성 사상은 이미 오래전부터 현대사회에 이르기까지 중요시되고 있고 사회복지의 기본적 목표로 자리 잡았다. 사회복지정책의 목표를 사회기능적으로 구분하여 보면 다음 다섯 가지로 요약해 볼 수 있다.

1) 사회통합과 질서유지

사회복지정책은 사회적 약자들의 어려움을 해결하여 사회통합과 질서유지를 시도하면서, 한편으로 이들을 사회적으로 격리하고 억제하여 현 상태의 파괴를 방지하고 유지하려는 기능을 가진다.

2) 경제성장과 안정화

① **경제성장** : 사회복지활동은 인적자본의 질적 수준을 향상시켜 생산에서의 경쟁력을 확보함으로써 경제성장에 기여한다.

② **경기변동 시 조정을 통한 경제 안정화** : 사회복지는 경기가 호황이 되면 조세나 사회보장비의 부담을 증가시켜 경기를 진정시키고, 불황 시에는 조세나 사회보장비 부담을 감소시켜 경기를 자극하는 경기변동 시 조정을 통하여 경기 안정화에 기여한다.

단기적으로 사회복지는 경제에 마이너스 효과를 가져오지만 장기적으로 플러스 효과를 가져오는 것으로 인정된다(제3부 제10장 제3절 정책효과 참조).

3) 개인적 자립과 성장

개인이 스스로 자신의 생활을 결정하고 영위할 수 있는 데까지 이르도록 자립을 지원하는 역할과 모든 사람이 제각기 능력에 따라 성장하고 발달할 수 있는 잠재력을 발휘할 수 있도록 원조하는 기능을 한다. 즉, 사회복지는 인간의 잠재력과 성장 가능성을 인정하고 '자기결정권(self determination)'의 원리를 중시한다.

4) 소득재분배에 의한 평등의 추구

소득의 재분배를 통하여 평등화 경향을 추구한다. 소득재분배란 개인이 취득하는 소득을 조정하기 위한 목적으로 시행되는 국가정책이다. 주로 누진세 등에 의한 조세정책이나 공공부조나 공적연금, 건강보험 등 사회보장급여를 통한 재정지출에 의해 이루어진다. 그리하여 소득재분배는 빈곤완화효과와 소득불균형 완화효과 등으로 나타난다(제3부 제10장 제3절 정책효과 참조).

오늘날 사회보장에 의한 소득재분배의 유형과 형태는 <표 1−3>과 같다.

소득재분배 유형

〈표 1-3〉 소득재분배의 유형과 형태

유형		내용	형태
세대 내 재분배		젊은 시절 소득 적립 후 노년기에 환급	적립방식의 연금
세대 간 재분배		노령세대 대 근로세대 근로세대 대 아동세대	부과방식의 연금, 기초노령연금 가족(아동)수당
세대 내 재분배	수직적 재분배	소득계층 간(고소득자에서 저소득자)	공공부조, 사회복지서비스
	수평적 재분배	위험미발생집단 대 위험발생집단 건강한 자 → 병자 취업자 → 실업자 근로자 → 재해자	국민건강보험 고용보험 산재보험
시간적 재분배		동일인에 대해서 시기에 따른 소득격차를 시정	연금
공간적 재분배		도시와 농촌, 상공업지역과 농어촌 지역	도시지역과 농촌지역의 국민건강보험
장기적 재분배		청년기 → 노년기 생애에 걸친 장기간의 재분배	적립방식의 연금
단기적 재분배		현재 드러난 욕구 충족을 목적으로 현재 문제를 해결하기 위해	공공부조

5) 정상화 이념의 추구

정상화 이념이란?

정상화(normalization)는 1959년 덴마크에서 정신지체인을 대상으로, '정신지체인을 가능한 한 최대로 정상적인 생활조건(normal living condition)에 가깝게 생존하도록 하는 것'이라고 정의한 정신지체인법에서 출발하였다. 이는 후에 Mikelsen에 의하여 '정신지체인에게 주거, 교육, 일, 취미활동 등을 포함하여 다른 모든 시민들이 갖는 인간의 기본권을 제공하는 것'을 의미하는 개념으로 발전되었다.

1945년 이후 장애인을 위한 서비스 개발은 세 가지의 독특한 단계를 거치면서 발전하였다. 그 첫 번째 단계는 보호 차원의 배려에 중점을 두는 서비스 개발이다. 두 번째 단계는 훈련과 교육에 중점을 두는 서비스 개발이다. 세 번째 단계는 지역사회 내에서의 통합된 생활에, 즉 지역사회생활에 초점을 두는 서비스 개발이다.

사회복지정책의 역할과 기능

1. 생존권보장기능 – National Minimum 보장
2. 생활과 경제의 변동에 대한 안정 기능
   1) 노령(퇴직), 상병, 실업 시의 생활수준 저하의 완화
   2) 경기변동의 안정화 기능
      - 자동안정화(built in stabilization) 기능
      - 유효수요를 확대하여 불황을 극복하는 기능
3. 소득재분배기능
   1) 수직적 재분배기능
   2) 수평적 재분배기능
   3) 세대 간 재분배기능
4. 사회통합기능
5. 자원배분의 효율화기능 – 시장실패의 시정(제5부 제15장 제5절 2. 파트너십의 출현 배경 참조)

제 4 절 사회복지정책의 영역

Townsend(1970)는 소득보장, 건강, 교육, 주택 그리고 대인적 사회서비스 등 다섯 가지를 사회복지정책의 영역으로 보고 있다. 또한 DiNitto(1995 : 3)는 미국의 사회복지정책의 영역을 소득보장, 영양, 건강, 사회서비스 등 네 가지 영역으로 나누어 설명하고 있다. Titmuss는 『복지의 사회적 분화』라는 저서에서 사회정책의 구성으로서 사회보장과 비영리대인서비스를 포함하는 사회복지뿐만 아니라재정복지(fiscal welfare), 기업복지를 포함한다고 하였다. 여기서 재정복지란 어떤 집단에게 급여를 제공하기 위해 조세제도를 사용하는 것으로서, 예를 들어 Titmuss

Titmuss의 사회정책의 영역
– 사회복지
– 재정복지
– 기업복지

는 가족 중에 노인이나 장애인이 있는 경우 소득세 감면 혜택을 받는 것도 복지의 한 부분으로 간주한 것이다.

이와 같이 Titmuss(1969)는 사회(복지)정책의 영역을 포괄적으로 해석하여 조세정책을 사회복지정책의 영역에 넣기도 하며, Kahn(1979)과 Hill(1980)은 노동시장정책(고용정책)을 사회복지정책의 영역에 넣기도 한다(박경일 외, 2003). 조세정책의 경우 비록 소득보장정책과 같이 직접적인 급여를 통하여 소득을 보장하지는 않더라도 간접적으로 소득재분배에 크게 기여한다. 특히 우리나라의 경우 소득공제제도는 중산층의 다자녀가족을 위한 소득재분배정책으로서 재정복지의 한 형태로 볼 수 있다.

한편 노동시장정책의 경우 이들 정책들은 저소득계층이 시장에서 얻는 일차소득을 높이는 데 크게 기여하기 때문에 전체적인 소득보장이라는 차원에서 본다면 이차소득과 관련된 소득보장정책과 더불어 사회복지정책의 영역에 포함될 수 있다(송근원·김태성, 1999 : 31). 또한 사법정책의 한 영역으로서 비행청소년이나 범죄자들의 사회적 처우의 한 형태로서 보호관찰제도나 빈곤자들의 법적 권리를 보장해 주는 법률구조제도도 광의의 사회복지정책 영역에 포함될 수 있다.

〈표 1-4〉 사회복지정책의 영역 및 내용

사회복지정책의 영역		사회복지정책의 내용
협의의 사회복지 정책	소득보장정책	사회보험, 공공부조, 각종 사회수당제도, 보육수당, 장애수당, 양육수당 등
	건강보장정책	국민보건서비스, 건강보험, 의료급여, 공비부담제도 등
	대인적 사회서비스	영유아 복지, 아동·청소년복지, 노인복지, 모부자복지, 장애인복지 등
	주택정책	주택담보대출제도, 영구임대주택, 주거환경개선사업 등
광의의 사회복지 정책	교육정책	저소득 중·고등학교 재학생 학비지원, 학교급식, 산업체 부설학교, 장학금 등
	조세정책	부(負)의 소득세(NIT : Negative Income Tax)*, 근로소득공제제도(EITC) 등**
	노동정책	고용정책, 최저임금제도, 산업복지 등
	사법정책	보호관찰제도, 갱생보호제도, 법률구조제도

* 제7장 제3절 참조. ** 제12장 제4절 참조.
출처 : 송근원·김태성(1999). 사회복지정책론. 나남출판, p. 32 재구성.

사회복지정책의 고유 영역을 설정하는 작업은 궁극적으로 공공행정상의 편의를 고려할 때 가능한 것으로서 절대적인 구분은 사실상 불가능하다. 그렇지만 사회복지정책의 영역에 사회보장 또는 소득보장, 대인적 사회서비스 및 보건 또는 건강을 포함시키는 데에 아무런 이의를 제기하지 않는다. 그러므로 사회복지정책은 좁게 해석하면 소득보장, 건강보장, 대인적 사회서비스, 주택정책의 네 가지 영역으로, 넓게 해석하면 소득보장, 건강보장, 대인적 사회서비스, 주택정책, 교육정책, 조세정책, 노동정책, 사법정책 등 8대 영역으로 구성되어 있다고 할 수 있다.

제 5 절 사회복지정책의 연구방법

1. 사회복지정책학과 사회 제 과학

사회과학은 동일하게 되풀이되고 있는 자연현상을 일정한 조건하에서 실험을 통하여 객관적인 관계법칙을 규명하는 자연과학과는 달리 동일한 내용이 되풀이되지 않고 끊임없이 변화하고 있는 사회현상을 규명하는 과학이라는 특징을 가지고 있다.

사회과학이 사회현상과 인간관계 현상을 연구대상으로 삼고 있는 데 비해 사회복지학은 어떠한 사회현상에 내재하는 사회문제에 대처해 나가기 위한 사회적 대책이다. 따라서 사회복지학은 그것이 어떠한 상태나 표현방식을 취하든 학문적 연구방법은 사회과학적이어야 한다. 그렇기 때문에 사회문제에 대한 연구방법은 사회과학적이어야 하며 그 실천은 문제해결과 복지발전을 목적으로 해야 한다. 이러한 목적에서 사회과학과 사회복지학의 관련성이 있다. 사회과학은 사회적 지식을 생산하고 그 지식을 이용하여 문제해결의 능력을 제고시켜야 하는데, 사회복지학 또한 문제해결을 위해서 끊임없이 지식을 추구하고 있다. 사회복지정책학 또한 사회복지학의 하위체계로서, 거시적 접근방법의 하나로서 사회복지적 문제해결을 위해서는 사회과학적 연구방법을 활용하고 발전시키는 데 기여하고 있다. 여기에서 사회복지정책의 상위개념인 사회복지학과 관련 사회과학과

의 관계를 살펴보면 |그림 1-2|와 같다. 결국 사회복지정책은 사회복지학이 추구하고자 하는 인간의 존엄이나 인간과 환경과의 조화, 사회통합, 개인의 욕구나 사회문제의 해결 등을 실현하기 위한 지속적인 계획이며 행동원칙이고 선택인 것이다(박경일 외, 2004).

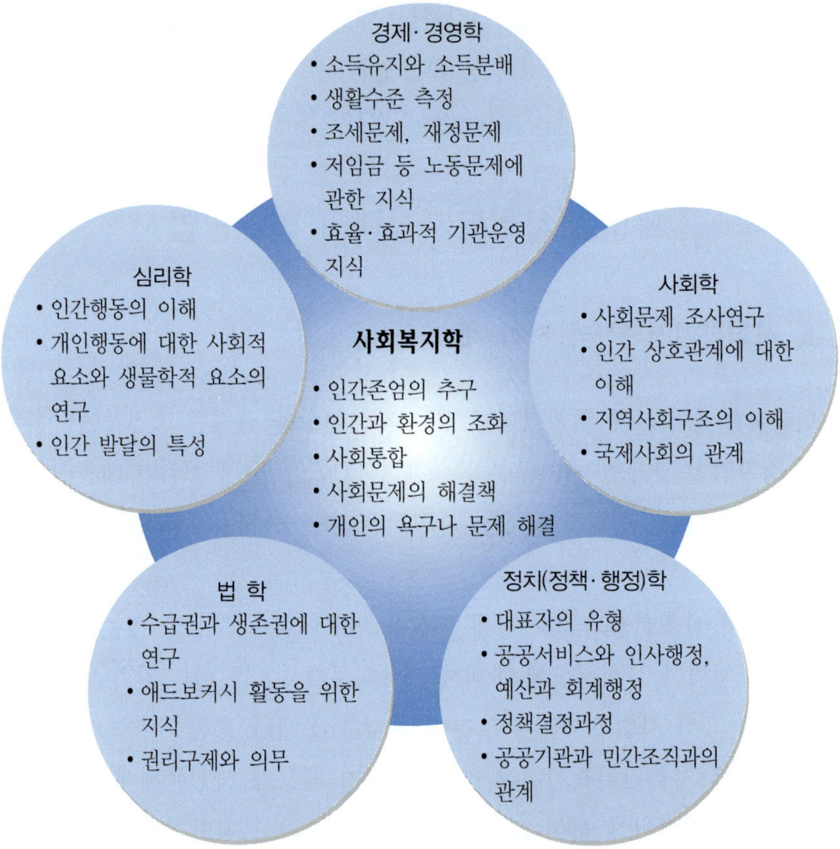

|그림 1-2| 사회복지학과 관련 사회과학

2. 정책론·행정론(관리론)·실천론(임상론)과의 관계

사회복지학의 분류는 실천론과 정책론으로 구분하기도 하고 직접적 서비스와 간접적 서비스로 나누기도 한다. 그러나 우리나라에서 가장 보편적으로 사용되고 있는 분류방법은 유럽의 사회행정이나 사회정책학의 전통까지를 포괄하는 정책론과 미국의 전문사회사업기술론을 포괄하는 실천론이다. 사회복지실천론은 전문기술을 구사하여 개인의 욕구나 문제를 해결하거나 인간관계를 조정하는 기술체계로 보고 있는 데 반해, 사회복지정책론은 자본주의의 사회구조와 모순인 불평등이나 빈곤과 같은 사회문제나 욕구를 해결하기 위한 제도체계로 보고 있다. 즉, 법이나 제도 등의 정책은 전체 인간생활의 일정한 수준이나 범위를 다루는 것이고, 복지서비스로 나타나는 기술은 개별화된 원조활동을 통해 사회복지를 실현하고자 하는 것이다. 따라서 정책론과 실천론이 상호협동적으로 균형과 조화를 이루어 나갈 수 있도록 하는 데 사회복지방법론의 근본적인 과제가 있다고 하겠다.

한편 정책론, 행정론(관리론), 실천론의 관계를 살펴보기 위하여 사회복지 system을 욕구, 서비스, 정책의 개념과 관련해서 살펴보면 |그림 1-3|과 같다. 즉, 사회복지는 인간의 욕구에 대해 서비스를 제공하는 것이며, 이러한 서비스의 제공은 정책에 의해 이루어진다는 것이다. 이때 욕구에 대처하는 서비스를 연구하는 방법론은 실천론(임상론)이고 서비스가 제도화되도록 의사결정이 이루어지는 방법론은 정책론으로 설명할 수 있다. 그리고 이러한 정책론과 실천론의 중간영역에서 이루어지는 조직 및 서비스 관리의 방법과 활동들이 행정론(관리론)이라고 할 수 있을 것이다.

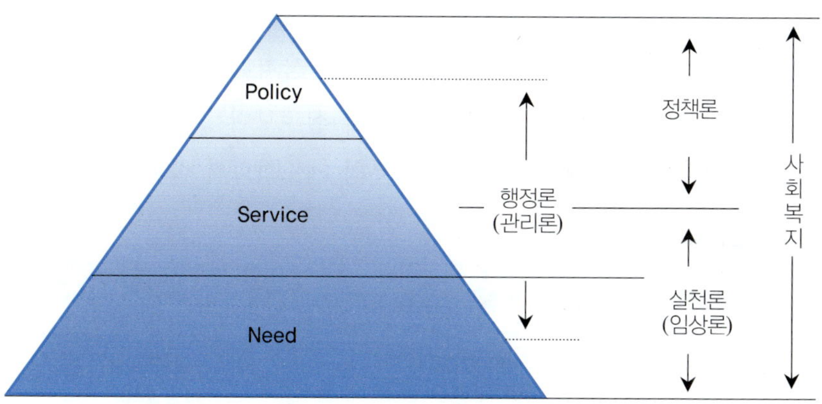

|그림 1-3| 사회복지 system의 내부구조

3. 사회(복지)정책 연구의 분류

정책연구의 분야

지금까지 정책연구의 경향에서 볼 때 정책연구의 분야는 ① 정책결정요인 연구(policy determination study)로서 정책형성에 영향을 미치는 정치, 경제, 사회, 문화, 인구적 요인들을 찾아내고 그 영향력을 밝히는 연구와, ② 정책영향 연구(policy impact study)로서 정책 시행의 성공 여부를 평가하고 그 원인을 규명하는 연구들과, ③ 기존 연구로서 정책발달에 관한 이론적 연구와 정책접근방법에 관한 연구들이 있다(송근원, 1994 : 19).

한편 사회복지정책 연구는 그 초점을 일차적으로 외적 환경(정치, 경제, 사회, 문화 등)에 두느냐, 내적 구조(사회복지의 가치나 운영방법 등)에 두느냐, 그리고 어떤 사실에 대한 당위성이나 법칙이나 원리를 연구하는 규범적 연구냐 어떤 현상에 대한 원인이나 내용을 서술하는 설명적 연구냐에 따라 크게 네 가지로 분류할 수 있다. 예를 들어, 사회복지정책의 외적 환경에 대해 규범적으로 연구하는 것은 사회복지정책의 형성이나 발달에 대한 이론적 연구(Ⅰ)이고, 사회복지정책의 외적 환경에 대해 설명하는 것은 사회복지정책의 결과 연구(Ⅱ)로서 주로 사회복지정책 발달사가 될 것이다. 그리고 사회복지정책의 내적 구조에 대해 규범적으로 연구하는 것은 사회복지정책의 원칙과 방법 연구(Ⅲ)이고, 내적 구조에 대해 설명하는 것은 사회복지정책의 체계나 제도에 대한 연구(Ⅳ)이다. 우리는 사회복지정책을 연구할 때 위의 네 가지 유형을 모두 연구하지만 본 서에서는 Ⅰ은 제3부의 정책 형성과 분석, 제1부의 정책발달이론으로 살펴보고, Ⅱ는 제2부의 정책선택의 결과로서 각국의 사회복지정책 발달사를 살펴보며 그리고 Ⅲ은 제2부의 정책선택의 방법으로서 살펴보고, Ⅳ는 제4부의 제도화로서 살펴본다.

〈표 1-5〉 사회복지정책 연구의 분류

초 점	규범적	설명적
외적 환경 (거시적 연구)	Ⅰ 사회복지정책의 형성과 발달의 이론적 연구	Ⅱ 사회복지정책의 결과 연구 (발달사)
내적 구조 (미시적 연구)	Ⅲ 사회복지정책 운영의 원칙과 방법 연구	Ⅳ 사회복지정책 제도 연구

Gilbert와 Specht(1986)는 정책분석을 보다 세분화하여 사회복지정책 분석의 유형으로 과정(Process)분석, 산출(Product)분석, 성과(Performance)분석이라는 소위 3P 분석을 제시하였다. 여기서 Gilbert와 Specht의 과정분석은 Ⅰ에 해당되고, 산출분석은 Ⅳ에 해당되며, 성과분석은 Ⅲ에 해당된다고 볼 수 있을 것이다. 이와 같이 각 학자들에 따라 사회복지정책을 연구하는 방법은 각기 다름을 알 수 있다(보다 자세한 내용은 제3부 정책 형성과 분석 참조).

3P 분석

CHAPTER 02

사회복지정책의 가치와 이념적 모형

제1절 사회복지정책의 가치

1. 사회복지정책에서 가치의 의의

가치는 귀중함의 정도 혹은 중요함의 비중을 구분하는 것과 연관된다. 가치는 주관적이고 개인마다 다른 비중을 가진다. 또한 사회경제적 여건에 따라 개인적·사회적 가치기준이 변화한다. 물론 한 개인의 가치 역시 연령이나 자신이 살아가는 상황에 따라 변화될 수도 있다.

한편 정책이란 사회 구성원 사이에 제한적인 사회적 자원을 어떻게 배분할 것인가라는 논의의 결과로 만들어지는 소산이다. 이러한 의미에서 볼 때, 정책선택에는 가치선호가 결정적인 역할과 기능을 할 수 있으므로 정책연구에서 가치에 대한 연구와 분석이 매우 중요하다. 특히 사회복지정책은 다른 어떤 정책보다도 추상적이고 예민한 가치적 반영을 포함하는 것이니만큼 가치분석과 선택이 중요하다.

사회복지정책의 가치에 대해 많은 학자들이 각자의 견해를 제시하였다.

Friedlander는 개인존중의 가치, 자기 결정권의 가치, 기회 균등의 가치, 사회 연대성의 가치의 네 가지를 사회사업의 가치로 들고 있다.

Gilbert와 Terrell(1998 : 69-73)은 사회복지정책의 분석을 위한 가치로서 ① 급여의 할당과 관련하여 평등성(equality), ② 공정한 처우(fair treatment)라는 관점에서

Gilbert와 Terrell의 사회복지정책 분석을 위한 가치

형평성(equity), ③ 신체적·정신적 바람직한 수준의 제공이라는 점에서 적절성(adequacy)의 세 가지 가치를 제시하였다. 여기서는 사회복지정책의 기본적 가치로서 인간의 존엄성과 생존권, 사회연대 의식을 살펴보고 상대적 가치로서 자유, 평등, 형평, 적절성, 효과성, 효율성, 사회정의, 국민적 최저기준을 살펴본다. 기본적 가치는 국가나 시대에 관계없이 누구나 보편적으로 믿고 추구하는 신념이며, 상대적 가치는 국가나 시대에 따라서 혹은 그 사회의 사회경제적 여건에 따라서 그 비중이나 중요함이 달라질 수 있는 신념이다. 본 장에서는 사회복지정책의 기본적 가치와 상대적 가치로 구분하여 서술하고자 한다.

2. 사회복지정책의 기본적 가치

1) 인간의 존엄성

무엇보다도 중요한 사회복지의 가치는 인간의 존중이다. 이것은 인간이 가지고 태어난 가치이다. 인간은 인간이 실제로 무엇을 하고 있고, 무엇을 할 수 있는가 혹은 어떤 상태나 상황에 놓여 있는가와는 관계없이 존중해야 한다. 즉, 인종, 성, 경제적·정치적·사회적 지위, 종교, 국적, 지능, 육체적 조건이라는 속성으로 인해 무시되거나 차별받아서는 안 된다.

이러한 인간 존중의 가치는 세계인권선언문과 우리나라의 경우 헌법 제10조 "모든 국민은 인간으로서 존엄과 가치를 가지며 행복을 추구할 권리를 가진다"를 통해 선언하고 있다. 인간 존엄의 가치는 이러한 제도적 규정에만 머물지 않고, 사회복지실천 원칙의 하나인 '수용'에도 잘 내포되어 있다.

세계인권선언문

세계인권선언문

(제1조) 모든 사람은 태어나면서부터 자유로우며, 동등하게 존엄성과 권리를 보장받아야 합니다. 여러분은 인간이라는 이유만으로, 지구상의 모든 사람들과 똑같은 권리를 가지고 있습니다. 이 권리는 양도될 수 없는 것으로, 누구도 빼앗을 수 없는 권리입니다. 모든 개인은 자신이 누구든지, 어디에 살든지 관계없이 존엄성을 보장받아야 합니다.

1948년 12월 10일

2) 생존권

생존권은 기본적 인권의 하나로서 인간이 인간답게 살아갈 권리이며, 국가에 대하여 인간의 생존을 유지할 수 있는 생활에 필요한 서비스를 요구할 수 있는 권리로서, 사회복지정책이 추구하는 중요한 가치이다. 자본주의가 발전해 감에 따라 빈부의 격차가 심해지고 사람들의 생활이 생존의 위기에 처해지면서 생존권의 개념이 등장하였는데 1919년 독일의 바이마르 헌법에서 최초로 생존권과 관련된 조항이 신설되었다.

최초의 생존권 규정은?

생존권 보장이란 국민 전체를 평등하게 만드는 것을 의미하는 것은 아니며 빈곤, 질병 또는 재해 등으로 최저생활수준에 미달하거나 생계위협을 받는 사람들에게 생활비 지급 등을 통하여 인간다운 생활을 보장해 주는 것을 말한다. 결국 사회복지정책은 국민의 생존 혹은 생활에 필요한 여러 가지 조건의 확보를 국가에 대하여 요구할 수 있는 권리인 생존권 혹은 복지권을 실현시켜 주기 위한 것이다. 우리나라 헌법 제34조에서는 “모든 국민은 인간다운 생활을 할 권리를 가진다”라고 규정함으로써 생존권보다 구체적으로 생활권의 보장을 밝히고 있다.

3) 사회연대 의식

연대(solidarity)는 ‘두 사람 이상이 함께 무슨 일을 하거나 함께 책임을 지는 일’이라는 사전적 의미를 가지는 용어이다. 따라서 연대는 인간의 사회성에 대한 신념을 내포하고 있으며, 서로에 대한 책임감을 강조한다.

사회연대 의식은 사회 구성원들이 사회에 대하여 가지고 있는 소속감 및 연대감을 말한다. 자본주의 사회가 개개인의 능력이나 경쟁을 지나치게 강조한 나머지 사회적 불평등과 인간소외 현상을 가져왔다고 보고 따라서 사회복지정책은 사회 구성원 간의 따뜻한 정과 협동정신을 강조한다. 사람들은 공통의 위험에 빠지게 되면 이를 제거하기 위해 협동하는 것이 필요하고 이러한 협동과 상호부조를 통하여 위험을 제거하거나 예방하게 된다. 오늘날 대표적인 (구)사회적 위험이라고 할 수 있는 빈곤, 질병, 노령, 사망, 재해 등에 대해 국가적인 차원에서 마련되고 있는 사회보험제도들은 바로 이러한 (구)사회적 위험에 대한 공동의 협동과 책임을 전제로 한 사회적 연대의식이라는 가치의 실현이다(박경일 외, 2000 : 33-34).

3. 사회복지정책의 상대적 가치

1) 자 유

자유(freedom)라는 개념은 개인이 억제나 구속에서 벗어나(소극적 자유) 무엇인가를 할 수 있는 것(적극적인 자유)이며, 동시에 선택할 수 있는 것(심리적 자유)이다(Spicker, 1988 : 44-45).

먼저 소극적 자유(negative freedom)는 다른 사람의 간섭 혹은 의지(will)로부터의 자유이다. 그런데 소극적 자유는 강요와 강압의 부재를 의미하기 때문에 침해당할 수 있는 경우가 간혹 존재하게 되는데, 대표적 예가 사회복지사의 가정방문을 받게 된다거나, 아동이 학교를 다니지 않으면 안 되는 경우이다. 따라서 이와 같은 소극적 자유의 침해 상황은 다른 사회복지의 가치를 통해 정당화되어야 한다.

적극적 자유란?

두 번째는 적극적 자유(positive freedom)로, 자신이 선택한 대로 행동할 수 있는 힘을 의미한다. 즉, 강압의 부재가 아니라 행동할 수 있는 능력이다. 한 가지 예로, 움직이기조차 힘들고, 시각장애까지 가진 어떤 중증장애인이 장애인보호시설에서 생활하면서, 사회복지사의 도움으로 정해진 시간에 식사를 하게 되고, 옷도 갈아입고 있다. 이 장애인은 자유로운가? 소극적 자유의 관점에서 본다면 이 장애인은 어떠한 강요를 당하지 않기 때문에 자유로운 것은 확실하다. 그러나 적극적 자유의 측면에서 본다면, 선택의 여지가 없기 때문에 자유롭지 못한 것이다.

세 번째는 심리적 자유(psychological freedom)로, 이것은 선택할 수 있는 능력을 의미한다. 앞의 장애인의 경우에도 이러한 의미에서 자유롭지 못하다. 따라서 이 장애인은 지속적인 의사소통과 재활교육을 통해 상당한 정도의 자유를 획득할 수 있게 되고, 또한 아동에게 부여된 의무교육은 바로 행동할 수 있는 힘(적극적 자유)과 선택능력(심리적 자유)을 갖도록 하기 위해 있는 것이다.

결국 국가가 사회복지제도를 실시하고, 사회복지사가 행하는 개입활동은 개인의 자유를 침해하는 것으로 비칠 수도 있지만, 이러한 활동이 정당화되는 것은 개인이 선택할 수 있는 힘을 증가시킬 수 있기 때문이며, 또한 다른 가치 기반, 즉 인간의 존중이나 평등의 실현 등에 근거하기 때문이다. 더욱이 사회복지 가치로서 자유의 중요성은 사회복지 실천원칙 중의 하나인 자기결정권의 존중에 그대로 담겨 있다. 자유의 중요성

〈표 2-1〉 **소극적 자유와 적극적 자유, 심리적 자유**

소극적 자유	적극적 자유	심리적 자유
• 다른 사람의 간섭이나 의지로부터의 자유 • 기회(opportunity) 강조	• 자신이 원하는 것을 할 수 있는 자유 • 능력(capacity) 강조	• 자신이 선택할 수 있는 능력 • 선택(choice) 강조

2) 평 등

일반적으로 평등에는 세 가지 유형이 있다. 즉, 기회의 평등, 조건의 평등, 결과의 평등이다.

먼저, 기회의 평등(equality of opportunity)은 오늘날 자본주의 사회에서 가장 널리 퍼져 있는 평등의 범주이다. 이것은 각 개인은 자신의 소질과 능력을 자유롭게 계발할 평등한 권리와 기회를 가질 뿐 아니라 동일한 업적에 대해서는 동일한 보상이 주어진다는 입장이다. 또한 모든 사회적 제도에 대한 접근을 모든 사람에게 균등하게 열어놓는다는 입장을 밝히고 있다. 거기에는 혈통, 종교, 가문 등의 객관적 조건이 아니라 개인의 주관적 능력이 결정적인 규정 요소로 등장한다. 기회의 평등

비유한다면, 모든 사람을—신체장애인, 건강한 청년, 부유층의 자녀, 철거민의 아이든 가리지 않고—100m 출발선 위에 똑같이 세워놓고 자유롭게 달리기 경주를 시키는 경우와 흡사하다. 즉, 평등한 출발이라 할 수 있는 뛸 수 있는 기회를 똑같이 제공하는 것이다. 이와 같이 기회의 균등은 가장 소극적인 평등 개념으로 결과가 평등한가 아닌가를 완전히 무시한 채 결과를 얻을 수 있는 과정상의 기회만을 똑같이 평등하게 해주는 것이다. 따라서 과정상의 기회만 평등하다면 그로 인한 결과의 불평등은 아무런 상관이 없다는 것이다. 결과적으로 이러

대빈곤 전쟁 (War on Poverty)

한 평등 개념을 취한다면 기회의 평등이라는 이름 아래 수많은 결과의 불평등의 존재를 합법화할 수 있을 것이다. 대표적인 예로는 1960년대 미국의 '대빈곤 전쟁(War on Poverty)' 시기에 강조되었던 각종 빈곤층 대상의 교육 및 훈련 프로그램이다(송근원·김태성, 1999). 우리나라의 대표적인 기회 평등 정책으로서는 드림스타트(Dream Start) 프로그램[1]이 있다.

두 번째, 조건의 평등(equality of condition)은 첫 번째의 것과 연결되는 것으로 사회적 기회를 획득하려는 자유경쟁의 출발 조건을 평등하게 정비하고자 노력한다. 따라서 순수하게 개인의 능력에 모든 것을 맡기는 것이 아니라 개인의 능력 부족을 사회적으로 메워주는 작업이 필수적이라 인식한다. 예컨대 100m 달리기에서 신체 장애인은 얼마쯤 앞에서 출발하도록 하는 것이다. 이러한 조건의 평등은 사회적 약자에게 호의적 조치를 취함으로써 실질적 평등을 이루려는 것으로 볼 수 있으므로 이것은 긍정적 조치, 적극적 조치 또는 차별철폐행동(affirmative action)이라고 말할 수 있다.

세 번째, 결과의 평등(equality of outcome)은 출발점이나 자연적 능력은 고려하지 않고 법적 조치나 정치적 수단을 이용하여 마지막 결과의 평등만을 얻고자 한다. 즉, 출발단계의 불평등을 마지막 단계의 사회적 평등으로 뒤바꾸어 놓으려 한다. 따라서 이 경우 자유로운 경쟁이나 개인적 역량의 발휘는 억제되거나 무시된다. 100m 달리기에서 모든 사람을 똑같이 골인시키는 것과 같다.

이러한 결과의 평등은 가장 적극적인 평등개념으로, 모든 사람에게 그들의 욕구나 능력의 차이에는 관계없이 사회적 자원을 똑같이 분배하는 것을 말한다. 그러나 수량적 평등의 개념이 의미하는 결과의 완전한 평등은 어떠한 사회에도 존재하지 않으며 현실적으로도 존재할 수 없다. 그렇지만 사회복지에는 완전한 수량적 평등은 아니더라도 부분적인 수량적 평등을 가치로 삼고 있으며 대표적 예로 공공부조를 들 수 있다.

1) 저소득·취약계층 아동(만 12세 초등학생 이하)을 대상으로 맞춤형 통합서비스를 제공하여 아동의 건강한 성장과 발달과 공평한 출발 기회를 보장함으로써 건강하고 행복한 사회 구성원으로 성장할 수 있도록 지원하는 사업이다.

〈표 2-2〉 기회의 평등, 조건의 평등, 결과의 평등

구분	기회의 평등	조건의 평등	결과의 평등
정의	각 개인은 자신의 소질과 능력을 자유롭게 계발할 평등한 권리와 기회를 가질 뿐만 아니라 동일한 업적에 대해서는 동일한 보상이 주어짐	사회적 기회를 획득하려는 자유경쟁의 출발조건을 정비하고자 노력하는 것으로 개인의 능력부족을 사회적으로 메워주는 것을 필수로 인식	출발점이나 자연적 능력은 고려하지 않고 법적 조치나 정치적 수단을 이용하여 마지막 결과의 평등만을 얻고자 함
예	• 100m 출발선 위에 똑같이 세워놓고 자유롭게 달리기 경주를 하는 것 • 미국의 War on Poverty 한국의 드림스타트	• 100m 달리기에서 신체 장애인에게 앞서 출발하도록 하는 것 • 긍정적 조치, 적극적 조치, 차별철폐행동	• 100m 달리기에서 모든 사람을 똑같이 골인시키는 것 • 공공부조

War on Poverty는 어떠한 가치를 잘 나타내는가?

3) 형평(=공정한 처우=비례적 평등)

형평성(equity)의 가치는 공정한 처우(fair treatment)라는 의미와 연관된다. 이 개념은 비례적 평등(proportional equality)을 말하는 것으로서 개인의 업적, 공헌도, 능력 및 갹출 등에 따라 사회적 자원을 분배하는 것을 의미한다. 이는 자본주의 사회에서 실질적으로 가장 널리 사용하는 개념이다. 예컨대 보훈대상자에 대한 제반 급여나 사회보험의 경우 보험료를 많이 낸 사람에게 보다 많은 급여의 혜택이 돌아가는 것도 형평의 가치를 반영한다. 전통적으로 영국의 구빈정책에서 활용되어 온 열등처우의 원칙도 그 한 예가 된다.

형평= 공정한 처우 (fair treatment) =비례적 평등

♣ 열등처우의 원칙(Principle of Less Eligibility)

정상적인 노동을 권장하기 위하여 구제의 수준을 지역사회 내 최하급 극빈 노동자의 생활수준보다 낮은 수준에서 정하는 원칙이다.

열등처우의 원칙과 형평성 가치

4) 적절성

적절성(adequacy)의 가치는 사회복지급여 할당이 평등한가 혹은 그의 업적에 따른 비례적인 것(형평)이냐 하는 것과는 달리, 급여수준이 신체적·정신적 안녕에 적절한 정도가 되어야 한다는 것을 말한다. 즉, 사회복지급여는 개인이 살아가고 있는 사회적 수준에 적절한 정도의 수준이어야 한다는 것을 말한다. 이 사회적

사회복지정책에서 적절성의 의미를 가장 잘 내포하고 있는 것은? (예 최저생계비, 최저임금, 빈곤선)

수준에 적절성의 가치는 시장과 환경에 따라 변화하는 성격을 지닌다. 적절성은 최저생계비 혹은 최저임금, 빈곤선 등으로 구체화된다. 사회복지정책과 관련하여 사회복지의 목적이 삶의 질 향상과 인간다운 삶의 보장에 있으므로 적절성의 가치가 많이 관련되어 있다고 할 수 있다. 사회적 적절성은 급여수준이 높을수록 실현 가능성이 높다. 이런 점에서 사회보험의 사회적 적절성 실현 정도가 공공부조나 사회수당보다 높다고 볼 수 있다. 왜냐하면 공공부조는 최저생활 수준에 맞추어 급여를 주기 때문이고, 사회수당은 대상자가 아주 많아서 1인당 급여가 낮다는 점에서 사회적 적절성을 달성하기에 한계가 있기 때문이다.

5) 효과성

목표달성도 =효과성

효과성(effectiveness)은 사회복지정책이 목표달성에 적합하였는지를 나타내는 것을 말한다. 사회복지서비스를 필요로 하는 사회적 약자의 욕구에 대하여 다양한 접근방법이 있을 수 있다. 이들 욕구해결책으로서 선택된 사회복지정책이 과연 어느 정도로 적합하게 목표를 달성하였는지에 대한 관심을 말한다(정책효과성에 대해서는 제10장 제3절 참조).

6) 효율성

자원 희소성의 원칙을 잘 나타내고 있는 사회복지정책의 가치는? – 효율성

효율성(efficiency)의 문제는 무한한 사람들의 욕구를 희소한 사회적 자원으로 어떻게 하면 적절하게 해결할 수 있을까라는 의문에서 나온 것이다. 즉, 가능한 한 최소의 자원으로서 최대의 결과를 만들어 내려는 관심을 말하는 것으로서 비용과 관련된 가치이다.

파레토 최적과 배분적 효율성 =사회적 자원의 바람직한 배분 (완전경쟁, 충분한 정보, 합리적, 자발적 선택)

사회복지정책에서 효율에는 수단으로서의 효율과 파레토 효율(배분적 효율)이 있다. 수단으로서의 효율의 개념이 특정한 목표를 달성하는 데 가능한 한 적은 자원을 투입(input)하여 최대한의 산출(output)을 얻는 것을 의미하는 데 비해, 파레토 효율의 개념은 더 이상 어떠한 개선이 불가능한 최적의 자원배분 상태로서 사회적 자원의 바람직한 배분이라는 보다 포괄적인 측면에 초점을 두고 있다(김태성, 2003). 파레토 최적(배분적 효율, band off)은 완전경쟁의 시장에서 개인의 효용

을 극대화하려는 이기적인 사람들이 충분한 정보를 바탕으로 합리적이고 자발적인 선택에 의한 교환이 이루어질 때 자동적으로 사회적 자원의 바람직한 배분이 달성된다고 보는 것이다. 사회복지정책은 효율 그 자체를 목표로 하지는 않지만, 경제적 관점에서는 효율이 목표가 되기도 한다. 따라서 효율 그 자체를 목표로 삼는 경제학적 관점과 수단으로서의 효율성에 대한 사회복지정책 관점은 서로 다를 수 있으므로 사회복지사는 이 점을 잘 이해해야 한다.

이러한 효율성은 목표효율성, 운영효율성, 배분적 효율성으로 구분할 수 있다. 목표효율성은 정책이 목표하는 대상자들에게 자원이 얼마나 집중적으로 할당되는가의 여부를 판단하는 기준으로서, 대표적인 예는 사회보험과 공공부조를 들 수 있다. 공공부조가 상대적으로 저소득층에게 집중적으로 자원을 할당한다는 측면에서 목표효율성이 높다고 볼 수 있다.

목표효율성
– 선별주의 선호

운영효율성[2)]은 정책을 집행하고 운영하는 과정에서 투입되는 비용의 여부를 판단하는 기준으로서, 대표적인 예는 사회보험에서 통합주의 방식으로 관리운영되는 경우나 보편주의 방식의 사회보험제도 등을 들 수 있다. 예를 들어, 우리나라의 경우 4대 사회보험제도의 통합시스템 구축은 운영효율성을 높이기 위한 경우라고 볼 수 있다.

- 목표효율성(target efficiency) : 목표에 대한 낭비 없이 정확한 비용을 지불하고 소비자가 목표 이외에 사용할 수 없도록 하여 목표를 달성 - 선별주의 선호
- 운영효율성(operation efficiency) : 운영비를 적게 들여 비용 절감효과를 꾀하고자 함 - 보편주의 선호
- 배분적 효율성(Pareto efficiency) : 더 이상의 개선이 불가능한 최적의 자원배분 상태. 파레토 최적이라고 함
- X-효율성 : 기업이나 정부의 운영 측면에서 제기되는 효율성으로서 노동계약이 불완전하거나 조직의 생산함수 또는 생산기술이 완전하게 파악되거나 알려져 있지 않을 때 발생하게 된다(Harvey Leibenstein).

2) 운영효율성 : 사회복지정책에 필요한 재원을 마련하는 과정이나 급여를 하는 과정에서 대상자의 선정, 전달체계의 수립 등의 많은 운영비용이 필요한데, 한 연구에 의하면 이러한 비용은 GNP의 약 3% 정도라고 한다(Lampman, 1984).

7) 사회정의(Social Justice)

우리말 큰사전에 의하면 사회정의는 "모든 국민이 한결같이 인간다운 생활을 누리도록 보장하여야 하는 윤리"라고 되어 있다.

Rawls의 사회정의론

Maximin원칙 (최소수혜자에게 최대이익)

Rawls의 사회정의론은 '공정성으로서의 정의(justice as fairness)'를 강조하며, 어떠한 불평등도 가장 불리한 입장에 있는 사람들에게 최대의 이익을 부여하는 경우(maximin : 최소극대화)에는 허용이 가능하지만 기타의 경우에는 모든 결과가 평등해야 한다는 것이다. 즉, Rawls는 공리설처럼 전체적으로 더 많은 이익을 가져온다고 하여 일부 사람들을 희생시킨다든지 아니면 다른 사람들이 더 잘 살도록 하기 위하여 어떤 사람을 더 적게 가지게 하는 것은 허용될 수 없다고 본다. 요컨대 Rawls의 사회정의론은 부, 권위, 사회적 기회가 모든 사람을 위해 골고루 수혜되거나 특히 사회적으로 가장 불리한 성원을 위해 최대 혜택이 주어질 경우에만 정당하다고 보고 있다.

♣ Rawls의 사회정의론에서 공정의 원칙

첫째, 각 개인은 '타인의 대등한 자유와 양립 가능한 한 최대한의 기본적 자유'를 누릴 공평한 권리를 갖는다.

둘째, 사회적 경제적 불평등은 정의로운 저축의 원칙(just savings principle)에 의해 다음 두 조건을 만족시키도록 조정되어야 한다.

1) 차등의 원칙 : 사회적 경제적 불평등은 그 사회의 최약자인 최소수혜자에게도 최대이익이 되고, 2) 기회 균등의 원칙 : 그 불평등이 모든 사람에게 개방된 직책과 직위에 결부되어야 한다.

국민적 최저기준에 대한 설명으로 옳지 않은 것은?
→Webb 부부 최초로 사용
→베버리지 사회보장 계획에서 채택
→최저생계비
→급여수준 결정요인
→규범적 니드

8) 국민적 최저기준(National Minimum)

N. M.(National Minimum)은 국가가 사회보장, 기타의 공공정책에 의해 모든 국민에게 보장하는 최저생활 수준을 말한다. 원래는 국민적 효율(national efficiency)과 연계되어 주장된 것으로 영국 국민이 국민적 효율에 적합한 생활을 유지하는 것이 가능한 정도의 최저한을 의미한다. 영국의 Webb 부부는 고한산업에서 근로자의 열악한 생활환경을 보고 처음으로 N. M.을 제창하였고, N. M.은 1942년의

베버리지 사회보장계획에서 구체적인 정책목표로 설정되었다. 이것은 국민적 합의를 얻은 기준이라는 의미로 규범적 니드로서(제2부 제5장 제1절 참조) 규범적 개념으로 사용되는 경우도 있고, 베버리지 계획처럼 구체적인 정책 개념으로 쓰이는 경우도 있다. 국민적 최저기준이 구체적으로 나타난 것이 최저생계비이지만, 그 수준은 국가나 사회에 따라서 서로 다르거나 변하기도 한다.

Atkinson(1991 : 121)은 N. M.을 보장하는 목적이 급여수준을 결정하는 주요 요인이기 때문이라고 하였다. 그러나 그는 영국의 사회보장 발달사에 비추어 보면, N. M.이 급여수준을 결정하는 데 있어서 애매모호(ambiguity)하다고 하였다.

한편 최근 지방분권화가 추진되면서 지역적 최저수준(regional minimum)이나 시민적 최저수준(civil minimum)이 강조되고 있다. 시민적 최저수준은 1970년대 전후에 논의된 것으로 복지영역뿐만 아니라 교육, 여가 등 넓은 생활 영역에 관계되어 있다. 시빌미니멈은 생활권과 도시의 정책기준의 두 가지 측면으로 구성되어 있다. 여기서 생활권이라 함은 시민의 권리이고 그 권리가 보장되지 않을 경우, 시민은 이의를 제기하고 그 실현을 요구할 수 있다. 또 생활기준의 측면은 정책기준의 실현이 자치단체의 의무로 부여되어 있고 수치화되어 표시되는 것이 바람직하다고 주장되고 있다. 예를 들면, '인구당 복지시설 수', '전담공무원당 수급자 수', '인구당 의료병상 수', '인구당 공원면적' 등과 같이 목표치로 나타내고 있다.

- 고한산업(苦寒産業, sweating industry) : 장시간 노동, 저임금, 열악한 노동환경 등으로 대표되는 열악한 노동조건하에서 자본가의 착취로 반노예적 상태로 하는 노동을 고한노동이라고 하는데, 이러한 고한제도가 산업 자체에서 성립 기반으로 되어 광범위하게 형성되어 있는 산업을 말한다. 고한산업을 방지하기 위한 대표적인 것이 최저임금법과 노동기준법이다.

孝橋正一은 '국민의 최저생활은 왜 보장되어야 하는가?' 하는 질문을 통하여 인간은 인격을 가진 존재이기에 인간으로 태어나서부터는 최저생활이 보장되는 것이 당연하다고 하였다(박광준, 1999).

4. 사회복지정책의 패러다임 변화

사회복지정책의 패러다임 변화

패러다임은 어떤 한 시대 사람들의 견해나 사고를 지배하고 있는 이론적 틀이나 개념의 집합체와 한 학문분야의 지배적인 접근방법이나 관점을 패러다임이라 한다. 이러한 패러다임은 연구자들로 하여금 그 분야의 현상을 바라보는 세계관을 형성해 줌으로써 문제선정과 해답의 방향과 일관성을 갖게 해준다. Thomas S. Kuhn은 이러한 패러다임이 성립된 분야의 과학활동을 정상과학(正常科學, normal science)이라고 부른다. 결론적으로 패러다임이란 한 시대 특정 분야의 학자들이나 사회 전체가 공유하는 이론, 법칙, 지식, 가치, 심지어 믿음이나 관습 같은 것을 통틀어 일컫는 개념을 말하는 것이다.

일례로서 영국 복지국가 변화에 커다란 영향을 끼친 사회복지정책 패러다임의 변화 연구(김보영, 2015)에 의하면 3가지가 있다고 한다. 첫째, 복지국가의 역사에서 "요람에서 무덤까지"로 유명한 영국의 베버리지 보고서, 둘째, 80년대 이후 복지국가 위기론에서 빼놓을 수 없는 영국의 "대처리즘"이라고도 자주 인용되는 신자유주의 사상, 그리고 셋째는 2007년 대선 국면에서 영국의 신노동당 정부의 이른바 '사회투자론'이다. 이처럼 영국은 세계적으로나 우리나라에서나 전후 복지국가 건설부터 주요한 복지 패러다임의 변화를 이끌었을 뿐만 아니라 현재까지도 복지 패러다임의 변화에 큰 영향을 끼치고 있다.

사회복지정책 패러다임의 변화로 옳지 않은 것은?

최근 사회복지의 이념이나 대상 주체, 방법 등에서의 변화를 이야기할 때에도 사회복지 패러다임의 변화라는 용어가 자주 사용되고 있는데, 이것을 기초로 사회복지정책의 패러다임 변화를 살펴보면 다음 10가지 경향으로 정리해 볼 수 있다.

① **보편화** : 빈곤자, 저소득자에 한정되어 온 사회복지의 이용자가 일반계층으로까지 포함되어 확대된다.

② **다원화** : 국가, 지방자치단체, 사회복지법인을 중심으로 구성된 복지서비스의 공급조직에 복지공사(일본의 경우 지방자치단체가 공장이나 시설을 설립하고 기업체가 관리운영을 맡아서 하는 제3섹터 방식. 제5장 제4절 참조), 상호부조단체, 생활협동조합 등의 다양한 비영리민간조직이 참여하는 것이다.

③ **분권화** : 기관위임사무의 단체위임 사무화, 조치·권한의 시·군·구로의 이양에

의해 지방자치단체 가운데에서도 시·군·구의 권한과 책임이 확대되는 것이다.

④ **자유화**(선택화) : 이용자들이 사회복지서비스를 자유롭게 선택하는 것이다.

⑤ **계획화** : 사후대처적인 성격이 강한 사회복지행정 가운데 노인보건복지는 계획의 법제화로 강화되는 것이다.

⑥ **통합화** : 종래 독자적으로 전개된 사회복지에 보건, 의료, 고용, 주택, 교육, 인권 옹호 등의 제휴와 조정이 이루어졌다.

⑦ **전문직화** : 휴먼 서비스(서비스 노동)의 전문직화가 이루어졌다.

⑧ **자조화** : 자조노력의 촉진, 응익부담주의 도입(제7장 제2절의 2. 재원조달 방법 참조), 친족에 의한 부양, 상호부조의 확대, 민간 활력의 활용 강화 등을 총칭해서 사람들에게 자기책임이나 자조조직을 중시하는 경향이 있다.

⑨ **주체화**(참가화) : 이용자나 지역주민의 관점에서 포착, 복지서비스의 이용과정에 있어 이용자의 참가나 자기결정권, 선택권이 화제로 되고, 복지계획 책정 등 행정에의 주민참가가 촉진되었다.

⑩ **지역화** : 서비스 제공의 거점으로서 생활형 시설을 만들어 지역복지형의 사회복지로 전환되었다.

한편 우리나라의 비전 2030에서는 미래를 위한 새로운 패러다임의 모색으로서 '先성장 後복지'의 기존 패러다임으로는 성장 자체가 한계에 봉착할 뿐 아니라 분배개선도 곤란하다고 판단하여 성장과 복지가 함께 가는 '동반성장'으로 패러다임을 전환해야 한다고 하였다.

최근의 복지패러다임의 변화[3]에 대한 시사점으로서 2016년 1월 다보스 세계경제포럼의 주요 이슈가 4차 산업혁명의 개념과 흐름, 이로 인한 변화였다면 2017년 1월 포럼의 핵심적인 이슈는 4차 산업혁명이 초래할 다양한 위험(Global risk)에 대한 대응 전략 모색이었다. 즉, 4차 산업혁명으로 인한 위험 요인을 크게 다섯 가지 영역(Economic, Environmental, Geopolitical, Societal, Technological)으로 구분하고, 생애주기적 대응 관점(Whole-of-Life Approach)에서 새로운 사회보장체계의 추진 방향을 제시한 바 있다(최현수·오미애, 2017).

3) 4차 산업혁명에 따른 복지패러다임의 변화전략은 제5장 제1절의 3. 사회적 위험과 제15장 제6절 3. 제4차 산업혁명 시대 복지패러다임의 변화 참조.

제 2 절 사회복지정책의 이념적 모형(Model)

학자별 복지모형이 옳게 연결된 것은?

많은 학자들이 사회복지에 관한 모형과 이념을 분류하는 노력을 해왔다(표 2-3 참조). 대표적으로 Wilensky와 Lebeaux는 이분법으로서 잔여적 모형과 제도적 모형으로 구분하였고, Titmuss는 3분법으로서 잔여적 모형, 산업(업적)성취 모형, 제도적 재분배 모형으로 구분하였다. George와 Wilding은 4분법으로 분류하였다가 이후 6분법으로 구분하였다.

〈표 2-3〉 복지 모형·이념의 구분

연도	학 자	개인주의 ← 이념의 연속선 → 집합주의						
1958	Wilensky & Lebeaux	잔여적	제도적					
1974	Titmuss	잔여적	산업적 성취-수행	제도적 재분배				
1975	Parker	자유방임	자유주의	사회주의				
1976	George & Wilding	반집합주의	소극적 집합주의	페이비언 사회주의	마르크스주의			
1977	Mishra	잔여적	제도적	규범적(혹은 사회주의)				
1979	Furniss & Tilton	보수주의	적극적 국가	사회보장 국가	사회복지 국가	급진주의		
1979	Room	시장자유주의	정치적 자유주의	민주적 사회주의	신마르크스주의			
1979	Pinker	고전파 경제이론	신중상주의적 집합주의	마르크스주의적 사회주의자				
1989	Williams	반집합주의[4]	사회개혁주의: 비사회적 복지집합주의	사회개혁주의: 페이비언 사회주의	사회개혁주의: 급진적 사회행정	정치경제적 복지	페미니즘	반인종주의
1994	George & Wilding	신우파	중도노선	사회 민주주의	마르크스주의	페미니즘	녹색주의	
1996	Alcock	신우익	중도노선	사회민주주의	마르크스주의	신급진주의		

출처 : 박경일 외(2004) 재구성.

Williams(1989 : 15-18)는 반집합주의, 사회개혁주의(비사회적 복지집합주의, 페이비언 사회주의, 급진적 사회행정), 정치경제적 복지(마르크스주의), 페미니즘, 반인종주의 7가지로 분류하였다.

4) Williams(1989)는 반집합주의는 자유시장경제를 통한 분배와 복지제공에서 국가역할의 최소화를 강조한 자유경제주의로서 19C의 자유방임주의, 신자유주의, 신우익정책이라고 하였다.

1. 사회복지 보충적 모델과 제도적 모델

사회복지의 유형을 구분하는 대표적인 학자로서 Wilensky와 Lebeaux(1965)는 미국의 사회복지를 분석함에 있어서 보충적(잔여적) 사회복지(residual social welfare)와 제도적 사회복지(institutional social welfare)라고 하는 개념 모델을 설정하고 있다.

1) 보충적 개념

보충적 사회복지(residual social welfare)란 가족이나 시장과 같은 정상적인 공급 구조가 제 기능을 발휘하지 못할 경우에 한해서 비로소 활동하기 시작하는 사회복지를 의미한다. 다시 말해서, 사회 내에 두 개의 자연적 경로인 가족과 시장경제를 통해 각 개인의 필요가 적절히 충족될 수 있음을 전제로 하고 있다. 이러한 정상적인 경로를 활용할 수 없을 때, 제3의 필요충족 메커니즘인 사회복지(조직)가 활동을 시작하는 것으로 간주되며, 정상적인 사회조직이 다시 제 기능을 발휘하기 시작할 때에는 활동을 중지해야 한다고 간주하고 있다.

〈표 2-4〉 보충적 모형과 제도적 모형

	보충적(잔여적) 모형	제도적 모형
특 징	• 간섭받지 않는 자유, 개인주의, 시장경제 원칙을 기본 가치로 하여 자본주의 정신에 충실 • 빈곤의 책임을 개인에게 묻고자 함 • 절대적 빈곤의 개념에 따라 빈곤 수준을 낮게 책정 • 선별주의(selectivism) 선호(국가 책임 최소화) • 사회복지의 수혜자는 일반인들보다 비정상적이고 약하고 적응을 잘 못하는 병리적인 사람으로 간주됨 • stigma를 찍기도 함	• 평등의 구현, 빈곤으로부터의 자유 그리고 우애를 기본 가치로 함 • 빈곤에 대한 사회적 책임을 강하게 인식 • 상대적 빈곤의 개념에 따라 사회적 박탈감을 인정 • 보편주의(universalism) 선호(국가 책임 점차 확대) • 빈곤의 수준을 높게 책정. 사회복지의 수혜자는 지극히 정상적인 사회 구성원들이라고 봄 • 낙인과 응급처치적 요소와 거리가 멂
대표적 실례	• 공공부조(public assistance)	• 사회보험(social insurance)

제도적 모형에 대한 설명으로 옳게 짝지어진 것은?
→제일선의 기능으로서 사회복지제도
→빈곤에 대한 사회적 책임
→보편주의 선호
→복지권의 보장

2) 제도적 개념

제도적 사회복지(institutional social welfare)란 현대사회에서 정상적인 제일선의 기능으로서 사회복지가 기능할 수 있다는 것을 전제로 한 개념이다. 이 개념은 낙인(stigma)이나 응급조치적인 요소, 그리고 비정상성을 수반하고 있지 않다. 사회복지는 현대사회에서 각 개인의 자아완성을 돕기 위해 타당하고 정당한 기능을 수행하는 것으로 받아들여지고 있다. 각 개인이 자신의 힘만으로는 충분히 대처할 수 없으며, 가족이나 직장을 통해 그의 모든 필요는 충족시킬 수 없다는 것이 정상적인 상태로 간주된다. 그러므로 사회복지제도로서 원조기관은 그 사회에서 정상적인 제도적 위치를 획득하게 된다.

2. 복지자본주의와 복지자본주의

Jones의 복지자본주의 비교

2분법의 최근의 학자로서 C. Jones(1985)는 **복지**자본주의(Welfare capitalism)와 복지**자본주의**(welfare Capitalism)로 구분한 바 있다. 즉, **복지**자본주의는 자본주의를 추구하지만 복지국가를 강조하는 형태를 말한다. 그리고 복지**자본주의**는 복지국가이지만 자본주의를 강조하는 형태를 말한다. 즉, Jones의 모형은 사회정책의 성격을 경제정책과 산업정책의 일환인가, 아니면 재분배정책으로서 복지정책인가에 따른 분류라고 할 수 있겠다.

〈표 2-5〉 **복지**자본주의와 복지**자본주의**

구 분	**복지**자본주의	복지**자본주의**
모 델	제도적, 재분배적	산업적, 업적주의적
우선순위	사회본위	개인본위
주요 급여 방법	시민자격적 지급	노동관련적 지급
목 표	공정평등한 사회	기회균등과 경쟁

출처 : Cathrine Jones(1985). Patterns of Social Policy, An Introduction to Comparative Analysis. London & New York, p. 8.

또한 영국의 Jones(1985)는 현실적인 국가형태를 고려하여 복지자본주의 유형을 4분법으로 분류하였다. 그는 다음의 |그림 2-1|과 같이 복지자본주의의 유형을 두 개의 축을 이용하여 분류하고 있는데, 하나는 사회보장비의 고저(高低)이며, 다른 하나는 사회정책의 성격으로서 경제정책 중심인가, 복지정책 중심인가 하는 것이다. 그리하여 Jones는 낮은 사회보장비 지출과 경제정책 중심국가로서 미국을 그리고 높은 사회보장비 지출과 복지정책 중심국가로서 스웨덴을 위치 지우고 있다.

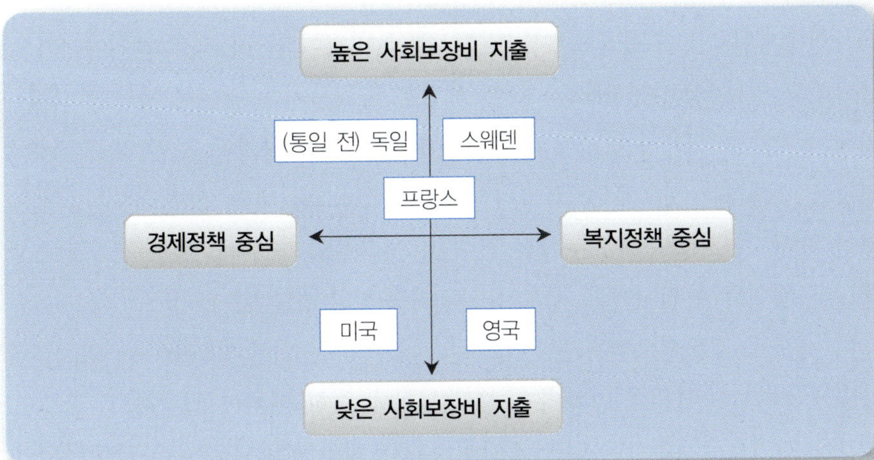

|그림 2-1| 복지자본주의 유형

출처 : Chatherine Jones(1985). "Types of Welfare Capitalism." Government and Opposition, vol. 20, no.3, p. 335.

3. Titmuss의 세 가지 사회복지정책 모형

Titmuss는 사회복지정책 모형을 세 가지로 분류한다. A모델은 보충적 모델로서 개인의 욕구를 적절히 충족시키는 시장과 가정, 두 개의 '자연적'(혹은 사회적으로 주어진) 통로가 있다는 전제에 입각한 것이다. 사회복지제도들은 이 두 개의 통로가 붕괴될 때에만 그것도 잠정적으로 시작하여야 한다. 이 모델의 이론적 기본 원리는 영국의 초기 빈민법으로 거슬러 올라간다(전남진, 1988 : 27-28).

B모델은 산업업적성취(수행) 모델로 경제의 부속물로서 사회복지제도들에 대한 중요한 역할을 담고 있다. 이 모델은 사회적 욕구는 생산성과 작업상의 업적 및 공적에 따라서 충족되어야 한다는 주장이다. 이 모델은 유인, 노력, 보상과 계층 및 집단 충성심의 형성에 관한 다양한 경제적·심리학적 이론으로부터 나온 것이다.

산업업적성취(수행) 모델의 특성으로 볼 수 없는 것은?

C모델은 제도적 재분배 모델로서 사회복지를 욕구(need)의 원칙에 입각하여 보편적인 서비스를 제공하는 사회의 주요한 통합된 사회제도로 보는 것이다. 이 모델은 부분적으로는 사회변화와 경제체제의 복합적인 영향에 대한 이론에 기반을 두고 있으며, 다른 한편으로는 사회평등의 원칙에 입각한 것이다.

제도적 재분배 모델에 대한 설명으로 옳게 짝지어진 것은?
- 통합된 사회제도
- 정의평등의 원칙, 이념에 입각
- 비복지현상의 사회적 대처

Titmuss는 이 세 모델 중에서 C모델을 가장 선호하는데, 1972년의 제16차 국제사회복지대회의 주제발표에서 이 C모델에 대하여 좀 더 자세하게 아래와 같이 언급하고 있다(Madison, 1980). 즉, 이 모델은 사회복지를 단순히 가난한 사람들을 위해 서비스를 제공하는 경제의 부속물 또는 치료적 체계로 보지 않고 적극적인 역할을 수행하는 것으로 보고 있다. 여기서 서비스란 계층, 성별, 종교 등에 관계없이 주어지는 것으로서, 사회적 연대감, 이타주의, 책임과 같은 가치관에 대한 태도와 행위를 촉진시키고 제고시키는 기능을 수행할 수 있다.

이 제도적 재분배모델은 부분적으로는 증가하는 비복지(disservice)[5]와 산업적·기술적·사회적·경제적 변화의 부정적 영향에 대한 이론에 입각하고 있으며, 또 인간을 개인으로서뿐만 아니라 집단이나 공동체의 일원으로 보는 사회정의의 개념에 기반을 두고 있다. 그러므로 이 모델은 기존 변화의 영향을 통합할 뿐만 아니라 사회복지가 변화에 대해 적극적이고 동태적인 매개체로서 수행하는 다양한 역할을 포함하고 있다.

〈표 2-6〉 Titmuss의 사회정책의 세 가지 모델

모델 A	• 잔여적 복지	• 가족, 시장	• 공공부조 p/g 강조
모델 B	• 산업적 업적주의(시녀적 모델)	• 업적, 성취도, 생산성	• 사회보험 p/g 강조
모델 C	• 제도적 재분배	• 사회정의, 사회연대	• 보편적 p/g 강조

Mishra의 규범적 모델 =복지의 제도화 =욕구중심의 분배

한편 Mishra(1977)는 『Society and Social Policy』라는 저서에서 자본주의 사회구조에서 사회복지를 보충적 모델과 제도적 모델로 구분하고 사회주의 구조에서 사회복지를 규범적 모델(normative model)로 구분하였다. 그는 규범적 모델을 마르크스주의자의 분석에 입각한 복지관으로서 복지의 제도화를 제안하였다. 규범적이란 '각자 개인에게 각자의 욕구에 따라'로 요약되는 욕구중심의 분배를 말하는 것으로서 그는 자본주의 사회가 복지의 규범적 모델을 무시하고 보충적 모델과

비복지 현상으로 볼 수 없는 것은?

5) Titmuss는 사회발전에 따라서 사회환경적 요인으로 발생하는 노령, 실업, 산업재해, 환경오염 등 이와 유사한 복지문제를 비복지(disservice) 현상이라고 보았다. 즉, 다양하고 급속하게 변동하는 사회는 다른 사람들이 획득한 진보에 대한 대가의 일부를 비복지라는 형태로서 지불하게 된다. 이런 비복지적 현상은 문제발생이 사회적이므로 그 해결 또한 사회적으로 요청된다.

제도적 모델로 정책논쟁을 벌이는 것은 제도적 모델의 진정한 속성을 모호하게 만드는 것이라고 비난하였다.

4. George와 Wilding의 6가지 사회복지 이데올로기 유형

George와 Wilding은 1976년과 1985년까지 『Ideology and Social Welfare』에서 사회복지이념을 ① 반집합주의, ② 소극적 집합주의, ③ 페이비언 사회주의, ④ 마르크스주의로 구분하였다. 이 중 페이비언 사회주의[6]는 자본주의를 극복의 대상이라고 간주하고 평화적이고 점진적인 방법으로 사회주의를 지향한다. 페이비언 사회주의는 평등, 자유, 우애, 사회통합, 민주주의, 인도주의의 가치를 신봉한다. 사회 불평등에 뿌리를 둔 계급갈등은 사회통합의 가장 큰 적이며 비효율을 초래한다고 보았고 사회복지정책을 사회통합, 공동체 의식의 강화, 이타주의의 유지, 재분배의 기능이라고 보았다. 이러한 견해로 복지비는 지출이 아니라 투자라고 생각하여 사회적 지출이 경제성장에 기여할 것이라고 주장하였다.

여기서는 1994년 George와 Wilding이 6가지로 분류한 유형을 중심으로 소개하고자 한다.

페이비언 사회주의의 가치로만 옳게 짝지어진 것은?
- 평등, 자유
- 우애, 사회통합
- 민주주의
- 인도주의

① 신우파

복지에서 국가의 역할이 강화되는 것에 가장 강한 적대감을 보이며, 이것은 높은 과세로 기업과 개인들에게 부담을 지움으로써 복지국가가 경제를 악화시킨다는 판단에 근거하고 있기 때문이다.

6) 페이비언 사회주의는 1884년 설립된 영국의 페이비언 협회(Fabian Society)에 그 기원을 두고 있다. 이들이 Fabian이라는 용어를 사용한 것은 포에니 전쟁(기원전 2~3세기에 걸친 로마와 카르타고의 세 차례 전쟁) 때 카르타고의 한니발을 격파한 로마의 파비우스 장군의 이름을 딴 것인데, 막강한 한니발과의 전쟁에서 로마를 구한 것은 전면전보다는 신중한 태도와 접전의 회피였다는 사실에서 보듯이 사회주의에로의 진전을 위해서는 기회가 오기를 기다리는 지연 전략이 필요하다는 것을 상징했다(박광준, 1990 : 64). 페이비언 사회주의자들은 영국 중류층의 지식인들로서 평등, 자유, 우애라는 가치를 신봉하고 사회적 조화, 사회적 효율, 사회정의 그리고 개인적 자아실현과 같은 네 가지 측면에 바탕을 둔 평등을 주장하고 있다. 이들은 자유를 확보하기 위한 조건으로 법, 경제정책, 사회정책, 재정정책을 통한 국가활동만이 모든 사람들을 위하여 자유를 재분배할 수 있다고 본 점에서 사회개량주의자들이며, 실용주의적, 점진적 사회주의자로서 마르크스의 과학적 사회주의와 구분된다.

페이비언 사회주의의 주장과 특징
- 평등, 자유, 우애 강조
- 사회개량주의
- 점진적 사회주의
- 중류층의 지식인

② **중도노선**

복지국가는 자유시장체체의 모순들을 완화해 주며, 정부가 국민들의 안녕에 적극적인 관심을 가지고 있다는 느낌을 주어, 이로써 국가의 권위에 정당성을 부여한다는 것이다.

George와 Wilding(1994)이 분류한 사회민주주의 이데올로기의 내용설명으로 옳은 것은?

③ **사회민주주의**

복지국가가 사회의 조화, 즉 민주주의에 의해 제공된 정치적 권리와 시장의 힘만을 강조하는 자유시장의 한계 사이를 조정하는 중요한 힘이 바로 복지국가라고 생각하며, 따라서 복지국가가 불평등을 감소시키고 더욱 평등한 사회를 촉진할 수 있다고 강조한다.

④ **마르크스주의**

이들에게 있어서 복지국가는 단지 자본주의를 방어하는 기제에 불과하다.

페미니즘

⑤ **페미니즘**

복지국가가 노동시장에서 여성들이 평등한 지위를 보장받을 수 있도록 하는데 필요한 서비스를 제공할 수 있다는 측면에서는 강한 지지를 보이고 있지만, 한편 페미니스트들은 복지국가가 남성들이 정책입안자이고 여성들은 단지 정책수혜자로 머무는 남성지배적인 국가라고 주장하고 있다.

녹색주의

⑥ **녹색주의**

이들은 경제성장이 개인적 풍요나 공공 서비스의 자원을 증가시킴으로써 복지를 강화하는 수단으로 파악하고, 경제성장이야말로 엄청난 비복지라고 생각한다.

George와 Wilding(1994)은 결론에서 다음과 같이 서술하고 있다.

> "우리가 원하는 사회는 민주적이며 진정한 기회평등이 보장되고, 부와 소득의 평등이 더욱 확대되어 있으며, 선택과 자유가 강화되어 있고, 지속가능성을 진정으로 이해하고 있는 사회이다. 그리고 국가복지에서 주된 역할을 수행함으로써 성취될 수 있는 사회여야 한다는 것이 우리의 주장이다. 이런 주장은 우리가 살고 있는 사회에서 반드시 필요한 것이라고 판단된다."

〈표 2-7〉 George와 Wilding의 이데올로기별 복지국가관

이데올로기	복지국가에 대한 입장	복지국가관
신우파	반대	자유시장의 걸림돌
중도노선	제한적 지지	사회안정과 질서의 유지
사회민주주의	열광적 지지	사회조화, 평등한 사회 실현
마르크스주의	반대	자본주의 체제 강화
페미니즘	제한적 지지	여성 평등 지위 보장
녹색주의	반대	경제성장(환경문제)을 조장

CHAPTER 03

사회복지정책의 발달이론

제 1 절 사회양심이론(Social Conscience Theory)

사회양심이론은 1952년 Hall의 『The Social Services of Modern England』에 잘 나타나 있다. Hall은 사회복지란 다른 사람들의 불행을 도우려는 사회양심의 발로에서 비롯된 것이라고 주장하였다. 사회양심이론은 1950년대 영국 사회정책학의 통설로 사회복지는 사람들의 이타심이 발현된 것이며, 사회양심이론에 의하면 복지국가는 인간의 본성이나 가치에 비추어 당연한 귀결이라고 간주한다.

한편 J. Baker(1979 : 173)의 가설에 의하면

사회양심이론의 가설

① 사회정책이란 인간이면 누구나 갖기 마련인 타인에 대한 사랑(이타심)을 국가를 통해 실현하는 것이다.

② 사회정책은 사회적 의무감의 확대와 욕구에 대한 국민들의 지식 향상이라는 두 요인에 의해 변화된다.

③ 변화는 누적적이며 사회복지는 균일하게 변화하지는 않지만 계속 발전한다.

④ 개선은 불가피하며 현행 서비스는 지금까지 중 최선의 것이다.

⑤ 역사적으로 볼 때 현행 서비스가 완전한 것은 아닐지라도 사회복지의 주된 문제는 이미 해결되었고 사회는 안정 기반 위에 구축되어 있기 때문에 지속적인 발전을 기대할 수 있다.

사회양심이론의 장단점

이러한 사회양심이론의 장점은 낙관적이고 문제해결 중심의 시각으로서 이 이론은 사회질서에 있어서 도덕성을 최우선적인 신념으로 보고 있다. 사회양심이론에서 볼 때 20세기 초반 사회복지의 발달은 도덕적 합의에 대한 정부의 반응이었다. 즉, 사회복지는 사회적 이타주의(social altruism)의 변화가 제도화된 것이며 정부는 이를 위해 재정을 지원한 것이다.

사회양심이론의 단점은 만일 사회양심이론가들이 주장하는 대로 사회정책이 사회양심의 발로라고 한다면, 모든 인간사회에서는 똑같이 사회양심에 의해 사회정책이 발전해야 하는데 모든 사회는 똑같지 않다는 것이다. 즉, 사회양심이론의 비판은 다음과 같다.

① 사회정책의 자비적 특성을 지나치게 강조하여 국가의 역할에 관한 왜곡된 견해를 지니고 있다.
② 사회정책의 형성 및 변화에 미치는 압력 및 영향에 관한 분석이 협소하다.
③ 만약 사회정책이 이타심의 발현이라면 이러한 가치의 표현은 모든 형태의 사회에서 비슷하게 나타나야 하는데 그렇지 못하다(Higgins, 1981 : 29-32)는 세 가지로 요약해 볼 수 있다.

제 2 절 합리이론(Rationality Theory)

합리이론은 어떤 형태의 사회이든 그것이 산업화되는 과정에서 필연적으로 각종 사회문제가 파생되는데, 이때 이성을 가진 합리적 인간이 고안해 낸 합리적 문제해결책이 사회정책이라는 것이다. 예를 들어, 산업화 사회에서 인구증가, 핵가족화, 평균수명의 연장 등으로 인해 전통가족 및 지역사회의 개인에 대한 복지제공의 기능이 붕괴되기 때문에 노인 및 아동과 같은 취약계층이 필연적으로 형성되는 한편, 합리적인 인간은 이들의 빈곤이 불필요한 낭비적인 것으로 인식되기 때문에 그것에 대한 합리적인 해결책이나 완화책으로서 사회정책이 등장, 발전하게 된다는 것이다.

합리이론의 가설

합리이론의 가설은 산업화는 사회문제를 발생시키고 인간은 합리적인 해결책(=사회정책)을 제시한다. 그리하여 Marshall은 산업화 과정에서 사회의 변화 속도는 급변하므로 사회정책은 새로운 산업사회로의 전환을 위하여 등장하게 되는 자연적이고 논리적인 과정이라고 하였다.

한편 합리이론의 비판은 다음과 같다.

① 사회문제의 현명한 대책에 대해 합리, 논리의 힘만을 유일한 문제해결의 원동력으로 간주함으로써 마치 문제의 인식과 해결책에 관한 합의가 그때그때 존재하는 것처럼 오해를 불러일으킬 수 있다.

② 어떤 개인에게 합리적인 것이 다른 사람에게는 불합리할 수 있음을 간과한다(예 의료보험에 대한 의사들의 불만).

③ 사회정책을 탈가치적인 것으로 보고 정책결정과정의 영향요소로서 이데올로기를 무시한 측면이다.

제 3 절 기술결정론(Technology Theory)=수렴이론(Convergence Theory) : 산업화의 논리와 이데올로기의 종말

기술결정론 수렴이론의 설명

기술결정론의 기본 가정은 테크놀로지에 관한 지식을 토대로 인간행위를 예측할 수 있다는 것으로서 사회정책의 변화를 기술, 특히 사회행정 및 사회사업 기술의 발달과 같은 비사회적 힘에 의해 결정되는 것으로 보는 이론이다. 예를 들어, 기술결정론은 최근 기획기술(PPBS), 정책분석기법(시뮬레이션), 예산편성기술(ZBB), 정책평가기술의 개발 등이 사회정책의 발달을 가져왔다고 본다.

산업화의 논리

수렴이론은 현대사회를 이해하기 위한 중요 변수로서 산업화와 경제발전을 들고 있기 때문에 흔히 산업화의 논리(logic of industrialization)라고 명명된다. 수렴이론은 경제적인 면과 사회적인 면만을 강조하며 이데올로기적 갈등을 전혀 강조하지 않기 때문에 사회학자인 Bell(1960)의 이데올로기 종말론(The End of Ideology)과 맥락을 같이한다. 수렴이론은 '정치, 경제형태가 어떠하든지 문화 및 역사가 얼마나 독특하든지 간에 부유한 사회들의 사회구조는 물론 이념적 측면에서 점점 같아진다는 개념이다(Wilensky, 1975 : xii). 즉, 기술결정론 혹은 수렴이론에서는 산업사회의 사회구조를 결정짓는 것은 인도주의나 양심, 이데올로기나 계급 간의 갈등이 아니라 기술, 즉 산업화이며 어느 수준의 산업화를 이룬 국가들의 사회제도는 어느 한 점으로 수렴되어 서로 비슷하게 되어 있다는 주장이다. 그러므로 수렴이론의 관점에서 본 사회복지정책의 발달은 기술결정론, 즉 산업화의 기능적인 부산물이라고 할 수 있다.

수렴이론의 학자별 주장과 연관

기술결정론을 강조하고 있는 학자들로서 Robert는 19C 복지 관료가 집합주의적 가치를 고조시킴으로써 국가 개입의 확대가 불가피하다고 하였다. Wilensky와 Lebeaux(1975)는 각종 공·사적 기관과 사회사업 전문직을 통해 복지서비스의 특성이 결정된다고 하였다. 또한 Heclo는 현대 사회정책의 발전에 있어 행정 관료들의 영향은 절대적이며, Wilensky(1975)도 산업화로 인한 경제성장이 사회보장제도의 발달에 기여하였다고 기술하고 있다. Rimlinger(1971)도 유럽과 미국의 사회복지정책 발달을 산업화의 맥락에서 분석하였다. Flora와 Alber(1984)도 사회복지정책의 발달요인으로서 사회경제적 발달을 들고 있는데, 특히 산업화 수준, 즉 제2차 산업에 종사하는 노동력의 비율을 들면서 산업화와 그에 따른 경제성장은 복지비 지출을 가능하게 한다고 하였다.

이러한 수렴이론의 단점은 다음과 같다.

① 사회복지제도를 현대사회에서 불가피한 것으로 간주하여 복지국가가 계획적으로 창조될 수 있는 것으로 오해할 수 있다.
② 정책결정과정에서 지배계층의 존재나 이해집단의 활동, 가치판단 등을 무시하는 점이다.
③ 기술결정론인 산업화 이론은 기술을 지나치게 강조함으로써 사회복지정책의 발달에서 문화, 이념 등 다른 요인들의 역할을 경시 내지 무시하는 경향이 있다.

O'Conner(1988)는 OECD에 가입한 나라들을 대상으로 연구한 결과 수렴이론을 뒷받침할 만한 준거는 별로 없으며, 매우 제한된 기간에만 수렴이론이 받아들여

진다고 하였다. Pinker(1971 : 294)도 수렴이론에 대한 증명은 서구의 부유한 혼합 경제의 자본주의 사회에서도 극히 제한적이며, 동구 사회주의 사회에서도 정치, 경제, 사회적 관점에서 유사성보다도 차이점이 더 뚜렷하게 나타난다고 하였다.

제 4 절 시민권론(Citizenship Theory)

시민권론의 변천
공민권-정치권-사회권

T. H. Marshall(1981)은 시민권의 요소는 법 앞에서의 자유와 평등 같은 공민권(Civil Right), 투표권 혹은 참정권과 같은 정치권(Political Right), 그리고 집단적 복지에 공헌하는 사회권(Social Right)이라는 세 가지로 이루어져 있으며 18C 초~19C 초, 19C 초~20C 초, 20C 초~20C 중반까지 시민권이 변화되면서 조성된 것으로 보았다(진화론적 관점). Marshall이 말한 세 가지 권리 중에서 복지에 대한 권리와 밀접한 관계에 있는 것은 사회권(Social Right)이다.

Marshall은 1949년 초판인 그의 저서 『시민권과 사회계급(Citizenship and Social Class)』에서 사회권은 적정수준의 경제적 복지 및 보장으로부터 사회적 유산을 충분히 공유하고, 사회의 보편적 기준에 따라 문명화된 삶을 영위할 수 있는 권리에 이르기까지 전 범위의 권리로 규정하였다. 그리하여 Marshall은 사회권과 가장 밀접한 제도로서 교육 및 사회복지를 들고 있다. 사회권의 원천은 공동체에 대한 멤버십과 공동체 성원과의 기능적 유대이다. 이러한 사회권은 19C 말부터 20C에 이르기까지 다양한 사회복지제도들을 통해서 실현되고 있다. Marshall(1950 : 74-81)은 이러한 사회권은 복지권(Welfare Right)으로도 해석이 가능하다고 하였다. 따라서 사회복지정책 발달이론에서 시민권론은 사회복지의 제도적 모델과 제도적 재분배모형의 이론적 근거를 제시하는 데 기여하였다.

복지권
(Welfare Right)

한편 시민권에 대한 비판으로서 Paker는 다음 세 가지를 언급하였다.

① 현 사회에서 아직까지도 엄연히 존재하고 있는 낙인의 문제와 평등 간의 괴리에 대한 성찰이 부족하다.

② 기본 욕구 충족의 아이디어와 선별주의 및 보편주의 논쟁, 즉 시민권 개념이 현실과 이념의 많은 부분이 상호 모순관계에서 존재한다는 점을 지적하였다.

③ 복지의 개념을 법에 규정된 권리, 즉 사회권으로서만 파악하는 것은 제한된 시각이라는 비판이 제기되고 있다.

제 5 절 사회정의론(Social Justice Theory)

사회정책 변화의 기본 요소를 사회정의의 개념 변천으로 보는 입장으로, 사회정책의 발달과정을 사회정의(자유 혹은 평등)의 확대 실천의 과정으로 보는 이론이다. 사회정의론은 사회정의와 관련된 사회정책의 다양성을 가장 잘 보여주고 있는 복지모형이다. 복지모형의 가장 단순한 형태는 이데올로기의 좌파와 우파로 나누어지는데 좌파는 사회주의, 평등 그리고 사회정의가 삼위일체가 된다. 우파는 자유와 자유경쟁적 시장경제의 불평등을 사회정의로 간주하고 있다.

사회정의의 요소

Miller(1976)는 정의를 법적 정의와 사회정의로 구별했는데, 법적 정의는 병리와 형벌 적용에 관한 원칙, 공정한 재판, 항소권 등을 의미하는 것에 반해, 사회정의는 사회적 이득과 손실, 즉 임금 및 이윤에 관한 것, 개인의 권리, 주택, 의료 배분과 같은 주요 사회제도들을 취급한다고 하였다. 사회정의론의 장점은 사회정책학이 가치판단을 배제해도 존재할 수 없다는 사실이 충분히 인정되었다는 점이다.

한편 사회정의론에 대한 비판은 다음과 같다.

① 선언된 사회정책(공약)과 실제 행동으로 나타난 사회정책(복지행정) 간의 괴리를 설명하지 못한다.

② 실제 정책과정의 복잡한 정치적 역동관계 속에서 사회정의의 개념이 주요 요소가 되지 못한다는 것이다.

사회정의의 변천 : 원시시대 ——	봉건시대 ——	중상주의 시대
관대함	1차적 기득권 보호	시민사회에서 개인에 대한 공과에 대한 보답
	2차적 극빈자 구호	보조기준으로 욕구에 따른 분배원칙

즉, 사회정의론에 의하면 사회정책의 발달은 사회정의의 확대를 실천하는 과정이라는 것이다.

제 6 절 음모이론(Conspiracy Theory)=사회통제이론

사회정책의 주 목적이 인도주의나 동정이 아니라 사회 안정 및 질서의 유지와 사회통제를 위한 것이라는 이론이다. 따라서 사회정책의 변화 시기는 지배계층이 기존 사회질서를 위협받고 있다고 느낄 때가 된다. 사회통제(social control)는 정치적·경제적 위기가 도래했을 때, 안전과 효율을 도모하기 위하여 발전하는데, 이는 정치적 불안정이나 위기 때에는 정치적 정당성을 확보하거나 사람들의 잠재적 욕구를 충족시키기 위하여 사회복지정책이 확대되고 또한 선거 등과 같은 제도적 메커니즘을 통해 위기를 해결하려고 하며, 안정이 정착되면 효율성을 강조하는 측면으로서의 노동윤리를 강조하는 방향으로 전개된다고 할 수 있다(이명현, 1992 : 25-26).

음모이론과 사회통제의 관계

Piven과 Cloward(1971)는 『Regulating the Poor』에서 사회통제적 대응으로서 사회복지정책, 특히 구호(Relief)정책을 분석하였다. 그들은 사회복지를 사회통제의 수단이라고 주장했다. 즉, 이러한 구호정책을 통해서 질서회복 기능과 노동규제 기능이 행해지고 노동윤리를 유지하게 되며, 결국 구호정책은 시장체계의 불완전성을 보상하는 규제정책이라고 주장한다. 또한 독일 비스마르크의 3대 보험은 입법동기를 당시 격화일로에 있던 노동자계급 중심의 사회주의 운동을 저지시켜 기존 질서를 유지하기 위한 속셈으로 보는 견해가 음모이론의 실례이다. George와 Wilding(1994)은 이러한 속셈으로부터 실시되는 복지제도를 일컬어 복지국가의 '마키아벨리적 관점'이라고 하면서 이 관점은 지배계층이 예상되는 근로계층으로부터의 엄청난 요구를 사전에 봉쇄할 목적으로 원하든 원하지 않든 간에 미리 선수를 쳐서 양보를 하는 것이 사회정책이라고 해석한다.

Regulating the Poor 내용 설명

복지국가의 마키아벨리적 관점 =음모이론 =사회통제이론

한편 사회통제적 관점에서 사회복지정책의 발달에 대해 반대의견을 제시한 Dodenhoff(1998)는 사회적 불안이 빈곤상황에 대한 정책결정자들의 관심을 불러와 새로운 정책형성을 돕는 중요한 기능을 수행하지만, 그것이 그 시대의 빈곤을 의식하는 데 기여한 유일한 요인은 아니었다고 주장한다.

※ 각 학자들의 음모이론에 대한 주장

- Piven & Cloward : 대량실업→소요사태 발생→공공 복지제도의 확장→정치적 안정 →복지서비스나 프로그램의 폐지·축소
- George & Wilding : 이러한 속셈(음모, 사회통제)으로부터 실시되는 복지를 복지국가의 마키아벨리적 관점으로서 미리 선수를 쳐서 양보하는 것이 사회정책이라 하였다.
- Saville : 사회정책을 자본주의에 절대 필요한 안정과 효율의 유지를 위해 사용하는 물리적 강압책의 대안이라 하였다.
- O'conner : 정부의 사회복지지출액은 시장의 법칙에 의해서가 아니라 계급 또는 집단 간의 사회·경제적 갈등에 의해 구조적으로 결정된다.

음모이론에 대한 비판은 다음과 같다.

① 정책결정자의 의도를 너무 중시한 나머지 정치적 현실을 과소평가하고 있다.
② 사회 안정에 위협이 되지 않는 집단이지만 사회서비스의 확충으로 혜택을 받는 노인, 환자 등의 집단에 대한 사례가 음모이론(사회통제이론)으로서는 설명되지 않는다.
③ 사회정책에 음모가 있는 것은 사실이지만 그렇게 자주 또 반드시 성공하지도 않는다.
④ 권력에 대한 견해가 모순적인데, 즉 중간계층의 정책결정에 미치는 영향을 고려하지 않고 있다.

제 7 절 종속이론(Dependency Theory)

종속이론의 설명과 주장 학자

위의 6가지 가설이 주로 선진국의 사례를 바탕으로 한 이론이었다면 종속이론은 제3세계의 사회정책 변화에 대해 설명하는 이론이다. 종속이론은 제3세계의 사회정책을 설명하는 데에는 서구에서 개발된 이론이 부적절하다는 가정에서 출발한다.

Mcpherson(1978)은 중심국가의 경제적 지배형태가 주변국가의 사회적 부정의를 심화시키게 되고, 이러한 사회부문에서의 불평등 심화현상은 제3세계(주변국

가)가 선진국(중심국)의 발전전략을 무분별하게 도입한 결과, 외국의 부적절한 정책의 지속적 억지 적용에 기인한다고 하였다. 즉, 사회정책은 국민 욕구에 의해 결정되는 것이 아니라 외국지향적 경제와 관련된 사회형태의 불가피성으로 결정되는 것이다. Midgley(1981)는 제2차 세계대전 후 개발도상국들이 사회보장제도의 적극적인 확장에도 불구하고 빈곤, 자원재분배 실패, 불평등 심화가 계속되었는데, 이 근본 원인은 식민지 영향(colonial influence), 즉 식민시대의 유습이 그대로 반영되었기 때문이라고 하였다. 종속이론의 관점에서 볼 때, 우리나라의 경우도 일제시대 구호사업은 식민지 정책의 일환이었다.

식민지 영향
(colonial influence)

종속이론에 대한 비판은 다음과 같다.

① 제3세계의 잠재력을 과소평가하였다.
② Kaufmann의 라틴아메리카 17개국 분석에 따르면 종속수준이 높을수록 토지소유구조는 공평하고, 자원의존도가 높은 나라가 정치적 안정을 나타내고 있다.
③ 국가 간의 불평등 문제는 종속관계가 아닌, 한 국가 내의 두 지역 간에도 또는 중심국가 내의 두 국가 간에도 발견된다.

제 8 절 확산(전파)이론(Diffusion Theory)

확산(전파)이론은 개인, 집단 또는 사회체제 수준에서 혁신이 확산(전파)되는 커뮤니케이션 과정을 설명하는 이론으로서 사회복지정책이나 사회보장제도의 발달이 국가 간의 의사소통이나 영향력을 주고받음에 따라 이루어진다는 것이다. Kogers(1995 : 11)는 확산을 ‘특정 사회체계를 구성하는 여러 구성원들 사이에서 일정 기간에 걸쳐 특정 경로를 통해 혁신이 전파되는 과정’이라고 정의하였다.

확산(전파)이론의 실례로 볼 수 없는 것은?

예를 들어, 1900년대 초반 영국의 L. George가 독일의 사회보험제도를 시찰하고 상당 부분 조정하여 영국의 노령연금(1908)을 도입한 것이 전파이론의 실례이다. 또한 Rogen(1985)은 미국식 사회사업교육이 YMCA와 같은 민간기관에 의해서 확산되었다고 하였다. Midgley(1981)는 20C 초 독일의 사회보험 아이디어가 영국 지도층에 확산된 것과 같이, 서구 사회정책의 아이디어가 제3세계에도 확산된다고 하였고, Midgley(1984)는 특히 제3세계 국가들이 식민지 시절 선진국의 사회복지정책이나 사회보장제도를 모방한 뒤 시행한다고 주장하였다. Higgins(1981)도 19C 말엽 미국의 인보관 운동은 영국의 인보관 운동을 모방하여 실시했다고 주장하였다.

인보관 운동의 확산(전파)

한편 확산의 종류는 ① 상징적·관념적 확산(복음전파, 종교전파, 민주주의, 사회복지)과 ② 물질적·구체적 확산(개량종자, 통일볍씨, 항생제, 의복)으로 구분할 수 있다. 또한 Collier와 Messick(1975)에 의하면 확산에는 두 가지 종류의 유형이 있다고 한다. 첫 번째는 위계적(hierarchical) 확산이며, 두 번째는 공간적(spatical) 확산이다. 위계적 확산은 기술혁신이나 새로운 제도가 선진국에서 후진국으로 확산되는 경우이며, 공간적 확산은 어떤 국가에서 개발된 기술이나 도입된 제도가 그 주변에 있는 국가들로 전파되어 가는 것을 말한다. 그리고 Eyesteon(1977 : 441, 446)은 미국의 경우를 예를 들어 확산기제로 ① 지방정부 간의 확산, ② 연방과 지방정부 간 확산으로 1980년대 미국의 사회서비스의 민영화 현상(Common, 1994), ③ 국가들 사이의 상호작용에 의한 확산 세 가지로 구분하였다.

이러한 확산의 특징은 상대적 이점, 수용자의 조건과 부합한다는 의미에서 적합성이며, 수용자들에 의한 수용 가능성, 그 성과나 과정에 대한 관찰이 가능하다는 것이다. 그러나 새로운 기술이나 제도가 확산(전파)되었다고 해서 반드시 정책채택이 이루어지는 것만은 아니다. 그러나 지금까지 수행된 연구에 의하면 ① 공통의 언어, ② 지리적 영향(spatial diffusion), ③ 식민지 경험 여부(hierachical diffusion)가 확산이나 전파의 중요한 변수로 지적되고 있다(Collier & Messick, 1975). 한편 Caneron(1978)은 국가 간 교역의 양(수입, 수출의 총량)이 한 나라의 사회보장제도의 발전수준을 결정하는 데 가장 결정적인 역할을 한다고 주장하여 경제적인 개방성이 국가 간의 정치적인 관계보다 중요하다고 주장하였다.

확산의 중요한 변수로만 옳게 짝지어진 것은?

Midgley(1981)는 확산이라는 개념이 선진국으로부터 후진국으로 사회복지의 아이디어가 전파되는 현상을 설명하는 편리한 개념이지만 아직까지는 다음과 같은 비판과 한계가 있다고 주장하였다.

① 확산의 원천(source)으로서 정부의 성격을 등한시한다.
② 확산이 이루어지는 단위는 국가와 같은 사회체계 수준이 아니라 주로 개인, 집단 또는 소규모 지역사회와 같은 미시적 단위에 국한된다.
③ 모든 혁신은 기존의 것보다 우월하며 혁신이 확산되지 않은 것은 채널선정이 잘못되었다든지 수용자의 무지로 인한 것이라는 부당한 발전론적 시각이다.
④ 서구편향주의, 서구의 우호적 우월주의가 내재되어 있다.

제 9 절 이익집단 이론(Interest Group Theory)

이익집단 이론

이익집단 이론은 복지국가의 발전원인을 희소자원의 배분을 둘러싼 경쟁과정에서 벌어지는 분배갈등을 국가가 중재한[1] 결과 나타난 것으로 간주하며, 복지국가의 발달이 다양한 이익집단들의 이익추구 과정에서 나타났다고 보는 입장이다.

사회복지와 관련해서는 특히 노인집단 수의 증대와 높은 투표율, 이익의 강한 동질화로 인하여 정치적 영향력이 매우 크며, 이로 인해 복지국가 발달에서 중요한 역할을 해왔다고 본다. 즉, 사회복지정책 발달이론에서 이익집단 이론은 노인 프로그램들에 대한 설명에 적합하다고 볼 수 있다. 그러나 민주주의 제도가 발달되지 않았거나 이익집단보다 계급의 힘이 중요한 국가들의 경우에는 적합하지 않다는 단점이 있다. 주로 미국과 같이 다원화된 민주국가에 적용하기에 적합한

복지국가 발달에서 국가중심 이론이란?

1) 복지국가 발달을 설명하는 이론 중 국가중심 이론에 의하면 이익집단 이론은 국가가 이익집단들의 요구를 중재한 결과 복지국가가 발달해 나왔다고 간주한다. 참고로 국가중심 이론은 산업화, 독점자본, 이익집단, 노동자 계급 등의 요인들이 복지국가 발전에 영향을 준다는 것은 인정하나, 이 이론이 강조하는 점은 이러한 영향들이 독립적인 국가조직에 의해서 매개된다는 점이다. 즉, 여타 이론들에서 복지국가 발전에서의 국가의 역할은 단순한 시행자(산업화 이론), 자본가의 대변인(국가독점자본이론), 이익집단들 요구의 중재자(이익집단이론), 노동자계급 요구의 타협자(사회민주주의 이론)로서의 소극적인 역할에만 초점을 맞추었다면, 국가중심 이론은 국가의 적극적인 역할을 강조하며 사회복지정책과의 관계는 각 국가들이 가지고 있는 경제사회적 배경과 국가구조의 특수성에 의해 결정된다는 거시적 관점의 이론이다. 후술하는 정책이전 이론은 복지국가 발달을 설명함에 있어서 국가중심 이론에 좀 더 가깝다고 볼 수 있겠다.

이론이라고 평가되고 있다.

이익집단 이론은 사회복지 의제를 둘러싸고 서로 다른 이해를 가진 이익집단들이 행사하는 영향력을 분석하고, 각 이익집단들의 이해관계를 적절히 폭로함으로써, 사회복지정책과 이익집단들의 관계를 근본적으로 파악할 수 있다는 장점이 있는 반면, 일정 부분 한계도 발견된다. 즉, 이익집단 이론은 자본가, 노조 등의 계급보다 이익집단의 비중이 더 크다는 것을 암시하고 있는데, 이는 사회복지정책에 있어서 이익집단의 비중이 계급보다 더 클 수는 있어도, 전체적으로 조망해 보면 노조 등의 계급은 코포라티즘(corporatism)에 근거해서 합법적인 기구를 통해 막강한 영향력을 행사하고 있기 때문에, 이익집단 이론은 논란의 여지가 있을 수 있다(양승일, 2019 : 73-74).

제10절 정책이전 이론(Policy Transference Theory)

1. 정책이전의 개념과 동기

공공정책의 의식적인 채택, 모방은 어떠한 정책발달이론을 설명하는가? - 정책이전 이론

최근에 공공정책의 발달에서 제시되고 있는 이론으로서 수렴이론과 전파이론과 비교하여 정책이전 이론이 있다. 정책이전은 다른 사회정치시스템으로부터 방출된 아이디어, 제도, 프로그램, 그리고 정책의 발달에 내포되어 있는 과정과 사건이다(Dolowitz, et al., 2000 : 10). 정책이전이란 다른 국가나 지방 관할구역으로부터 공공정책(프로그램, 제도, 가치 등)의 의식적인 채택(모방, 경쟁, 혼합, 영감)이다. 비록 아이디어와 정책이 전파되었을지라도, 정책이전이 발생하기 위해서는 아이디어와 정책이 채택되고 실행되어야만 한다. 일단 채택된 아이디어와 모델이 제도화되고 나면 전파이론에 의해서 설명될 수 없고, 조직적인 일상화의 요구나 자기 이해관계에 얽힌 행위자들에 의해서 설명될 수 있다(Common, 2002 : 14-15).

그러므로 최근에 등장한 정책이전에 대한 문헌들은 보다 중범위 수준이나 미시적 수준에서 정책변화를 설명하려는 노력을 하고 있다. 이들은 단순히 거시적 차원에서 정책이 어떻게 확산되고 전파되는가 하는 질문을 넘어서, 구체적으로

누구에 의해서 어떠한 형태의 이전이 발생하는가에 대한 질문을 가지고 있다(최영준·곽숙영, 2012 : 255).

정책이전의 이유는 ① 자발적으로 원하기 때문에, ② 강제적으로 해야만 하기에(정책전파는 선진화된, 혁신적인 제도나 문물이 자연스럽게 의사소통을 통하여 전파되므로 강제는 아니다), ③ 다양한 대리기관(관료, 학원, 이익집단, 정당, 전문가, 국제기구 등)이 의식적으로 관여하여 똑같은 정책을 복사하거나 경쟁하는 정책을 만들거나 혼합하여 영감을 얻는 방식으로 정책이전을 한다.

이상에서 정책이전은 매우 다양한 형태가 존재하며, 그대로 모방하는 것부터 아이디어만을 가져오는 것까지 다양하다. 다른 국가의 정책을 그대로 이식하는 경우인 '복제(copy)'는 실제로 거의 존재하지 않는다. 이보다는 일부 세부 사항들을 '변형'하여 이전하거나(adaptation), 다른 국가들의 정책들을 혼합하여 받아들이는 경우(hybrid 혹은 synthesis), 혹은 단순히 다른 곳의 정책을 통하여 새로운 아이디어와 영감을 받는 경우(inspiration)가 더욱 일반적이다(Rose, 2005).

2. 정책이전의 사례와 실패

최근 거의 모든 복지국가에서 근로연계복지에 대한 강조는 미국에서 영국으로, 그리고 다른 국가들로 빠르게 이전되고 있으며, 이는 대부분 매우 자발적인 이전으로 해석이 된다. 이에 반하여 1990년대부터 시행된 개발도상국들의 자유주의적인 연금개혁은 세계은행과 국제통화기금을 중심으로 하는 하향식(top-down) 이전으로 해석된다.

정책이전 이론의 적합한 사례로 옳게 짝지어진 것은?
- 근로연계복지
- 개도국의 자유주의적 연금개혁

우리나라의 경우 독자적인 정책개발 능력이 거의 없었던 시기에 특수직역연금이나 사회보험의 대부분이 독창적인 고안이라기보다는 대부분 일본이나 서구에서부터 배워온 것이라고 기술하고 있다. 또한 실제로 한국은 새로운 정책에 대한 영감이나 아이디어를 얻기 위한 정부의 프로젝트에서 해외 사례연구는 필수적인 관문으로 작용하였으며, 직접적인 '소요학습[2)]'이 이루어지거나, 공무원을 해외에

2) 소요(逍遙)학습(Goodman, et al., 1996)이란 과거 역사에서부터 다른 나라의 문물을 배우기 위해서 떠나는 여정을 의미하기도 하며, 국제학습여행(international tour)라고 명하기도 한다(Du, et al., 2000).

직접 파견하여 학습이나 훈련을 받게 함으로써 정책이전을 촉진하려고 노력해 왔다고 주장하고 있다(최영준·곽숙영, 2012 : 267-268).

이러한 다양한 정책이전이 반드시 성공적인 결과를 가져오는 것은 아니다. Dolowitz와 Marsh(Dolowitz, et al., 2000 : 17)는 다음의 세 가지 경우에 있어서 정책실패가 될 수 있음을 지적하였다. 먼저 ① 준비가 부족한 이전(uninformed transfer)으로서 이전될 제도나 프로그램에 대한 이해가 불충분한 경우를 말한다. ② 다음으로 불충분한 이전(incomplete transfer)은 성공에 중요한 일부 요소들을 제대로 이전하지 않은 경우, ③ 마지막으로 부적절한 이전(inappropriate transfer)은 정책수출국의 사회경제정치 제도 맥락에 대한 이해가 충분하지 않은 채로 진행되어 정책실패에 이르게 된 경우를 일컫는다. 실제로 성급한 정책이전이 정책실패로 이어지는 사례를 찾는 것은 어렵지 않다. 그러한 점에서 로즈(Rose, 2005)는 제도가 이전될 때 기존에 존재하고 있는 다른 제도들과의 관계나 상충성 그리고 기존 정책·정치 행위자들의 수용성 등이 성공적인 정책이전에 중요한 요소들임을 제시한 바 있다. 또한 그는 정책수출국과 수입국 사이에 정책환경의 유사성이 더욱 강할 경우에 정책이전이 보다 효과적으로 일어날 수 있음을 밝히고 있으며, Dolowitz와 Marsh(Dolowitz, et al., 2000)도 정책이 놓이게 될 제도적이고 사회경제적인 맥락이 중요함을 지적한 바 있다(최영준·곽숙영, 2012 : 257).

한편 <표 3－1>에서 나타난 바와 같이 국가의 횡단적 정책 변화과정은 세계화, 수렴, 전파, 이전의 네 가지로 비교·설명할 수 있다. 세계화는 주로 경제적 자유화에 의해 일어나고 그 파급효과는 신자유주의 국가의 출현을 가져오게 된다. 정책수렴은 국제 영역의 구조적 역동성(산업화, 기술의 발달) 때문에 일어나고, 반면 정책전파는 사전 활동적인 대리기관(유포자나 배포자)에 의해 커뮤니케이션이나 영향력에 따라 정책이 채택되거나 미채택된다. 그러나 정책이전은 학습이나 다양한 대리기관(수령자들)에 의해 자발적으로, 강제적으로 의식적인 정책이전(부분적 이전)을 요구하고 제도화되거나 국가, 사회환경에 맞추어 적절하게 실행된다. 즉, 정책이전이 되기 위해서는 아이디어와 정책이 채택되고 실행되어야 한다.

〈표 3-1〉 국가의 횡단적 정책 변화과정

과 정	역동성	영향(파급효과)
세계화	주로 경제적 자유화	신자유주의 국가의 출현
수 렴	구조적인 역동성	정책 유사성
전 파	사전 활동적 대리기관(유포자 : 배포자)	정책채택/ 미채택
이 전	경쟁의식, 학습, 대리기관에 의해(수령자)	정책이전/ 부분적 이전/ 미이전 (제도화되거나 사회환경에 맞게 실행)

출처 : Richard Common(2002), p. 25.

이상으로서 10가지의 사회복지정책 발달이론을 소개하였다. 각 이론들은 나름의 논리력과 설명력을 가지고 있지만, 모든 국가, 사회의 사회복지정책 발달에 적합한 설명과 상황을 가지고 있는 것은 아니라는 점을 이해해야 한다.

이상의 내용을 기초로 사회정책 발달이론의 주요 관점을 요약하면 다음 <표 3-2>와 같다.

〈표 3-2〉 사회(복지)정책 발달이론 및 주요 관점

이 론	주요 관점
사회양심론	• 사회복지정책을 국가의 자선활동으로 보는 관점 • 사회복지정책은 이타심이 국가를 통해 발현되는 것 • 사회복지정책은 사회적 의무감의 확대와 과학적 지식의 증대에 따라 변화하고 이는 축적되어 사회복지정책은 계속 발전 • 변화의 과정에서 개선은 불가피하며 현재의 서비스가 최선의 것
합리이론	• 산업화는 사회문제를 발생시키고 합리적인 해결책으로서 사회정책이 등장
수렴이론 (기술결정론)	• 산업화는 사회복지의 확대를 야기한다는 관점 • 산업화는 경제성장과 동시에 새로운 사회적 욕구를 발생시키고 이는 새로운 복지 프로그램을 생성하여 복지국가를 등장시킴 • 테크놀로지에 관한 지식을 근거로 인간행위를 예측할 수 있다는 것으로, 특히 사회복지조직 및 행정, 사회사업 기술의 발달과 같은 비사회적인 테크놀로지의 힘에 의해 사회복지정책이 발달
시민권론	• 근대 자본주의 국가의 불평등한 계급구조와 평등주의적인 시민권 이념이 사회복지를 발달시켰다고 보는 관점. 18C(공민권) - 19C(참정권) - 20C(사회권 = 복지권) • 시민권으로서 복지권이란, 경제적 복지와 삶의 보장에 대한 권리. 사회복지제도, 교육제도 등
사회정의론	• 사회정책의 발달은 사회정의의 확대 실천과정
음모이론 (사회통제이론)	• 사회복지정책은 사회질서의 유지와 체제 안정을 위한 것 • 구빈정책은 지배층의 이익과 빈민통제를 위해 이루어진 것

종속이론	• 중심국가(식민지)의 경제적 지배가 사회, 문화 부문에서도 영향을 미쳐 사회복지정책도 종속된다는 것 • 제3세계의 사회정책 변화를 설명하는 이론
확산(전파) 이론	• 혁신이 확산(전파)되는 커뮤니케이션 과정을 설명하는 이론 • 사회복지의 발전과 국가의 지리적 위치가 밀접한 관계가 있다고 주장 • 사회복지는 국제적 모방과정으로서 한 나라의 사회복지정책이 다른 나라에 영향을 미친다는 데 초점을 둔 이론
이익집단 이론	• 다양한 이익집단들의 이익추구 과정에서 나타났다고 보는 입장 • 노인 프로그램들에 대한 설명에 적합
정책이전 이론	• 다른 국가나 지방, 관할구역으로부터 공공정책(프로그램이나 제도 등)의 의식적인 채택. 즉, 대리기관에 의해서 자발적, 강제적으로 수령하게 됨 • 정책이전이 되기 위해서는 아이디어와 정책이 채택되고 실행되어야 함

CHAPTER 04

복지국가와 복지사회

제 1 절 복지국가란 무엇인가?

복지국가

복지국가라는 용어는 영국의 켄터베리 대주교 William Temple이 그의 저서 『Citizen and Churchman』에서 가장 먼저 사용하였다고 알려져 있다. 즉, Temple 대주교가 나치 독일을 전쟁국가(Warfare State) 또는 무력국가(Power State)로, 영국을 복지국가(Welfare State)로 대조시켜 규정한 데서 시작되었다. 그러나 복지국가라는 말이 널리 세계적으로 사용된 것은 영국에서 베버리지 보고서(사회보험과 관련 서비스에 관한 보고서)가 1942년에 발표되고, 국민생활의 최저한도(national minimum)의 보편적인 보장을 의도하는 그의 사회보장안이 국제적으로 주목받은 이후이다. 즉, 복지국가라는 용어는 베버리지 보고서에 입각한 사회보장제도와 완전고용정책이 제2차 세계대전 후인 1945년 이후 영국의 노동당 정권하에서 실행으로 옮겨지면서부터 세계적으로 사용되었다.

복지국가 발전 이유

일반적으로 독일 비스마르크의 사회보험 이후부터 오늘날까지 복지국가가 발전하게 된 이유를 크게 다섯 가지로 설명할 수 있다.

첫째는, 산업화로 인한 사회복지 욕구의 증가에 대한 대응으로,

둘째는, 독점자본의 기능적 필요성 때문에,

셋째는, 노동자계급의 힘의 증대의 결과로,

넷째는, 이익집단들의 정치적 요구에 대한 대응의 결과로,

다섯째는, 국가구조상의 특성으로서 자본주의의 결함을 시정하고 보완하기 위하여 복지국가가 도래하고 발전하게 되었다고 한다.

아직까지 복지국가라는 용어에 대한 명확한 정의는 없다. 일반적으로 복지수준이 높은 나라, 혹은 정부가 사회복지정책을 강력하게 추진하는 나라 또는 사회주의와 자본주의가 혼합된 체제 등으로 불리기도 한다. 학자들에 의하면, Titmuss(1967)는 사적인 시장에서는 제공되지 않는 특별한 서비스를 받을 권리가 모든 시민에게 인정되어 있는 국가를 복지국가라고 하였고, Wilensky(1975)는 자선으로서가 아니라 정치적 권리로서 시민에게 보장된 모든 시민의 최저한의 소득, 영양, 보건, 주택 및 교육 등을 정부가 보호하는 국가를 복지국가라고 정의하였다.

Briggs(1961)는 복지국가의 본질을 시장의 힘에 의해 놀아나는 것을 수정하고 자신의 힘으로 생활해 나갈 수 없는 시민의 행복을 증진시키고자 하는 정부활동으로 간주하고 있다. 그리하여 그는 복지국가의 특별한 목적으로서 세 가지를 제시하였다.

① 첫 번째 목적으로서 실업, 이혼, 노령과 같은 자신을 지탱할 수 없는 사회적 상황이 발생했을 때, 그들의 경제적 안정을 유지하도록 도와주는 것,
② 두 번째 목적으로서 개인과 가족들에게 시장가치와는 상관없이 최저한의 소득을 보증해 줌으로써 적어도 사람들이 최저수준의 물질적 충족을 보장해 주는 것,
③ 복지국가의 세 번째 목적으로서 모든 사람들이 그들의 지위나 계층에 상관없이 어느 정도 합의된 사회서비스를 최고 수준으로 이용할 수 있도록 해 주는 것, 즉 사람들에게 그 사회에서 필수적인 재화와 서비스를 보장해 주는 것이다(Gilbert & Terrell, 2005 : 47-49). 복지국가의 세 기둥으로서 목적과 정책, 대상을 나타내면 다음과 같다.

〈표 4-1〉 복지국가의 세 기둥으로서 목적과 정책, 대상

목 적	정 책	대 상
• 경제적 보장 : 상실된 소득을 대체함으로써 일상생활상의 위험으로부터 시민을 보호	• 사회보장 : 질병, 실업, 장애, 퇴직, 배우자의 사망 등에 대비한 사회보험	• 근로자, 퇴직자, 그들의 가족 및 피부양자
• 물질적 충족 : 기본적인 사회적 보호를 제공	• 공공부조 : 현금구호와 사회서비스	• 저소득층, 불우계층
• 기본적 서비스 : 필수적인 상품과 서비스의 접근을 보장	• 교육, 건강보장, 주택, 영양	• 모든 시민

출처 : Gilbert & Terrell(2005), p. 48.

제 2 절 복지국가의 이념적 정향

이념을 개인, 집단 및 문화의 특성을 규정짓는 사고방식이나 사고내용이라고 정의한다면, 이 기본적 사고방식이나 행동양식의 방향을 결정하는 심성의 바탕을 가치관이라고 할 수 있다. 상이한 가치관에 따라 상이한 이념적 정향이 형성되는데, 복지국가의 이념적 정향(orientation)도 시대에 따라 그 사회의 가치관에 따라 상이하게 나타난다.

Furniss와 Tilton(1977)은 그의 저서 『복지국가론』에서 자유, 평등, 민주주의, 사회적 연대, 생존권의 보장, 경제적 효율성을 복지국가의 6가지 가치로서 제시하고 있다. 이를 간단히 살펴보면 다음과 같다. 복지국가의 6가지 가치

① 복지국가의 가치로서 평등은 인간이 만족스러운 삶을 영위할 수 있는 권리를 똑같이 지닌다는 신념을 말하며,

② 자유(freedom)는 신체적·정신적·종교적 자유와 같이 사회생활에 필요한 구체적인 자유를 누릴 권리가 있다.

③ 민주주의(democracy)는 사회 구성원 개인들이 욕구 충족을 위해 자원을 합리적으로 배분하는 과정으로, 절차는 참여를 통한 정당한 투표로 보장된다. 복지국가는 이런 민주주의 원리를 바탕으로 국민들의 복지증진에 노력하는 체제이다.

④ 사회적 연대(solidarity)는 사회복지를 인간의 공동체적 이상으로 보고 경험에 대한 공동체적 접근방법이 사회복지를 성취시키는 최선의 방법이라고 간주한다.

⑤ 생존권의 보장(security)은 안전과 보장의 가치로 볼 수 있으며, 복지는 사회생활에서 제기되는 각종 위험들(risks), 즉 빈곤, 질병, 사망, 무지, 사고, 노령 등으로부터 안전을 보장하고, 제기될 문제까지 예방하는 것 등이 중요한 가치로 포함된다. 마지막으로,

⑥ 경제적 효율성(economic efficiency)은 복지에는 많은 자원이 필요하나 자원은 인간 욕구에 비해 제한되어 있다. 따라서 경제적 자원의 효율적 운용 및 증대 역시 매우 중요한 가치이다.

N. Gilbert는 이러한 복지국가의 이념을 표방하는 자들이 정치적 정향으로서 복지국가를 적극적·소극적으로 수용하는가에 따라, 사회주의와 혼합경제, 자본주의를 어떻게 수용하는가에 따라 그들의 이념적 배경을 그림으로 나타내었는데, 이는 |그림 4-1|과 같다. 복지국가 수용의 정도는 종과 같이 생긴 곡선의 양 끝에서 낮고 점차로 긍정적 축의 꼭대기로 향해서 올라가고 있다.

|그림 4-1|에 나타난 세 개의 이념들은 복지국가에 대한 좌·우익의 견해와 정치적 사상 사이에서 조화의 정도를 나타내고 있다. 즉, 극좌 마르크스주의와 극우 사회진화론주의는 둘 다 현대 복지국가를 경멸하였으나 반대하는 이유는 서로 다르다. 노동조합주의적 사회주의자들은 자유방임주의적 자본주의자들보다 사회복지를 위한 집단적 개입에 더 높은 지지를 하고 있지만 두 학파 모두 국가에 대한 의심과 중앙정부의 관료적 기구에 대해서 반감을 가지고 있다. 페이비언 사회주의와 이익집단적 자유주의는 두 집단 모두 사회문제에 대한 개량적 접근에서 공통점을 가지고 있고 단편적인 개혁을 통해서 정부의 개입과 사회시장의 팽창을 지지한다. 두 학파의 차이점은 개혁의 노력을 동기화하는 철학적 이념의 차이를 보여준다(닐 길버트 저, 정진영 역, 1993 : 237-247).

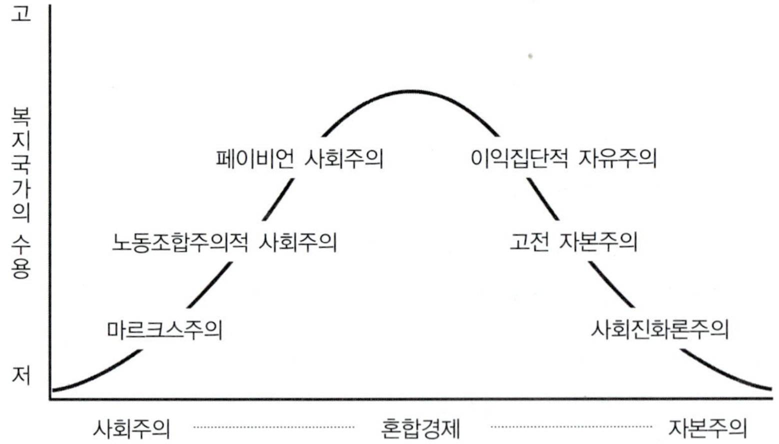

|그림 4-1| 정치적 정향(political orientation)과 수용(tolerance)

제 3 절 복지국가의 특징과 유형

1. 복지국가의 특징

복지국가에서는 국가권력이 소득의 재분배 효과가 나타나도록 경제적 제 세력의 자유로운 활동을 수정하는 방향에서 의도적으로 행사되며 모든 서비스가 권리로서 부여된다. 이러한 권리를 보장받기 위한 완전고용, 소득유지, 보건, 주택, 교육 및 이와 관련되는 프로그램이나 서비스의 강조가 그 목표이다. 또한 복지국가는 주로 최저생활 수준의 보장에 초점을 맞추고 완전고용과 기회균등을 목표로 하여 보다 정의롭고 안정된 사회를 이루는 것을 목적으로 삼고 있다. 즉, 복지국가의 특징은 ① 빈곤의 감소와 평등, ② 소득재분배에 의한 평등화 경향, ③ 완전고용의 실현, ④ 사회보장의 충실, ⑤ 혼합경제(mixed econony), ⑥ 기회균등을 추구하는 것으로 볼 수 있다.

2. 소득재분배에 의한 평등화 경향 : 소득분배의 불평등도

소득분배 불평등도 측정
- 로렌츠 곡선
- 지니계수
- 10분위분배율
- 5분위배율

한편 복지국가의 특징 중 소득재분배에 의한 평등화 경향은 그 나라의 소득분배의 불평등도를 살펴보면 잘 알 수 있다. 소득분배의 불평등도를 측정하는 방법으로는 로렌츠 곡선과 지니계수, 5분위배율과 10분위배율, 10분위분배율 등이 있다. 5분위배율은 소득상위계층 20%(5분위)/ 소득하위계층 20%(1분위)이고, 10분위배율은 소득상위계층 10%(10분위)/ 소득하위계층 10%(1분위)이다. 그리고 10분위분배율은 소득하위계층 40%(1~4분위)/ 소득상위계층 20%(9~10분위)이다. 우리나라 통계청은 지니계수와 5분위배율만 발표하였으나 최근에는 팔마비율과 상대적 빈곤율, 그리고 평균 빈곤갭도 발표하고 있다[1]. 이러한 소득분배의 불평등도 지

---

1) 통계청(2019. 4. 11)은 가계금융복지조사를 기반으로 팔마비율, 소득 10분위 경계값 비율, 중위 소득 60%를 기준으로 한 상대적 빈곤율, 평균 빈곤갭 등 4개 소득분배지표를 새로 개발해 공개했다. 이들 지표들은 OECD 등에서 국가 간 불평등 비교를 위해 사용되는 지표들이다. 이 지표를 적용한 결과 한국의 불평등 순위는 팔마비율 30위, 소득 10분위 경계값은 26~33위, 상대적 빈곤율 29위, 평균 빈곤갭 31~33위로 나타났다. 통계청은 지금까지 중위소득(소득을 순서대로 줄 세웠을 때 한가운데 있는 소득) 대비 50%를 기준으로 상대적 빈곤율 자료를 제공했는데, 이번부터 중

OECD 국가간 불평등 비교지표
- 팔마비율
- 소득10분위 경계값
- 상대적 빈곤율
- 평균 빈곤갭

표를 통하여 그 나라의 평등화 경향을 살펴볼 수 있다.

1) 로렌츠 곡선

로렌츠 곡선?

로렌츠 곡선은 이탈리아의 통계학자 M. O. Lorenz가 고안한 것으로서 X축에 소득인원의 누적백분율, Y축에는 이 인원에 대응하는 소득금액의 누적백분율을 넣고 이들 점을 연결해서 얻어지는 곡선이다. 예를 들어, A, B, C, D, E 5명이 살고 있는 유토피아 국가에서 A, B, C, D, E 각각이 20%의 소득을 가지고 있다고 할 때 이들 소득의 합은 A=20%, A+B=40%, A+B+C=60%, A+B+C+D=80%, A+B+C+D+E=100%로 이들을 점으로 연결하면 |그림 4-2|와 같이 소득분포의 완전한 평등상태, 즉 소득분배의 균등곡선(대각선)이 만들어진다. 그런데 만일 불평등국가에서 A=5%, B=15%, C=20%, D=25%, E=35%를 가지게 될 때 이들의 누적백분율은 A=5%, A+B=20%, A+B+C=40%, A+B+C+D=65%, A+B+C+D+E=100%로 되어 이들 점을 연결하면 우하향의 볼록한 곡선이 된다. 이 곡선을 로렌츠 곡선이라고 부른다.

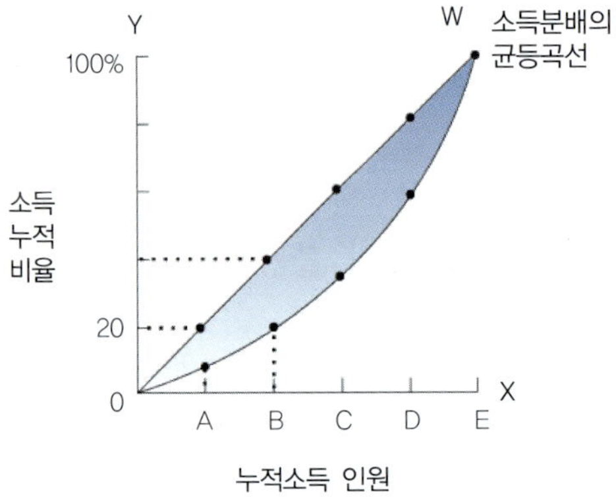

|그림 4-2| 로렌츠 곡선

2) 지니 계수

만일 여러 나라의 국가를 이 곡선으로 비교하면 눈으로 식별하기가 어려우므로 Gini가 수치화한 것이 지니계수이다. 즉, 소득분배 균등선과 가로·세로축이 이루는 삼각형의 면적과 균등선(45도선)과 로렌츠 곡선 간의 면적 비율이 지니계수이다. 지니계수(Gini Coefficient)는 0과 1 사이의 값을 가지며 이 값이 작을수록

위소득 대비 60%를 기준으로 한 상대적 빈곤율도 함께 제공키로 했다. 평균 빈곤갭은 중위소득의 50~60%에 못 미치는 빈곤선 밑 계층(빈곤인구)의 평균소득과 빈곤선(중위소득 50~60%)과의 차이를 나타낸 것이다.

소득분배는 균등한 것을 의미하고 그 값이 1에 가까울수록 불평등 정도가 높다는 것을 의미한다. 0.4를 넘으면 상당히 불평등한 소득분배의 상태에 있다고 할 수 있다. 우리나라의 경우 2011년 0.311, 5.73%로 나타났다. 2015년 지니계수는 0.296으로 매우 낮았으나 2018년 0.332로 높게 나타났다(통계청, 2019. 9).[2] 지니계수는 편리한 불평등지표이기는 하지만 단일 수치로 나타나기 때문에 우리에게 줄 수 있는 정보[3]가 많지는 않다.

3) 10분위 분배율

지니계수보다 훨씬 많은 정보를 줄 수 있는 불평등지표로는 10분위분배율을 보는 것이 좋다. 이것은 전체 가구를 소득순위로 소득하위계층 1분위부터 소득상위계층 10분위로 나누어 그 소득 몫 소득하위계층 40%/ 소득상위계층 20%의 변화를 보여주므로 실제로 불평등의 변동이 사회의 어느 계층에서 어떻게 일어났는가를 파악할 수 있게 해준다. World Bank는 소득 10분위분배율을 이용하여 불평등도를 측정한다.

다음 국가에서 불평등도가 높아진 것으로 볼 수 있는 것은?
- 로렌츠 곡선에서 우하향으로 볼록한 국가
- 지니계수가 높아진 국가
- 5분위배율이 높아진 국가
- 팔마비율이 높아진 국가
- 10분위분배율이 낮아진 국가

4) 팔마 비율

또한 영국 케임브리지대 명예교수인 팔마가 개발한 지표로 지니계수, 로렌츠

2) 〈지니계수 추이〉

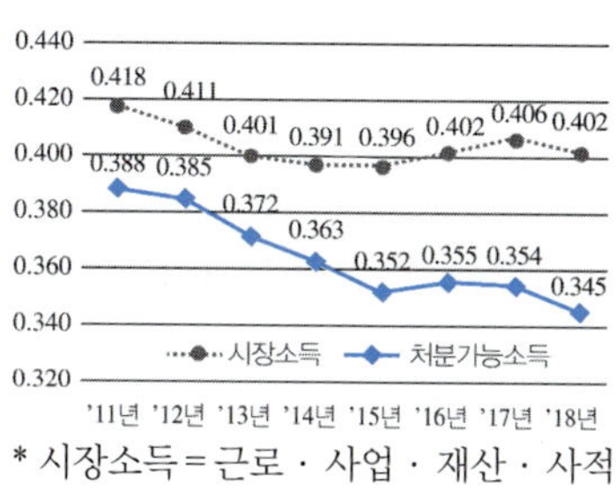

〈소득 5분위배율 추이〉

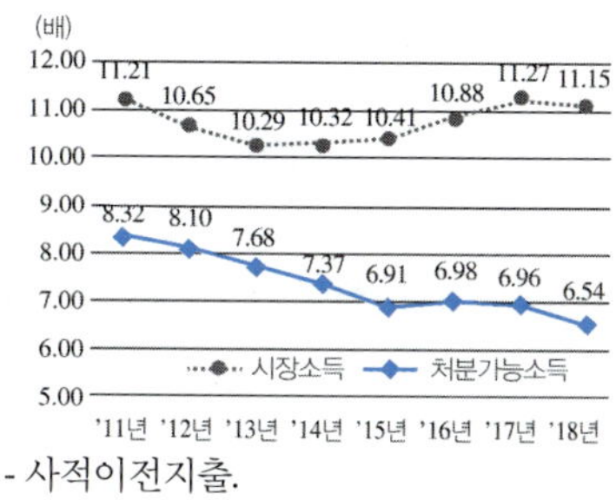

* 시장소득 = 근로 · 사업 · 재산 · 사적이전소득 - 사적이전지출.

* 처분가능소득 = 시장소득 + 공적이전소득- 공적이전지출(통계청, 2019년 가계금융복지조사)

3) 지니계수가 떨어지고 올라오는 구간을 보면 어떤 정책이 주효했고 혹은 실패했는지 알 수 있다. 통계청(2019. 9)에 의하면 지니계수에 미치는 가장 큰 변수로는 고용상황이 좋을 때 자연스럽게 지니계수가 떨어지는 것으로 나타났고 다음으로는 빈곤층에게 직접 재정지원을 하는 '정부이전지출'이 늘어날 때 지니계수가 다소 개선이 이루어졌으며 최저임금 인상 정책은 오히려 소득분배 개선을 악화시키는 작용을 한 것으로 보인다고 하였다.

저소득층과 고소득층 간 격차에 문제가 있다는 점에 착안한 소득불평등 지표는?
– 팔마비율

곡선처럼 소득불평등을 나타내는 팔마비율(Palma ratio : 상위 10% 소득/ 하위 40% 소득)이 있다. 소득 양극화가 저소득층과 초고소득층 간 격차에 문제가 있다는 점에 착안해 지니계수의 대안으로 나온 소득분배지표다. 팔마비율이 높으면 소득 격차가 벌어졌음을, 팔마비율이 하락했다는 것은 소득 격차가 그만큼 개선됐음을 의미한다. 처분가능소득을 기준으로 한 팔마비율은 2011년 1.74로 집계됐다. 2013년 1.59, 2015년 1.42로 점차 낮아졌다가 2016년에는 1.45로 소폭 상승했지만 2017년 다시 1.44, 2019년 1.34로 하락했다. 그 이유로 통계청은 고용 개선과 2014년 도입된 노인 대상 기초연금으로 분배지표가 개선됐다고 설명했다. 통상 팔마비율이 낮아지면 중간소득층, 즉 중산층의 소득 점유율이 높아지는 모습이 관찰된다고 한다(통계청, 2019. 4. 11). 현재 우리나라는 양극화의 귀결점이자 시작점인 소득분배구조의 양극화는 불평등을 강화시키고 지속가능한 성장 및 사회통합을 저해하는 핵심 요인이 되고 있다.

♣ 이론상 소득불평도가 높아지는 경우

- 로렌츠 곡선에서 오른쪽 밑으로(우하향) 볼록하거나(소득분배 균등곡선에서 멀어지면),
- 지니계수가 높아지면,
- 5분위배율(소득상위계층 20%(5분위)/ 소득하위계층 20%(1분위))이 높아지면,
- 팔마비율(상위 10% 소득/ 하위 40% 소득)이 높아지거나
- 10분위분배율(소득하위계층 40%/ 소득상위계층 20%)의 수치가 낮아지면

3. 복지국가의 유형화

1) Wilensky의 복지국가 기준에 따른 분류

Wilensky(1975 : 30-31)는 사회보장비가 국민총생산 중에 차지하는 비율을 복지국가의 기준으로 설정하고 그것이 15% 이상인 국가는 복지선진국, 10~14%는 복지중진국, 5~9%는 복지후진국이라 정의하였다.

2) Mishra의 복지국가 유형

Mishra(1984)는 복지국가의 유형을 복지에 대한 국가책임의 사상과 현실적 제도와의 관련을 통하여 구분하였다. Mishra는 분화적(differentiated) 복지국가와 통합적(corporate or integrated) 복지국가로 구분하고 전자는 미국과 영국, 후자는 오스트리아, 스웨덴, 서독, 네덜란드를 들고 있다. 영어권 국가들이 분화적 복지국가적 성격을 띠게 된 이유는 조합주의[4]의 역사적 경험 부족 때문이라고 지적하였다.

분화적 복지국가와 통합적 복지국가의 비교

이러한 Mishra의 복지국가 유형화는 조합주의와 권위주의 또는 독재정치나 전체주의와의 실질적 차이를 구별하기 어렵다는 점과 여러 개의 통합복지국가들 간의 공존관계를 설명해 주지 못한 점이 비판으로서 지적되고 있다.

조합주의 특징(코포라티즘)

〈표 4-2〉 Mishra의 복지국가 모형

국가유형	분화적 복지국가	통합적 복지국가
지지자	케인즈, 베버리지	후기 케인즈주의자
해당국가	미국, 영국	오스트리아, 스웨덴, 서독, 네덜란드
경제영역	• 수요 측면에서의 경제조절 • 수요의 창조나 억제를 위한 정부의 경제활동 활성화 조치(재정 및 금융정책)	• 수요 측면과 공급 측면(이윤, 투자, 임금수준, 인플레이션, 노동시장의 조건 등)에서의 경제조절 • 광범위한 경제문제의 조절 및 합의 형성
사회복지 영역	• 경제와 구별되는 상대적인 자율성 유지 • 경제와 관련하여 뚜렷한 연계를 거의 갖지 않는 국가의 사회적 서비스 제공	• 경제 및 경제정책으로부터 자율적인 영역으로 간주하지 않음 • 사회와 경제 간의 상호의존성과 상호관련성이 제도화됨

4) 조합주의(코포라티즘 : Corporatism)는 노조와 사용자가 대등한 관계에서 노사 간의 주요 현안을 협상하고 정부가 이를 중재하며, 나아가 정부와 노사 간의 현안인 임금과 복지 등의 문제를 정부, 노사 삼자가 협동하여 결정하는 삼자협동주의(Tripartism)를 말한다.
Schmitter는 코포라티즘을 두 가지로 구분하였다. 하나는 사회적 코포라티즘으로서 국가로부터 이익단체의 자율성이 보장되고 아래로부터의 진화발전을 원칙으로 한다(민주적 복지국가). 다른 하나는 국가코포라티즘으로서 이익단체들이 국가에 종속되고 위로부터의 권위적 권력에 의해 강제적으로 운영되는 체제를 말한다. Ford(1984)는 코포라티즘을 세 가지 유형으로 구분하였는데, ① 고전적 코포라티즘, ② 19세기의 코포라티즘, ③ 계약 코포라티즘이다. 순수한 다원주의하에서는 국가가 혼합경제(mixed economy)를 지향한다면 코포라티즘하에서는 국가가 간섭경제(regulated economy)를 지향한다는 차이점이 있다. 요약하면, 복지국가의 경우 코포라티즘은 임금, 물가, 복지 등 각 계급들의 핵심적 관심사를 절충, 타협, 결정하는 메커니즘으로 작동하고 있다. 형태적으로는 삼자협동주의라 하여 국가, 노동, 자본의 대표가 참여한다(원석조, 2006 : 131-136).

정치형태	• 이익집단 다원주의적 성격 • 정치형태 및 사회의 의사결정과정에서 자유경쟁 또는 시장모델 적용 • 산업분야에서의 자유로운 집단협상 방식을 선택 • 조직화된 집단, 정당 및 의회를 통한 분파적 이익을 추구 • 사회적 책임이 결여된 경제력 행사	• 중앙집권적 다원주의 성격 • 광범위한 경제 및 사회정책에 걸쳐 주요 이해집단의 대표와 최고 조합들 간의 협상 • 경제집단의 상호의존성이 인식되어 계급협력과 사회적 합의의 형태로 제도화됨 • 주요 경제집단에 사회적 책임 존재

3) Furniss와 Tilton의 복지국가의 모형

Furniss와 Tilton(1977)은 사회복지 욕구에 대한 정부의 개입형태에 따라 복지국가의 모형을 다음과 같이 세 가지 형태로 구분하였다.

(1) 적극국가(Positive State)

적극국가의 특징과 대표국가

적극국가는 가장 중요한 정책목표를 지속적 경제성장으로 삼고 이를 위해 정부와 자본이 공생관계를 유지하는 것을 최선으로 여긴다. 따라서 사회정책은 경제성장정책의 한계 내에서만 그 존재가 인정된다. 적극국가는 자유방임주의와 개인주의를 바탕으로 한 자유경제시장에서 선호되는 사람, 즉 무한경쟁에서 살아남을 수 있는 사회적 강자들이 가장 큰 혜택을 받는다. 적극국가의 대표적인 예로서는 미국을 들 수 있다.

〈표 4-3〉 Furniss-Tilton의 복지국가 유형(사회복지에 대한 정부개입의 형태에 따른 구별)

국가유형	적극적 국가 (positive state)	사회보장국가 (social security state)	사회복지국가 (social welfare state)
해당국가	미국	영국	스웨덴
특 징	시장체계의 기능을 강화하기 위한 정부의 개입과 사회적 통제기능이 강한 나라들	국민들의 최저생활 보장과 기회평등 추구, 보험원칙에 의한 사회보험을 주로 하는 나라들	보편적인 삶의 질 향상을 추구, 정부와 노동조합의 협력에 의해 고용정책을 수립하고 집행하는 나라들
국가정책의 목표	자유시장의 불안정성과 재분배의 요구로부터 자본가 보호	국민 전체의 생활안정과 기회균등	국민화합과 평등성 추구

국가정책의 방향	• 경제성장을 위한 정부와 기업의 협조 • 완전고용정책의 극소화	• 완전고용정책의 극대화 • 기회균등의 실현 • 모든 국민에게 직접적 혜택 부여	• 정부와 노조 간의 협력에 의한 완전고용정책 • 환경계획 • 니드를 우선 고려
사회정책의 방향	• 경제적 효율성에 기여할 수 있는 복지서비스만 실시 • 수평적 재분배와 수익자 부담의 원칙에 입각한 사회보험 프로그램을 강조 • 잔여적 복지모형 • 복지정책은 사회풍토의 수단	• 국민최저수준의 보장(개인의 복지권과 국가의 의무 인정) • 기본생존수준 이하의 빈곤은 퇴치 가능 • 기본생존수준은 전체 국민의 생활수준의 향상에 따라 개선 • 사회보험제도 외에 정부의 무상서비스의 필요성 인정	• 국민최저수준 이상의 보장 • 사회보험과 사회부조 프로그램의 실시를 위한 정부 차원의 극대화 • 권력의 분산과 시민참여의 확대

출처 : Furniss, N., & Tilton, T.(1977). The Case for the Welfare State. Bloomingtion, Indiana University Press.

(2) 사회보장국가(Social Security State)

사회보장국가

사회보장국가는 사회정책을 통해 국민 누구에게나 최저수준을 보장하려고 하는데, 이는 사유재산체계가 국민 모두의 생활안정을 약속해 줄 수 없기 때문에 국가가 그 빈자리를 메워야 한다는 인식을 바탕으로 한다. 이를 위해 사회는 사회보험만으로 부족하기 때문에 사회부조나 보편적 서비스의 제공과 같은 다른 방법을 채택하게 된다. 그러나 국가의 책임 못지않게 개인의 복지향상에 필요한 개인의 동기, 기회 그리고 책임의 중요성도 동시에 인식된다. 사회보장국가의 대표적인 예는 영국을 들 수 있다.

(3) 사회복지국가(Social Welfare State)

사회복지국가의 특징과 대표국가

사회복지국가는 경제정책이 사회정책의 구속을 받게 된다. 이는 사회복지국가가 평등과 사회통합의 실현을 그 목표로 삼기 때문인데, 철저한 민주주의와 사회평등주의를 지향한다는 점에서 사회보장국가와 차별성을 갖기도 한다. 따라서 사회복지서비스는 취약계층에 대한 원조라는 성격을 초월해 그들로 하여금 국가정책의 과정에 더 적극적으로 참여할 수 있게 하도록 하는 수단으로 인식된다. 따라서 사회복지국가에서는 평등과 국민화합의 실현을 위해 정부와 노조가 긴밀히 협조하고, 상대적 취약계층의 협조관계를 강화한다. 이들 국가들은 정부와 사회복지 프로그램이 최하계층의 요구에 우선적인 반응을 보이는 현상을 볼 수 있으며 사회복지국가의 대표적인 예로서 스웨덴을 들 수 있다. Furniss와 Tilton(1977 : 179-183)은 미국을 복지국가라고 부르기를 거부하였는데, 그 이유는 미국민 개개인들의 복지증진을 목적으로 하는 사회복지예산이 상대적으로 복지선진국에 비해 적게 책정되었기 때문이라고 하였다.

4) Esping-Anderson의 복지국가 체제

복지국가 분류기준 세 가지 – 탈상품화 – 계층화 – 국가-시장 – 가족과의 관계

Esping-Anderson(1990)은 정치경제학적 입장에서 복지국가에 대한 새로운 유형기준을 제시하고 있다. 복지국가가 역사의 산물이며 사회계급 간의 투쟁의 산물이라는 점을 전제하고 그것이 사회계급과 계층구조, 그리고 시장 및 가족관계와 서로 연결된다는 점을 강조하여 ① 탈상품화, ② 계층화, ③ 수혜제공과 관련된 국가–시장–가족의 관계를 복지국가의 주요한 분류기준으로 제시하였다. 그리고 이러한 기준에 따라서 현존하는 복지국가 체제[5]를 세 가지 유형으로 구분하였다. 즉, 자유주의·보수주의(조합주의)·사회민주주의 등의 복지국가체제가 그것이며, 이러한 세 가지 유형 간에는 단선적인 발전과정의 특정 단계를 구성하는 것은 아니다. 여기서 탈상품화(decommodication)[6]는 근로자가 자신의 노동력을 상품으로 시장에 내다 팔지 않고도 살 수 있는 정도를 말하는데, 결국 탈상품화가 높을수록 복지선진국을 의미한다.

탈상품화의 개념

그런데 Esping-Anderson은 복지국가체제를 이렇게 구분하면서도 이러한 세 가지 유형이 순수한 형태로 존재한다고는 결코 보지 않는다. 현실의 복지국가체제들은 순수한 어떤 한 유형으로 존재하는 것이 아니라, 각 유형들의 특징들이 서로 비율을 달리하여 혼재하고 있다고 보고 있다.

그리하여 Esping-Anderson(1990)은 세 가지 복지국가 체제의 특성을 다음과 같이 구분하였다.

① 자유주의적 복지국가는 시장이 중심적 역할을 하고 국가는 주변적 역할을

5) 체제라고 사용한 것은 복잡한 법적, 조직적 특성들이 국가와 경제 간의 관계에 있어서 체계적으로 상호 관련되어 있다는 사실을 의미하기 위함(이혜경, 2010).

6) 탈상품화의 정도는 연금, 건강보험, 실업보험 등 3대 보험에 있어서 ① 평균임금에 대한 최저급여액의 비율, ② 평균임금에 대한 평균급여액의 비율(소득대체율), ③ 급여수급 자격요건(가입기간), ④ 전체 재원 중 수급자 부담 비율, ⑤ 전체 인구 중 실제 수급자의 비율 등을 점수로 매긴 것

하며 탈상품화의 정서가 미약하므로 공공부조가 강조되고 재분배효과가 미약하다. 전형적인 국가로는 미국, 캐나다, 오스트레일리아를 들 수 있다.

② 보수주의(조합주의)적 복지국가는 시장이 주변적 역할을 하고 가족이 중심적 역할을 한다. 그리고 국가가 보조적 역할을 하며 탈상품화의 정도가 높으므로 사회보험이 강조되고 직업별로 다양한 복지제도와 가족이 연대의 근거가 되고 있다. 그러므로 탈상품화 효과에는 한계가 있으며 전형적인 국가로는 프랑스, 독일, 오스트리아가 있다.

③ 사회민주적 복지국가는 가족과 시장이 주변적 역할을 하고 국가가 중심적 역할을 하며 탈상품화의 정도가 매우 높다. 따라서 보편주의 원칙과 사회권이 중시되고 복지의 재분배적 기능이 강력하며 복지급여는 중간계급까지 확대한다. 탈상품화 효과가 큰 국가들로서는 스웨덴, 덴마크, 핀란드, 노르웨이 등을 들 수 있다.

복지국가의 유형화를 논함에 있어 가장 이상적인 복지국가의 유형화는 사회복지정책이나 제도 및 프로그램의 내용(대상, 자격, 급여수준, 재원조달방법 등)을 분석하고 그것의 효과(재분배 효과나 빈곤감소 효과 등)를 분석하여 유형화하는 것이다. 그러나 이러한 분석에 의한 유형화는 각 국가의 제도나 프로그램 내용이 각각 달라서 일률적으로 비교·분석하기가 어려운 실정이다.

〈표 4-4〉 Esping-Anderson의 세 가지 복지국가 체제의 특성

사회민주적 복지국가의 특성으로 옳게 짝지어진 것은?

구 분	자유주의 복지국가	보수주의(조합주의) 복지국가	사회민주주의 복지국가
가족의 역할	주변적	중심적	주변적
시장의 역할	중심적	주변적	주변적
국가의 역할	주변적	보조적(subsidiary)	중심적
연대양식	개인주의적	친족중심적, 조합주의적	보편주의적
연대근거	시장	가족	국가
탈상품화 정도	매우 낮음	높음	매우 높음
재분배	매우 미약	제한적	강함
인적자원관리	시장중심(형식적 공교육)	공공역할강조(무상교육)	포괄적(무상교육+여성참여)
사회보장체계	선별적인 최저보장	분절적 보충성의 원리	통합적 보편주의 원리
전형적인 국가	미국, 캐나다, 영국, 호주	독일, 프랑스, 오스트리아	스웨덴, 덴마크, 노르웨이

출처 : Esping-Anderson(1990), p. 85. 이혜경(2010). 참조하여 재작성

이상에서 서술한 학자별 복지국가 모형 중 Titmuss, Furniss와 Tilton, Esping-Anderson의 유형을 요약하면 다음과 같다.

〈표 4-5〉 Titmuss, Furniss & Tilton, Esping-Anderson 모형 비교

Titmuss	Furniss & Tilton	Esping-Anderson
• 잔여적 모형 : 미국 • 산업업적성취 모형 : 독일, 프랑스, 스위스, 영국, 오스트레일리아, 캐나다 • 제도적 재분배 모형 : 스웨덴, 노르웨이, 네덜란드	• 적극적 국가 : 캐나다, 미국 • 사회보장국가 : 독일, 프랑스, 스위스, 영국, 오스트레일리아 • 사회복지국가 : 스웨덴, 노르웨이, 네덜란드	• 자유주의 복지국가 : 영국, 호주, 캐나다, 미국 • 보수주의(조합주의) 복지국가 : 오스트리아, 독일, 프랑스 • 사회민주주의 복지국가 : 스칸디나비아 국가

제 4 절 복지국가 위기의 배경과 관점

1. 복지국가 위기의 배경

1973년의 유가폭등을 불러온 오일쇼크는 제2차 세계대전 이후 30년간 지속되어 온 복지국가의 안정체제를 뒤흔드는 결정적인 계기가 되었다. 오일쇼크 이후 경제성장률은 떨어지고 물가는 빠르게 상승했으며 실업률도 상승하였다. 이러한 경제혼란은 국가 – 자본 – 노동 간의 화해적 정치구조에 치명적인 균열을 가지고 왔다. 이러한 균열의 결과로 영국에서는 1979년 노동당 정부가 실각하고 대처의 보수당 정부가 들어섰으며, 미국은 1980년 민주당 정부가 실각하고 레이건 공화당 정부가 수립되었다.

복지국가 팽창기 동안 진보적 정당들은 제2의 정당으로 물러나고 1977년 제2차 오일쇼크 이후 오늘날까지 복지국가는 재편기에 접어든다. 이러한 보수회귀의 흐름은 하나의 사회운동이며 정치세력인 신우파인 신보수주의를 등장시키는데, 국가의 경제개입과 복지개입을 모두 비판하고 복지국가의 해체를 통해 자유시장체제를 확고히 하려는 이데올로기적 공세를 전개했다.

보수 세력이 새로운 정권을 잡은 구미 각 나라들은 대대적으로 복지예산을 삭감하고 복지국가의 구조를 축소하기 시작하였다. 그러나 보수정권에 의한 복지

삭감은 복지비 지출의 증가율을 둔화시켰을 뿐, 복지비의 절대액을 감축시키지는 못했다. 그 결과 1970년대 오일쇼크와 보수정권에 의한 복지삭감이 있었지만 복지비의 증가율은 경제성장률보다 크게 앞섰다.

일반적으로 복지국가 위기의 배경으로서 다음의 여섯 가지를 들고 있다. 즉, 복지국가는,

복지국가 위기의 배경

① 경제성장에 유해 : 사람을 나태하게 하여 자본축적을 저해한다.
② 노동자의 교섭력을 강하게 하여 국제수지에 악영향 : 임금인상, 물가등귀를 가져온다.
③ 정부개입과 혼합경제는 시장기구의 우수한 기능을 망가뜨린다 : 경쟁기능이나 투자요인을 저해한다.
④ 관료주의화와 전체주의를 초래한다.
⑤ 도덕적 타락과 허무적인 생활 : 약물남용이나 미혼모의 증대 등이다.
⑥ 사이비 민주주의 : 국가독점 자본주의의 분장형태이다.

2. 복지국가 위기의 관점

복지국가위기론의 관점에 대한 설명으로 옳게 짝지어진 것은?

1) 정부의 과중부담론

정부의 과중부담론이란?

신보수주의의 견해로, 정치적으로는 '최소한의 정부가 최선의 정부'라는 자유방임주의를 기반으로 하며, 경제적으로는 국가의 무간섭주의와 자유시장체계의 중심인 개인책임이 중심이다. 따라서 국가개입이 없는 자유경쟁 시장체제를 주장하며, 복지 프로그램은 보충적(잔여적) 원칙에 입각하여 수혜자 수의 제한과 가족이나 자발적인 민간기관에 의한 욕구 해결이 바람직하다고 주장한다.

정부의 과중부담론

2) 국가모순이론

국가모순이론

맑시스트 견해에 바탕을 둔 것으로 자본주의 자체의 모순을 위기의 원인으로 보는 관점이다. 즉, 국가는 '자본축적'을 위한 형식일 뿐이며, 자본축적의 과정에서 고통을 겪는 계급의 충성심을 유지하기 위한 작업이 복지라는 것이다. 이른바 복지자본주의는 자본주의 발전단계상 어떤 시점에 이르면 한계에 봉착하게 되므

로, 진정한 사회복지를 이루기 위해서는 사회주의 체제로 가야 한다고 주장한다.

국가모순이론의 대표적인 학자로는 Offe와 O'Connor 등이 있다. 이 가운데 Offe는 보수주의자들이 지적하는 것처럼 복지국가가 자본축적에 부정적인 영향을 미치지만 복지국가를 없애는 것도 자본축적에 부정적 영향을 미친다는 점에 복지국가의 당혹스러운 비밀(embarrassing secret of the welfare state)이 존재한다고 보고 있다. 즉, 자본주의는 복지국가와 더불어 공존할 수도 없지만 자본주의 또한 복지국가 없이 공존할 수 없다는 데 자본주의의 모순(contradiction)이 있다(노형일, 1999 : 351-353). O'Connor는 자본주의 국가는 원래 두 가지의 기본적 기능 – 자본축적(capital accumulation)과 정당화 혹은 합법성(legitimization) – 을 수행해야 하는데, 이 두 가지 기능은 자본주의 국가에서는 서로 모순적이기 때문에 양립할 수 없고 따라서 자본주의의 변형인 복지국가는 그 자체가 모순이라는 것이다.

자본주의 국가의 2가지 기능
– 자본축적
– 정당화

실용주의
= 중도파

3) 실용주의

중도파적인 이론으로서 실용주의는 1970년대 나빠진 경제상황에서 등장하였다. 복지국가의 위기는 현재의 경제사회체계 내에서 해결 가능한 것이며, 근본적인 위기가 아닌 복지국가 프로그램의 형태나 제도, 운영방법이 잘못되어서 발생한 것이라는 주장이다. 합법성(정당성 : legitimation)의 위기는 경제적 어려움에서 온 것이므로 경제성장과 갈등을 해결하기 위해서는 복지국가 프로그램들이 지방분권화나 민영화의 방법을 통해서 효율성과 효과성을 추구해야 하고, 복지 공급주체들은 복지혼합과 복지다원주의로 나아가야 한다고 주장한다.

제 5 절 복지국가위기론에 대한 재편전략

1. 신보수주의적(Neo-conservatism) 재편

복지국가 위기의 재편전략
– 신보수주의적 재편
– 민영화
– 복지혼합, 복지다원주의

1970년대에 들어 서구 복지국가의 모순이 현재화되기 시작하면서 복지국가의 정당성과 효율성에 대한 불신이 싹트기 시작했다. 이후 복지국가가 노정하는 문제점에 대한 대응으로서 신보수주의가 대두하게 되면서 복지국가의 재편이 주요한 쟁점이 되었다. 복지국가의 모순과 신보수주의적 비판이라는 대응관계 속에서, 국가중심적 민주주의의 한계가 복지국가의 모순과 맞물리면서 예리하게 자각되었던 것이다. 대표적인 예로서 영국과 스웨덴을 들 수 있는데, 1970년대 이후 영국과 스웨덴은 유사한 구조적 위기에 부딪혔음에도 불구하고 지극히 대조적인 재편의 길을 걸어갔다. 영국이 급격한 복지국가의 축소 개편을 경험한 반면, 스웨덴은 기존의 복지국가를 유지하는 데 성공한 것이다. 세계적이고 만성적인 경제불황과 빈부격차가 가속화되는 오늘날에도 복지국가의 재편은 여전히 유효한 화두이다.

♣ 신보수주의(Neo-Conservatism)

신자유주의와 비슷하나 도덕과 종교 등의 측면을 강조하고 전통과 질서를 중시한다.

■ 신보수주의 정책 기조

① 자조(self-help)와 개인 책임 – 시장과 개인

② 선별주의 – 자산조사(means test)

③ 열등처우원칙 – 노동유인 또는 근로의욕 고취

■ 신보수주의 원칙(수단)

① 노동력의 재상품화 – 노동력의 탈상품화 경향에서 후퇴

② 사회복지지출 삭감

③ 보편적 서비스 축소

④ 민영화 – 복지혼합, 다원주의(pluralism)

⑤ 분권화 – 중앙정부 책임축소, 지방정부의 재정지출 통제 강화를 통해 복지지출 삭감

※ 신자유주의 : 시장적 자유와 개인의 사적 소유권을 자연법적 권리이자 절대적 가치로 파악하며 자유무역과 세계화를 강조한다. 신자유주의와 신보수주의 모두 넓은 의미의 신우파에 속하는 이념들로 국가의 개입이 최소화되고 개인의 자유가 중심이 된 사회체제를 지향하는 사상이다.

신보수주의의 특징

2. 민영화(Privatization) 전략

민영화 전략
– 계약
– 효율성

민영화 전략은 사회복지서비스나 재화를 민간부문에서 제공하는 것이 바람직하다는 주장이다. 민영화는 기존의 국가나 공공이 제공하던 사회복지서비스나 재화를 민간이 제공하거나 운영하도록 하며 그리고 국가(지방자치단체)와 민간비영리기관이 일정 기간 계약(contracting out)[7]에 의해 사회복지기관의 운영을 위탁

레이거노믹스와 대처리즘의 공통점으로 옳게 짝지어진 것은?
• 민영화
• 작은 정부
• 규제완화
• 감세
• 선별주의
• 분권화

하는 것을 말한다. 1980년대 이후 영국의 대처리즘(Thacherism)과 미국의 레이거노믹스(Reaganomics : 레이건 대통령의 경제정책 Reagan+economic)가 공공주택과 보건의료부문 등에서 복지개혁이라는 이름하에 민영화를 주도적으로 이끌어 온 대표적인 정책슬로건이다.

♣ 대처리즘
자유경제와 강한 국가(Gamble), 케인즈베버리지적 요소(케인즈 : 증세, 베버리지 : 보편적)로부터 벗어남 : 공공지출 삭감, 규제완화, 감세, 보충(선별)적 원칙 중시

민영화는 시장에서 경쟁이라는 이점과 공공기관에서 관료제라는 약점과 관계되어 있다. 그리하여 민영화의 주창자들은 민간기관들이 사회서비스의 공급과 전달에서 가장 효과적으로 잘 수행하고 있고 이에 반해 서비스의 독점을 누리고 있는 공공 관료기관들은 그들이 해야 할 일들을 잘 수행하지 못한다고 주장하고 있다(Gilbert & Terrell, 2006 : 160-161). 그러므로 민영화 전략은 자유시장경제체제의 논리를 바탕으로 서비스의 효율성을 강조하는 전략이다.

민영화의 위험

그러나 Rose는 사회 구성원들의 복지는 세 가지 제도, 즉 가족, 시장, 국가의 조합에 의해서 이루어진다고 하였듯이, 민영화는 사회복지를 효율성의 논리로만 바라보기 때문에 근본적인 복지국가 위기의 해결책이 될 수는 없다고 하였다. 아울러 Sanger(2003)는 민영화와 같은 시장의존적 접근은,

① 공공성의 위협,
② 지나친 경쟁으로 인해 관련 서비스의 중단 등이 나타나 결과적으로 수요자에게 불이익이 돌아갈 수 있고,
③ 경쟁과정에서 공급자 간의 담합 혹은 공공부문과 민간의 결탁, 그리고 공급자의 부패 가능성 등을 위험으로 지적하기도 한다.

3. 복지다원주의(Welfare Pluralism), 복지혼합(Welfare Mix)

1980년대 후반 이후 본격화된 세계화의 담론은 각국의 사회정책과정에서 신

7) 제2부 제5장 제6절 복지서비스 공급방식 : 조치에서 계약으로 참조

자유주의자들의 영향력을 높였으며, 복지국가에 대한 우파의 비판을 더욱 촉진시켰다. 이들에 따르면, 복지국가는 미시적 수준에서 개인의 경제활동에 대한 동기를 떨어뜨려 복지의존성(welfare dependency)을 높이고, 거시적 수준에서 사회 내 하위계층(underclass)의 형성을 초래하며 경제성장에 저해가 된다는 것이다. 그리하여 이들은 사회복지에 대한 국가의 책임과 역할이 시장, 가족, 지역사회, 자원조직 등 다른 다양한 공급주체들에 의하여 대체되어야 한다고 주장한다. 이러한 주장은 1980년대 초반 이후 사회정책연구자들 사이에서 복지다원주의(welfare pluralism), 혹은 복지혼합경제(the mixed economy of welfare)를 통하여 뒷받침되었다(신동면, 2001). 그리하여 서구는 복지국가의 위기를 극복하는 전략으로 복지다원주의(welfare pluralism)를 추진해 왔고, 그 핵심은 비공식 부문과 제3섹터(자원부문)의 활용에 있었다.

복지다원주의의 공식적 사용 : Wolfenden 보고서 – 정치적인 면에 초점

이 '복지다원주의' 혹은 '복지혼합'이라고 하는 개념이 강조하는 것은 복지공급 형태의 다양성에 있다. 복지국가와 비교되는 복지사회는 다양한 집단이나 조직으로 구성되어 있고 이들도 복지를 제공한다는 점에서 다원적이다. 따라서 복지사회를 지향하는 가치관은 공적(정부부문) 복지 공급만을 우선으로 하지 않고 다원적인 복지 공급을 내용으로 형성되었다.

복지다원주의라는 용어는 1970년대 후반 영국에서 강조되었다. 1977년 영국의 Wolfenden 보고서 「Voluntary 조직의 미래」 가운데에서 이 용어가 공식적으로 사용되었다. 그리하여 복지다원주의 개념은 1980년대 영국 사회정책 연구영역에서 일종의 복지공급체제론으로서 새로운 이슈를 불러일으켰다.

복지다원주의의 주장은 두 가지로 구성되어 있다.

첫째, 공사역할분담론의 측면과,

둘째, 참가형 민주주의론의 측면이다.

Wolfenden 보고서는 사회적 니드를 충족시키는 부문 혹은 시스템으로서 informal 부문, 민간영리 부문, 민간비영리(Voluntary) 부문, 정부부문의 네 가지 부문이 있고 이 네 가지 부문이 다원적으로 복지공급에 중요한 연관이 있음을 강조하였다. 명백히 복지다원주의는 복지공급에 있어서 국가의 중심적 역할을 축소하는 것이며 정부(국가)가 공급했던 부분에서 인포멀이나 볼런터리의 각 부문에게 서비스 공급을 이

양하는 것을 바라고 있는 것이다. 또 다른 복지다원주의의 참가형 민주주의론 측면은 이들 보고서 이전의 시대(1960년대부터 1970년대에 걸쳐)에서부터 영국에서 논의되어 온 것으로서 '참가'지향과 볼런터리 부문에의 기대이다. 참가와 볼런터리 부문의 의의를 강조한 시각은 1968년 시봄 보고서에서부터 나왔으며 1977년 Wolfenden 보고서에 계승된 것이다.

복지의 혼합경제 – 경제적인 면에 초점

한편 복지다원주의의 의미는 1980년대 전반 영국의 사회복지 논의를 상징하는 것이었지만 이 개념과 유사한 것으로서 '복지의 혼합(경제)론'으로 불리는 개념이 등장하게 된다. 그리하여 1980년대 후반부터 영국에서는 '복지공급의 다원화'를 나타내는 용어로서 복지다원주의론과 복지의 혼합(경제)론이 나타났지만, 명확한 관점에서 이 양자는 서로 달랐다. 즉, 복지다원주의는 정부부문과 볼런터리 부문 혹은 볼런터리 부문과 인포멀 부문과의 관계에 초점을 두고 공급의 다원화를 정치적 이슈로 포착하는 경향이 있는 데 비해, 복지혼합(경제)론은 시장기구, 즉 상업부문(commercial sector)을 통해서 자원을 배분하고 사람들의 선호를 담보로 하여 시장의 역할을 보다 강조한 것을 주요 주장으로 하고 있는(Papadakis, Taylor-Goodby, 1987) 점이 서로 다르다. 즉, 복지다원주의는 사회복지 공급에 있어서 '정치적인 면'에 초점을 두고 있는 데 비해 복지혼합(경제)론은 '경제적인 면'에 초점을 두고 있다.

복지다원주의의 내용 설명으로 볼 수 없는 것은?

복지다원주의자의 주장을 정리하면 다음과 같다.

① 복지공급의 다원화 : 역할분담론
② 이용자가 책임을 지는 하방향의 책임성(accountability) : 서비스의 선택주의
③ 분권과 community 지향 : 지방자치단체 책임 강조
④ 시민들의 참여에 의한 정책결정
⑤ 비공식부문과 자원부문의 역할과 기능을 재평가하고 활용

복지혼합형 복지사회의 한 가지 특징은 복지국가론에서는 거의 논의되지 않았던 비공식(informal) 부문과 자원(voluntary) 부문의 역할과 기능을 재평가하고 활용한다는 점이다. 이렇듯 영미의 앵글로색슨계의 국가에서는 비영리조직인 볼런티아의 역할이 대단히 크지만 정부와 시장에 덧붙여 제3의 부문으로서 informal 부문의 역할을 새로운 관점에서 재평가하는 경향이 국제적으로 보이고 있다.

그리하여 1980년대 등장한 대처 정부와 레이건 정부는 복지국가의 이름하에서 이루어진 국가개입주의 노선을 과감히 개혁하여 공공부문에 시장주의 요소를 강력하게 접목하였다. 대처 정부와 레이건 정부는 시장주의로의 구조조정과 감세정책을 통해 작은 정부를 지향하는 강력한 제도개혁을 단행하였으며, 복지부문도 과거와 같이 국가가 사회복지 영역을 전적으로 책임지기보다 기업(시장)과 자원봉사조직이 일정한 부문을 담당하는 형태로 복지공급체계를 전환하였다. 그리하여 대처 정부와 레이건 정부는 복지에서 개인의 선택과 시장기능을 강조하고 복지의 민영화와 시장화를 추진하여 작고 효율적인 정부 추구와 강한 국가의 설립, 신보수주의에 입각한 복지제도의 개혁, 즉 복지다원주의를 추구하였다.

4. 세계화의 영향에 대응하는 전략

이상에서는 복지국가 위기에 대응하는 방법으로서 1980년대 이후의 신보수주의, 민영화, 복지다원주의를 살펴보았다. 여기서는 세계화의 영향에 대응하는 구체적인 전략을 복지국가 체제별로 비교하여 살펴보면, 전술한 Esping-Anderson(1999)은 신자유주의적 세계화의 영향에 대응하는 방식도 각국의 복지체제 유형에 따라 다르다(윤영진 외, 2007 : 95-97)고 하였다.

① 자유주의 복지국가 체제에서는 완전고용과 건전재정을 위해 노동시장 유연화와 복지축소를 실행하고 그 결과 소득불평등이 증가하고 빈곤심화 우려가 높아진다.

② 보수주의 복지국가 체제에서는 높은 실업률이 사회 전반의 복지수준에 가장 부정적인 영향을 미친다. 그리하여 소득평등과 건전재정을 위해 완전고용을 포기하는 전략을 시행한다. 또한 세계화가 심화되고 실업률이 높아지는 사회적 변화에 대응해 기혼여성을 가정에 머물게 하고 조기퇴직 실시 등으로 노인인구의 경제활동 참가율을 낮춤으로써 성인남성의 실업률을 낮추려는 전략을 사용한다.

③ 사회민주주의 복지국가 체제는 완전고용과 소득평등 유지를 고수하면서 노동시장 유연화 전략을 사용하고 복지제도의 축소는 최소화하려 한다. 그리고 세계화에 맞서 오히려 아동과 청년세대에 대한 사회투자적 비용을 더 늘리는 방식으로 대응한다.

① 자유주의 복지국가 체제(미국, 캐나다, 영국, 호주)
② 보수주의 복지국가 체제(독일, 프랑스, 오스트리아)
③ 사회민주주의 복지국가 체제(스웨덴, 노르웨이, 핀란드, 덴마크)

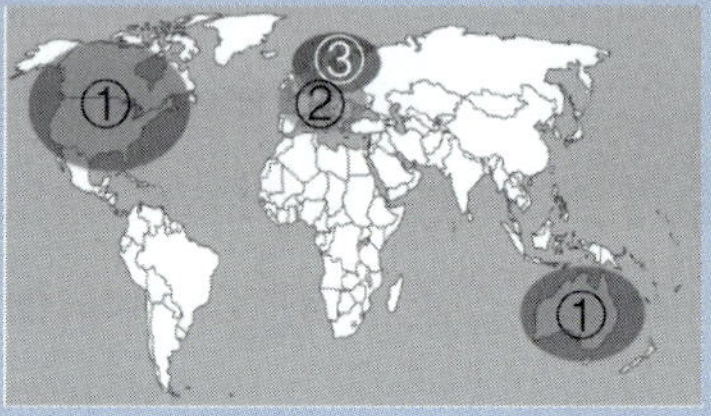

제6절 복지사회의 비전과 복지정책의 방향

복지국가(welfare state)란 경제성장에 의하여 얻어지는 국민소득 총액의 증대를 바탕으로 조세정책, 일부 산업의 국유화, 완전고용, 쾌적한 의식주의 확보, 질병자·실업자·노인과 모자(母子)의 사회보장, 국민연금 등에 의하여 국민들로 하여금 최저한의 건강하고 문화적인 생활을 보장하는 국가를 말한다.

그러나 다른 한편으로 복지국가는 국민이 체제에 지나치게 의존하거나 국가통제의 증대화를 촉진시킬 수 있고 관리국가로서 관료들의 국민생활 간섭으로 소외감을 가져올 수 있으며 생활안정으로 노동의욕이 감퇴되거나 노인자살과 비행청소년의 증대를 초래하기도 한다.

20세기에 정부의 기능이 최소한의 야경국가에서 복지국가로 확대됨에 따라 이러한 국가부담의 과중현상이 초래되었다. 이러한 현상에 대해 Titmuss는 국제적 시각과 평등주의 사상에 입각하여 복지국가의 단점을 ① 국제 간의 불평등과, ② 국내적 빈부격차의 심화라고 하였다.

복지사회

복지국가에 대비되는 개념으로서 복지사회(welfare society)가 있다. 복지사회란 모든 사람들이 행복하고 인간다운 삶을 누릴 수 있도록 보장하고, 어떤 특수한 장애나 어려움에 있는 사람들을 적극적으로 보호해 주는 사회를 말한다. 복지국가에서 시민의 권리와 의식의 문제를 일찍이 지적한 영국의 Robson(1976)은 『복지국가와 복지사회』에서 "복지국가의 단점에 대응하는 복지사회 없이는 진정한 복지국가의 향유는 없다"고 하였다. 그는 사람들이 국가에 강하게 의존하는 경향을 비판하고 기업, 노조, 가정 등의 국가 이외의 사회집단, 그리고 이들 집단을 통해서 행동하는 개별 시민의 주체적인 조직으로부터 복지사회의 바탕 위에 복지국가의 이념이 실현될 수 있다고 주장하였다.

Robson의 복지사회

W. Robson의 복지국가 비판을 보면,

Robson의 복지국가의 비판

① 국민들의 의무감 약화,
② 소수과격파들의 독단적 의사결정,
③ 개인의 자유침해,
④ 거대 조직체들의 횡포라는 단점이 나타난다고 지적하였다.

복지사회의 목표는 사회 구성원들이 빈곤으로부터 벗어나 개성적 삶을 추구할 수 있는 기회를 보장하는 것이므로, 소득의 공정한 분배뿐만 아니라 각 개인이 창의적으로 자아를 실현할 수 있는 사회환경과 조건을 마련하는 것도 중요하다. 복지사회의 요건으로는 ① 인간의 존엄성 보장, ② 완전고용의 실현, ③ 소득의 공정한 분배, ④ 최저생활의 보장, ⑤ 기회균등, ⑥ 깨끗한 환경, ⑦ 자아실현 등을 들 수 있다. 오늘날 세계적인 추세는 복지국가에서 점차 복지사회를 지향하고 있으며, 이는 현대사회의 사명이기도 하다.

- 복지국가 : 사회복지 증진에 있어서 정부의 역할과 참여에 초점을 둔다.
- 복지사회 : 모든 사람들이 행복하고 인간다운 삶을 누릴 수 있도록 보장하고 어떠한 장애나 어려움에 있는 사람들을 적극적으로 보호해 주는 사회로서 넓은 의미에서 국민의 의식과 태도에 초점을 둔다.

복지사회의 비전

복지사회에서 사회복지정책의 이념 변화 방향으로 옳지 않은 것은?

이러한 복지사회의 비전과 복지정책의 방향을 살펴보면 다음과 같다.

첫째, 보편주의와 정상화(normalization) 이념의 발전을 목표로 한다.

둘째, 통합system화와 network화를 추구한다.

① 시설 간의 시스템화 : 중간시설 만들기, 복합시설 만들기, 시설 간의 연계
② 재가보호의 시스템화 : 의사, 간호사, 홈헬퍼, 소셜워커 등과의 네트워크화
③ 공적 서비스, 민간서비스, 인포멀 서비스의 시스템화

셋째, 삶의 질(QOL)의 개선과 복지생활의 질(quality)적 충실화를 꾀한다.

넷째, 복지정책의 지역사회의 분권화와 시민참여를 추구한다.

다섯째, 재정 면에서 복지사회의 사회복지정책은 효율화와 안정성을 추구하여 지속 가능한 성장과 발전을 도모하고자 한다.

최적복지 mix

여섯째, 최적복지 mix의 개념을 추구한다.

최적복지 mix시스템은 자연환경의 영향을 최대로 배려하면서 복지공급에서 세 가지 사회시스템 - 정부부문, 시장부문, 인포멀(비공식부문+지원부문) - 부문의 목적과 장점이 최대로 발생할 수 있게 최적으로 조합시킨 것이다.

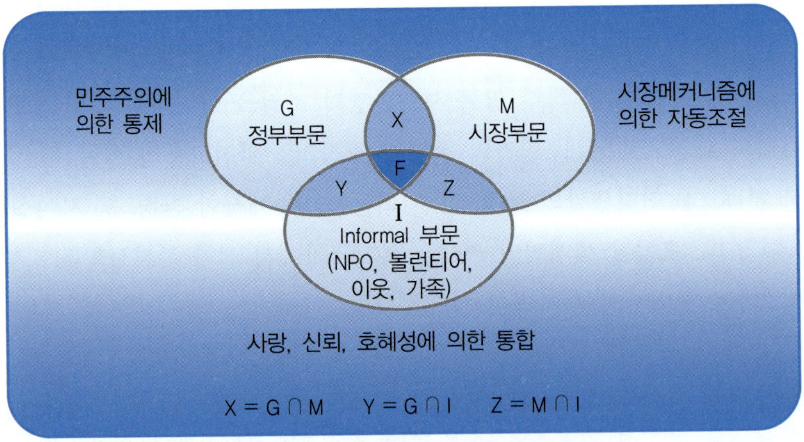

X : 공·사 주식 공유의 혼합기업, 공적 사업의 운영을 민간기업에 위탁(contract out), 공적 기관이 건설한 복지, 환경, 교육시설을 민간기업에 위탁 PFI(Private Financial Initiative)
Y : Informal 부문에 운영위탁(adopt program)
Z : 기업의 사회적 환원으로서 Informal 부문에 시설 지원

즉, 사회경제시스템에서 공정(G 정부부문), 효율(M 기업시장 부문), 인간적 가치(I 비공식부문)라는 사회의 세 가지 목적을 동시에 효율적으로 달성하기 위해서는 G, M, I의 세 가지 시스템이 요청된다는 것이다.

이상으로서 복지국가의 태동에서부터 복지국가의 위기와 재편, 복지사회로의 비전에 이르기까지 사회복지정책의 거대한 흐름을 4단계로 분류해 볼 수 있다.

즉, 1단계는 제2차 세계대전이 종식되고 1950～1960년대로 복지의 기반 확장과 제도화 그리고 보편주의의 보급단계인 복지국가의 팽창기이며, 2단계는 1970~1980년대로 재정부담이나 복지관료제나 서비스 공급의 과잉에 대한 규제를 강화하였던 복지국가 위기단계이다. 3단계는 1980～1990년대 시기로 신보수주의 정책과 민영화에 의한 복지의 공적 책임의 분산과 지방분권화의 추진 및 공공지출의 억제라는 복지국가 재편 시기이다. 4단계는 1990년대～2010년까지의 시기로 복지사회의 비전과 정책에 의한 다원적 가치기반의 결합, 복지다원주의, 통합시스템, 네트워크화, 참여시스템에 의한 삶의 질 향상을 추구하고 있는 단계라고 볼 수 있다. 5단계는 2011년 독일이 인더스트리 4.0 정책을 추진하면서 제4차 산업혁명이라는 개념을 사용하였고 그 후 2016년 다보스 포럼에서 제4차 산업의 개념이 전 세계적으로 확대되는 시기에 강조되는 사회복지정책의 흐름이라고 볼 수 있다. 제5단계의 사회복지정책의 특징은 초연결성과 초지능화를 바탕으로 한 스마트 복지나 복지기술, 공유복지 등의 도입과 추진이라고 볼 수 있다(제15장 제6절 제4차 산업혁명 시대 사회변화와 복지정책적 대응 참조).

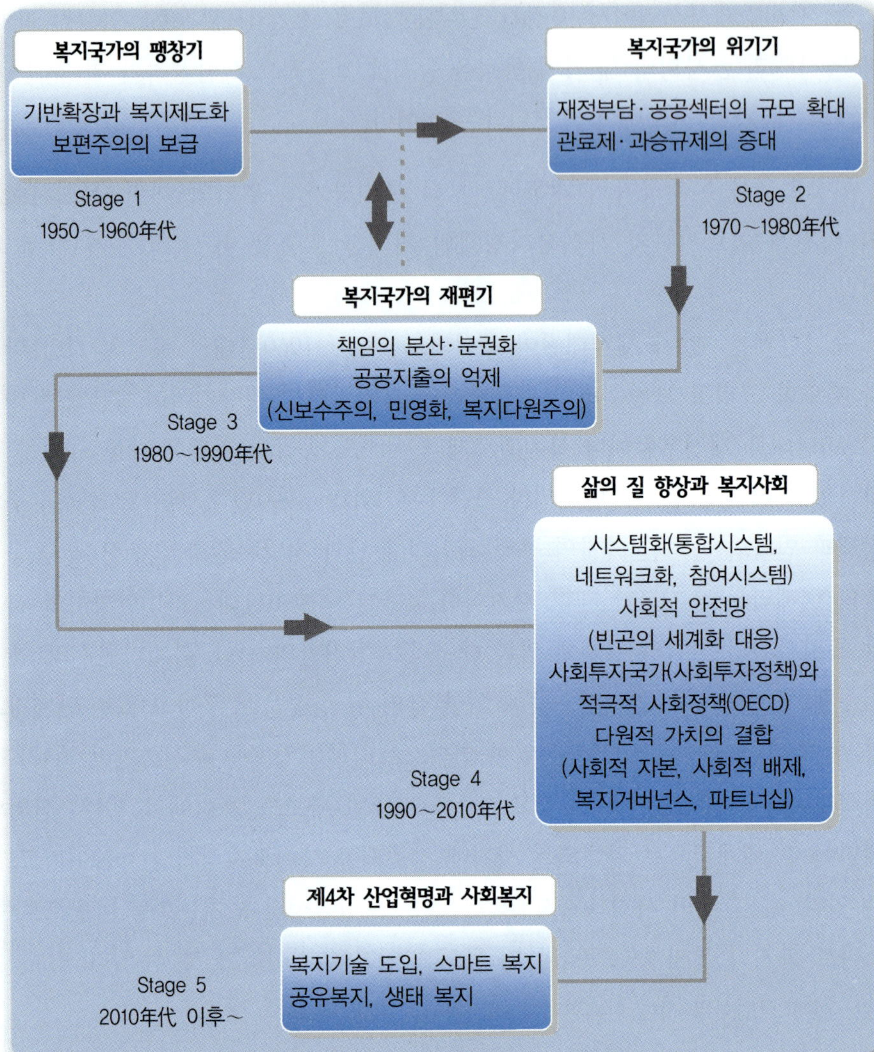

|그림 4-3| 현대복지정책의 흐름 : 5단계

제 2 부 정책선택의 방법

서로 다른 이론의 안경을 낀 과학자에게는 같은 사실이라도 다르게 보인다.

(a)

(b)

케인즈 이전의 안경을 통해 불경기 때의 실업문제를 보면 그것은 정부의 조세정책이나 지출정책으로는 변경할 수 없는 여러 가지 힘에 의한 것으로 간주될지도 모른다. 그림 (a)를 보라. 이것은 왼쪽을 보고 있는 새일까, 아니면 오른쪽을 보고 있는 사슴(또는 토끼)일까. 그림 (b)를 보고 새떼라고 인식하는 사람은 대부분 그림 (a)를 보고 새라고 생각할 것이다. 그러나 그림 (b)를 사슴떼라고 보는 사람들은 그림 (a)를 사슴이라고 인식하게 된다[자료 : N. R. Hanson(1961). Patterns of Discovery. London : Cambridge University Press]. 사회복지정책도 정책결정자들이나 국민들이 어떠한 가치관이나 신념을 가지고 바라보느냐, 선택하느냐에 따라서 사회복지정책의 방향이나 제도 및 프로그램의 내용이 달라질 것이다.

수요와 공급의 상관관계에서 선택(option)의 방법은 다음과 같다. 즉, 수요요소와 공급요소를 고려하여 선택 가능한 조합은 사회보험을 선택하느냐, 사적보험을 선택하느냐, 사회수당이나 손해배상 조치, 공제제도 등 어떤 것을 선택하느냐는 정책의 판단과 합의에 의해 이루어진다. 이러한 정책의 필요와 합의는 정책대상을 욕구로 할 것인가 문제로 할 것인가, 사회적 위험을 어떻게 보는가, 어느 범위까지를 위험으로 볼 것인가에 따라 달라질 것이며, 공급주체를 공적으로 할 것인가 민간중심으로 할 것인가에 따라 달라질 것이다. 또한 자원할당과 급여유형을 어떻게 할 것이며, 전달체계와 재원조달을 어떻게 할 것인가에 따라 선택 가능한 조합, 즉 그 나라의 사회복지제도나 사회복지정책은 달라질 것이다. 여기서는 사회복지정책에서 보다 중요하게 고려해야 할 수요요소와 공급요소가 무엇인가를 염두에 두자.

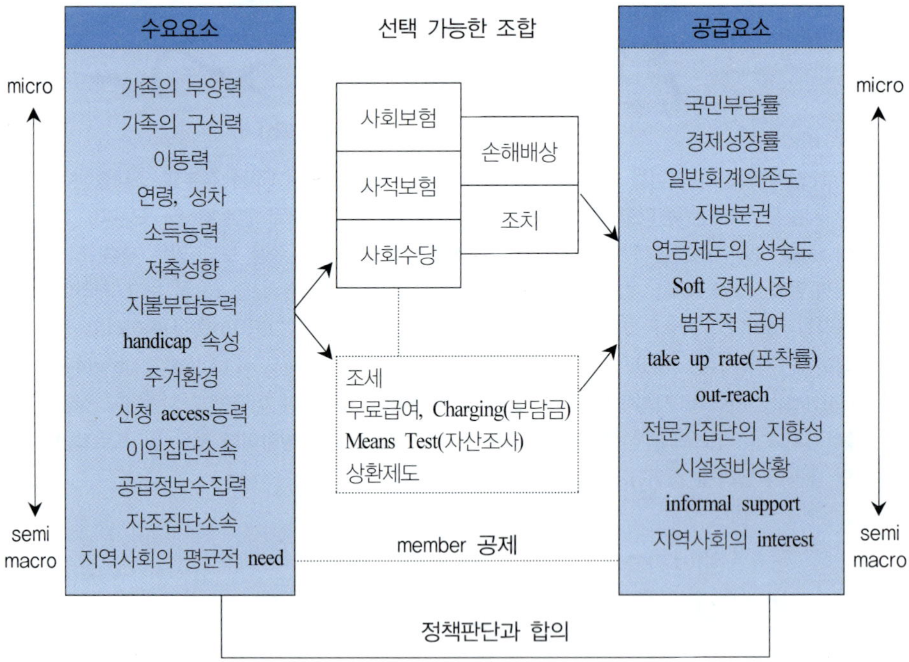

수요와 공급의 상관관계에서 option(선택)

CHAPTER 05

정책대상과 공급주체

제1절 정책대상

1. 사회복지정책 대상으로서 니드

Maslow의 욕구 분류

사회복지는 인간의 욕구(need)에 대응하기 위한 사회적 제도라고 말할 수 있다. 욕구는 대부분 인간의 생존과 성장·발전을 위해 필요한 것, 필수적인 것이 미충족되거나 결핍된 상태를 지칭한다. 인간의 욕구는 자신의 정신 현상이나 생활체계 가운데에서 균형을 지키는 것이지만, 그 균형이 깨어지고 소위 긴장상태가 될 때에 욕구불만이 일어난다. 그리하여 사회복지는 인간의 욕구불만 상태를 해결하거나 충족시켜 주기 위한 사회제도인 것이다(박경일 외, 2004).

욕구가 없는 상태의 인간을 상상할 수 없을 정도로 인간의 욕구는 다양하고 무한하다. 따라서 욕구를 그 내용에 따라 분류하여 개념화하는 것이 필요한데 여기서는 Maslow와 Bradshaw의 욕구 분류를 살펴보고자 한다. Maslow는 인간의 욕구를,

① 생리적 욕구(의·식·주로부터의 보호),

② 안전의 욕구(위협 또는 궁핍으로부터의 보호),

③ 소속감과 애정의 욕구(단체나 집단에의 소속, 사랑, 우정 등),

④ 존경의 욕구(자신감, 존중, 사회적 인정 등),

⑤ 자아실현의 욕구(창조성, 잠재력 실현, 자기개발)의 5단계로 구분하고 인간은 저차원의 욕구를 충족하고 나면 점차 단계적으로 고차원의 욕구를 충족시

키기를 원한다고 하였다. 그러나 Maslow는 후일 자신의 욕구단계설을 수정하여[1)] 인간은 반드시 저차원의 욕구가 충족되고 나서 고차원의 욕구로 이행하는 것이 아니라, 저차원의 욕구가 충족되지 않아도 고차원의 욕구를 충족하기를 원하는 사람(예를 들어, 종교인이나 예술가의 경우)도 있다고 하였다(그림 5－1 참조).

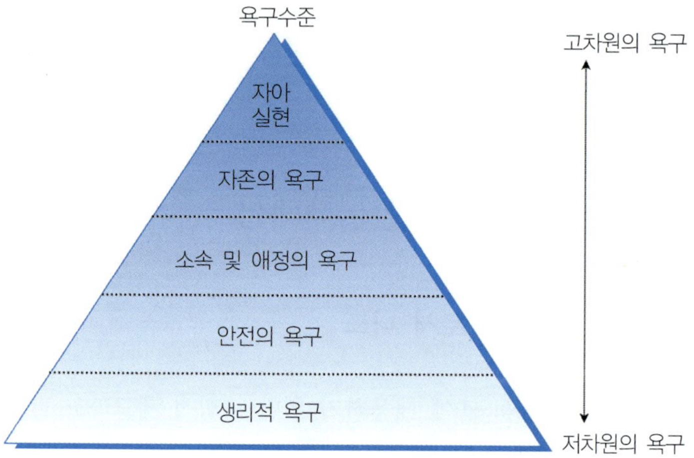

|그림 5-1| Maslow의 욕구단계설

출처 : A. H. Maslow(1954).

Bradshaw는 욕구 인식의 기준에 따라 욕구를 네 가지로 구분하고 있다.

최저 생계비는 어떤 욕구를 규정한 것인가? －규범적 욕구

① 전문가나 사회과학자 등이 어떤 상황에서 규정한 규범적 욕구(normative need),

② 욕망(wants)과 동일시되는 것으로서 개인이 결핍에 의하여 인식하는 느낌 욕구(felt need),

③ 느낌 욕구가 실제의 욕구 충족 추구행위로 나타난 표현된 욕구(expressed need),

④ 어떤 서비스를 받고 있는 사람들과 비슷한 특성을 가지고 있으면서도 서비스를 받지 않고 있는 사람들을 욕구의 상태에 있는 것으로 규정하는 비교

1) 참고로 매슬로우의 욕구위계이론은 초기에는 5단계였으나 1969년 매슬로가 죽기 1년 전 자아초월 욕구(자기 자신을 초월하여 다른 것을 만들어내고자 하는 이타적인 욕구)를 추가하여 6단계가 되었다. 그 후 1990년 그의 제자들이 존중 욕구와 자기실현 욕구 사이에 2단계를 추가하여 8단계로 최종판을 만들었다. 5단계 인지적 욕구(지식과 기술, 주변 환경에 대한 호기심과 이해의 욕구), 6단계 심미적 욕구(질서와 안정을 바라며 아름다움을 추구하는 욕구), 7단계 자기존중의 요구, 8단계 자기 초월의 욕구로서 욕구 8단계를 제시한 바 있다.

욕구(comparative need)의 네 가지가 있다고 한다.

이러한 욕구의 형태 중에서 사회복지의 주된 대상이 되는 것은 규범적 욕구와 표현된 욕구이며 그 외 느낌 욕구와 비교 욕구도 사회복지의 정책 형성에서 고려되기도 한다.

한편 사회복지를 욕구가 충족되지 않은 사람들에게 욕구를 충족시켜 주는 활동이라고 생각한다면, 어떤 욕구를 어디까지 충족시켜 주는 것이 적절하고 타당한가라는 질문이 제기된다. 이때 등장하는 것이 기본적 욕구(basic need)와 사회적 욕구(social need)라는 개념인데, 참고적으로 사회복지를 논의할 때의 욕구는 인간이 원하는 어떤 것이나 혹은 모든 것을 의미하는 것이 아니다.

두 가지 욕구 중 기본적 욕구는 누구에게나 공통적이면서도 필수적인 것들의 최저 수준을 충족시켜 줄 때 적용되는 것이다. 공통적이라는 의미는, 예컨대 의·식·주, 직업, 교육, 건강, 화목한 가정, 쾌적한 환경들을 생각해 볼 수 있다. 필수적이라는 의미는 그러한 욕구가 충족되지 않을 경우, 인간성의 확보가 불가능해진다는 것이다. 이때 인간성이란 생존과 자율이 보장되어야 한다는 것이며, 최저 수준이라 함은 일시적인 욕구 미충족의 상태로 인하여 자립과 자조가 곤란해진 사람으로 하여금 자립과 자조의 능력을 회복시킬 수 있을 만큼의 수준으로 한정한다는 것이다. 여기서 주의할 점은 기본적 욕구의 구체적 내용은 시대나 장소 그리고 특정 사회의 사회적 특성에 따라 유동적으로 변하게 된다. 따라서 사회복지정책의 대상으로서 기본적 need를 충족시켜 주기 위하여 National Minimum이 필요하게 되었다고 볼 수 있다. 기본적 욕구 : N. M

그리고 사회적 욕구란 사회적 위험 때문에 개인의 욕구를 충족시키지 못하는 사회 구성원들이 발생했을 때, 그들이 당면하고 있는 사회적 위험을 사회가 공동의 노력을 통해 해결하려는 또는 해결할 수 있는 욕구를 의미한다. 따라서 사회적 욕구는 기본적 욕구들 중에서 사회적 위험과의 관련성이 높은 욕구를 지칭하는 것이다. 따라서 사회복지정책은 이러한 기본적 욕구와 사회적 욕구를 충족시켜 주기 위한 지속적인 계획이고 의사결정과 선택이며 행동을 결정하는 원칙이다(제1부 총론의 간지 사회복지정책 분석도에 있는 ΣN 참조). 사회적 욕구

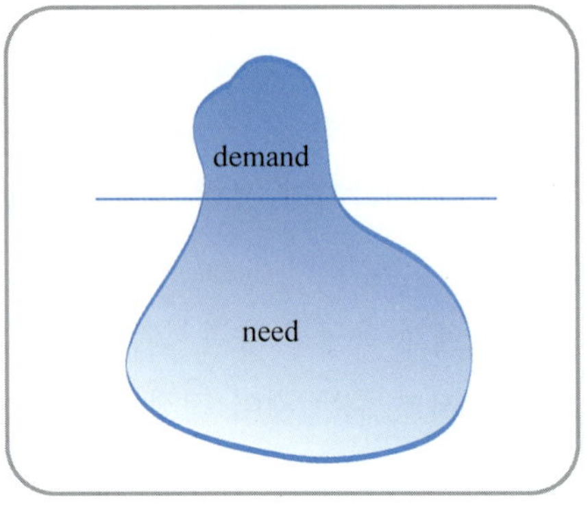

한편 사회복지정책의 대상으로서 욕구(need)와 요구(수요 : demand)를 구분해 볼 필요가 있다. need가 심리적인 측면이 강하다면 demand는 사회적인 측면이 강하다. 즉, demand는 어떤 사회가 충족시켜 주어야 하거나 충족시켜 줄 수 있는 욕구를 의미하므로 need가 외부로 표출된 것을 말한다. 예를 들어, 빙산의 수면 밑에 있는 얼음은 need이며 이것이 표출되어 나온 수면 위의 얼음은 demand라고 비유할 수 있다.[2)]

사회복지정책에서는 Maslow의 욕구단계설 중 생리적 욕구나 안전의 욕구에 더 초점을 맞추고 있고, Bradshaw의 네 가지 욕구 중 규범적 욕구나 표출된 욕구를 더 중요시하고 있으며, 심리적 욕구인 need도 중요하지만 그보다도 먼저 표출된 니드, 즉 요구(수요 : demand)에 더 초점을 두고 있다고 볼 수 있다.

- Need－현재, 미래에 바라는 것, 충족되어야 할 기본적 욕구
  심리적 욕구이기도 하며 Bradshaw의 느낌 욕구에 해당된다. － Felt Need
- Demand－Need가 외부로 표출된 것을 말한다. 해결을 필요로 하는 문제
  즉, Bradshaw의 표현된 욕구라고 말할 수 있다. － Expressed Need

2. 사회복지정책 대상자로서 선별주의와 보편주의

클라이언트
=고객
=수요자

사회복지에서 서비스를 받는 사람, 즉 대상자를 클라이언트(client)라고 부르고

2) 케어 매니지먼트를 예를 들어 보면, 니드와 요구 간에 발생하는 실질적인 문제는 케어계획을 작성했을 때 그것이 클라이언트나 그 가족이 요구하는 것과 케어담당자가 파악한 니드와 전혀 다를 경우가 있다는 것이다. 이 경우 클라이언트나 그 가족의 상태에 따른 요구(demand)를 무시하고 케어담당자가 파악한 욕구(need)에 따라 작성된 케어계획대로 실시하면 클라이언트나 그 가족은 케어계획의 실시를 거부하게 된다. 이 점을 방지하기 위해서는 우선 요구에 따라 원조를 하면서 목적을 확실히 설명하고 본래의 니드에 따른 케어를 실시하는 것이 중요하다.

있다. 이러한 클라이언트는 웹스터사전에 의하면, '다른 사람에게 의지하는 사람(one leaning on another)'이라는 뜻이다. 초기 사회사업에서 클라이언트란 힘없는 자(powerlessness)나 의존자(the dependent)라는 뜻으로 사용되었지만, 점차 사회복지가 전문화되어 감에 따라 욕구가 있는 사람(needful person)이나 고객(customer)으로 변화되고 있다(Mendelsohn, 1980 : 6). 특히 오늘날 사회복지사는 다른 사람의 이익을 위해 활동하도록 계약되어 있고, 수요자 중심의 사회복지가 강조됨에 따라 클라이언트는 서비스를 선택하는 사람인 고객으로 간주되고 있다(client become a "customer", a selector of service).

이와 관련해 과거의 사회복지는 사회적으로 불행한 자(과부, 노인, 고아, 장애인 등)나 낙오자, 빈곤자, 병자 등을 주요 대상으로 하여 선별적인 복지를 제공하였지만, 오늘날의 사회복지는 모든 사람에게 복지를 향유할 권리가 있다는 관점에서 보편적으로 복지를 제공하고 있다. 즉, 급여나 서비스의 수급 시에 자산조사(means test)[3] 혹은 욕구조사(need test)를 받아야 하는 경우가 선별주의(selectivism)이고, 자산이나 욕구에 관계없이 특정한 범주(category)에 해당하는 모든 사람들이 급여나 서비스를 받을 수 있는 경우가 보편주의(universalism)이다. 오늘날 사회복지의 대상자는 일반적으로 선별주의에서 보편주의로 변화되고 있다(보편주의, 선별주의의 장단점은 제2부 제6장 제1절 자원 할당을 참조).

선별주의 (selectivism)

보편주의 (universalism)

3. 사회복지정책 대상으로서 사회문제와 사회적 위험

1) 사회문제

현대사회에 있어서 사회복지는 대상자에게 일차적 관심을 보여주지만, 다른 한편으로는 사회적 욕구나 사회문제에 관심이 많다. Beveridge는 1942년 「사회보험과 관련 서비스」라는 보고서에서 영국이 처한 5대 사회악으로서 ① 결핍, ② 무지, ③ 질병, ④ 나태, ⑤ 불결을 들고 있다. 이것을 우리는 당시 영국이 처한

5대 사회악

3) 자산조사의 내용 및 방법은 국가나 대상에 따라 차이가 있다. ① 근로소득의 유무, ② 소득 또는 그에 상응하는 실질재산의 유무, 주택, 부동산, 이자수입, ③ 가까운 친족의 부양책임, ④ 저축유무, ⑤ 기타 소득재원 : 골동품, T.V., 자동차, 고급의류. 자산조사의 반대론은 인권무시나 경시를 들고 찬성론은 사회보장제도의 악용을 방지한다고 주장한다.

사회복지의 대상으로 간주할 수도 있을 것이다.

또한 일반적으로 사회복지의 대상으로서 Destitution(빈곤), Disease(질병), Delinquncy(비행), Dependency(의존)라는 4D를 들기도 한다. 나아가 사회복지의 대상을 사회문제의 영역에 따라 구분해 보면 빈곤, 비행, 범죄, 장애, 보건, 교육, 영양, 고용 등으로 나눌 수도 있다.

2) 사회적 위험

사회적 위험

한편 사회복지정책의 대상으로서 사회보장에서 언급되고 있는 사회적 위험을 들 수도 있다. 왜냐하면 사회보장은 사회복지의 하위 개념이기 때문이다. 사회적 위험(social risk)이란 확률적으로 예측할 수 있는 위험에 속하며 다수의 사람들에게 현재 삶의 수준을 급격히 하락시키는 동질의 상황이나 사고가 발생할 수 있는 위험을 말한다. 산재, 질병, 노령 및 폐질, 비자발적 실업 등과 같은 사고들은 전통적인 사회적 위험에 속하고 가족해체, 저출산, 고령화, 보육 및 요양서비스의 증대 등은 새로운 사회적 위험에 속한다. 이러한 사회적 위험을 포괄하여 잘 규정해 놓은 것이 1952년 국제노동기구의 사회보장의 최저기준에 관한 조약, 즉 제102호 조약(ILO Convention No.102)이다. 이 조약은 사회보장의 범위로서 9가지의 급여종류에 따라 분류하였다. 즉, 의료케어, 상병급여[4], 실업급여, 노령급여, 고용재해급여, 가족급여, 출산급여, 장애급여, 유족급여의 아홉 가지를 들고 있다. 이것에 기초하여 우리는 의료, 질병, 실업, 노령, 산업재해, 가족부담, 출산, 장애, 사망이라는 아홉 가지 사회적 위험을 도출할 수 있다.

제102호 조약의 9가지 급여

상병수당이란?

사회보장기본법(제3조)의 5가지 사회적 위험이 아닌 것은?

1995년 제정된 우리나라의 사회보장기본법(제3조)에서는 ① 질병, ② 장애, ③ 노령, ④ 실업, ⑤ 사망이라는 5가지의 사회적 위험만을 규정하였다가 2012. 1. 27. 개정하면서 ⑥ 출산과 ⑦ 보육 ⑧ 빈곤을 추가하여 현재 8가지의 사회적 위

4) 상병수당은 질병 등의 위험으로 근로를 하지 못해 발생할 수 있는 소득 손실에 대한 사회보장정책이다. OECD 국가 중 상병수당이 없는 국가는 미국, 스위스, 한국 3개국에 불과하다. 상병수당(유급상병휴가)의 필요성과 관련하여 선행연구는 상병수당이 주는 인권적 함의, 경제적 혜택, 건강상의 혜택 등이 제시되었다. 그러나 상병수당이 일찌감치 도입된 서구 복지국가들은 노동자들의 근로의욕을 가로막을지도 모른다는 것과, 실업보다는 오히려 상병으로 인한 다수 인구가 노동시장으로부터 퇴출당하게 될지도 모른다는 우려를 안고 있다(김기태·이승윤, 2018 : 150-153).

험을 규정하고 있다. 참고로 우리나라 사회보험제도의 대상으로서 사회적 위험과 사회적 위험에 따른 발생문제와 사회적 선택(급여)의 내용을 살펴보면 다음 <표 5-1>과 같다.

〈표 5-1〉 사회보험제도의 대상으로서 사회적 위험과 발생문제 및 사회적 선택(급여)

사회보험제도	사회적 위험	발생문제	사회적 선택(급여)
연금보험제도	노령·장애·사망·황혼이혼	• 소득의 단절 문제 • 장애, 사망으로 소득능력의 영구적 상실 문제	• 노령연금·장애연금·유족연금·일시금·분할연금
국민건강보험제도	질병·부상·사망	• 치료비용 • 소득의 단절 문제	• 요양급여, 건강검진(현물급여)·요양비(현금급여) • 상병급여(현금급여)*
산재보험제도	산업재해로 인한 부상·폐질·사망	• 치료비용의 부담 문제 • 소득의 일시적 단절 문제 • 장애, 사망으로 인한 소득능력의 영구적 상실 문제	• 요양급여 • 휴업급여 • 장해급여·유족급여·상병보상연금
고용보험제도	재취업·직업능력 부족·실업	• 고용의 불안정 문제 • 직업능력의 부족 문제 • 소득의 단절 문제	• 고용안정·직업능력개발사업(고용창출지원, 고용조정지원, 고용촉진지원, 근로자지원 등) • 실업급여(구직급여, 취직촉진수당, 육아휴직급여)
노인장기요양보험제도	노인성 질병(치매, 뇌혈관 질환 등), 장기요양케어	• 가족의 정신적·심리적 부담 문제 • 개호서비스(보호, 수발) 비용의 부담 문제	• 재가급여(방문요양, 방문목욕, 방문간호, 주·야간보호, 단기보호, 기타 재가급여) • 시설급여(노인요양시설, 노인요양 공동생활 가정) • 특별현금급여

* 현재 우리나라 국민건강보험제도에서 제공되고 있지 않은 급여임

한편 사회적 위험은 크게 전통적 사회적 위험(Old Social Risk)과 새로운 사회적 위험(New Social Risk)으로 구분할 수 있다. 이 둘에 대한 구분은 기존 복지국가의 사회구조에 큰 변화를 불러일으킨 탈산업사회의 도래를 기점으로 이루어질 수 있다(Taylor Gooby, 2004). 전통적 사회적 위험은 사회체제의 변화로 인한 제조업 중심의 고용과 남성부양사회의 산업사회를 기반으로 전개되는 산업재해, 실업, 질병, 노령, 폐질 등으로 인한 소득의 중단 및 감소 상황으로, 이 시기 위험의 주

요 담당자는 당시 사회의 남성 산업노동자로 볼 수 있다(김철주·박보영, 2006). 전통적 사회적 위험이 2차 산업혁명의 시기까지 전개되었다면, 산업사회에서 탈산업사회로 이행되는 과정에서 사람들은 '새로운 사회적 위험(New Social Risks)'에 직면하게 되었다. Taylor Gooby는 탈산업사회에서의 신사회적 위험의 유형을 ① 일과 가족생활 양립과 관련된 위험, ② 노동시장의 진입문제, 안정적 고용의 문제, 교육 및 훈련의 접근성 등의 노동과 관련된 위험, ③ 고령화와 관련된 위험, ④ 사회복지의 민영화와 관련된 위험으로 구분하여 제시하였다(Taylor Gooby, 2004). Bonoli(2007 : 495)도 대표적 신위험으로서 고용불안, 장기실업, 근로빈곤, 편부모, 일 가족 양립 등 다섯 가지로 요약한 바 있다.

신사회적 위험의 유형
- 일 가족 양립
- 고용불안과 장기실업
- 저출산 고령화
- 근로빈곤
- 사회복지 민영화

Esping-Andersen(1999)은 전통적 사회적 위험이 질병, 노령, 산업재해, 실업 등에 따르는 소득의 중단 혹은 감소였다면, 탈산업사회에서의 경제 및 사회 구조의 변화는 기존의 소득보장 중심의 사회보장 프로그램이 포괄하지 못하는 새로운 사회적 위험을 구조화하였다고 볼 수 있다(김주희·박병현, 2018 : 4-5). 그리하여 20세기 전통적 사회적 위험(Old Social Risk)은 사회보험, 공공부조 등 복지국가의 사회보장제도를 확립시켰다면, 21세기 초반 새로운 사회적 위험(New Social Risk)은 개인과 사회의 능력을 향상시키기 위해 삶의 다양한 영역으로의 사회서비스 확대, 인적 자본 향상 및 사회 참여 기회 확대 방안을 모색하고 있다.

한편 새로운 사회문제로 인해 또다른 새로운 사회적 위험이 증가할 것이라고 한다(WEF, 2017). 즉, 기계의 급격한 노동 대체로 인한 대량실업과 대량빈곤이 발생할 가능성이 크고 이로 인한 소득양극화와 빈부격차의 심화는 우리 생활을 위협하게 될 가능성이 높다. WEF(World Economic Forum)의 The Global Risks 보고서(2017)에 의하면 이러한 지능정보사회의 사회적 가치 변화와 4차 산업혁명 시대에 인공지능과 빅데이터에 기반을 둔 지능정보기술의 활용으로 인해 나타날 수 있는 다양한 사회경제적 변화는 '상상이 현실이 되는 사회적 위험(Imaginary Social Risk)'을 초래할 수 있을 것으로 예측하고 있다. 즉,

상상이 현실이 되는 사회적 위험으로 볼 수 없는 것은?

① 평균수명과 건강수명의 연장에 따른 근로 가능 연령의 획기적인 증가,
② 인공지능으로 인한 인간의 일상성·전문성 대체에 따른 노동시장 영역별 일자리 양극화,

③ 비정형 일자리의 증가와 양극화로 인한 소득 창출 기회 제한 및 개인별 소득과 부의 양극화,

④ 시간·공간적으로 유연한 근로 형태 증가와 일·가족 양립 환경 변화,

⑤ 다양한 정보와 오픈 소스를 기반으로 한 비정형 일자리와 1인 기업 증가로 인한 노사 관계의 변화,

⑥ 소유경제에서 공유경제로의 전환에 따른 자본주의 생산·분배·소비체계의 변화,

⑦ 인간과 로봇이 함께 생활하는 사회, 현실과 가상이 혼재된 가상현실(VR), 사회의 윤리적 문제 등의 사회적 위험이 발생할 수 있다.

그러나 이와 같은 사회적 위험은 위기이면서 동시에 인간 중심의 지능정보사회 실현을 가능하게 하는 새로운 기회를 제공할 수 있을 것으로 예측하고 있다. 이러한 상상이 현실이 되는 사회적 위험에 대비하여 향후 사회복지정책은 부의 양극화 해소정책과 인간과 자연이 함께 공존하고 상생해 나갈 수 있는 생태복지, 그리고 인간성 회복을 위한 정책들이 개발될 것으로 생각된다.

〈표 5-2〉 사회적 위험의 변화와 대응

새로운 사회적 위험의 대응책의 내용으로 볼 수 없는 것은?

전통적 사회적 위험 (Old Social Risk)	새로운 사회적 위험 (New Social Risk)	상상이 현실이 되는 사회적 위험(Imaginary Social Risk)
20C	21C 초	21C 초반 이후~
• 실업, 노령, 질병, 산업재해 등으로 인한 소득 중단과 빈곤, 예외적 지출 부담 발생에 따른 위험	• 가족 구조 변화 : 저출산·고령화, 여성의 경제활동 참여 증가, 노동시장의 구조적 변화와 불안정, 1인 가구 증가 • 일·가족 양립의 어려움 : 노동력 부족과 잠재성장률 감소, 양육·돌봄 부담 증가 • 다차원적 빈곤 : 장기 실업과 근로빈곤, 청년 실업, 주거비 부담 등 • 사회적 배제	• 양극화 : 노동시장 영역별 일자리 양극화, 개인별 소득과 부의 양극화 • 일·가족 양립 환경 변화 : 시간·공간적으로 유연한 근로 형태 증가 • 노사 관계의 변화 : 비정형 일자리와 1인 기업의 증가 • 자본주의 생산 분배소비체계의 변화 : 공유경제로의 전환 • 가상현실(VR) 사회의 윤리적 문제

• 남성 가장 모델을 기반으로 사회보험, 공공부조 등 복지국가의 사회보장제도가 확립	• 전통적인 사회안전망 개편 : 사회보험의 사각지대 해소, 근로 연계복지와 적극적 노동시장정책, 자산형성 접근을 통한 공공부조 개편 등 • 개인과 사회의 능력 향상 : 사회서비스 확대, 가족친화정책 및 사회참여 기회 확대, 포용적 복지정책 • 사회투자정책 : 인적자본과 사회자본의 투자확대, 기회의 재분배, 효율성 및 지속 가능성 제고를 위한 개편, 노동시장의 유연화, 사전예방적 복지정책, 경제성장과 사회발전의 선순환적 구조	• 다양한 사회경제적 변화는 '상상이 현실이 되는 사회적 위험'을 초래할 수 있으나 이와 같은 사회적 위험은 위기이면서 동시에 인간 중심의 지능정보사회 실현을 가능하게 하는 새로운 기회를 제공할 수 있음 • 양극화 해소정책 • 생태복지 강조 • 인간성 회복정책

출처 : 최현수·오미애(2017). 4차 산업혁명 및 지능정보사회의 사회적 위험과 복지 패러다임 전환 필요성. 보건·복지 Issue & Focus 333호, 한국보건사회연구원, pp. 1-8 참조하여 재작성.

제 2 절 공급주체

사회복지는 역사적으로 사회제도의 하나로 분화되지 않았던 시기에는 가족이나 시장기구에 의해 실천되어 왔지만, 현대사회에서는 사회제도의 하나로 되어 기존의 실천 주체와 더불어 국가가 강조되었다. 오늘날 사회복지의 주체는 보다 높은 전문화와 기술이 요구되고 있으며, 다양한 형태의 주체가 사회복지에 참여하고 있다. 따라서 본 장에서는 누가 사회복지정책을 실천하는가를 살펴보고자 한다.

1. 공급의 개념과 의미

공급의 개념 공급의 개념은 다음 <표 5－3>에서 보는 바와 같이 그 용어도 다양하고 각각의 의미도 다르게 사용되고 있다. 즉, supply는 수요와 비교되는 개념이고, allocation은 자원배분의 의미이며, provision은 제도상 정해져 있는 급여이다. 그리고 delivery는 물건과 서비스를 구체적으로 제공하는 행위이다. 본 절에서 공급주체는 주로 supply의 개념으로 사회복지를 구체적으로 제공하는 행위주체가 누구(who)인가를 살펴보는 것이다. delivery는 공급주체(who) 안에서 서비스나 급여의 책임기관이나 시설(where)을 의미하는 것으로 제7장 제1절의 개념으로 파악한다. 그리고 Gilbert와 Specht가 산출분석에서 제시한 allocation은 복지대상자로서 후술하는 제6장 제1절의 자원 할당의 개념이며, provision은 제6장 제2절의 급여 유형과 관련된 공급의 개념으로 볼 수 있다.

〈표 5-3〉 공급의 개념과 의미

공급 개념		의미, 용도
supply	공급	수요에 대한 공급-교환과정의 설명 개념
distribution	분배	임금소득의 분배, 이전-거시경제의 정책결정기준
allocation	배분, 할당	자원의 배분으로-현금, 현물, 사람의 자원배치
quota	할당의 틀	할당의 틀-남녀, 연령 등의 비율 지정 틀
provision	지급, 제공, 급여	제도상의 정형적 공급-수급자격을 가진 프로그램, 서비스
rationing	배급(할당으로)	통제자원의 할당으로-권한이나 직권을 가진 재량적 자원할당행위
delivery	전달	물건과 서비스의 제공-이용자 중심의 구체적 행위(outreach 전략)

2. 사회복지정책의 공급주체

근대적 사회복지가 발달하면서 사회복지에 대한 일차적 책임은 국가에 있지만, 사회복지의 구체적인 실시관점에서 보면 정책주체, 운영주체 및 실천주체로 나누어 볼 수 있다(박경일 외, 2004). 정책주체는 사회복지의 정책을 계획하고 책정하여 실행하는 주체로, 보통 국가나 지방자치단체가 된다. 운영주체는 사회복지사업을 운영하고 경영하는 주체이며, 사회복지사업을 행하는 시설, 단체, 기관들로 공영기관과 민영기관으로 구분할 수 있다. 실천주체는 사회복지서비스를 직접 대상자에게 실시하는 주체로 사회복지사나 사회복지시설의 종사자를 가리키며 최근 들어서는 복지실천주체로서 자원봉사자들의 역할이 중시되고 있다.

사회복지의 공급시스템

한편 사회복지의 공급시스템이라는 관점에서 사회복지공급체계를 크게 공공적 복지공급체계와 비공공적 복지공급체계로 구분할 수 있다. 공공적 복지공급체계는 국가 또는 지방자치단체에 의한 행정형 공급조직과 인·허가단체에 의한 인·허가형 공급조직이 있고, 비공공적 복지공급체계는 시장형 공급조직과 주민의 참가에 의한 참가형 공급조직이 있다.

행정형 공급조직은 국가 또는 지방자치단체가 복지사업 또는 복지시설을 직접 운영하는 것이고, 인·허가형은 정부가 사회복지법인 또는 재단법인 등 비영리단체로 하여금 국가가 해야 할 사업을 위임받아 행하도록 하는 공급조직으로 사업대상은 주로 저소득 계층이다. 따라서 이러한 사업에 소요되는 비용은 대부분 국가 또는 지방자치단체에서 부담한다.

시장형 공급조직은 시장원리에 의해 운영되는 것으로 창조성, 신속성 또는 효율성이 높은 서비스를 기대할 수 있으며, 소비자들은 각자 자신의 취향이나 능력에 따라 서비스를 자유로이 선택할 수 있다. 참가형 공급조직은 종교상의 목적이나 이타주의, 상호 연대감 등의 이념에 기초하여 비영리적인 형태로 제공되는 서비스이다. 법적으로는 사회복지시설이나 사회복지조직으로 인정되지 않지만 실질적으로 많은 사회복지서비스의 공급을 담당하고 있다(三浦文夫, 1985 : 114-118).

이렇게 오늘날의 사회복지서비스는 다양한 주체에 의해서 공급되고 있으며, 다양한 서비스가 다양한 방법에 의해 나름대로의 장단점을 제공하게 되었다.

〈표 5-4〉 공공적·비공공적 복지공급체계

공공적 복지공급 시스템 (public)	행정형 공급조직
	인(허)가형 공급조직 : 사회복지법인
비공공적 복지공급 시스템 (private)	시장형 공급조직 : 기업
	참가형(자발형) 공급조직 : 자원봉사단체

3. 사회복지 공급주체의 분류

사회제도들의 기능

사회제도의 복지적 기능에 대한 논의는 다양하고 복잡하다. 1993년 Gilbert, Specht, Terrell은 사회제도로서 친족제도, 종교제도, 경제제도, 상호부조제도, 정치제도 다섯 가지를 제시하였으나 1995년 Specht가 타계한 후 <표 5-5>와 같이 여섯 가지 제도로 구분하였다. Gilbert와 Terrell(1998)에 의한 중요한 사회제도들의 기능을 살펴볼 때, 친족제도는 사회화의 기능을, 종교제도는 영적 성장의 기능을, 노동(work place)제도는 고용 기능을, 시장(market place)제도는 재화와 서비스의 교환 기능을, 상호부조제도는 상부상조의 기능을, 정부제도는 자원의 동원과 배분의 기능을 각각 하고 있다고 한다.

사회제도로서의 사회복지를 보다 세분화하여 사회복지 공급주체의 분류로서 복지혼합모델을 살펴볼 필요가 있다. 사회복지의 공급구조는 역사적으로 볼 때 항상 다원적이었지만, 서구에서 복지혼합에 대한 본격적인 논의가 시작된 시점은 1970년대이다. 일찍이 Titmuss(1958)[5]는 국가의 직접적인 사회복지 외에 기업복지(occupational welfare)와 재정복지(fiscal welfare)로 구성된 복지혼합 개념의 단초를 '복지의 사회적 분화(social division of welfare)'라는 용어로 제시하였지만, 가족·비영리부문·시장과 같은 다양한 복지공급원을 제시한 것은 아니었다. 비교적 포괄적으로 복지혼합의 분석모형을 제시하고 이를 실제 분석에 적용한 최초의 연구로 로즈(Rose, 1985)의 연구를 들 수 있는데, 그는 복지혼합의 구성요소로서 국가, 시장, 가계의 3분법을 제시하고 있다.

Titmuss의 복지의 사회적 분화에 해당하는 것은?

〈표 5-5〉 사회제도, 주요 조직 그리고 사회복지 기능

사회제도	주요 조직 유형	기본 기능	사회복지 기능
친 족	가족	출산, 사회화, 보호, 친교 및 정서적 지원	요보호 가족 구성원을 위한 보호, 가족 간 경제적 지원
종 교	교회	영적 성장 및 발달(사회통합)	신도중심의 복지, 보건, 교육, 사회서비스, 상담
노 동	근로조직*	고용	종업원 급여
시 장	생산자(회사), 소비자(가계)	재화와 서비스의 교환(생산, 분배, 소비)	(영리목적의) 상업적 재화와 서비스
상호부조	지지집단, 자발적 기관	상부상조, 박애	자조, 자원봉사, 지역사회복지서비스
정부(조직)	국가, 주, 지방자치단체	집합적 목표를 위한 자원의 동원과 배분(사회통제)	빈곤 타파, 경제적 안정, 보건, 교육, 주거 서비스

* 근로조직은 공장, 농장, 대학, 서비스 제공기관을 들고 있다(p. 6).
출처 : N. Gilbert, & P. Terrell(1998), p. 3.

5) Titmuss는 복지국가의 개념적 범위는 개인의 필요를 충족시키고 사회의 광범위한 이익을 가져다줄 수 있는 모든 집합적 개념을 포함하도록 확장할 것을 주장하였다. Titmuss는 집합적 개념의 범위로서 다음과 같은 세 가지 형태의 복지급여를 포함한다고 주장하였다. ① 사회복지 급여는 사회서비스에서 유래되었고 그것은 복지국가의 전통적인 핵심을 구성한다. ② 재정복지 급여는 세금감면과 구호금을 통해서 획득되었다. ③ 기업복지 급여는 고용 중에 다양한 연금급여에 의해서 충당된다(Titmuss, 1958 : 34-54).

1) 복지혼합의 삼각 모델

Rose의 복지혼합의 주체로 옳게 짝지어진 것은?
• 가계
• 시장
• 국가

Rose(1985 : 4)는 복지혼합(welfare mix)이란 기본적으로 가계(household), 시장(market), 국가(state)라는 서로 다른 세 가지 사회제도의 헌신(contribution)이라고 규정하였다. 즉, Rose는 복지공급주체를 가족, 시장, 국가의 3자로 구분하고 있지만 사회복지서비스의 중요한 역할을 담당하고 있고 최근 그 중요성이 증가되고 있는 민간 비영리 부문을 간과하고 있는 점이 한계라고 하였다.

복지삼각구도의 주체와 가치 연결

Evers(1990 : 13-27)는 Rose의 세 가지 복지혼합을 이용하여 복지삼각구도(welfare triangle)라는 용어를 사용하고 이 복지삼각형 속에 위치 지울 수 있는 다양한 집단이나 조직을 제시하고 있다. 즉, Evers(1990 : 14)는 복지공급주체로서 ① 가계, ② 국가, ③ 경제(시장)를 주축으로 하는 삼각형 내에 국가와 가계 사이에 존재하면서 가계에 좀 더 가까운 형태의 복지공급주체로서 ④ 자조집단(self help group)이 있고, 상대적으로 국가에 좀 더 가까이 놓일 수 있는 ⑤ 자원조직(voluntary organization)이 있으며, 가계와 시장 사이에서 시장에 좀 더 가까운 ⑥ 소규모의 창업집단(small-scale inifiative for job creation)이 있고, 가계, 국가, (시장)경제의 중간에 협동조직(coorperative)이 있다고 하였다. 그리고 그는 (시장)경제와 국가를 공식적인 공적부문으로 놓고 가계를 비공식적인 사적부문으로 위치 지웠다. 또한 이러한 복지삼각구도에 내재하는 가치로서 가계는 (미시적) 연대감과 지역성, 국가는 평등과 보장, (시장)경제는 선택과 익명성(anonymity)을 들고 있다. 이러한 복지삼각구도 내에 위치하는 가치를 그림으로 제시하면 다음 |그림 5-2|와 같다.

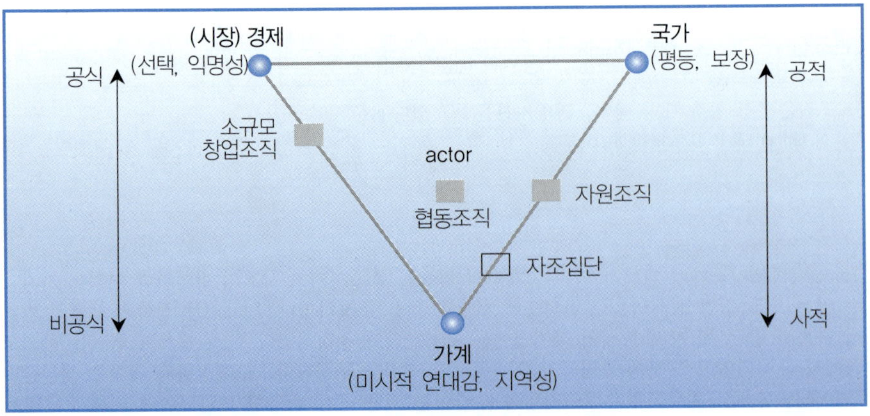

|그림 5-2| 복지삼각구도와 가치

2) 복지공급 주체의 4분법 모델

Johnson의 네 가지 복지공급주체

Johnson(1987)은 복지공급주체가 다양화되는 복지다원주의(welfare pluralism)에 주목하여 복지공급주체를 ① 비공식부문, ② 자원부문, ③ 상업부문, ④ 국가부문의 네 가지로 구분하였다. 비공식부문에는 가족·이웃 등이 포함되며, 자원부문에는 자조집단에서부터 전국적 조직을 갖춘 대규모의 민간단체까지 포함된다. 상업부문에는 기업, 시장을 통한 복지서비스의 공급 등이 포함되며, 국가부문은 복지국가를 의미한다.

Alcock(1996)은 이들 네 가지의 사회복지서비스의 공급주체와 관련하여 공적부문으로서 국가, 민간비영리 부문으로서 자원조직, 민간영리 부문으로서 영리조직, 비공식부문으로 구분하여 이들 각각의 상호관계를 다음 |그림 5-3|과 같이 나타내고 있다. Alcock과 Johnson의 차이점은 Johnson은 상업부문, Alcock은 영리조직이라고 명명한 것이다.

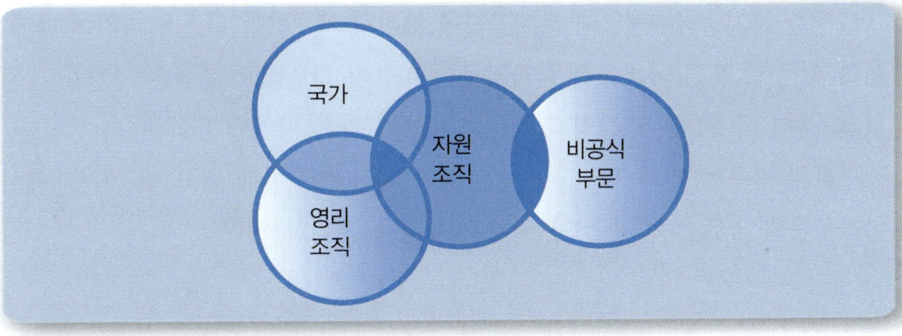

|그림 5-3| 자원조직과 다른 조직의 연관성

출처 : Alcock(1996).

이상에서 서술한 각 학자들의 공급주체의 분류를 표로 나타내면 <표 5-6>과 같이 정리할 수 있는데, Gilbert 등이 분류한 가족은 Johnson의 비공식부문에 해당되고, Gilbert 등의 자조집단, 민간단체, 종교단체, 노동조합 등은 Johnson의 자원부문에 해당된다. 민간부문이라 하면 국가를 제외한 모든 부문을 가리키는데, 비공식부문을 제외한 민간부문은 다시 민간비영리 부문과 민간영리 부문으로 구분할 수 있다.

기업(사회)공헌활동 =민간비영리 부문

〈표 5-6〉 복지공급주체의 구분

Gilbert & Terrell의 분류(1998)	Johnson(1987)의 분류	Alcock(1996)의 분류	본 서의 분류
친족(가족)	비공식부문 (informal sector)	비공식부문	비공식부문 (가족·이웃·친구·직장동료)
상호부조(이웃·친구·자조집단·민간단체 등)			
종교제도	自願부문(voluntary sector)	자원조직	민간비영리 부문(자조집단·사회단체·종교단체·기업사회공헌활동 등)
노동조합			
경제제도(기업)	상업부문 (commercial sector)	영리조직	민간영리 부문(기업, 실버산업)
정치제도(정부)	국가부문(state)	국가	국가부문(정부, 지방자치단체)

Gilbert나 Johnson의 분류에서는 명시적으로 언급되고 있지 않지만, 기업(사회)공헌활동(corporate philanthropy)도 민간비영리 부문의 중요한 항목으로 생각할 수 있다.

다양한 복지공급주체들이 복지공급에 있어서 차지하는 비중은 나라에 따라 차이가 있는데, 유럽 국가들은 국가부문의 비중이 상대적으로 높은 특징을 가지고 있고, 북미 국가들은 민간영리 부문의 비중이 다른 나라에 비해 높은 편이다. 우리나라의 경우는 전체 복지공급량 자체가 선진국에 비해 적고 이 가운데에서도 국가부문의 공급 비중이 상당히 낮은 특징을 지니고 있다.

제 3 절 공급주체의 특성과 형태

오늘날 사회복지의 공급주체는 혼합된 형태로 이루어지고 있지만, 일단 사회복지의 공급주체를 비공식부문, 공적부문, 민간비영리 부문, 그리고 민간영리 부문 등으로 구분하여 살펴보고자 한다.

1. 비공식부문(Informal Sector)

1) 의미와 특성

비공식부문
: 가족, 친구, 이웃, 직장동료
: 비조직적

비공식부문은 가족, 친구, 이웃, 직장동료 등과 같이 혈연이나 지연에 기초하여 일정한 형식을 갖추지 않고(비조직적) 사회복지서비스를 공급, 전달하는 체계를 말한다. 비공식부문은 오직 다른 사람을 도우려는 선의와 도움에 대한 기대이므로 상호 원조성은 비공식부문의 보호와 지원의 핵심이라고 할 수 있다. 사회복지 분야에 있어 비공식부문은 모든 공식적 복지체계의 기반을 이루고 있다. 역사적으로 비공식부문은 점차적으로 공식화, 전문화, 분화 및 체계화의 길을 걸으면서 사회복지의 공급주체로서, 전달체계로서 그 역할과 기능이 많이 약화되었다.

최근에 와서 비공식부문이 사회복지정책상의 주요한 관심의 대상이 된 배경에는 국가복지 혹은 공공복지의 한계와 재정적 어려움이 대두되면서 차츰 그 중요성이 강조되고 있는 실정이다. 그러나 비공식부문의 보호는 다음과 같은 쟁점이 도사리고 있다. 즉, 비공식 보호에 있어서 핵심적인 역할을 수행하는 사람은 여성이다. 따라서 여성의 책임과 부담이 커서 비공식부문에서 여성들이 자신들이 가졌던 직업을 포기하거나 자신의 사생활을 버리면서까지 가족 구성원이나 친족을 돌보는 데 비하여 이들에 대한 보상이 전무하여 여성권익이 상실되고 있다는 것이 하나의 쟁점이다.

2) 비공식부문의 이점

그동안 공공복지 전달체계는 획일적 기준과 보편주의적 가치를 기반으로 하고 있기 때문에 일상적이고 다양한 욕구에 재빠르게 대처할 수 없는 한계를 지니고 있었다. 비공식부문은 욕구의 다양성과 급변에 손쉽게 대응할 수 있는 장점이 있으며 비공식부문은 비용 효율성을 극대화할 수 있다. 즉, 공적부문은 전달체계를 수립하고 운영하는 과정에서 막대한 비용이 발생하지만, 비공식부문은 지역사회의 주변에서 소규모로 욕구해결을 위해 자원동원이 쉽게 이루어질 수 있는 이점이 있다. 비공식부문의 사회복지서비스는 대상자의 내적 욕구에 적절하게 대응할 수 있어 서비스의 효과성이 상대적으로 높다. 공적 복지체계는 전문화되고 양적으로 표준화되어 있는 반면, 비공식부문의 서비스는 주위의 아는 사람들로부터 지원을 받게 되므로, 클라이언트의 문화와 정서에 부합되어 서비스의 효과성이 높아질 수 있다.

또한 직접적인 대인관계가 필요한 대인적 사회서비스에 있어서는 이 비공식적 부문이 가진 '친밀성(intimacy)'으로 인하여 그 역할이 강조되기도 한다. 그렇지만 공적부문, 즉 국가책임 부문의 축소를 지향하는 개혁에 있어서는 비공식부문이 부당하게 그 역할과 책임이 이용되어 강조되기도 한다.

비공식부문과 자원조직의 차이점에 대한 설명으로 옳지 않은 것은?

3) 비공식부문과 민간비영리 부문의 차이

① 비공식부문의 서비스는 혈연이나 지연에 기초하여 공급되는 것에 비해 민간비영리 부문은 자발성에 기초하여 공급된다는 점에서 차이가 있다.

② 민간비영리 부문은 하나의 조직형태를 갖추고 있는 반면 비공식부문은 조직을 갖지 않는다.

③ 비공식부문은 사회복지활동을 위해 필요한 어떠한 규칙이나 규정을 가지고 있지 않으며 계약조차 없다.

④ 비공식부문과 민간비영리 부문은 공식부문에 비해 공히 전문성이 미약하지만, 비공식부문과 비교할 때 민간비영리 부문이 좀 더 전문성을 띠고 있다.

연줄망

우리나라의 비공식부문에 대한 연구는 많지 않다. 우리나라의 비공식부문은 이웃, 가족, 친지 또는 친구 등으로 이어진 연줄망이 사회복지의 중요한 역할을 수행하는 것으로 추측되고 있으며, 앞으로도 이러한 연줄망을 긍정적 측면에서 사회복지에 활용할 수 있는 방안을 마련해야 할 것이다.

2. 공적부문(Public Sector)

현대 산업사회에서 사회복지서비스 제공의 가장 중요한 주체는 국가와 지방자치단체이다. 즉, 국가는 국민의 최저생활보장과 생활향상에 대한 책임을 가지며, 지방공공단체는 국가정책에 협력하면서 국가의 시책이 미치지 않는 지역사회의 독특한 복지욕구에 반응한다. 따라서 산업사회에 있어서 국가는 사회복지서비스를 발달시키고 그것을 가능하게 하는 역할을 수행한다. 이러한 공적부문을 통해 이른바 요람에서 무덤에 이르기까지의 광범위한 서비스가 제공된다.

♣ 공적 복지공급 모델의 특징
① 관료주의적 구조
② 전문직 주의
③ 공적인 책임성
④ 처우의 공평성
⑤ 정부에 의한 자급자족주의 혹은 자기완결성(정부는 공적 기관을 설치하고 스태프를 고용하고 복지를 제공하는 기능을 수행한다. 공적 기관은 서비스 공급과 재원조달의 양쪽 역할을 중점적으로 담당한다)

출처 : Butcher(1995), p. 2.

공적 복지공급 모델의 특징으로 옳게 짝지어진 것은?

1) 중앙정부

우리나라의 보건복지부는 전반적인 사회복지정책을 수립하고 그 집행을 관장하며 감독하는 중앙행정부서이다. 중앙정부는 ① 타 지역으로의 파급효과가 큰 복지기능과, ② 규모의 경제, ③ 기획관리기능 및 ④ 전국적 통일이 필요한 업무를 담당하고 있다. 이러한 중앙정부의 특징과 기능에 따르면 현재 우리나라에서 이루어지고 있는 사회복지정책 중 전국적으로 통일되고 규모가 큰 사업인 연금정책과 국민건강보험, 공공부조, 그리고 부양가족에 대한 세제혜택 등은 중앙정부가 관장하는 것이 바람직하다는 것이 된다.

이러한 이유를 보완해서 사회복지를 국가가 주도해서 제공해야 하는 당위성을 다음 일곱 가지 측면에서 제시할 수 있다.

국가의 복지공급 당위성에 대한 설명으로 옳지 않은 것은?

(1) 사회복지재화의 공공재적 성격

공공재는 국가가 공급하는 모든 재화를 뜻하는 것이 아니라, 비경쟁성과 비배타성의 속성을 가진 재화를 뜻한다. 공공재(public goods)는 그 재화를 소비하는 데 있어 비경합적이고 비배제적인 성격을 지니고 있기 때문에 시장에만 맡겨두었을 경우 효율적으로 제공되지 않는 특징이 있다. 어떤 재화에 대한 시장이 이루어지려면, 그 재화에 대한 비용을 지불하지 않은 사람들은 그 재화의 사용으로부터 배제될 수 있어야 한다. 만약 그렇지 않을 경우 합리적 개인이라면 누구라도 그 재화에 대한 비용을 지불하지 않고 무임승차(free-riding)하려고 할 것이기 때문이다.

무임승차에 대한 설명으로 옳은 것은?

여기서 비배제성(nonexcludability, 비배타성)은 어떤 재화나 서비스가 공급되었을 때, 비용을 지불하지 않은 사람일지라도 그 재화나 서비스의 사용을 금지할 수 없는 상황을 말한다. 비경합성(non-rivalry, 비경쟁성)이란 어떤 재화나 서비스에 대한 소비가 다른 사람의 소비를 방해하지 않는 것을 의미한다(전상경, 2005 : 22-23). 만약 어떤 재화나 서비스가 비경합적이라면 효율성의 논지에서 볼 때, 누구든지 재화와 서비스를 이용할 수 있도록 허용되어야 한다. 사회복지가 공공재인 이유는 사회복지의 제공이 다른 사람에게 아무런 영향을 주지 않으면서(비경합성) 모든 사람에게 혜택을 줄 수 있기(비배제성) 때문이다.

공공재
- 비배제성
- 비경합성

모든 국민을 대상으로 하는 사회복지서비스 부문을 시장기제에만 맡겨두면 그 재화가 제공되지 않거나, 제공되더라도 사회적 욕구에 비해 불충분하게 제공될 수밖에 없다. 특히 시장경제 기능만으로 해결할 수 없는 욕구들이 존재하는데 이는 개인이나 시장보다는 국가 주도의 책임이 필요하고, 그 대표적인 것이 국방과 복지 서비스이다. 그러나 사회복지를 통해 공급되는 대부분의 재화는 속성상 순수 공공재는 아니다. 다만, 소비가 늘수록 사회적 이득이 큰 준공공재 또는 가치재라고 볼 수 있다.

(2) 외부효과

외부효과
=시장실패

사회복지의 재화나 서비스를 국가가 제공해야 하는 이유는 바로 이러한 재화들이 긍정적인 외부효과[6]를 많이 만들어 낼 수 있기 때문이다. 예를 들어, 한 지

6) 경제주체인 생산자나 소비자의 경제적 활동이 시장에서 거래되지 않고 직·간접적 또는 부차적으로 제3자의 경제활동이나 생활에 영향을 미치는 것을 외부효과라고 한다. 즉, 한 사람의 행동이나

역의 복지 인프라를 확충한다면 이는 그 지역뿐 아니라 지역 외 사람들도 혜택을 누릴 수 있게 되므로 결과적으로 긍정적인 외부효과(외부 경제효과)를 만들어 내는 것이 된다. 이처럼 주변 지역에 미치는 파급효과가 큰 부문은 국가가 주도하는 것이 바람직하다.

(3) 불완전한 정보

불완전한 정보
– 예 의료서비스

일반적으로 어떤 재화가 시장기제에서 효율적인 배분이 이루어지기 위해서는 수요자나 공급자 둘 다 그 재화의 질과 가격에 대한 충분한 정보를 가지고 효용을 극대화하는 합리적 선택이 있어야 한다. 따라서 어떤 재화에 대한 충분한 정보가 없는 경우에는, 시장에서 비록 소비자가 요구하는 형태의 재화가 배분되더라도 이러한 배분은 소비자가 진정으로 원하는 것이 아닌 경우가 있고, 이러한 경우 비효율적인 배분이 될 가능성이 높다.

이러한 상황에서 재화의 소비자들보다 국가가 재화에 대한 정보를 더 많이 가지고 있다면 국가가 주도하여 재화를 제공하는 것이 더 효율적인 배분이 될 수 있다. 대표적인 예가 의료서비스 부문이다. 요약하면, 정보의 불완전성(비대칭)이 심할수록 자원배분의 효율성도 크게 손상된다고 할 수 있는데, 이러한 정보의 불완전 현상은 역의 선택과 도덕적 해이를 초래한다.

(4) 역의 선택(Adverse Selection)

불완전한 정보에 의해 발생
– 역의 선택
– 도덕적 해이

그레샴의 법칙에 대한 의미를 잘 설명하고 있는 것은?
– 역의 선택

민간시장에서 미래에 발생할 위험에 대비한 개별보험이 성립되기 어려운 구체적인 현상이 역의 선택의 문제이다. 역의 선택은 '악화(惡貨)는 양화(良貨)를 구축한다'는 그레샴의 법칙(Gresham's Law)과 그 궤를 같이한다. 역의 선택은 보험분야에서 도입된 것으로서 보험회사가 보험금 지급과 관련된 사건의 발생확률에 영향을 미치는 보험가입자의 특성을 알 수 없을 때, 즉 정보의 비대칭(쌍방의 정보량의 차이가 나서 비대칭 구조를 이룸)에 의해서 발생한다.

활동이 타인에게 영향—이익이나 손실—을 미치는 현상이나 상황을 말한다. 외부효과가 발생한 경우를 시장이 작동하지 않고 실패(외부효과는 시장실패의 원인)하였다고 한다. 생산과 소비 측을 기준으로 분류하자면 생산(production)의 외부효과(경제, 불경제)와 소비(consumption)의 외부효과(경제, 불경제)로 나눌 수 있다. 효과가 가져오는 결과가 이득을 가져오면 외부경제(external economy)라고 하고 손해나 손실을 초래하게 되면 외부불경제(external diseconomy)라고 한다.

일반적으로 질병, 실업과 같은 미래에 발생할 어떤 위험을 대비한 보험을 민간 보험회사가 실업보험이나 의료보험의 형태로 개별적으로 판매한다면, 이러한 위험이 발생할 가능성이 높은 사람들이 – 즉, 보험금을 받을 가능성이 높은 사람들 – 위의 보험을 집중적으로 구입하게 되는 '역의 선택'의 문제가 생긴다. 즉, 역의 선택은 위험발생 가능성이 높은 사람들이 보험에 집중적으로 가입하게 되어 평균적인 위험확률과 보험료가 높아지는 악순환이 생겨서 위험 분산이 되지 않는 문제를 말한다. 역의 선택의 문제로 민간보험회사가 개별인들을 대상으로 보험 상품을 팔기 어려운 대표적인 예가 건강보험과 실업보험이다.

(5) 도덕적 해이(Moral Hazard)[7)]

도덕적 해이에 대한 설명으로 옳은 것은?

불완전한 정보 때문에 민간시장에서 미래에 발생할 위험에 대비한 보험이 제공되기 어려운 또 하나의 이유는 이른바 '도덕적 해이' 현상 때문이다. 일반적으로 '도덕적 해이'는 개인의 의도적인 행위가 보험이 대상으로 하는 위험의 발생 가능성에 영향을 줄 수 있다는 데에서 비롯된다. 즉, 도덕적 해이는 보험가입자가 위험발생을 예방·회피하는 행위를 적게 하여 위험발생이 높아지는 현상을 말한다. 이러한 도덕적 해이를 막기 위하여 민간보험에서는 여러 가지의 방법(예 위험발생을 적게 하거나 예방노력을 한 것에 대해 보상하거나 보험료를 삭감)이 사용된다. 도덕적 해이의 문제가 심각한 대표적인 예가 건강보험과 실업보험이다. 따라서 건강보험에서 도덕적 해이를 방지하는 하나의 방법으로서 자기부담금을 도입한다든지, 산업재해보험에서 재해발생을 줄이기 위해 보험료 부담의 개별실적 요율주의를 채택하는 것 등이 있다.

(6) 위험발생의 상호의존

어떤 위험의 발생이 상호의존적일 때, 즉 어떤 사람의 위험발생과 다른 사람의 위험발생이 관련되어 있을 때는 보험회사의 재정안정은 이루어지기 어렵고 결국 민간시장에서는 이러한 위험에 대한 보험상품이 제공되기 어렵다. 이러한 경우는 국가만이 보장해 줄 수 있는 것이다.

---

7) 도덕적 해이란 원래 보험 산업에서 사용되기 시작한 말로, 정보가 비대칭적인 거래나 계약에서 정보의 주체가 자기의 역할에 최선을 다하지 않으려는 마음가짐이나 행동, 즉 다른 사람들의 이익을 희생한 대가로 자신만의 이익을 추구하는 기회주의적 행위를 말한다.

(7) 규모의 경제

규모의 경제

사회복지의 재화나 서비스는 규모의 경제의 속성을 많이 가지고 있다. 예를 들면, 대중교육, 대량의 공공주택 건설, 전 국민 의료서비스, 전 국민 대상의 사회보험 등이 이에 해당된다. 이러한 재화나 서비스들은 국가가 직접 제공하는 것이 단위당 비용이 적게 들고, 또한 이러한 재화나 서비스가 민간부문의 여러 공급자들에 의하여 제공되는 것보다 필요한 거래비용도 줄일 수 있다. 따라서 우리나라가 5대 사회보험제도의 통합화를 추진하는 것도 규모의 경제에 의한 전달체계상 운영비용을 줄이기 위한 하나의 방편이라고 볼 수 있다.

공공부문 개입의 필요성

♣ 사회복지의 특성상 공공부문의 개입 필요성
- ① 사회복지서비스나 재화가 공공재적 성격을 많이 가지고 있으므로
- ② 사회복지를 통한 긍정적 외부효과가 크기 때문
- ③ 서비스 제공자나 소비자의 불완전한 정보
- ④ 역의 선택의 문제
- ⑤ 도덕적 해이 현상
- ⑥ 위험발생의 상호의존성 때문
- ⑦ 규모의 경제

vs

♣ 사회복지서비스를 민간부문에서 제공해야 하는 이유
- ① 신속하고 융통성 있는 서비스의 제공
- ② 효율적인 운영에 대한 동기부여를 높일 수 있음
- ③ 불필요한 공공부문의 서비스의 확대를 막을 수 있음
- ③ 다양한 욕구에 대응하여 창의적이고 선구적인 서비스의 제공과 개발

2) 지방정부(지방자치단체)

일반적으로 ① 지역의 특수성이나 ② 근접성, ③ 현지 비용 절감, ④ 집행성 및 단순성이 있는 업무 등은 지방정부에서 담당하는 것이 효과적일 수 있다. 지방자

치단체는 사회복지정책의 대인적·구체적·개별적 특성을 고려하여 조사, 시설설치, 입소 조치 등과 같은 실제적 집행을 중앙정부의 전국적 정책의 틀 안에서 각 지역의 실정에 맞게 수행하도록 권장된다. 그 예로서 사회복지시설, 경로당, 사회복지관, 재가복지 봉사센터 운영 등은 각 지역의 특성에 맞게 지방자치단체가 주도적으로 개별적인 프로그램을 편성하고 운영하는 것이 바람직할 것이다.

중앙정부와 지방자치단체의 복지행정의 기능배분 기준을 살펴보면 다음 <표 5-7>과 같다.

중앙정부(지방정부)의 복지기능 설명으로 옳게 짝지어진 것은?

〈표 5-7〉 복지행정의 기능배분 기준

기 준	중앙정부			지방자치단체
획일성	통일성	←	→	지역특수성
거 리	원격성	←	→	근접성
비 용	규모의 경제	←	→	현지비용 절감
업무성격	기획성	←	→	집행성
전문성	전문성	←	→	단순성(급여 전달 및 관리)

3. 민간비영리 부문(Voluntary Sector)

1) 민간비영리 부문의 특성과 필요성

민간비영리 부문의 특성 설명 – 자발성

비영리조직(Non-Profit Organization)은 민간이 운영한다는 점에서 공적부문과는 다르고, 이윤을 추구하지 않는다는 점에서 영리부문(민간기업)과 다르다. 비공식 부문에 의한 서비스가 혈연이나 지연에 기초하여 공급되는 것에 반하여 민간비영리 부문은 사람들의 자발성(voluntarism)에 기초하여 공급된다는 점에서 차이가 있다.

복지국가체제의 성립 이전에 이 부분은 사회적 서비스의 가장 큰 공급주체였으나, 사회복지의 국가책임성을 강조하는 복지국가체제의 출범 이후 축소되었다. 그러나 이 부문의 중요성이 최근에 다시 제기되고 있다. 즉, 공적부문이 재정적 한계에 부딪힌 점을 들어, 최근 특히 복지국가의 위기 이후 민간비영리 부문에 대한 관심이 다시금 고조되고 있다. 이 부문은 자원봉사나 시설보호와 같은 기본적 서비스를 제공하고, 국가서비스의 발달 지체로 인한 갭을 메워준다.

민간비영리 부문의 필요성

이러한 중요성 때문에, 민간비영리 부문에 의한 사회복지서비스의 공급은 계속 필요하게 될 것이다. 그 이유로는 첫째, 아직 공공정책으로 대처하지 못하는 서비스는 민간사회복지기관이 제공할 수 있다. 둘째, 민간비영리 부문은 종파적인 서비스 혹은 특정 종족이나 이익집단을 위한 서비스를 적절하게 제공할 수 있다. 셋째, 사적인 익명의 알코올중독자 모임과 같은 자조집단(self-help group)의 중요성에 대한 인식이 증대되고 있다. 넷째, 민간비영리 기관은 요보호자나 복지대상자를 위해 때로는 정부와 대립되는 입장에서 대변자의 기능이나 공무원에 대한 민원조사관의 기능을 담당할 수 있는 가장 적절한 최선의 방편이 될 수 있다. 다섯째, 위의 네 가지 기능과는 별개로 민간비영리 부문은 비록 비용의 적은 부분을 차지한다 하더라도 사회복지의 주된 기능을 계속 행사할 것이다(남세진, 1992 : 135-136).

최근에는 민간비영리 부문이 비공식부문이나 공적부문을 어느 정도까지는 보완해 주지만, 사회복지 서비스 공급에서 민간영리 부문의 진출에 따라 서로 경쟁적 관계라는 문제가 제기되기도 한다.

2) 민간비영리 부문의 의의와 기능

민간비영리 부문의 기능

민간비영리 부문의 활용은 다음과 같은 의의가 있고 그 발전이 기대된다.

첫째, 민간비영리 부문은 공적 복지공급의 부족분을 추가로 채워주고 복지공급의 부족을 보완하기 위해서이다(공적 복지의 보충적 기능).

–공적 복지의 보충적 기능

둘째, 민간비영리 부문은 자원배분의 최적성의 관점에서 중요한 의의를 가진다. 즉, 시장의 실패가 있을 때, 그 시장의 실패를 시정하기 위해 정부가 개입하였지만, 정부개입도 실패한다는 것이 공공선택론 등에 의해 명백히 밝혀졌다. 시장과 정부가 모두 실패한다면 그것을 보완하는 시스템으로서 비영리조직 등의 Voluntary 시스템을 도입하는 것이 자원배분의 최적화 관점에서 필요성이 있다(Evers & Svetlik eds., 1993)(보완적 기능).

– 보완적 기능

셋째, 자선이나 볼런티어는 시장경제에서 생활할 수 없거나 정부의 구조가 미치지 않는 사람을 구제하면서부터 시작되었다. 만약 환경분야를 시장에 맡겨두면 도시의 하수나 산림은 황폐화되어 간다. 영국에서는 이 경우 환경의식에 각성한 사람들이 만든 전국시민환경연대 등의 비영리조직이 환경보전에 선구적인 역할을 하고 있다(선구적 기능).

- 선구적 기능

- 공비절감 기능

넷째, 비영리조직은 다양한 무상 혹은 저요금으로 서비스 자원을 공급하므로 복지재정 지출의 절약에도 커다란 역할을 한다(공비절감 기능). 만약 지원부문의 서비스가 서비스 제공자의 희생으로 행해지는 경우에는 공적 지출이 더욱 절감된다.

다섯째, 복지서비스 등에서 민간비영리 부문이 필요한 것은 경제학적 이유에서만은 아니다. 자원 부문, 특히 비공식 부문은 인간적 요소를 도입하기 위해서도 필요하다. 오늘날 우리사회는 이기심에 기초한 행동을 하는 시장경제화가 촉진되고, 이익사회(게젤샤프트)화가 진행되고, 정부부문에서는 관료화가 진행되고, IT化에서 인간적인 직접적인 접촉의 기회가 적어지는 비인간화가 진행되고 있다. 이와 같은 비인간화의 경향을 시정하기 위해서도 Voluntary informal 부문에서 연대, 상호성, 공감, 따뜻함, 정보공유, 인간적 통합 등 인간적 요소가 필요하다(인간화의 기능).

인간화의 기능

♣ 비공식부문과 자원부문 활용의 의의
- 공적 복지 보충 기능
- 보완적 기능 : 시장, 정부의 실패 후 제3의 부문
- 선구적 기능 : 정부가 미처 손쓰지 못한 곳
- 공비절감 기능 : 무상, 봉사
- 인간적 요소의 도입 기능 : 연대, 공감, 따뜻함

3) 민간비영리 부문의 형태

(1) 자원조직

① 자원조직의 개념과 특성

자원조직은 민간조직이면서 활동원리가 상업적 원칙에서 벗어나 있어 개념 규정이 매우 애매하지만 집단적인 사회복지활동의 한 형태임은 분명하다. 그러나

하나의 조직적인 형태로 활동한다는 점에서 비공식부문과는 구별된다(즉, 가족, 친구, 이웃 및 직장동료와는 엄격히 구별).

자원조직의 특성

이러한 자원조직의 특성은 ① 자원봉사자에게 의존하는 비중이 높고, ② 자원조직의 재원이 자선적 기부에 크게 의존하고 있다는 사실과 ③ 집단 구성원이 스스로의 보호를 위해 재원조달과 활동을 하는 경우가 많다는 것이다. 이러한 특징을 지닌 자원조직은 공공 사회복지제도를 발달시키는 데 중요한 역할을 하는 장점을 지니고 있는 반면에 자원조직의 경계선이 애매하고, 국가와 시장영역 사이에서 그 역할과 기능이 불명확하다는 단점을 지니고 있다. 예를 들어, 자원조직이 국가로부터 재정적 지원을 받는다든지, 시장원리에 따라 수익사업을 통해서 기금을 조성하는 활동은 자원조직의 정체성을 약화시키는 요인이다. 이러한 단점의 요인이 바로 자원조직이 지니고 있는 딜레마이다.

② **자원조직의 유형**

자원조직의 유형

자원조직은 다양한 목적과 여러 가지 모습과 규모를 가진 조직이다. 참고로 Alcock(1996)은 기능적 측면에서 자원조직의 유형을 단순하게 네 가지로 구분하였다.

- **보호조직** : 구성원들 상호 간의 이익이나 보호를 위해 설립된 조직으로서, 예를 들면 영국의 경우, 19세기 우애조합이나 현대의 신용조합 등이 있다.
- **대표조직** : 구성원의 이익을 증진하고, 서비스를 개선하기 위한 캠페인 등 외부적인 활동을 하는 조직으로서, 예를 들면 빈곤가정의 자녀 돕기 등이 있다.
- **캠페인 조직** : 조직 구성원의 이익을 위해 활동하지 않으나 사회 전반에 영향을 미치고, 대표성보다는 이타주의에 동기화된 경우가 많다.
- **서비스 조직** : 이타주의에 의해 동기화되고, 다른 사람을 돕기 위해 무언가를 제공하는 데 관심이 있으며, 다른 사람의 어려움을 돕는 데 목적이 있다.

Alcock(1996 : 89)은 자원조직을 분류하면서 그 수준을 지역사회, 지방국가, 국제로 나누고 조직형태로 위의 네 가지로 교차분석하였다. 예를 들어, 보호조직으로서 지역통화운동조직(LETS : 지역수준[8]), 신용협동조합(지방), 공제조합(국가), WHO

(국제)를 들고, 대표조직으로 노동조합(국가), ILO(국제), 캠페인 조직으로 아동빈곤방지협회(CPAG : 국가), 그린피스(국제), 그리고 서비스 조직으로서 독신자 모임집단(지역수준), 옥스팜(국제수준)으로 분류한 바 있다.

(2) 종교조직

종교조직의 사회복지활동은 오랜 역사적 배경을 가지고 있다. 불교, 가톨릭 및 기독교, 이슬람교 등 모든 종교는 각 시대에 있어 기본적으로 사회복지활동에 참여하였다. 종교 교리는 인간생활상의 다양한 문제를 사회적으로 해결하고자 노력하는 사회복지활동의 이념적 기초를 마련해 주었고, 또한 어느 정도는 많은 사회에서 사회복지정책의 정당성의 근거를 제공해 주었다(박경일, 2003). 일례로서 Higgins(1981 : 73)는 19세기 영국에서 사회복지－특히 자원봉사분야－의 발달과 기독교의 '책임'과 '의무' 및 '형제애'의 사상은 직접적으로 연계되어 있다고 했다. Macarov(1978)도 종교는 신자에게 자선활동으로 서로 협동하는 것을 의무화하고 있고, 일반사회에서 구제를 필요로 하는 사람들에게도 자선활동을 펼치도

지역통화운동의 설명으로 옳은 것은?

8) 한 지역 혹은 한 집단에서만 통용되는 돈을 의미하는 지역통화(화폐)는 작게는 몇몇 사람이, 크게는 주식회사 정도의 규모로 자신들 사이에서만 통용되는 화폐를 발행해 상품과 서비스를 교환하는 체계를 말한다. 지역통화(화폐)운동의 뿌리는 1983년 영국에서 시작된 LETS(Local Exchange Trade System) 제도이다. 지역화폐는 일종의 릴레이 품앗이 방식으로서 자신들의 품(서비스)을 제공한 사람들은 지역통화(화폐) 공동체 내에서 회원들끼리만 통용되는 가상화폐를 대가로 받게 된다. 이 가상화폐는 통장에 적립되어 필요할 때 쓸 수 있으며, 역시 계좌를 가진 다른 사람으로부터 일정량의 서비스를 받고 지역통화를 그의 계좌에 넣어주는 것을 말한다. 이때 상대의 계좌에 들어간 만큼의 돈이 자신의 계좌에서 빠져나간다.

지역화폐의 유형으로 옳게 짝지어진 것은?
－LETS
－시간은행
－품앗이
－한밭레츠
－늘품

지역화폐의 유형은 ① 회원 자신이 제공할 수 있는 물품과 기술, 즉 무형의 화폐를 매개로 다자간 거래를 생성하는 레츠가 있고, ② 원리와 철학은 레츠와 동일하나 관리나 노동 가치를 시간으로 계산하는, 즉 유형의 화폐로 통용되는 아워즈가 있다. ③ 그리고 가장 간편한 방식으로서 자원봉사의 성격이 강하고 전문적인 서비스 교환이 일어나며 본인이 사용하거나 타인에게 기증 가능한 타임달러라는 세 가지 유형이 대표적이다. 미국은 Ithaca Hour나 Time Dollar, 이탈리아는 시간은행 등으로 활동을 펼치고 있고, 우리나라는 서울 송파구의 송파품앗이를 시작으로 대전의 '한밭레츠', 대구 '늘품(도시락 배달 등)' 등 다양한 명칭으로 통용되고 있다. 그러므로 우리나라는 주로 레츠의 유형으로 시작되었다고 볼 수 있다.

한편 최근에는 지역경제 활성화를 위해 주로 전통시장과 골목 상권에서 현금처럼 사용할 수 있도록 시군에서 발행하는 대안화폐로서 지역화폐가 있는데, 명칭은 비슷하나 그 운영방식이나 취지에서는 차이가 있음을 이해해야 한다. 즉, 자원조직의 유형으로서 지역화폐는 지역공동체를 토대로 '참여' 민주주의를 실현할 수 있는 장을 제공하지만, 법적 화폐가 아닌 지역사회 주민들끼리 기술이나 서비스 및 물품을 교환하는 일종의 교환경제시스템으로 볼 수 있다.

록 하기 때문에 사회복지의 주요한 다섯 가지 동기(이데올로기, 상호부조, 종교, 정치적·경제적 동기) 가운데 하나로서 종교를 들고 있다.

(3) 기업의 사회공헌 활동

초기 산업화의 과정에서 기업은 온정주의적 입장으로 기업에 종사하고 있는 근로자와 그 가족의 복지를 증진시키기 위해 기업 내 사회복지 프로그램을 실천하였으며, 한편으로 기업 내 복리후생을 통해 근로자의 복지를 증진시켜 생산성을 향상시키고 이윤을 높이려는 이중의 정책목표를 내포하고 있었다.

이러한 기업의 사회복지적 활동과 공급은 ① 기업 내 종사하는 근로자와 그 가족을 위한 사회복지 프로그램(예 구내식당, 학자금 지원 등)이 있고, ② 사회 전체 시민을 위한 사회복지(예 기업이 복지재단을 만들어 사회복지를 포함하여 여러 가지 사회공헌활동을 펴는 것 등)활동이 있다.

오늘날 기업은 경제적 기관뿐만이 아니라 인간의 사회적 욕구를 충족시켜 주는 사회적 기관으로도 인식되고 있다. 기업은 경제적 기능을 다하는 것 외에 사회적 책임(CSR)을 다하여야 한다는 생각들이 등장하기 시작했다. CSR(Corporate Social Responsibility)이란 기업의 목적인 이윤 창출과 함께 여러 사회적 문제들의 해결을 위해 기업이 가지고 있는 인적·물적 자원 등을 통하여 도울 책임이 있다는 것이다. 이러한 CSR은 기업의 사회책임에 대한 인식을 넘어 기업이 사회에 공헌하는 활동들을 펼치고 있다.

기업의 사회공헌활동은 기업의 이익을 사회에 환원을 한다는 것으로서 자선과 기부를 비롯하여 지역사회의 다양한 사회문제를 위해서 공헌활동(기부나 노력봉사, 기술 제공 및 교육훈련, 지원사업 등)을 하고 있는 것을 말한다. 예를 들어, 공기업인 한국전력에서 기초생활 수급자나 차상위계층 등 취약계층을 위해서 전기요금을 할인해 주거나, 기업 직원들의 봉사활동뿐만 아니라 기업 내 전담부서로서 사회공헌팀을 만들어 사회공헌활동[9]을 체계적으로 시행하고 있는 것 등이 있다.

9) 삼성경제연구소는 사회공헌 패러다임의 질적 변화를 3단계로 나누고 있다. 1단계는 자선적 기부가 주를 이루어 공급자의 필요에 따라 사회공헌이 이루어지는 소극적이고 제한적 행위가 특징이었다. 2단계에서도 여전히 사회공헌활동은 의무적, 수동적이고 마케팅이나 리스크 관리 비용에 목적을 둔 한계를 보인다. 3단계는 '사회적 혁신'으로 질적 변화가 이루어지고 적극적이고 능동적으

4. 민간영리 부문(Business Sector, Commercial Sector)

국가복지의 팽창 이후 재정을 절감하고 확대일로에 있는 국민들이 복지욕구를 억제하면서 동시에 모든 국민들이 부가적으로 필요로 하는 사회복지서비스를 이용하기 위해서는 시장원리에 의해 제공하는 방식이 적절하다는 인식하에서 민간영리 부문이 발달하게 되었다. 영리조직이 비영리조직 및 공공조직과 구분되는 요인은 ① 영리조직은 이용자들로 하여금 서비스를 구매하게 한다는 점과, ② 자유시장원리에 따라 상호경쟁한다는 점이다.

시장원리의 이점

♣ 왜 시장원리가 필요한가?
① 수요자에 의해서 선택의 자유가 확보된다.
② 복지서비스의 공급자 간에 경쟁을 통하여 불량서비스를 제공하는 사업자가 도태되는 메커니즘이 있다.
③ 수요와 공급의 균형으로부터 복지서비스의 최적 가격이 형성된다.

1) 사회복지서비스 이용료 부과의 옹호론

사회복지 서비스의 직접적인 이용자가 그 비용을 부담할 필요가 있다는 주장은 서비스에 부과되는 요금이 가지는 심리적·행동적 결과에 대한 가정을 전제로 하고 있다(Gilbert & Specht, 1993 : 166-167). 심리적 결과란 서비스 이용자가 요금을 납부함으로써 서비스를 받는 수혜자가 된다는 사실에 대해 느낄 수 있는 열등감 또는 낙인을 약화시키며 개인의 존엄성이 손상되는 것을 막을 수 있다는 것이다. 행동적 결과란 서비스 이용에 대해 요금을 부과함으로써 서비스에 대한 수요를 억제시켜 불필요하거나 과도한 서비스의 이용을 방지할 수 있다는 것이다.

이용료 부과 옹호론 =서비스 유료화론에 대한 설명으로 볼 수 없는 것은?

Glennester(1985)는 사회복지서비스에 요금을 부과하는 정책에 대하여 일곱 가지 입장에서 긍정적인 태도를 취하였다.

로 사회공헌활동이 전개된다. 사회적 혁신은 여러 사회문제에 창조적인 해결책을 제시하는 일로서, 최근에는 다문화 가정이나 탈북자 문제, 지구촌 환경문제, 복지사업 지원 등 사회 취약 계층 지원을 비롯해 사회 전반의 현안까지 사회공헌 사업 대상에 포함시킬 정도로 체계적으로 접근하고 있다.

① **예산수입 증대** : 정부의 재정압박을 해소하기 위한 하나의 방편으로서 기초적이고 필수불가결한 서비스는 제외하고 부분적으로 적절한 사회복지서비스는 사용자들이 수익자 부담의 원칙을 수립하여 예산수입의 증대를 꾀하는 한편, 불필요한 사회복지서비스의 이용을 줄이려는 전략이다.

② **사회복지서비스 남용의 방지** : 사회복지서비스의 무료 이용은 남용과 오용을 불러일으키기 쉽다.

③ **수요의 억제** : 어느 정도 과도한 사회복지서비스 수요를 억제하거나 제한할 수 있다(예 부과금액이 높을수록, 필요성의 정도가 낮을수록 억제효과가 강하다).

④ **우선순위의 변경** : 사회복지서비스의 이용자 요금부과는 개인적으로는 수요의 우선순위를 변경하게 하는 효과가 있는 반면, 사회 전체적 측면에서는 소비계층의 변화를 가져올 수 있다.

⑤ **효율성 증대** : 공적 사회복지서비스와 유료 사회복지서비스 제공을 경쟁하게 하여 동일한 서비스 제공에 보다 양질의 효과성을 높이게 할 수 있다는 것이다.

⑥ **정치적 상징으로서 요금부과** : 서비스에 대한 요금부과는 때로는 정치적 상징으로서 의미를 가질 수 있다. 정치적 게임의 일환으로 양보 혹은 승리와 절충으로서 상징적으로 사회복지서비스에 요금이 부과되기도 한다. 사회복지서비스의 이용료 부과는 모든 국민들에게 적용하지는 않고 저소득계층에는 이용료를 면제하기도 한다.

⑦ 서비스 창출을 위한 재원조달의 한 방법으로서 사용되기도 한다.

2) 사회복지서비스 이용료 부과의 반대론

① **사회복지서비스 소비자의 특수성** : 사회복지서비스 소비자 가운데 강요된 소비자나 취약한 소비자 그리고 간접적 소비자인 경우에는 이용료 부과에 대해 반대할 수도 있다. 이용료 부과 반대론

즉, 강요된 소비자란 자신이 원하지 않는데도 불구하고 서비스를 이용해야 하는 경우가 있는데 이러한 서비스를 이용하는 자를 말한다. 예를 들어, 보

호관찰에서 실시하는 정신보건센터의 약물남용 프로그램에 비용을 지불하고 어쩔 수 없이 참가하는 경우가 있다(Glennester, 1985; 현외성, 2004).

취약한 소비자인 노인, 정신적·신체적 장애인과 같은 의존적인 사람들은 자기 혼자 서비스를 제공하는 기관에 찾아오는 일이 쉽지 않다. 특히 취약한 소비자에게 시장기능과 같은 자유경쟁적이고 개인적 선호에 따라 이용료를 부담하고 서비스를 받는 것은 어려운 일이다.

간접적 소비자의 경우 의료서비스와 같은 여러 가지 사회복지서비스는 일반적인 상업적 거래와는 달리, 간접적으로 중간단계를 거쳐서 소비자에게 제공된다. 이러한 거래는 정상적인 시장교환과는 다른 특성을 가지고 있으므로 이용료를 부과하는 것에 대해서는 신중한 검토가 요청된다.

② **시장의 비효율성 부분을 보완** : 경제적 시장원리에 맞추어 효율성이 떨어진다고 문제아동이나 학습부진 아동에 대한 서비스 제공을 그만둘 수는 없을 것이다. 이처럼 사회복지정책에 있어서 효율성만을 위하여 유료서비스 정책을 추진할 수 없는 부분도 존재한다.

③ **사회복지서비스의 특수성** : 사회복지서비스는 그 개념상 인간의 기본적인 욕구를 해결하는 것이니만큼 평등하고 무료여야 한다는 주장이다. 따라서 사회복지사의 긍정적 차별(저소득층은 무료, 중산층은 유료)은 보다 형평한 서비스를 제공하는 것으로서 바람직하다.

④ **빈민의 용인과 한계** : 사회복지서비스를 무료로 제공받는 클라이언트는 가능한 한 낙인이 가해지지 않도록 하는 것이 바람직하다. 그런데 유료화의 경우 무료로 서비스를 받는 클라이언트의 수치심이 더욱 강화될 수 있으므로 빈민들이 참고 수용하는 데 문제가 있을 수 있다. 또한 사회복지서비스를 이용하려는 사람들이 유료화로 인해 비용을 지불할 수 있는 경제적 여력이 부족하므로 유료화는 한계가 있다.

본서에서는 사회서비스 이용료 부과에 대해 찬반의 견해를 살펴보았지만, 최근에 들어와 사회서비스 영역과 노인 돌봄 영역에서 이용료 부과에 대한 논의[10]가 활발하

10) 최근 윤석열 정부(2023.5.31.)는 사회보장 전략회의를 개최하여 '약자부터 촘촘하게 지속가능한 복

게 이루어지고 있다고 생각된다. 향후 4차산업의 발달과 함께 보건의료분야의 복지기술이 활발하게 도입되면서 이용료 부과에 대한 추세가 더욱 가속화 될 것으로 생각된다(본서의 제 15장 6절 제4차 산업혁명시대 사회변화와 복지정책적 대응 참조).

제 4 절 제3섹터 : 공급주체의 협력방식

1. 제3섹터의 개념

넓은 의미에서 공공과 민간 양 부문의 협력방식을 총칭하며, 좁은 의미에서는 민관협력방식이다. 즉, 제3섹터는 "자금, 인력, 기술 등에 관해 공공부문과 민간부문이 협력함으로써 공공부문의 영역에 민간의 능력을 도입함과 동시에 공적 지원의 강화를 통해 민간부문을 활성화시키는 사업을 의미하는 것으로" 정의할 수 있다. 또한 '국제 제3섹터 연구협회'에 의하면, 제1섹터는 국가 혹은 정부, 제2섹터는 시장의 발달, 제3섹터는 정부, 시장 및 가족과 같은 체계 사이에 공식－비공식, 공공－민간, 영리－비영리 사이에 중간적인 역할을 하는 공식적(Formal) 조직, 비정부기관(Non-governmental sector), 비영리(Non-profit)조직의 위상을 가진다(그림 5－4 참조).

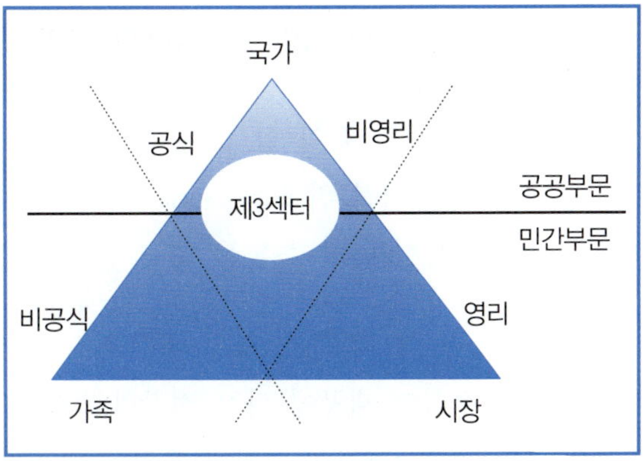

|그림 5-4| 제3섹터의 위상

지국가' 비전 아래 그 핵심과제로 '사회보장제도 통합관리 방안'과 '사회서비스 고도화 추진방향'을 함께 논의하였다. 여기서 사회서비스 시장화 전략은 서비스 수요 창출을 위해 구매력 있는 중산층을 사회서비스로 확대하고, 경쟁원리 도입을 통해 서비스 품질제고와 표준모델 공유(프랜차이즈) 등 기관 간 연계지원 규모화를 지원하며, 고품질 서비스 제공 유인을 위해 가격 탄력제를 적용하여 능력에 따른 차등부담을 장려한다는 것이다. 보건복지부는 이러한 전략을 사회서비스정책과 사업에 한정하였다. 그러나 현대복지국가에서 사회서비스는 법령에 의해 국가와 지방자치단체가 보장기관인 공공경제가 작동하는 사회보장급여다(김형용. 2023).

제3섹터의 위상으로 옳게 짝지어진 것은?
– 공식적 조직
– 비정부기관
– 비영리조직

미국에서 제3섹터는 제1섹터(연방정부, 주정부, 지방정부), 제2섹터(민간)도 아닌 독립섹터의 의미를 가진다. 독립섹터란 재단, 종교법인, 봉사클럽, 노동조합 등 비영리단체로서 사회서비스 분야, 자원활동, 국제활동, 실업자와 노동자 등의 약자구제, 교육, 문화, 환경, 레크리에이션, 의료서비스, 신기술 개발, 인종차별 폐지, 옹호활동 등 많은 부분에서 중요한 역할을 완수하는 자선 및 자원섹터(Charity and Voluntary Sector)를 말한다. 그러나 미국의 제3섹터는 공공부문과 민간부문의 속성을 동시에 지닌 부분들을 통칭하는 것으로 파악되어 온 결과, 비영리(Non-profit)조직, 비정부(Non-government)기관이라는 포괄적인 개념으로 형성되고 말았다. 즉, 영미권 국가의 경우 주로 협동조합과 공제조합을 배제한 비영리조직(Non-profit: 협회와 재단 등)을 제3섹터로 인식하는 반면, 유럽에서는 협동조합과 상호부조 조직 등을 포함하여 제3섹터로 인식하고 있다(신경희, 2011). 이와 같이 제3섹터에 대한 정의는 국가별로 다양하다.[11] 최근에는 사회적 기업과 사회적 경제조직[12]이 제3섹터에서 활발하게 운영되고 있다.

2. 보건·복지영역에서 제3섹터의 유용성

전통적 산업사회와 같이 실직, 산재, 질병 등과 같은 '구사회적 위험(old social risk)'과 달리 '신사회적 위험(new social risk)'이 나타나고 있으므로 이를 극복하기 위해 사회서비스 영역의 활동이 급부상되고 있다(보건복지부·한국보건사회연구원, 2011 : 459-461).

첫째, 사회서비스 제공에 가장 적합한 조직은 제3섹터 기관이다. 사회서비스 영역은 무엇보다 수혜자의 다양한 욕구에 맞추어야 한다는 점, 양보다 서비스의 질이 관건이라는 점, 상황 변화에 따른 서비스 공급의 유연한 조정 등이 중요하

11) 일본의 경우는 행정서비스의 처리방식에서 자치체와 기업이 공동으로 처리하는 방식을 제3섹터, 지방자치단체와 지역(제4섹터), 지역과 기업(제5섹터), 지방자치단체와 지역, 기업이 공동으로 연합 처리방식으로서 joint sector라고 명명하기도 한다. 한국에서 일본 방식의 제3섹터는 지방공사형 제3섹터(예를 들어, 지방공사 인천터미널, 강원도 종합관광개발공사 등)와 사법인형(주식회사형) 제3섹터 등이 있다.

12) 제4부 제14장 사회서비스정책 제3, 4, 5절 참조.

기 때문에 관료적인 제1섹터는 공급주체로 적절하지 못하다. 또한 사회서비스 영역은 그 목적이 새롭게 발생하는 사회적 위험을 없애고 삶의 질을 향상시키는 데 있기 때문에 공익성을 내재하며 따라서 시장의 원리에 맡길 경우 공공성과 서비스 질을 담보하기 어렵다. 그러므로 지역사회와 수혜자의 욕구에 민감하게 대응할 수 있는 제3섹터 기관이 적합하다.

둘째, 지속가능한 일자리 제공이다. 제3섹터 기관의 확대를 통해 취약계층을 비롯한 일반 계층의 고용을 확대하여 지속가능한 일자리를 제공하는 데 유용하다.

셋째, 지역사회 통합 및 지역경제 활성화에 기여할 수 있다. 제3섹터 기관은 지역을 기반으로 활동하게 되므로 지역사회 고용창출 및 복지 증진에 기여하고 또한 이윤을 추구하는 제3섹터 기관의 활동을 통해 지역사회 자본 개발, 이윤의 지역사회 재투자를 통해 지역경제 활성화에 도움을 준다.

넷째, 제3섹터는 정부의 실패로 대변되는 1섹터의 실패와 시장의 실패로 대변되는 2섹터의 기능을 보완한다. 대표적으로 노동시장의 수요공급의 불일치에 의해 발생하는 실업(시장의 실패)에 대한 대처로서, 그리고 공공근로 사업과 같은 정부의 대응에 한계가 발생하는 상황(정부의 실패)에서 제3섹터는 사회적 공익성과 시장효과를 갖는 틈새(niche) 일자리 또는 창의적 일자리 발굴[13)]의 주체로 기능한다. 통계자료 및 기존 연구에 따르면 고용 잠재력이 가장 큰 영역은 제3섹터인 것으로 나타나고 있다.

3. 제3섹터의 기여와 문제점

지역에 기반한 제3섹터의 복지활동 기여와 역할을 보면 다음과 같다(신경희, 2011).

제3섹터의 역할에 대한 설명으로 볼 수 없는 것은?

1) 복지활동 기여와 역할

① 복지영역의 확대와 시너지 효과

제3센터 조직으로 비영리민간단체 이외에 최근 몇 년간 사회적 경제 조직이

13) 고용유발계수(10억 원당 명) : 건설부문 13.9명, 사회복지서비스 19.2명(통계청, 2015). 인구 천 명당 보건·복지 취업자 수(명) : EU 국가 평균 49명, 한국 30명(대외경제정책연구원, 2018).

증가하면서 복지공급시스템이 복잡해지고 있다. 사회적 경제 조직은 사회적 목적 실현을 위해 수익금으로 비영리민간단체 복지사업을 후원하거나, 수익금으로 복지서비스를 직접 제공하기도 한다. 환경, 문화 등 다양한 영역의 제3섹터 조직들이 사회복지 분야 단체와 연계하여 취약계층 주거와 에너지복지사업, 문화복지사업을 추진하여 복지영역이 확대되고 복지사업의 시너지 효과가 나타난다.

② **제도 복지 보완과 복지사각지대 해소 가능성**

제3섹터 조직은 공공과 달리 정해진 규정이나 제도에 크게 매이지 않고 상황에 따라 유연하게 복지서비스를 제공하고 있다. 제도권 밖의 복지사각지대 대상자를 위한 복지활동 및 현장에 신속하게 대응하는 복지활동을 하거나 할 수 있는 가능성이 크다.

③ **사회적 배제 해소와 사회통합 매개 역할**

제3섹터 조직의 복지활동은 취약계층의 물적 결핍 해소 이외에 취약계층을 지역사회로 불러내고, 지역주민과 소통하는 장을 마련함으로써 취약계층의 사회적 배제 해소와 사회참여를 촉진하는 역할을 하고 있다.

④ **지역사회 특성과 틈새 복지수요에 대처**

지역사회 수요가 있으나 제도권 복지에서 하지 않거나, 할 수 없는 사업들을 하고 있다.

2) 제3섹터의 문제점과 복지활동의 한계점

제3섹터의 문제점

일반적으로 제3섹터가 가지는 문제점으로 다음 네 가지가 거론된다.

① **과도한 기업성의 추구** : 제3섹터 기업도 공기업이므로 공공성과 함께 기업성을 추구하는 것은 당연하다 하겠다. 그러나 제3섹터 중에는 민간출자자의 권익 보호에 치중하는 나머지 공공성을 등한시하고 과도하게 기업성만을 추구한다는 비판을 받는 기업도 있다.

② **민주적 통제의 곤란** : 제3섹터에 가해지는 가장 큰 비판은 민주적 통제의

어려움이다. 주식회사나 재단법인의 형태를 택하는 민관공동출자사업형의 제3섹터의 경우에는 지방자치단체가 상법이나 민법의 규정에 의한 출자자나 출연자로서의 권리행사 외에는 다른 통제방법이 많지 않아 문제가 되고 있다.

③ **공공부문의 과잉개입** : 위에서 살펴본 민주적 통제의 어려움과는 대치되는 주장인데 제3섹터에 공공부문의 개입이 지나쳐 경영의 자주성·독립성을 저해하고 있다는 견해도 제기되고 있다. 이것은 제3섹터를 단순히 '민간자금 도입의 방편'으로만 생각하여 기업적 경영을 염두에 두지 않는 데서 오는 현상이라는 것이다.

④ **다수의 부실기업** : 여러 가지 이유로 제3섹터가 증가하는 것은 불가피하더라도 제3섹터 기업 중에는 정부부문과 민간부문의 장점을 활용하기보다는 '시장의 실패'와 '정부의 결함'을 함께 지님으로써 부실에 빠지는 기업도 있어 문제가 되고 있다.

지역에 기반한 복지영역의 제3섹터 조직이 가지는 한계점으로는 다음과 같다(신경희, 2011).

① **장시간 지속성을 요하는 돌봄 복지서비스 제공의 어려움**

제3섹터 조직의 취약계층 대상 교육, 상담, 의료, 급식, 집수리, 문화 사업은 주민 자원봉사로 해결할 수 있다. 그러나 장시간의 지속성을 요하는 노인돌봄서비스는 제3섹터 조직에서 품앗이나 자원봉사방식으로 제공하기가 어려운 것으로 나타났다. 거동이 힘든 재가노인 돌봄은 장시간 노동에 노동 강도가 높고 보육이나 방과후교실과 같은 돌봄서비스에 비해 1인당 돌봄 비용이 높아 제3섹터 차원에서 제공하기 어려운 복지서비스로 파악된다.

② **서비스 중단 가능성**

주민 재능기부 및 기금사업을 활용해 서비스를 제공하는 경우가 많아 자원봉사자가 활동을 그만두거나, 기금지원을 받지 못하면 서비스가 중단될 가능성이 있다.

③ **상근인력 및 재정 제약으로 서비스 규모의 한계**

상근활동자가 대부분 1명이거나 없는 경우도 있어, 제3섹터 조직이 제공할 수 있는 복지서비스 규모에는 한계가 있다.

4. 보건복지 분야 제3섹터 활성화 방안

보건복지분야 제3섹터 –'사회서비스 제공형' 기관 고용 확대 –'취약계층 고용형' 사업 활성화

2011년 보건복지부는 보건복지분야 제3섹터 활성화 방안으로서 '사회서비스 제공형' 기관 고용 확대와 '취약계층 고용형' 사업 활성화를 제안한 바 있다.

우리나라는 2000년대 중반 이후 사회서비스의 공급 증가와 함께 보건복지 분야 제3섹터 기관의 성장 동반이 이루어졌으나 현재 제3섹터 기관은 자체 역량이 부족하며 정부에의 강한 의존성을 가지고 있다(보건복지부·한국보건사회연구원, 2011 : 476). 그리하여 최근 사회서비스 영역에서 제3섹터 방식의 다양한 사회적 경제와 사회적기업이 육성되고 있다(제4부 14장 제3, 4절 참조).

일례로서 서울시 50+재단[14)]은 50+세대를 '일자리 지원이 필요한 대상'임과 동시에 '제3섹터에 대한 사회적 기여를 할 수 있는 대상'의 두 가지 관점으로 바라보며 제3섹터 일자리 사업을 추진하였다. 국내·외 50+세대의 제3섹터 일자리 운영 사례는 자원봉사, 펠로우십, 취업, 창업·창직 등에서 이루어지고 있다. 그동안 중앙정부는 50+세대를 신중년으로 명명하고 2017년부터 제3섹터 일자리 정책으로서 '신중년 인생 3모작 기반구축' 계획을 수립하였고 서울시는 「2017년 서울시 사회적경제 종합지원계획」을 마련한 바 있다. 이처럼 우리나라에서 제3섹터에 의한 복지영역은 사회적기업에서 제공하는 사회서비스 영역과 일자리 사업에서 주로 이루어지고 있다고 볼 수 있겠다.

14) 제3섹터의 일반적 정의를 종합하면, '영리와 비영리를 포함하여 공공부문이나 민간부문의 역할과 가치를 동시에 추구하는 제3의 조직'으로 제3섹터를 정의하고, 비영리조직과 사회적경제로 통칭되는 (예비)사회적 기업, 자활기업, 협동조합, 마을조합 등 다섯 가지 조직을 제3섹터의 범위로 한다(양안나외 6. 2018).

제5절 공·사 역할분담론

1. 공·사 역할분담론의 배경

공·사 역할 분담론의 배경설명으로 옳지 않은 것?

첫째, 사회복지 관련 서비스 규모의 확대로 인한 공·사[15)] 역할분담 논의가 제기되었다. 사회복지서비스의 수요자 측면에서는 그 대상자 수가 급격히 증가하였으며 공급자 측면에서도 사회복지활동 관련 재정이나 종사자, 담당기구가 크게 확대되었다. 이와 같이 확대된 사회복지를 중앙정부와 지방자치단체 및 각종 기관이 적절히 운영하기 위해 규제나 통제가 이루어지고 그에 따른 제도화가 급속히 이루어짐에 따라 공·사 역할분담에 관한 논의가 필요하게 되었다.

둘째, 사회복지에서 관료화, 관주도화 등에 대한 비판이 제기되었다. 다시 말하면, 사회복지서비스 제공의 범위와 한계, 그 정당성을 확보하기 위해서 보다 주민참여 지향적인 인식이 요구됨에 따라 공·사 역할분담에 대한 논의가 필요하게 되었다.

셋째, 사회복지욕구의 변화이다. 과거의 사회복지정책은 주로 빈곤이나 저소득에 대응하기 위한 공적부조사업으로서 이해되었다. 그러나 이제 우리나라의 사회복지정책은 종래의 화폐적 욕구 충족 중심에서 비화폐적 욕구 충족에도 관심을 가지지 않으면 안 되게 되었다. 따라서 비화폐적 욕구는 화폐적 욕구에 비해 개별성과 다양성을 그 특징으로 하며 그에 필요한 재화와 서비스의 조달 배분방법도 다양하게 요구됨에 따라 공·사 역할분담에 대한 논의가 필요하게 된다.

넷째, 사회복지정책 접근방법의 변화이다. 사회복지정책이 종래의 욕구에 대응하기 위한 구빈적·화폐적 대응방법에서 보다 확대되어 화폐는 생활상의 자립

15) 공사를 공익 대 비공익(public interest versus non-public interest) 또는 비영리 대 영리(non-profit making versus profit making)라는 의미로 구분해 볼 수 있다. 이 경우, 사회복지법인은 '공익'이면서 비영리로 분류된다. 그런데 비공익이 반드시 영리를 의미하고 비영리가 반드시 공익을 의미하는 것은 아니다. 예로서 장애아동의 자모회의 활동은 일반적으로 비영리적이지만 적극적으로 공익을 목적으로 하는 것도 아니기 때문이다. 그리고 공사를 정부 대 비정부(governmental versus nongovernmental)라는 의미로 사용하는 경우이다. 즉, '공'을 국가 또는 지방자치단체, '사'를 그 이외로 하는 것이다. 이 경우, 사회복지법인은 '사'로 분류된다. 일반적으로 사회복지법인은 공익법인, 비영리법인, 재단법인에 속한다.

과 사회적 참여와 통합 등의 비화폐적 욕구에 대응하기 위한 방향으로 전환되어 가고 있다. 이는 사회복지서비스를 무료로 혹은 저액으로 이용하느냐 하는 문제 제기적 관점이 아니라, 능력에 따라서 이용료를 부담하게 할 것인가 혹은 직접 구입하게 할 것이냐의 문제로 관심영역이 바뀌었음을 말한다. 또한 이와 더불어 지금까지는 국가나 지방자치단체가 서비스 제공주체가 되었지만 이제는 어느 정도까지는 개인적 책임을 지우고자 하는 논의가 제기될 수 있다. 따라서 사회복지서비스 제공을 위한 자원의 조달 및 배분과 관련해서 공·사 역할분담 문제에 대한 논의가 필요하게 되었다.

다섯째, 복지국가의 재정위기 상황과 관련해서 공·사 기능 역할분담에 대한 논의가 필요하게 된다. 1960년대 말부터 1970년대 말까지는 비교적 고도 경제성장을 거듭해 왔다. 그에 따라 국민의 복지 욕구에 대응하기 위한 자원의 충당이 비교적 순조로웠다. 그러나 1970년대 말부터 재정수입이 감소되고 국가와 지방자치단체의 경상경비는 계속적으로 팽창되어 국가의 복지재정이 어려워졌다. 그렇지만 국민의 복지 욕구는 다양화 및 고도화 현상을 보이게 됨에 따라 재정 면에서 충분한 대응이 어렵게 되었다. 이와 같은 복지재정에 대한 문제 인식으로부터 공·사 역할분담론이 검토되어야 한다(박광덕, 1997 : 180-181).

2. 공·사 복지역할 분담의 기준

앞에서 논의된 복지역할 분담의 필요성에 의해서 정부·민간 복지역할 분담은 욕구의 성질, 대응의 긴급성, 조직의 규모, 재원의 크기에 따라서 기준이 설정될 것이다.

① **생존에 필요한 기본적 욕구** : 보다 보편적이고 전 국민에게 필요한 욕구는 정부가 담당하고 그 이상의 욕구충족은 민간이 담당한다.

② **사회에 미치는 영향 정도** : 전염성이 강한 질병과 같이 사회 구성원에게 위급한 효과를 미치는 것은 정부에서 담당해야 하며 남에게 큰 영향을 미치지 않으며 보다 개인적 기호와 관련된 것이라면 민간이 담당해야 한다.

③ **대응의 긴급성** : 새로운 문제나 욕구에 대해서 정부조직은 민첩하게 반응하

기 힘든 반면, 민간조직은 변화된 상황에 민감하게 대응할 수 있으므로 대처의 긴급성 여부에 따라서 역할분담이 필요하다.

④ **서비스 조직의 규모** : 서비스 대상이 많거나 전국적 규모, 그리고 항시 제공되어야 하는 상설적 서비스는 정부가 담당하는 것이 좋을 것이다. 그러나 개별적이고 구체적인 서비스는 민간조직이 제공하는 것이 보다 효율적이다.

⑤ **기획성과 집행성** : 사회파급 효과가 큰 문제해결은 강력한 기획력이 요구되며 따라서 강제력을 통한 통제가 필요한 사업의 경우 정부가 담당하는 것이 효율적일 것이다. 그러나 시민의 자발적 참여가 용이한 부분이나 단순한 집행적 서비스는 민간조직이 담당하는 것이 바람직하다.

⑥ **재원의 크기** : 방대한 예산이 필요한 경우에는 정부만이 수행능력을 보유하고 있기 때문에 정부의 개입이 요구된다. 반면 재원조달이 민간조직의 자발적 지원이나 강한 지역성에 의존할 경우에는 민간의 역할이 강조될 것이다.

〈표 5-8〉 **공·사 기능분담에 관한 분석기준**

욕구기능	공	사
성 격	비시장적 욕구, 전문적 욕구	시장적 욕구, 보완·대체적 욕구
충족 여부	의무적, 기본적, 강제적, 보상적, 보편적	임의적, 추가적, 비강제적, 비보상적, 구체적

3. 사회복지에서 공·사 역할분담론의 계보

공·사 역할분담론의 제1기는 민간 사회복지사업 만능론(C.O.S.)으로 대표되는 시기로 19세기 후반 사적 사회복지의 성립기로서 영국의 구빈법의 전개와 관련하여 일어난 움직임이다. 이 시기의 대표적 이론은 공과 사가 각각의 서비스를 제공하는 B. K. Gray의 평행봉이론이 있다. 평행봉이론

제2기는 20세기 초 1930년대 Clark의 공영만능론, 공사병행론, Webb 부부의 확장사닥다리이론, Switt의 다수-공영 소수-민영 등의 이론으로 대표되는 시기이며 사회보장에 대한 국가책임을 강조하는 시기이다. 확장사닥다리이론

제3기는 제2차 세계대전 후 상호협조론과 공사제휴론 등으로 대표되는 시기이 상호협조론

다. 제2차 세계대전 이후 공적 복지가 큰 비중을 차지하면서 공·사 각각의 특징을 인정하고 상호 보완 협력하는 관계를 유지하는 것을 말한다. 이 시기의 대표적 이론은 M. P. Hall의 비판적 협력관계론이며 W. Beveridge(1942)는 "사회진보는 국가의 활동과 개인의 활동에 의해 초래된다"고 하였다.

제4기는 복지파트너십, 복지혼합론으로 대표되는 시기로 공·사 상호협조론에 이어 협조의 방식과 조건이 전제되고 상호 파트너십까지도 포함한다. 이는 공·사 기능분담과 관련하여 상호 대등한 협력관계를 의미한다. 이 시기의 대표적인 이론은 Rose(1985)의 복지혼합론(국가, 시장, 가족)과 Kramer(1981)의 공공부문과 민간부문의 상호관계가 있다.

♣ 우리나라의 공사론 : 책임 – 국가, 지방자치단체, 국민
- 사회보장기본법(제5조, 제7조) : 국가, 지방자치단체, 국민 책임
- 사회복지사업법(제4조 제1항) : 국가와 지방자치단체는 사회복지를 증진할 책임을 진다.
- 국민기초생활보장법(제2조 제4호) : 국가·지방자치단체

4. Kramer의 공공부문과 민간부문의 상호관계

① **국유화 모델(nationalization model)** : 정부서비스 조직이 서비스 전달체계의 대부분을 차지하며, 정부가 최대의 서비스 제공자이고 영리 민간조직과 비영리 민간조직의 역할은 최소한의 주변적인 것이다.

② **정부주도 모델(government model)** : 국가만이 보편적이고 형평적이며, 책임성 있고, 권리로서 이용 가능한 포괄적인 사회복지서비스체제를 운영할 수 있다고 가정한다. 민간비영리 기관은 정부의 역할을 메우거나 보충하기 위해 필요하다는 것이다. 여기서 민간기관의 역할은 주변적인 것은 아닐지라도 정부역할에 부수적이고 종속적인 것이다.

실용적 동반자 모델에 대한 설명으로 옳은 것?

③ **실용적 동반자 모델(pragmatic partnership model)** : 정부가 기본적인 서비스의 제공을 지속적으로 추구하지만 서비스의 전달과정에서 비영리 민간조직에게 자금을 제공하고 운영권을 위임하여 관료화를 방지하고 다양성을 살리

고자 한다는 점이다. 민간자원조직에 대한 자금지원방식은 사회변화를 점진적으로 추구하는 미국 전통이 전형적으로 발휘된 것이라 할 수 있다.

④ **권능(권한과 능력)부여 모델(empowerment voluntary organization model)** : 비영리 부문에 대한 믿음에서 출발하여 자원단체, 종교조직, 근린지역, 일차적 사회체계의 활용을 강조한다.

⑤ **사유화 모델(privatization model)** : 가능한 한 영리부문을 활용하고 적절한 가격으로 양질의 서비스를 제공하도록 사적 경쟁을 이용한다는 것이다. 사유화와 민간 강화라는 두 가지 대조되는 모델은 복지국가위기론 이후 영미에서 주목되었다. 이 두 모델은 모두 정부의 부담과 권력을 줄이고 좀 더 합리적인 비용으로 분권화된 양질의 서비스를 제공하려는 목표를 추구한다. 동시에 정부는 서비스를 직접 제공하지는 않으며 서비스의 기준과 재정을 규율하고 약한 감독을 시행한다는 전략을 채택한다. 사유화 모델

〈표 5-9〉 공공부문과 민간부문 간의 상호관계

관계 모델	국유화	정부 주도	실용적 협력자	권능 부여	사유화
민간부문의 역할	최 소 (marginal)	장애물 (obstacle)	보충·보완(supplement) (complement)	대 체 (substitute)	대 안 (alternative)

제 6 절 복지서비스 공급방식 : 조치에서 계약으로

1. 계약공급(민간위탁)의 개념과 준시장(Quasi-Market)

1) 계약공급(민간위탁) : Contracting-out

계약공급(contracting-out) 또는 민간위탁이란 정부가 생산하여 공급하던 공공서비스를 정부 대신 민간기관이 소비주체인 주민에게 공급하는 형태를 의미한다. 이러한 방법은 기본적으로 신공공관리론의 영향에 따라 시장원리를 적극적으로 도입하려는 행정개혁의 일종으로 본다. 계약공급은 경쟁을 전제로 하지 않는다 계약공급(민간위탁)이란?

는 점에서 민영화와는 구별되는 개념이지만 일부에서는 민영화의 다양한 방법 중의 하나로서 하위개념으로 사용하기도 한다.

2) 준시장(Quasi-Market)

최근 지방자치단체의 복지서비스 제공방식이 과거 조치[16)]에서부터 계약으로 변경되었다는 것은 지방자치단체가 복지서비스의 자금을 조달하고 동시에 서비스를 제공해야 한다는 전통적인 역할과 기능이 바뀌었음을 의미한다. 이렇듯 계약의 결과는 서비스 제공자의 역할분담이며 서비스 구매자(정부나 지방자치단체)의 선택의 폭을 넓히고 복지다원화를 의도하고 있다. 여기서 준시장(Quasi-Market)이라는 것이 나오고 이것이 계약문화의 도입이었다.

준시장이란 1980년대 민영화 이후 영국의 사회보장개혁을 배경으로 등장한 용어로서 1990년대 사회서비스 분야(NHS, community care, 교육, 주택)에서 시장원리의 도입과 경쟁구도의 도입이다. 준시장은 경쟁의 힘을 이용한다는 점에서는 시장이지만, 국가가 구매자로서 행동하는 것, 대리인이 구매를 결정하는 것, 조금씩 서로 다른 동기를 가진 제공자가 섞여 있는 것이 통상의 시장과는 다른 점이다. 즉, 준시장은 공공부문의 사회적 형평성을 견지하면서 시장경제의 경쟁을 통한 경제적 효율성을 추구하기 위한 사회서비스 분야의 새로운 구조이다.

준시장이란?

Glennerster와 Le Grand(1995)는 국가의 역할이 서비스 제공자에서 서비스 구매자로 전환하는 데 결정적인 영향을 미친 민영화의 영향을 받은 준시장화가 전면적으로 도입될 수밖에 없었던 이유를 7가지로 제시하였는데, 그중 하나로서 준시장화의 도입 이유는 복지영역의 민영화의 한 도구인 계약(contract out)을 통한 공급이 등장하고 민간을 규제하기 위한 성과관리가 강조되는 토대를 제공하였기 때문이라고 하였다(지은구, 2009). 결국 영리조직을 포함하여 비영리조직이 사회서비스 위탁(계약)을 둘러싸고 경쟁하는 것, 소비자의 구매력이 현금이 아닌 대리인[헬스케어의 일반의(GP), 케어매니저, 사회복지서비스부]이나 바우처 형태인 점, 이러한

준시장의 도입 이유
– 계약을 통한 복지공급
– 성과관리의 강조

16) 복지 관련 법률에 의하여 사회복지서비스를 행하도록 행정기관에 그 권한을 부여하고 있는데, 이와 같은 행정기관의 의무와 권한 혹은 그것에 근거하여 이루어지는 복지서비스 그 자체를 '복지조치'라고 한다. 조치의 대표적인 예는 복지시설에의 '입소조치'이다.

점이 통상의 시장과는 다른 준시장의 특징이다(김현훈 외 공역, 2011).

이러한 준시장화는 ① 비용 효율성을 증진시키고 ② 이용자 선택의 폭을 넓힌다는 점에서는 장점이 있는 반면, ③ 이용자 선별(cream-skimming)이나 ④ 계약의 실패와 같은 문제점[17]을 유발하기도 한다. 따라서 준시장이 성공적으로 도입되기 위해서는 여러 가지의 전제조건[18]들이 수반되어야 할 것이며 기본적으로는 인간다운 삶의 보장으로서 사회복지라는 궁극적 본래의 목적과 목표의 틀 안에서 전개되어야 할 것이다.

준시장화의 문제점을 잘 나타내고 있는 말은?
- 이용자 선별
- 계약의 실패

이와 같이 준시장 방식으로서 계약공급(민간위탁)이 도입됨으로써 지방자치단체는 복지 영역에서 다양하고 새로운 성과를 가능하게(enable) 하는 새로운 역할이 부여되었으며, 복지서비스 이용자와 제공자는 계약이라는 방식을 통해 법적으로 대등한 관계에 서게 되었다. 따라서 지방자치단체는 복지서비스의 공급 조건을 정비하는 당국자(enabling authorty)로서의 역할을 하게 되었고, 구체적으로 정비당국자로서 역할은 복지서비스 제공자에게 서비스 질과 신뢰의 확보, 정보공유와 정보공개제도, 고충처리제도, 그리고 위험관리나 성과관리 등을 요청하고 있다.

2. 계약공급(민간위탁)의 찬반론

대부분 민간위탁방식은 서비스 공급결정의 역할과 비용부담을 지방자치단체가 담당하고, 서비스의 생산 및 전달만을 민간부문이 담당하여 업무처리의 권한을 민간에 이전하지만, 법적으로는 위탁자가 여전히 권한을 보유하고 위탁운영

계약공급(민간위탁)의 설명으로 옳은 것은?

---

17) 영국의 준시장화는 이용자 선별의 문제(cream-skimming)를 가져다주었는데, 이는 더 좋은 서비스를 제공하는 병원 등의 기관에 더 많은 이용자들이 몰리게 되고 이 경우 병원들은 이용자를 선별하여 서비스를 제공하게 된다는 것을 의미한다. 결과적으로 영국의 준시장화는 이용자 선별이라는 문제 외에도 서비스를 제공하는 기관이 다양하지 않은 경우, 경쟁이 나타나지 않아 경제적 효율성의 효과는 없다는 점 그리고 행정 및 관리운영비의 증가를 가져다주어 이 역시 경제적 효율성에 반하는 효과를 가져다주었다는 점 등의 문제점이 드러났다(http://cafe.daum.net/cukswe).

크림스키밍 현상이란?

18) Le Grand과 Bartlett(1993)은 준시장화가 성공적으로 운용되기 위한 조건으로 다음과 같은 점들을 강조하였다. 첫째, 기관들이 경쟁을 할 수 있을 정도의 수와 질이 담보되어야 하며 정부가 적절하게 생산과 재정을 규제하고 소비자가 시장에 참여할 수 있는 시장구조가 필요함. 둘째, 정보의 비대칭성이 없어야 함. 셋째, 거래비용이 기존의 정부 공급비용보다 낮아야 함. 넷째, 소비자들에 대한 선별이 일어나지 않아야 함(윤영진 외, 2009 참조)

준시장화의 성공적 운용을 위한 조건

자의 사무처리에 관해 지도·감독을 하고 있다. 우리나라의 지방자치법 제104조 제3항에서는 지방자치단체가 각종 법률에 규정된 소관사무 중 일부를 지방자치단체가 아닌 법인·단체 또는 그 기관에게 맡겨(민간위탁) 그의 명의와 책임하에 행사하도록 규정하고 있다.

민간위탁의 찬성 이유로 볼 수 없는 것은?

민간위탁에 대해서는 찬반 양론이 공존한다. 찬성론은 대체로 민간위탁의 성과로 ① 효율성의 증진, ② 비용 절감, ③ 서비스 공급의 전문성, ④ 새로운 욕구에 신축적인 대응, ⑤ 새로운 프로그램의 실험 촉진, ⑥ 서비스 질의 개선, ⑦ 민간부문의 활성화 등을 들고 있다.

이에 반해 반대론자들은 ① 계약과정에서 부패 발생 가능, ② 자질 있는 공급자의 부재와 그로 인한 경쟁의 부재, ③ 규모의 경제 달성에 어려움, ④ 수탁기관이 위탁 이전에 행하던 비판적 기능의 감소, ⑤ 계약관리비용과 감독비용의 증대 등을 들고 있다.

Reed(1999)는 시장의 경쟁, 정책기업가, 효율성, 공공선택 등을 강조하는 '관리주의'가 주류를 이룸에 따라 사회적 약자를 위한 사회복지가 시장주의에 의해 밀려나게 되었다고 민간위탁에 대해 비판하기도 한다. 그러나 다른 한편에서 신공공관리론자들은 경쟁원리나 고객주의의 도입이 형평성을 향상시키는 역할을 한다고 주장한다.

민간위탁의 실제 효과에 대한 논의는 경쟁원리를 수반할 경우 비교적 능률향상이 있었다는 실증적 연구가 있지만, 아직도 그 결과는 명확하지 않다(정정길, 2001). 특히 경쟁원리가 적용되지 않고 있는 복지서비스의 경우 민간위탁을 하는 이유는 이미 설치된 민간시설들을 활용하는 것이 사회적으로 자원을 낭비하지 않는 것이기 때문이다. 그러나 민간위탁은 계약업체(법인)가 최소한의 계약조건만을 준수한다고 하더라도 정부나 지방자치단체가 통제할 방법이 미약하다. 그러므로 경쟁원리를 수반하지 않는 복지서비스의 경우에는 앞으로 민간위탁보다는 바우처 시스템(voucher system)으로 갈 경우가 늘어날 것으로 추정된다.

3. 공공서비스의 공급유형

공공서비스의 공급을 결정하는 역할은 주로 정부에 의해 이루어지고 있다. 그러나 공공서비스의 공급방법은 매우 다양하기 때문에 서비스를 공급 또는 전달하는 역할까지 항상 정부가 전담할 필요는 없다. 정부가 직접 공급하거나 계약, 허가에 의해 공급하거나 보조금을 지불하여 공급하기도 한다.

첫째, 정부의 직접공급(government service)은 정부의 인력을 이용하여 정부기구에 의해 서비스를 전달하는 것을 말한다. 이때 정부는 서비스 공급 결정자와 서비스 생산자로서의 역할을 한다.

정부의 직접공급 유형
– 서비스 생산자, 비용조세
– 서비스 생산자, 소비자 부담금

둘째, 계약(contract)은 정부가 민간기업이나 비영리 조직과의 계약을 통해 시민에게 서비스를 전달하는 방법으로 이 경우에 민간조직은 생산자가 되고, 정부는 이 생산자에게 서비스 비용을 지불하는 서비스 공급결정자가 된다.

계약
– 민간 : 서비스 생산자
– 정부 : 서비스 공급결정자, 생산자에게 비용지불자

셋째, 허가(franchise)는 독점적 허가와 경쟁적 허가로 나누어지는데, 독점적 허가는 민간기업에 특정 서비스의 공급권을 부여하고 정부가 가격규제 등 통제 및 감독을 실시하며 비용은 소비자가 지불하는 것이다. 경쟁적 허가는 택시의 경우와 같이 사업면허를 부여하는 것으로 이 경우 소비자가 서비스를 선택할 수 있으며, 결국 소비자와 정부가 같이 공급결정자가 된다. 허가의 경우 계약방식과 같이 정부가 공급결정자이며, 민간조직이 서비스의 생산자가 되는 점에서 동일하나 생산자에 대한 비용 지불 면에서 차이가 난다.

허가
– 민간 : 서비스 생산자
– 정부 : 서비스 공급결정자

넷째, 보조금(grants) 지급은 정부가 서비스 생산자에게 보조해 주는 것으로 보조금을 지급하거나, 세제상의 혜택을 주는 것을 말한다. 이 경우 서비스 생산자는 민간기업(영리 혹은 비영리)이며, 서비스 공급결정자와 비용지불자는 정부와 소비자가 된다. 이 경우 경쟁적 허가와 흡사하나 정부가 민간기업에 보조금을 지불한다는 점에서 차이가 난다.

보조금
– 민간 : 서비스 생산자
– 정부와 소비자 : 서비스 공급결정자, 비용지불자

이렇게 네 가지로 구분해 볼 수 있지만 현실적으로 비용지불은 서로 혼합되어 있기도 하다. 한편 민간위탁의 운영형태는 시설설립, 운영주체, 재정부담을 누가 담당하는가에 따라 ① 직영(자치단체), ② 민간위탁, ③ 법인직영의 세 가지 형태로 구분된다.

직영은 시설의 설립 및 운영, 재정까지 모두 공공에서 담당하는 경우이며, 민간위탁은 시설설립 및 소유는 공공에서 갖고, 민간단체에 운영비를 지원하고 시설관리와 사업운영을 위탁하는 경우이다. 그러나 민간기관에서 운영비의 일부를 부담하기도 한다. 법인직영은 사회복지법인 등 비영리법인이 사회복지시설을 설립하고 운영하는 경우이다. 그러나 법인직영도 대부분 운영비의 일부를 정부로부터 보조받고 있어 보조금 지원을 통한 민영화라 볼 수 있다.

민간위탁은 민·관 파트너십이 이루어지는 구체적인 유형의 하나로서, 우리나라의 경우에는 일반적으로 지방정부(광역 또는 기초자치단체)가 계약을 통해 민간부문에 재정을 지원하고 민간부문으로 하여금 서비스를 생산 및 공급하게 하는 것을 말한다.[19] 다만, 법적으로 지방정부가 수탁자의 사업수행에 대해 지도·감독을 행하도록 되어 있다.

4. 공공서비스의 계약방식

계약방식

민간위탁은 위탁자와 수탁자 간의 계약에 의해 이루어지는데, 계약방식은 서비스 계약(service contract), 관리운영 계약(management contract), 임대차 계약(lease contract), 그리고 양여권 계약(concession) 등 다양하다(김경혜, 2000).

① 서비스 계약은 민간참여의 가장 단순한 형태로 지방자치단체가 운영·관리의 전반적인 책임을 갖고 구체적이고 한정된 서비스만 외부 조달하는 방식으로, 정부는 모든 고정자산 및 운영자금의 재원조달을 담당하게 된다.

② 관리운영 계약은 수탁자는 정해진 위탁관리비로 시설운영 및 관리를 책임지고, 정부는 재정적인 책임을 담당하는 형태이다.

③ 임대차 계약은 민간 임대사업자가 정부에 임대료를 지불하고 일정 기간 시설을 임대하여 운영하는 방식으로 정부는 시설소유권을 보유하고 신규 시

19) 법적 개념은 지방자치단체의 장은 조례나 규칙으로 정하는 바에 따라 그 권한에 속하는 사무 중 조사, 검사, 검정, 관리업무 등 주민의 권리·의무와 직접 관련되지 아니하는 사무를 법인 단체 또는 그 기관이나 개인에게 위탁할 수 있다(지방자치법 제104조 제3항).

설투자와 재원조달, 주요 시설교체 등에 책임을 진다.

④ 양여권 계약은 민간부문이 시설의 운영·보수·유지관리뿐만 아니라 서비스 향상을 위한 신규 자본투자에 이르기까지 서비스 공급 전반에 걸쳐 책임을 지는 형태이다.

사회복지시설 민간위탁 방식

이러한 유형 중에서 우리나라의 사회복지시설 민간위탁 운영은 공공이 시설 설립과 재정을 담당하고 민간이 서비스 제공과 관리운영을 담당하는 형태(즉, 서비스 계약과 관리운영 계약이 동시에 이루어지는 형태)라고 할 수 있다. 그런데 이러한 우리나라의 사회복지서비스 민간위탁 방식은 외국의 경우와는 차이가 있다. 미국의 경우 민간소유 건물이 무상임대 형식으로 공공에 기부되며, 무형의 서비스만 공공에서 구매하여 제공하는 서비스 계약 형태가 많다. 반면 우리의 경우에 공공에서 직접 시설을 건립하고, 시설의 관리 및 운영을 민간에 맡기는 유형이 대부분을 차지한다. 따라서 공공에서 시설투자비를 부담하지 않는 미국 등 외국에 비해 한국은 민간위탁을 통해 복지서비스를 구매하는 비용은 더 높다고 볼 수 있다.

5. 계약의 실패

계약의 단점
– 제3자인 정부가 재정을 부담하는 경우 : 서비스 비용과 질의 비보장

비록 경쟁적인 시장이 비용-효과적인 실천을 하게 만드는 강한 인센티브를 지니고 있지만 효율성은 결코 검증될 수 있는 성질은 아니다. 특히 이러한 시장 경쟁적 접근은 계약을 맺는 사회복지서비스 영역에서는 딱 들어맞는 것은 아니다. 사회복지서비스를 계약으로 할 경우, 사회복지서비스의 공급자는 민간 복지기관이 되고, 수급자는 소비자(이용자)가 되며, 정부는 재정을 부담하는 제삼자(the third party), 즉 서비스 구매자가 된다. 이 말은 서비스 소비자가 그 재정을 부담하지 않으므로 서비스의 거래에 수급자(이용자)가 관여할 부문은 극히 제한된다는 것을 의미한다. 게다가 서비스 소비자(이용자)는 아동, 노인, 빈민 등 사회적 취약계층으로서 서비스에 대한 정보를 충분히 보유하고 있지 않다. 이처럼 제삼자(정부나 지방자치단체)가 재정을 부담하는 경우 제공되는 서비스의 비용과 질이 담보된다는 보장이 없다. 이와 같이 시장 안에서 경쟁과 소비자(이용자) 선

택이 보장되지 않는 것을 '계약의 실패(contract failure)'라고 한다(Gilbert & Terrell, 2006 : 161).

계약의 실패란?

계약실패의 대응방법
– 정보공유
– 상호신뢰
– 공감에 기본한 볼런터리 부문 역할 증대
– 근접구매

이러한 계약의 실패 현상은 인간 간의 신뢰 결여와 정보의 비대칭 속에서 소비자가 시장(영리기업)이 생산해 내는 서비스의 질과 양을 정확히 평가하지 못하기 때문에 이를 보완할 필요성에서 등장하게 되었다. 그러나 계약실패의 결함에 대응하기 위해서는 커뮤니케이션과 관습에 의한 정보공유, 상호성, 그리고 공감에 기초한 인간적 통합(intergration)을 중시하는 볼런터리 부문의 역할증대가 필요하다.

♣ 계약의 실패 : 인간 간의 신뢰 결여와 정보의 비대칭에서 초래
시장 안에서 소비자 선택과 경쟁이 부재함으로써 혼재되는 현상

♣ 시장의 실패 : 독점과 공공재, 외부성과 같은 시장의 불완전성 때문에 발생한다. 전통적으로 시장실패는 정부개입을 정당화시킨 이론적 근거로 활용되어 왔다. 시장실패가 있는 경우 민간의 자율적인 의사결정을 통해서는 최적의 효율성을 달성할 수 없기 때문에 정부가 나서서 이를 해결해 주어야 한다는 논리이다.

♣ 정부의 실패 : 시장에 대한 정부 개입이 오히려 자원의 비효율적 배분으로 이어지는 현상을 지칭한다. 정부실패의 일반적 원인은 수요와 공급 측면의 결합적 성격을 띠는데, 주로 내부목표와 사회목표의 괴리(사적목표의 설정)나 x의 비효율성(Leibenstein), 공공재의 파생적 외부효과(규제의 역설), 그리고 권력의 편재에 따른 분배적 불공평에 의해 초래된다(제5부 제15장 제5절 파트너십 참조)

근접구매란?
: 사회복지서비스 영역에서 시장 경쟁력 확보 방안

다른 한편으로 사회복지서비스 영역 안에서 시장 경쟁력을 확보해 줄 수 있는 방안으로 '근접구매(proxy shopping)'가 권고되고 있다. 근접구매란 "비용을 지불하는 소비자가 선호하는 서비스 공급자(공공기관을 위해 근접구매자로 봉사하는)와 직접 계약을 맺는 것"을 말한다. 이는 소비자가 자신의 호주머니에서 돈을 꺼내어 서비스를 구입한다면, 서비스 공급자들은 보다 많은 소비자(이용자)를 확보하기 위해 서로 경쟁할 것이고, 따라서 서비스의 비용과 질이 향상될 것이라는 논리에 입각해 있다. 그러나 이것도 서비스 공급시장에서 공급자들이 충분히 존재해야 가능한 것인데, 사회복지기관들의 경우 사정이 그렇지 못하다(Gilbert & Terrell, 2006 : 162).

그리고 서비스 공급 부문에서 경쟁력이 확보된다 하더라도 문제가 여전히 남는데, 그것은 계약 비용이 대단히 높다는 점이다. 그 이유는 구매되는 여러 서비스의 단위 비용을 산정하는 절차가 매우 복잡하여 거기서 비용이 발생하고, 제공되는 서비스의 질을 담보하기 위해 지속적인 모니터(예 평가, 인증제, ISO: International Organization for Standardization)[20)]가 필요한데 여기서도 비용이 발생하기 때문이다.

♣ '근접구매(proxy shopping)'란 사회복지서비스 영역 안에서 시장경쟁력을 확보해 줄 수 있는 방안으로서 서비스 비용을 지불하는 소비자가 선호하는 서비스 공급자(공공기관을 위해 근접구매자로 봉사하는)와 직접 계약을 맺는 것을 말한다.

제 7 절 공급주체의 역할분담 유형

1. 공공 · 민간의 사회복지 역할분담의 유형 : 재원(비용)부담과 서비스공급(전달주체)

공공(국가, 지방자치단체)과 민간의 복지역할분담에 있어서 고려해야 할 가장 중요한 요소는 서비스의 실제 전달자가 누구인가라는 점과 서비스 전달에 필요한 비용을 누가 부담하는가라는 두 가지이다.

오늘날 사회복지는 공공 또는 민간 어느 한쪽이 전적으로 비용을 부담한다든가 서비스의 제공에 직접적으로 책임을 지는 형태로 전개되고 있지 않다. 국가나 지방자치단체가 서비스를 직접 제공하기도 하지만 민간기관들도 같은 분야에서 서비스를 제공하는 경우가 많으며, 서비스 제공에 필요한 비용도 공공과 민간이

20) 일례로서 2019년에 설립된 우리나라 중앙사회서비스원(https://kcpass.or.kr)은 사회서비스 정책의 비전과 목표, 발전전략 제시를 위한 기본계획 수립을 지원하고, 사회서비스 품질향상을 위한 지원 · 관리 및 평가 등에 관한 사무를 관장하고 있다. 즉 중앙사회서비스원은 지역사회서비스투자사업의 품질을 모니터링하기 위해 전국적으로 자체평가와 현장평가를 시행함으로써 필수불가결한 비용이 발생되고 있기도 한다.
그리고 보건복지부(2023.6.19.)는 사회서비스 품질인증제 시범사업을 2022부터 시작하였다. 사회서비스 품질인증제란, 사회서비스 제공기관이 갖추어야 할 서비스 품질에 대한 심사를 통하여 적정 품질수준을 충족한 제공기관에 인증마크를 부여하는 사업이다.

공동부담하기도 하고 어느 한쪽이 부담하기도 하는 등 다양한 모습을 띠고 있다. 예를 들어, 다음 |그림 5-5|에서 보는 바와 같이 공공(국가나 지방자치단체)이 시설을 설립하고 재원을 부담하여 복지서비스를 공급하는 공공주도형과 공공이 시설을 설립하고 민간과 계약을 맺어 서비스 제공은 민간이 담당하고 거기에 드는 재원을 공공이 보조하여 주는 위탁(계약)운영형이 있다. 우리나라 사회복지법인은 대표적으로 Ⅲ의 유형인 위탁(계약)운영형이 주를 이루고 있고 일부 지방자치단체에서는 초기에 사회복지관이나 노인복지회관, 청소년수련관 등을 직접 운영하기도 하지만 점차 사회복지법인에게 위탁(계약)하여 운영하는 추세이다.

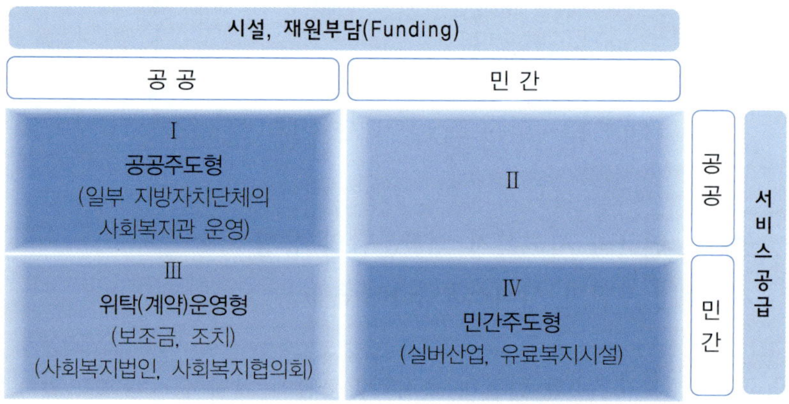

|그림 5-5| 복지서비스의 운영형태

2. 사회복지 공급주체와 공급방법에 따른 분류

관료주의
전문직주의

복지 공급주체를 국가와 민간으로 양분하고 복지의 공급방법을 관료주의(bureaucracy)와 전문직주의(professionalism)로 양분하여 볼 때, 사회복지기관 및 시설들은 네 가지의 유형으로 분류할 수 있다. 국가별로 살펴볼 때, 영국(Ⅰ)은 국가에 의한 전문직주의의 서비스 공급 성격이 강하고, 미국(Ⅱ)은 민간에 의한 전문직주의의 서비스 공급이 많이 이루어지고 있다. 여기서 한국은 어떠한 분류에 위치하는지 우리 모두 생각해 보자. 또한 기관별로 살펴볼 때, 정신건강복지센터는 국가에 의한 공급주체와 전문직주의에의 공급방법의 분류에 속하는 기관이며 이외에 사회복지 생활시설은 민간에 의한 공급주체와 관료주의 공급방법에 속한다고 볼 수 있다.

|그림 5-6|을 참조해 볼 때 모든 국가들은 Ⅰ와 Ⅱ 둘, 즉 공사에 의한 전문직주의 모두를 필요로 한다. 그러나 만약 사회복지정책에 대한 광범위한 신념과 경제적 조건만 갖추어진다면, 복지분야에 있어서 Ⅱ(민간에 의한 전문직주의)보다 Ⅰ(국가에 의한 전문직주의)을 더 선호할 것이다.

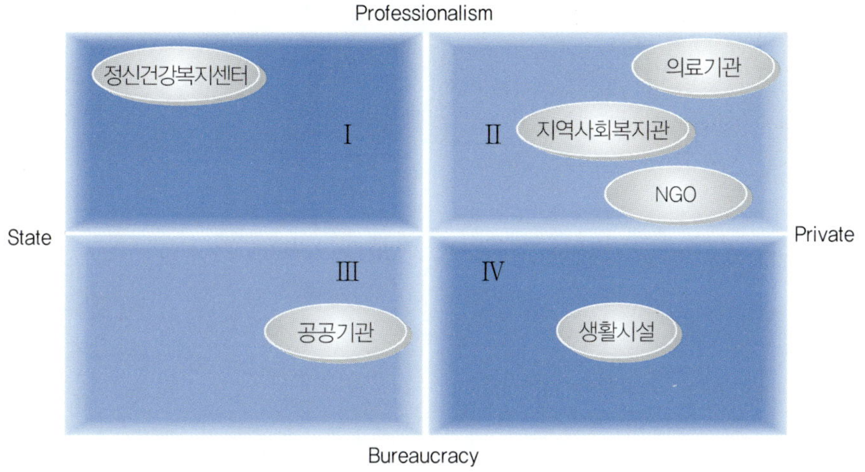

Ⅰ : 영국, Ⅱ : 미국, Ⅲ : 舊러시아, Nazi

|그림 5-6| 사회복지 공급주체와 공급방법에 따른 분류

출처 : David Marsland(1996). Welfare or Welfare State? : Contradictions and Dilemmas in Social Policy. New York : St. Martin's Press, p. 151.

- Q1 : 우리나라는 어떤 복지공급 유형인가?
- Q2 : 우리나라는 어떤 방향으로 나아가야 하는가?
- Q3 : 우리나라의 복지기관은 어디에 위치하고 있는가 표시해 보자.
- Q4 : 내가 근무하는 기관의 형태는?

CHAPTER 06

자원 할당과 급여 유형

제1절 자원 할당

자원이라는 것은 사회복지에 있어 클라이언트에게 주어지는 서비스의 기초 재료가 된다고 할 수 있다. 그 자원을 어떤 클라이언트에게 주어야 적절한지를 판단하는 것이 자원 할당이라고 할 수 있다. 즉, '누구에게 사회복지 자원을 줄 것인가?'라는 문제가 자원의 할당(allocation)의 개념이라고 할 수 있다.

1. 자원 할당의 원칙 - 보편주의(Universalism)와 선별주의(Selectivism)

보편주의와 선별주의 구분

Timms와 Timms(1982)는 보편주의란 "모든 자가 평등하게 갹출하고 모든 자가 평등한 급여를 받는 평등한 자격을 가지도록 사회서비스의 기초를 조직하는 원리이며, 그것에 해당하지 않는 것이 '선별주의'이다"(하나의 이상적인 이념)라고 하였다.

Barker(1987)는 급여나 서비스의 수급 시에 자산조사(means test) 혹은 욕구조사를 받아야 하는 경우가 '선별주의'이고, 자산이나 니드에 관계없이 특정 카테고리에 해당하는 모든 자가 수급할 수 있는 경우가 '보편주의'라고 하였다. Titmuss는 통상 보편주의와 선별주의의 정책선택에 관련된 쟁점은 자산조사의 유무에 있다고 하였다. 즉, 급여나 서비스를 수급할 때에 개별적인 자산조사를 받아야 하는 경우가 '선별주의', 그럴 필요가 없는 경우가 '보편주의'라고 할 수 있다고 하였다. 또한 Townsend도 사회정책에 있어서 '보편주의'란 소득에 관계없이 국민 전체에 대하여, 혹은 국민의 어떤 집단에 대해서 서비스 혹은 급여를 배분하는 원칙이라고 하였다.

요컨대 중요한 것은 자원 할당의 '방향성'이다. 즉, 보편주의는 급여나 서비스의 수급요건을 가능한 한 넓히려고 하는 것인 데 반해, 선별주의는 수급자격을 가능한 한 한정하려는 것이다. 따라서 보편주의를 지향한다면, 수급자격의 요건을 요구하지 않고 모든 국민이나 어떤 인구층에 평등하게 서비스를 제공하는 체제로 나아갈 것이며, 반대로 선별주의를 지향한다면, 수급자격을 엄격하게 한정하게 될 것이다. 보편주의가 적절한 급여수준을 제공할 수 있으며 모든 사람에게 평등하게 적용할 수 있고 접근하기가 쉬우며 편익성이 높은 반면에, 선별주의는 급여수준을 최저수준으로 인하하여 경비나 재원 낭비를 막을 수 있고 특정한 욕구를 가진 계층에 한정된 자원을 집중함으로써 목표효율성(target efficiency)을 높이며 유효성이 높다는 장점을 지니고 있다.

목표효율성

보편주의와 선별주의의 성격과 특징을 비교하면 다음 <표 6-1>과 같다.

보편주의에 대한 설명으로 옳은 것은?

〈표 6-1〉 선별주의와 보편주의의 비교

구 분	보편주의	선별주의
범 위	전 주민에 확대	특수문제그룹에 한정
자 격	제한 완화	제한 강화
급여수준	적절한 보상률로 인상	최저수준으로 인하
급여기간	연장	단축
자기부담	경감	강화
장 점	평등성, 접근성, 편익성이 높음	유효성, 목표효율성이 높음, 경비가 적게 듦
단 점	경비가 많이 듦, 낭비가 많음	스티그마

출처 : 박경일(2004). 사회복지학 강의. 양서원.

Titmuss의 보편주의의 정당성

Titmuss는 선별주의는 스티그마를 부과하여 신청을 억제하는 기능을 하므로 보편주의가 더 옳다고 주장한다. 그리하여 그는 보편주의의 정당성으로 다음 세 가지를 들고 있다.

① **사회복지의 성격에 관련된 선별주의 비판** : 현대 사회복지는 사회구조적 원인이나 사회변동의 결과로 발생하는 'disservice(비복지)'에 대한 보상이므로 보편주의적인 서비스가 되어야 한다.

② **사회복지의 목적에 관련한 선별주의 비판** : 사회복지의 중요한 목적은 '사회적 통합'이다. 그러나 선별주의는 '2류의 시민을 위한 2류의 서비스를 의미하는 2중의 기준'을 만들어 내어 사회적 통합을 손상시킨다. 2중의 기준

③ 사회복지가 소득재분배를 통한 사회적 평등을 촉진한다는 의미에서 보편주의를 정당화하고 있다.

Titmuss는 전후의 복지서비스가 사회적 평등을 달성하지 못했으나, 그렇다고 선별주의를 도입하는 것은 ①, ②의 이유로 부당하다고 하였다. 그는 여기서 중요한 것은 스티그마를 최소화하고 진정한 니드에 반응할 수 있는 '적극적인 처우'이며, 그 기저에는 보편주의가 존재하여야 한다고 주장한다. 즉, 보편주의적 제도의 정비를 전제로 하고, 그것으로 조정 불가능한 빈곤이나 불평등의 문제에 대해서는 개별적인 자산조사를 통하지 않고 특정의 카테고리, 특정 집단이나 지역 등의 이념에 근거하여 분류하고, 그것을 기초로 자원이나 서비스를 집중시키는 정책을 시행해야 한다고 주장한다. 그러나 선별주의적 급여를 완전히 부정한 것은 아니다. Skocpol(1990)은 보편적 프로그램 틀 안에서 보다 불우한 사람들이 낙인 없이 여분의 급여를 제공받을 수 있는 그러한 패턴을 '보편주의하의 표적할당(targeting within universalism)'이라고 부르고 이것이 빈곤에 대항하는 새로운 전략에 대한 기초가 될 수 있다고 제안하였다.

2. 자원 할당의 네 가지 원칙과 가치지향

Gilbert와 Terrell(2006)은 자원공급의 네 가지 원칙으로서 귀속적 욕구(attributed need)에 근거한 할당, 보상(compensation)에 근거한 할당, 진단적 구분(diagnostic differentiation)에 근거한 할당, 자산조사를 전제한 욕구(means-tested need)에 근거한 할당 네 가지로 구분하였다. 자원 할당의 네 가지 원칙

귀속적 욕구

1) 귀속적 욕구(Attributed Need)에 근거한 할당

아동수당은 어떠한 자원할당원칙에 근거한 것인가?

어떤 카테고리의 인구집단에 시장경제체제하에서는 충당되지 않는 공통적인 욕구, 즉 그 인구층이라면 누구나 가지는 귀속적 욕구가 존재한다는 인식하의 자원 할당이다. 급여자격 요건은 경제시장의 제도적 장치에 의해 충족되지 않는 공통된 욕구를 가진 사람들의 범주나 집단에 속하느냐의 여부에 따라 좌우된다. 즉, 욕구의 규범적 준거(normative criteria)에 기반을 둔 범주적 할당(categorical allocation)에 기초한다. 예를 들면, 영국의 NHS, 아동수당, 일하는 어머니에 대한 서비스 등이 있다.

보상

2) 보상(Compensation)에 근거한 할당

사회적·경제적 기여를 했다고 인정되는 특정 카테고리의 집단이나 사회의 편견 등 소위 비복지(disservices)에 의한 희생자 집단으로 간주되는 집단에 대한 보상이라는 의미의 자원 할당이다. 자격요건은 다음과 같은 특정한 범주나 혹은 집단에 속하느냐에 따라 결정된다. 즉, 재향군인, 사회보험 가입자, 농부 등과 같이 사회·경제적으로 공헌한 자, 인종적·종교적 편견으로 인한 피해자, 실업, 그리고 도시이주자 등과 같이 '사회적으로(hands of society)' 고통을 당한 자 등이 해당된다. 형평을 회복하기 위한 규범적 준거에 기반을 둔 범주적 할당에 기초한다. 예를 들면, 퇴역군인연금, 휴작 농부에 대한 급여 등이다.

3) 진단적 구분(Diagnostic Differentiation)에 근거한 할당

진단적 구분에 의한 자원 할당의 실례로서 적합한 것은?

특별한 급여나 서비스에 대한 욕구가 있는가에 대한 전문가의 판단에 기초한 자원 할당이다. 신체적인 장애나 정서적인 혼란과 같이 특정의 상품이나 서비스가 필요한 개인에 대한 전문가의 판단에 의존, 욕구의 기술적 진단기준에 기반을 둔 개인적인 할당에 기초한다. 예를 들면, 정서장애인을 위한 서비스 등이다.

4) 자산조사를 전제한 욕구(Means-tested Need)에 근거한 할당

개인적으로 상품이나 서비스를 구매할 능력이 없음을 증명하는 조사에 근거한 할당이다. 상품이나 서비스를 개인이 구매할 수 없다는 증거에 의해 좌우되며 욕구의 경제적 기준에 근거를 둔 개인적 할당에 기초한다. 예를 들면, 공적부조 등이다.

이상에서 논의한 할당의 네 가지 세부 원칙을 보육 서비스를 사례로 하여 적용하면 다음과 같이 정리할 수 있다.

〈표 6-2〉 보육 서비스에 대한 할당 세부 원칙의 적용(미국)

할당의 세부 원칙	수급자격의 구체적 기준
귀속적 욕구	• 모든 가족들 • 편부모가족 • 취업부모가 포함된 가족 • 학생부모가 포함된 가족
보 상	• 소수인종의 가족 • 군인가족 • 특수 직종(광부, 철도원 등) 근로자의 가족
진단적 차별	• 심신 장애 부모가 있는 가족 • 단기적인 위기상황에 놓인 가족
자산조사에 의한 욕구	• 빈곤선 이하의 소득과 자산을 가진 가족

출처 : Gilbert & Terrell(2005).

위의 네 가지 기준 원칙을 사회복지의 개념이나 가치지향과 관련지어 보면,

① 귀속적 욕구 쪽으로 지향하면 할수록 사회복지의 '제도적 개념'에 가까워지고, 자산조사에 의한 욕구 쪽으로 향하면 향할수록 '보통적 개념'에 가까워진다.

② 귀속적 욕구 쪽으로 지향하면 할수록 '보편주의'의 이념에 가까워지고, 자산조사에 의한 욕구 쪽으로 향하면 향할수록 '선별주의'의 이념에 가까워진다.

③ 귀속적 욕구 쪽으로 지향하면 할수록 사회복지의 가치지향의 측면에서 볼 때에 '사회적 효과'를 지향하는 것에 가까워지고, 자산조사에 의한 욕구 쪽으로 향하면 향할수록 '비용효과'를 지향하는 것에 가까워진다.

보상은 어떠한 규범적 준거에 근거한 할당인가?

〈표 6-3〉 할당원칙에 따른 사회복지의 개념 및 이념과 가치지향 구분

원 칙	귀속적 욕구	보 상	진단적 차별	자산조사에 의한 욕구
규범적 준거	욕구	형평	욕구의 기술적 진단	욕구의 경제적 기준
할 당	범주적 할당	범주적 할당	개인적 할당	개인적 할당
개 념 이 념 가치지향	제도적 개념 보편주의 사회적 효과	◀	▶	보충적 개념 선별주의 비용효과

출처 : N. Gilbert, & P. Terrell(2005). Dimensions of Social Welfare Policy(6th ed.). New York : Pearson Education, Inc., p. 119.

3. 할당원칙의 선택과 관련된 이슈

1) 스티그마(Stigma)

스티그마

선별주의에 근거한 할당의 최대 결점은 낙인(stigma), 즉 ① 수급자격이 있다는 것이 빈곤층 혹은 저소득층이라는 것의 증명이 되고, ② 수급의 신청 시에 특별한 배려를 구한다는 것에서 그것이 시혜적이라는 인상을 부여하며, ③ 신청 시에 개인의 프라이버시에 관한 사항(재산이나 건강 상태뿐만 아니라 인간관계 등에 관한 설명이 요구되기도 함)을 말해야 하는 경우가 있는 상황에서 좌절감이나 굴욕감이 발생하기도 한다.

2) 포착률(Take-up Rate)

포착률

포착률이란 "수급자격이 있는 자 중에서 실제로 신청하여 수급하고 있는 비율"을 말한다. 일반적으로 스티그마의 문제로 인하여 '신청을 꺼리는' 문제를 발생시켜 포착률을 떨어뜨린다. 이러한 포착률에 영향을 주는 요인으로서 스티그마 이외의 요인들로서 ① 지식 정보의 결여(제도나 수급자격을 모름), ② 신청수속의 복잡함, ③ 인센티브의 결여(급여수준이 낮은 경우), ④ 생활상황의 불안정성(잦은 거주지 이전) 등이 포착률을 낮게 만드는 요인이 된다.

3) 서비스할당 원칙의 2중 기준

할당의 원칙은 2중 기준으로 선택할 수 있으며, 현실적으로 대부분의 국가들

은 기본적으로 서비스의 할당원칙으로 2중 기준을 채택하고 있다. 즉, 공적 서비스는 빈곤, 저소득자를 대상으로 하며, 자산조사를 전제로 한 욕구에 근거한 할당과 지불능력이 있는 사람들을 위한 민간서비스는 능력이나 응익(応益)원칙에 의해 유료화 방식으로 할당한다.

서비스의 2중 기준

4) 복지사각지대

복지사각지대는 복지욕구가 있음에도 불구하고 욕구충족에 필요한 적절한 복지급여를 제공받지 못하는 것을 의미하는 것이다. 구체적으로, ① 복지욕구가 있음에도 급여대상에 포함되지 않거나, ② 급여대상에 포함되더라도 급여의 양이 충분치 않거나, ③ 급여의 내용이 수급자의 욕구에 부합하지 않는 등의 경우로 정의할 수 있다(홍성대, 2011). 즉, 사회안전망이 필요함에도 불구하고 사회안전망의 보호를 받지 못하는 대상을 의미한다. 송파 세 모녀 사건(2014년)은 복지사각지대로 인한 대표적인 사건이라고 볼 수 있다. 현재 제2차 사회보장계획에 의하면(2019 : 10) 국민기초생활보장제도에서 중위소득 40% 이하의 비수급 빈곤층, 국민연금의 장기체납자나 납부예외[1]에 따른 미수급자나 고용보험의 비정규직과 특수 고용인 및 자영업자 등 실질적 복지 사각지대가 존재하고 있다고 한다.

복지사각지대에 대한 설명으로 옳지 않은 것은?

복지사각지대에 속하는 집단으로만 옳게 짝지어진 것은?
- 중위소득 40% 이하의 비수급 빈곤층
- 국민연금 장기체납자
- 고용보험의 비정규직
- 고용보험의 특수 고용인 및 자영업자

최근에는 인공지능과 IOT(사물인터넷), 빅데이터 등 ICT 기술과 4차산업혁명이 가속화 되면서 사회복지 문제분석과 측정, 각종 자료와 정보의 수집 등 사회복지분야의 연구와 프로그램 개발 과정에서 빅데이터 분석 기법이 활용하고 있다. 예를 들면 보건복지부는 장기 결석, 건강검진, 예방접종 등과 관련된 빅데이터 분석을 통해 요보호 아동을 조기에 발견하고 지원하는 시스템(e아동행복지원시스템)이나 단전, 단수, 기초수급 탈락이나 중지, 의료비 과다지출 등과 관련된 빅데이터 분석을 통해 사각지대 취약 계층을 발견하고 지원하는 시스템(복지사각지대 발굴관리시스템)을 개발, 구축하여 일정한 성과를 올리고 있다(조남경, 2019: 8).

* 복지사각지대의 해소방안을 챗GPT에 물었다. 그 결과 다양한 요소들이 복합적으로 작용하여 형성된다. 이러한 복지사각지대를 해소하기 위해서는 정부, 비정부 기관, 사회 단체 등의 협력이 필요하다. 그 중 정보의 보급과 접근성 향상, 사회적 배제와 차별의 해소, 시스템 개선 등을 통해 사회복지 혜택이 더욱 포용적이고 효율적으로 제공될 수 있도록 노력해야 한다라고 답변하였다.

1) 납부예외 제도는 국민연금 가입자 중 사업 중단, 실직 등으로 연금보험료를 납부할 수 없는 경우, 국민연금 가입자 자격은 유지하되 해당 기간 동안 보험료 납부를 일시적으로 유예하는 제도.

제 2 절 급여 유형

급여 유형

사회복지급여란 사회복지정책의 선택 결과 무엇을 사회복지대상자에게 전달할 것인가 하는 문제에 관한 것이다. 사회복지급여란 사회복지정책 결정의 결과물(산출물 : product)이며, 이는 사회복지정책을 통하여 달성하려는 정책목표에 따라 급여 내용과 형태, 그리고 수준이 달라진다. 급여(benefit)란 사회복지정책을 통해 제공되는 물질적·비물질적 자원을 말한다. 전통적으로 현금급여와 현물급여의 논쟁이 있어 왔으나 오늘날에는 급여형태를 확장하여 기회, 서비스, 신용(바우처, 세금공제), 권력 등과 같은 다양한 형태의 급여가 제시되고 있다. 이에 대하여 Gilbert와 Specht(1973; Gilbert & Terrell, 2005 : 134-146)는 급여형태를 다음과 같이 기회, 서비스, 현물, 신용, 현금, 권력 등 여섯 가지로 제시하고 있다.

1. 기회(Opportunity)

기회 (opportunity)

기회란 의도한 목표를 달성하기 위해 취해지는 인센티브와 제재(sanctions) 등과 같은 환경을 의미한다. 기회는 직접적인 사회적 급여의 형태와 비교하여 가장 애매하고 추상적인 것이다. 예컨대 소수민족 출신 학생들에게 입학정원을 따로 배정하는 것 등이 여기에 속한다. 우리나라의 경우 장애인이나 노인에 대한 의무고용제를 채택함으로써 장애인이나 노인에게 상대적인 예외적 기회를 제공하는 것이라든지 혹은 농촌 출신에게 대학입학의 특례를 규정하는 것 등이 이러한 급여에 속한다. 기회급여는 사회복지정책의 목표상 사회복지대상자의 의존성을 없애고 자립을 배양한다는 점에서 기회의 급여는 매우 효용가치가 높은 급여로 평가된다.

2. 서비스(Service)

서비스 (service)

서비스란 클라이언트를 위해 교육, 상담, 계획 및 훈련 등과 같이 어떤 기능을 제공하는 것을 말한다. 서비스는 수혜자에게 즉각적인 시장가치를 부여하지 않는다. 서비스급여는 기회와 마찬가지로 사회복지대상자의 자립과 자활을 가능하게 하는 중요한 급여로 평가되며, 특히 다른 공공정책과는 달리 사회복지정책의 정체성(identity)이라고 볼 수 있는 독특한 심리·사회적 속성을 드러내는 급여의 유형으로 손꼽을 수 있다. 그런 점에서 서비스급여는 매우 중요한 의미를 지닌다.

이러한 서비스는 공적 서비스와 사적 서비스로 구분되는데, 공적 서비스는 소득의 유무에 관계없이 필요한 서비스의 제공이 가능하다는 점에서 '처우의 공평성'을 꾀할 수 있는 반면, 다양한 욕구에 탄력적으로 대응하기가 미흡하고 비용면에서 서비스의 비효율성이 초래될 수 있는 단점이 있다. 공사 서비스의 성격을 비교하면 다음과 같다.

〈표 6-4〉 공사(公私) 사회복지서비스의 성격 비교

공사적 서비스의 장단점 비교

구 분	공적 복지서비스	사적 복지서비스
일반적 특징	<장점> • 소득의 유무에 관계없이, 필요한 서비스 제공이 가능 <단점> • 니드에 탄력적 대응이 부족 • 비용 삭감이나 서비스 효율화에 인센티브가 부족 • 서비스를 받기 때문에 수속이 복잡	<장점> • 다양한 니드에 탄력적으로 대응이 가능 • 시장에서 경쟁을 통한 비용을 삭감하거나 효율적인 서비스 제공이 가능 • 서비스를 받기 때문에 수속이 간단 <단점> • 서비스가 필요한 사람에게 서비스가 제공되지 않음
사회 복지 서비스	<복지시설, 공적 재가복지서비스> • 조치라는 행정권한을 중심으로 급여와 비용 징수체계 • 니드에 따른 다양한 서비스 제공이 곤란 • 안정적, 지속적인 서비스의 제공이 가능 • 이용을 위해 수속이 복잡	<민간복지서비스(유료노인홈, 민간재가복지서비스)> • 서비스 제공주체와 이용자와의 계약 • 니드에 따른 다양한 서비스의 제공 가능 • 도산 등에 의해 서비스의 지속적 제공이 될 수 없는 경우가 있음 • 비용이 비교적 비쌈 • 이용을 위한 수속이 간단

3. 현물(Goods, In-kind)

현물 (Goods, in-kind)

현물급여란 식품, 의복 및 주택 등의 구체적인 상품을 말한다. 현물급여는 사회복지대상자들이 직면하고 있는 기본적 욕구를 직접적으로 충족시킬 수 있는 급여이지만 특정의 목표에 맞추려는 정책적인 의도에 따라 제공되는 경향을 띤다. 따라서 목표효율성이 높기 때문에 욕구 충족에 효과적으로 대처할 수 있는 기능을 가진다. 동시에 현물급여는 이러한 관점에서 사회복지대상자들을 특정한 방향으로 몰고 가는 사회통제적 의미를 동시에 가진다고 생각할 수 있다.

현물급여의 장점

현물로 제공해야 한다는 주장을 처음으로 제기한 사람은 스웨덴의 경제학자 Myrdal이었다. Myrdal(1968 : 133-153)은 1930년에 스웨덴의 아동수당의 급여형태와 관련하여 규모의 경제 관점에서 현물급여의 우월성을 주장하였다. 즉, Myrdal은 규모의 경제에 의해서 대량 생산된 재화나 서비스를 낮은 비용으로 제공할 수 있으나 사적으로 생산된 재화를 구입할 수도 있는 현금급여는 비용이 많이 든다고 주장하면서 현물급여를 선호했다(Gilbert & Terrell, 2005 : 137).

현물급여(물질적 재화와 서비스)를 지지하는 사람들의 주장은,

규모의 경제

① 현물급여는 규모의 경제(economies of scale)를 이룰 수 있어 급여를 대량으로 값싸게 제공할 수 있다는 점이며,

② 현물급여는 목표효율성을 이룰 수 있어 급여대상자에게 본래의 목적대로 정확하게 전달될 수 있어 현금급여에 비해 보다 효과적이라는 것이다(박정호, 2001 : 84).

그러나 현물급여에 대한 비판은 ① 수급자 개인선택의 자유를 확보하기 어렵고, ② 현물관리에 비용이 많이 든다는 것이다.

4. 바우처(Vouchers : 증서)와 세금공제(Tax Credits)

증서와 세금공제

세금공제(tax credits)나 물품 및 서비스를 구매할 수 있는 증서(vouchers) 등의 형태로 제공되는 급여를 Gilbert와 Specht(1973)는 두 가지로 구분하지 않고 신용(credit)이라고 하였다. 이들 급여는 구조화된 교환가치를 가지며 제한된 범위 내에서 자원들 사이의 선택을 위해 통용된다. 이를테면 세금공제는 의료비용을 보충하는 데 이용되며, 바우처는 이용 가능한 서비스의 금액이나 수량이 기재된 이용권(증서)이다.[2] 하지만 이들 급여는 제한된 범위의 외부에서는 통용가치가 없

다. Gilbert와 Terrell(2005 : 142-145)은 증서형태의 사회적 급여는 특별한 매력을 가지고 있는데, 그것은 소비자 주권을 보장하는 반면에 어느 정도 사회적 통제(social control)를 제공해 주기 때문에 집합주의자와 개인주의자들 사이에 광범위하게 선호되고 있다고 하였다.

바우처 예 : 식권(food stamp), 교육증서(educational vouchers), 방과 후 학교 바우처, 주택바우처, 문화체육관광부(스포츠, 문화, 여행바우처), 보건복지부의 사회서비스 사업에 대한 다양한 바우처(제4부 14장 제5절 사회서비스 바우처사업 참조) 등이 있다.

신용의 예
– food stamps

♣ 바우처(증서)의 특징

- 현물급여에 따르는 관리, 행정 비용을 줄일 수 있다.
- 수급자에 대한 사회적 통제의 효과를 어느 정도 거둘 수 있다.
- 수급자의 선택 자유, 다시 말하면 소비자 주권을 어느 정도 존중할 수 있다.

※ 우리나라 바우처의 특징

- 상품을 이용할 수 있는 구매력을 제공
- 정책목적이나 취지에 따라 선택권을 조정 및 통제 가능
- 구매하는 상품의 종류, 양, 범위 등 제한 가능
- 이용의 합리성 제고를 위한 자부담(본인부담금) 도입
- 수요자와 공급자에게 별도 자격기준 설정 가능
  - 수요 측면 : 소득기준, 장애인, 외국인, 연령
  - 공급 측면 : 자격이나 면허, 품질인증

증서의 특징

우리나라의 방과 후 학교 바우처 제도[3]는 저소득층 자녀가 방과 후 학교 프로그램을 선택하여 수강할 수 있도록 지원하기 위한 제도이다. 또한 정부는 2008년부터 서민의 주거생활 안정을 위해 '주거급여(housing allowance)'의 한 형태인 주택바우처 제도[4]를 도입하여 월 임대료의 일부를 쿠폰으로 지급해 저소득층을 지원

우리나라의 바우처(증서) 종류로 옳게 짝지어진 것은?

2) 우리나라 관련 법에서 사용되는 국가바우처의 정식 명칭은 사회서비스 이용권(social services voucher)이다.

3) 행정적, 제도상으로는 '방과 후 학교 바우처 제도'라는 용어를 사용하되 저소득층 학생, 학부모의 거부감 등을 해소하기 위해 '방과 후 학교 자유 수강권'이라는 용어로 사용한다.

4) 주택 바우처 제도를 통해 임대료 지원을 하고 있는 미국은 실제 임대료가 오르더라도 임차인의 소

하는 '임대료 보조'의 사업을 시행하고 있다.

문화체육관광부의 스포츠 바우처는 국민기초생활수급가구 및 차상위계층 대상 유·청소년에게 바우처 카드를 지급하여 강좌, 관람, 시설비를 지원하는 사업으로서 유·청소년의 체력증진 및 건전한 여가활동을 지원한다. 문화바우처 사업은 문화예술활동에 제약을 받는 기초생활수급자, 법정 차상위계층(차상위 자활, 차상위 장애인, 차상위 의료급여, 차상위 한부모가족)에게 공연, 전시, 영화, 도서 등 다양한 문화예술 프로그램의 관광료 및 CD, 도서구입비를 지원하는 사업이다. 여행바우처 사업은 최약계층(기초생활수급자, 법정 차상위계층)의 국내 관광활동 비용을 지불함으로써 건강하고 행복한 삶을 영위할 수 있는 동력을 이끌어 내는 복지관광 사업이다. 또한 한국산림복지진흥원의 산림바우처 사업은 국가에서 진행하는 사업으로 경제적, 사회적 어려움을 가진 사람들이 산림복지 서비스(산림교육센터, 숲태교, 유아 숲체험 등)를 이용할 수 있도록 일정 금액의 이용권을 지원 해주는 사업이다.

한편 그동안 공급자 지원방식의 사회복지서비스로 인해 수요자 욕구 반영이 어렵고 시장 창출이 원천적으로 곤란하다는 판단 아래 보건복지부는 수요자의 욕구를 반영하고 시장형성 촉진을 위한 바우처 지원방식을 필요로 하였다. 그리하여 보건복지부는 금융기관 시스템을 활용한 '전자식 바우처' 제도를 도입하였다. 즉, 전자바우처는 서비스 신청, 이용, 비용 지불/정산 등의 전 과정을 전산시스템으로 처리하는 전달수단을 말한다.

이러한 바우처(서비스 이용권) 제도의 도입에 의해 우리나라의 기존 사회서비스 공급기관 지원방식과 최근 바우처에 의한 수요자 지원방식의 차이점을 비교해 보면 다음과 같다.

득에 비례해 임대료와 소득 30% 간의 차액을 집주인에게 바우처(voucher; 쿠폰)로 해결, 안정적인 생활을 영위할 수 있도록 하고 있다.

〈표 6-5〉 사회서비스 – 공급기관 지원방식과 수요자 지원방식의 차이점

구 분	공급기관 지원방식	수요자 지원방식
대 상	수급자 등 저소득층(수동적 보호대상)	서민·중산층까지 확대(능동적 구매자)
서비스 비용	전액 국가 지원 (도덕적 해이와 중복 수혜 발생 단점)	일부 본인 부담 (도덕적 해이 방지)
서비스 시간	공급기관 재량	대상자 욕구별 표준화
서비스 내용	취약계층 대상 기초서비스	인적자본 확충 등 사회투자적 서비스
서비스 제공방식	중앙 기획 / 지방 집행 (집중식 / 하향적)	지방 기획 / 중앙 지원 및 평가 (분권식 / 상향적)
공급기관	단일 기관 독점	다수 기관 경쟁
서비스 질	서비스 질 향상 노력 미흡	공급기관 간 경쟁으로 서비스 질 제고
국민 체감도	낮은 서비스 질에 대한 불만	국민 체감도 다소 높음
특 징	획일적이고 정형화된 서비스 제공	공급자 간 경쟁을 통한 다양한 서비스 제공

우리나라 공급기관 지원방식과 수요자 지원방식의 차이점에 대한 설명으로 옳지 않은 것은?

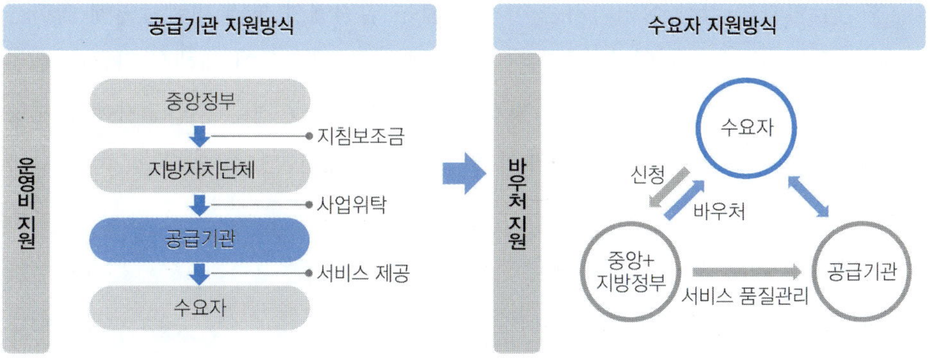

5. 현금(Cash)

현금급여의 주장

현금급여(cash benefit)는 수급자에게 현금으로 지급하는 것을 말한다. 현금급여는 화폐가 가지고 있는 교환가치에 중점을 둔 것이고 현물급여는 사용가치에 주목한 급여형태라 할 수 있다. 현금급여를 지지하는 사람들의 주장은 첫째, 현금급여는 수급자가 사용하기에 편리하고 현물급여에 비해 관리나 행정적으로 처리하기에 수월하고 비용도 적게 든다는 것이다(운영효율성). 둘째, 현금급여는 무엇보다도 수급자의 자유의지를 존중하고 수치심을 줄여주며 스스로의 삶을 관리할

수급자의 자기결정원리 – 소비자 주권

수 있는 존엄성을 인정한다. 즉, 현금급여는 수급자의 자기결정원리와 소비자 주권을 증진시킨다는 것이다(Gilbert & Terrell, 2005).

현금급여의 특징은,

① 현물급여에 비하여 프로그램의 운영비용이 적게 든다는 것이다. 하지만 규모의 경제 원리를 전문적인 사회복지서비스에 적용시키기는 어렵다.

② 현금급여는 사용하기에 편리하고 현물급여에 비해 관리나 행정적으로 처리하기에 수월하고 비용도 적게 든다.

③ 소비자 주권과 개인의 선택의 자유를 극대화한다.

그러나 현금급여에 대한 비판은 현금이 수급자의 욕구 충족에 필요한 재화의 구입에 사용되지 않고 다른 곳에 오용될 위험이 있어 현금이 욕구 충족에 효과적으로 사용되었는지 아닌지 확인하기 어렵다는 것이다.

현금급여와는 약간 상이하기는 하지만 넓은 범위에서 보면 현금급여에 속하는 '융자'와 '대여'제도가 있다. 이것은 필요로 하는 자금수요에 대해서 자금을 제공하고 나중에 그 자금을 반환받는 방식이다. 우리나라의 경우 수급권자에게 제공하는 생업자금융자제도 역시 일종의 현금급여 형태로 볼 수 있다.

현금급여의 장점으로 볼 수 없는 것은?

♣ 현금급여의 장점

① 수급자의 효용을 극대화할 수 있어 사회적 자원의 효율적 배분율이 이루어질 수 있다.

② 수급권 선택의 자유와 소비자 주권(consumer sovereignty)

소비자 주권 : 민주사회에서 자유나 자기결정의 권리를 보호할 수 있다.

그러나 : 소비자의 자유로운 선택도 진정한 독립적인 선택이 아니라 생산자들에 의하여 만들어진 선택, 즉 사회복지분야에서 현금급여의 소비자 선택은 생산자에 의존할 가능성이 있다(의존효과).

③ 인간의 존엄성을 유지시키는 데 현물급여보다 우월하다.

④ 행정처리나 프로그램 운영효율성이 높다.

⑤ 교환가치가 높다.

이상과 같이 현금급여는 개인선택의 자유를 더 강조하고 현물주의는 소비행위에 대한 사회적 통제에 더 강조를 두고 있음을 알 수 있으나, 현금급여와 현물급여의 어느 쪽이 더 좋다고 결론짓기는 어렵지만 이론적으로는 현금급여를 선호하고 있다. 그러나 국가나 지역의 상황과 경우에 따라서 합리적인 선택이나 배합을 하는 것이 필요하다.

6. 권력(Power)

권력급여는 물품과 자원에 대한 통제력을 재분배하는 것과 연관된다. 종종 영향력의 재분배는 빈민, 클라이언트 및 다른 사회적 약자 집단의 대표자들을 사회복지 관련기관의 이사로 선임하는 정책을 통하여 추구된다. 예컨대 1960년대 빈곤과의 전쟁(the War on Poverty) 기간의 미국의 지역사회 운동기관(Community Action Agencies)이나 시범 시 조직(Model Cities Organizations) 등과 같은 기관에서 이러한 영향력의 재분배 급여를 발견할 수 있다. 예를 들어, 각종 사회복지위원회에 클라이언트를 참여시키거나 권한을 행사하게 함으로써 권력은 전달체계의 구조에 대한 정책 결정 속에 스며들 수 있다. 권력급여는 현금이나 신용급여와 똑같은 방식으로 쓰여지지 않으나 물품, 서비스 및 기회와 같은 사회적 급여형태보다도 더욱 폭넓은 공동의 사회·경제적 선택의 여지를 제공해 준다. 이런 점에서 권력급여는 유동적인 교환가치를 지닌다.

권력 관련 급여
- 빈곤과의 전쟁
- 시범 시 조직

〈표 6-6〉 **현물급여와 현금급여, 바우처의 장단점**

	현물급여	현금급여	바우처
장점	• 정책의 목표효율성을 높일 수 있다. • 현금급여에 비하여 정치적인 측면에서 선호된다. • 대량생산과 대량소비로 인한 규모의 경제 효과를 꾀할 수 있기 때문에 프로그램 비용이 감소한다. • 사용가치가 높다.	• 수급자의 효용을 극대화할 수 있다. • 현금으로 급여할 때 사회적 자원이 효율적으로 배분될 수 있다. • 수급자 선택의 자유와 소비자 주권을 보호한다. • 현금급여는 인간의 존엄성을 유지시키는 데 현물급여보다 우월하다. • 프로그램의 운영비용이 적게 든다. • 교환가치가 높다.	• 정책의 목표효율성을 살릴 수 있다. • 현물급여보다 수급자의 효용을 증가시킬 수 있다. • 운영비용도 적게 든다.

단점	• 급여 소비단계에서 수급자에게 스티그마로 적용될 가능성이 있다. • 받는 사람에게는 사생활의 간섭이 될 가능성이 높다. • 서비스의 속성상 규모의 경제 효과가 나타나기 어려울 수 있다(서비스가 질의 변화가 없는 획일적인 제공일 경우).	• '개인' 효용의 극대화의 경우 '사회 전체'의 효용에 의하여 제한받을 수도 있다. • 소비자 선택의 자유가 생산자들에 의하여 광고 등의 방법으로 왜곡될 수도 있다. • 니드 충족에 효과적으로 사용되었는지 아닌지를 확인하기 어려운 약점이 있다.	• 이상적인 속성을 갖는데도 불구하고 대부분의 복지국가에서 주요한 급여형태로 사용되지 않는다(바우처의 '중간적 성격' 때문에 정치적 지지 세력이 크지 않음). • 시행과정에서 소비자 선택의 왜곡[5]이 나타날 수 있다. 즉, 오용과 남용의 문제가 발생하여 현물급여보다 목표효율성이 크게 낮아질 수 있다.

제 3 절 급여 선택의 기본 원리와 급여 제공기준

1. 사회복지급여 선택의 기본 원리

1) 정책목표

사회복지급여 선택의 기본 원리

정책목표의 상이성에 따라 각각의 기능적 특성을 가진 급여형태가 선택될 것이다. 시장가치의 효율성을 높이거나 소비자주권을 확대하려는 정책목표를 가진다면, 현금급여가 다른 형태에 비하여 선택되는 가능성이 높다. 반면에 낙인(stigma)을 높여 사회복지대상자를 줄이려는 목표를 가지고 있다면, 현물급여가 보다 더 선호될 것이다(현외성, 2003).

2) 대상자의 특성과 욕구

대상자의 욕구가 비화폐적이고 인간관계 혹은 심리사회적 문제와 연관된 것일

소비자 선택의 왜곡?

5) 소비자 선택의 왜곡 : 사회복지정책의 급여 중 현물이나 의료 교환권과 같은 서비스 형태로 이루어질 때 소비자 선택에 왜곡현상을 일으킬 수 있다. 즉, 시장기제에서 소비자들에게 적정하게 배분되는 양 이상으로 불필요하게 많이 배분되는 자원낭비가 발생할 수 있다(Lampman, 1984). 대표적인 사례가 Food Stamp로서 저소득층 사람들은 자신들의 효용을 극대화하기 위해 이 쿠폰의 일부를 식료품 이외의 다른 용도로 사용하기를 원한다.

경우는 현금이나 현물급여보다는 서비스 급여가 선택되어야 한다. 또 대상자의 특성상 정책목표를 벗어나서 급여를 소비할 수 있는 가능성이 있는 대상자인 경우에는 상대적으로 보다 강한 통제력을 가지는 현물급여가 현금급여보다 선호될 것이다.

3) 사회·경제적 수준과 여건

사회·경제적 수준이 높거나 여건이 호전될수록 급여수준도 높아지고, 비화폐적 급여나 서비스 급여 등이 선택될 수 있다. 국가 간 비교에 있어, 상대적으로 경제적 수준이 높을수록 기본 욕구 수준이 높고 이를 충족시키려는 국민적 최저한의 수준이 상승하는 경향이 있다. 따라서 사회·경제적 여건과 비례해서 사회복지정책의 급여수준이 높아질 수 있다.

4) 이 념

급여형태와 수준을 결정하는 중요한 요소이다. 개인주의보다 집단주의 경향을 지닌 사회일수록 현금급여보다는 현물급여를 선호한다. 최근에 신보수주의 이념이 영향을 미치고 있는 상황에서 급여가 엄격하게 제한되는 한편 그 수준도 약화되거나 민간 차원으로 이전되는 경향을 보이는 것이 하나의 사례가 될 수 있다.

2. 급여 제공기준

급여 제공기준

1) 거주 여부 및 거주기간

거주 여부
거주기간

사회복지정책의 자격을 획득하기 위해서는 일정한 지역이나 거주기간을 필요로 하거나 시민권자로 제한하는 경우가 있다. 영국의 국민보건서비스제도(NHS : National Health Service)는 영국에 거주하고 있다는 것만으로 의료서비스를 제공받을 수 있는 자격을 부여하는 경우이다.

인구학적 조건

2) 인구학적 조건

인구학적인 조건 가운데 가장 중심적으로 사용되는 것은 연령이다. 아동수당(18세까지 지급), 노령수당(65세 이상)이나 연금(60~65세), 보육수당(0~5세) 등은 일정한 연령에 속해 있을 때만 자격이 인정된다. 또한 일정한 가족 수 이상이거나 결혼 여부(국민연금의 배우자 급여, 편모가정에 대한 소득보장), 특정의 인구학적 집단(여성이나 특정 인종)에 속해 있어야 함을 자격조건으로 삼고 있는 경우도 있다.

기여의 정도

3) 기여의 정도

기여는 크게 세 가지가 있다. 첫째, 사회보험에 있어서의 보험료 납부라는 형태의 기여이다. 예로서 보험료를 납부한 사람에게만 수급자격이 주어진다. 둘째, 사회에 대한 경제적 기여, 즉 공헌도이다. 예로서 농어민이나 철도, 광업과 같은 국가 기간산업에 종사하는 사람의 경우, 이들에게 우선적으로 사회복지급여를 제공할 수 있다. 우리나라의 경우 농어민 지역주민이 도시지역의 자영자보다 먼저 연금제도에 포함된 경우이다. 셋째, 국가사회에 대한 공헌도로서 사회적 기여이다. 사회적 기여의 형태로는 전쟁 시 전사하거나 부상당한 군인이나 유가족에 대한 보상 등과 같은 형태가 있다. 예로서는 국가유공자에 대한 보훈사업 등이 있다.

4) 근로능력

사회복지의 역사를 살펴보면 급여수급의 가장 중요한 자격조건이 근로능력이었다. 근로능력이 있는 빈민에게는 원조받을 자격이 없는 빈민으로 취급되어 급여가 제공되지 않았다. 어떤 사회복지 프로그램은 근로능력이 없는 것을 전제(장애인, 고령자)로 사회복지급여의 자격이 부여되기도 하고, 실업수당이나 각종 고용과 훈련 프로그램은 근로능력이 있어야만 자격을 부여하는 경우도 있다. 예를 들어, 우리나라의 조건부수급자는 국민기초생활보장수급자 중 근로능력이 있는 자로서 자활사업 참여를 조건으로 생계급여를 지급받는다. 또한 고용보험에서 근로의사와 능력을 가지고 적극적으로 구직활동을 해야만 구직급여를 받을 수 있다.

5) 소득/자산조사(income test, means test)

소득/
자산조사

소득이나 자산조사의 기준은 개별적 속성이나 욕구에 따라 결정되는 것이다. 오늘날 거의 모든 나라들에서 공공부조 프로그램의 자격을 결정하는 가장 중요한 기준은 자산이나 소득조사를 통해 일정한 자산이나 소득 이하의 사람에게만 자격을 부여하는 것이다. 우리나라의 국민기초생활보장제도는 개별가구의 소득평가액과 재산의 소득환산액을 합산한 소득인정액이 최저생계비 이하인 자를 수급권자의 범위로 규정하고 있다. 또한 향후 기초노령연금은 하위 소득 70% 이하인 자에게 20만 원을 지급하고 30%에는 소득수준과 국민연금 가입기간에 따라 차등화하는 방안이 제시되고 있다.

6) 전문적 혹은 행정적 판단

전문적 혹은
행정적 판단

자산이나 소득조사와 함께 사회복지사, 의사, 행정 관료의 판단이 동시에 필요한 경우도 있다. 우리나라의 국민기초생활보장제도는 '부양의무자가 없거나 부양의무자가 있어도 부양능력이 없거나 부양을 받을 수 없는 자로서 소득인정액이 최저생계비 이하인 자'라는 조건과 사회복지전담공무원에 의한 비경제적 측면의 조사를 근거로 한 전문적 판단이 요구된다.

제 4 절 급여수준으로서의 최저생계비

1. 생계비의 의의

생계비의 의의

1) 개 념

생계비는 한 개인이나 가구가 생계를 유지하는 데 필요한 여러 가지 내용을 화폐단위로 환산한 것을 말한다. 생계비는 일차적으로 화폐가격으로 환산될 수 있는 인간의 기본 욕구를 중심으로 하여 사회복지급여나 서비스로 제공할 수 있는 방법을 모색하는 데에 유용한 의미를 지닌다. 따라서 생계비 개념은 사회복지정책에 중요한 개념이면서 동시에 비화폐적인 욕구를 포착하는 데는 그만큼 한계를 지니고 있는 개념으로 이해할 수 있다. 또한 생계비는 욕구와 급여 및 서비스를 체계적으로 연결시키고 그것을 사회복지정책에 반영하는 중요한 도구가 되는 것이며, 오늘날 생계비는 사회복지정책과 더불어 각종의 정책과 제도의 실천부문에서 다양하게 활용되고 있다.

최저생계비 결정 방식

2) 최저생계비 종류

(1) 표준생계비

국민 평균계층의 생활비로서, 생활수준의 높고 낮음에 관계없이 한 국가의 표준적인 가구의 생계비, 표준생계비의 정도를 통해 그 나라의 평균적인 생활수준을 어느 정도 가늠할 수 있다.

(2) 최저생계비

국민이 건강하고 문화적인 생활을 유지하기 위하여 소요되는 최소한의 비용으로서 국민기초생활보장 수급권자 선정기준이 되는 동시에 급여수준을 결정하는 기준이 된다. 특히 최저생계비가 사회복지정책에서 중요한 의미를 갖는 것은 현대 복지국가를 지향하는 국가나 사회에서 국민들로 하여금 인간다운 생활을 보장하는 일이 국가의 보편적인 의무이기 때문이다(박경일 외, 2001 : 300).

최저생계비의 계측방법

3) 최저생계비의 계측방법

최저생계비는 일반적으로 이론생계비와 실태생계비로 분류되어 왔다. 실태생계비는 현실의 물가, 생활수준에서 일정한 가구 규모는 현실적으로 얼마만 한 생계비가 필요한가를 측정하는 것으로, 실제로 “얼마가 들고 있는가”를 말한다. 이론생계비는 일정한 생활수준을 유지하려면 일정한 가구규모에서 어떤 물가체계에서 얼마만 한 생계비가 필요한가를 측정하는 것으로, 규범적으로 “얼마가 들어야 하는가”를 의미한다. 마켓바스켓 방법과 엥겔계수 방법은 이론생계비 설정방법이다. 이론생계비와 실태생계비들은 객관적 방법이며 일반사람들의 주관적 평가에 기초하여 빈곤선을 도출하는 방법은 주관적 방법으로 인식되었다(류정순, 1997 : 44-45).

(1) 객관적 방식으로서 이론적 생계비 : 전물량 방식(Rountree 방식)과 반물량 방식(Engel 방식)

가. 전물량 방식

이론생계비
– 전물량 방식
– 라운트리 방법

이 방법은 라운트리[6] 방법이라고도 불리는데, 연구자가 규정한 최저생존수준의 유지에 필요한 각각의 세분된 지출품목의 필수품과 소요량을 정하고 이에 시장가격을 곱한 후, 합계를 구하는 방법이다. 이 방법으로 계산해 낸 최저생계비에 가계소득이 미달하는 경우, 라운트리는 빈곤한 것으로 간주했다.

현재 우리나라에서 최저생계비를 매 3년마다 11개 비목 중 식료품비(37.7%), 주거비(15.8%), 교통통신(10.2%), 광열수도(7.4%), 보건의료(4.5%), 피복신발비, 기타 소비지출(일상소모품)과 교양오락비 등을 반영하여 각각 계산한 것의 합계를 실효가격으로 곱하여 나오는 가격이 전체의 최저생계비가 된다. 즉, 마켓바스켓(생활모형)×실효가격=최저생계비이다. 전물량식 최저생계비 계측의 기준으로는 표준가구(reference family)가 사용되는데 표준기구는 가구규모, 가구원 구성 등에서 사회를 대표하는 가구이며, 국민기초생활보장제도에서 표준가구는 4인 가구로 유지되어 왔다. 2014년도 최저생계비 결정을 위한 계측조사의 표준가구 역시 현행 4인 가구를 유지하기로 하였다.

전물량 방식의
장단점

전물량 방식은 ① 생활비목별 최저물량기준을 설정하여 최저생활소요비용을 정하므로 구체적이며, ② 물가변동에 따라서 생활비를 산출하므로 실질임금을 보장할 수 있는 장점이 있다.

그러나 전물량 방식은 ① 노동자의 생활수준을 어떤 선에서 결정하는 것이 합당한가 하는 생활기준의 설정 문제가 쉽지 않고, ② 실제 계측과정에 있어 과다한 인력과 비용과 시간이 소요된다는 계측작업상의 문제가 있다.

---

6) 라운트리(Rowntree)는 1899년 요크에서 제1회 빈곤조사를 실시하여 『빈곤, 도시생활 연구(Poverty, A Study of Town Life)』(1901)를 출간하였다. 영양기준을 기초로 하여 제1차 빈곤과 제2차 빈곤의 두 가지 빈곤선(線)을 설정, 빈곤의 원인 등을 해명하였다. 1차 빈곤이란 그들의 수입으로는 절대적인 육체적 능률의 유지에 부족한 세대(世帶)를 말하고, 2차 빈곤이란 음주·도박 등에 소비하지 않는 한 충족할 수 있는 세대이다.

최저생계비 계측방법

최저생계비 계측방법

- 주관적 방식 - 소득추정방법(라이덴 방식)
- 객관적 방식
  - 실태생계비
  - 이론생계비
    - 전물량 방식(Rountree 방식, 마켓바스켓 방식)
    - 반물량 방식(Engel 방식)

※ 우리나라의 최저생계비 계측방식 : 이론생계비, 전물량 방식, 마켓바스켓 방식, 매년 3년마다 조사

반물량 방식 =엥겔 방식

나. 반물량 방식

이 방법은 전문가에 의하여 산출된 최저식품비 정도를 소비하는 계층의 엥겔계수를 산출하고 이 값의 역수를 곱하여 빈곤선을 산출하는 방법으로 일명 음식물량 방식이라고 하며, 엥겔(Engel) 방식이라고도 부른다. 엥겔 방식(엥겔계수 방식, 음식물비율방법, 식품비의 비중에 의한 빈곤선 측정 방식)은 가계소득이 높을수록 전 소비지출 중 식료품비가 차지하는 비율인 엥겔계수가 낮아진다는 엥겔의 제1법칙에 기초한다. 식료품에 대해서는 비교적 과학적이고 객관적인 기준을 설정할 수 있으므로 생계비의 일부분을 차지하는 최저식료품비는 영양학자가 계산한 기준으로 산출하기 때문에 반물량 방식으로 불리기도 한다.

엥겔 방식의 장단점

엥겔 방식은 ① 전물량 방식에 비하여 최저생계비 계측이 쉽고, ② 계측과정에 드는 경제적 비용, 인력 및 시간을 절약할 수 있는 장점이 있다.

그러나 엥겔 방식은 ① 물가변동에 따라 엥겔계수[7]가 크게 변화하고, ② 엥겔계수는 생활 전반에 걸친 물량을 기초로 산출하는 것에 비하여 설득력이 약하다. 또한 ③ 엥겔계수는 가구 구성상의 상이성에서 발생되는 음식물량의 차이를 표시하지 못한다. 특히 전국을 대상으로 한 가계조사의 평균치로서 산출된 엥겔계수를 가지고 최저생계비를 계측하였을 때, 그 생계비로는 각 지역별 물가의 차이 및 지역적 특수성을 표현하지 못한다(현외성, 2003).

7) 엥겔계수는 총 생계비 중 음식물비가 차지하는 비율을 말하며, 생활수준이 높을수록 낮고, 생활수준이 낮을수록 높다. 엥겔계수=음식물비÷총생계비×100

결국 전물량 방식이나 반물량 방식 모두 연구자의 자의적인 판단이 개입된다는 문제점을 내포하고 있다.

〈표 6-7〉 **전물량 방식과 반물량 방식의 장단점**

구 분	전물량 방식(라운트리 방식)	반물량 방식(엥겔 방식)
장 점	• 최저생활 비용을 구체적으로 정함 • 실질임금 보장(실효가격으로 계산)	• 최저생계비 계측이 쉽다. • 계측비용, 인력, 시간 절약
단 점	• 생활기준의 설정 문제가 어려움 • 계측작업상의 문제 • 연구자의 자의성 개입	• 물가변동에 따른 엥겔계수 변화 • 음식물비만 계산하므로 설득력 미약 • 가구 구성상의 상이성에 따른 차이 • 각 지역별 물가 차이

(2) 주관적 방식으로서 소득추정방법(Income Proxy Method) : 라이덴 방식[8]

소득추정방법

이 방법은 여러 가지로 측정되고 있으나 가장 대표적인 방법은 제3자적 평가방법과 자신에 대한 평가방법(Leyden 방법)이라고 할 수 있다.

라이덴 방법의 설명으로 옳은 것은?

제3자적 평가방법의 이러한 단점을 해결하기 위해 개발된 방법이 자신에 대한 평가방법으로서 괴다트 등의 라이덴(Leyden) 대학의 학자들이 개발했기 때문에 라이덴 방법이라고 불리기도 한다. 이 방법에서의 빈곤선은 먼저 사람들에게 "현재 당신 가족이 처한 상황에서 '빠듯하게' 살아가기 위해 필요한 최소소득은 얼마라고 생각합니까?"라고 묻고 이를 바탕으로 사람들이 판단한 최소소득과 그들의 실제소득이 일치하는 점을 회귀분석을 통하여 추정함으로써 빈곤선을 도출한다.

이 방법의 문제점은 일반인들은 대개 '최소소득'의 응답에 내구재 구매를 위한 저축을 누락시키고, 자가 소유자나 전세 사는 사람들이 귀속임대료를 고려하지 않은 생계비로 대답하며, 큰 병이 날 확률을 과소평가하여 건강할 때 필요한 의료비 정도로 응답하는 경향이 있다. 따라서 이 방법에 의한 최저생계비 추정은 과소평가될 위험성이 있으며, 실제로 1970년대 중반의 네덜란드의 조사 결과 빈곤선이 공식적인 빈곤선보다 낮았다.

8) 제3자적 평가방법은 여러 사람들에게 "자신들이 속한 특정 사회에서 대표적인 가계(예를 들어, 부모와 2자녀 가계)가 빠듯이 살아가는 데 필요한 최소한의 돈은 얼마인가?"를 물어보아 그 답을 평균하여 빈곤선으로 보는 방법이다.

통계해석적 접근방법

(3) 통계해석적 접근방법 : 상대적 빈곤선[9)]

이 방법은 사회 구성원을 대표할 만한 표본의 소득이나 소비내용을 사회조사를 통하여 파악한 후 평균값, 중앙값 혹은 최빈값을 기준으로 일정 수준 이하를 빈곤한 것으로 간주한다.

가. 순수상대빈곤방법

순수상대빈곤은 상대적 빈곤을 측정하는 여러 방법들 가운데 가장 대표적인 측면을 강조하여, 불평등 그 자체를 바탕으로 하여 빈곤선을 설정한다. 이 견해에서는 계층적 소득분배상의 하위 일정 비율(하위 10% 혹은 20%)을 빈곤층으로 정의한다. 예를 들어, 소득의 불평등도를 측정하는 소득5분위 분배율, 소득10분위 분배율이 여기에 속한다.

나. 유사상대빈곤방법

중위소득이란?

이 방법은 평균소득이나 중위소득[10)]의 일정 비율을 빈곤선으로 간주하는 방법이다. Townsend[11)]는 전체 가구의 평균소득의 80%를, Fuchs는 중위소득의 1/2을 빈곤선으로 제안하고 있으며 세계은행(IBRD)은 개도국의 상대빈곤선으로 평균소득의 1/3을 빈곤선으로 간주하고 있다. 이는 절대적 빈곤 개념보다 객관적인 기준을 좀 더 뚜렷하게 밝히고 있으며 산출이 간단한 장점이 있으나 평균(중위)소득의 특정 비율의 선택이 자의적이라는 점에서 비판을 받고 있다. 예컨대 하필이면 왜 50%이냐에 대한 객관적 근거가 미약하다. 현재 우리나라는 2015년 7월부터 수급자선정 기준이나 급여수준 보장을 중위소득 기준으로 변경하였다. 그리하여 2020

---

9) 절대적 빈곤은 인간이 살아가는 데 최소한의 생물학적 기본 욕구(의, 식, 주, 연료)를 충족하지 못한 상태, 상대적 빈곤은 한 사회의 소득수준과 비교하여 상대적으로 소득이 낮은 계층을 빈곤층으로 정의하는데 넓은 의미에서 소득과 자원의 불평등으로 인해 발생하는 상대적 박탈감(relative deprivation)으로 정의되기도 한다(이두호, 1991 : 50).

10) 중위소득이란 우리나라 전체 총 가구를 기준으로 순위를 매긴 후에 가운데 부분을 차지하고 있는 가구의 소득원을 말한다. 그리하여 중위소득 50% 미만은 빈곤층, 50~150% 중산층, 150% 초과는 상류층으로 분류하게 된다.

11) 타운센드 방식은 객관적 박탈감과 주관적 박탈감에 대해 어떻게 평가하고 있는가를 조사하여 박탈감의 지수를 계산하는 것이다. 이것을 소득수준과 비교하여 일정 소득수준 이하에서 이러한 박탈점수가 급격히 떨어지면 그곳을 빈곤선으로 사용한다. Townsend는 각 가구 유형의 평균소득(mean income)의 50% 이하를 절대적 극빈층으로, 80% 이하를 상대적 빈곤층으로 정의하였다. 타운센드 방식은 박탈지표방법이라고도 불린다.

년 4인 가구 기준 중위소득이 약 474.9만 원이므로 보건복지부는 생계급여의 경우 2020년 중위소득 30% 이하 기준 약 142.5만 원을 선정기준으로 하고 있다.

제도별·학자별 빈민 및 빈곤의 유형

1. 신빈민법(1834)
   - 노동무능력빈민(non-able-bodied poor)
   - 노동능력빈민(non-bodied poor)
2. 자선조직협회(C.O.S.)
   - 구제가치가 있는 빈민(deserving poor)
   - 구제가치가 없는 빈민(undeserving poor)
3. Charles Booth (빈곤을 과학적인 관점에서 최초로 유형화)
   - 빈민(poor)
   - 극빈층(pauper)
4. Rowntree (최저생계비에 대한 접근 시도)
   - 1차 빈곤(primary poverty)
   - 2차 빈곤(secondary poverty)

※ 일차적 빈곤 : 노동에 종사할 수 없을 정도의 생물학적 필수항목을 누리지 못할 때

※ 이차적 빈곤 : 생물학적 최저생계비는 충당하지만 인간다운 생활을 영위하기 위해서 필요한 재화를 구입할 수 없는 상황

2. 각국의 최저생계비 계측방식

1) 미국의 오샨스키 방식(반물량 방식)

(1) 빈곤선(PT : Poverty Thresholds)

1963년부터 1964년에 걸쳐 사회보장청(SSA : Social Security Administration)의 경제전문가인 오샨스키(Orshansky)에 의하여 개발되었다. 이 방식은 엥겔계수 방식을 변형하여 저소득층의 최소한의 식료품 마켓바스켓을 구성하여 산출한 최저식료품 지출비에 '3'을 곱한 화폐액을 빈곤선으로 정하는 방식이다. 즉, 엥겔계수 33%선으로 고정시켜 공식적 빈곤선을 설정하고 있다. 오샨스키 방식이란?

2) 일 본

일본의 최저생계비 계측 방식은 후생성의 생활보호기준에서 볼 수 있는데, 최저생계비 계측 방식이 그동안 수차례 변해왔다. 1946년에서 1948년까지는 표준

격자축소 방식 수준균형 방식이란?

생활비 방식이 적용되었으며, 1948년에서 1960년까지는 마켓바스켓 방식, 1961년에서 1964년까지는 엥겔방식, 1965년에서 1983년까지는 격차축소 방식,[12] 그리고 1984년 이후에는 수준균형 방식[13]이 적용되고 있다.

3) 한국 : 최저생계비 기준에서 중위소득 기준으로 변경(2015. 7)

2000년 국민기초생활보장법이 시행된 이후 2015년 7월 중위소득 기준으로 변경되기 전까지 우리나라는 ① 국민의 소득·지출수준과 ② 수급권자의 가구유형 등 생활실태, ③ 물가상승률 등을 고려한 최저생계비 기준에 의하여 급여수준이 결정되었다.

즉, 2015년 7월 전까지 한국의 최저생계비 계측은 국민기초생활보장법에 따라 매 3년마다 주거비, 식료품비, 의료비, 광열수도비, 가구집기 등 11개 비목의 계측조사(실태조사) 후 전체 물가상승률 등을 고려해 결정되는 소비자물가상승률 적용방식, 전물량방식, 이론적 생계비 방식이었다.

그러나 2015년 7월부터 한국은 수급자의 생활수준이나 개인별 상황의 변화를 반영하지 못하는 절대빈곤선인 최저생계비 기준 방식을 변경하여 상대적 빈곤선의 개념인 중위소득 기준 방식으로 변경하여 맞춤형 급여를 제공하고 있다. 맞춤형 급여란, 기초생활수급자의 가구여건에 맞는 지원을 위하여 생계급여, 의료급여, 주거급여, 교육급여 등 급여별로 선정기준을 다르게 하는 것이다. 즉, 기존에는 가구의 소득이 최저생계비 이하인 경우에만 생계, 의료, 주거, 교육급여 등 모든 급여를 지원해 왔지만, 맞춤형 급여개편을 통해 소득이 증가하여 기준을 초과

12) 일반세대와 피보호세대의 생활수준의 격차를 축소한다는 관점에서 예산편성 직전에 정부가 발표한 경제전망에 의해 차기연도의 국민소비지출의 신장률을 기초로 이것에 격차축소분을 가산하여 생활보호의 기준의 개정률을 산정하는 방식(1970년 54.6%, 1984년 67.1%)이다.

13) 일반국민의 소비수준 동향에 대응하여 (균형) 생활보호의 기준을 설정하는 방식이다. 즉, 수준균형방식은 최저생계비 계측연도의 평균소비지출과 최저생계비와의 비율을 구하고, 추정하려는 연도의 소비지출에 이 비율을 적용하여 당해연도 최저생계비를 추정하는 방식이다. 수준균형방식은 ① 일반가구의 생활수준 향상에 맞춰 최저생계비를 연동시킴으로써 균형을 도모하고, ② 물가 외에 일반국민의 소득·지출수준도 반영토록 하므로 법 취지에 보다 부합하는 장점이 있다. 반면에 ① 계측년도의 최저생계비와 일반가구의 소비지출 간의 비율이 사회적 합의를 이룬 적정선인가 하는 문제와, ② 과소비에도 최저생계비가 늘어나는 반면 경기위축 시에는 하락하게 되는 문제, 그리고 ③ 적정한 '수준'에 대한 사회적 합의 부재 등의 문제가 있다.

하더라도 수급자의 상황에 맞추어 필요한 급여는 계속 지원된다.

이러한 맞춤형 급여의 개편 효과(보건복지부 보도자료, 2015. 7. 20)는 ① 우리 사회 전반의 생활수준을 반영한 중위소득 도입 등으로 수급자에게 지급되는 평균 현금급여액이 증가함으로써 보장성이 강화되고, ② 부양의무자 소득기준이 대폭 완화[14]되어 부양부담이 완화되며, 또한 ③ 일을 통한 빈곤탈출[15]을 용이하게 하고자 하였다. 즉, 이번 개편을 통해 급여별 선정기준이 다층화되어 소득이 어느 정도 증가하더라도 주거·교육급여 등 필요한 지원을 받을 수 있게 되어, 일을 하면 모든 지원이 끊길까 하는 불안감이 해소되어 수급자가 보다 적극적으로 자립에 나설 수 있게 되었다. ④ 상대빈곤선 관점을 도입하여 급여 수준을 중위 소득과 연동하여 급여보장을 강화하고, 지역별 임대료 수준을 고려한 주거급여를 지급함으로써 급여 수준을 현실화하고자 하였다(제12장 제3절 참조).

중위소득 도입 효과에 대한 설명으로 옳게 짝지어진 것은?

〈표 6-8〉 급여별 개편 구조

<table>
<tr><th colspan="2">이 전(2015. 7. 20)</th><th>➡</th><th colspan="3">이 후(2015. 7. 20)</th></tr>
<tr><th>선정기준</th><th>급여수준</th><th></th><th>선정기준</th><th>최저보장수준</th><th>부처</th></tr>
<tr><td rowspan="4">최저생계비</td><td rowspan="2">최저생계비의 80% 수준 현금급여(현물급여 등 제외)</td><td>생계*</td><td>중위소득 30%</td><td>중위소득 30%</td><td>복지부</td></tr>
<tr><td>주거</td><td>중위소득 45%</td><td>기준임대료</td><td>국토부</td></tr>
<tr><td>필수의료서비스의 낮은 본인부담률 (현물급여)</td><td>의료</td><td>중위소득 40%</td><td>이전과 동일</td><td>복지부</td></tr>
<tr><td>수업료, 교과서대 등 (현물급여)</td><td>교육</td><td>중위소득 50%</td><td>이전과 동일</td><td>교육부</td></tr>
</table>

* 생계급여 : 개편 전 급여수준 이상~2017년까지 중위소득 30% 이상 단계적 조정

14) 예 장성한 아들이 홀어머니를 둔 경우, 기존에는 아들 가구의 소득인정액*이 월 297만 원 이상을 벌면 지원대상에서 제외되었으나 이 기준이 485만 원까지 늘어나서 새로이 수급자로 선정되게 된다. * 2015. 7월 이전 부양능력 유무를 판정하기 위한 소득 기준선 : (4인 가구 기준) 297만 원 → 485만 원 * 소득인정액 = 소득 + 재산을 소득으로 환산한 금액(주거용 재산공제 등 각종 공제 후)

15) 일을 통한 빈곤 탈출 관련 사례 예시 : 자활사업에 참여하여 79만 원의 소득이 있는 천○○ 님은 3인 가구로 자활소득공제 금액 23.7만 원(79만 원×0.3)을 자활장려금으로 받을 뿐만 아니라, 생계급여 17.1만 원, 의료급여와 주거급여 14만 원, 교육급여까지 받게 된다(보건복지부 보도자료, 2015. 7. 20).

제 5 절 기본소득

1. 기본소득의 개념과 원칙

기본소득(Unconditional Basic Income, Universal Basic Income, Universal Demogrant)은 재산이나 소득의 많고 적음, 노동 여부나 노동 의사와 상관없이 개별적으로 모든 사회 구성원에게 균등하게 지급되는 소득이다(위키백과사전). 이 개념은 토머스 모어의 소설『유토피아』에서 처음 등장하였으며 1970년대 유럽에서 논의가 시작되어 2000년대에 들어 논의가 급속히 확산되었다. 기본소득지구네트워크(BIEN)는 기본소득을 '정치공동체가 심사와 노동요구 없이 모든 개인에게 주기적으로 무조건 지급하는 현금'이라고 정의한다.

기본소득과 유사제도

기본소득과 유사한 제도로는 근로장려세제(EITC), 기초생활보장제도(minimum income guarantee), 부의 소득세(negative income tax)가 있다. 그런데 근로장려세제는 일하는 사람에게만 주기 때문에 기본소득에 속하지 않고, 기초생활보장제도는 저소득자에게만 지급되기 때문에 기본소득에 속하지 않고, 부의 소득세는 기본소득과 동일한 재분배 효과를 가지기 때문에 기본소득의 한 종류로 보기도 하지만 실제로 시행하려면 기본소득보다 행정 비용이 많이 든다. 현재 전국적으로 확대되고 있는 무상급식, 청년수당은 기본소득과 비슷한 대표적 제도라고 볼 수 있지만, 이 역시 학생이나 청년으로 한정된다는 측면에서는 논란의 여지가 있다. 그렇지만 기본소득은 현행 복지국가의 주축을 이루는 사회보장제도와는 근본적으로 다른 가치와 방향을 지향하고 있기 때문에 이명현(2014)은 노동시장 참가여부와 관계없이 무조건 지급되는 기본소득은 포스트 복지국가의 대안적 구상으로 매력적이라고 하였다.

기본소득의 원리로만 옳게 짝지어진 것은?

이러한 기본소득의 원리를 BIEN의 기본소득 정의에 따르면 ① 기본소득은 가구단위로 지급되지 않고 개인 단위로 지급된다는 '개별성', ② 자격 심사 없이 모든 사람에게 지급된다는 '보편성', ③ 수급의 대가로 노동이나 구직활동을 요구하지 않는다는 '무조건성', ④ 보충적 특징으로서는 한꺼번에 지급하지 않고 주기적으로 지급한다는 점에서 '정기성', ⑤ '현금지급' 원칙 등 다섯 가지 요소를 포함하고 있다(강남훈. 2019). 여기서 보편주의와 선별주의로 비교해 볼 때, 공공부조는 선별주의에 입각해 있고 기본소득은 보편주의에 입각해 있다. 그 중간에는 선별주의에 가까운 사회보험과 중간에 사회서비스, 그리고 보편주의에 가까운 사회수당이 있다고 볼 수 있다.

〈표 6-9〉 기본소득의 원칙과 개념

원 칙	개 념
보편성	• 기본소득 대상은 시민권에 기초한 모든 구성원에게 지급 • 자격조건 : 시민권, 공인된 거주권(정신병원, 노인요양시설, 수감자 제외)
무조건성	• 기본소득 지급 조건에 유급노동 참여, 소득수준, 가구형태, 사회적 기여 여부와 무관하게 지급
정기적 현금지급	• 기본소득은 정기적으로 현금 급여형태로 지급(구매력 유지) • 건강보험이나 무상교육과 같은 현물이전을 대체하지 않음 • 일시금 형태의 사회적 지분급여(stakeholder grants)와 대비
개인단위 정액급여	• 개인단위로 모든 이들에게 동일한 정액급여를 지급

2. 기본소득의 찬반론과 특징

기본소득을 찬성하는 입장에서는 고용 불안정과 실업이 증대되고 있는 상황에서 기존의 사회복지정책이 가지고 있는 복지사각지대나 스티그마, 수치심, 빈곤의 함정 등의 단점을 해결할 수 있는 하나의 대안이 될 수 있다는 것이다. 그러나 반대 입장에서는 기본소득의 당위성과 필요성에 대해 공감한다 하더라도 현실적으로 가장 큰 문제는 재원조달에 있으며, 또한 일을 하지 않아도 기본적으로 살아갈 수 있는 최소한의 소득을 모두에게 제공한다면, 누가 일을 하겠는가 하는 부정적 시각이 항상 제기되고 있다.

기본소득의 찬반론?

이러한 기본소득 제안은 크게 우파와 좌파 버전으로 나뉜다. 우파는 ① 기본소득을 통해 사회보장제도의 중첩성, 파편성, 관료주의화로 인해 발생하는 막대한 행정비용을 줄일 수 있다고 본다. 아울러 ② 자산조사로부터의 해방을 통해 공적급여를 받기 위해 저임금 근로를 회피하고 공공부조에 안주하는 '빈곤의 덫(함정)'으로부터 벗어날 수 있을 것이라는 주장과 함께 ③ 개인의 자유와 시장의 활성화도 기대한다. 좌파의 경우에는 ① 기본소득을 통해 생산 활동을 외부적 보상에 의해 좌우되지 않게 만들어 진정으로 인간의 소외 문제를 극복하겠다는 설명이다. 또한 ② 내면의 요구대로 근로하며 사회문화 활동에도 더 전념할 수 있는 자유롭고 평등한 사회가 기본소득을 통해 가능하다고 보는 것이다(양재진, 2018). 기본소득의 찬반론을 생각해 볼 때, 사회복지정책의 관점에서 유한할 수밖에 없는 재원의 한계 안에서 기본소득이 개인들의 다양한 욕구를 만족시킬 수 있는 최선의 방법인지에 대한 고민은 필요하다. 2016년 기본소득 국제학술대회에서 Philippe Van Parijs 역시 기본소득 제공 시 필수적 현물서비스인 교육, 의료서비스는 제공될 필요가 있다는 점도 고려해 볼 사항이다(최지연·김태완, 2018 : 69).

기본소득의 특징

한편 기본소득이 미치는 경제·사회학적 특징이 여러 가지 존재하지만, 이 중 기본소득의 커다란 특징으로 ① 중산층을 순수혜자로 전환,[16] ② 소득재분배 효과,[17] ③ 저소득층 노동 유인(誘因)[18] 등 세 가지를 강조하고 있고 이 외에도 ④ 실업의 함정을 유발하지 않으며, ⑤ 개인 단위의 지급방식으로 가족해체가 발생하지 않고, ⑥ 진정한 탈상품화의 실현이 가능하다고 하였다(강남훈, 2018; 2019).

> 빈곤문제 전문가인 로버트 도어 미국기업연구소(AEI) 소장은 한국경제와의 대담에서 기본소득에 대해 다음과 같은 견해를 제시하고 있다. "기본소득은 사람과 일, 사회의 연결을 떨어뜨릴 겁니다. (기본소득을 받게 되면) 사람들은 적게 일할 것이고, 기술은 위축되고 일을 통한 자존감도 줄어들 겁니다. 무엇보다 기본소득 지지자들이 이를 지지하는 이유는 다른 복지 서비스를 (기본소득으로) 대체하기 위해서인 경우가 많습니다. 그런데 기본소득은 보편적으로 제공되기 때문에 가난하지 않은 사람들에게도 지급되고 결과적으로 저소득층에서 중·상위층으로 복지 지원을 이전하는 결과를 낳습니다." 그는 "빈곤 퇴치의 핵심은 '일자리' … 증세 · 최저임금 인상 땐 역효과"라고 하였다.
>
> * 출처 : 한국경제(2020. 12. 30). https://www.hankyung.com

재분배의 역설이란?

16) 여기서 누진세율을 적용한 기본소득은 저소득층과 중산층을 순수혜자로 만든다(강남훈, 2019).
17) '재분배의 역설(The Paradox of Redistribution)'이란 스웨덴의 W. Korpi와 J. Palme(1998)가 주장한 이론으로, 선별복지보다는 보편복지를 제공하는 나라에서 소득격차가 더 줄었다는 내용의 이론이다. 즉, 한정된 예산을 가난한 사람에게 집중 투여한 (선별복지) 나라에서는 오히려 소득격차가 벌어졌다는 것이다. 오히려 기본소득은 보편복지로서 소득재분배를 증진시킨다(강남훈, 2019).
18) 기초생활보장대상자가 구멍가게를 열어서 월 50만 원의 사업소득이 생기면 소득인정액이 50만 원 늘어나서 생계급여액이 50만 원 줄어든다. 가처분소득에는 변화가 없게 된다. 따라서 이러한 보충급여 방식은 일할 이유가 없고 실업의 덫(함정)에 빠질 위험이 높다.

〈표 6-10〉 기본소득의 특징과 내용

기본소득 특징		세부내용
기본 소득 모형	부분기본 소득	• 기본소득 이행의 초기단계 • 매우 낮은 수준의 과도적 기본소득 • 기존 사회보장과 결합된 형태
	완전기본 소득	• 충분한 기본소득 제공으로 개인의 실질적 자유 실현 • 현행 사회보장제도를 모두 폐기(완전대체)
기본소득의 장점과 효과		• 수급자의 낙인과 수치심 없음 • 근로소득과 무관하여 실업함정(unemployment trap)이 발생하지 않음 • 개인단위 지급방식으로 가족해체 없음 • 사전적 빈곤예방 가능 • 전통적 사회적 욕구범주에서 벗어난 개인의 다양한 욕구를 사회적 욕구로 인정(여행) • 고용관계를 전제로 지급하지 않아 진정한 탈상품화 실현 가능
재원마련		• 재원이 재분배적 성격일 필요 없음 • 일반예산, 목적세, 특별세 등 다양한 재원으로 마련 • 기존 사회보장 재원의 일부 대체, 소득세와 소비세와 같은 조세체계 변화, 금융거래세, 토지세, 자연자원 배당 등 다른 재원 신설 방법으로 재원 확보 가능

출처 : 부산복지개발원(2018). 한눈에 보는 기본소득. 부산복지 ISSUE REPORT. 통권 제28호.

기본소득의 장점으로만 옳게 짝지어진 것은?

3. 각국의 기본소득 실험사례

기본소득 실험의 해외 사례를 보면, 1988년 브라질의 빈곤가구를 대상으로 가구소득을 최저임금에 이르도록 지원하는 조건부 현금 지급 프로그램이 발전하여 2004년 '시민기본소득(Citizen's Basic Income)'이 도입되었다. 1976년 미국 알래스카 주정부의 영구기금배당(Permanent Fund Dividend)은 대표적인 기본소득 사례로서 알래스카주에 실질적으로 거주하는 합법적 모든 주민에게 지급한다(최지연·김태완, 2018). 또한 나미비아는 2008년에 1인당 국내총생산의 1.5~2%를 기본소득으로 지급하는 실험을 하였다. 그 결과 기본소득 수급자들의 1인당 월평균 소득(2009)이 기본소득 금액을 제외하고도 29%나 증가하였다(강남훈, 2018).

2017년을 지나면서 기본소득 실험은 전 세계로 확산되었다. 핀란드의 경우 세계 최초로 기본소득 보장제를 실시한 국가로, 핀란드 사회보장국(KELA)은 복지수당을 받는 생산 가능인구 중 2,000명을 무작위로 선발해 기본소득 월 560유로(약 700,000원)를 2017년 1월 1일부터 지급하기 시작했다. 현재 핀란드, 캐나다, 네덜란드, 스페인, 스코틀랜드, 미국, 케냐 등에서 기본소득 실험이 진행 중이거나 준비 단계에 있다. 우리나라에서도 현금성 복지[19]가 점차 늘어나고 있고 경기도의 청년기본소득 정책으로 곧 기본소득 실험에 대한 논의가 본격화될 전망이다.

경기도 '청년기본소득' 정책실험

경기도의 청년기본소득 정책은 2016년 성남시의 '청년배당'에서 그 원형을 찾을 수 있다. 수혜 청년들은 청년배당 정책에 대해서 96%의 만족도를 보였으며 본인이 혜택을 받지 못하더라도 청년배당 정책이 계속 유지되기를 희망하였다. 그리하여 경기도는 시군 만 24세 청년 17만 5천여 명에게 청년기본소득 연간 100만 원을 분기별로 25만 원씩 지급한다. 청년기본소득 정책은 자산의 많고 적음, 노동시장에 참여 의사를 묻지 않고 경기도에 거주요건만을 갖추면 청년들이 만 24세가 되는 1년 동안 정기적으로 지급하는 것으로 정책의 성격상 '부분적인 기본소득'이라고 볼 수 있다.

우리나라의 현금복지로서 옳게 짝지어진 것은?

19) 기획재정부(2019)에 의하면 2020년 신설되는 현금복지로서 국민취업촉진제도, 청년저축계좌, 고령자 계속고용장려금 등이 있다. 이 외에도 지방자치단체별로 제공하는 출산장려금과 청년수당 등이 있는데, 이들 현금복지가 전국적인 출산율 제고와 청년취업에 어느 정도의 순기능과 역효과를 가지는 지에 대한 실증적인 성과분석이나 데이터 기반 없이 앞다투어 도입하고 있는 실정이다. 따라서 현금복지의 장점에 입각하더라도, 정부는 증거에 기반한 현금복지정책의 성과와 선진국의 사례 검토가 그 바탕이 되어 향후 현금복지는 기본소득과 연계될 필요가 있다.

CHAPTER 07

전달체계와 재원조달

제 1 절 전달체계

Gilbert와 Specht에 의하면 전달체계란 다양한 급여 또는 서비스를 효율적으로 수혜자에게 전달하기 위하여 어떠한 조직을 통해서 실천할 것인가의 전략을 선택하는 것이다. 즉, 사회복지 전달체계란 사회복지정책에서 제공하는 급여 혹은 서비스를 제공하는 조직적 장치를 말한다.

1. 전달체계의 중요성

전달체계의 중요성

사회복지정책에 있어 전달체계가 중요한 이유는 복지정책이 추구하는 가치나 목표의 성취가 바로 이 전달체계에 따라 달라질 수 있기 때문이다. 정책내용도 중요하지만 정책의 구체적 대상자의 자격요건을 조사 심사하는 일, 자격조건의 설정, 전달구조와 조직의 선택과 실천, 사회복지서비스 신청, 급여과정과 절차 등과 연관된 정책의 선택 등은 결국 전달체계상에서 수혜대상자와 밀접하게 접촉하면서 실천되는 일이므로 전달체계가 그만큼 중요하다. 따라서 사회복지정책이 추구하는 가치나 목표의 성취가 바로 이 전달체계에 따라 달라질 수 있으며, 아무리 정책의 내용이 바람직하다 하더라도 전달체계가 적절하지 못하면 그 정책이 추구하는 목표를 이루기가 어려울 것이다. 예를 들면, 정책의 주요 목표가 소득재분배에 있다면 민간부문의 소득보장정책의 전달체계로는 그 목표를 달성하기가 어려운 것이다. Gilbert와 Terrell은 전달체계의 이상적인 조건으로서 통합성, 지속성, 접근성, 책임성을 들고 있다.

① 서비스가 통합되고 지속적이어야 한다.
② 서비스가 클라이언트, 즉 대상에게 손쉽게 접근할 수 있어야 한다.
③ 전달체계는 그 활동과 결정에 대하여 책임성을 유지할 수 있어야 한다.

〈전달체계의 유형과 평가〉

구분		내용
중앙정부	필요성	• 사회복지 재화나 서비스가 속성상 공공재적 성격이 강한 경우 • 대상이 되는 사람이 많을수록 기술적인 측면에서 유리한 경우 • 평등(소득재분배)과 사회적 적절성의 가치를 구현하는 경우 • 다양한 사회복지에 대한 욕구를 체계화하여 다양한 프로그램을 통합, 조정하거나 이러한 정책들을 지속적이고 안정적으로 유지하는 경우
	문제점	• 서비스에 관한 수급자의 선택이 반영되기 어렵기 때문에 수급자들의 효용을 극대화하는 데 한계가 있어 자원의 비효율적인 배분의 문제가 발생할 수 있음 • 공급자의 독점성으로 공급자가 다수인 경쟁적인 체계에 비해 가격과 질에 있어 수급자에게 불리할 수 있음 • 정부조직의 관료성으로 수급자의 욕구에 대한 대응이 빠르지 못하고 지역 특수적인 욕구에 융통적이지 못함 • 지방정부 혹은 민간부문의 전달체계에 비해 수급자가 쉽게 접근하기 어려운 경향이 있음
지방정부	필요성	• 지역주민의 욕구를 더 효율적으로 해결할 수 있음 • 지방정부 간의 경쟁논리에 의해 재화의 가격과 질의 측면에서 수급자에게 유리해질 수 있음 • 중앙정부에 비해 비교적 창의적이고 실험적인 서비스 개발이 용이하여 수급자들의 변화되는 욕구에 적극 대처해 나갈 수 있음 • 수급자들이 정책결정에 참여할 기회가 많아져, 수급자의 입장이 반영될 가능성이 높아짐
	문제점	• 지역 간의 커다란 불평등을 야기시켜 사회통합을 저해할 수 있음 • 중앙정부에 비하여 규모의 경제 효과가 적어 사회보험의 경우 기술적 측면에서 불리함 • 지방정부 단위의 프로그램은 단편화할 가능성이 큼 • 프로그램의 안정성과 지속성의 측면에서도 불리함

2. 전달체계의 운영주체

전달체계의 운영주체

전달체계의 운영주체는 서비스의 성격에 따라 공적 조직이 제공하는 것과 사적 조직이 제공하는 것이 있다. 예컨대 사회보험이나 공적부조에 속하는 서비스는 서비스의 성격상 공적 조직이 제공해야 하지만 사회서비스는 공적 조직 또는 사적 조직이 제공할 수 있다.

그리고 사적 조직의 경우도 비영리조직일 수도 있고, 영리조직일 수도 있다. 이론적으로 비영리조직이 보다 높은 공적 책임성을 지고 있으며, 영리조직의 이윤추구는 사회복지서비스의 본질과 양립하기 어렵기 때문에 영리조직이 사회복지서비스 전달에 부적합하다는 주장이 있다. 그렇지만 서비스의 효율성과 효과성에 있어서 영리조직이 비영리조직보다 우월하다면 반드시 영리조직의 사회복지서비스 전달에의 참여를 배제할 수는 없을 것이다. 비영리조직으로 할 것이냐 영리조직으로 할 것이냐 하는 문제는 ① 서비스의 표준화 정도, ② 클라이언트 집단의 능력, ③ 서비스의 위험성, ④ 관련규정 준수에 대한 감독의 강력성을 감안하여 선택하는 것이 바람직하다.

현실적으로는 정부(중앙정부 혹은 지방정부)와 민간부문의 혼합체계(복지혼합)로 거의 이루어진다. 중앙정부와 지방정부의 혼합체계를 택할 경우 대부분 중앙정부가 프로그램 재정의 일부 또는 전부를 책임지고 지방정부의 프로그램 운영을 관리·감독하는 역할을 수행한다. 그리고 복지국가 위기의 시대에서 이른바 '민영화'의 이름하에 정부와 민간부문의 혼합체계가 강조되는 경향이 두드러졌다. 대부분의 국가에서 정부와 민간부문의 혼합체계를 통하여 제공되는 사회복지 재화나 서비스는 주로 사회서비스들이다. 이 부문에서 사적 조직이 중요한 이유는 민간부문이 가지는 시장원리에서의 장점들(효율성, 경쟁성, 선택의 자유, 접근성, 대응성, 융통성 등)을 중앙정부와 지방정부의 혼합체계에 비하여 더 크게 살릴 수 있기 때문이다.

2000년대 이후 우리나라 사회복지 전달체계의 변천과정을 옳게 연결한 것은?

3. 최근 사회복지전달체계의 변화 : 주민생활지원서비스, 희망의 전화 129, 사통망(행복e음), 희망복지지원단

최근 정부는 수요자 중심의 공공복지 전달체계를 효율적으로 구축하고 지방자치단체의 복지역량을 강화하여 지역주민이 체감할 수 있는 복지서비스 제공과 지역복지 공동체의 활성화에 주력하고 있다. 그리하여 보건복지부와 행정안전부는 수요자 중심의 통합적 서비스 제공을 위해 주민생활지원서비스 전달체계로 조직을 전면 개편('07. 7)하였다. 주민생활지원서비스란 취약계층에게 제공되는 복지·보건서비스 이외에 주민생활의 질 향상을 위해 제공되는 고용·주거·평생교육·생활체육·문화·관광서비스를 포괄하는 개념이다. 이를 위해 보건복지부는 업무수행의 효율성 및 효과성 제고를 위해 전문 인력에 대한 인력진단과 단계적 인력확충, 주민서비스혁신 통합시스템과 국가복지 정보포털의 통합 구축을 추진하였다.

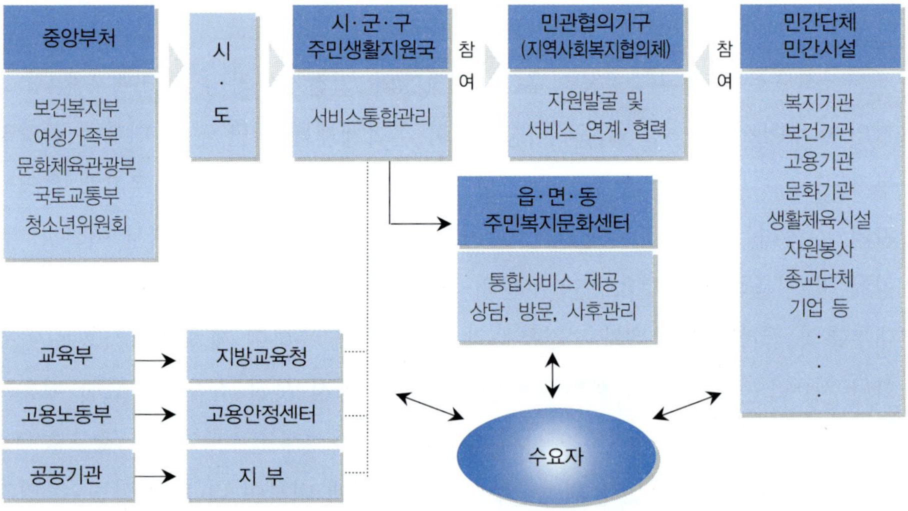

|그림 7-1| 우리나라 사회복지 전달체계

2007년 주민생활지원서비스체계로의 개편과 함께 2005년에는 보건복지콜센터(희망의 전화 129)가 개통되었다. 희망의 전화 129는 2004년 12월 대구 불로동에서 4살짜리 남자 아이가 장롱 속에서 숨진 후 며칠이 지나 발견된 '대구 불로

동 사건'을 계기로 만들어졌다. 즉, 국민이 도움이 필요할 때 언제든지 도움을 요청할 수 있는 체계를 만든다는 사회복지 전달체계 개선대책 중 하나로 2005년 희망의 전화 129가 개통된 것이다. 희망의 전화 129는 꾸준히 상담량이 증가하여 2007. 1. 1.부터 보건복지 관련 상담전화인 노인학대(1389), 아동학대(1391), 푸드뱅크(1377), 위기가정(1688-1004) 및 노인치매(1588-0678) 상담전화가 129로 통합·운영되었다. 따라서 희망의 전화 129는 경제적인 어려움에 처하여 소득 지원을 받기 원하거나, 장애인·노인·아동 등을 위해 마련된 각종 사회복지서비스에 대해 안내를 받고 싶은 경우, 그리고 암이나 희귀난치성 질환의 치료비 지원과 같은 의료 관련 문의를 원하는 경우 등 보건복지에 관련한 상담 및 안내 서비스를 한 곳에서 받을 수 있는 보건복지부의 통합형 원스톱서비스 대표번호라고 볼 수 있다.

희망의 전화 129
=통합형 원스톱서비스
=대구 불로동
사건 계기

그리고 국가복지 정보포털시스템으로서 2010년 사회복지통합관리망(행복e음[1])이 1단계로 구축되었다. 사회복지통합관리망(사통망으로 줄임)은 ① 복지서비스의 통합신청과 찾아가는 복지서비스를 확대 시행하여 대상자의 편의를 증진하고, ② 신속하고 정확한 소득·재산 조사와 업무처리 간소화를 통하여 행정효율화를 꾀하였으며, ③ 부정·중복 수급 차단을 통한 복지재정 효율화를 추구하였다는 점에서 복지전달체계의 선진화를 위한 기반을 마련하였다고 볼 수 있다. 또한 보

행복e음에 대한
설명으로 옳게
짝지어진 것은?

1) 사회보장정보시스템(행복e음)은 ① 복지행정의 효율화 업무처리 시간과 비용을 줄여줄 것이다. ② 컴퓨터로 원거리의 클라이언트와 소통이 가능하고 ③ 부적격 대상자가 혜택을 받아 재정이 낭비될 가능성을 줄일 수 있다. 또한 ④ IT기술과 정보시스템 활용을 통한 일선행정의 업무 편리화 ⑤ 가구원의 복지욕구를 종합적으로 파악하여 가능한 모든 서비스를 맞춤형으로 안내받고 ⑥ 서비스 신청과정에서도 제출서류 간소화 및 공적 자료 대체가 이루어져 편리성이 증진됨과 동시에 ⑦ 원스톱서비스가 가능하게 되었으며 ⑧ 정보화의 간접적인 효과로서 행정 효율성 증진을 통해 업무재배치와 서비스 질 제고가 가능해진다는 것 등이 장점으로 제시되었다.
한편 일각에서는 ① 관료제를 효율적으로 정비하는 데 IT기술이 절대적으로 유용하다는 기술관료주의(technocratic ideology)를 비판하거나, ② 사회복지정보화가 사회복지실천에 부정적인 영향(비밀보장에의 위험성, 새로운 기술활용을 익히는 데 드는 시간, 에너지, 노력 등의 비용발생)이 있음. 그리고 ③ 클라이언트와의 전인격적 면대면 상호작용 및 개별화(사례개입)라는 사회복지실천과 본질적으로 갈등관계에 놓여있으며, 따라서 ④ 정보화는 사회복지실천에 제약과 왜곡을 가져올 수 있다. 예를 들어, White 등(2009)은 영국의 아동복지통합시스템이 아동의 상황과 개입절차를 규격화시켜 일선 사회복지사가 클라이언트의 실정에 맞지 않는 결정을 내리는 실수가 증가하게 되었다고 지적하면서, 전문적 실행의 자동화의 위험성을 제기하였다. 또한 Bovens와 Zourdis(2002)는 최근 시스템 관료제(system-level bureaucracy)하에서 일선관료제와는 반대로 면대면 사례개입이 거의 없고 시스템디자이너 역할의 중요성만이 강조되고 있다고 지적한 바 있다(최종혁·김수완, 2017).

사회보장정보
시스템의 단점에
대한 설명으로
옳지 않은 것은?

행복e음 =누락과 중복서비스 방지 On-line 시스템

희망복지지원단에 대한 설명으로 옳게 짝지어진 것은?

희망복지지원단 =지역별 통합 사례관리체계

읍·면·동 복지기능 보강의 목적에 대한 설명으로 옳지 않은 것은?

동네 거버넌스

읍면동 복지기능보강의 목적으로 볼 수 없는 것은?

건복지부는 2012년 사회복지통합관리망(행복e음)의 2단계 도약을 위해 보건복지부 사업을 중심으로 추진된 각 부처에서 추진 중인 유사·중복 사업의 통합조정 등을 위해 전 부처 복지사업, 지방자치단체·민간나눔기관으로 확대하여 서비스의 누락과 중복 방지라는 정책효과를 배가하고자 하였다.

그 후, 보건복지부는 중앙에 복지사업의 총괄조정 및 통합관리를 위해 사통망을 구축하였다. 2013년부터 지방에 다양한 복지서비스를 맞춤형으로 통합 제공하는 희망복지지원단을 중심으로 지역별 통합 사례관리체계를 강화하였다. '희망복지지원단'은 복지공무원(평균 6명)과 통합서비스전문요원(민간계약직, 평균 4명) 등으로 구성되며, 이를 통해 지역별 통합 사례관리체계를 강화시켜 나가고자 하고 있다.

최근 우리나라의 사회복지전달체계의 개편방향은 읍, 면, 동 단위의 복지전달체계를 구축하려고 노력하고 있는데 이것은 동네 거버넌스의 개념[2]을 잘 반영하고 있는 실례라고 볼 수 있겠다. 보건복지부(2014)의 읍면동 복지기능보강의 목적은 다음 네 가지이다.

▷ One-Stop 서비스 실현
- 현재 읍면동에서 상담·신청 수행 중인 복지서비스에 대한 내실화 및 단계적 서비스 확대 추진(장애인, 노인, 아동 등 대상별 복지서비스 종합안내)

▷ 찾아가는 서비스 활성화
- 노인장애인 등 지동 제약 계층에 대한 방문상담·신청 등 취약가구에 대한 관리 체계화

▷ 통합서비스 제공
- 복합 욕구를 가지고 있는 저소득 가구에 대한 복지·보건·고용·교육·주거 등 맞춤 서비스 제공

▷ 주민주도의 지역 내 문제해결
- 공공과 민간 복지 간 연계협력 활성화를 통해 복잡·다양해지는 국민의 복지욕구에 탄력적으로 대응

그동안의 복지전달체계의 주요 변화들을 정리해 보면 다음과 같다.

2) 제15장 제4절 복지거버넌스와 지방분권화 및 주민참여 참조.

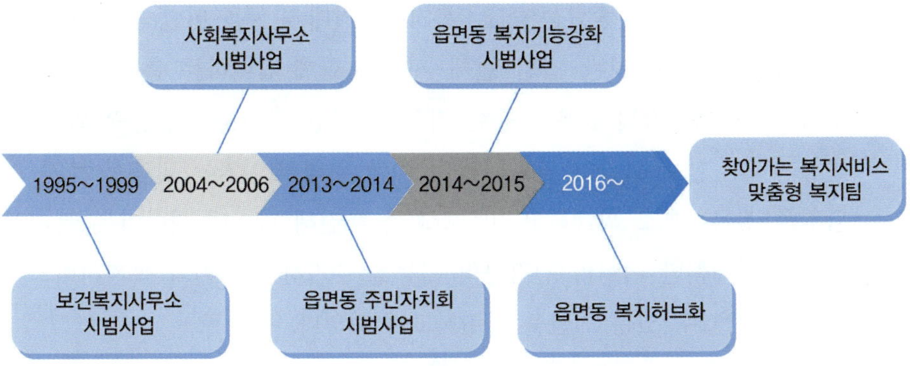

|그림 7-2| 복지전달체계 주요 변화

4. 찾아가는 복지서비스 : 맞춤형 복지팀

그동안 복지예산과 인력은 해마다 증가되어 왔음에도 불구하고 복지사각지대(세 모녀 사건이나 생활고 비관 40대 남자의 극단적 선택, 경기도 광주의 세 가족 자살 등)는 해소되지 않고 빈곤 위기가족은 늘 상존하고 있다. 그리고 중앙부처와 지방자치단체의 복지사업이 읍면동으로 하달되어 복지업무의 심각한 깔때기 현상이 나타나고 있으며 복지수혜자 역시도 복지급여를 체감하지 못하거나 만족하지 못하는 현실에 놓여 있었다.

그리하여 보건복지부(2017)는 찾아가는 복지서비스의 추진배경과 필요성으로 다음 네 가지를 제기하였다.

찾아가는 복지서비스 추진배경에 대한 설명으로 옳지 않은 것은?

① **사회문제의 복잡·다양화** : 사회문제가 점차 복잡·다양화됨에 따라 생애 주기별 맞춤형 복지의 성공적 실현을 위한 복지전달체계의 개편의 필요성이 제기되고,

② **국민의 낮은 복지 체감도** : 사회보장 영역·대상의 지속적 확대 및 지속적인 복지예산의 확대에도 불구하고, 국민의 복지체감도 제고에 한계가 있으며,

③ **복지사각지대 문제 상존** : 정부의 지속적인 복지정책의 확대에도 불구하고 고독사, 장애인 인권침해, 아동·노인학대, 경제적 어려움으로 인한 자살사건 발생 등 복지사각지대 문제가 여전히 존재하고 있고,

④ **민관 협력·자원 공유 중요성 증대** : 복지사각지대 발굴을 위한 지역 내 복지 관련 공공 및 민간기관·법인·단체·시설이 함께 참여하는 촘촘한 인적안전망 구축, 복지자원 공유를 통한 지역 내 가용 복지자원의 총량 확대 등 공공복지의 한계 보완이 필요하였다. 이를 위해 찾아가는 맞춤형 복지 전담팀을 전국적으로 확대하고 역량강화를 추진해 나가며 찾아가는 복지전담팀에 복지뿐만 아니라 건강관리 기능을 추가하여 보건과 복지서비스가 함께 제공될 수 있는 기반을 마련하고자 하였다.

맞춤형 복지팀의 기능과 역할로 옳게 짝지어진 것은?

이를 위해 찾아가는 맞춤형 복지 전담팀을 전국적으로 확대하고 역량강화를 추진해 나가며 찾아가는 복지전담팀에 복지뿐만 아니라 건강관리 기능을 추가하여 보건과 복지서비스가 함께 제공될 수 있는 기반을 마련하고자 하였다. 읍면동 복지허브화를 위한 맞춤형 복지팀의 기능과 역할을 살펴보면(보건복지부, 2017) 크게 다섯 가지로서 ① 찾아가는 복지상담, ② 복지사각지대 발굴·지원, ③ 통합사례관리, ④ 민관협력 및 인적안전망 구축·운영, ⑤ 지역자원 발굴 및 연계 등으로 맞춤형 복지사업을 수행한다.

복지상담의 목적에 대한 설명으로 볼 수 없는 것은?

찾아가는 복지상담은 읍면동 사회복지 업무를 급여관리 등 행정처리 위주가 아닌 지역복지중심기관으로 재정립하여 국민의 삶의 질 향상과 복지체감도를 제고하기 위해서 이루어진다. 복지상담의 목적은 ① 복지사각지대 발굴을 통한 선제적 복지서비스 지원으로 예방적 복지 실현, ② 복지대상자의 상황 변화에 대한 모니터링 및 사후관리, ③ 이동취약계층(노인 및 장애인 등)에 대한 방문상담을 통한 서비스 신청 및 서비스 지원, ④ 대상자가 처해 있는 문제 및 해결을 위해 적절히 대응할 수 있는 복지서비스 탐색 및 지원계획 수립 및 서비스 연계이다.

단계	대상자 발굴		초기상담		모니터 상담 (점검/ 사후관리)
수행 주체	• 맞춤형 복지팀		• 맞춤형 복지팀 (복지행정팀 공동수행)		• 맞춤형 복지팀
대상	• 국민기초생활수급대상자 • 차상위계층 • 기타 복지사각지대	➡	• 단순정보제공자 • 사례관리 후보자	➡	• 단순정보제공자 등 • 서비스연계대상자 등 • 사례관리 대상자 등
주요 역할	• 대상자 발굴 • 발굴체계 간 협력관계 유지		• 대상자와 관계형성 • 대상자와 기초상담 (생활실태 및 욕구 파악)		(점검) • 서비스연계 현황, 대상자 변화 확인(사후관리) • 대상자 변화 유지 모니터링
기록	사회보장정보시스템[3)] (공무원 및 상담사례관리 권한부여자)		사회보장정보시스템 (공무원 및 상담사례관리 권한부여자)		사회보장정보시스템 (공무원 및 상담사례관리 권한부여자)

※ 읍면동 지역사회복지협의체 위원, 복지동(이)장, 복지위원, 방문형서비스 제공인력 등은 복지대상자 상담 및 모니터 상담 시 가구 공동방문 등의 협조적 역할 수행

|그림 7-3| 맞춤형 복지팀 업무 단계

복지사각지대 발굴 및 지원에서 그 대상자는 사회복지 욕구가 존재함에도 불구하고 여러 가지 사유로 복지 서비스를 제공받지 못하여 생활상의 어려움을 겪고 있는 복지 소외계층을 말하는데, 즉 탈 수급대상(사회보장급여 수혜 자격기준에 의해 배제된 대상자), 차상위 대상(욕구 대비 복지서비스의 내용 및 수준이 불충분한 대상자), 신규 발굴대상(공공부조 및 복지서비스 수혜대상이나 발굴되지 못한 대상자)이다. 이와 같이 다양한 경로[읍면동 지역사회보장협의체 위원을 통한 발굴, 복지통(이)장, 복지위원을 통한 발굴, 시군구 사회복지협의회 '좋은 이웃들'을 통한 발굴]를 통해 발굴된 복지사각지대 대상자 지원 및 관리는 읍면동 맞춤형 복지팀의 주도하에 체계적으로 관리하고, 특히 통합사례관리 업무의 연속성을 고려해 체계적인 발굴 대상자 관리

3) 사회보장정보시스템 영역과 정보 활용

영역 구분	활용 정보	정책 효과
적정 급여 관리	소득·재산 연계 정보	재정 절감
잠재 수급자 정보 제공	(과거) 수급자 관련 정보	수급 누락자 발굴
고위험 대상자 정보 제공	수급자 관련 정보, 공공기관 연계 정보	위기 대상자 선제적 개입
복지정보통계시스템 지원	수급자 관련 정보	정책 현황 참고 자료 제공

출처 : 김은하(2019). 사회보장정보시스템 정보의 정책활용과 과제. 보건복지포럼, No. 274.

가 중요하다.

통합사례관리의 목표

중점 통합사례관리 대상

통합사례관리의 개념은 읍면동에서 지역 내 공공·민간자원에 대한 체계적인 관리·지원체계를 토대로 복합적이고 다양한 욕구를 가진 대상자에게 복지·보건·고용·주거·교육·신용·법률 등 필요한 서비스를 통합적으로 연계·제공하고, 이를 지속적으로 상담·모니터링해 나가는 사업을 말한다. 통합사례관리의 목표는 ① 지역주민의 다양한 욕구에 맞춤형 서비스를 연계·제공함으로써 지역주민의 삶을 안정적으로 지원·지지하고, 복지제도의 효과성·효율성을 향상하고, ② 일반적으로 지역주민을 대상으로 하나, 복지욕구 및 경제적 여건을 고려하여 저소득층의 탈빈곤·빈곤예방을 중점 목표로 설정한다(고용-복지 연계에 중점). 중점 통합사례관리 대상은 ① 통합사례관리를 통해 탈빈곤·자활가능 가구(기초생활수급자 중 특히 신규수급자, 기초수급 탈락자 등), ② 차상위 빈곤가구, 특히 긴급지원 대상가구 및 기초생활수급자 탈락 가구 중 통합사례관리를 통해 빈곤예방이 가능한 가구이다. 읍면동 맞춤형 복지팀은 대상자 발굴, 초기상담, 통합사례관리(서비스 연계)를 기본적으로 수행하는데, 고난이도 사례는 시군구 희망복지지원단으로 사례관리 의뢰, 솔루션 회의 요청, 사후관리, 자원관리 및 지역보호체계 운영 업무를 수행한다.

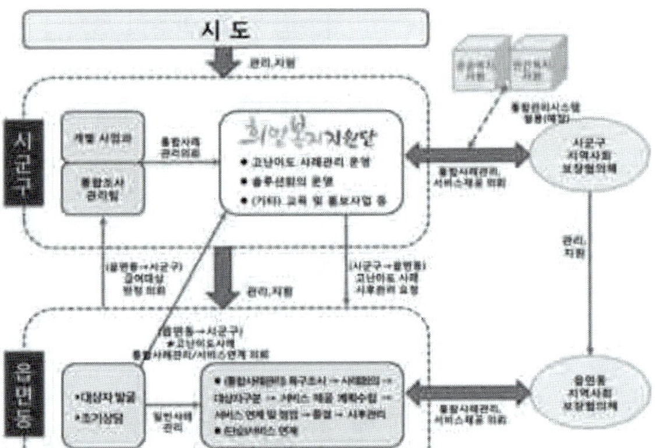

|그림 7-4| 읍면동 맞춤형 복지체계

최근 정부는 '통합돌봄·사례관리를 통한 함께 살아가는 지역 만들기'를 제안(보건복지부, 2019)하면서, 공공서비스 플랫폼 기능 확대, 공공서비스 연계·지역화를 제시하였다. 즉, 공공 서비스를 통합하여 지역기반의 포괄적 서비스 제공 체계를 만들겠다는 의도이다. 이러한 변화는 2018년에 제안된 중앙정부의 '커뮤니티케어' 전략과도 맥이 닿아 있다. 두 전략 모두 휴먼서비스의 촘촘한 연결을 통

하여 지역사회보호의 지속성(continuity of communitycare)을 담보하고, 필요하다면 공공 전달체계를 개편하겠다는 것이다. 예컨대 이용자의 다양한 욕구에 적절하게 대응할 수 있는 '서비스가 제때제때 전달'되도록 하는 것이다. 이는 이용자 입장에서 자신에게 필요한 서비스가 연결되는 서비스 통합의 개념과 연결된다. 외국의 경우에도 서비스 조직들의 파편성과 분절성 속에서 취약집단의 서비스 접근성과 이용 가능성을 높이기 위하여, 서비스 조정과 통합을 위한 다양한 전략이 모색되었다(민소영, 2019).

최근에는 사회 안전망 밖에서 복지 취약계층이 어려움을 겪는 일[4]이 없도록, 상시적 위기발굴체제 구축으로서 명예사회복지공무원[5] 중 공동주택관리자, 검침원, 택배기사, 배달업 종사자 등 생활업종 종사자의 비중을 확대하고 명예사회복지공무원과 고위험 위기가구 간 일촌맺기로 사회관계망서비스(SNS) 등을 활용한 주기적 안부 연락 실시를 추진해 나가기로 하였다.

명예사회복지공무원에 대한 설명으로 옳은 것은?

제 2 절 재원조달

사회복지재정은 사회복지정책을 수행하는 데 필요한 비용이다. 따라서 재원조달은 사회복지정책을 계획하고 실행하는 데 가장 기본적인 전제조건이라 할 수 있다. 사회복지정책에 사용되는 재원은 그 형태가 다양하며, 정책의 종류에 따라 재원의 유형도 각각 달라지게 된다. 일반적으로 사회복지재원은 크게 조세나 사회보험료와 같은 공공부문 재원과 후원금, 기부금, 회비, 모금, 이용료, 수익사업과 같은 민간부문 재원으로 구분할 수 있다.

4) 2014년 송파 세 모녀의 안타까운 죽음 이후 정부는 복지 3법 제 · 개정, 복지 사각지대 발굴시스템 구축, 읍면동 찾아가는 복지서비스 도입 등 사각지대 지원을 위한 다양한 노력을 기울였다. 그러나 증평 모녀 사망사건(2018. 4월), 북한이탈주민 모자 사망사건(2019. 7월)은 복지 사각지대 발굴 및 지원을 위해 우리 사회의 더 많은 관심과 지원이 필요함을 보여주었다.

5) 빈곤 위기가구, 돌봄 위기가구, 주거 취약가구 등 신(新) 사회적 위험 증가에 선제적·효율적으로 대응하기 위하여 지방자치단체가 민간 인력을 활용하여 구축하는 인적안전망으로서 '명예 사회복지공무원'이란 자발적 무보수·명예직의 지역주민을 말한다.

사회복지재원의 유형

1. 사회복지재원의 유형

1) 조 세

국가에서 정부의 비용으로 사용하기 위해 국민들로부터 강제적으로 징수하는 화폐로 일반조세[6]와 특수목적으로 징수한 목적세, 직접세와 간접세, 누진세와 역진세, 소득세와 재산세 및 소비세 등으로 다양하게 구분할 수 있다.

조세방식의 선택배경으로 볼 수 없는 것은?

(1) 조세방식의 선택배경

① 국가가 생존권을 보장하는 이상 지불능력을 가지지 못한 저소득자를 위한 사회복지서비스에 대하여 정부가 책임을 져야 한다는 점이다.

② 사회복지정책의 대상이 되는 위험(risk)은 대부분 개인적으로 대응할 수 없는 사회적 위험이라는 점이다.

③ 사회적 위험의 축소에 의해 사회 구성원 전부의 이익이 향상된다는 점으로서 외부성(外部性)의 효과가 있다(제5장 제3절 외부효과 참조).

④ 사회복지정책의 기능 가운데 하나인 소득재분배 효과를 높이기 위해서는 누진세가 효과적이다.

(2) 조세방식의 한계

① 수익과 부담의 관계가 모호하다. 즉, 서비스를 받은 수혜자와 재원을 부담한 납세자가 동일한 사람이 아닌 경우가 대부분이다.

② 정부의 낭비적인 부담을 피하기 위해 자산조사를 행할 시에 행정의 자의적 개입이 초래하게 된다.

---

6) 세금은 크게 국세와 지방세로 나눌 수 있고 국가의 경비로 쓰기 위해서 국민들에게 징수하는 세금으로서 국세는 크게 내국세와 관세로 나눌 수 있다. 내국세는 국내에 있는 과세 물건에 대해서 부과하는 조세이며, 국세 중에서 관세를 제외한 총체적인 것으로 보통세와 목적세로 분류된다. 보통세는 국가 또는 지방자치단체의 일반적 지출에 충당하기 위한 조세를 말하며 여기에는 직접세와 간접세가 있다. 직접세는 납세의무자와 실질적으로 그 세금을 부담하는 자가 일치하는 세금으로서 소득세, 법인세, 상속세, 증여세, 종합부동산세, 부당이득세 등이 있다. 납세의무자와 실질적으로 그 세금을 부담하는 자가 일치하지 않는 세금인 간접세에는 부가가치세, 특별소비세, 주세, 인지세, 증권거래세 등이 있다.

③ 조세방식을 통해 확보된 재정 효율성 때문에 엄격한 자격요건을 적용하고 심사로 인해 낙인이 발생할 수 있다.

④ 재원 확보를 둘러싸고 다른 정책분야와 경쟁하게 되어 재원 조달의 안정성이 손상되기 쉽다.

(3) 조세방식의 몇 가지 선택 사례

선진 복지국가의 경우 일반세 및 사회보험료에만 의존(부담능력을 중시)하는 것이 그 경제적 효과 및 사회적 효과의 측면에서 문제가 많아 이것을 보완하는 재원으로서 목적세가 등장하였으며 소득재분배를 높이기 위해 누진세를 채택하고 있다.

목적세의 장단점

목적세[7]는 특정 목적을 위해 제공되는 급여에 충당하기 위한 재원으로서 특정 재원의 성격을 가진다. 목적세의 장점은 ① 사용이 제한되기 때문에 재원의 안정적 확보가 용이하고, ② 수입 지출의 대응관계가 명확하다. 반면 목적세의 단점은 ① 탄력적인 재정정책의 수행이 곤란하고, ② 급여 자체가 목적세 재원의 변동에 의해 좌우된다.

역진세

소득재분배의 효과적 측면으로서 누진세는 소득금액이 커질수록 높은 세금을 내도록 정한 것이다. 누진세의 성격은 저소득자보다 고소득자가 상대적으로 더 많은 세금을 부담하도록 하는 방식이다. 누진세와 반대되는 개념으로서 역진세는 과세물건의 수량 또는 금액이 많아짐에 따라 세율이 낮아지는 조세이다. 따라서 공공부조 및 저소득자를 대상으로 하는 일부 사회복지서비스에 대해서는 일반조세를 우선적으로 하여 재원을 조달하고 조달된 재원의 범위 내에서 서비스를 배분해야 할 것이다.

7) 목적세(earmarked taxes)는 징수된 세수의 지출을 특별한 목적에 한정한 세금을 말한다. 즉, 목적세는 일반세와는 달리 특정한 목적을 위해 재원을 조달하는 방법으로 세입과 지출을 연계시키는 수익자 부담원칙에 의한 조세이다. 이러한 목적세는 조세를 정부가 제공하는 공공서비스에 대한 가격으로 보고 혜택을 받은 사람들이 이에 대한 대가를 지불하는 것이라 볼 수 있다. 현재 우리나라의 조세 체계상 목적세로 분류할 수 있는 것은 국세의 3개 세목(교육세, 농어촌특별세, 교통세)과 지방세의 4개 세목(도시계획세, 사업소세, 소방공동시설세, 지역개발세)이 있다.

2) 사회보험료

사회보험은 보험가입자가 일정한 기간 정기적으로 일정한 금액을 기여하는 방식으로 대부분 사회보험료를 중요 재원으로 하고 있다.

사회보험료의 성격에 대한 설명으로 옳은 것은?

(1) 사회보험료의 성격

① 능력비례원칙에 의해 부담능력에 따라 징수되는 것은 사회보험료의 사회성을 반영한 것이다(예 국민연금의 정률부담).

② 비보험자 전원의 평균적 사고 발생확률을 고려하여 사회보험료를 부과함으로써 보험성을 띤다(예 건강보험에서 지역가입자의 통합보험료부과 방식이 부과표준 소득을 기준으로 함).

③ 목적세의 기능을 하고 있다. 일반적으로 능력비례원칙에 따라 징수되고, 강제적으로 징수된다는 점에서 목적세와 유사한 측면을 가진다. 즉, 연금보험료는 노후의 소득보장이라는 특별한 목적을 위해 가입자 전원에게 강제 징수한다.

④ 부담과 수익이 개별적으로 대응관계가 없다. 즉, 사회보험은 소득재분배라는 목표를 추구하기 때문에 민간보험처럼 자신이 낸 기여금과 수익(급여액)이 반드시 일치하지 않고 가능한 한 사회적 위험이 높은 집단에게 자신이 낸 기여금보다 급여액(수익)이 더 많도록 설계되어 있다.

(2) 보험료 선택의 고려사항

사회복지정책의 재원으로서 사회보험료를 활용할 경우 검토되어야 하는 사항은 다음과 같다.

① **보험료 부과기준 소득 설정** : 예를 들어, 우리나라 국민건강보험에서 지역가입자의 경우 대통령령이 정하는 등급구분에 의해 부과표준소득을 설정하여 월 보험료액을 부담한다.

② **피용자의 부과기준소득에 상한(ceiling) 설정**[8] : 표준보수(소득)가 어떤 수준을

---

8) 예를 들어, 2007년부터 우리나라 국민건강보험제도에서 직장 가입자의 등급별 표준보수월액은 폐지되

상회하면 보험료 부담은 정액화되고 보수의 상승으로 인한 보험료 증가는 없다.

③ **보험료율의 문제** : 정률제는 보험료를 그 부담능력에 따라 징수한다는 점에서 능력비례원칙을 따르는데, 정률제는 인적 공제(18세 미만의 아동이나 장애인이 있거나, 65세 이상의 부모를 모시는 경우 소득세 감면제도)를 가지지 않기 때문에 저소득층에게는 높은 부담이 된다.

정액제는 가입대상자 모두에게 동일한 액수의 비용을 징수하는 제도로서 보험료 수준은 부담능력이 낮은 계층을 기준으로 하고 있기 때문에 재원의 확대를 곤란하게 하고 그 결과 급여수준을 낮추든지 부족한 재원을 정부재정에 의존하는 수밖에 없다.

보험방식과 조세방식의 특성 비교

♣ 사회보험료를 통한 재원조달 방식의 장점

① 사회보험급여의 인상과 직접적으로 연계될 수 있어 무책임한 급여의 인상 억제
② 피보험자에게 낙인을 제공하지 않고 권리성을 부여
③ 사업주에게 사고발생 예방의 유인과 보험료 부담의 증대를 억제하는 동기 부여
④ 피용자보험의 경우 보험료의 징수비용이 낮거나 간편
⑤ 일종의 목적세적 성격으로 피보험자의 납부의욕이 일반조세의 경우에 비해 높음
⑥ 보험료 적립으로 공공투자의 자금으로 이용 가능하며 특히 장기형의 경우가 더 좋음

VS

♣ 조세를 통한 재원조달 방식의 장점

① 사회적 평등화 목표에 조세방식이 상대적으로 더 가까움
② 누진세를 채택할 경우 일방적인 소득이전이라는 사회복지정책의 기능과 연계
③ 소득 상한선이 설정되어 있는 경우에 보험방식은 더욱더 소득 역진적이 되는데 조세 방식에서는 그와 같은 우려가 없음
④ 재정운용에 있어 각종 서비스 프로그램 간에 상호조정이 가능

④ **피용자와 사용자의 부담비율에 관한 문제** : 즉, 피용자와 사용자를 동수(각각 1/2)의 비율로 할 것인가 아니면 사용자에게 더 많이 징수하고 피용자에게 적게 징수할 것인가의 문제이다.

고 보수월액의 상한선이 6,579만 원, 하한선이 28만 원으로 조정되었다. 이때 6,579만 원이 상한선이다.

3) 민간재원조달 방식

민간재원조달 방식

민간 사회복지기관은 공공기관과는 달리 여러 가지 재원조달 방법을 통하여 서비스를 제공하거나 조직을 운영하는 비용을 충당하고 있다. 전적으로 민간 사회복지기관이 자체적으로 재원조달 문제를 해결하는 기관은 흔치 않다. 대부분 재정적인 면에서 공공과 민간이 혼합된 형식을 취한다고 볼 수 있다.

(1) 유형

① **후원금 및 기부금** : 후원금은 재정적 지원을 제공하는 것을 말한다. 기부금은 반대급부를 기대하지 않고 사회복지기관에 제공하는 금품을 말한다. 이를 제공하는 개인과 단체가 특정 조직의 설립목적과 기능에 대한 개인적 신뢰를 바탕으로 이루어지는 경우가 대부분이다.

② **회비** : 사회복지조직의 회원자격으로서 내는 재정이다. 기부금과 후원금보다 제공하는 사람들의 입장이 강력하게 반영되기를 원하는 데서 강점과 약점을 지니고 있다.

③ **모금** : 선진국의 경우는 모금전문기관이 일찍부터 발달하여 공동모금을 하여 지역단위나 국가단위로 사회복지 재정을 배분하여 왔다. 우리나라 역시 1995년 「사회복지공동모금회법」이 제정되어 실시되고 있다. 최근에 사회복지공동모금회는 크라우드 펀딩에 의한 모금사업(예 우리동네 반찬 지원사업 외 4종)을 진행하고 있다(신복기·박경일 외, 2019 : 336-338. 크라우드 펀딩 참조).

④ **수익사업** : 본질적으로 민간 사회복지기관에서 재원조달방법으로 활용하지 않지만, 국가보조금이나 기타 민간의 재원조달방법만으로 기관의 운영이 어려워 수익사업을 병행하는 경우가 있다.

수익자 부담의 필요성

(2) 수익자 부담의 필요성

수익자 부담은 사회복지급여나 서비스를 이용하는 사람들이 그 이용의 대가를 지불하는 방법으로 재원을 조달하는 것이다. 예를 들어, 국민건강보험에서 본인 일부 부담이나 각종 사회복지서비스의 이용료를 말한다.

이러한 수익자 부담의 필요성은 다음의 여섯 가지로 요약해 볼 수 있다.

① 서비스 급여에 일정한 비용 부담을 사용자에게 담당하게 하여 불필요한 서비스 이용을 막고 서비스의 우선순위를 설정할 수 있다.
② 국가 전체의 사회복지 재정부담을 완화하는 목적에서 이용자 부담 방식이 채택된다.
③ 사회변동의 결과 새로운 사회복지 욕구가 출현하므로 이들 욕구를 충족시키기 위해 수익자 부담이 필요하다.
④ 보편적으로 사회복지서비스를 이용할 수 있도록 하는 경우에 수익자 부담을 채택함으로써 수익자와 비수익자 사이에 공평을 도모한다.
⑤ 사회복지서비스의 수익자가 특별하게 제한되므로 수익의 정도 및 부담 능력의 높고 낮음에 따른 부담을 요구하여 수익자의 책임을 촉구할 수 있다.
⑥ 심리적 결과로서 수혜자가 된다는 사실에 대해 느낄 수 있는 열등감이나 낙인을 약화시키며 개인의 존엄성이 손상되는 것을 막을 수 있다.

(3) 민간재원조달의 장점과 한계

민간재원조달의 장점은 다음과 같다.

① 기부금이나 후원금, 특히 회비만 내는 사람은 책임성만 확보된다면, 자신이 제공한 재정이 구체적으로 어디에 어떻게 사용되는지에 대하여 알 수 있어 재원조달에 유인책이 된다.
② 민간사회복지 재원조달은 분명한 목적과 구체적인 사업을 적시에 할 수 있어 여기에 찬성하는 사람들로부터 재원조달이 용이할 수 있다.
③ 민간사회복지기관은 조직과 규모가 작고 지역사회와 밀접하게 연관성을 가지고 있으므로 지역사회의 변화하는 욕구에 민감하게 적응할 수 있어 재원조달이 상대적으로 쉬운 면이 있다.

민간재원조달의 한계는 다음과 같다.

① 경제·사회적 여건의 변화에 따라 변동이 심하다. 즉, 민간사회복지 재원은 재원의 불안정성으로 인하여 단기적인 개입에 그치기 쉬운 약점을 드러내는 결정적인 요인이 된다. 민간재원조달의 한계

② 민간재원조달이 개인이나 집단의 자발적인 기부에 의존하는 관계로, 사용 역시 책임성 문제가 종종 쟁점화되기도 한다.

③ 민간재원조달을 사용하여 서비스를 제공하는 경우 사회복지정책 급여의 남용 또는 오용의 문제가 발생되기도 한다.

사회보장의 재원

♣ 사회보장의 재원

- 조세 - 공공부조, 사회복지서비스
- 목적세 - 교육세, 농어촌특별세, 교통세, 도시계획세, 지역개발세 등
- 각출금(contribution)
  - 정부
  - 사용자
  - 근로자
  - → 사회보험 (각출방식)
    - 1자부담 : 산재보험, 고용보험 중 고용안전직업능력개발사업, 국민건강보험 중 지역가입자, 국민연금 중 지역가입자
    - 2자부담 : 국민건강보험 중 직장가입자(근로자, 공무원), 국민연금 중 사업장가입자, 고용보험 중 실업급여사업
    - 3자부담 : 국민건강보험 중 직장가입자(사립학교교직원)
- 본인부담금(이용료, fee) - 사회복지서비스

2. 재원조달 방법

재원조달 방법
-응익부담
-응능부담
-사회적 비용

사회복지정책의 재원이 조세의 형태를 띠건 사용자 부담금의 형태를 띠건 간에 이들이 수혜자의 능력을 전제로 하는가, 아니면 평등성을 전제로 하는가에 따라 적용되는 원리는 능력주의와 평등주의로 나뉜다.

〈표 7-1〉 능력주의와 평등주의

구분	내용
능력주의	능력에 따른 각출과 능력에 따른 급여의 원리, 곧 소득에 비례하여, 또는 사고 위험의 정도에 따라 급부와 반대급부에 차이를 두는 형태로서 개인주의적 사상에 기반을 둔 가치
평등주의	균일한 각출과 균일한 급여를 전제로 하는, 곧 국가가 모든 사람에게 차이가 없는 기본적 필요(최저생활) 급여만을 책임지며, 그 재원의 형성은 조세나 동일 액수의 각출금에 의하여야 한다는 원리로서 국가적 책임 사상과 밀접한 관련

재원조달의 방법으로서 응익부담 방식과 응능부담 방식, 사회적 비용으로 구분하여 살펴볼 수 있다.

① 응익부담(應益負擔)은 수익자 부담의 근거가 되는 이익설이다. 예를 들어, 고차원의 욕구에 대응하여 유료노인홈, 개인연금 등이 응익부담에 해당된다.

② 응능부담(應能負擔)은 지불능력(부담능력)에 따라서 부담하므로 능력설이라고 한다. 사회복지서비스의 요금과 같은 세외 부담 부분에 있어서 일정액의 이용료를 징수하고, 저소득자는 감면조치한다. 예를 들어, 복지관 등을 이용하는 사람은 민간에서 징수하는 비용보다 적은 비용으로 서비스나 급여를 받도록 되어 있다.

③ 사회적 비용(社會的 費用) : 사회적 비용은 원칙적으로 국가(운영비)와 지방자치단체(설치비)가 부담하며 배분적 정의에 의한 평등의 달성을 목적으로 하고 있다. 예를 들어, 장애인에 대한 급여, 고용주 책임에 의한 산재보험 등이 해당된다.

이러한 비용부담 방식을 공적·사적 부담 방식과 대비시켜 보면 |그림 7-5|와 같다. 이때 사회적 비용부담이 더 많거나 공적 부담 영역이 더 많을 경우 우리는 일반적으로 사회복지에 대한 책임을 국가나 사회가 더 많이 진다고 볼 수 있다.

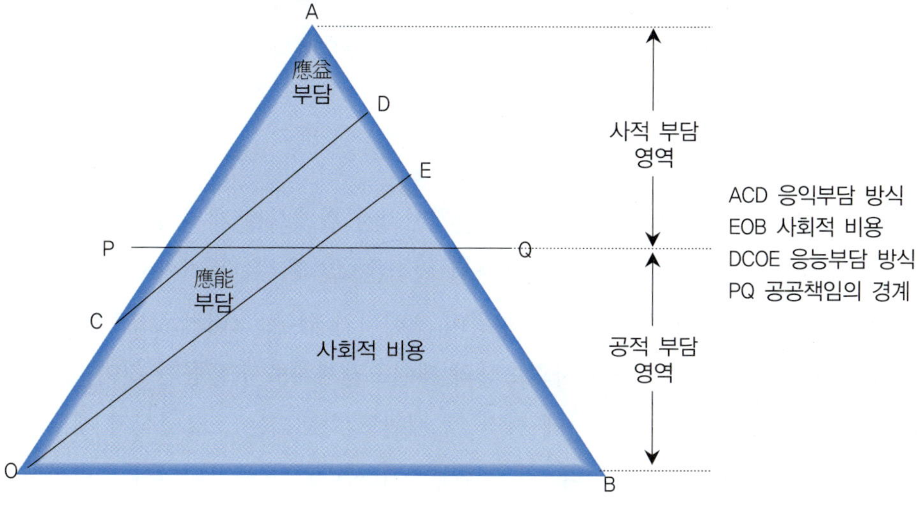

|그림 7-5| 비용부담 방식과 공적 책임

재원조달 정책 선택의 기준

3. 재원조달에 있어서 정책 선택의 기준

1) 중립성 기준

한정된 재원으로 사회보장정책을 적절히 수행하기 위해서는 재원조달이 국가의 경제활동을 크게 저해하는 효과가 발생하지 않아야 한다. 중립적 기준에서 언급되어야 하는 것은 높은 비용 부담이 개인저축률의 저하를 초래할 뿐만 아니라 노동력 공급을 억제하는 역할을 할 가능성이 있다는 것이다. 그러므로 중립성의 관점에서 한편으로는 ① 보험료에 의한 재원 구성 비율을 높임과 동시에 다른 한편으로는 ② 정부 재정 부담의 일부를 누진도가 강한 직접세에서 부가가치세 내지는 소비세 형태의 조세로 바꾸어 자원배분의 왜곡 가능성을 억제해 가는 방향으로 재원조달방식을 취하는 것이 바람직하다.

2) 공평성 기준

공평한 부담이 이루어지지 않는 한 계속 큰 폭으로 증가하고 있는 사회보장비의 재원조달은 어렵다. 특히 사회보장이라고 하는 특정 정책목적을 위한 재원조달을 위해서는 부담의 공평성 확보가 더욱더 중요하다.

3) 안정성 기준

사회보장제도를 장기적으로 유지·발전시키기 위해서는 재원의 안정성이 반드시 요구된다. 일반재원에 의한 재원조달 방식은 그 배분을 둘러싸고 다른 공공정책과 경쟁하게 되어 정치적 대립 상황이 초래되기 쉽다. 그러므로 일반재원인 조세 비율이 높은 재원구조가 사회보장의 재원조달체계로서 훌륭한 것이라고 항상 말할 수는 없다. 급여의 증가에 따라 그 재원도 확대되는 조달방식이 제도의 장기 안정화를 위해서 요구된다. 최근 무상복지 시리즈가 주장되면서 사회복지 재정의 안정성 기준이 중요한 이슈로 부각되고 있다.

4) 간소성 기준

재원을 조달함에 있어서 징수의 절차가 간편하고 징수비용이 낮은 방법이 요구된다. 이 기준에서 볼 때 피용자보험의 경우와 같이 원천징수에 의한 재원조달이 최적이다. 또한 사회보장의 비용이 조세, 보험료, 이용료 등 어떤 형태로 부담되든 이를 부담하는 사람들에게 이해를 얻는 것이 필요한데 이를 위해서도 간소성의 기준에 맞는 조달방법을 검토하여야 할 것이다.

이상과 같은 네 가지의 기준은 상호 대립되는 면이 있어 어느 한편을 취할 경우 다른 한편이 손상되는 상대적 관계에 있다. 그러므로 재원조달에 있어서는 각 제도의 목적에 비추어 각 기준별 비중을 고려하여 적절한 방법을 선택하여야 한다.

4. 지방재정조정제도 : 중앙정부의 지방정부 재정지원 방법

1) 지방재정조정제도의 의의

지방재정조정제도란?

지방정부가 중앙정부에 비해 재정력이 취약하고(수직적 불균형), 지방정부 간 재정력의 불균형(수평적 불균형)이 존재하기 때문에 중앙정부가 지방정부에 대해 재원을 이전하고 지방정부 간 재정력의 불균형을 조정해 주는 제도적 장치가 지방재정조정제도이다.[9)]

정부지원금의 의의

상위정부로부터의 재정이전(intergovernmental grants)을 의미하는 지방재정조정제도의 목적은 국가 전체 재정운영의 효율성과 형평성을 제고하는 데 있다. 정부지원금제도의 논거로서 효율성의 증진, 형평성의 증진, 가부장주의(paternalism) 등을 들고 있다. 즉, 정부지원금은 ① 공공재 공급의 지역 간 외부효과를 내부화시킴으로써 효율적인 자원배분을 가능하게 하며, ② 재정불균형을 시정함으로써 형평성을 증진시키며, ③ 중앙정부는 정부지원금을 통해 특정 지방공공재의 공급

9) 지방재정조정제도에 대한 용어는 지방재정지원제도(유 훈, 1995), 정부지원금제도(전상경, 2002) 등 학자에 따라 의미하는 바를 명확히 하기 위해 달리 사용하기도 한다. 여기에서는 보편적으로 사용되고 있는 지방재정조정제도로 사용한다.

수준을 높이기 위하여 지방정부의 재정운영에 영향을 줄 수 있다.

결국 지방재정조정제도는 지방재정의 효율성과 형평성을 제고시키기 위한 제도적 장치이며, 지방정부가 최소한의 행정수준을 유지하는 데 필요한 재원을 보장함과 동시에 지방정부 간의 재정력 격차를 완화시키기 위해 국세수입의 일부를 일정 기준에 따라 지방정부에 배분해 주는 제도라 할 수 있다.

지방교부세란?

우리나라 현행 법령상 재정적 불균형을 조정하는 지방재정조정제도는 지방교부세, 국고보조금 등으로 운용되고 있다. 지방교부세[10]는 조건이 붙지 않는 국고지원금(unconditional grant)으로서 지방정부의 기초적인 행정운영에 필요한 부족한 재원을 보장하고, 지방정부 간 재정력 격차의 완화를 목표로 하는 형평화 보조금이라 할 수 있다. 따라서 지역 간 경제력의 격차로 인해 불가피하게 발생하는 세원의 지역 간 편재를 국세의 일부로 징수한 재원으로 보전하기 때문에 형식적으로는 간접적인 과징형태를 지닌 지방공유의 독립재원이다. 지방교부세의 특징은 지방자치단체가 공유하는 독립재원으로서 그 경비의 용도가 제한되지 않는다는 데 있다. 이 제도는 지방재정의 자주성을 보장하고 실질적으로는 지방세와 같이 사용할 수 있는 일반재원이다.

국고보조금제도는 일정한 공동목표 달성의 취지에서 중앙정부가 사용범위를 정하여 지방정부에 제공하는 재정지원제도로서, 중앙정부와 지방정부가 서비스 공급을 공동으로 책임지고 있거나 지역단위를 넘어서는 편익의 외부유출효과가 일어나는 활동이나 기능을 위한 정책수단이다.

10) 지방교부세법 제3조에 의하면 지방교부세는 보통교부세, 특별교부세, 부동산교부세 및 소방안전교부세로 한다.

〈표 7-2〉 지방재정조정제도 개요

구 분	지방교부세	국고보조금
근거법령	지방교부세법	보조금의 예산 및 관리에 관한 법률
의 의	국세수입의 일부를 지방자치단체의 행정운영에 필요한 재원으로 교부하여 그 재정을 조정함으로써 지방행정의 건전한 발전을 기하는 제도	국가위임사무와 시책사업 등에 대한 사용범위를 정하여 그 경비의 전부 또는 일부를 보조하거나 재정상의 원조를 하기 위하여 교부하는 제도로서 교부금, 국고부담금, 협의의 국고보조금 등을 포괄
재원구성	당해연도의 내국세 총액의 10,000분의 1,924에 해당하는 금액	국가의 일반회계 또는 특별회계 예산으로 계상
종 류	- 보통교부세 : 분권교부세액 및 종전 지방양여금 도로사업 보전분을 제외한 교부세 총액의 96% - 특별교부세 : 분권교부세액 및 종전 지방양여금 도로사업 보전분을 제외한 교부세 총액의 4% - 분권교부세 : 내국세의 총액의 0.94%	용도와 조건이 지정되어 특정목적재원으로 운용
성 격	- 보통교부세 : 분권교부세 : 일반재원(자주재원성격) - 특별교부세 : 일반재원(특정사업)	특정목적재원(의존재원성격)

출처 : 행정안전부(2011. 4). 2011년 지방자치단체 예산개요.

2) 국고보조금 지원형태

중앙정부가 지방정부에 국고보조금을 지원하는 방법으로서는 크게 범주별(항목별) 보조금, 기능별(포괄적) 보조금, 특별 보조금의 세 가지 형태가 있다.

첫째, 조건적 지원(conditional grants) 혹은 범주적 보조금(categorial grants)은 재원이 사용될 세부적인 항목(예를 들면, 대상 인구집단, 프로그램의 목표 등에 따름)을 지정하여 제공한다. 예를 들어, 공공부조에 소요되는 재원이나 양육수당, 기초연금 등 대부분의 우리나라 사회복지재원은 범주적 보조금에 해당된다. 범주적 보조금도 재정적 규제방법에 따라 다시 세 가지로 나눈다. 범주적 보조금

① 무제한 'matching'의 방법으로, 중앙정부가 지원하는 액수의 일정한 비율을 지방정부에게 부담시킨다. 예를 들어, 현재 우리나라의 국고보조금 비율은 20~100%의 정률보조제이다.

② 제한적 'matching'의 방법으로, 상기한 것과 달리 중앙정부의 지원 상한액이 있어 그 안에서 matching이 이루어진다.

③ 주어진 항목에 사용하도록, 즉 단순히 일정한 액수를 준다(non-matching). 예를 들어, 우리나라 지역아동센터 2019년 기본운영비 국고보조금은 529만 원이다.

기능별(포괄) 보조금 =블록그란트

둘째, 기능별(포괄적) 보조금(block grant)으로서, 이것은 상기의 범주적 지원처럼 세부적인 프로그램 항목별로 지원하는 것이 아니라 프로그램의 기능별로 크게 묶어 지원하는 것이다. 예를 들어, 지역자율형 사회서비스 투자 사업은 2015년부터 포괄보조사업방식[11]으로 변경되었다.

특별보조금

셋째, 특별보조금은 중앙정부의 예산 가운데 일정 부분을 지방정부에 넘겨주는 것으로서, 이것은 지방정부의 독립성을 가장 높여 재원만 중앙정부에 일부 의존하고, 전달체계에 관한 모든 것들은 지방정부가 독립적으로 결정하기 때문에 전술한 지방정부 전달체계의 장점을 크게 살릴 수 있다. 우리나라의 지방교부세가 여기에 해당된다.

〈표 7-3〉 중앙정부의 지방정부에 대한 재정지원 방법

포괄적 보조금이란?

<table>
<tr><td rowspan="3">범주별(항목별) 보조금
(categorical grant)</td><td colspan="2">• 사용처를 구체적으로 지정해서 보조(용처를 정함)
• 예산을 다른 용도로 사용하지 못하고 지역 간 형평성을 달성하는 장점이 있지만 재정집행의 정직성, 사업 간 분절적 운영이 단점이다.</td></tr>
<tr><td>matching grant</td><td>중앙정부가 일정 정도를 주면 지방정부도 일정 정도 사용(돈이 없는 지방정부는 사용하기 힘듦)</td></tr>
<tr><td>non-matching grant</td><td>단순히 일정 액수 지급, 지원상한액 제한이 없음</td></tr>
<tr><td>기능별(포괄적) 보조금
(block grant)</td><td colspan="2">• 전반적인 기능의 범위 안에서 지방정부의 재량대로 사용하도록 함
(예 저소득층을 대상으로 OO원을 지원)
• 지역실정에 맞는 사업운영과 재정운영의 자율성 확대라는 장점이 있는 반면, 지역 간 편차가 발생할 수 있는 단점이 있음</td></tr>
<tr><td>특별 보조금
(special revenue grants)</td><td colspan="2">중앙정부 예산 중 일정 부분을 지방에 넘겨줌</td></tr>
</table>

11) 개별보조와 포괄보조를 비교해 보면 개별보조는 전국적 통일성, 보편성이 있거나 최저생활보장을 위한 사업이며 포괄보조는 ① 지역 특성이 강한 사업, ② 보편적 욕구가 있더라도 집행재량이 필요한 사업, ③ 실험적 사업이 용이한 사업이다. 개별보조는 통일된 기준을 설정·집행하여 지역 간 형평성을 달성하는 장점이 있지만 집행의 경직성, 사업 간 분절적 운영이 단점이다. 이에 반해 포괄보조는 ① 지역실정에 맞는 사업의 운영과, ② 지방재정운영의 자율성 확대, ③ 지역사회자원연계강화로 분절적 사회서비스 재정운용의 한계를 극복하는 장점이 있지만 지역 간 편차가 발생할 우려가 있다.

3) 중앙정부와 지방자치단체의 보조금 지원비율

현행 사회복지예산은 사업내용에 따라 국가에서 재정의 전부 또는 일부를 지원하는 국고보조금과 지방비로 조달되고 있다. 그리고 국고보조금을 받지 않은 복지사업의 경우에도 법령에 저촉되지 않는다면 자치단체가 지방비를 재원으로 할 수 있다.

국고보조금 Matching Fund의 문제점 =지방비 부담의 가중

국고보조금은 제도적으로 중앙정부의 사업심사에 의해 지원규모 및 지원대상이 결정되며 보조금을 지원받기 위해서는 지방비 부담, 즉 Matching Fund를 의무화하고 있다. 그리고 중앙정부가 특정 사업에 대한 국고보조금을 지원할 때 전체 사업비 중 중앙정부가 부담하는 사업비의 비중, 즉 '국고보조율' 또는 '기준보조율'에 따르며, 지방정부의 재정 상태에 따라 기준보조율의 일정률을 가감할 수 있는 차등보조율 제도를 두고 있기 때문에 지방 간 형평화 효과를 발휘할 수 있다.

국고보조금제도의 관련법률인 「보조금의 예산 및 관리에 관한 법률 시행령」에서는 보조금의 지급형태에 따라 정률보조사업, 정액보조사업, 기타 보조사업으로 구분하고 있으나, 사회복지 분야와 관련해서는 대부분 정률보조사업으로 운용되고 있다. 예를 들어 기초생활보장제도의 경우, 국고보조방식으로 수행되는 사업으로서 서울특별시는 국고 50%, 서울시비 50%, 광역자치단체(시·도)에 대한 국고보조비율은 국고 80%, 지방비 20%(도비 10%, 시비 10%)로 분담하고 있다. 또한 드림스타트 사업은 국고보조 80%, 지방비 20%로 운영된다. 이와 같이 대부분의 복지사업은 국고보조금에 지방비를 매칭해서 추진하게 되므로 지방비 부담률을 낮추지 않고 국고보조를 늘리게 되면 그만큼 지방비 부담도 늘어나게 된다.

한국지방행정연구원에 따르면 사회복지분야 등 국고 보조사업에서 지방자치단체의 부담률이 갈수록 늘고 있다고 한다. 그동안 지방재정의 기간재원 역할을 해온 국고보조금은 지방재정에 긍정적 효과를 주기도 하지만, 동시에 중대한 재정 압박 요인으로 작용함으로써 부담을 놓고 중앙정부와 지방정부 간 갈등소지를 안고 있다. 이와 같은 현상은 최근 몇 년 동안 사회복지 국고사업이 급격히 증가했기 때문이다. 특히 법적·의무성 사회복지 국고보조사업이 급증하면서 매칭펀드에 의해 지방자치단체의 부담률이 늘어 지방자치단체의 재정부담을 가중시키고 있다.

제 3 절 NIT(Negative Income Tax) : 부(負)의 소득세

1. 개 념

밀턴 프리드만
(Friedman, Milton)

소득수준이 면세점에 도달하지 않는 모든 저소득자에 대하여 면세점과 소득과의 차액의 일정 비율을 정부가 지급하는 소득보장제도로서 보통 납세자에게 징수하는 데 대하여 역으로 저소득자에게 지급하므로 부의 소득세라고 한다. 이 제도는 소득세와 사회보장제도 중 공공부조를 합한 것이다. 그 주창자는 미국의 레이건 대통령의 경제자문자이던 Friedman[12]으로, 1962년 공화당의 정강인 "자본주의와 자유"에서 제안했다.

스핀햄랜드 제도 – 부의 소득세 효과 – 가족수당의 전신

부의 소득세 형태로서 최초의 실례는 1795년 영국 바크샤 주의 스핀햄랜드 제도(Speenhamland System of Relief)이다. 즉, 소맥의 가격과 구제를 받는 세대의 규모에 따라 구제수당의 액면을 정하여 임금에 의하여 생계를 유지하지 못하는 모든 근로자에게 구제수당을 제공하는 스핀햄랜드 제도가 있다. 그러나 고용주의 임금 인하정책과 식료품 가격의 등귀, 그리고 근로자의 생존비용을 그 지방의 납세자에게 부담시킨다는 생각 때문에 1834년 신구빈법으로 폐지되었다. 현대적 계보는 1943년 영국의 J. E. Rhys-Williams 여사의 사회적 배당안이라는 제안이 있었다.

빈곤갭이란?

이러한 부의 소득세의 발상은 ① 빈곤갭[13](poverty gap : 빈곤선 이하에 있는 사람들의 격차 부분의 합)의 증대와 그 해결의 필요에서 나왔으며, ② 사회복지 행정의 관료화에 대한 비판으로서 자유주의자의 반발에 의해 제기되었다.

부의 소득세를 계산하는 방법으로서 R. J. Rampman은 빈곤선 소득과의 빈곤갭(poverty gap)을 과세표준으로 하여 부의 세율은 빈곤갭의 변화에 대응하여 0~50%로 탄력적으로 적용한다. 예를 들어, 다음 표는 부의 소득세 계산방식이다.

---

12) M. Friedman은 1960년대와 1970년대에 걸쳐 정통 케인지언에 반대하여 시카고 학파의 새로운 갈래인 '통화주의(monetarism)'를 이끌어 내었다. 그는 자유방임주의와 시장제도를 통한 자유로운 경제활동을 주장하였으며 1976년 노벨경제학상을 수상하였다.

13) 통계청(2019)에 의하면 평균 빈곤갭이란 중위소득의 50~60%에 못 미치는 빈곤선 밑 계층(빈곤인구)의 평균소득과 빈곤선(하위소득 50~60%과의 차이를 나타낸 것(제1부 제4장 제3절 2. 소득분배의 불평등도 참조)

〈표 7-4〉 부의 소득세 계산방식 예 빈곤선 3,000$

과세 전 소득	빈곤소득갭	부의 세율	부의 소득세	과세 후 소득
0$	3,000$	50%	1,500$	1,500$
500	2,500	45	1,125	1,625
1,000	2,000	38	760	1,760
1,500	1,500	33	495	1,995
2,000	1,000	25	250	2,250
2,500	500	25	125	2,625
2,800	200	25	50	2,850
3,000	0	0	0	3,000

2. 부의 소득세 장단점

부의 소득세의 장점은 다음과 같다.

부의 소득세의 장점으로 볼 수 없는 것은?

① 소비자 주권을 강조한다.

② 소득만을 기준으로 급여를 결정하므로 자산조사에 따르는 사회적 치욕감이 없다.

③ 가족규모에 대한 고려가 가능하다. 즉, 현재 저출산이나 고령화 사회의 문제가 발생하는 경우 이에 따른 디자인을 할 수 있다.

④ 면세점 이하 모든 사람에게 적용되므로 공평하다.

⑤ 공적부조와는 달리 국세청에서 바로 지급하기 때문에 행정상의 자유재량이 적다.

⑥ 과세 최저한도의 소득에도 도달하지 못하는 중간빈곤층이 사회보호나 감세에서 제외되는 결함을 시정한다.

부의 소득세의 단점은 ① 소득보장에만 그쳐 공공부조에 비해 범위가 좁다. 기존의 공적부조 프로그램을 대체하지 못한다(정신적 복지나 사회적 서비스는 없다). ② 면세점 이상의 사람들에게 조세저항이 강하게 나타난다. ③ 근로 의욕이 약화된다. ④ 빈곤의 근본 원인을 망각하게 만든다.

예를 들어, Murray는 부의 소득세를 실시할 때, NIT는 프로그램 참여자들에게 원하는 노동시간을 감소시킨다는 부정적 평가를 하였다. 미국 덴버와 시애틀의 실험에서 남편의 경우 9%, 아내는 20% 노동시간이 감소하였고, 미혼남성의 노동공급도 30~40% 감소하였다. 즉, NIT가 노동공급에 − 효과 영향을 미칠 뿐만 아니라 가족구조의 와해를 가져와 시애틀, 덴버에서 실험집단의 파혼율이 비교집단보다 높게 나타났다.

한편 기본소득과 관련하여 부의 소득세를 비교해 보면,

기본소득과 부의 소득세 비교에 대한 설명으로 옳지 못한 것은?

① 부의 소득세는 좁은 의미에서는 기본소득[14]이 아니지만 무조건적인 소득보장 정책에 들어가기 때문에, 넓은 의미에서 기본소득의 한 형태로 보는 견해(미국과 캐나다, 기본소득 네트워크의 다수)가 있다.

② 부의 소득세는 한편으로 세금을 내면서 다른 한편으로 기본소득을 받는 정책과 동일한 재분배 효과를 가진다.

③ 좁은 의미의 기본소득에 비해 부의 소득세는 정치적 저항이 적고 명목 예산(물가상승률을 고려한 예산)이 적게 드는 장점이 있다.

④ 좁은 의미의 기본소득에 비해 부의 소득세는 소득을 속일 수 있는 도덕적 해이의 가능성이 크고 행정비용이 많이 든다는 단점도 있다(강남훈, 2018).

제4절 각국의 복지급여 및 복지재정 부담 방식

서구의 경우는 저축률이 낮고 종교나 기업(corporate)에 대한 지역사회의 결합이 비교적 강하다. 따라서 다양한 복지수요는 거의 행정으로부터 공급되고, 세제 혹은 공적 부담을 높여도 좋다는 국민감정이 강한 경향을 나타내고 있다.

미국의 경우는 개인주의가 강하고, 개인자산 형성에의 의욕이 강하며, 프론티어 정신이 강하다. 따라서 다민족국가인 미국은 소득격차가 크고 타인을 위한 복지부담보다도 자립을 구하는 경향이 강하다.

일본의 경우는 가족, 친족, 기업에 의존하는 경향이 비교적 강하고, 저축률이 높고, 정부에 대한 신뢰도가 높다. 그렇지만 정부부담에 의한 복지제공에 의존하

14) 제2부 제6장 제5절 기본소득 참조

는 비율이 높고 개인부담은 그다지 선호하지 않는 경향이 있다.

요약하면 서구형은 고복지 고부담 형태를, 미국은 저복지 저부담 형태를, 일본은 중복지 중부담 형태를 추구하고 있다.

◇ 서구형 — 고복지 고부담
◇ 미국형 — 저복지 저부담
◇ 일본형 — 중복지 중부담

이상과 같은 국민성과 복지형태가 과거의 일반적인 경향이었다. 이 경향은 이후에도 지속될 가능성이 있지만, 문제는 복지환경의 변화와 관련되어 특히 저출산이나 고령화, 경제성장의 둔화 등으로 각 국가는 급여부담 방식을 변경하고 있다. 그리하여 많은 국가들은 복지 지출률과 동시에 고도성장이 병행되지 않음으로 인하여 다원적인 복지 mix는 피할 수 없는 실정이다.

한국보건사회연구원은 OECD의 조세통계(Revenue Statistics)와 OECD의 사회지출(SOCX Data) 자료를 활용하여 1980~2012년 동안 5년 단위로 분석[15]하여 복지국가 유형[16]을 비교하였다. 그 결과, 북구형과 대륙형은 모두 고복지 – 고부담, 영미형에서는 저복지 – 저부담, 한국은 영미형에 비해서도 현저하게 부담과 지출이 낮은 저복지 – 저부담의 형태[17]로 나타났다(유근춘 · 김태은, 2015 : 105-108).

한국
=저복지-저부담
=영미형

보다 구체적으로 |그림 7 – 6|에서 OECD 국가들의 지출 – 조달 구조를 살펴보면, 복지국가 유형에 따라 사회복지 지출과 국민부담률[18] 수준(1980~2013년 평균)

15) 지출수준의 고저는 공공사회복지지출이 평균보다 높은 경우 고복지, 낮은 경우 저복지로 판단한다. 부담수준의 고저는 OECD의 국민부담률이 OECD 평균보다 큰 경우 고부담, 작은 경우 저부담으로 한다.

16) OECD 19개 국가를 유럽의 북구형(스웨덴, 핀란드, 노르웨이, 덴마크), 유럽의 대륙형(독일, 프랑스, 벨기에, 오스트리아, 네덜란드), 영미형(영국, 미국, 캐나다, 호주), 남유럽국가(스페인, 이탈리아, 포르투갈, 그리스), 일본과 한국으로 구분하였다. 여기서 남유럽국가는 저부담-저복지에서 고부담-고복지로 이행하는 모습이고, 일본은 남유럽국가와 유사하게 저부담 – 저복지에서 저부담-고복지로 이행하고 있었다.

17) 2014년 기준 우리나라의 GDP 대비 사회복지지출의 비율은 10.4%로 OECD 28개 조사 대상국 가운데 28위를 차지했다. 또한 국민이 1년간 낸 세금에 국민연금 · 건강보험 등 사회보험료를 더한 총액이 GDP에서 차지하는 비중(국민부담률)은 2013년에 24.3%를 기록하며 조사대상 30개국 중 28위를 차지했다.

18) "국민부담률 = 조세부담률 + 사회보장부담률", 조세부담률은 조세부담액의 GDP 대비 비중, 사회

에 상당한 편차가 있다. 북유럽, 서유럽 국가들의 복지지출 수준이 매우 높은 가운데 국민부담률은 북유럽 국가가 가장 높다. 북유럽형(스웨덴, 핀란드, 덴마크)은 공동체 중심의 합의문화, 관리 가능한 적정한 영토 면적 및 인구수 등으로 '고부담－고복지' 구조를 형성하고 서유럽형(오스트리아, 벨기에, 프랑스, 독일, 네덜란드)은 사회보험제도를 바탕으로 높은 복지지출 수준을 유지하며 영미형은 정부의 개입을 최소화하는 자유주의 복지제도를 형성하면서 복지지출과 국민부담률이 모두 낮은 '저부담－저복지' 구조를 가지고 있다.[19] 일본은 고령화 등으로 복지지출은 빠르게 증가하는 반면 국민부담은 낮아 '저부담－저복지'에서 '저부담－고복지'로 빠르게 변화 중이며 남유럽형(그리스, 이탈리아, 포르투갈, 스페인)은 OECD 평균 이상의 복지지출 수준에도 불구하고 국민부담 수준은 낮아 '저부담－고복지'에 가까운 모습이다(고경환, 2012; 한국은행, 2017 : 12).

한국은 어떤 복지국가 유형으로 나아가야 할지 토론해 봅시다!

최근 복지축소냐 세금인상이냐를 놓고 복지논쟁이 불붙은 가운데, 선진국에 진입하기 위해서는 '저부담－저복지'에서 '중부담－중복지' 또는 '고부담－고복지'로 돌아서야 한다는 지적이 제기된다. 복지가 확대되는 대신, 각종 세금 등을 통한 국민들의 부담도 늘어나야 한다는 것이다(아시아경제, 2015. 2. 5). 그런데 국민적 합의나 원칙 없이 정치가들이 중부담－중복지를 떠들거나 저부담－고복지를 남발하는 복지포퓰리즘도 경계해야 할 것이다. 그러므로 우리나라의 사회복지정책은 복지와 경제의 선순환 구조(복지 투자는 ⇨ 고용개선과 분배개선을 통해 성장에 기여하고 ⇨ 경제사회의 안정을 통해 다시 ⇨ 복지 투자)에 의해 국민적 공감대와 사회적 합의에 의한 한국형 복지모델을 구축해 나가야 할 것이다.

보장부담률은 공적연금 등 사회보장기여금의 GDP 대비 비중. 사회복지지출은 OECD SOCX(social expenditure : 사회지출) 자료

19) 영미형 국가들도 OECD 평균에 가깝다는 점에서 엄밀히 따지면 중부담－중복지로 볼 수 있지만, 다른 나라와 비교하면 상대적으로 저부담－저복지라는 설명이다. 또한 이들 영미형 국가들은 복지제도의 철학이나 제도가 북유럽이나 남유럽 국가들과 다르기도 하다(유근춘·김태은, 2015).

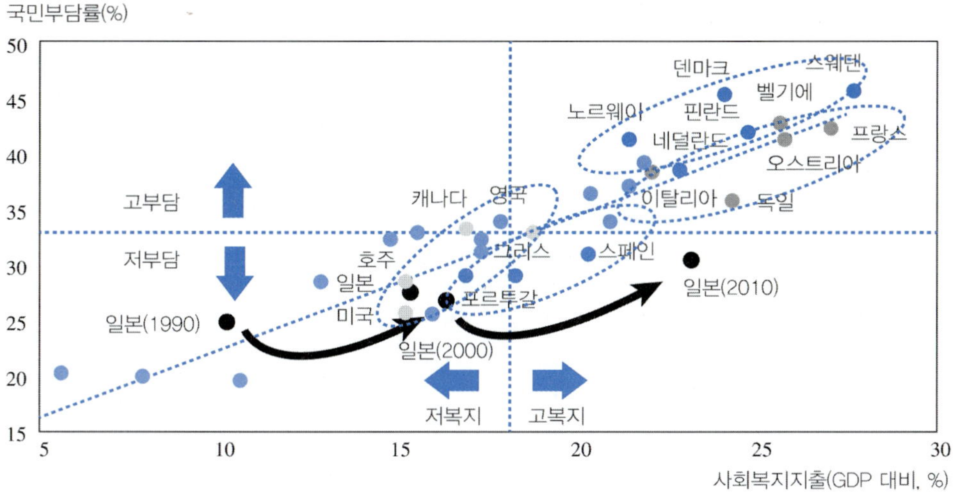

|그림 7-6| 사회복지지출[1]과 국민부담률[1]

주 : 1) 1980~2014년 평균, 저부담(복지)과 고부담(복지)은 OECD 평균을 기준으로 구분
출처 : OECD Social Expenditure, Revenue Statistics.

CHAPTER 08

사회복지정책의 발달 : 정책선택의 결과

사회복지정책의 선택의 결과로서 영국과 미국의 사회복지정책 발달사와 스웨덴의 사회복지 유형과 발전모델을 살펴보고자 한다. 물론 여기서는 정책대상과 공급주체, 자원 할당과 급여 유형, 전달체계와 재원조달로 구분하여 각국의 사회복지정책 발달을 검토해야 하나 개략적인 시대적 변천을 간략히 살펴보고자 한다.

제 1 절 영미 사회복지정책의 발달

1. 구빈사업

구빈사업

구빈사업의 대표적인 법령은 1601년에 제정된 엘리자베스 구빈법인데, 여기에서는 빈민을 노동능력의 소유 여부를 기준으로 다음과 같이 분류했다. 즉, ① 노동능력이 있는 빈민, ② 노동능력이 없는 빈민, ③ 보호자가 없는 아동, 건강하고 노동능력이 있는 빈민(오늘날 용어로는 실업자이지만 그 당시는 부랑자 vagabond와 범죄자의 이미지가 포함되었다)에게는 작업장(workhouse)에서 강제취로를 하게 했는데, 이곳에서 도망쳐서 구걸하거나 일하기 싫어하는 게으른 자에 대해서는 교정원(house of correction)에 1년간 감금하여 중노동을 시켰다. 노동능력이 없는 빈곤자(노인, 만성질환자, 시각장애인, 정신장애인)는 구빈원(poorhouse)이나 의료원(almshouse)에 입소되었다(박경일 외, 2004).

구빈사업은 사회복지의 역사에 있어서 다음과 같은 의의를 가지고 있다. 첫째, 국가입법으로서 빈민구제를 국가책임으로 인정하기 시작했다. 둘째, 지방행정의 원칙으로 구빈의 행정 및 재정책임을 교구단위로 맡게 하였다. 셋째, 부랑자를 가능한 한 취로하게 함으로써 자활시키려는 노동정책적 측면을 가지고 있었다. 넷째, 차별처우의 원칙으로 빈민을 노동력 유무에 따라 차별하여 처우하였다. 다섯째, 친족부양의 원칙으로 국가가 구빈활동을 하지만 자녀가 부모에 대한 부양책임이나 부모가 자녀에 대한 부양책임을 소홀히 하지 않도록 하였다(한국임상사회사업학회, 2006 : 75).

구빈법

1601년에 집대성된 구빈법은 1948년 국가부조법의 제정으로 그 효력을 상실할 때까지 약 350년간 지속되었을 뿐만 아니라 그 이후의 사회복지제도에 커다란 영향을 미쳤다.

|그림 8-1| Flintshire의 Hawarden에 남아 있는 교정원의 모습

구빈법은 그 후 계속적으로 늘어나는 구빈비용 지출을 억제하기 위하여 여러 차례 개정이 이루어졌다. 그 대표적인 것은 1662년 정주(거주지)법, 1722년 작업장법, 1782년 길버트법, 1795년 스핀햄랜드법 등이 있다(김동국, 1994 : 66-140 참조). Charles 2세는 빈민의 소속교구를 분명히 하고, 빈민들의 도시유입을 막기 위해 1662년 교구에 정착해 거주할 수 있는 자격을 규정한 정주법(定住法, The Settlement Act of Charles II)을 제정하였다. 1795년 5월 스핀햄랜드의 버크셔 카운티(Berkshire County)는 임금보충방안을 채택하였다. 이 제도에 따르면 교구는 빵 가격과 가족 중 아동의 수에 따라 노동자들에게 그들의 임금을 생존수준까지 보충해 주도록 하였다.

정주(거주지)법
작업장법
길버트법
스핀햄랜드법

구빈사업은 구빈법의 거듭되는 개정 속에서도 구빈비용의 증대와 비인도적인 처우 때문에 비판의 대상이 되었다. 구빈법은 1834년 대대적인 개정이 이루어졌는데, 이것을 기점으로 그 이후의 구빈법을 신 구빈법이라 한다. 신 구빈법도 여전히 노동능력이 있는 빈민의 구제를 적극적으로 억압하려는 의도가 함축되어 있는데, 이러한 의도를 관철하기 위해 열등처우의 원칙(less eligibility), 작업장제도의 원칙, 균일처우의 원칙하에 구빈사업을 실시하고자 했으며 길버트법에서 강조된 원외구제(outdoor relief)를 금지시켰다.

신 구빈법의 3대 원칙

원외구제

첫째로, 열등처우의 원칙은 구빈법으로부터 구제받는 빈민의 상태는 구제받지 않는 최하층 노동자의 생활이 최하층의 노동자보다 낮은 수준이어야 한다는 것이다. 그 근거는 구제받는 빈민의 생활수준이 상대적으로 더 높을 경우 임금노동자가 구제를 받는 쪽을 선택하게 되어 태만과 악덕을 초래한다는 것이다.

열등처우의 원칙?

둘째로, 작업장 활용의 원칙은 노동능력이 있는 빈민에 대한 재가구호를 폐지하고 구제를 작업장 내에서의 구제(indoor relief)로 제한하는 것이다. 그러므로 작업장은 열등처우의 원칙이 적용되는 유일한 장소라 할 수 있다.

작업장 활용의 원칙

셋째로, 전국적 통일의 원칙은 각 교구에 따라 상이하게 시행되고 있는 구빈행정을 전국적으로 통일시키는 것이다.

전국 통일의 원칙

신 구빈법의 원칙은 영국뿐만 아니라 세계 각국의 사회보장제도의 발달에 큰 영향을 미쳤다. 열등처우의 원칙은 생활보호의 보호수준을 설정하는 하나의 원칙이 되었다. 작업장제도의 원칙은 사회복지서비스가 재가보호 위주가 아니라 수용시설보호 위주의 서비스로 실시되는 데 기여했다. 전국적 통일의 원칙은 오늘날에 이르기까지 중앙정부 중심의 사회복지 전달체계의 근간을 이루고 있는 원칙이다.

2. 구빈법의 극복과 근대 사회사업

신 구빈법의 개정에 의해 구빈비용의 지출은 감소했지만, 빈민은 계속적으로 늘어나고 런던의 슬럼이 확대되어 빈민에 대한 구빈법으로는 대처하기가 불가능해졌다. 새롭게 나타난 시도는 첫째, 자선을 조직화하는 것이고, 둘째, 빈민 속으로 들어가 살면서 그들의 의식을 개선하려는 것이고, 셋째, 얼마나 많은 사람이 어느 정도까지 왜 빈곤한가를 과학적으로 조사하여 대책을 강구하자는 것이었다. 이러한 시도들은 도덕적 빈곤관을 타파하고 빈곤의 사회적인 원인을 규명하여 뒤이은 사회보험의 도입에 영향을 미쳤으며, 케이스워크, 지역사회조직, 사회조사 등의 사회사업실천방법을 낳게 하는 토양을 마련하였다.

1) 자선조직협회(Charity Organization Society)

자선조직협회의 의의와 한계점

구빈법이 제대로 빈민구제를 하지 못하는 상황 속에서 중산층들은 자선사업에 참여하는 것을 자신의 사회적 지위를 상승시키는 방편이며 또한 일종의 패션으로 간주하는 풍조가 만연하게 되었다. 무차별적으로 이루어지는 자선을 보다 조직화하기 위한 노력은 1869년 '자선적 구제의 조직화 및 걸식억압을 위한 협회'(이듬해 4월부터 '자선조직협회'라는 약칭을 사용함)의 결성으로 이어졌다.

자선조직협회 활동의 주요 목적은 자선과 구빈법, 자선단체 간의 협력, 모든 케이스에 대한 조사와 타당한 활동, 걸식의 억제였다.

자선조직협회는 지구위원회에 의한 지역사회조직활동, 조사에 의거한 처우방침의 결정, 공사역할의 분담, 유급 케이스워커의 배치 등 근대적인 사회복지의 기틀을 마련하는 데 중요한 역할을 담당했다. 그러나 빈곤은 개인적 노력을 통해 제거될 수 있으며, 또한 빈곤은 대규모의 국가 개입이 아닌 민간 부문의 노력을 통해 해결될 수 있다는 사고방식, 즉 빈곤이 발생하는 사회적 기반을 경시한 점이 자선조직협회의 한계점이라 할 수 있다(김동국, 1994 : 240).

2) 인보관운동 : 대학사회복지관운동(Universities Settlement Movement)

대학사회복지관 운동

오늘날 우리나라에서 많은 사회복지사가 취업하고 있는 사회복지관은 영국에서 1884년도에 최초로 설립되었다. Barnet는 옥스퍼드 대학의 지원을 받아 1884년 2월 대학사회복지관협회를 발족하고 곧이어 자신의 교회 근처에 있는 학교를 인수하여 최초의 사회복지관인 토인비홀을 건립하였다.

토인비홀은 Booth의 빈곤조사, Beveridge의 실업자조사 등 각종 사회조사활동을 하였고, 영국의 복지국가를 건설하는 데에 앞장섰던 관리와 학자들에게는 현장 경험을 쌓은 장소가 되었다. Beveridge 보고서의 작성자인 Beveridge(1879~1963)는 1903년 부관장에 임명되어 1907년까지 재임했다.

|그림 8-2| 1894년 토인비홀의 모습

토인비홀은 미국의 사회복지관 창시자들에게 모델이 되었다. Stanton Coit는 토인비홀을 방문하여 그곳에서 몇 개월 생활을 하고 나서 1886년 뉴욕 시에 미국 최초의 사회복지관인 Neighborhood Guild를 설립했다.

Jane Addams와 Ellen Gate Starr 또한 토인비홀에서의 경험을 바탕으로 1889년 시카고에 Hull House를 설립했다. 사회복지관은 그 후 증가하여 1910년경에는 400여 개가 설치되었다.

|그림 8-3| Hull House 1891~1894. (JAMC neg. 146)

Photo Credits : University of Illinois at Chicago, University Library, Department of Special Collections, Jane Addams Memorial Collection.

3) 빈곤조사활동

Booth(1840~1916)는 자선조직협회가 주장하는 빈곤의 원인에 대하여 자조의 원리를 강조하는 개인책임론과 사회민주연맹(Social Democratic Federation) 등 사회주의 단체가 주장하는 빈곤의 원인을 사회구조상의 문제에서 찾는 사회적 책임론의 대립을 둘러싼 논쟁 속에서 빈곤조사 활동을 전개하였다. 즉, Booth는 빈곤의 대상과 그 실태를 파악하여 그 해결의 방향을 찾으려는 의도로 빈곤조사를 시

Booth

Booth의 초상화

작했다. 1886년에 시작된 조사는 1902년『런던 시민의 생활과 노동(The Life and Labour of the People in London)』(1886~1902)이라는 제목으로 출판되었다. 런던 인구의 30.7%(시설수용자를 포함한 수정비율로는 32.1%)가 빈곤 상태에 있었고, 또한 빈곤에 빠지게 된 원인은 임시노동, 불규칙노동, 저임금 등 고용상의 불안이 62.5%, 질병, 허약, 대가족 등 환경의 문제가 22.5%, 음주, 주정 및 아내의 낭비벽 등 습관의 문제가 13.6%, 부랑자가 1.5%로 나타나, 개인이 일을 하기 싫어하거나 음주와 낭비벽으로 탕진하는 개인적인 책임의 부분은 15% 정도에 지나지 않는 것으로 나타났다.

Rowntree

Booth의 빈곤조사는 영국에서 광범위한 빈곤이 존재한다는 사실과 그것이 개인의 결함이 아닌 사회의 구조적 결함의 결과라는 것을 보여준 것으로 중요한 의미를 지닌다. Rowntree는 부스에 비해 더 정교한 빈곤 기준선(1차적/ 2차적 빈곤)을 정했다는 점에서 중요한 의미를 지니고 있으며, 빈곤 원인의 분석을 통해 저임금이 빈곤의 주된 원인이라는 것을 과학적으로 입증했다.

요컨대 대학사회복지관의 설립으로 빈민 속으로 들어가서 빈곤조사 등 각종 조사를 통해서 빈민의 문제를 보다 객관적으로 파악함으로써 빈곤의 도덕적 견해를 탈피하고 구빈법과 자선만으로 빈곤의 문제를 해결할 수 없다는 결론에 도달하게 되었다.

3. 사회보장의 시대

19세기 중반 이후에 북미의 국가들은 실업, 불안전고용, 저임금, 질병, 열악한 주택 등의 유사한 사회문제를 겪고 있었다. 이러한 문제에 대한 새로운 해결책은 사회보험이었다. 1884년 독일의 Bismarck 재상은 최초의 사회보험인 질병보험제도를 도입했다. 이어 1884년 재해보험법과 1889년 노령폐질보험법 등 일련의 사회보험을 도입했다.

Bismarck

Bismarck의 초상화

사회보험은 1891년 덴마크가 65세 이상 빈곤 노인에게 비기여노령연금을 도입했고, 이어 1898년 뉴질랜드가 이와 비슷한 비기여 노령연금제도를 도입했다. 그러나 미국의 경우 사회보험의 도입은 북미국가 중에서 가장 늦어졌다. 1929년 이후 대공황을 맞이하여 루즈벨트 대통령의 뉴딜정책의 일환으로 1935년 사회보장법(Social Security Act)이 제정되고 나서 본격적인 사회보장시대를 맞이하게 되었다.

사회보장법

유럽의 사회보험 도입의 동향은 영국에도 영향을 미쳤다. 영국은 1907년 산업재해보상보험법(Worker's Compensation)을 도입했다. 1908년 8월 George Lloyd는 독일의 사회보험제도를 조사하기 위해 독일을 방문했으며, 귀국 후 1909년 노령연금법이 제정되었다. 영국의 노령연금체계는 가입자 개인이 기여를 하지 않고 일반과세에서 재정이 충당된다는 점에서 독일 모델보다는 뉴질랜드 모델을 받아들인 것이다.

영국은 1911년 국민보험법에 의해 실업보험과 의료보험이 도입되었다. 이것은 1925년 과부·고아 및 노령연금법(Widows, Orphans and Old Age Pension Act)으로 발전하였다. 사회보험제도는 그때그때 필요에 따라 성립됨에 따라 1930년대에 이르러 소득보장관계 행정에 난맥상을 드러냈다. 이러한 불합리를 시정하려는 여러 가지 제안들이 등장했으며, 그 결과 영국은 1941년 Beveridge를 위원장으로 하는 「사회보험 및 관련 서비스」에 관한 위원회가 설치되었고, 1942년 「Beveridge 보고서」가 간행되었다. 전후 영국의 사회보장제도는 Beveridge의 권고를 기초로 하여 성립되었는데, 가족수당법(1945), 산업재해보상법(1946), 국민보험법(1946), 국민부조법(1948), 국민보건서비스법(1948)이 잇달아 제정되었다.

Beveridge 보고서

영국노동당 수립 후 제정된 법률이 아닌 것은?

4. 복지국가와 복지사회의 시대

그리고 2차 세계대전이 종식되고 경제성장과 함께 선진국은 사회보장체계의 확대와 빈곤정책 등을 통하여 사회복지의 확대를 추구하고, 식민지에서 해방된 국가들은 앞다투어 선진국의 사회복지 제도를 도입하거나 정비해 나가면서 1960대 사회복지 팽창기를 맞이하였다. 그 후 1970년대의 1, 2차 오일쇼크로 인하여 전 세계 경제는 스태그플레이션의 시작과 경제성장의 둔화, 완전고용의 종식과 대량실업의 발생 등으로 국가의 재정위기가 초래되었다. 또한 복지국가는 관료

1960년대 사회복지 팽창기 이후의 변화가 옳게 연결된 것은?
복지국가위기가–신보수주의적 재편–제3의 길–사회투자정책–스마트복지(복지기술)

화, 비효율화, 의존성의 증대라는 부정적 인식이 팽배하여 사회복지비용의 감축과 적용대상의 엄격화 등 복지국가에 대한 신뢰가 상실되면서 복지국가 위기를 맞이하게 된다. 그리하여 1980년대 들어와 신자유주의자들은 스태그플레이션의 극복을 위해 케인즈주의적 경제사회정책을 포기하고 신보수주의적 정책(민영화, 작은 정부 등)을 전개하기 시작하였다. 그 후 1990년대 들어와 영국에서는 복지, 평등, 사회적 약자에 대한 배려 등과 같은 사회민주주의 가치(제1의 길)와 시장의 자유, 경제적 효율, 노동 인센티브(welfare to work)와 같은 시장 자유주의 가치(제2의 길)를 동시에 추구하는 제3의 길을 채택하였다. 2000년대에 들어와 신사회적 위험에 대한 대책으로 각국은 사회투자정책이나 사회적 배제(포용)정책을 추진하고 있으며 최근에는 4차 산업혁명의 시대에 부합하는 복지기술의 개발과 스마트 복지를 향해서 사회복지정책은 변화와 발전되고 있다(보다 자세한 내용은 제1부 제4장과 제5부 제15장을 참조).

스칸디나비아 사회복지 발달모델

제 2 절 스칸디나비아 사회복지 발달모델

Joakim Palme(1997 : 14-16)는 스웨덴 사회복지의 유형과 그 발전상에서 스웨덴 사회보장제도가 선택한 경로를 스칸디나비아 모델과 비교하여 다음 그림과 같이 정리하였다.

스칸디나비아 모델의 사회복지정책 발전 경로

스칸디나비아 모델은 다른 나라의 사회정책 발전 모델과 어떻게 다른가? 스칸디나비아 국가들은 사회정책과 제도화에서 다른 길을 걸었으며 그 결과 혜택의 범위와 수준 면에서 내용적 차이를 가져왔다.

|그림 8-4|는 지난 100년간 선진산업국에서 진행된 사회보장제도의 발전경로를 설명하려는 '소박한' 시도의 하나다. 근대 사회보장법제의 역사는 두 개의 분기점을 가진다. 하나는 구 빈곤법 체제이며 다른 하나는 (우애조합과 같은) 다양한 형태의 자발적 조직들이다.

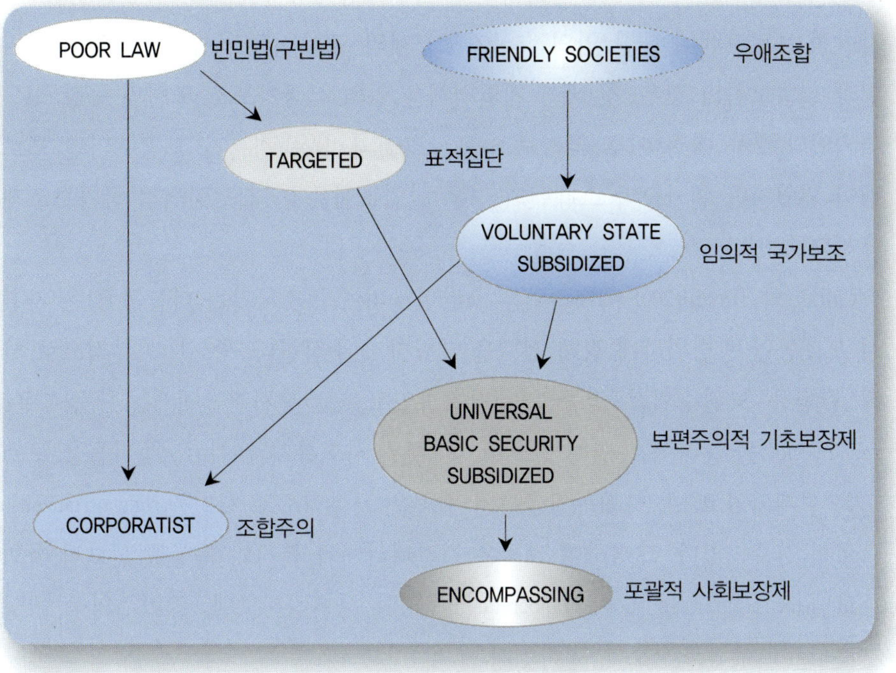

|그림 8-4| 사회보험제도의 발달

구빈법의 기원으로부터 바로 갈라져 나온 조합주의의 길은 Bismarck의 독일이 처음 택한 길이었으나 후에 유럽대륙의 많은 나라들이 공통적으로 택하게 되었다. 이 계획을 도입한 나라들은 20세기 내내 같은 범주의 사회보장제도를 유지하였으므로 이 경로는 매우 강고한 형태의 제도화였다.

반면에 스칸디나비아 국가들은 대부분 이와 다른 길을 택하였는데 초기의 연금법은 표적집단 방식을 채택하였다. 즉, 스칸디나비아 모델은 빈민법의 자산조사 원칙을 고수했지만 표적집단의 범위를 넓게 확대하였고 그 후 연금계획이 변화했던 것처럼 자산조사 방식이 폐지된 후, 사회복지제도는 기초보장 모델의 제도화라고 말할 수 있다. 그리하여 소득연계 급여제의 도입과 아울러 기초보장 프로그램은 포괄적 성격 또는 Titmuss의 용어(1974)의 표현을 빌리자면 '제도적' 성격을 갖게 되었다. 이로써 스칸디나비아 모델은 기초보장의 욕구와 소득보장의 욕구가 함께 충족되는 포괄적 사회보장제를 갖추게 되었다.

기초보장 모델

포괄적 사회보장제

그러나 우리는 여기서 스칸디나비아 사회보장제가 겪은 또 하나의 분기점, 즉 자발적 프로그램에 대한 임의적 국가보조제의 도입을 잊어서는 안 된다. 질병보험과 실업보험의 경우, 첫 국가 개입정책은 임의적 국가보조 모델의 등장으로 귀결되었다. 2차 대전 이후 국가보조 프로그램의 많은 경우가 보편주의적 프로그램이 되었지만 덴마크와 스웨덴의 경우 실업보험은 아직도 임의적 국가보조제로 유지되고 있다.

스칸디나비아 복지 특성
– 진보적 사회민주 모델
– 웨버주의적 이상형

Gilbert와 Terrell(2005 : 276-283)은 스칸디나비아 복지국가는 다음과 같은 차원에서 오랫동안 광범위하게 정책 선택을 해왔다고 주장한다. 즉, ① 기본적으로 사회적 할당은 보편주의적 평등성을 강조하였고, ② 복지전달체계는 공공부문(the public sector)을 통하여 운영해 왔으며, ③ 주된 사회복지급여는 노동자들을 보호하도록 설계되었고, ④ 사회복지급여의 제공은 근본적으로 시민권(right of citizenship)으로서 간주되었다. 그리하여 그들은 스칸디나비아 복지의 특성을 진보적 사회민주모델(the progressive social democratic model)의 사회정책모델, 웨버주의적 이상형(Weberian ideal type)으로 명명하였다.

제 3 절 한국의 사회복지정책 선택 : 생산적 복지, 참여복지, 능동적 복지, 맞춤형 복지, 포용적 복지

우리나라의 사회복지정책의 선택을 간단하게 요약하면 미군정시대의 임시방편적인 구호시책을 시작으로 하여 6·25전쟁으로 인한 긴급구호와 원조, 박정희 정부의 공공부조와 관련된 대량 입법화와 산업화에 따른 계층 간, 지역 간 불평등을 해소하기 위한 선별적 사회보장의 실시, 전두환 정부의 복지국가 건설이라는 슬로건 아래 사회복지서비스(노인복지법, 아동복지법, 장애인복지법)의 입법상 실시, 노태우 정부의 사회보험 적용대상의 확대 그리고 김영삼 정부의 삶의 질의 세계화, 김대중 정부의 생산적 복지, 노무현 정부의 참여복지, 이명박 정부의 능동적 복지, 박근혜 정부의 맞춤형 복지, 문재인 정부의 포용복지로 이어진다. 우리나라 사회복지정책의 선택에서 뚜렷하게 나타나는 특징은 선별주의에서 보편주의로의 이행이며 분립주의 전달체계에서 가능한 한 통합주의 전달체계로의 개편방향이다. 여기서는 역대 정부가 중점을 두고 있는 사회복지정책 선택의 방법들을 비교해 보고자 한다.

김대중 대통령의 국민의 정부는 출범 당초 민주적 시장경제체제를 확고히 하기 위해 국민의식을 양의 가치관에서 질의 가치관으로 전환·유도하겠다고 밝히고 복지정책에 있어서는 수혜적 복지와 더불어 '생산적 복지'를 지향하겠다고 천명했다. 그 구체적 방안으로 국민복지 기본선의 확보와 복지재원의 확충, 사회적 연대 강화를 통한 노후생활을 보장, 장애인의 사회참여 확대를 중점 추진과제로 설정했다.

생산적 복지정책의 핵심인 근로연계복지는 '제3의 길' 전략의 근로조건부 복지(welfare to work)와 관련되어 있다. 이러한 근로연계복지는 세계화 시대에 걸맞은 적극적이고 자발적인 주체를 육성한다는 명분을 깔고 있다. 그렇지만 이러한 복지의 시장적 재편은 절대적 빈곤의 악순환을 고착시킬 수 있다는 점도 간과되어서는 안 된다. 생산적 복지정책은 모든 국민이 인간답게 살며 기본적인 권리를 누리는 복지사회의 건설에 그 목표를 두고 있다. 이러한 목표를 달성하기 위해서는 생산적인 복지의 지속적인 추진과정에서 모든 계층이 적극적으로 참여하는 기틀과 여건의 조성이 무엇보다도 강조되었다. 그렇지만 국민의 정부의 생산적 복지는 욕구(소비자)불만, 자원(공급자) 미발굴 및 전달체계(복지행정) 비효율이라는 취약점을 노정하였다.

생산적 복지정책과 참여복지 비교

이러한 생산적 복지의 취약점을 보완 발전하기 위해서 개발된 노무현 정부의 참여복지는 젊은층과 서민층을 위주로 생산적 복지를 계승·발전시키면서 개혁 이미지와 차별성에서 달리하고 있다. 참여복지는 삶의 질 향상, 보편주의적 복지, 제도의 내실화 및 국민 참여의 과정이라는 정책 방향을 설정하고 있다. 이러한 방향에 의해 추진되는 핵심 정책으로는 보편주의적 사회수당 및 복지서비스의 확립 그리고 복지 및 보건의 인프라 확립이라고 할 수 있다. 이러한 정책의 방향과 핵심 정책에 초점을 맞추어 '2차 참여복지 5개년 계획(2004~2008)'을 수립하였는데 그 계획의 핵심 내용은 복지인프라의 구축과 복지서비스 질의 제고인 것이다. 이러한 계획의 추진에는 획기적인 복지재정의 증가가 무엇보다 해결되어야 할 선결과제이다.

능동복지란? 한편 이명박 정부는 국민성공시대를 슬로건으로 능동적 복지를 주창하였다. 능동적 복지란 사후적 문제해결이 아닌 가난과 질병에 대한 예방적 기능, 미래 세대에 대한 사회투자 개념으로 접근하는 것으로, 빈곤으로부터 자립을 지원하고 빈곤의 대물림을 막는 보다 적극적이고 예방적인 정책이다. 능동적 복지실현을 위한 4대 전략은 ① 생애주기에 따른 평생 복지기반 마련, ② 예방, 맞춤, 통합형 복지, ③ 시장기능을 활용한 서민경제 안정, ④ 사회적 위험으로부터 안전한 사회 등이다.

맞춤형 복지 박근혜 정부는 국민행복시대를 약속하고 생애주기별 맞춤형 복지를 주창하였다. 생애주기별 맞춤형 복지는 국민 누구나 보편적인 복지혜택의 기회를 누리되, 개인과 가정의 경제적 형편과 가족 상황에 맞는 복지혜택을 제공한다는 것이다. 그리하여 그는 2013년 2월 25일 취임사에서 '국민행복 희망의 새시대'라는 국정비전을 달성하기 위해 ① 일자리 중심의 창조경제, ② 맞춤형 고용·복지, ③ 창의교육과 문화가 있는 삶, ④ 안전과 통합의 사회, ⑤ 행복한 통일시대의 기반구축이라는 5대 국정지표를 제시하였다. 이 중 맞춤형 고용·복지는 4개의 추진전략을 제시하였는데 첫째, 생애주기별 맞춤형 복지 제공, 둘째, 자립을 지원하는 복지체계 구축, 셋째, 서민생활 및 고용안정 지원, 넷째, 저출산 극복과 여성경제활동 확대이다. 특히 저소득층을 위한 생활영역별 맞춤형 급여체계 구축을 위하여 2015년 7월 기초생활보장 맞춤형 급여체계의 기준이 이전의 최저생계비 대신 중위소득을 기준으로 급여대상자가 선정되었다.

중위소득이란?

2017년 5월 출범한 문재인 정부는 '국민의 나라 정의로운 대한민국'이라는 슬로건으로 출범 당시 포용적 복지를 주요 국정전략으로 내세웠다. 국정목표로서 '국민이 주인인 정부', '더불어 잘사는 경제', '내 삶을 책임지는 국가', '고르게 발전하는 지역', '평화와 번영의 한반도'라는 5대 국정목표하에 '모두가 누리는 포용적 복지국가'를 20대 국정전략의 하나로 추진하였다. 포용적 복지국가는 어느 계층도 소외됨이 없이 경제성장의 과실과 복지서비스를 모두가 골고루 누리고 개개인이 인간으로서 가치를 존중받는 국가를 말한다. 보건복지부는 이를 뒷받침하기 위해 건강보험 보장성 강화대책, 제1차 기초생활보장 종합계획, 아동수당 도입 계획, 기초연금 인상 계획 등 주요 정책을 발표한 바 있다. 그 후 2019년을 '혁신적 포용국가 원년'으로 선언한 정부는 2월 19일 '포용국가 사회정책 계획 추진 계획'을 발표했다. 여기서

'혁신적 포용국가'는 양적 성장이 아닌 질적 성장을 추구하며, 배제와 독식이 아니라 공존과 상생의 사회를 도모하고, 미래를 향해 혁신하는 사회이며, 강자만을 위한 대한민국이 아니라 모두를 위한 대한민국을 의미한다.

〈표 8-1〉 역대 정부의 복지정책 기조와 사회복지정책

정부별 (대통령)	문민정부 (김영삼)	국민의 정부 (김대중)	참여정부 (노무현)	이명박 정부 (이명박)	박근혜 정부 (박근혜)	문재인 정부 (문재인)
시 기	1993~1997년	1998~2002년	2003~2007년	2008~2012년	2013~2017년	2017~2022년
정책기조		생산적 복지	참여 복지	능동적 복지	맞춤형 고용·복지	포용적 복지
사회보험	• 고용보험(1995)	• 산재/ 고용보험 적용 확대(2000~2005)				• 산재보험 적용 확대(2018. 12)
		• 의약분업(2003) • 건보 통합(조직 2000, 재정 2003)		• 노인장기요양 보험(2008)	• 의료보장성 강화(2013~) • 노인장기요양 보험 치매특별등급(2014)	• 건강보험 보장성 강화(2017~) • 치매국가책임제 추진(2016. 9)
	• 국민연금 확대	• 전 국민 국민연금 기반 구축(1999)	• 국민연금법 개정(급여 인하 등, 2007)	• 공무원연금법 개정(2009)		• 국민연금 취약계층 가입 대상자 확대(2018)
공공부조 국가보훈		• 경로연금(1998) • 국민기초생활 보장제도(2000)	• 기초노령연금법(2007) • 차상위계층 지원(의료급여, 자활, 2004) • 장애수당 확대(2005)	• 기초노령연금(2008) • 장애인연금(2010)	• 기초연금(2014) • 기초보장 맞춤형 급여체계(2014) • 일을 통한 빈곤 탈출 지원(2013)	• 기초연금 인상(2018) • 장애인연금 기초급여 인상(2018)
사회 서비스	• 공중보건, 건강증진정책 확대(1995) • 보육시설확충 3개년계획(1995) • 퇴직연금제도 도입(1995)	• 장애인복지 5개년계획(1998)	• 보육확대(2004) • 저출산·고령사회 본격 대응(2005) • 사회서비스 일자리(2004) • 다문화가족지원센터(2006)	• 5세아 누리과정, 0~2세아 무상보육(2012) • 적극적 노동시장 정책 확대(ALMP, 2008)	• 무상보육·무상교육 실현과 내실화(2013~) • 보편적 주거복지 • 경력단절 여성 지원, 양성평등 확산 등	• 장애등급제 축소(2018), 폐지(2019) • 맞춤형 주거복지 실행(2017~)
교육비 지원				• 든든학자금대출(ICL, 2010) • 맞춤형국가장학금(반값등록금, 2012)	• 든든학자금 대출 이자 인하 • 반값등록금 지원 확대(2013)	• 사회적 배려계층 지원 강화(성적 기준 완화·폐지, 2018~)
조세지출				• 근로장려세제(EITC, 2009)	• 근로장려세제 확대	• 근로장려세제 지원 대상, 지급액 확대

출처 : 한국보건사회연구원(2019). 비전 2040 사회보장 및 제2차 사회보장기본계획 연구, p. 37.

제3부 정책 형성과 분석

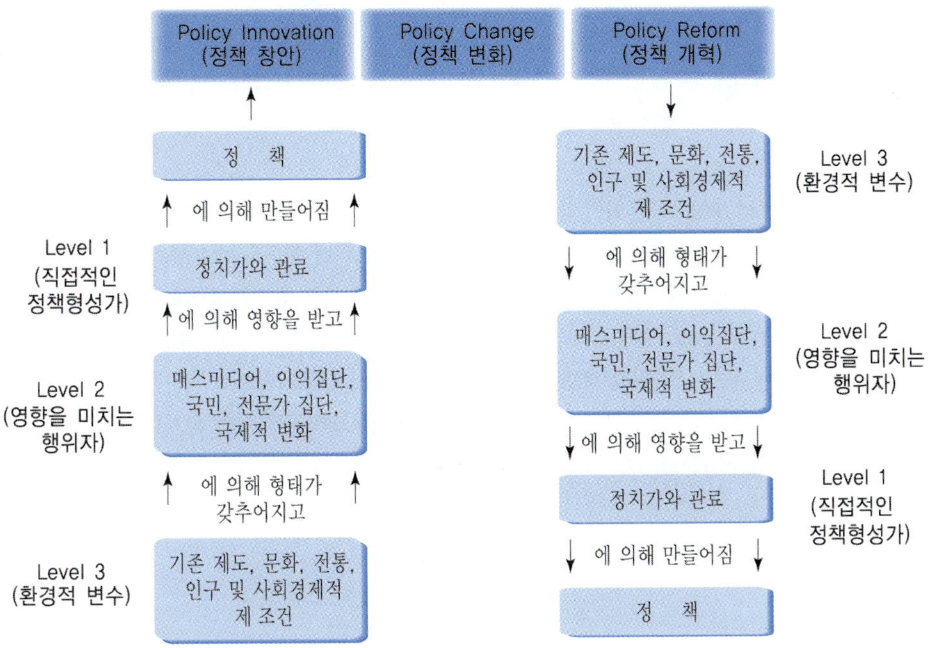

정책형성과정과 발달단계 모형

정책형성과정을 설명하는 단일의 변수는 없는 것 같다. 특히 정책형성과정은 단일방향으로 진행되어 나가는 것이 아니라 정책이 형성, 집행, 평가를 거쳐 변화되고, 다시 새롭게 개혁되어 가는 일련의 순환적인 관계를 가진다고 생각된다. 그리하여 저자는 정책형성과정의 역동성을 보다 더 거시적으로, 통합적으로 이해하는 수단으로서 단계별로 구분된 정책형성과정과 순환과정으로서의 정책발달 두 가지를 조합하여 정책형성과정과 정책발달이라는 틀을 제시하고자 한다. 본 분석틀은 저자의 「가족수당정책의 형성과 발달에 관한 연구」라는 박사학위논문에서 사용한 것이다.

먼저 Parker는 사회정책의 변화과정을 연구하는 유형으로 창안(innovation), 발달(development), 개혁(reform)의 세 가지가 있다고 하였다. 그리고 정책형성과정의 분석틀은 Dye가 제시한 여덟 가지 분석모델 가운데 과정분석 모델, 즉 문제인식−대안작성−정당화−집행−평가의 모델을 활용할 것이다. 여기서 저자는 Dye가 제시한 문제인식은 성립환경으로, 대안작성은 대안선택과 공식화로서, 그리고 정당화와 집행은 정책채택과 입법화로 바꾸어서 서술할 것이다. 그리고 정책 발달은 Parker가 제시한 사회정책 변화의 유형을 활용하여 정책창안−정책변화−정책개혁으로 이루어지는 일련의 순환과정으로서 파악할 것이다.

보다 구체적으로 정책형성과정은 반드시 시간적인 전후관계로 이루어지는 것은 아니지만, 일반적으로 사회경제적 변화나 국민의 요구로 인하여 사회문제가 표출되고, 이 가운데 정부에 의해 관심을 불러일으키는 문제가 정책의제로 논의되어, 이익집단, 정당, 행정기관 등에 의해 정책대안들이 검토되며, 행정부나 국회에서 정당화의 과정을 거쳐 입법되고, 행정기관에 의해 집행과 평가의 절차를 거치게 된다. 이러한 관점에서 연구자는 정책이란 환경적 변수에 의해 형태가 갖추어지고, 영향을 미치는 행위자에 의해서 영향을 받고, 직접적인 정책형성가에 의해서 만들어지는 단계적인 과정(Level 3, 2, 1)으로서 파악한다.

앞의 [그림]에서 보는 바와 같이 Level 3은 환경적 변수들로서 기존 제도[前史], 문화, 인구 및 사회경제적 제 요인들이다. 그리고 Level 2는 영향을 미치는 행위자로서 매스미디어, 이익집단, 국민, 전문가 집단 등의 반응이다. 또한 Level 1은 직접적인 정책형성가로서, 즉 정치가(국회와 정당의 반응)와 관료, 행정부의 활동, 역할이다. 이렇게 정책형성과정을 단계별로 나누어 분석하는 이유는, 우선 다양하고 복잡한 정책과정을 간략하고 체계적으로 연구할 수 있다는 이점과 각 단계에 따른 정책환경 변수와 정책 참여자 및 형성자의 영향력을 평가할 수 있다는 이점이 있기 때문이다(박경일, 2007, 가족수당정책론).

CHAPTER 09

정책과정

제1절 정책과정의 개요

정책은 특정 상황 속에서 목표의 선택과 그 목표를 달성하기 위한 수단과 관련된 일련의 상호 결정이라고 볼 수 있다. 이것은 정책이 단일의 결정이라기보다는 일련의 행동 또는 의사결정들을 내포하고 있으며, 다음과 같은 의미가 있다.

정책의미

① 정책은 오랜 기간에 걸쳐 이루어지며, 초기의 정책 결정 이후에도 다양한 결정요인들이 인과관계를 형성할 수 있다.

② 정책은 이 일련의 결정들이 합쳐서 정책내용을 이룬다.

③ 정책은 필연적으로 시간에 따라서 변한다는 점이다.

상기의 내용은 어떤 한 정책을 연구하는 데 있어서 거시적이고 포괄적인 관점을 가지고 연구해야 함을 시사하고 있는 것이며, 이것은 정책의 형성뿐만 아니라 전개, 변화의 과정까지도 연구해야 함을 의미한다고 하겠다(박경일, 1995).

대부분의 사회복지정책은 다른 공공정책과 마찬가지로 매우 복합적이고 비교적 장기간에 걸친 일련의 연속적인 과정을 거쳐서 확정, 수립되는 경향이 있다. 사회복지정책의 형성과정은 사회복지정책 문제의 형성에서부터 시작되어 정책의제 설정, 정책대안 형성, 정책 결정, 정책의 집행 및 정책의 평가에 이르기까지 일련의 연속적인 과정을 거치는 것으로 묘사되어 있다. 이러한 과정은 정책형성과정을 단순화시킨 것으로서 각국의 사정이나 정책의 내용과 특징에 따라 현실적으로는 더 복잡한 과정을 밟고 있다.

정책과정 Smallwood와 Nakamura(1980 : 38-47)는 기능적 환경의 견지에서 정책과정을 정책형성, 정책집행, 정책평가 등의 세 가지 과정으로 구분한 바 있다.

정책형성 먼저, 정책형성이라는 과정에서는 핵심적인 공공행위자로서 합법적인 정책결정자(예를 들어, 대통령, 소관부처, 국회, 지방의회 등)와 이들에게 영향을 미칠 수 있는 정부 외부의 개개인 및 집단(예를 들어, 이익집단, 시민단체, NGO, 유권자인 일반 시민 등)이 중심적인 역할을 하게 된다.

정책집행 두 번째, 정책집행에서 행위자와 구조는 정책의 유형에 따라 다양하게 나타난다. 즉, 정책집행의 행위자들은 정책결정자에 의해 입법화된 지시에 따르게 되지만, 그들 역시 그들 자신의 인식과 그들의 집행 노력을 위하여 지지를 모으려고 하는 시도에 의해 영향을 받는다. 따라서 정책집행 노력은 행위자들의 구성상태, 성향 그리고 상호작용과 그 환경의 상황에 따라 달라질 수 있다. 이러한 정책집행을 체계적으로 살펴보기 위하여 우리는 정책분석틀을 사용하여 정책을 분석하는 것이다.

정책평가 세 번째, 정책평가는 정책과정들 중에서 가장 무정형적이고 추상적인 특성을 지닌다. 평가에 관계된 행위자는 계획, 감독, 모니터링 활동을 기획하는 데 종사하는 정책결정자 및 집행자까지 포함된다. 반면에 만약 평가가 사후의 바탕 위에서 행해진다면 행위자는 해당 분야의 전문가나 학자, 공공 이익집단 그리고 정책형성이나 집행에 전혀 관여하지 않았던 사람들도 포함될 수 있다.

정책의 주요한 세 가지 과정들은 행위자(actor) 간에 복잡한 일련의 상호작용이 이루어지며, 상이한 과정들 간의 순환적인 연계는 정책체제의 본질을 구성하게 된다. 이와 같은 내용을 간략히 도식화하여 나타내어 보면 |그림 9-1|과 같다.

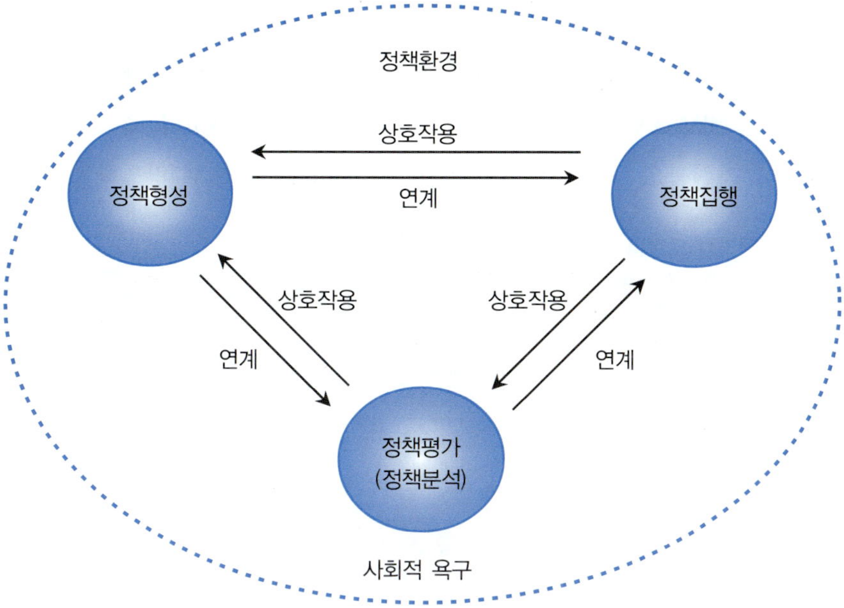

|그림 9–1| 정책과정의 주요 영역

제 2 절 정책과정 모형

정책과정이라는 전체체계 내에서 각 학자들의 모형을 비교해 보면 다음 <표 9−1>과 같다. 정책과정

<표 9−1>에서 보는 바와 같이 이들 정책과정 모델은 모두 정책과정을 세부단계로 구분하여 정리한 점은 같으나 학자에 따라 그 명칭과 초점이 상이함을 알 수 있다. 그러나 이들 모델들은 정책과정 기술의 본질과 합리적 발전의 특성이라는 점에서 상호관계가 있다. 정책형성과정의 단계들은 시간을 통해 일어나는 활동들을 나타내며, 각각의 단계들은 그 다음 단계와 연관되어 있으며, 마지막 단계인 정책평가도 마찬가지로 초기단계인 정책문제나 정책의제의 형성과 연관되며, 그리고 중간단계와도 연결되지만 '원'으로 연결되는 활동은 아니다.

요약하면 각 학자들의 연구목적과 초점에 따라 정책과정의 명칭과 단계별 내용은 각각 다르게 표현되고 있다. 이들 정책과정의 각 단계는 일련의 연속적인

연계과정을 지니며, 앞 단계는 다음 단계로 이어지는 근거를 제공하는 점을 전제로 한 일련의 논리적이고 체계적인 모형이다. Gilbert와 Terrell(1998 : 246)은 정책개발 모델의 비교로서 Kahn과 DiNitto, Freeman과 Sherwood의 세 가지 모델을 제시하였고 자신들의 정책형성과정을 Policy Formulation으로 명명하고 있다.

정책개발 모델

〈표 9-1〉 정책과정 모형별 단계 비교

제안자	DiNitto	Gilbert & Terrell	Jones	Eyestone	Freeman & Sherwood
명 칭	정책형성과정 (policy making process)	정책형성 (policy formulation)	정책과정 (policy process)	정책의제 형성과정 (policy agenda setting process)	사회정책개발과정 (social policy development process)
단 계	정책문제 확인	문제의 발견	사건 인지 및 문제 정의	사회문제 인지	기획
	정책제안형성	문제분석 일반계층의 홍보 정책목표 개발	결집/ 조직화 대표 형성	사회논제화	프로그램 개발과 실행
				공중의제화	
				논제기업가	
	공공정책의 정당화	대중의 지지와 정당화 구축	합법화	공식의제화	
	공공정책 실행	프로그램디자인 실행	적용/ 집행		
	공공정책 평가	평가와 사정			평가

출처 : Gilbert, N., & Terrell, Paul(1998). Dimension of Social Welfare Policy. Allyn and Bacon, pp. 264-247 재구성.

제 3 절 정책기획 모델

정책기획 모델의 비교 설명

사회과학에서 기획만큼 다양한 분야의 이슈들을 취급하고 있는 것도 없다. Gilbert와 Terrell(1998 : 256-258)은 공공의 이해(public interest)라는 용어에는 세 가지 전형적인 의미가 있는데, 그것은 유기적, 공공적, 개인적 개념이 있고, 기획가는 이것을 조사해야 한다고 하였다. 그리하여 그들은 세 가지 정책기획 모델로서 유기적 모델(organismic model), 공공적 모델(communalistic model), 개인주의적 모델(individualistic model)을 제시하였다.

유기적 모델
공공적 모델
개인주의적 모델

① 유기적 모델에서 기획가는 특별한 기술과 전문적 지식으로부터 도출된 공공의 이해라는 관점에서 전문성과 운영에 일차적 책임을 지는 기술자(technocrat)이다.

② 공공적 모델에서 기획가는 제도적 리더십으로부터 도출되는 공공의 이해라는 관점에서 정치적·행정적 계층과 운영에 일차적 책임을 지는 관료(bureaucrat)이다.

③ 개인주의적 모델에서 기획가는 집단의 선호라는 공공의 이해의 관점에서 서비스의 구매자에게 일차적 책임을 지는 옹호자(advocate)라고 하였다.

〈표 9-2〉 **세 가지 정책기획 모델**

구 분	유기적 모델	공공적 모델	개인주의적 모델
공익에 대한 태도	개인들을 초월한 이상적 공익	구성원의 공통 관심사로 이루어진 공익	하나의 공익은 없으며, 다수의 상호작용으로 형성
주요 가치	전문가적 가치	리더들이 가치 선택	집단의 참여 및 영향력 증가
기획가의 역할	기술관료	입법가, 행정가	이익대변자, 옹호자

출처 : 생각의마을(2019). 공동체 참조.

한편 Rondinelli(1976)는 기획을 정책과정[1]에 따라서 다양하게 접근하여 분류하였다. 먼저 ① 혁신기획(innovative planning)은 정책과정 초기 단계로서 혁신기획은 정책의제를 설정하는 것에 대한 필요와 국민에 의하여 정치체제에 요구되는 정책을 정치체계에 투입하는 기능을 가지고 있다. ② 옹호기획(advocacy planning)은 정책과정에서 정책대안을 형성하거나, 지지의 동원화와 분석 및 전달 과정에서 이루어진다. 옹호기획의 목적은 정책의 위치를 나타내든가 혹은 특정한 이익을 받는 공중의 입장에서 정책을 인식하는 것이다. 따라서 옹호기획은 이해관계 있는 계층의 요구들이 접근할 수 있는 자원들을 권위적인 배분을 통하여서 참여계층이 만족하도록 하는 역할을 정책과정에서 담당하여야 한다. ③ 보조기획(adjunctive planning)은 정책의 동원화 및 숙련화 단계에서 이루어지는 기획으로서 정치적인 갈등의 참여자가 문제이슈를 분석하는 것을 도와주고 '제3자'로부터 위치를 설정시켜 준다. ④ 분배기획(allocative planning)은 상호 경쟁되는 집단들 간

1) 문제 및 필요성의 인지－목적 및 목표의 정의－정책대안의 형성－지지의 동원화－분석 및 전달－정책의 법제화－프로그램의 조직화 및 집행－효과성의 결정－정책계속, 종료 및 재형성

에 협상을 만족시키기 위한 것이다. ⑤ 협동기획은 정책과정에서 정책의 법제화 단계에서 상호공존을 위한 요구 등에 의하여 협동하는 행위를 하기 위한 것을 탐색하는 기획을 말한다. ⑥ 행정 및 기술기획(기능적 기획 functional planning)은 정책이 집행되는 단계에서 자원의 효율적 관리를 포함하는 것으로 인적·물적 자원의 합리적인 배분을 포함하는 것이다. ⑦ 평가기획(evaluative planning)은 결정되었던 정책내용에 대한 집행의 결과를 분석하고 정책의 효과성을 결정하는 것을 시도한다.

제 4 절 정책형성과정 단계

정책형성과정 단계

정책과정을 일련의 단계로서 설명하면, 사회문제와 대중의 수요가 정치적 논점으로 부각되어 이슈로 되면 정책결정자(군)의 관심을 불러일으키고 논의될 수 있는 문제나 이슈의 목록인 어젠다가 만들어지고 문제해결을 위한 다양한 행동경로로서 정책대안이 제시된다. 이들 대안들 중 여러 가지의 비교분석과 검토를 통하여 정책결정자가 하나를 선택하여 정책이 채택되고 집행되며 그러한 정책이 가지는 성과(임팩트)를 평가하여 정책을 개선하거나 새로운 정책을 만들기 위해 정책환류를 하게 된다. 앞서 살펴본 정책연구와 관련하여 단순하게 비교해 보면 정책이 만들어지기까지가 정책형성과정이며 만들어진 정책이 실시되는 것이 정책집행이며, 이러한 정책이 잘되고 있는가 혹은 잘못되고 있는가를 분석하여 그 성과(impact)를 살펴보는 것이 정책평가이다. 이러한 일련의 정책형성－정책집행－정책평가의 단계를 본 서에서는 정책과정이라고 한다.

한편 정책과정 단계를 송근원과 김태성(2000)은 정책형성과정이라고 하였으나 본 서에서는 협의의 정책과정으로서 사회문제에서부터 정책결정에 이르는 일련의 단계를 정책형성과정으로 명명하고 본 절에서는 이를 중심으로 서술할 것이다. 이상의 내용을 참조하여 그림으로 나타내면 다음 [그림 9－2]와 같다.

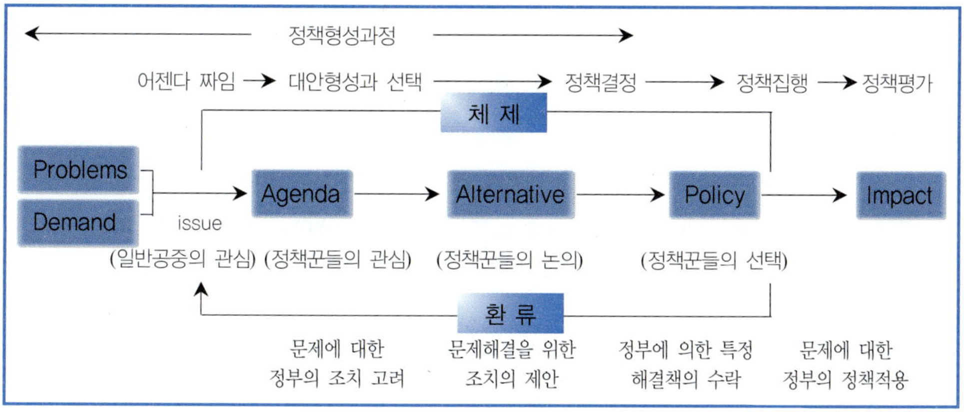

|그림 9-2| 정책과정과 정책형성과정

1. 정책문제, 수요

사회복지 문제는 인간으로서의 기본적인 생활을 누리지 못하여 고통을 받고 있는 사람들이 그러한 상황이나 조건을 해결해야 할 문제로 인식할 때 비로소 문제로 성립한다. 즉, 조건이나 상황의 개인문제가 모여서 사회문제가 되고 이러한 사회문제가 집단적으로 표출되거나 요구되게 되면 이슈[論題]가 되며 이러한 이슈의 목록이 정책 어젠다[議題]가 된다.

일반적으로 문제정의는 학자에 따라 보는 관점이 다른데, 다음 네 가지로 접근할 수 있다.

① **바람직하지 못한 상황** : 문제는 곧 바람직하지 못한 조건이나 상황이라고 생각한다.

② **바람직한 상태와 현재 상태와의 차이** : 문제란 우리가 처해 있는 상태와 우리가 도달해야 할 상태 간의 차이를 묘사하는 것으로 본다.

③ **극복 가능한 차이** : 현재와 바람직한 상태 간의 차이 자체는 문제가 아니라는 견해이다. 그 차이를 줄일 수 있을 때, 또 줄일 수 있는 해결방안들이 있을 때에만 비로소 문제가 된다는 주장이다.

④ **개선을 위한 기회** : 문제는 경쟁적인 문제들, 즉 경쟁적인 개선기회들 중에서 최선의 것을 선택한다는 것을 의미한다.

상기의 문제정의에 대한 네 가지 접근방법에서 우리는 문제를 ①의 바람직하지 못한 조건이나 상황으로 파악하고 사회복지정책에서는 바람직하지 못한 사회복지적 조건이나 상황이 무엇인가에 초점을 두어야 할 것이다.

정책문제 정책문제나 수요를 분석하는 데에는 6W, 2H(Why, Who, When, What, Where, for Whom, How much, How many)가 유용한데, 여기서는 Why, What, Who, How many, How much를 중심으로 살펴본다.

① WHY : 파악된 문제나 욕구의 원인이다. 곧 그러한 사회복지 문제가 발생하게 된 원인이 그 문제로 인하여 고통을 받고 있는 사람 개인에게 있는지, 아니면 사회체제 또는 사회변동에 있는지에 대한 사람들의 견해를 파악하여야 한다.

② WHAT : 파악된 문제의 영향이다. 곧, 그 사회복지 문제가 미치는 영향이 직접적으로 관련 있는 사람들에게 국한되는 것인지 아니면 다른 사람들에게도 영향을 미치는 것인지, 그리고 영향을 미친다면 어느 정도나 영향을 미치며, 영향을 받는 사람들이 어느 정도나 심각하게 그 문제의 영향을 받아들이는지에 관한 것이다.

③ WHO : 문제의 인지범위이다. 그와 같은 사회복지 문제를 인식하고 있는 사람은 어느 정도이며, 어떠한 해결방법을 원하고 있는지에 대한 인식의 정도를 파악하여야 한다.

④ HOW MANY : 문제의 해결에 관한 것이다. 그 사회복지 문제가 개인의 힘에 의하여는 해결할 수 없는 것인지 여부 및 사회적 해결에 드는 비용이나 자원의 조달방법은 무엇인지에 관한 견해들이다.

⑤ HOW MUCH : 문제의 성격이다. 곧 문제가 어느 정도 사회적 중요성을 띠는 것이며, 정치적 성격을 띠는 것인지에 관한 판단이 필요하다(송근원, 1994).

2. 정책이슈

정책이슈 이슈란 지위나 자원의 배분과 관련된 실체적 또는 절차적 문제들을 둘러싼 둘 이상의 집단 간 갈등을 뜻하며 정치적 논점으로 부각된 문제나 요구로서 다음의 두 가지 특성을 가져야 한다. 즉, ① 공공의 관심, ② 공공정책상의 논점으로 제시되어야 한다. 예를 들어, 국회의원 스캔들이 공공의 관심으로만 끝나면 이슈가 되지 않지만, 만약 해임여론이 형성되어 공공의 관심과 함께 공직자 생활윤리 정립이라는 공공정책상 논점으로 제시되면 이슈가 된다. 또한 신무기 구입은 공공정책상의 논점으로는 제시되지만 공공의 관심을 자주 끌지는 않는다.

어떤 문제가 정책이슈로 고려될 것인가에 대한 논점이나 기준은 없다. 다만, 어떻게 그 문제가 정의될 것인가를 생각해 보면 일반적으로 이해관계자(stakeholder)들은 자기에게 유리하게 문제를 정의하고 이슈를 제기한다.

1) 이슈 종류

정책이슈에는 non-issue, 사회적 이슈, 정치적 이슈, 합의 이슈, 갈등 이슈, 기존 이슈, 새 이슈, 재량적 이슈와 비재량적 이슈, 상징적 이슈와 물질적 이슈 등이 있다. 이 중 non-issue는 이슈로 제공되었으나 어젠다로 가지 못한 이슈를 억압된 이슈라고 부르기도 하며 문제나 요구가 공공의 관심을 끌었지만 공공정책상의 논점으로 제시되지 못한 경우를 말한다.

non-issue에 대한 설명으로 옳은 것은?

2) 이슈 크기

이슈의 크기는 갈등의 범위, 강도, 가시성에 따라 달라진다.

이슈촉발장치(issue triggering mechanism)는 문제가 이슈로 전환되는 관점에서 도움을 주는 사건을 말한다. 예를 들어, 독거노인의 보호대책이 시급하다는 문제가 제기되고 있을 시점에 무의탁 노인이 사망한 채로 3주가 지나도록 아무도 몰랐다는 내용이나 송파 세 모녀 사건의 신문기사(2003. 9)가 보도되면서 사회복지 전달체계상의 허점, 즉 복지사각지대가 이슈로 제기된 바 있고 대구 불로동 사건은 보건복지콜센터(희망의 전화 129번)가 개통되는 계기가 되었다. 결국에는 여러 가지 정책이슈와 맞물려 독거노인의 사망 기사나 대구 불로동 사건은 사회복지 전달체계를 개편하도록 이슈촉발 계기를 마련한 바 있다.

이슈촉발장치란?

3. 어젠다 형성

1) Policy Agenda

공공정책으로 전환되기 위하여 정책결정자들의 관심을 불러일으키고 논의될 수 있는 상태에 있는 문제나 이슈의 목록이나 의제(議題)들의 모음이다. 즉, 어젠다(Agenda)는 정책꾼들의 논의가 이루어지는 문제나 요구, 어젠다를 구성하는 문제나 요구로 이루어진 각각의 항목들을 일컫는다. 이때 정책의제로서 논의하는 과정, 정책의제로 채택되는 과정을 포함하여 어젠다 짜임과정이라 부른다. 이때 정책의제(policy agenda)는 "수많은 사회문제들 중에서 정부가 그것에 대한 정책적 해결을 의도하여 공식적으로 채택한 문제"이다. 또는 정책결정자가 공식적으로 해결할 필요성을 인식하게 된 문제를 의미하기도 한다. 그리고 정책의제 형성(설정)이라 함은 정부가 사회문제(social issue)를 정책적 해결을 위해 공식적인 의제로 전환하는 일련의 과정을 의미한다.

Eyestone(1978)은 정책의제 형성과정(policy agenda setting process)을 이슈 성격의 변화를 중심으로 6단계로 구분하여 제시하고 있다. 제1단계는 사회집단에 의해 사회문제가 인지된다. 제2단계, 다른 견해를 가진 집단들이 관련된다. 제3단계, 사회문제(social problem)가 사회논제(social issue)로 된다. 제4단계, 더 많은 집단들이 관련되어 공중의제(public agenda)가 된다. 제5단계, 논제기업가(issue entrepreneur)[2]들이 활동한다. 제6단계, 공중의제가 공식의제(official agenda)로 된다. 여기서 사회문제란 사회 구성원들의 인지나 신념상에 나타나는 사회적 상황에 대한 광범위한 결핍감이나 불만족의 상태를 말하며, 사회논제란 그러한 사회문제들 중 그 해결방법에 대해 의견이 엇갈리고 있는 문제를 의미한다. 공중의제는 정부의 정책적 해결노력이 꼭 필요하다고 많은 대중이 믿고 있는 사회의제들의 집합체를 말한다. 공식의제란 그 해결을 위해 정부의 관심과 행동이 집중되는 의제를 말한다. Eyestone은 정책의제 형성과정으로 크게 공중의제로 전환되는 과정과 정부의제로 전환되는 두 개의 과정으로 나누어 설명하고 있는데, 그는 공식의제가 정책의

2) 논제기업가란 해당 문제에 대한 담당 사무관이나 정책 입법관 혹은 관련 국회 소위원회 등을 말한다.

제에 해당된다고 한다.

특히 공중의제(public agenda)는 일반대중의 주목을 받을 가치가 있으며, 정부가 문제해결을 하는 것이 정당한 것으로 인정되는 문제를 의미하며, 체제의제(Cobb & Elder) 혹은 환경의제라고도 한다. Eyestone(1978)의 공식의제(official agenda)는 정부의 의사결정에 의해 심각하게 고려하기로 정부가 명백히 밝힌 문제들이다. 즉, 공중의제는 공식적인 정부기관 밖에 존재하지만, 공중의제 중에서 정부기관으로 침투하게 된 것은 공식의제이다. 이는 Cobb과 Elder(1971; 1983)에 의하면 정부의제(governmental agenda) 혹은 제도적 의제[3]로 불리기도 한다. Cobb과 Elder는 공공문제가 쟁점화되면서 체제의제(공중의제)를 거쳐 제도의제(정부의제)로서의 지위를 얻게 되는 과정을 정책의제라고 한다.

공식의제 (=제도적 의제, 정부의제, 정책의제)의 비교 설명

그러나 Eyestone은 공식의제가 되었다고 해서 모두 정책결정의 대상이 되는 것은 아니라는 점을 지적하고 있다. 그것은 주로 정부 내부에서 그러한 문제들을 받아들이고 그에 대해 정책적 중요성의 정도를 측정하고 그 결과에 입각하여 정책결정자에게 그 문제에 대한 정책적 노력의 필요성을 인식시키는 활동을 하는 정부 내부의 논제기업가의 활동에 중요한 영향을 받게 된다고 한다.

예를 들어, 자녀들의 조기유학 문제로 기러기 아빠들의 가족해체나 사교육비 증대 등으로 교육정책 문제에 관해 문제해결을 바라는 국민들의 요구에 대해 정부관계자나 국회의 관련 위원회의 위원들이 이러한 요구의 대상이 되는 사실들에 대해 이를 사회적 문제라고 인식을 하고 있으나, 그 문제의 근본적 해결을 위하여 적극적인 해결방안을 강구하지 않고 있을 때, 외국어 교육정책 문제나 기러기 아빠의 이슈는 공중의제(=체제의제, 환경의제)의 지위에 머물게 되고 공식의제(=정부의제, 제도의제, 정책의제)로 발전하지 못하게 된다.

어젠다의 종류로는 선거 어젠다, 대통령 어젠다, 의회 어젠다, 언론 어젠다, 정당 어젠다, 이익단체 어젠다, 대중 어젠다, 전문 어젠다, 지방 어젠다, 국가 어젠다, 가짜 어젠다 등이 있다. 이 중 Cobb과 Elder(1971; 1983)가 말하는 가짜의제(pseudo

가짜 어젠다에 대한 설명으로 옳은 것은?

3) 참고로 각 학자들이 분류하고 있는 의제(agenda)들의 명칭을 비교 정리하면 다음과 같다

구 분	Eyestone	Cobb과 Elder	Anderson
정부관심 채택 전	공중의제	체제의제	토론의제
정부관심 채택 후	공식의제	제도의제(정부의제)	행동의제

agenda)란 정책결정자가 불만세력을 무마시키기 위해 표면적으로만 관심을 표명한 왜곡된 의제를 말한다. 즉, 가짜 어젠다(Pseudo Agenda)는 정책꾼들의 관심을 불러일으켰으나 문제해결을 위한 대안의 제시가 없고 계속 무시된 상태로 남아 있는 어젠다이다.

2) 어젠다 짜임과정의 특징

어젠다 짜임의 특징?

① **이슈들 사이의 경쟁** : 어젠다 짜임과정 속에서 나타나는 가장 큰 특징 가운데 하나는 이슈들 사이의 경쟁이다. 왜냐하면 어젠다 공간이 제한되어 있기 때문이다. 그것이 공공 어젠다든, 정부 어젠다든 간에 어젠다가 짜일 수 있는 공간은 거의 일정한 것이어서 모든 문제나 요구가 다 정책 어젠다에 수록되는 것은 아니다. 따라서 어젠다 지위를 획득하기 위해서 여러 이슈 사이의 경쟁은 필연적이다(송근원, 1994 : 107-108).

② **정치적 과정** : 어젠다 짜임은 정치적이다. 왜냐하면 어젠다 짜임과정을 통하여 문제나 이슈가 비로소 정책과정에 진입하게 되는데, 이 과정은 자기들의 이해관계가 걸린 이슈를 정책 어젠다 위에 올려놓거나 올려놓지 못하게 하기 위해, 그리고 정책과정에 진입한 이슈의 결정이 자기들에게 유리하게 내려지게 하기 위하여 여러 사회집단들 사이에 노쟁, 협상, 연합, 흥정, 시위, 폭력의 사용, 로비활동 따위의 정치형태가 나타난다.

③ **공공정책상의 문제로 정의** : 어젠다 과정에서 논의되는 문제나 요구는 주어진 그대로의 문제나 요구가 아니라 공공정책상의 문제로 정의되는 것이다. 따라서 어젠다 짜임과정은 이슈가 계속 정의되어 가는 과정으로서 어떤 한 이슈가 가지고 있는 이슈 내용이나 범위는 그 이슈를 정의 내리는 입장에 따라서 계속 변화한다.

어젠다 구축모형

3) 어젠다 구축모형

Cobb, Ross와 Ross(1976)는 이슈나 문제가 공식의제로 채택되는 접근양상의 차이에 따라 외부주도모형(outside initiative model), 동원모형(mobilization model), 내부접근모형(inside access model) 세 가지 모형으로 나누고 있다.

(1) 외부주도모형

외부주도모형이란 공식적 정부구조의 외부, 즉 정부의 외부환경으로부터 비정부집단에 의해 논제가 제기되어 공중에게 확산됨으로써 일차적으로는 공중의제(public agenda)가 되고, 최종적으로는 공식의제(official agenda)로 채택되는 정책의제 형성과정을 설명하는 모형을 말하며, 이 모형은 민주적이고 평등한 사회에서 지배적으로 나타난다고 지적하고 있다.

(2) 동원모형

동원모형이란 어떤 논제가 정부 내부에서 제기되었을 때, 거의 자동적으로 공식의제로 채택되는 과정과 그것이 정책으로 입안되고 난 후, 그 성공적인 집행을 위해서는 공중의 지지와 협조가 필요함에 따라 이를 위해 공식의제를 역으로 공중의제화시키는 과정을 함께 설명하는 모형이다. 정책결정자들은 이러한 노력을 통하여 정책집행에 필요한 재정적 자원이나 제도적 자원을 동원하지 않으면 효과적 정책집행과 목적달성에 많은 어려움이 따른다는 것을 잘 알고 있기 때문이다. 이 모형은 지도자와 추종자 간의 거리가 먼 계층적인 사회에서 흔히 볼 수 있다고 지적하고 있다.

(3) 내부접근모형

내부접근모형이란 불만이나 정책안이 정부영역 내부에서 제기되어 공식의제로 채택되는 경우를 설명하는 모형이지만, 앞의 동원모형과는 달리 주장자들이 그 논제를 정부영역 밖의 일반 대중에게 확산시키기를 바라지 않기 때문에 공중의제화의 단계를 거치지 않고, 바로 공식의제로 채택하게 하는 경우를 설명하는 모형이다. 이때 자기들이 제기한 문제가 공식의제로 채택되느냐의 여부는 그 주장자들이 정책결정자들에게 얼마만 한 압력이나 영향력을 행사할 수 있느냐 하는 자기들의 능력에 달린 것이다. 이 모형은 부나 사회적 지위가 고도로 집중된 사회에서 흔히 나타난다.

4. 대안선택

정책대안이란 문제해결을 위한 행동경로를 말한다. 정책수단이 정책목표를 달성하기 위한 수단이라면 정책대안은 여러 가지 정책들 하나하나를 지칭하는 것이다. 따라서 정책수단을 선택하는 것은 정책대안 중의 하나를 선택한다는 의미이다. 정책대안의 원천은 ① 과거의 정책, ② 외국의 정책사례, ③ 사회과학적 지식과 기법, ④ 직관적 방법, ⑤ 토의방식 등이 있다.

1) 사회복지정책 대안의 결과예측과 미래예측

대안의 결과예측과 미래예측 방법으로 볼 수 없는 것은?

정책대안이 집행 또는 실현되었을 경우에 나타날 결과들을 정책대안의 실현 이전에 미리 예상하는 것을 의미한다. 이는 정책대안이 추진될 경우의 정책효과와 정책비용에 관하여 예측함을 의미한다. 미래의 예측방법은 다음의 다섯 가지로 크게 살펴볼 수 있다(송근원·김태성, 1996 : 106-116).

① **유추**(analogy) : 비슷한 구조의 사례를 통해 미래 상황이나 문제를 추정하는 방법이다.

② **경향성 분석**(tendency analysis) : 과거의 경향이나 추세를 미래에 연장시켜 추측하는 방법이다.

마르코프 모형의 설명

③ **마르코프**(Marcov) **모형** : 과거에 있었던 변화를 토대로 앞으로 나타낼 변화를 연속적으로 예측하는 데 사용되는 모형으로 확률적 정보를 제공한다. 예를 들어, 현재인구 4,000만 명 중 알코올중독자 100만 명 추산, 건강한 시민 중 알코올중독자가 될 확률 2%, 치료를 통해 건강해질 확률 50%, 연간 1병상당 10명 치료, 총환자 중 10% 정도 입원, 현재 10,000병상이 있다면 앞으로 알코올중독자 치료에 필요한 병상 수는 얼마인가를 측정할 때 사용한다.

④ **회귀분석** : 변수들 사이의 인과관계를 전제로 하여 만들어 낸 회귀방정식을 통하여 미래를 예측하는 방법이다.

⑤ **DELPHI 기법** : 1948년 랜드연구소에서 개발된 것으로서 군사, 교육, 매스미디어, 생활의 질 등 광범위한 분야에서 사용되고 있다. 이 방법의 중요한

특징은 어떤 분야의 전문가 한 사람이 아니라 일단의 전문가 집단에게 문제해결을 위한 대안이나 대안의 미래예측을 묻는 것이다. 흔히 전문가들을 한자리에 몰아놓고 회의를 통하여 의견을 모으려면 예기치 못한 장애요인들이 발생하고 편견이 개입되기 쉽다. 따라서 델파이 기법은 이를 극복하기 위해 ㉠ 누가 어떤 의견을 제시했는지 모르게(익명성) 하고, ㉡ 결과를 통합해서 다시 들려줌으로써 이전의 의견을 수정할 수 있도록 하며, ㉢ 돌려주는 자료는 언제나 집계형식으로만 제시된다.

델파이 기법

♣ 델파이 기법
- 예측하려는 현상에 대한 선례가 없는 경우 자주 사용
- 전문가들의 의견을 모으고, 교환하고 발전시킴으로써 미래를 예측
- 미래에 대한 광범위한 지식을 얻을 수 있고 연구자의 주관과 편견을 배제할 수 있음
- 전문가의 이해관계나 전문가들의 고집에 따라 비합리적으로 정책이 결정될 단점이 있음
- 비용과 시간이 드는 단점이 있음

2) 대안의 비교분석

정책대안의 검토과정에서 일반적으로 많이 사용하는 기준은 실현 가능성과 소망성 기준이다(Mood, 1983 : 32-34). 소망성 판단기준은 효과성(목표 달성의 정도를 의미), 능률성(투입과 산출의 비율을 의미), 공평성(동일한 경우는 동일하게 취급하고 서로 다른 것은 다르게 취급하는 것을 의미)이 있으며, 실현 가능성 기준은 기술적 실현 가능성, 재정적 혹은 경제적 실현 가능성, 정치적 실현 가능성, 행정적 실현 가능성, 법적 실현 가능성, 윤리적 실현 가능성 등이 있다(송근원, 1994 : 179-183).

기술적 실현 가능성(technical feasibility)은 집행기관이 그 문제를 다룰 수 있는 능력과 깊이 관련되어 있다. 예컨대 그 문제를 다룰 수 있는 집행기관의 전문화 수준, 재정능력, 행정능력에 비추어 볼 때 그 정책대안이 만족스럽게 시행될 수 있을 것인가에 관한 기준이다. 정치적 실현 가능성은 정책대안이 정치적으로 받아들여질 수 있는가에 관한 것이다. 아무리 이상적이고 좋은 정책대안이라 하더라도 국회에서 통과되지 않거나 대통령이 거부권을 행사한다면 또는 집행 시에

주민들의 정치적 반대 때문에 정책집행 자체가 유야무야 된다면 그 정책 효과는 낮아질 것이다.

3) 정책대안의 비교분석기법

비용편익분석으로 옳게 짝지어진 것은?

(1) 비용편익분석(Cost-Benefit Analysis)

각 대안의 실행에 필요한 비용과 대안이 결과적으로 가져오게 될 편익을 체계적으로 비교·평가함으로써 어떠한 정책대안이 희소자원을 가장 효율적으로 사용하게 될 것인가를 찾아내는 분석기법이다. 모든 내용과 편익을 화폐가치로 환산하여 기간별로 추정하고 서로 배타적인 대안 중에서 순 현재가치가 가장 큰 대안을 선택한다. 따라서 전통적인 비용편익분석은 경제적 합리성을 가장 중시한다.

비용편익분석
- 화폐가치 환산
- 순현재가치가 가장 큰 대안 선택

비용편익분석의 한계점은 비화폐적 요소의 소득측정에 대한 제약이다. 비용편익분석은 경제적 합리성 때문에 능률성이라는 기준은 만족시킬 수 있으나, 사회복지정책에서 눈에 보이지 않는 비화폐적 효과가 간과되기 쉽고, 사회적 형평이나 클라이언트의 반응성 등의 기준은 적용하기가 곤란하다는 문제점이 있다.

예를 들면, 빈곤 아동에 대한 사회복지 프로그램의 경우, 여기에서 발생하는 사회적 편익들은 장기간에 걸쳐서 무수히 많을 수 있으나 측정하기가 어렵다. 이러한 편익들에는 프로그램의 직접적 대상자인 아동들의 인적자본 향상을 통한 생산성 향상으로 국민총생산이 증가한다든지 혹은 범죄율이 감소하는 등 많은 예가 있을 수 있다.

비용효과분석에 대한 설명으로만 옳게 짝지어진 것은?

(2) 비용효과분석(Cost-Effectiveness Analysis)

비용편익분석과 기본 논리는 비슷하나 비용과 편익을 모두 화폐가치로 측정하지 않고 두 개의 각각 다른 가치단위를 사용한다. 즉, 비용은 화폐단위로 측정되고 효과는 전형적으로 재화단위나 용역단위 또는 기타 가치 있는 효과단위로 측정된다.

비용효과분석에서는 다음과 같은 두 가지 적절성 기준에 의하여 대안을 선택한다. 즉, 최소비용기준(least-cost criterion)은 일정한 효과수준을 최소비용으로 달성 가능한 정책대안을 선택하는 것이며, 최대효과기준(maximum-effectiveness criterion)

은 일정한 비용으로 최대의 효과를 달성할 수 있는 정책대안을 선택하는 것이다.

비용효과분석의 장점은 효과를 화폐가치로 측정하지 않기 때문에 비교적 적용이 용이하고, 시장가격으로 가치를 측정할 수 없는 집합재나 준집합재를 다룰 수 있다. 비용효과분석의 단점은 비용과 효과가 서로 다른 단위로 측정되기 때문에 총효과가 총비용을 초과하는지의 여부에 대한 직접적인 증거를 제시할 수 없다.

〈표 9-3〉 비용편익분석과 비용효과분석의 비교

비용편익분석	비용효과분석
• 화폐가치로 측정 • 장기계획 시 유리	• 재화나 용역 단위(비화폐적) • 비교적 적용이 용이

(3) 모의실험 기법

정책대안을 실제 집행하지 않고 비슷한 상황 속에서 모의실험을 시도함으로써 예측하는 방법이다. 이 모의실험 기법은 실제상황에서 위험이 수반되거나 실제 행동이 불가능할 경우 유용하다.

(4) 의사결정분석 기법

의사결정분석 기법이란?

의사결정분석 기법은 정책대안의 결과를 예측하기 위하여 나타낼 수 있는 확률적 사건을 나뭇가지(decision tree)처럼 그려놓고 분석하는 방법이다. 예를 들어, 과거 경험에 의하면 기관 내에서 바자회를 할 때 비가 안 오면 참석이 양호하여 1,000만 원, 비가 오면 참석 불량으로 600만 원이고, 기관 외에서 비가 오면 300만 원, 비가 안 오면 1,500만 원이라는 것을 다음과 같이 그려놓고 기관 내에서 할 것인가, 기관 외에서 할 것인가 하는 결정을 한다.

〈표 9-4〉 의사결정분석 기법 예

대 안	결과상황	결 과
기관 내	참석 불량(0.6)	600만 원
	참석 양호(0.4)	1,000만 원
기관 외	참석 아주 불량(0.6)	300만 원
	참석 아주 양호(0.4)	1,500만 원
	사회복지기금 마련 바자회 문제	

(5) 줄서기 기법(Queuing)

사회복지정책에서 줄서기 문제는 서비스 시설이 한정적이므로 모든 클라이언트에게 즉각적인 서비스가 제공되지 않을 경우이다. 줄서기 분석기법은 대기시간 등의 사회적 비용과 이를 줄이기 위한 적절한 시설수준을 찾아내기 위한 방법이다. 실례로서 병원에서 환자 대기시간을 줄일 수 있는 가장 체계적인 절차와 과정을 마련하기 위하여 간호사를 접수대에 배치하여 대기시간을 줄이고 있다.

4) 대안선택 과정상의 문제점

줄서기 기법에 대한 설명으로 옳은 것은?

① **예측능력의 한계** : 현재의 문제와 상황을 정확하게 파악하고 목표를 설정하며, 미래상황에 관한 정확한 예측 속에서 대안의 결과를 비교 분석해야 하는데, 이들에 관한 정확한 정보와 자료의 부족 및 정책분석가의 판단 잘못 등의 원인 때문에 그렇게 하지 못하는 경우가 많다.

② **계량화 한계** : 사회복지정책 대안들이 주로 사람을 대상으로 짜이는 까닭으로 계량화할 수 없는 부분이 많이 있다.

대안선택 과정상의 문제점

③ **대안 비교 기준으로서 공공척도의 한계** : 어떤 사회복지 문제에 관한 여러 대안들을 비교하기 위해서는 이들의 장단점을 비교해야 하는데 공동척도가 없는 경우가 많다. 따라서 대안들의 결과는 알 수 있으나, 여러 대안들 가운데 어느 것이 더 좋은 대안인지 알 수 없는 경우도 있다.

④ **비용과 시간** : 시간과 비용이 한정되어 있는 까닭에 한정된 시간과 비용의 한계 속에서 정책대안이 탐색되고 개발될 수밖에 없다.

⑤ **국가의 다른 목표와의 관계** : 사회복지정책 대안형성과정에서는 단순히 정책문제로서의 사회복지 문제만을 고려하여 정책대안을 만드는 경우, 다른 국가 목표와 대립 상충하는 경우도 있다.

5. 정책결정

정책결정(policy decision - making)이란 권위 있는 정책결정자가 정당성(legitimacy)과 권위(authority)를 가지고 문제해결을 위한 여러 대안들 가운데 하나를 선택하는 과정이다. 예를 들어, 국회통과, 대통령 서명, 명령, 규칙, 조례제정 등이 여기에 해당된다.

1) 특 징

정책결정의 특징으로 볼 수 없는 것은?

① **권위 있는 결정** : 정책결정은 아무나 하는 것이 아니라 정책결정을 할 수 있는 권한을 가진 사람, 즉 권위 있는 정책결정자만이 할 수 있다. 권위 있는 정책결정자에 의해서 결정된 정책은 권위를 띠며, 선택된 정책대안이 구성원들에 의하여 받아들여진다는 것을 의미한다.

② **해결방안의 채택** : 사회복지정책의 정책결정자가 정책을 결정하는 행위는 사회복지 문제를 둘러싼 여러 세력들 사이에서 이들의 이해관계에 대하여 나름대로 심사숙고하고, 제안된 여러 개의 정책대안들 가운데 하나를 선택함으로써 그 사회복지 문제에 대해 권위를 가지고 결론을 내리는 것이다.

③ **공익적 성격** : 정책결정자는 사회 전체적인 공익을 기준으로 삼아야 하며, 정책문제를 둘러싼 사회세력들의 이해를 조정하되, 어느 한편의 이익을 대변해서는 안 되고 공익적 관점에서 결정이 이루어져야 한다. 사회적 약자를 다루는 사회복지정책의 경우는 더욱더 공익적 성격이 두드러진다.

④ **정치적 성격** : 사회복지정책의 결정과정이 사회 전체를 위한 공익적 성격을 띠기는 하지만, 결정된 사회복지정책은 사회복지 문제를 둘러싼 사회세력들 사이의 타협의 산물이다. 사회복지정책의 결정에는 규범성이 강조되면서 다른 한편으로는 정치적 성격이 반영된다.

⑤ **거시적 성격** : 사회복지정책의 경우 논의되는 해당 사회복지 문제의 해결만을 고려하는 것이 아니라, 다른 정책과의 관계 및 장래의 사회적 상황변화 등 사회 전체적인 입장에서 거시적 조망이 필요하다.

2) 정책결정을 설명하는 이론모형

정책결정을 설명하는 이론은 크게 누가 정책을 만드는가에 대해 관심을 갖는 과정지향적(참여자 중심) 정책결정 이론모형과 정책결정이 어떻게 만들어지는가에 대해 관심을 갖는 산출지향적(의사결정론적) 정책결정 이론모형으로 대별할 수 있다(최봉기, 2004 : 277-286).

(1) 과정지향적(참여자 중심) 정책결정 이론모형

가. 엘리트모형(Elite Model)

엘리트모형의 가정에 의하면 일반국민들은 정책에 대해서 무관심하고 올바른 정보를 가지고 있지 못하기 때문에 정책이 통치엘리트의 가치나 이해관계에 의해 결정된다고 보는 이론모형이다. 이 모형에서 ① 정책은 엘리트에 의해 결정되어 대중으로 내려간다. ② 사회는 권력을 가진 소수와 권력을 갖지 못한 대중으로 구별되며, 사회의 가치는 소수의 권력을 가진 자만이 분배할 수 있고 대중은 정책결정에 참여하지도 못한다. ③ 정책은 대중의 욕구를 반영하는 것이 아니라, 오히려 엘리트의 지배적 가치관을 반영하는 것이며 정책의 변화는 혁신적이 아니고 점증적이다. ④ 따라서 엘리트가 대중으로부터 영향을 받기보다는 대중이 엘리트로부터 훨씬 더 많은 영향을 받는다고 주장한다. 그러나 이러한 엘리트 이론은 자유민주주의적 선거제도나 정당활동 등의 설명에 맞지 않는 점이 많다.

Derthick(1979)은 1960~1970년대의 미국의 노령급여 노인복지 관련법이 수립, 개선된 것은 진보적인 관료 엘리트들의 노력의 결과라고 하였다. 박경일(1996)은 프랑스, 영국, 일본의 가족수당정책의 형성의 발달을 연구한 결과 가족수당정책의 성립에 있어서 프랑스는 Romanet와 같은 기업가의 영향력이 정책형성에 커다란 역할을 하였고, 영국에서는 Rathbone이 이끄는 가족부양협회라는 사회단체가, 일본은 정책형성과 개혁 시 정부관료와 아동복지심의처가 그 영향력을 행사하였다고 주장하였다. 그리하여 일본은 전통적으로 행정관료가 주요한 사회엘리트로서 정책을 결정한다고 알려져 있다.

이익집단모형의 설명으로 옳게 짝지어진 것은?
– 집단 간의 상호작용이나 균형관계
– 이익집단 간의 결정의 산물
– 다원주의 사회

나. 이익집단모형(Interest Group Model)

이익집단모형은 정책결정이 집단 간의 상호작용이나 균형관계에 의해 이루어지며, 집단들은 직접적이든 간접적이든 간에 정책결정에 영향을 미치려 함으로써 정책결정자는 끊임없이 집단의 압력에 처하게 되고 이들 압력에 대항해야 한다고 주장한다. 이익집단모형은 일정한 시점에서 결정되는 정책은 이들 집단들 간의 투쟁, 경쟁, 상호작용에 의해 이루어진 최종산물이며 집단 간의 균형으로 파악한다. 그리고 이러한 균형은 각 집단의 자원, 규모, 응집력 등에 의해 이익집단들이 갖게 되는 상대적인 영향력에 따라 조정되고 결정되는 것이라고 본다.

다원주의(pluralism) 사회에서는 이익집단이 정책결정자와 국민을 연결하는 통로로서 중요한 역할을 한다. 그래서 이익집단이론은 정책결정을 이익집단들 간의 경쟁의 결과로 이해하고, 한 시점에서의 정책결정을 경쟁에서 이긴 이익집단의 전리품으로 이해한다(김태성, 2003 : 111).

다. 제도모형(Institutional Model)

제도모형은 정책결정을 수행하는 유일한 합법적인 제도는 정부이며, 정부의 체계는 입법, 사법, 행정기관과 정당 및 선거기관 등 주요 정책결정 기구들을 포함하기 때문에 결국 정책(결정)이란 이들 정부기관의 활동이라고 파악한다. 따라서 제도모형이 중시하는 정책결정에 관한 연구는 이들 정부 각 기관의 조직, 법적 권한, 절차과정, 구조와 기능 등 주로 공식적 법적 측면에 관심을 집중시킨다. 즉, 정책결정을 정부기관의 활동으로 보기 때문에 정부기관을 구성하고 있는 헌법, 정부조직법, 행정법규, 직제 등을 중시한다.

그러나 제도모형은 제도적 특징들이 정책결정에 어떠한 영향을 미치는가에 대해서는 체계적으로 분석하지 못하고 단지 정부의 특정 제도, 즉 정부구조, 조직, 의무, 기능만을 서술해 왔다. 이처럼 전통적 제도모형에서는 정책에 관한 설명은 있었지만 제도적 구조와 정책내용과의 관계는 거의 경시되어 왔다.

라. 공공선택모형(Public Choice Model)

공공선택모형은 Ostrom과 Ostrom에 의해 체계화된 이론모형으로 주로 정치경제학적 관점에 입각하여 합리적 선택의 논리를 정치현상에 적용하려고 시도한다. 공공선택이론은 모든 다른 사회가치에 손실을 주는 일 없이 특정 가치를 더 많이 성취하는 이른바 '파레토 최적기준점(point of Pareto optimality)'에서 가장 합리적인 정책결정이 이루어진다고 본다. 공공선택모형은 방법론적으로는 개인주의에 기초하여 오직 개인만이 선택하고 행동한다고 가정하므로 개인의 경제행위와 마찬가지로 정치행위를 분석할 때에도 개인의 행동을 사회활동으로 확대함으로써 논리적으로 일관성 있는 집합적 행동체계를 파악할 수 있다고 본다. 따라서 구체적으로 공공선택모형은 유권자의 투표행위, 대표성의 문제, 선거에서의 경쟁, 관료의 정책집행과정에서 어떻게 행동하는가 하는 문제들을 다룬다(Buchanan, 1991 : 222).

공공선택모형에 대한 비판은 인간이 반드시 이기적 동기에 의해서만 결정하지 않고, 이타주의와 공동체 이익을 추구하는 도덕적·윤리적 원칙에 따라서도 행동한다는 점이다. 즉, 공공선택이론에 의하면 정치인(정당)과 관료의 이익은 선거에서 이기고 그들의 권력을 확대시키는 것이라고 설명한다. 반대로 투표권자들(개인)은 정책이 자신들에게 어떠한 영향을 미치고 그리고 그들이 받을 이익이 무엇인지에 관해 종종 관심을 가진다.

철의 삼각관계나 표의 교환을 가장 잘 나타내고 있는 정책결정이론은? – 공공선택모형

Olson(1982)에 의하면 이익집단들은 정책에 대한 많은 정보와 조직력 및 로비를 통해서 자신들의 이익을 관철시킬 수 있는 능력이 있지만 일반국민들, 즉 개인들은 정보 부족, 조직화의 어려움 그리고 무관심 등으로 자신의 이익을 관철시키기가 어렵다. 그래서 공공선택이론에 의하면 이익집단, 정치인 그리고 정부관료가 소위 철의 삼각관계를 형성하고, 각자의 이익을 극대화하는 곳에서 타협하거나 '표의 교환(vote trading)' 현상이 나타난다고 비판한다.

♣ 철의 삼각관계(Iron Triangle : Rosen, 1988)

공공부문에서 제공되는 사회복지재화와 서비스를 둘러싼 이익집단은 세 부류로서 특정의 이익을 추구하는 소비자집단, 이들의 표를 획득하기 위하여 이들의 이익을 대변하는 정치가 집단, 사회복지재화나 서비스를 제공하는 관료 및 전문가 집단들의 이익이 서로 결합되는 과정에서 재화나 서비스가 불필요하게 확대될 수 있는 이러한 결합관계를 의미한다(송근원·김태성, 1996 : 250).

(2) 산출지향적(의사결정론적) 정책결정 이론모형

가. 합리모형(Rational Model)

합리모형은 인간을 이성과 고도의 합리성에 따라 행동하고 결정하는 존재로 보며 인간의 전능성을 가정하고 있다. 따라서 이 모형은 인간을 합리적 사고방식

을 가지고 행하는 경제적 인간으로 전제하고 있다. 곧, 정책결정자나 정책분석가가 고도의 합리성을 가지고 있고 주어진 상황하에서 주어진 목표의 달성을 극대화할 수 있는 최선의 정책대안을 찾아낼 수 있다고 보는 정책결정 모형이다.

합리모형의 특징은 다음과 같다.

① **인간의 이성과 합리성** : 정책결정에 관여하는 인간이 이성적이고, 합리적이라고 가정한다는 점이다.

② **주어진 목표와 상황** : 주어진 상황 속에서 주어진 목표를 해결하기 위해 최선의 정책대안을 찾을 수 있다고 가정한다. 또한 주어진 정책목표는 명백하게 규정될 수 있고 주어진 상황 역시 뚜렷하다고 보기 때문에 그 속에서 최선의 정책대안을 찾아낼 수 있다고 본다.

③ **인간의 능력에 대한 신뢰** : 인간의 능력, 곧 지적 능력이나 판단능력 등을 전제로 한다. 주어진 조건하에서 최선의 정책대안을 만들어 낼 수 있는 인간의 능력을 암묵적으로 전제하고 있다.

④ **대안의 비교기준** : 각 정책대안들을 비교 평가하는 데 필요한 판단기준이 명백하게 존재한다는 점을 가정한다. 이때 각각의 정책대안이 가져올 결과에 대해서도 완전하게 알 수 있다는 점을 가정한다.

⑤ **최선의 정책대안 선택** : 합리적인 정책결정자에 의하여 문제해결에 필요한 최선의 정책대안을 찾아냄으로써 정책결정이 이루어진다고 본다.

합리모형이 추구하는 정책대안은 – 최선의 대안

합리모형의 단점은 ① 인간이 항상 이성적이고 합리적이지는 않기 때문에 최선의 정책대안을 선택하는 정책결정만 존재하는 것은 아니며 비합리적인 정책결정과정이나 형태는 설명할 수 없다. 예를 들어, 종종 새로 임명받은 공무원들은 선배 공무원들로부터 정책결정과정이 학교에서 배운 것처럼 진행되지 않을 것이라는 메시지를 받곤 한다. 이러한 경고의 말은 사회복지기관에 새로 입사한 신입 사회복지사가 기존 선임 사회복지사로부터 종종 듣는 말이기도 하다. ② 목표와 상황의 불확실성으로서 정책목표는 원래부터 뚜렷한 것이 아니고 정책과정 속에서 정책꾼들의 타협과 현상에 의하여 형성되며, 정책상황의 변화 속에서 바뀔 수 있다. ③ 정보 및 시간의 부족으로서 정책문제에 대한 정보나 정책문제의 해결에 대한 정보나 시간적 여유가 항상 충분한 것은 아니다. ④ 대안의 결과를 정확히 알 수 있는 예측능력이 있어야 하고 비용편익 혹은 비용효과를 정확히 계산할 수 있는 지적 능력이 있어야 한다. ⑤ 매몰비용(sunk cost)의 문제로서 최선의 정책대안을 알고 있으나 과거의 잘못된 정책결정 때문에 현재 시행 중인 비합리적인 정책안을 계속 사용하거나 일부 수정하여 사용할 수밖에 없는 경우도 있다.

매몰비용의 문제 – 합리모형

기회비용(Opportunity Cost)과 매몰비용(Sunk Cost)

•기회비용 : 대안선택 시 고려되는 문제

기회비용은 무엇을 선택하기 위해 포기해야 하는 대안에 대한 가치를 말한다. 왜 기회비용이 생기는가? 그것은 자원의 희소성 때문에 선택을 해야 하고 그 선택은 다른 어떤 대안을 포기하는 것을 의미하기 때문이다. 일반적으로 개인의 이익과 관련된 것을 결정할 때는 기회비용을 적용한다. 그런데 다수와 관련이 있을 때는 별반 고려하지 않는다. 정책의 기회비용은 그 정책을 선택함으로써 포기해야 하는 정책대안의 가치를 의미한다.

•매몰비용 : 정책결정 시 예상되는 문제

매몰비용(sunk cost)은 기존에 선택한 사업이나 프로그램(과거의 잘못된 정책)에 투입된 비용 때문에 합리모형에서는 새로운 정책을 선택하기보다 현재 시행 중인 비합리적인 정책안을 계속 사용하거나 일부 수정하여 사용한다.

나. 만족모형(Satisfying Model)

만족모형 – 만족스러운 대안

Simon과 March가 주로 주장하는 형태론적 의사결정모형이며 정책결정에 있어 결정자의 사회심리적 측면을 중시하는 현실적·실증적 접근이론이다. 만족모형은 인간의 완전한 합리성을 전제로 하지는 않지만 정책결정자나 정책분석가가 비교적 합리적으로 정책을 결정한다고 가정한다. 요컨대 만족모형은 현실의 의사결정자가 제한된 능력만을 가지고 있다는 것을 전제로 하여 의사결정과정을 지배하는 것은 최적화의 기준이 아니라 만족화의 기준이라고 인식한다.

만족모형의 특징은 다음과 같다.

제한된 합리성

① 제한된 합리성[4] : 제한된 합리성을 전제로 하여 대안들을 모두 검토하는 것

다음은 무엇을 설명한 개념인가? – 제한된 합리성

4) Simon(1955)이 주창한 제한된 합리성(bounded rationality)이란 다양한 의사결정 상황에서 인간의 인지적인 한계로 인해 발생하는 의사결정 문제를 정책 실무자들은 제한된 정보만을 이용하여 만족할 만한 수준에서 의사결정을 하게 된다는 것이다. 최근에는 이러한 제한된 합리성을 더욱 발전시킨

도 아니고 그들 가운데 몇 개를 검토하다가 어느 정도 만족스러운 결과를 낼 수 있다고 생각하면 그냥 정책결정을 내린다는 것이다.

② **정책목표 및 기준의 불확정성** : 정책목표가 항상 명백하다고 보지는 않으며, 여러 개의 복수 목표 사이의 우선순위도 뚜렷이 매겨질 수 없다고 본다.

③ **제한된 대안의 탐색** : 정책결정과정에서 모든 정책대안이 다 고려되지도 않고 고려될 필요도 없다고 본다.

④ **만족스러운 대안의 선택** : 정책결정자는 만족할 만한 정책대안을 찾으면 그 대안을 선택함으로써 대안의 탐색이 중단되고 정책결정이 이루어진다고 본다.

만족모형의 단점은 ① 만족스러운 대안의 불명확성으로서 어느 정도의 수준이 만족할 만한 수준인지에 대한 객관적인 판단기준이 없다. ② 적용의 한계로서 합리모형보다는 현실적이지만 이 모형을 적용할 수 없는 예외적인 경우도 많이 존재한다. ③ 반쇄신적 성향으로서 만족할 만한 정책대안이 나타나는 경우 더 이상의 대안에 대한 탐색이 중단된다. 더 훌륭한 정책대안이 있어도 그대로 사장될 수밖에 없으므로 쇄신적 문제해결을 지향하기보다 보수적 성향을 띤다.

다. 점증모형(Incremental Model)

점증모형

1959년 Lindblom이 공공정책 개발방식을 설명하는 논문에서 그는 공공정책결정이 합리적이고 모든 선택 가능한 대안을 고려하여 이루어지는 것이 아니라는 반박을 하면서 점증주의 이론을 제시하였다. 점증주의란 기존 정책에 작은 변화를 줌으로써 정책이 만들어진다는 주장이다. 일례로서 사회복지예산이 과거의 사회복지예산을 바탕으로 조금씩 증대해 나간 경우라든지, 국민연금의 적용대상이 처음에는 군인, 공무원에서 점차 근로자, 농어민, 도시 자영자로 확대되어 현

인지심리학자 D. 카너먼(D. Kahneman, 1982) 외 2인은 휴리스틱스(heuristics)와 바이어스(biases) 연구를 통해 합리적 의사결정의 한계를 지적하였다. 행동경제학에서 휴리스틱스란 불충분한 시간이나 정보로 인하여 합리적인 판단을 할 수 없거나, 체계적이면서 합리적인 판단이 굳이 필요하지 않은 상황에서 사람들이 빠르게 사용할 수 있는 어림짐작의 방법으로서 간편법, 발견법이라고도 한다. 그런데 휴리스틱스는 완전한 해답은 아니므로 종종 바이어스(편향)를 자아내는 원인이 되기도 한다(도모노 노리오, 이명희 역, 2007; 위키백과사전, https://ko.wikipedia.org). 최근에는 휴리스틱스와 바이어스의 개념을 활용하여 정책실무자(4~7급 공무원들)의 판단과 의사결정과정을 분석한 연구도 있다(심준섭·김민종 2006).

재 전 국민을 포괄하고 있는 것 등이다.

점증모형은 과거의 정책결정을 기초로 차이가 있는 대안을 검토하고 약간 수정한 결정이다. 보수적 성격을 띠며 합리모형이 실제의 정책결정에 적용하기 어려운 비현실성에 대해 비판하면서 현실적인 정책결정형태를 설명할 수 있는, 즉 실현 가능성을 높일 수 있는 이론모형이다.

점증모형의 특징은 다음과 같다.

점증모형의 특징으로 옳게 설명한 것은?

① **정책목표와 수단의 조정** : 합리모형과 달리 수단을 항상 목적에 부합시키는 것이 아니라 목적을 수단에 부합시키기로 한바, 목적과 수단 사이에 서로 조정이 이루어진다.

② **비합리성** : 인간의 비합리성을 전제로 정책결정형태를 설명하고자 한다. 만족모형에서의 합리성도 정책결정과정에 존재하지 않는다고 본다. 합리적 기준에 의한 대안의 평가는 실제로 불가능하다고 본다.

③ **정치적 성격** : 정책결정에 있어 결정자는 다른 정책결정자의 결정과 이익을 고려하면서 자신의 결정을 조정하게 되는, 즉 다양한 행위자들에 의한 상호 조정과정을 통해서 이루어진다고 본다.

점증모형의 단점은 ① 평가기준의 부재로서 '점증'에 대한 확고한 기준이 없다. 정책결정의 계획성이 결여되고 그 평가기준이 뚜렷하지 않다. ② 형평성의 문제로서 사회적 가치의 근본적인 재분배를 필요로 하는 정책보다는 항상 정치적으로 실현 가능한 임기응변적 정책을 모색하는 데 치중하게 된다. 따라서 권력적 영향력이 강한 집단이나 강자에게 유리하고 약자에게 불리하며 그 결과 소득재분배정책의 경우에 적용하기에 바람직하지 않다. ③ 적용의 제한으로서 외부압력이 약하고 이익집단이 발달되지 않은 사회, 곧 정책결정자의 판단이 큰 비중을 가지는 사회에서는 그 적용이 제한되어야 한다.

라. 혼합모형(Mixed Scanning Model)

혼합모형의 내용

Etzioni(1967 : 385-392)가 제창한 것으로서 합리모형과 점증모형을 혼합 절충한 제3의 모형이다. 혼합모형은 합리모형의 이상주의적 성격에서 나오는 단점과 점증모형의 보수성이라는 약점을 극복할 수 있는 전략으로 제시된 모형이다.

Etzioni는 합리모형은 결정권한이 집중되어 있고 통제·계획 지향적인 속성을 지니는 전체주의 사회에 적합하며, 점증모형은 다원주의적이고 합의중심적인 민주사회에 적합한 모형이라고 하고 혼합모형은 활발한 행동적 사회(active society)에 적합한 전략이라고 하였다.

혼합모형의 특징은 다음과 같다.

① **종합적 합리성** : 정책결정에는 합리성만 작용하는 것도 아니며 비합리적인 결정만 이루어지는 것도 아니므로 결정의 범위에 따라 두 가지가 다 적용된다고 본다.

② **결정의 구분** : 결정과정을 기본적 결정과 세부적 결정으로 나눈다. 기본 결정은 전체적이고 기본적인 방향을 설정하기 위해 중요한 대안을 탐색 후에 이루어지고 세부적인 결정은 기본적 결정의 범위 속에서 점증적으로 구체화한다.

③ **사회의 조직원리** : 결정형태에만 국한되는 것이 아니라 Etzioni(1968 : 4-5)가 언급한 활발한 행동적 사회에서의 조직 원리로 발전시킬 수 있다고 주장한다.

혼합모형은 두 개의 대립되는 극단의 모형들을 혼합 절충한 것에 지나지 않으며 현실적으로 그가 주장한 바와 같이 될 수 있겠는가에 대해서는 비판이 있다.

마. 최적모형(Optimal Model)

최적모형의 특성으로 옳게 짝지어진 것은?
– 질적 모형
– 경제적 합리성
– 초합리성
• 상위정책결정 포함
• 환류

최적모형은 정책결정을 체계론적 관점에서 파악하고 정책성과를 최적화하였다. 합리모형의 비현실성과 점진모형의 보수성향을 비판하면서 Dror(1964)가 제시한 모형으로 정책결정을 체계론적 시각에서 파악하고 정책성과를 최적화하는데 주안점을 둔 모형이다. 여기서 정책성과를 최적화한다는 의미는 정책결정과정에서 투입보다 산출이 커야 한다는 의미이다.

최적모형은 질적 모형이며, 경제적 합리성과 초합리성을 중요시한다.

① **질적 모형** : 최적모형은 합리적 요소와 초합리적 요소를 바탕으로 한다. Dror는 정책결정상의 문제를 합리모형이나 점증모형 가운데 어느 하나만으로 설명하거나 적용하는 것은 잘못이라며 현실의 정책결정에 사용할 수

있는 경제적 합리성과 초합리성을 띤 규범적인 모형으로 최적모형을 제시한다.

② **경제적 합리성과 초합리성** : 현실여건이 합리성을 제약하므로 경제적 합리성과 함께 초합리성을 중요시한다. 즉, 경제적 합리성과 아울러 직관이나 판단력, 창의력 같은 초합리적인 요인을 고려한다.

이와 같이 최적모형의 주요 특징은 ① 양적인 것이 아니라 질적인 것이라는 점, ② 합리적 혼합최적 구성요소를 함께 지닌다는 점, ③ 경제적으로 합리적이어야 한다는 것이 기본적 원리라는 점, 그리고 ④ 상위정책결정을 포함한다는 점, ⑤ 많은 환류가 내포되어 있다는 점이다.

초합리적 구성요소는 여러 가지 이유에서 필요하나 우선 한정된 자원, 불확실한 상황, 지식의 결여 등이 정책결정의 합리성을 제약하기 때문에 정책결정자들이 초합리적 과정에 의존하지 않을 수 없다. 특히 새로운 대안을 창안해야 하는 경우에는 초합리적 과정이 합리적 과정보다 훨씬 더 문제를 잘 해결할 수 있다. 이러한 이유로 초합리적 과정이 정책결정에서 매우 중요하고 적극적인 역할을 수행하지만 그것이 합리적 과정을 대치하는 것은 아니다. 그것은 합리적 과정의 역할을 보완하는 것일 뿐이다(오석홍·김영평 편, 2000 : 262).

최적모형의 단점은 정책결정에 있어 사회적 과정에 대한 고찰이 불충분하고, 초합리성의 구체적 달성방법이 명확하지 않으며, 너무나 유토피아적인 모형이라는 비판을 받고 있다.

바. 쓰레기통 모형(Garbage Can Model)

쓰레기통 모형 설명

쓰레기통 모형은 무정부상태에서 나타나는 몇 가지 흐름에 의하여 우연히 정책결정이 이루어진다. 즉, 합리성이나 협상타협 등을 통해서 정책결정이 이루어지는 것이 아니라 '조직화된 무정부상태(organized anarchies)' 속에서 나타나는 몇 가지 흐름에 의하여 우연히 이루어진다고 보는 정책모형이다(Cohen, March & Olsen, 1972 : 1-25; Kingdon, 1984).

Kingdon은 조직화된 무정부 상태의 대표적인 예로 볼 수 있는 중앙정부의 의제설정과정을 설명하기 위해 쓰레기통 이론에 기반하여 정책흐름모형을 확립하였다(1984: 86). 즉, 정책형성에 대한 기존의 이론에서 정책문제는 이미 주어진 것으로 보고 이에 대한 대안을 찾아가는 과정에 중점을 둔 반면, Kingdon의 이론은 무수한 사회문제 중 어떤 사회문제가 정책의제화가 되는지에 대한 정책 의사결정의 동태적 과정에 초점을 두었다(신지현·변진석·박은혜, 2017 : 289). 그리하여 Kingdon(1984)은 공공정책의 결정시기를 일컬어 정책기회의 창(policy window of opportunity)을 여는 것이라고 하였다.

정책기회의 창
– 공공정책의 결정시기

정책의 창은 정책주창자들이 그들의 관심대상인 정책문제에 주의를 집중시키고 그들이 선호하는 정책 대안(pet solution)을 관철시키기 위해서 열리는 기회라고 정의할 수 있다. 정책주창자들은 정책문제의 정의 및 정책 대안의 내용들을 항상 준비해 놓고 정책의 창이 열리기를 기다려야 한다. 정책주창자들이 열린 정책의 창을 최대한 활용하지 못한다면, 그들은 대응의 창이 열릴 때까지 기다려야만 한다(Kingdom, 1984).

정책창문 :
정책기회의 창
– 정책결정시기

쓰레기통 모형의 특징은 다음과 같다.

쓰레기통 모형의 특징으로 옳게 짝지어진 것은?

정책결정의
네 가지 흐름

① **정책과정을 구성하는 흐름** : 정책과정은 몇 가지의 흐름으로 구성되어 있으며 이러한 흐름이 합쳐질 때 정책결정이 이루어진다고 보는 모형이다. Cohen, March 그리고 Olsen은 정책결정에 필요한 여러 가지 흐름이 있는데, 이 중 정책결정이 이루어질 수 있는 기회를 뜻하는 ㉠ 선택기회의 흐름, 해결되어야 할 ㉡ 문제의 흐름, 문제에 대한 해답으로서의 ㉢ 해결방안의 흐름, 정책결정에의 ㉣ 참여자의 흐름을 들고 이 네 가지 흐름이 우연히 쓰레기통 속에서 만나게 되면 그때 정책결정이 이루어진다고 본다.

② **독립적인 흐름** : Kingdon은 이들의 이론을 발전시켜 쓰레기통 모형을 제시하고 곧 정치의 흐름, 문제의 흐름, 정책의 흐름이라는 세 가지 흐름이 각각 따로따로 존재하며, 각 흐름의 주요 참여자도 각각 다르다고 본다. 곧 정치의 흐름은 정치인 및 이익집단들에 의해, 문제의 흐름은 언론 및 클라이언트들에 의하여, 정책의 흐름은 관료나 전문가의 참여에 의하여 활성화되며 독자적으로 흘러간다고 본다.

Kingdon의
세 가지 흐름
– 정치의 흐름
– 문제의 흐름
– 정책의 흐름

쓰레기통 모형의 장점은 시간적 전후관계를 제시하고 있지만 이 모형은 과정에의 참여자가 각각 다르고 일시적이라는 것을 가정함으로써 보다 현실적인 결정모형을 제시한다.

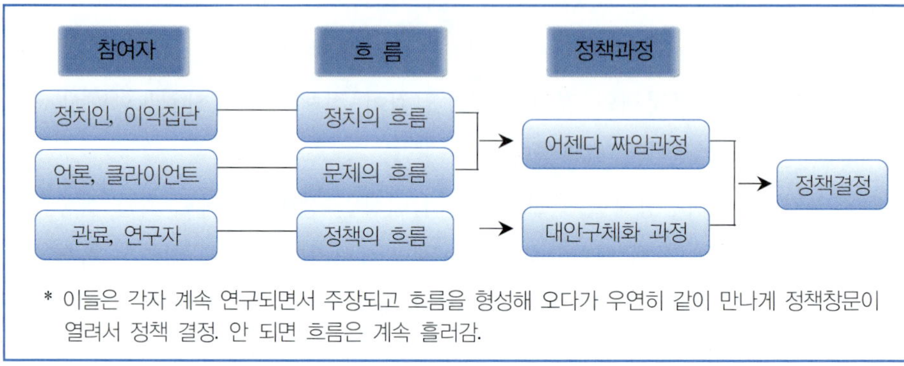

|그림 9-3| Kingdon의 정책결정모형

출처 : 송근원·김태성(1999), p. 138.

쓰레기통 모형의 단점은 이 모형에서 가정하고 있는 조직화된 혼합상태는 조직의 모든 결정형태에서 발견되는 것이 아니라는 점에서 일부분의 조직에서 또는 일시적으로 나타나는 결정형태를 설명하는 데 적합할 뿐이라는 비판이 있다.

Kingdon의 정책흐름모형에 대한 사례분석

문제의 흐름으로는 급격히 악화된 아동학대 관련 지표, 잔학한 아동학대 사건의 빈번한 발생과 이에 대한 언론 보도, 종래 아동학대를 규율하던 「아동복지법」의 내재적 한계에 따른 환류를 들 수 있다. 정치의 흐름으로는 UN 권리협약 비준 등에 따른 아동권리 옹호에 대한 국가 분위기의 변화, 새로운 행정부의 출현 및 관심, 아동학대와 관련한 여론 변화 및 압력집단의 옹호활동을 들 수 있다. 정책의 흐름으로는 아동학대처벌법 제정을 위해 지속적으로 제기되어 온 국회 의안, 압력집단의 의안, 정부법안 등을 들 수 있다. 이러한 정책 대안은 학자·아동학대 관련 전문가 등과 같은 정책공동체의 영향을 받았다. 이렇게 독립적으로 흘러 다니던 세 가지의 흐름은 국민의 관심을 불러일으킨 아동학대 사건이 촉발기제가 됨에 따라 상호 결합하였다. 또한 진상조사위원회, 자발적인 시민모임 등과 같이 법 제정을 촉구하기 위한 정책선도가 등이 적극 활동함에 따라 2013년 12월 31일 이 세 흐름이 결합하여 정책의 창이 열리게 되었다. 이로 인해, 긴 시간 동안 입법논의가 진행되어 온 「아동학대범죄의 처벌 등에 관한 특례법」이 비로소 제정되었다.

출처 : 신지현·변진석·박은혜(2017). Kingdon의 정책흐름모형을 통해서 본 「아동학대범죄의 처벌 등에 관한 특례법」 제정과정. 사회복지정책, Vol. 44, No. 3, pp. 283-308.

사. 게임이론(Game Theory)

게임이론은 사회 상황에서 상호 의존적인 선택에 관한 이론이다. 즉, 정책결정에 참여한 개인이 둘 이상일 경우에 정책결정자가 전략적 경쟁관계 속에서 각 개인의 대안을 분석하고 합리적인 결정을 도출하기 위한 정책결정 모형이다. 이와 같이 게임이론이란 게임에 참여하는 경기자가 사용하는 전략과 특정한 전략에 따라서 경기자가 받게 되는 보상(payoff)을 체계적으로 연구하는 것이다. 예를 들어, 사회복지재정을 줄이고 경제성장을 위한 투자를 늘릴 것에 대한 정치적 요구가 있다고 가정할 때, A에게 가장 유리한 선택은 A가 사회복지정책에 투입하는 비용을 포기하고 B가 주장하는 경제성장을 위한 투자를 하는 것이다. 그러나 이 경우는 B의 입장에서도 마찬가지이다. 결국 A와 B가 일정 부분을 포기하는 것(손실을 최소화)이 각 정당의 입장에서 볼 때, 주 전략(dominant stratagy)이 된다. 주 전략이란 각 정당의 행동에 상관없이 자신의 입장에서 보았을 때 최적의 전략을 말한다. 그러나 각 정당이 모두 자신의 주장을 유지하는 경우보다는 손해를 본다(안홍순, 2006 : 132-133).

게임이론 중에서 가장 많이 적용되는 전략은 이른바 최소최대전략(mini-max stratagy)이다. 정보가 없는 상황에서 소위 최소최대전략에 의해서 상대방이 무엇을 선택하든지 상관없이 손실을 최소화하는 방향으로 정책을 결정한다. 대표적인 경우로서 '죄수들의 딜레마(prisoner's dilemma)'를 들 수 있다.

죄수의 딜레마는 1950년에 창안된 이후 Tucker에 의해 발전된 것으로, 갈등과 협력 간의 선택을 나타내는 상황이다. 그 상황은 다음과 같다. 두 용의자가 심문을 받는 과정에서 서로 의사소통을 할 수 없게 별도로 수용되어 있다. 검사가 자백을 끌어내려고 각 용의자에게 행동 여하에 따라 결과가 달라질 수 있음을 통보했다.

〈표 9-5〉 죄수의 딜레마 게임의 보상행렬(payoff matrix)

구 분		용의자 B의 전략	
		b_1(자백 않음)	b_2(자백함)
용의자 A의 전략	a_1(자백 않음)	(1, 1)	(10, 0)
	a_2(자백함)	(0, 10)	(5, 5)

첫째, 한 사람은 자백하고, 다른 사람은 자백하지 않는다. 이때는 자백하는 사람은 석방되고, 자백하지 않는 용의자는 10년형을 선고받는다.

둘째, 두 사람 모두 자백하면 각각 5년형을 선고받는다.

셋째, 두 사람 모두 끝까지 자백하지 않으면 각각 1년형을 선고받는다.

죄수들은 다음과 같이 추리할 수 있다. "내가 증언하고 다른 죄수는 증언하지 않는다고 가정하자(a_2, b_1). 그러면 다른 죄수는 감옥에서 썩는 대신 나는 자유롭게 된다. 내가 증언하고, 다른 죄수도 증언하다고 가정하자. 그러면 나는 10년형 대신 5년형을 받는다. 이러거나 저러거나 나는 증언하는 편이 낫다. 내 증언이 다른 죄수를 떨게 하든 간에 내 형량을 줄인다."

문제는 다른 죄수도 똑같은 결론에 도달할 수 있고, 또 그럴 것이라는 데 있다. 만일 양측 모두 합리적이라면, 둘 다 증언하고 둘 다 5년간 감옥에 갈 것이다. 만일 둘 다 증언을 거부한다면 각각 1년씩 살 것인데.

이처럼 죄수들의 딜레마는 각 개인들이 최악의 결과를 피하고자 상대적으로 덜 바람직한 전략을 선택하는 상황이다. 물론 그 이유는 각 용의자들이 최악의 경우가 발생할 것을 염려하기 때문이다. 이와 같이 개인적인 관점에서 합리적인 행동이 전체적인 관점에서는 비합리적인 결과를 초래하는 상황을 죄수들의 딜레마 상황이라 부른다(백승기, 2005 : 220-221).

아. 공익정신이론(Public Spirit)

Kelman(1983)에 의해 주창된 공익정신이론은 정책결정과정에서 정책결정자의 공익정신이 중요한 역할을 한다. 공익정신(public spirit)이란 정책결정자가 공공의 이익을 위해 좋은 정책(right policy)을 만들기 위한 자세를 의미한다. Kelman은 이타주의나 공익은 제도에 의해 보장되기보다 정책결정자나 사회 구성원의 정신에 의해 좌우된다고 보았다.

미국의 AFDC는 공익정신에 입각했으나 ① 경제활동참가율을 감소시키고(직업이 없는 여성에게만 지급), ② 비합법적 출산율을 증가시키는(자녀 수에 대한 수요는 증가하는 반면 자녀의 질은 감소) 정책이라는 평가를 받았다(최병선, 1993).

제 5 절 정책집행

1. 정책집행 모형

정책집행(policy implemention)이란 결정된 정책을 구체화시켜 나가는 과정으로서 의도하였던 정책문제를 해결하는 정책의 실현과정이다. 즉, 의도된 정책목표를 달성하기 위하여 결정된 사항들을 구체화시키는 활동을 의미한다.

Elmore는 정책집행을 이해하는 모형으로서 다음과 같은 네 가지를 제시하고 있다.

첫째, 체제관리모형(systems managements model)이다. 이 모형에서는 조직을 합리적 가치극대자로 보고 있고, 집행이 성공을 거두기 위한 조건으로서 효율적인 관리통제체제를 강조한다.

둘째, 관료과정모형(bureaucratic process model)이다. 이 모형에서는 집행이 성공을 거두기 위해서는 조직의 루틴을 새로운 정책과 통합시키는 문제가 중요하다고 본다.

셋째, 조직발전모형(organizational development model)이다. 이 모형에서는 집행이 성공을 거두기 위해서는 정책결정자와 집행자 간에 정책에 관하여 합의가 이루어져야 한다고 본다.

넷째, 갈등협상모형(conflict bargaining model)이다. 이 모형에서는 조직을 갈등의 장이라고 전제하며, 따라서 정책집행의 성공과 실패는 상대적 개념이라고 본다(김학만, 2005 : 60-61).

한편 정책집행의 모형을 상의하달 접근모형(정책집행의 합리모형), 하의상달 접근모형(Bottom-up), 가두관료제 모형(Bottom-up 모델의 연장)으로 구분하기도 한다(조성한 외, 2006).

① 상의하달 접근모형은 정책결정자의 영향이 집행과정에서 크게 작용하는 데 초점을 두고 결정된 정책에서 출발하여 이것이 집행기관에 전달되고, 집행기관이 이를 집행하는 일련의 흐름에 따라 연구를 진행하는 연구방법이다.

그러므로 상의하달 접근모형은 정책이 상급자 또는 상위 부서에 의해 일방적으로 결정됨에 따라 하위부서 구성원들의 의견이 정책결정과정에서 반영되지 못하고 배제되는 경우가 종종 있다.

② 하의상달 접근모형은 집행현장에서 실제로 일어나고 있는 상황을 기술하고 설명하는 접근방법이다. 그러므로 하의상달 접근모형은 집행과정에서 가장 큰 영향력을 행사하는 집단은 정책결정자가 아니라 정책문제 해결에 필요한 전문성과 지식을 가진 집행권자이므로 집행과정에 대한 정확한 이해는 일선관료 집단과 대상집단의 행태를 고찰해야만 가능하다고 본다. 이러한 하의상달 접근모형은 Lipsky의 일선관료 집행행태 연구가 기초가 되었다(백승기, 2009).

2. 립스키(Lipsky)의 가두(일선)관료제(Street Level Bureaucrats) 이론[5)]

공공사회복지사들의 정책 변화의 힘을 가장 잘 나타내는 이론은? – 가두(일선)관료제

모든 공공 정책결정과정이 정치적 정책결정관점에 의해 일어나는 것은 아니고 정책이 실행된 후에 어떤 변화가 일어나는가에 초점을 맞춘 Lipsky(1980)는 공공사회복지사(public service worker)들은 정책을 변화시키는 힘을 가지고 있다고 하였다. Lipsky는 이들을 가두관료(street-level bureaucrats)라고 불렀다. Lipsky(1971)는 가두(일선)관료는 정부를 대신하여 시민에게 정책을 직접 전달하는 존재로, 특히 사회경제적 취약계층의 삶에 큰 영향력을 미친다고 보았다. 사회경제적 취약계층을 위하여 설계된 공적 서비스 또는 급여의 이용자격을 판단하는 최종 결정권을 일선관료가 가지고 있기 때문이다. 이와 같은 맥락에서 Lipsky의 가두(일선)관료제(SLB) 이론은 관료제의 말단에서 활동하는 일선관료가 욕구를 지닌 주민과 대면하는 과정에서 발휘하는 융통성과 재량의 중요성을 발견하였다(김정현, 2017).

현장사회복지사들의 재량권과 영향력을 중시하는 이론은? – 가두(일선)관료제

이렇듯 가두관료의 한 사람으로서 일선 사회복지사들은 사회복지(전달)체계의

5) Lipsky의 가두관료제 이론은 본 개정판 이전의 책에서 정책결정론의 이론으로 서술하였으나 본 개정판에서는 정책집행 접근모형의 하나로 기술하고 있다. 그 이유는 립스키의 가두관료제 이론이 가두관료의 영향력과 업무처리 과정과 결정에 초점을 두고 있기 때문이다. 그리하여 본 개정판에서는 정책집행 접근모형 중 가두관료제 이론은 하의상달 접근모형의 하나로 기술하고자 한다. 그러나 국내외의 많은 학자들은 정책집행과 정책결정과의 관계에 있어서 이론과 접근방법을 명확히 구분하기 어렵다고 한다.

가장 낮은 수준에서 일하지만 공공정책이 수행되는 방식에 상당한 통제력(control)을 행사한다. 가두관료로서 일선 사회복지사(우리나라의 경우 사회복지전담공무원)는 누가 무엇을 얼마나 빨리 받을지, 그리고 어떤 경우에 받을지를 결정하므로 정책결정의 위치에 있는 상급관료들은 이들의 업무형태와 특성, 의사결정구조 등을 잘 이해해야 한다. 따라서 정책입안가와 공공정책분석가들은 실제로 서비스를 제공하는 일선관료의 역할을 인정해야 하고 일선 사회복지사의 영향력을 항시 염두에 두어야 한다. 그렇지 않으면 정책수행과정에서 의도한 정책설계가 바뀔 수도 있기 때문이다(Chamber, 2000).

립스키의 일선관료제 이론에 근거한 영향요인

국내에서도 립스키의 가두(일선)관료제 이론은 공공사회복지행정의 정보화, 공공부조 제도, 사회서비스 바우처 사업 등 중앙 정부의 정책 집행을 분석하는 데에 적용되어 왔다. 최근 2015년 시작된 서울특별시의 찾아가는 동주민센터(이하 '찾동')를 중심으로 립스키의 일선관료제(Street-Level Bureaucrats) 이론에 따라 찾동 인력충원 이후 일선 인력의 업무 관행과 이에 영향을 미치는 요인을 살펴본 연구도 있다. 연구 결과, 향후 시민의 공공복지 체감도를 높이기 위하여 서울특별시는 우선적으로 주요 업무를 명료화해야 한다. 더불어 동 단위 자원 및 인적 요인에 따른 편차를 고려하고, 인력 개개인의 역량에 상관없이 필요한 사람에게 적절한 서비스를 정확하게 전달할 수 있는 최소한의 환경 구축이 필요하다고 제안하였다.

출처 : 김정현(2017). 초록.

3. 정책집행의 영향요인

사회복지정책 집행에 영향을 미치는 요인으로 첫째, 정책 환경적 요인은 사회복지정책의 형성 및 정책참여자의 행태에 영향을 미치는 환경적 변수로서 정치(전쟁, 쿠데타, 선거주기, 대통령의 소속 정당, 의회 내 보수와 진보 의원들의 세력비율의 변화 등), 경제(국민소득, 가구소득, 실업률, 물가지수 등), 사회적 상황(노령인구의 증가, 독신가구의 증가, 이혼의 증가, 생활의 질의 향상 등)의 변화와 관련된 변수들로 구성된다. 이 변수들은 정책집행과정에 직접적으로 영향을 미치기보다는 정책 자체와 정치인들에게 영향을 미침으로써 간접적으로 정책집행에 영향을 미친다고 볼 수 있다. 그러나 정책을 둘러싼 상황의 변화가 정책집행에 미치는 영향은 그것이 비록 간접적인 것이라

하더라도 때로는 사회복지정책의 성공과 실패에 결정적으로 작용하기도 한다.

둘째, 정책 내재적 요인은 형성된 정책의 내용과 관련된 요인을 말한다. 곧 구체적인 사회복지정책 프로그램에서 의도하는 ① 정책목표의 타당성과 구체성, ② 그러한 목표의 달성을 위해 동원하는 정책수단 및 절차, 그리고 ③ 정책 산물이라 할 수 있는 복지서비스의 형태에 관한 규정들을 말한다. 이들은 정책상황적 변수 및 정치인들의 가치와 태도에 따라 영향을 받으며, 정책집행에 직접적인 영향을 미친다.

셋째, 정책 행태적 요인은 정책 자체의 규정과는 관련이 없는 변수들로서 실제로 정책의 형성이나 집행에 관여하는 정책참여자들의 정치행태와 관련된 변수(정치기관의 지지, 정책집행자와 집행기관, 상급관청 및 경쟁부서의 관계, 클라이언트의 태도, 이익집단, 지역사회 주민, 일반국민의 행태)들을 말한다. 상술한 Lipsky의 일선관료제 이론에 근거한 영향요인은 정책 행태적 요인에 대한 연구들이라고 볼 수 있다.

제 6 절 정책평가

정책평가

정책평가란 정책활동의 가치를 따져보기 위해 정보를 수집, 분석, 해석하는 활동이다. 즉, 산업의 급속한 양적·질적 성장을 겪으면서 정책의 양도 급격하게 증가하고 있다. 이러한 양적 증가와 복잡성의 증대로 인한 공공정책의 효과에 대한 평가가 중요한 관심사로 떠오르고 있다. 특히 지방자치제 시행 이후 정책평가의 필요성이 더욱 증대되고 있는 실정이다. 또한 평가의 중요성은 행정목적의 계획과 실적 간의 괴리현상에 대한 분석의 필요성도 있지만, 더욱 중요한 것은 국민의 요구에 순응하는 행정을 하고 있느냐를 따지는 데 있다.

여기에서 정책활동의 범위를 어떻게 잡느냐에 따라 좁은 의미의 정책평가와 넓은 의미의 정책평가로 나눌 수 있다. 좁은 의미의 정책평가는 정책집행의 결과에 대한 평가, 곧 정책이 원래 의도한 문제의 해결에 얼마만큼 영향을 미쳤는가에 대한 평가활동을 의미한다. 즉, 좁은 의미의 정책평가는 정책 실시 이후에 이루어지는 것을 의미한다. 넓은 의미의 정책평가는 정책과정 전반에 걸친 평가활동을 뜻한다. 곧, 정책결정 이전부터 정책집행 이후까지의 모든 정책과정 속에서 이루어지는 정책활동에 대한 평가를 의미한다. 이러한 관점에서 정책평가란 정책활동이 시작되면서부터 정책이 종결된 이후의 모든 평가활동을 의미한다.

정책평가의 역할은 ① 사업의 종료 또는 계속에 대한 결정에 영향, ② 사업의 개선 결정에 대한 역할, ③ 정책결정에 필요한 정보의 일부 제공, ④ 사회에 대한 정보제공 및 계몽 등 네 가지로 나누어 볼 수 있다. 이 중 어떠한 역할이 강조되는가는 관점에 따라 다르다.

Goldenberg(1983)는 정책평가의 명백한 목적은 정책에 관한 효과성 평가를 통해 정책의 성과를 궁극적으로 개선시키는 것이라고 하였다. 구체적으로 그는 정책평가는 ① 정책운영과 효과에 관한 이해를 증진시키고, ② 정책집행을 책임지고 있는 사람들의 행위를 통제하여, ③ 정책의 정치적 환경에 위치하고 있는 관계자들의 반응에 영향력을 행사하기 위하여 필요하다고 주장하였다. 즉, 그의 주장의 핵심은 정책평가가 정보창출과 조직관리 및 환경에의 영향을 목적으로 공공부문에서 활용하고 있다는 것이며, 그는 실제에 있어서 정책결정자들은 후자의 두 가지 목적에 더 많은 관심을 표명하고 있다고 하였다.

사회복지정책 평가는,

정책평가의 필요성으로 볼 수 없는 것은?

① 문제해결을 위한 정책 결정에 필요한 정보를 얻기 위해,
② 기존 프로그램을 개선하기 위해,
③ 사회복지정책의 시행이나 관리의 효용성 때문에,
④ 정책 프로그램에 대한 감독, 통제를 위한 정보제공을 위해,
⑤ 정책 이론의 형성을 위해 필요하다.

♣ 일몰법(Sunset Law)과 정책평가

일몰법은 행정의 책무성을 증대시키고 의회의 행정기관에 대한 감독기능을 증진시키기 위해 고안된 법률로서 두 가지를 의무화시키고 있다. 첫째는 일정 기간 경과와 동시에 일몰법의 적용대상인 행정기관과 사업이 자동적으로 종결되는 것과, 둘째는 종결 전에 대상 기관과 사업에 대한 주기적 평가를 하는 것으로 정부 기관이나 사업들이 주기적인 평가를 통하여 그 유효성과 타당성이 감소되었거나 비효율적으로 운영되었을 때 그대로 존속되는 것을 방지하고 사회적 타당성을 가지고 있는 신규 사업에 자원을 배분시키는 것이다.

1. 정책평가 유형

정책평가 대상, 시간을 기준으로 평가 유형을 구분하면 크게 세 가지로 분류할 수 있다.

① 총괄평가는 정책집행 후 정책이 사회에 미친 영향(정책효과)을 추정하는 판단활동으로 정책영향평가라고도 한다.

과정평가에서 모니터링 방법 – 커버리지 – 바이어스

② 과정평가는 정책집행과정에 나타난 활동을 분석하여 평가하는 방법이다. 과정평가의 한 방법인 모니터링(monitoring)은 정책의 대상집단에 대한 프로그램의 커버리지(coverage)와 바이어스(bias)를 살펴야 한다. 커버리지는 어떤 정책 프로그램에 대한 대상집단의 참여가 실제로 얼마나 이루어지고 있는가 하는 정도, 즉 충족도(만족도)를 말한다. 바이어스는 지정된 대상집단의 각 하위집단들의 참여가 다를 수 있다는, 즉 편향된 참여 정도를 나타내는 것이다(송근원·김태성, 1995 : 174).

총괄평가와 형성평가

③ 형성평가는 정책집행의 관리와 전략의 수정·보완이 목적으로 정책집행과정에서 이루어지는데, 과정평가와 중복되기도 한다.

커버리지에 대한 설명으로 옳은 것은?

♣ Coverage

: 어떤 정책 프로그램에 대한 대상집단의 참여가 실제로 얼마나 이루어지고 있는가 하는 정도, 즉 충족(만족)도를 말함

$$\text{Coverage} = \frac{\text{욕구가 있는 자 중 서비스 받은 자의 수}}{\text{욕구가 있는 자의 총수}} - \frac{\text{욕구가 없는 자로서 서비스 받은 자의 수}}{\text{서비스 받은 자의 총수}} \times 100$$

: 낮은 커버리지는 어떤 정책 프로그램에 대한 욕구가 있으나 아직 커버(충족)되지 않고 남아 있는 대상의 비율을 말하고, 초과 커버리지는 부적절한 수급자가 많음을 의미하는 것으로 정책의 설계가 잘못되었음을 나타낸다.

2. 정책평가 기준과 절차

한편 정책의 성공 및 실패는 평가기준에 비추어 가름할 수 있는 것이다. 그러나 평가기준은 그것을 설정하는 입장이나 관점에 따라서 다를 수 있는 까닭에 어떠한

것을 평가기준으로 삼느냐에 따라 평가 결과는 판이하게 달라질 수 있다. 일반적으로 복지정책의 평가기준으로 많이 이용되는 것은 정책목표나 수혜자 또는 고객의 요구 또는 만족도와 관련된 기준들이다. 평가기준은 학자마다 그 내용이 다르나 일반적인 평가기준으로는 효과성, 효율성, 형평성, 적절성, 대응성(Ct의 욕구) 등이 있다.

일반적으로 평가절차는 평가의 목표 설정, 평가범위 설정, 정책 프로그램의 내용 파악, 평가 설계, 자료수집, 분석 및 해석, 평가보고서의 작성 및 제출이라는 과정을 거친다.

Palumbo와 Nachmias(1983; 이승종, 1993)의 이상적 패러다임 이론에 의하면 성공적인 평가를 위한 이상적인 방법은 계량적 방법뿐 아니라 질적 평가방법이나, 사실적 평가방법, 사례조사 등과 같은 대안적 방법론도 병행해야 한다고 하였다.

제 7 절 증거기반정책

1. 증거기반정책(EBP : Evidence-Based Policy)의 발달[6)]

정책과정에서 증거를 강조하는 전통은 특히 미국과 영국에서 발전해 왔다. 미국은 이미 오래전부터 사회실험을 정책평가 방법으로 이용하고 있으며, 정책의 효과를 보다 정확하게 평가하기 위하여 정책대상의 무작위 배정과 실험통제 집단의 엄격한 구분 등 실험적 방법을 중시해 왔다. 미국의 오바마 행정부(2009~ 2017)에서는 각종 정책 및 예산 결정 시 성과평가 결과와 데이터 등을 활용하도록 제도화하였다. 영국은 1990년 초 의료분야에서 증거기반정책 수립을 논하기 시작했는데 1997년 영국 블레어 증권에서 증거기반정책 수립을 강조하기 시작하면서 정치적 화두로 자리매김 하였다. 이로써 이데올로기 주도적 정치에서 벗어나 합리적인 의사결정을 통해 정부의 개혁과 근대화 의무를 이행하고자 하였다(윤 건, 2012 : 3).

우리나라에서는 박근혜 정부에서 빅 데이터를 활용하여 국가 미래전략 및 위

6) 증거(근거)기반정책은 정책기획이나 의사결정 및 정책평가에서 모두 고려될 수 있는 개념이므로 정책형성과정의 끝부분에서 기술하였음.

증거기반정책이란?

기대응전략을 수립하도록 하였으며, 정부 3.0을 통해 공공데이터 수집과 공개를 강조하였다. 문재인 정부에서는 데이터에 근거한 과학적 행정 구현을 국정과제로 설정하였으며, 복지 분야에서 맞춤행정을 위한 데이터센터 운영 등을 제시하였다. 문재인 정부는 처음으로 '근거중심 행정'을 의미하는 용어를 사용하고 있으며, 정책 대안의 구체화를 위한 데이터 활용을 강조하고 있다는 점에서 증거기반정책과 데이터 주도 행정을 시사하는 정부 운영방안을 제시한 것으로 볼 수 있다. 이렇듯 증거기반 과학행정(정책)은 정책입안자들이 정책을 개발하고 집행하는 핵심적 과정에서 연구를 통해 산출된 최고의 증거들을 이용함으로써 정책 관련 의사결정에 도움을 주고자 하는 접근을 말한다(한국법제연구원, 2015 : 11).

최근에는 경험과 직관이 아닌 증거기반정책 수립(Evidence-Based Policy Making)의 중요성과 압박이 점차 증대하면서 특히 데이터라는 객관적, 과학적 증거를 활용해 정책 신뢰성 제고와 실패 최소화, 서비스 품질 향상을 시도하고 있다. 즉, 경제, 복지, 교육, 안전 등 국가 사회 현안, 국민 니즈 변화 추이나 위험 징후 등을 사전에 정확히 데이터로 파악하여 정책 입안에 활용하려는 노력이 확산되고 있다(한국정보화진흥원, 2015 : 1).

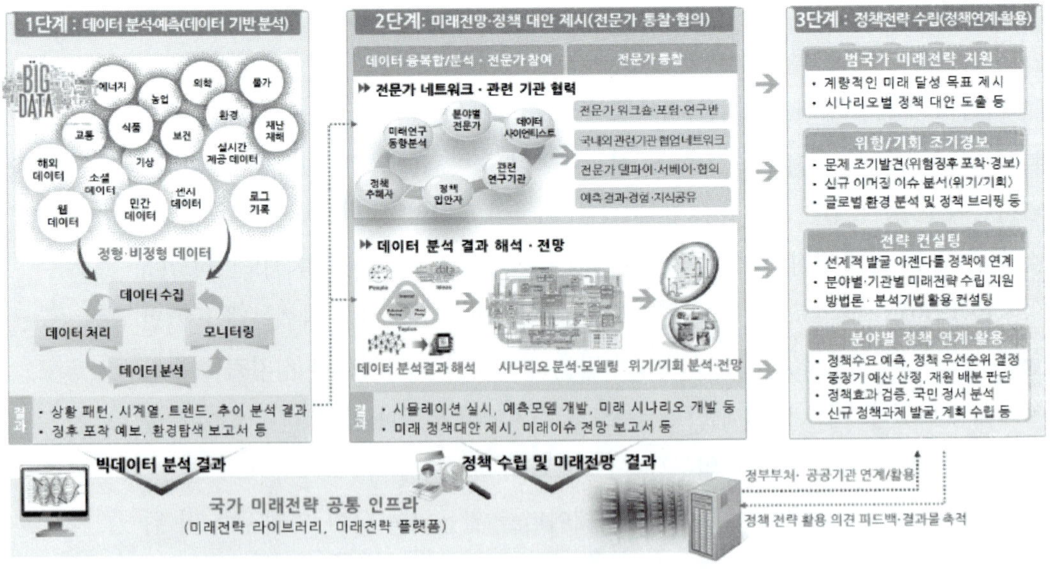

|그림 9-4| 데이터를 활용한 증거기반정책 수립 절차(예시)

출처 : 한국정보화진흥원(NIA) 미래전략센터.

2. 증거기반정책의 중요성

공공행정 분야에서 증거기반에 대한 논의가 이루어지게 된 가장 근본적인 이유는 정책수립의 현대화(modernizing)를 위한 혁신이 강조되었기 때문이다. 증거기반정책은 정책이 일반적으로 검증되지 않은 개인이나 집단의 이데올로기 또는 편견에 의해 수행되었다는 문제의식에 기초해 있다. 그리하여 정책형성은 비정치적이고 과학적 방식으로 수행되어야 하며 그에 대한 검증과 타당성을 확인하는 것이 필요하다(Gray, 2001).

증거기반정책이란 정책(예산)의 수립·집행 등에 관한 의사결정을 할 때 그 효과를 추정할 수 있는 근거(evidence)에 의하여 결정하도록 하는 것이다(Foundation, 2014; 최영준 외, 2016). 각종 통계와 연구 및 평가 결과 등을 고려하여 정책적 의사를 결정하는 것이 이데올로기나 의견(opinion)에 근거하여 결정하는 것(의견·이익기반정책, opinion-based policymaking)에 비하여 정책 과정이 투명해지고 내용이 더 강력해질 수 있을 것이다. 또한 성과와 같은 정책 증거를 정부 예산 과정에 활용하면 예산의 효과적 집행이 가능해지며(Foundation, 2014), 이를 통해 정책 과정 전반에 대한 국민의 인식이 개선될 수 있을 것이다.

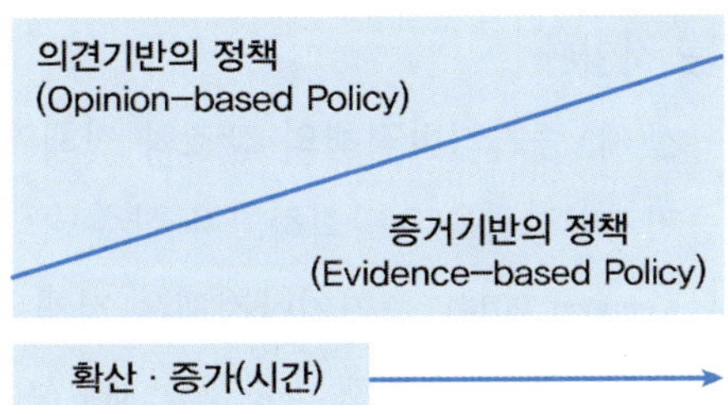

|그림 9-5| 증거기반정책의 증가

출처 : Adapted from Gray(1997).

> 데이비드 그러스키 미국 스탠퍼드대 교수(사회학)는 "지금 캘리포니아는 역사적으로 매우 흥미로운 순간을 지나고 있다. 그 중심에는 '근거기반정책'(Evidence Based Policy)이 있다"고 말했다. 무엇보다 그는 "정책이 정치보다 앞선다"고 강조했다. 그동안 정치에 의해 정책이 결정되곤 했는데, 이제는 과학적인 방법으로 측정된 근거들에 기반해 정책을 최대한 공정하게 평가한 뒤 정치로 하여금 최종적인 결정을 내리도록 만들어야 한다는 것이다. 그는 증거기반 정책 연구사례로서 '근로장려세제(EITC)'의 실효성 연구를 들고 있다. 즉, 근로장려세제의 혜택을 받은 가구들에서 자녀들의 건강 상태가 굉장히 좋아졌다는 사실이 확인됐다. 이 정책이 원래 의도한 효과뿐 아니라, 세대를 넘어서는 효과까지 내고 있다는 점을 확인할 수 있었다.
>
> 출처 : 한겨레(2017. 11. 16).

3. 증거기반정책의 개념적·실천적 한계

증거기반정책의 한계

첫째, 증거기반 개념의 측정과 평가의 어려움이다. 증거기반정책은 어떤 조건에서 누구를 위하여 무엇이 작동하는지에 관한 운영기제를 이해하면 정책을 보다 잘 수행할 수 있다는 가정 아래 논의되고 있다. 그러나 실제 정책 과정에서 정책 증거의 운영기제(mechanism)를 파악하기는 어렵다. 특히 연구 성과는 몇 가지 합리적 가정에 따라 결과를 도출하는 경우가 많은데, 정책 결정가들에 의하여 대중에게 전달될 때는 배경 설명이 생략되기 때문에 대중들은 그 증거를 완전하거나 확실한 것으로 오해할 수도 있다(Manski, 2013).

둘째, 정책 과정의 지나친 단순화이다. 증거기반정책에 대한 다른 비판은 목표－수단의 순차적 결정을 내용으로 하는 합리적 정책 결정론에 기반하여 정책형성과정을 지나치게 단선적으로 보고 최소한의 맥락을 전제하고 있다(Turner, 2013)는 것이다.

셋째, 증거기반정책의 강조와 정책기반증거의 확대 문제이다. 정책 형성가들이 증거기반정책을 정당화하고자 할수록 '정책기반증거'가 더 팽배할 수 있다(Strassheim & Kettunen, 2014). 증거기반정책은 정책을 결정하기 전에 과학적인 근거를 발견하고 활용하도록 하여 정책 타당성을 제고하고자 하는 것이나, 오히려 사전적으로 결정된 정책을 정당화하기 위하여 증거를 제시하는 현상이 나타날 수 있다. 일종의 목표－수단 전도 현상이 발생할 수 있는 것이다(오세영·윤 건·오 균, 2017 : 17).

제 8 절 정책변화와 개혁

정책으로 개발된 것과 프로그램이나 서비스가 실제로 수행되는 것과는 다를 수 있다. 공공정책 유형은 진화하는 과정이며 수행과정에서 정책은 변화하기도 한다(Pressman & Wildavsky, 1984). 이처럼 정책결정과정을 통해 수립된 정책이 정책집행과정 속에서 수정·보완되거나 변화됨으로써 본래의 정책목표나 의도에 변화가 생기는 것을 정책변화라고 한다.

정책변화의 유형은 기존 정책 목표의 변화에 따라 정책유지, 정책승계, 정책종결, 정책개혁 네 가지로 구분할 수 있다. ① 정책유지는 말 그대로 현재의 정책을 그대로 존속시키는 것이고, ② 정책승계는 현존하는 정책의 기본 성격을 바꾸는 것으로서 정책에 근본적인 수정을 하는 경우와 기존 정책을 없애고 새롭게 완전히 대체하는 경우 등을 포함한다. 그리고 ③ 정책종결은 현존하는 정책을 완전히 소멸시키는 것으로서 정책수단이 되는 사업이나 예산이 완전히 소멸되고 이들을 대체할 어떤 다른 정책도 결정하지 않는 경우를 뜻한다. ④ 정책개혁은 정부가 관여하지 않고 있던 분야에 개입하기 위해 새로운 정책을 결정하는 것이다. 정책의 변화 유형 중 일반적으로 정책종결에 대한 저항이 가장 강력하다. 왜냐하면 정책과 사업, 예산 그리고 담당 조직을 모두 없애는 것이 정책종결이기 때문이다. 따라서 정책종결 시 정책의 담당자나 수혜자의 상황에 맞는 합리적인 전략을 구사하여 정책종결에 대한 저항과 부작용을 최소화하는 것이 바람직하다(송근원, 2004).

특히 정책개혁(policy innovation)이란 기존 정책이 해결하고자 하는 문제와 관련된 새로운 문제가 발견되었을 경우, 그 새로운 문제를 포함하여 새로운 해결방법을 강구하기 위해서 기존 정책의 목표·수단 그리고 집행기관 등을 변화시켜 정책을 재구성하거나 재발명하는 것을 뜻한다. 정책개혁은 넓은 의미의 정책변화에 포함되지만 사실은 정부가 새로운 분야에 관여하는 것이기 때문에 기존의 조직, 법률, 제도, 예산 등이 마련되어 있지 않을 뿐만 아니라 관련 정책도 없는 경우가 이에 해당된다. 따라서 정책개혁은 기존의 정책과 다른 문제를 해결하기 위한 것이기 때문에 문제의 정당성을 확보해야 하는 어려움이 있고, 집행을 위해서도 새로운 수단이나 조직을 필요로 하기 때문에 기존의 조직 또는 대상집단으로부터 저항이 심하다는 것이다(최봉기, 2004 : 397).

참고로 박경일(1995)은 본 저서의 제3부 간지에서 정책창안→정책변화→정책개혁으로 이어지는 정책과정을 정책발달로 간주하고 프랑스, 영국, 일본의 가족수당정책을 분석하였다. 일례로서 영국은 1945년 둘째 아이부터 지급하는 가족수당제도로서 출발하였으나 1975년 아동부양공제를 폐지하고 첫째 아이부터 수당을 지급하여 가족 빈곤을 퇴치하고자 하는 정책목표에 의해 아동급여로 그 명칭이 변경되었다. 이러한 정책변화를 박경일(1995)은 영국 가족수당정책의 정책개혁으로 간주하였다. 그리고 일본이나 프랑스의 경우는 영국과는 달리 기존 정책의 목표를 그대로 계승하면서 가족수당의 제도체계, 즉 지급대상이나 지급액수, 연령 등과 같은 부문에서 정책변화가 보이고 있는 것으로 분석하고 있다.

CHAPTER 10

정책분석틀

제1절 정책분석

1. 정책연구

사회복지정책 연구를 분류함에 있어서 먼저 각 학자들마다 각기 달리 사용하고 있는 용어상의 개념을 정리할 필요가 있다. 본 서에서는 정책연구(policy study)와 정책분석(policy analysis), 정책과정(policy process) 등 크게 세 가지로 구분하여 사용하고 있다.

일반적으로 정책연구는 정책분석을 포함하여 정책현상에 관한 학문적 일반화에 보다 많은 관심을 가진다. 정책분석이 실용적인 측면에서 정책결정자로 하여금 주어진 목표를 보다 효과적이고 효율적으로 달성하려는 정책대안을 선택하는 데 대한 처방적 정보를 제공하는 데 관심이 집중된다면, 정책연구는 정책과 연관된 사회현상에 대한 과학적이고 체계적인 지식의 습득에 관심이 모아진다. 따라서 정책분석이 관리과학적인 방면에서 요청된다면 정책연구는 사회과학적 학문적 관심에서 필요하게 된다. 그리고 정책과정은 정책형성과 정책집행과 정책평가의 영역으로 구성되어 일련의 정책이 만들어지는 데 영향을 미친 행위자와 결과 및 영향을 살펴보는 것이다.

상기와 같이 정책연구와 정책과정, 정책분석을 단선적으로 구분해 보면, 정책연구가 포괄적 개념으로서 이론적 학문적 연구이고, 정책과정 연구와 정책분석

연구가 하위영역으로서 연구방법상의 차이, 즉 정책과정은 어떻게 만들어져 나왔는가, 정책분석은 처방적 정보를 제공하는 데 더 많은 초점을 두고 있는 것 같다.

Hogwood와 Gunn의 정책연구와 정책분석의 구분

Hogwood와 Gunn(1984)은 공공정책의 형성 유형으로서 정책연구(policy study)와 정책분석(policy analysis)으로 크게 두 가지로 구분하였다. 정책의 지식과 정책과정을 연구하는 정책연구(policy study)와 정책과정의 지식, 즉 정책이 만들어지는 과정에서 어떤 정보를 활용하였으며, 주창과정과 그 정책을 주창한 사람은 누구이며, 결정자의 성향은 어떠한가를 살펴보는 정책분석(policy analysis)으로 다음 |그림 10-1|과 같이 구분하였다.

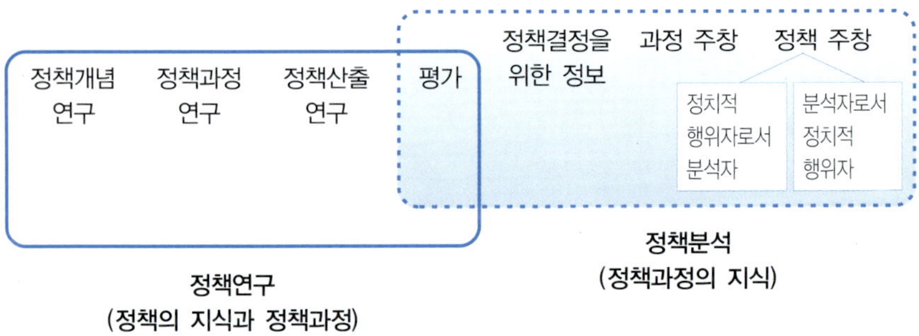

|그림 10-1| 공공정책 형성 유형(Types of public policy-making)
출처 : Brian, W. Hogwood & Lewis, A. Gunn(1984). Policy Analysis for the real World. Oxford University Press, p. 29.

2. 정책분석의 개념

사회복지사는 사회복지제도에 대한 실무적인 지식을 확보하기 위해서 공공정책을 분석하는 방법을 알아야 한다.

정책분석

Dror(1971 : 3)는 정책분석을 "복잡한 정책문제와 관련하여 바람직한 대안을 식별, 고안하기 위한 방법론"이라고 했으며, Dunn(1981 : 35)은 정책분석을 "정책문제를 해결하기 위하여 정치적 분야에 이용될 정책 관련 정보를 산출하거나 전달하기 위한 탐구와 논의의 다양한 방법들을 사용하는 응용사회과학"이라고 보았다. 또 Duncan과 Wilde(1974 : 4)는 정책분석을 "여러 대안들 사이에서 최선의 정책을 선택하기 위해 이성적인 사고와 실제적인 증거를 활용하는 것"이라고 했다. 즉, 정책분석은 "최상의 정책대안을 찾아내기 위해 정책의 전체 과정에 대한 체계적 분석을 하는 과학적 방법"이라고 정의될 수 있다. 분석이란 최선의 사회복지정책 대안을 제시하기 위한 과학적이고 체계적인 활동이다.

1) 정책분석의 구분

Dror는 바람직한 정책대안을 식별하는 데 도움이 되는 정보를 산출하는 과정을 의미하는 정책분석이라는 용어는 정책결정에 관한 형태를 연구하는 데 사용되는 동일한 용어인 정책분석과는 엄격히 구분되어야 한다고 주장하고 있다. 많은 학자들은 정책에 관한 분석을 주로 정책연구라고 부르고 정책을 위한 분석을 정책분석이라고 구분하여 부르고 있다.

〈표 10-1〉 **활동별 정책분석의 구분**

정책을 위한 분석			정책에 관한 분석	
정책의 주창	정책에 대한 정보 산출	정책의 모니터링과 평가	정책의 결정에 관한 분석	정책의 내용에 관한 분석

출처 : Ian Gordon, Janet Lewis & Ken Yong(1997). "Perspectives on Policy Analysis." Public Administration Bulletin, Vol. 25, p. 27.

<표 10-1>은 정책분석 활동들을 '정책을 위한 분석'과 '정책에 관한 분석'으로 이원화하여 기술하고 있다. 여기에 포함된 정책분석의 활동유형들은,

① 연구자가 추구해 볼 만한 가치가 있다고 생각하는 어떤 목적을 달성하는 데 도움이 될 것으로 식별된 정책을 직접적으로 주창하는 것으로 귀결되는 연구인 정책주창,

② 정책결정자들에게 정보와 어드바이스(advice)를 제공해 줄 수 있는 정책에 대한 정보의 산출,

③ 정책과 프로그램의 집행이나 그 결과에 대한 사후적 분석인 정책의 모니터링과 평가활동,

④ 공공정책의 형성과정에 작용하는 투입과 전환과정에 대하여 연구하는 정책

의 결정요인에 관한 분석,

⑤ 특정한 정책이 추구하는 의도와 운용에 관하여 연구하는 정책내용의 분석 등이다.

이와 같은 활동별 정책분석 유형의 분류는 정책분석이라는 이름으로 수행되고 있는 대부분의 연구활동들을 기술해 주고 있을 뿐만 아니라, 이를 통하여 애매모호한 정책분석의 범위와 성격들을 이해하는 데 큰 도움을 주고 있다.

상기와 같이 구분해 볼 때, 정책분석이라는 의미는 좀 더 한정적으로 사용할 때에는 정책을 위한 분석을 의미하는 것으로 사용하고 있고, 좀 더 포괄적으로 사용할 때에는 정책에 관한 분석까지도 포함하는 것으로 사용하고 있다. 일반적으로 앞에서 설명한 정책에 관한 분석을 기술적인 정책분석이라고 하고, 정책을 위한 분석을 규범적 정책분석이라고 부르기도 한다(노화준, 1999 : 6-8).

2) 사회복지정책분석과 사회복지정책연구의 구분

사회복지정책 분석의 성격

일반적으로 사회복지정책 분석은 다음과 같은 성격을 지니고 있다.

① 정책입안가들을 안내하고 그들에게 방향을 제시하기 위해서(Dobelstein, 1996),

② 사회문제에 대한 해결책을 제시하기 위해서(Dunn, 1994) 실시된다.

③ 공공정책 분석을 통해 얻은 정보는 미래를 위한 정책대안을 마련하고,

④ 기존 정책이나 과거의 정책을 평가하여 공급문제 및 사회현상을 설명하는 데 사용된다.

⑤ 일반적으로 정부 관련 부처나 혹은 민간의 사회복지정책전문가에게 특정 제도나 문제해결책을 의뢰함으로써 이루어지는 경향이 강하다.

이에 반해 사회복지정책 연구는 의뢰와는 상관없이 연구자의 관심이나 학문적 관심에서 진행되는 경우가 많다.

3. 정책분석의 특징과 관심

정책분석의 특징으로 옳지 않은 것은?

① 정책분석은 정책목표와 정책목표의 달성 수단을 명확하게 하려는 점에서 목적지향적이다.

② 정책분석은 사회과정의 여러 요인이 정책현상과 상호 관련되어 있다는 점에서 체계적이다.

③ 정책분석은 정책 시행을 예측하고 서술할 뿐만 아니라 필요한 조치를 제언한다는 점에서 행위지향적이다.

④ 정책분석은 정책목표를 달성하기 위한 방법을 구체적으로 검토한다는 점에서 조작적 성격이 강조된다.

⑤ 정책분석은 다양한 성격을 지닌다.

⑥ 정책분석은 문제의 접근방법에 있어 다(多)학문적(multidisciplinary) 성격을 지닌다.

Pye(1975 : 6)는 정책분석이 다음의 세 가지에 기본적 관심을 가지고 있다고 하였다. 첫째, 적절한 정책의 처방보다는 정책의 설명에 주된 초점을 둔다. 둘째, 사회과학방법론을 이용하여 공공정책의 원인과 결과를 탐색한다. 셋째, 상이한 기관과 정책영역에 적용 가능한 공공정책 및 공공정책의 형성에 관한 신뢰성 있는 일반이론을 개발하려고 노력한다. 따라서 정책분석은 과학적이라는 측면과 현재의 정치·사회적 문제와 관련된다는 측면을 동시에 가지고 있다.

4. 사회복지정책 분석의 유형

사회복지 정책의 분석 유형(3P)

사회복지제도에 대한 실무적인 지식을 확보하기 위해서는 공공정책을 분석하는 방법을 알아야 한다. 사회복지정책 분석이 정치학자, 경제학자 혹은 정부 관료들만의 영역으로 여겨지는 경우가 종종 있지만, 사실 사회복지 종사자들에게도 중요한 관점을 제공하고 사회복지 프로그램 및 정책에 대한 통찰을 구하는 경우도 많다.

예를 들어, 도시계획 이사회가 주택 지구에 아동 그룹홈을 배치하겠다는 결정을 내릴 경우, 아동복지를 담당하는 사회복지사에게 진술 요청을 하기도 한다. 이 요청을 받은 사회복지사는 저소득층 밀집지역에서의 아동들에게 현대 청소년이 필요로 하는 것이 무엇인지 설명하고 그룹홈을 건설하는 데 필요한 것이 무엇인지 설명해야 할 것이다. 사회복지사는 고객의 서비스 요구를 적절하게 설명하기 위해서 일정 수준의 사회복지정책을 분석할 수 있어야 한다. 그것이 바로 사회복지사의 전문성 요건이다(Gilbert, Specht, & Terrell, 1993).

1) Gilbert와 Specht의 사회복지정책의 분석 유형(3P)

사회복지 정책의 분석 유형(3P)

Gilbert와 Specht(1986)는 사회복지정책의 분석을 과정(Process), 산출(Product), 그리고 성과(Performance) 세 가지로 분류하여 분석할 수 있다고 보고, 이것을 소위 '3P' 분석이라고 하였다.

(1) 사회복지정책의 과정분석

사회복지정책의 전체 혹은 부분적인 과정과 연관한 분석으로, 다양한 변수들의 영향력과 관계를 알아보려는 작업으로서 가장 먼저 이루어진다.

과정분석은 계획 자료의 투입, 사회 내의 다양한 정치적, 정부의 그리고 다른 조직화된 집단 간의 관계와 상호작용이 정책형성에 어떻게 영향을 미치는가 하는 점에 관심을 가진다. 따라서 정책결정과 관련된 정치적·기술적 투입을 파악하는 사례연구의 형태를 띠게 된다.

일반적으로 과정분석은 ① 시간적 관점을 무시하고서, ② 정책결정이 이루어지는 사회, 경제적 환경을 일차적으로 분석하고, ③ 사회적 상황이나 행위자 및 개발의 단계가 정책의 결과에 어떻게 기여하였는지를 설명하는 데 도움을 준다. 결국 사회복지정책의 과정분석은 사회복지정책이 목적하는 바가 무엇인가 하는 데에 궁극적으로 특별한 관심을 가진다.

과정분석의 장점은 과정분석을 통하여 사회복지정책 형성에 영향을 주는 사회적·정치적·경제적인 배경요인 등을 파악할 수 있다는 것이다. 과정분석의 단점은 과정분석이 연구자의 관점이나 가치 혹은 편견이 개입될 소지가 있기 때문에 '과연 과학적인 분석방법인가?'에 대해 논란이 되고 있다.

(2) 사회복지정책의 산출분석

정책선택에 관한 프로그램, 관련법률, 기획안 등을 분석하는 것이다. 즉, 정책과정을 통하여 선택된 정책의 내용을 특정 기준이나 분석틀을 통해 분석하는 것이다.

사회복지정책의 산출분석

가. 산출분석의 네 가지 선택차원(분석틀)

산출분석은 '선택(choice)'에 초점을 두는데 ① 정책을 구성하고 있는 선택의 형태 및 내용은 무엇인가? ② 이러한 선택을 하는 데 있어 어떠한 조건을 제외시키는가? ③ 이러한 선택을 지지하는 가치, 이론, 가설은 무엇인가? 등을 분석하는 것이다.

Gilbert와 Specht는 이러한 산출분석을 위해서는 다음의 네 가지 선택차원(dimension of choice)을 고려해야 한다고 하였다. 즉, 사회적 할당, 사회적 급여형태, 전달 전략, 재원조달 방법이다.

그리고 할당, 급여, 전달 그리고 재원 등 네 가지 차원의 선택은 정책 대안, 가치, 이론이라는 3축에 의해서 분석될 수 있다. 즉, 산출된 정책이란 ① 네 가지 차원에서 선택되는 정책 대안, ② 정책 대안을 지지하는 사회가치, ③ 정책 대안을 지지하는 이론 등 세 측면에서의 상호작용의 결과라고 할 수 있다.

Gilbert와 Specht의 산출된 정책이란?

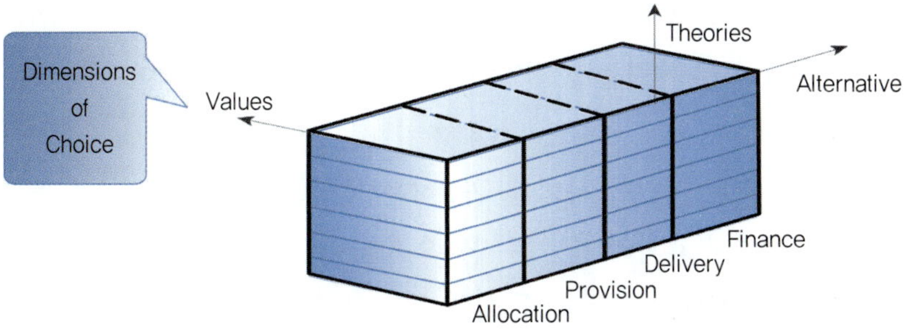

|그림 10-2| 사회복지정책의 가치, 이론, 대안 및 선택의 차원

출처 : N. Gilbert & P. Terrell(1998). Dimensions of Social Welfare Policy. Allyn & Bacon, pp. 55-56.

나. 선택차원과 경합적 가치

가치의 차원으로서 그들은 사회복지정책의 분석에서 기본적으로 검토되어야 하는 두 가지 가치로서 개인주의적 가치지향과 집단주의적 가치지향을 대비시키고 있다. 사회복지정책을 실천하는 과정에서 네 가지 선택차원과 연관된 가치 지향으로서, 그들은 <표 10-2>와 같이 개인주의적 지향과 집단주의적 지향의 가치를 제안하고 있다.

〈표 10-2〉 선택의 차원과 경합적 가치 지향

개인주의적 지향 (Individualist Orientation)		선택의 차원 (Dimension of Choice)		집단주의적 지향 (Collectivist Orientation)
비용의 효과	⟷	할당(배분)	⟷	사회적 효과
선택의 자유	⟷	급여(제공)	⟷	사회통제
지방분권	⟷	전달체계	⟷	중앙집권
동의하지 않을 자유	⟷	재정	⟷	효율(능률)

출처 : N. Gilbert & H. Specht(1984). Dimension of Social Welfare Policy.

이러한 Gilbert와 Specht의 네 가지 선택의 차원에서 경합되는 가치들을 좀 더 세분화하여 살펴보면 다음과 같이 구분해 볼 수 있다.

① **할당차원 : 비용효과와 사회적 효과**

비용효과는 자원의 낭비를 없애려는 데 목적을 둔다. 비용효과의 측면에서 보면, 개인에 대한 처우는 환경에 따라 다르다. 따라서 이 가치를 실행하는 일은 급여를 받을 자격이 있는 사람들을 결정하는 데 있어 고도의 선택이 이용되는 것을 의미한다.

사회적 효과는 모든 개인이 사회를 구성하는 동일한 구성원으로 처우를 받는 정도를 말한다. 여기서 효과의 개념은 자격요건을 가질 수 있는 잠재적 가능성을 지닌 어느 누구도, 선택적인 절차를 실행하는 데 있어서 요구되는 수치, 낙인(stigma) 및 조직상의 번잡스러움으로 인하여 급여를 신청하는 데 방해를 받지 않아야 한다는 것과 연관된다.

② **급여차원 : 선택의 자유와 사회적 통제**

선택의 자유는 수혜자가 그들의 개인적 선호를 가지도록 허용하는 형태를 지니고서 급여가 제공되는 정도를 말한다. 사회적 통제는 사회적 급여의 형태가 개인의 선택을 제한하는 정도를 반영하는 것이다.

③ **전달체계차원 : 지방자치와 중앙집권**

전달체계의 계획과 연관된 가치로서, 전달체계가 민주적 노선으로 조직되느냐 혹은 관료제적 노선으로 조직되느냐라는 물음과 직결된다.

④ **재정차원 : 불찬성의 자유와 효율성**

재정과 연관된 가치의 선택으로서 사회복지정책의 프로그램은 지방에서 자율적이고 독자적으로 실행할 수 있는 것이 있는 반면에, 또 다른 프로그램은 중앙에서 직접 통제하고 관장해야 하는 프로그램이 있다는 것을 말한다.

(3) 사회복지정책의 성과분석

사회복지정책의 성과분석

성과분석을 하는 데 있어 두 가지 질문을 던질 수 있다.

첫째, 프로그램이 어떻게 잘 수행되었는가?
둘째, 프로그램의 효과성은 어떠한가?이다.

첫 번째 질문과 관련하여서는 프로그램이 무엇으로 구성되어 있는가? 대상 집단에 제대로 전달되었는가? 비용은 얼마나 들었는가? 등으로 분석할 수 있다. 두 번째 질문인 효과성과 관련하여서는 프로그램 실시 전, 후의 측정치를 비교하여 개입의 효과를 측정할 수 있다. 성과분석의 장점은 과정분석이나 산출분석에 비하여 분석대상이 명확하기에 보다 객관적이고 구조적인 분석이 가능하다.

2) Segal과 Brzuzy의 사회복지체계와 질문

Segal과 Brzuzy(1998)는 사회복지시스템은 사회적 이슈에 의해 정책목적이 설정되고 이러한 정책목적은 합법화/ 규제에 의해 프로그램으로 만들어져 실천된다고 하였다. 또한 그는 사회복지체계를 이해하기 위해서는 여섯 가지의 질문이 이루어져야 한다고 주장하였다. 즉, ① 누가 서비스를 받는가(수급자격), ② 왜 서비스를 받는가(프로그램의 목적), ③ 무엇을 받는가(급여), ④ 어떻게 서비스를 전달

받는가(서비스 전달체계), ⑤ 그 비용은 무엇인가(비용분석), ⑥ 누가 그 비용을 지불하는가(재원). 이러한 Segal과 Brzuzy의 여섯 가지 질문을 토대로 우리나라 사회복지정책들을 분석해 보자.

〈Social Welfare System〉

Social Issue → Policy Goals → Legislation/Regulation → Program

〈사회복지체계에 대한 질문〉

누가 서비스를 받는가?	수급자격(eligibility)
왜 서비스를 받는가?	목적(program goals)
무엇을 받는가?	급여(benefits)
어떻게 서비스를 받는가?	전달체계(delivery system)
비용은 어떠한가?	비용분석(cost analysis)
누가 비용을 지불하는가?	재원(financing)

|그림 10-3| Segal과 Brzuzy의 사회복지체계와 질문

출처 : E. A. Segal & S. Brzuzy(1998). Social Welfare Policy, Programs, and Practice. F. E. Peacock Publishers, Inc., p. 9.

제 2 절 정책분석틀

1. Prigmore와 Atherton의 사회복지정책 분석틀

Prigmore와 Atherton(1979)은 사회복지정책이 근본적으로 특정 사회의 가치, 문화 및 지식과 연결되어 있을 뿐만 아니라 사회적 현실과 동떨어질 수 없다는 사실을 강조하고, 사회복지정책의 맥락을 네 가지 부문으로 요약하여 사회복지정책의 분석틀로서 제시하고 있다.

〈표 10-3〉 Prigmore와 Atherton의 사회복지정책 분석틀

첫째	문화적 가치와 관련되어 고려해야 할 사항	• 고려하는 정책이 현재의 방식(style)과 양립하는가? • 그 정책은 평등과 정의에 기여하는가? • 그 정책은 사회사업가치와 일관성이 있는가? • 그 정책은 사회의 다른 중요한 가치와 일치하는가?
둘째	영향과 의사결정의 차원	• 그 정책은 정치적으로 수용 가능성이 있는가? • 그 정책은 합법적인가? • 그 정책은 관련되는 이해집단들을 만족시키는가?
셋째	지식에 관한 고려사항	• 그 정책은 과학적인가? • 그 정책은 합리적인가?
넷째	비용과 수익에 관련된 사항	• 그 정책은 경제적으로 실현 가능성이 있고, 경제적인 면에서 다른 어떤 대안보다 나은가? • 그 정책은 현실성(workable)이 있는가? • 그 정책은 효율적인가? • 그 정책은 다른 사회문제를 야기시킬 가능성이 있는가?

출처 : C. Prigmore & C. Arterton(1979), pp. 41-42.

Prigmore와 Atherton의 정책분석틀의 내용으로 볼 수 없는 것은?

2. Gilbert와 Specht의 사회복지정책 분석틀

Gilbert와 Specht(1974 : 28-33)는 전술한 사회복지정책을 산출 분석하는 틀로서 네 가지 선택의 차원을 제시하고 있다. 즉, 사회복지정책을 분석하는 기준으로 급여대상, 재원, 전달체계, 급여의 형태를 제시하고 있다. 이 네 가지 분석틀은 사회복지 정책이 무엇을(급여내용), 누구에게(급여의 대상), 어떻게(재원과 전달체계) 제공하는가라는 질문에 대한 응답이라고 할 수 있다. 이 네 가지 분석대상을 각각 할당체계(급여의 대상), 급여체계(급여의 내용), 전달체계, 재정의 체계라고 한다.

1) 산출분석의 네 가지 질문 : 선택차원

산출분석의 네 가지 질문(선택차원)과 선택차원과 선택의 대안은 다음 <표 10-4>와 같다.

산출분석의 네 가지 질문

a. 사회적 **할당**의 기초는 무엇인가?(*What are the bases of social allocations?*)
b. 할당된 사회적 **급여**의 형태는 무엇인가?(*What are the types of social provisions to allocations?*)
c. 급여의 **전달**을 위한 전략은 무엇인가?(*What are the strategies for the delivery of these provisions?*)
d. 급여의 **재정**을 위한 방법은 무엇인가?(*What are the ways to finance these provisions?*)

〈표 10-4〉 산출분석의 선택차원에 따른 선택대안

선택의 차원	의 미	선택의 대안
할당 (allocation)	수급자격 : 대상체계	귀속적 욕구, 사회적 공헌, 사회적으로 부당하게 당한 손실에 대한 보상, 전문가 판단에 의한 진단적 차별, 개인 또는 가족의 자산상태에 따른 욕구
급여 (benefits)	급여종류 : 급여체계	현금, 사회서비스, 물품, 신용(변제), 물품교환권(증서), 기회, 권력 등
전달 (delivery)	전달방법 : 전달체계	중앙집권 또는 지방분권, 복수 서비스 또는 단독 서비스, 동일 건물 내 위치 또는 다른 건물에 위치, 협력관계 또는 대화단절, 전문가 의존 또는 소비자 및 준전문가 의존, 공공행정가 또는 민간행정가
재정 (finance)	재정마련 방법 : 재정체계	공공재원(사회보험, 과세), 민간재원(사용자 부담, 민간모금 등), 공공과 민간 재원의 혼합

3. Chambers의 사회복지정책의 분석모형과 분석을 위한 질문

사회복지정책을 분석하는 데는 한 가지 이론 그 이상의 적용이 필요하다. 정치학자인 Wildavsky(1979)는 정책분석이 기술이자 재주라고 말했다. 즉, 정책분석을 하는 데는 창의성과 전문적인 기술이 필요하다는 것이다. 수많은 정책분석가들이 공공정책을 평가하는 모형을 만들어 공공정책에 대한 설명을 하고 정책방향도 제안하는 모형이 있는가 하면(Magil, 1986), 설명만 하는 모형도 있다(Dye, 1992; Gil, 1976). Chambers(2000 : 64-69)는 사회복지정책을 설명하고 앞으로의 정책안과 관련하여 방향을 제시하는 선형적인 흐름으로서 사회복지정책 분석모형을 다음 |그림 10-4|와 같이 제시하였다. 아울러 그는 이러한 모형을 적용하려면 사회복지정책의 발전 및 적용을 분석하는 데 필요한 수많은 질문을 활용해야 한다고

하여 <표 10-5>에 나와 있는 질문들을 통해 사회복지정책 분석을 할 수 있다고 하였다.

Chambers의 사회복지정책 분석모형을 이용하여 우리나라 사회복지정책분야를 분석해 보기

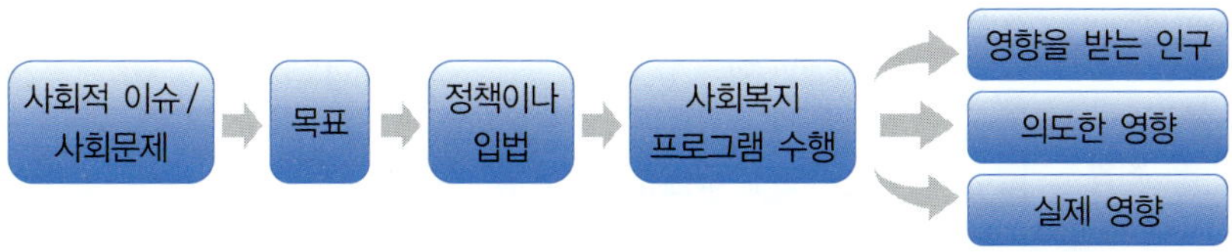

|그림 10-4| Chambers의 사회복지정책 분석모형

Chambers 모형의 첫 번째 구성요소는 사회적 이슈나 문제에 대한 조사이며 시민들이 특정 이슈가 사회문제라고 인식하고 충분한 관심을 기울이게 되면 문제 해결이라는 일반적인 목표를 설정하게 된다. 그리고 목표에 대한 시민들의 합의는 사회복지정책 개발로 이어지고 공공정책 기획가는 사회목표를 달성할 정책이나 법안을 만드는 책임을 진다. 사회문제가 대중의 관심을 얻을 만큼 중대하게 인식되고 정책이 개발되었다면, 이제 그 정책을 수행해야 한다. 프로그램 수행은 공공정책을 통해 대략 설명되고, 관리 책임을 맡은 기관이 세부적으로 발전시킨다. 그리고 포괄적인 정책분석을 할 때는 수행 결과도 고려해야 하는데, 완벽한 사회복지정책 분석을 하려면 의도한 영향, 실제 영향 및 정책과 정책에서 나온 프로그램의 영향을 받는 사람으로서 영향(impact)의 세 영역을 조사해야 한다.

〈표 10-5〉 사회복지정책 분석을 위한 질문

구 분	질문 내용	
사회문제	• 문제가 무엇인가? • 문제의 범위는? • 누가 동의하지 않는가? • 경쟁관계에 있는 사회 가치는?	• 정의는? • 누가 이것을 문제로 정의하는가? • 관련된 사회 가치는? • 바탕이 되는 대의명분이나 인자는?
목 표	• 일반적인 목표는 무엇인가? • 하위목표는 서로 상충하는가?	• 하위목표가 있는가?
정책/법안	• 관련 공동 정책은 무엇인가? • 공공정책의 목적은 무엇인가? • 누가 그 정책을 지지하는가?	• 공공정책이 없다면 그 이유는 무엇인가? • 숨은 의도가 있는가? • 누가 그 정책을 반대하는가?

수 행	• 정책의 결과 수행된 사회 프로그램은 무엇인가? • 프로그램은 효과가 있는가? • 장점은? • 약점은?
영향을 받는 인구	• 누가 정책 및 프로그램의 영향을 받는가? • 긍정적인 효과가 있는가? • 부정적인 효과가 있는가?
의도한 영향	• 어떤 결과가 나타나야 하는가? • 누가 영향을 받아야 하는가? • 사회문제는 어떻게 바뀌어야 하는가?
실제 영향	• 비용과 효과는? • 사회문제가 바뀌었는가? • 바뀌었다면 어떻게 바뀌었는가? • 의도하지 않은 결과가 나왔는가?

제 3 절 정책효과

사회복지정책은 본 서 제2부의 정책선택의 방법에 따라 정치, 경제, 사회 분야에 다양한 영향을 미친다. 즉, 사회복지정책은 사회통합과 사회질서를 유지함으로써 정치적 안정을 가져오기도 하고 자본축적과 유효수요의 창출 및 소득재분배 등으로 경제성장에 긍정적 효과를 초래하기도 한다. 그러나 사적 축적을 저해하거나 국제경쟁력과 근로동기를 약화시켜 경제성장에 부정적 효과를 낳기도 한다. 여기서는 주로 사회복지정책의 경제적 효과에 주안점을 두고 사회보장제도의 효과와 관련해서 검토하고자 한다.

사회복지정책의 경제적 효과 – 유효수요 자극책으로서 복지투자론 – 가사노동의 외부화에 의한 복지경제효과론 – 복지와 경제의 지속적 발전론

사회복지의 경제효과로서 세 가지 차원을 살펴보면 다음과 같다.

첫째, 현재와 같은 산업구조의 상태나 고령화를 수반하는 '복지분야에 대한 잠재수요'를 생각하면, 도로나 댐과 같은 전통적인 토목건설분야에 대한 공공투자보다 노인홈 건설과 같은 복지의 인프라 정비 등에 대한 투자가 경제파급효과나 상승효과가 크다는 것이 현실에서 입증(케인즈적인 유효수요[1] 자극책으로서의 복지에

1) 케인즈(John Maynard Keynes)는 유효수요의 원리를 제시하였는데, 이 이론에 의하면 실업의 증가는 유효수요가 부족하여 생산이 감퇴된 결과 일어나는 것이기 때문에 국가가 경제에 개입하여 유효수요를 창출하여야 한다는 것이다. 케인즈는 '공급은 스스로 수요를 창출한다'라는 법칙을 부정하고, '수요가 공급을 창출한다'라는 정반대의 법칙을 만들어 내었다. 즉, 개개인이 저축을 많이 하고 소비를 적게 하면 국민소득 수준은 낮아질 수밖에 없는바, 성숙한 자본주의 사회에서 가급적 많은 소비를 하면 국민소득 수준이 높아진다는 것이다.

대한 투자론)되었다.

둘째, 노인장기요양보장이나 보육을 가정주부에만 맡겨두기보다는 오히려 공적인 서비스로서 대응하면 경제 전체에 플러스가 된다(가사노동의 외부화에 의한 복지의 경제효과론). 예를 들어, 보육소 입소정원의 충족률이 1% 증가하면 20~39세의 여성의 노동력 비율은 0.29% 상승한다고 한다.

셋째, 사회보장제도는 산업화나 경제성장과정에서 해체되어 가는 공동체를 사회적 시스템으로 회복하게 하는 기능을 지닌 제도(복지와 경제의 지속적 발전론)이다.

이러한 사회복지가 경제에 미치는 세 가지 효과는,

① 유효수요 자극책으로서 복지투자론,
② 가사노동의 외부화에 의한 복지의 경제효과론,
③ 복지와 경제의 지속적 발전론으로 요약할 수 있다(보건복지부, 2005).

사회보장의 복지증진 기능과 관련하여 살펴보면 |그림 10-5|와 같이 국민소득의 안정화 효과, 분배효과, 증대효과로 크게 구분해서 살펴볼 수 있다.

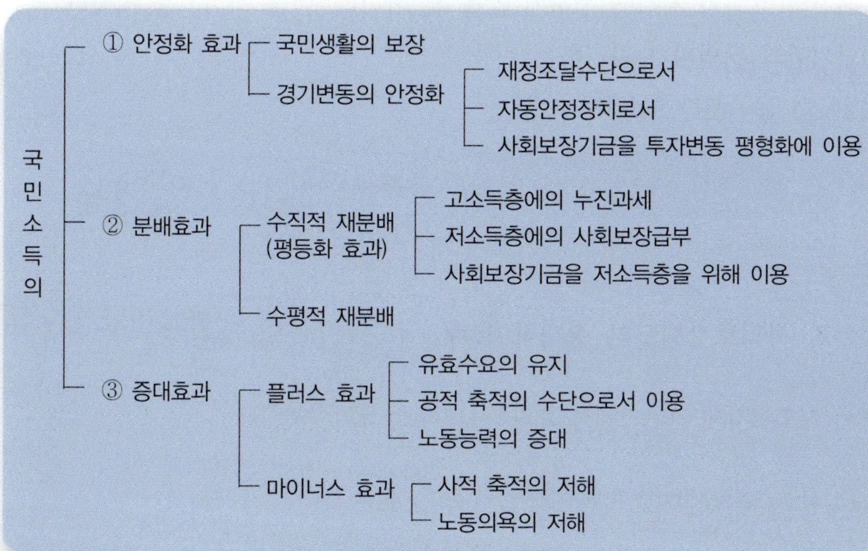

사회보장의 복지증진 기능

|그림 10-5| 사회보장의 복지증진 기능

한편 사회복지정책의 효과를 보다 구체적으로 사회보장제도의 소득재분배 효과와 경제적 효과로 구분하여 살펴보자.

소득재분배 효과

1. 사회보장제도의 소득재분배 효과

① 급여지출이 국민소득에서 차지하는 비율이 크면 클수록 소득재분배 효과는 크게 나타날 수 있다.
② 사회보장제도에서 보호하고 있는 사회적 위험의 종류가 많을수록 소득재분배 효과는 증가할 것이다.
③ 사회보장제도의 적용범위에 따라 수직적 소득재분배 효과는 상이하게 나타날 것이다.

소득재분배 효과에 대한 설명으로 옳은 것은?

공공부조제도는 고소득계층으로부터 저소득계층으로의 직접적인 재분배라는 점에서 수직적 재분배가 가장 크다. 또한 사회복지서비스 역시 수직적 재분배가 크다고 할 수 있다. 공공부조가 사회복지서비스보다 수직적 재분배효과가 더 크게 나타나는 이유는 사회복지서비스는 현물 위주의 급여를 제공하기 때문에 소득이전의 효과가 직접 발생하지 않을 뿐 아니라, 이들 서비스를 제공하기 위한 전달기관의 운영비가 차지하는 비중이 높기 때문이다(사회보험의 경우에는 수직적 재분배보다는 수평적 재분배가 더 큼).

수직적 소득재분배 효과 = 공공부조 > 사회복지서비스 > 사회보험

2. 사회보장제도의 경제적 효과

사회보장제도의 거시적 효과

1) 사회보장제도의 거시적 효과

자동안정장치

(1) 자동안정장치(Built-in Stabilizer)

사회보장제도는 불경기일 때 사회보장 비용을 확대하고, 호경기일 때 사회보장 재정을 축적하여 경제구조의 개편 내지 산업구조의 변화에 대한 사회적 안정

장치의 역할을 수행하면서 안정화[2] 기능을 수행한다.

① 경기의 호황과 불황기의 급격한 변동에도 불구하고 민간소비재처럼 급격하게 축소되지 않은 사회보장지출이 있다. 이러한 형태는 연금, 의료보장, 공공교육 등을 들 수 있는데, 이러한 급여지출은 호황이나 불황에 관계없이 상대적으로 일정하다.

② 보다 적극적인 자동안정화 기능을 하는 사회보장지출이 있다. 이러한 형태의 대표적인 지출은 실업급여와 공공부조로서, 경기변동의 방향과는 상반되는 방향으로 움직임으로써 보다 적극적으로 자동안정화 기능을 할 수 있다.

(2) 자본축적의 효과

자본축적의 효과

이 효과는 사회보장제도의 본래의 기능은 아니다. 그러나 사회보장제도 중 재정운영방식이 적립방식인 공적연금의 경우에는 자본축적의 효과가 발생한다.

2) 사회보장제도의 미시적 효과

(1) 저축행위에 미치는 효과

기여금 및 조세부담의 확대는 국민의 저축의욕을 감소시킨다고 한다. 일반적으로 공적연금이 저축행위에 미치는 효과로서 다음 네 가지가 있다(이인재 외, 2001).

대체효과

① **대체효과**(replacement effect) **또는 재산대체효과**(wealth substitution effect) : 공적연금 때문에 자발적인 저축을 감소시키는 효과를 말한다. 즉, 자발적인 저축이 공적연금으로 대체되는 효과이다.

퇴직효과

② **퇴직효과**(retirement effect) : 만약 공적연금이 존재하지 않는다면, 어떤 사람들은 나이가 들어서도 계속해서 일을 해야만 생계를 유지할 수 있을 것이다. 그러므로 공적연금의 도입은 사람들로 하여금 이전보다 빨리 은퇴하게 만드는 효과를 내게 되며, 이에 따라 퇴직상태에서 보내는 기간을 연장시키

2) 경기변동은 호황－공황(후퇴)－불황－회복의 4국면이 주기적이고 지속적으로 나타나며 경기변동을 시장실패의 과정으로 보는 케인즈학파류는 정부개입을 주장한다.

는 결과를 낳는다. 이러한 퇴직상태에서는 저축이 더욱 필요하게 되고 자발적인 저축이 증가하게 되는 것을 퇴직효과라 한다.

③ 상속효과(bequest effect) : 공적연금제도가 자식에게 재산을 상속해 주고 싶어 하는 욕구와 관련하여 저축에 영향을 줄 수 있는 효과이다.

④ 인식효과(recognization effect) : 공적연금의 도입이 지금까지 자신의 노후 준비에 소홀히 해왔던 사람들에 대하여 은퇴 후 소비생활을 유지하기 위해서는 은퇴준비가 필요하다는 사실을 인식시키는 효과이다.

※ 대체효과를 제외하고 다른 효과들은 저축을 장려하는 효과를 가진다.

♣ 펠드스타인의 연구(Feldstein, 1974)

1929~1971년 동안의 시계열 자료를 바탕으로 조사한 바에 따르면, 미국은 공적연금제도의 도입으로 인하여 개인저축은 30~50%나 줄어든 것으로 나타났고, 이에 따라 경제 전체의 총저축이 38%나 감소되었다고 한다(Feldstein, 1995). Feldstein에 의하면 공적연금제도가 무려 59% 정도 민간저축을 감소시켰다고 한다.

※ 먼넬(Munnell)의 연구

연금제도보다 실업률이 저축액을 결정하는 데 중요한 요인이라고 주장하였다.

(2) 사회보장제도가 노동공급에 미치는 효과

가. '소득-여가선호의 분석'에 따른 소득효과와 대체효과

소득효과

① 소득효과(income effect) : 임금률이 상승하면, 한 개인의 소득은 증가하고, 여타의 소비재를 더 구입하려고 한다. 여가를 소비하게 되면 노동시간이 줄게 되는데 이와 같이 소득 증가가 여가를 더 소비하게 하는 것을 소득효과라 한다.

대체효과

② 대체효과(substitution effect) : 임금률이 상승하면 여가가 상대적으로 비싸지기 때문에 여가에 대한 소비를 줄이려는 효과를 대체효과라 한다. 즉, 임금상승에 대한 대체효과는 여가를 줄이고 노동시간을 늘리려는 것을 말한다.

일반적으로 소득이 증가하면, 소득-여가의 선호에 따라 소득효과와 대체효과가 동시에 발생하는데, 만약 소득효과가 대체효과보다 크다면, 여가에 대한 수요는 증가하고 노동공급은 줄어들 것이다. 반대로 대체효과가 소득효과보다 크면 노동공급은 증가할 것이다. 따라서 소득효과와 대체효과의 크기가 노동공급 및 근로동기에 영향을 미친다(이인재 외, 2001).

나. 급여의 관대성으로 인해 근로동기를 저하시키는 형태

① 실업의 덫(unemployment trap) : 공공부조 대상자들은 대체로 기술 숙련도가 낮고, 고용기록을 가지고 있지 못하며 임금수준도 낮은 사람들이 대부분이다. 임금수준이 낮으면, 일을 통해 경제적 보상을 받기보다는 실업급여나 실업부조를 통해 받는 것이 오히려 유리할 수 있다. 특히 실업급여나 실업부조의 수준이 높을 경우에는 오히려 일을 하지 않으려는 경향이 강할 수 있다. 이러한 현상을 실업의 덫이라고 하며, 이는 구직동기를 약화시키거나 노동 동기를 저하시킬 수 있다. 실업의 덫

② 빈곤의 덫(poverty trap) : 빈곤의 덫 혹은 늪이란 임금노동자가 근로활동을 통해 임금수입이 증가하면 자신에게 제공되던 선별주의적인 급여가 삭감 혹은 정지됨으로써 실질적인 순수입은 약간밖에 증가하지 않거나 혹은 감소하는 사태가 발생한다. 따라서 "임금근로자나 공공부조대상자가 근로활동을 통해 소득을 빈곤선 이상으로 끌어올리지 않고 계속적으로 빈곤선 상태로 있으려고 하는 것"을 말한다. '늪'이라고 표현된 것은 그로 인하여 노동의욕을 상실하고 빈곤에서 벗어나기가 어렵다는 것을 의미하기 때문이다. 즉, 근로활동을 통한 시장소득을 빈곤선 이상으로 끌어올리기를 기피하는 경향으로서 빈곤의 함정이라고도 한다. 빈곤의 덫

③ 의존성의 덫(dependency trap) : 저소득자가 빈곤선 바로 위에 위치할 경우 근로활동을 포기하여 공공부조대상자로 남으려는 경향이 있는데 이것을 의존성의 덫이라고 한다. 의존성의 덫

제4부 제도화

사회복지의 X·Y·Z 체계도

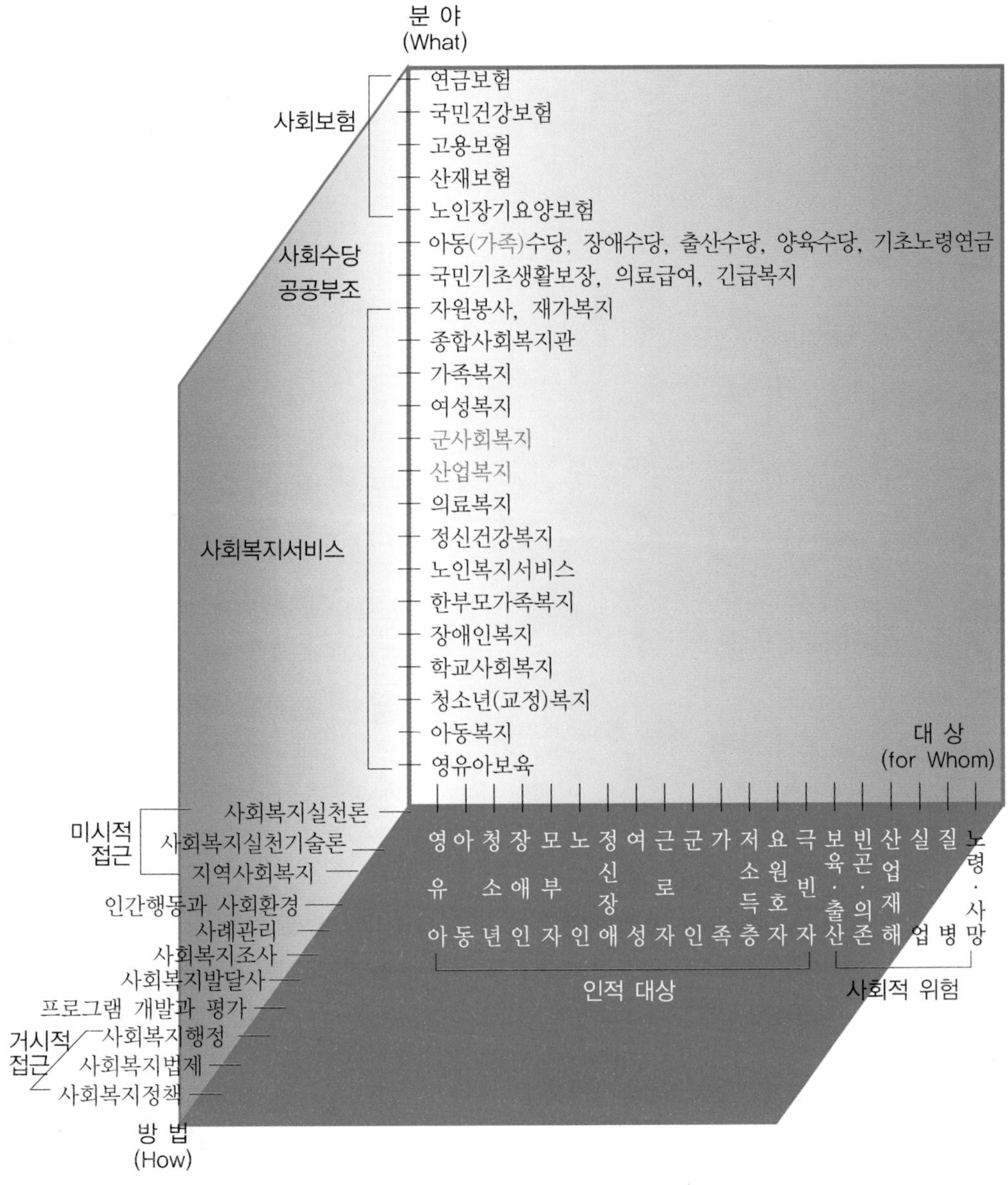

본 사회복지의 X, Y, Z 체계도는 12년 전부터 저자가 일반인들을 대상으로 사회복지를 강의할 때, 사회복지를 보다 쉽게 설명하고 이해시키기 위해 만든 그림이다. 본 체계도의 아이디어는 대학원 석사시절 영문원서를 보다가 우연히 income security X, Y, Z라는 문장을 보고 이것을 어떻게 활용할 것인가를 생각해 오던 중 가정봉사원 교육을 위해 착안하였다. 결국 대학원에 다닐 때 품었던 그 생각으로 본 사회복지의 X, Y, Z 체계도가 만들어진 것이다.

– 有志在道 –

CHAPTER 11

사회보험정책

제1절 사회보험의 의의와 특징

1. 의 의

사회보험은 사회 구성원의 경제적 활동을 보장하기 위하여 그들의 생활에 위협을 가져오는 사고가 발생한 경우, 보험의 일반적 원리를 통하여 일정 기준의 급여를 행함으로써 그들의 생활보장을 목적으로 하는 사회보장정책이다.

사회보험은 연혁적으로 볼 때 노동자, 특히 임금노동자를 적용대상으로 하였으나 그 대상을 점차 확대시켜 일반적으로 전 국민을 대상으로 하고 있다. 오늘날 ① 노동능력의 일시적 상실의 전형은 질병 및 재해에 원인하는 것이고, ② 노동능력의 장기적 상실은 폐질, 노령이 원인이 되는 경우가 대부분이며, ③ 노동력을 소유하면서도 노동기회를 얻지 못하는 노동생활의 중단은 실업의 경우이고, ④ 근로기피는 근로조건 및 노사 쌍방 간에 양해가 성립하지 못한 채 파업, 기타 수단으로 노동력 제공을 거부한다든가 고용주 측에서 먼저 직장을 폐쇄하는 경우이다. 이와 같이 실업, 질병, 부상, 폐질, 사망, 노령 등의 보험사고가 개인에게 발생한 경우 저소득자의 지출 비용이 과중하게 되고 노동력의 상실로 본인과 가족의 생활이 궁핍하게 될 것이다.

따라서 사회보험의 사명은 이러한 재해를 사회적 책임으로서 방지하고 자본주의 체제하의 사회적 병폐인 소득불균형을 시정하여, 근로자의 소득체제와 소득체계의 균형을 실현하고 나아가 국민경제의 발전을 유도할 수 있는 사회경제의 체계적 기반을 조성하는 데 그 의의가 있다고 하겠다(신섭중 외, 1999).

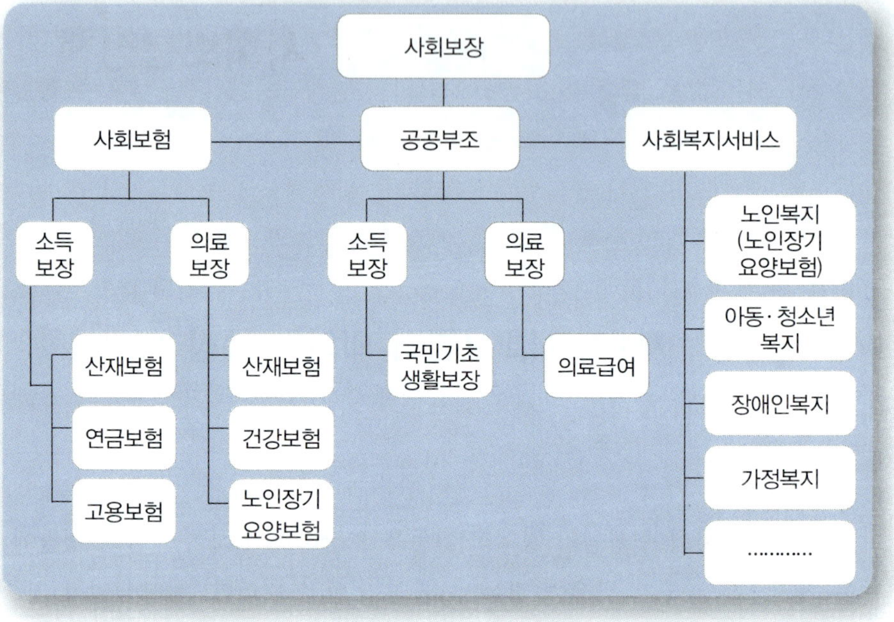

|그림 11-1| 사회보장 체계

2. 특 징

사회보험의 특징

사회복지정책의 일환으로서 사회보험의 특징을 고찰해 보면 다음과 같다.

① 정부가 피보험자의 급여액의 지급을 위하여 재원조달을 할 때에는 사용자나 피용자가 지불하는 특수한 갹출금을 근거로 하고 있다.

방빈적 소득보장

② 사회보험은 방빈적 소득보장(防貧的 所得保障) 수단이다. 사회보험은 국민의 생활의 안정과 복지의 향상을 도모하는 것을 목적으로 하는 보험이다.

③ 사회보험은 강제가입을 특색으로 한다. 불균형한 생활수준의 격차, 소득의 격차, 지역 간의 격차를 해소하기 위하여 국가가 그 대상자에게 강제적 가입을 하게 하는 것을 의미한다. ILO는 '사회보험은 강제보험으로만 생각될 수 있다'고 선언하여 임의보험보다 강제보험이 사회보험으로서 적당한 제

도입을 밝혔다.

④ 사회보험은 비영리적 국가사업이다. 사회보험은 사회정책상의 동기로 운영하기 때문에 국가가 운영비의 부담, 갹출금의 일부 부담, 적자액의 보조 등 국가책임하에서 운영되기 때문에 비영리적 강제보험이다.

⑤ 사회보험은 정부 프로그램이기 때문에 입법만이 그 규정을 변경시킬 수 있다.

⑥ 사회보험은 소득재분배 기능을 한다. 즉, 고소득자로부터 저소득자에게로 소득을 재분배하여 국민 간의 생활격차를 축소시키는 기능을 한다.

⑦ 사회보험에 있어서 보험사고는 사람에 관하여 발생하는 사고에 한정되어 있으므로 보험 분류에 따라 사회보험은 인보험(人保險)에 속한다.

⑧ 이 외에도 사회보험은 근로자를 위한 보험이다. 또한 일반적으로 의료보험, 재해보험, 노령보험, 고용보험 등의 어느 한 종류만을 지칭하는 것이 아니라 수 개의 보험 종류를 포함하는 집합 개념인 것이다.

⑨ 우리나라의 사회보험은 산재보험→의료보험→연금제도→고용보험 순으로 도입[1]되었다. 그러나 전 세계[2]에서 가장 많이 도입·시행되고 있는 것은 국민연금>산재보험>의료보험>가족수당>고용보험 순으로 실시되고 있다.

각국의 사회보험 도입순서로 옳은 것은?

1) 우리나라는 짧은 기간에 선진국 수준의 다양한 복지제도의 틀을 확충하였으나 아직은 도입 초기 단계라고 할 수 있다.

주요국의 복지제도 도입 시기 현황

		한국	미국	프랑스	캐나다	독일	일본
사회보험	국민연금	1988년	1935년	1905년	1956년	1889년	1940년
	건강보험	1977년	1965년	1945년	1962년	1880년	1922년
	고용보험	1995년	1935년	1958년	1940년	1927년	1947년
	산재보험	1964년	1902년	1898년	1930년	1884년	1947년
기초생활보장제도		2000년	1974년	1988년	1964년	1961년	1950년

2) Social Security Programs Throughout the World(2014~2016)에 의하면 연금제도(179개국), 산재보험(175개국), 출산수당 및 의료급여(상병수당 147개국, 출산수당 168개국, 의료급여 160개국), 가족수당(112개국), 고용보험(92개국) 순으로 실시되고 있다.

사회보험과 민영보험의 비교

〈표 11-1〉 사회보험과 민영보험의 비교

사회보험	민영보험
• 강제적 적용	• 자발적 참여
• 최저수준의 소득보호	• 개인의 열망과 지불능력에 좌우
• 사회적 적합성(복지)	• 개인적 적합성(형평)
• 법적 권리(가변성)	• 계약 권리(계약 준수)
• 정부 독점	• 자유경쟁
• 예상하기 어려운 지출	• 예상할 수 있는 지출
• 충분한 기여금 불필요(강제 가입)	• 충분한 기여금 필요
• 목적, 결과에 대한 이견 존재	• 의견의 일치
• 물가상승에 적절한 대응	• 물가상승에 대응이 어려움
• 적립기금 투자 우선순위 정부 결정	• 민간 결정

출처 : Rejda, G. E.(1994). Social Insurance and Economic Security(5th ed.). Englewood Cliffs : Prentice-Hall, pp. 40-42; 이인재 · 류진석 · 권문일 · 김진구(1999). 사회보장론. 나남, p. 37 재인용.

제 2 절 소득보장제도

소득보장

오늘날 통상적으로 '소득보장'이라고 말하는 것은 영어의 income maintenance 혹은 income replacement라는 것이다. 오늘날 노령, 유족, 장해에 대한 연금이 소득보장 가운데 가장 큰 비중을 차지하고 있지만 여러 가지 다른 형태로서 보완적인 기능을 하고 있다. 소득보장의 수단은 제1차적으로 사회보험이 주축이 되고 있으며 그 이외에 공적부조 또는 보족급여, 사회부조, 사회수당도 여기에 포함되고 있다. 이러한 소득보장의 형태는 기본적으로 세 가지 방법에 의해 행해지고 있지만 먼저 소득보장의 제도적 조건이 규정되어야만 한다. 이러한 기준에 의해 소득보장의 방법은 사회보험, 공적부조 또는 보충급여(supplementary benefit), 사회부조 또는 사회수당(혹은 보편적 무각출 급여라고 부르기도 하고 외국에서는 데모그란트—demogrant : 인적 교부금으로 번역하기도 함—라고 부르기도 한다)의 세 가지 방법으로 이루어지고 있기도 한다.

소득보장의 형태

데모그란트에 대한 설명으로 옳은 것은?

한편 학자들에 따라서는 달리 구분하고 있는데, M. N. Ozwa는 소득보장의 형태를 ① 데모그란트,[3] ② 사회보험, ③ 공적부조의 세 가지로 넓게 분류하고 있

3) 욕구에 관계없이 인구학적인 일정한 기준이나(18세 미만, 65세 이상) 특별한 집단(아동, 노인, 엄마

고, 五島貞次는 ① 구빈적 소득보장, ② 방빈적 소득보장으로 구분하여 전자의 구체적인 제도를 공적부조제도 가운데 생활보호제도라고 하고, 후자는 빈곤선 이하로 떨어지지 않도록 보장한다고 하는 사회보험제도를 말하고 있다.

우리나라에 있어서 소득보장의 범위는 ① 공적연금, ② 산재보험(요양급여·장해급여·유족급여, 휴업급여, 상병보상연금, 간병급여), ③ 건강보험(요양급여, 건강검진, 요양비, 장애인보장구급여비, 본인부담금상한제), ④ 고용보험(실업급여, 고용안정 직업능력개발사업), ⑤ 공공부조(국민기초생활보장제도, 의료급여제도)가 여기에 포함될 수 있겠다.

제 3 절 연금정책

1. 노후소득보장의 체계

퇴직근로자의 노후소득보장체계는 3층 보장이론으로 설명되고 있는데, 첫째의 층은 사회보장으로서 국가에 의한 보장이고, 공적연금과 공적부조가 그 중요한 수단이 되고 있다. 둘째의 층은 직장보장으로 기업의 사회적 책임의 원칙에 입각하여 기업보장이 강조되고, 그 구체적인 수단으로서 퇴직일시금, 기업연금, 단체보험이 주축이 되고 있다. 세 번째의 층은 생활에 대한 자기책임의 원칙에 입각한 개인보장으로 그 구체적인 수단은 저축과 생명보험이다. 연금제도는 위의 3층보장이론 가운데 첫째의 층에 해당되는 것으로서 국민의 일상생활 중 노후생활과 불구, 폐질, 사망 등의 예기치 않은 위험 때문에 발생하는 소득의 상실이나 중단 시를 대비하는 소득보장수단인 것이다.

노후소득보장체계

3층보장이론

국민연금법은 국민의 노령, 장애 또는 사망에 대하여 연금급여를 실시함으로써 국민의 생활안정과 복지증진에 기여함을 목적으로 하고(제1조) 있는 법이다.

등), 조건만 갖추면 기여(보험료)를 하지 않고 소득조사나 자산조사 없이(비기여, 비자산조사) 제공되는 프로그램으로서 일종의 보편적 프로그램(universal program), 사회수당 혹은 demogrant라고 부른다. 일례로서 아동수당이나 가족수당, 보편적 연금으로서 경로연금, 장애수당 등이 있다.

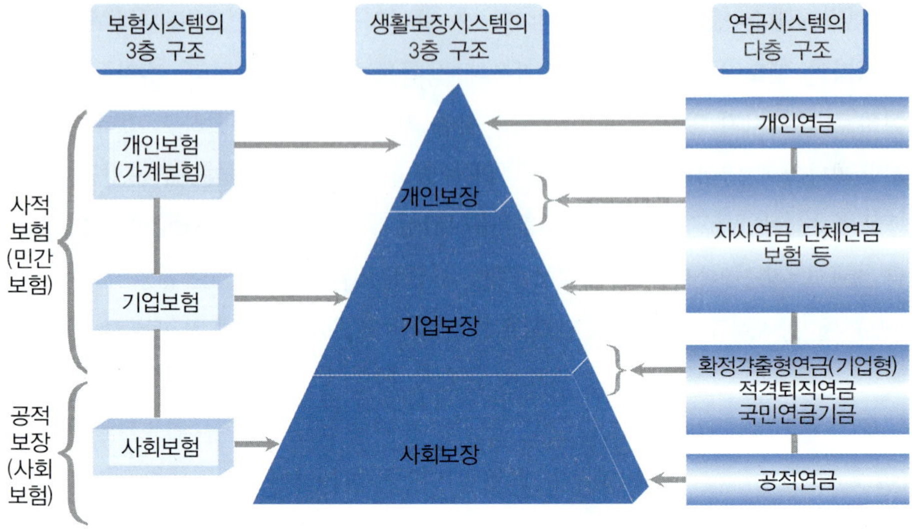

|그림 11-2| 복지사회에서 생활보장시스템

연금의 성격

2. 성 격

연금의 성격 중 사회보장설에 대한 설명으로 옳은 것은?

퇴직 시에 지불하는 연금의 성격에 대하여 일반적으로 다섯 가지의 학설이 있다. ① 피고용자의 성실한 근무에 대하여 위로·감사하기 위하여 지급한다고 보는 공로보상설(은혜설), ② 감원·퇴직 또는 업무상의 사망에 대하여 위로의 뜻으로 지급한다고 하는 위자료설, ③ 그리고 임금의 일부가 지급되지 않고 적립되었다가 퇴직 후에 지급한다고 보는 임금후불설(거치보수설), ④ 직원이 재직 시에 받는 보수로서 퇴직 후의 생계에 대비한 저축을 하기가 불충분하므로 고용주는 직원의 퇴직 후 생활을 보장할 의무가 있다고 보는 생활보장설이 있다. ⑤ 비교적 최근에 제기된 학설로서 국가나 기업이 사회적 존재로서 사회적 책임을 수행하는 가운데 중요한 하나가 인생의 귀중한 시기를 장기에 걸쳐 국가나 기업에 봉사한 근로자의 퇴직 후의 노후생활을 보장하는 기능과 역할을 담당한다라고 하는 사회보장설이 있다. 위의 다섯 가지 견해 중 오늘날 임금후불설이 가장 지배적인 학설로 주장되고 있는데, 연금제도의 본질론은 위의 학설 가운데서도 사회보장설이 유력한 이론적 근거를 제시하고 있다고 볼 수 있다.

〈표 11-2〉 세계은행의 3층 소득보장 체계

3층 소득보장 체계

구분	1층(1st pillar) : 사회보장	2층(2nd pillar) : 기업보장	3층(3rd pillar) : 개인보장
성격	강제적용, 공적제도	강제적용, 민간운용	임의적용, 민간운용
재정	세금	완전적립, 정부간접규제	완전적립기금
형태	소득조사 실시, 최저연금보장 혹은 정률연금	직역연금 혹은 개인연금	직역연금 혹은 개인연금
목적	소득재분배 + 보험기능	저축 + 보험기능	저축 + 보험기능
제도	기초연금	강제민간소득비례연금	임의추가적 소득비례연금

국민연금제도의 기본적 성격

국민연금제도의 기본적 성격을 다섯 가지로 나누어 고찰해 보면 다음과 같다 (박경일, 1989).

① **긍지를 높이는 제도이다**

연금제도는 개개인의 피보험자 또는 조합원으로서 장기간 보험료 또는 요금을 불입한 것에 의해, 제도에 공헌한 그의 공헌도에 따라 수급권을 획득하는 제도이다. 따라서 국민기초생활제도와 같이 본인이 그 제도에 대한 공헌도와는 관계 없이 급부를 받는 수급권과는 달리 공적연금은 자신의 공헌도에 대한 급여를 받음으로써 긍지를 높여줄 수 있다.

② **공헌도에 따른 수급권을 획득하는 제도이다**

연금제도는 은혜로서 받는 것이 아니라 개개 피보험자의 공헌 정도에 주목한, 동세대 간 및 다른 세대 간의 사회부조의 보험제도로서 국가적 차원에서 제도가 형성되어 있으므로 피보험자가 당당하게 권리로서 받는 것이 가능한 것이다.

③ **연금보험사고에 대한 보험제도이다**

공적연금도 보험제도이기 때문에 민간보험과 마찬가지로 계약에 의한 보험사고에 대해서만 미리 정해진 급여를 행한다고 하는 성격을 가지고 있다. 연금보험사고(노령, 장애, 유족)는 구체적으로 각 법률에 의해 명확히 규정되어 있다. 우리나라의 경우는 뒤에서 자세히 설명될 것이다.

④ **실질적으로 노후생활설계의 기초가 될 수 있는 제도이다**

공적연금제도는 연금수급연령이 되는 35~40년 후에 있어서 실직적으로 노후생활을 유지할 수 있는 금액이 지급될 수 있도록 물가나 임금상승에 따라 급여수준을 인상한다는 것이다. 따라서 공적연금제도는 긍지를 높여주는 노후생활설계의 기초가 될 수 있는 제도로서 그 기능을 다하여야 할 것이다.

⑤ 국가가 책임을 지고 운영하는 강제가입의 제도이다

공적연금은 법률에 의해 강제가입이 정해져 있다. 따라서 궁극적으로는 국가가 그 운영의 책임을 지고 어떠한 사회변동에서도, 약속한 급여를 받을 수 있으며 신뢰할 수 있는 제도가 되어야 할 것이다.

3. 연금제도의 분류

연금제도는 운영주체에 따라 공적연금, 사적연금, 개인연금으로 나누어 볼 수 있는데 공적연금(public pension)이란 국가나 지방자치단체 또는 법령에 의하여 설립된 특별법인으로 운영되고 있는 제도로서 국민연금은 여기에 속하고 있다. 그리고 기여의 유무에 따라 급여지출에 필요한 재원을 가입자들이 별도로 기여하여 그 재정으로부터 연금을 수급하는 기여연금과 국가가 별도로 보험료를 거두지 않고 일반재정을 사용하여 급여를 지급하는 무기여연금이 있다.

〈표 11-3〉 공적연금과 사적연금의 구별에 관한 기준

구 분	공적연금	사적연금
목 적	공공목적	사적 목적
가입방법	강제가입	임의가입
슬라이드	슬라이드제 적용	슬라이드제 비적용
급여원칙	급여 균등의 원칙의 비적용	급여 균등의 원칙의 적용
소득재분배	소득재분배 효과 있음	소득재분배 효과 없음
재원운용	부과방식	적립방식

확정기여방식 이란?

한편 연금수급액 결정에 있어 이전의 소득은 고려하지 않고 동일한 금액을 지급하는 정액연금과 과거소득을 기준으로 일정 기간 또는 가입 전 기간의 소득을 기준으로 급여를 차등지급하는 소득비례연금이 있다.

확정급여방식 이란?

또한 최근의 퇴직연금수급 결정방식으로 확정급여형 연금과 확정기여형 연금, 개인형 IRP가 있다. 확정급여(DB : Defined Benefit)방식은 개인이 부담한 보험료의 크기에 관계없이 과거의 소득과 가입기간 등에 의해 달라지는 급여계산 공식에 의해 나중에 받을 연금액이 사전에 확정된 연금급여를 지급하는 방식이다. 이 방식은 연금액이 미리 정해져 있어 연금운용에 대한 위험을 기업이 부담하는 방식이다. 확정기여(DC : Defined Contribution)방식은 연금액을 미리 정하지 않는 대신 매년 적립한 금액을 운용실적에 따라 퇴직할 때 돌려받는 방식으로 투자위험을 노동자가 부담한다. 개인형 IRP(Individual Retirement Pension)는 근로자가 퇴직하거나 이직 시에 받은 퇴직금 및 본인이 추가로 납입한 개인부담금을 적립·운용하여 일시금이나 연금으로 받을 수 있는 퇴직연금제도이다. 기업형 IRP[4]는 개별 근로자가 퇴직연금사업자와 계약을 체결하는 퇴직연금제도의 하나로서 제도 운용은 확정기여형 퇴직연금제도(DC)와 유사하다.

〈표 11-4〉 확정급여형 연금, 확정기여(갹출)형 연금, 개인형 퇴직연금의 차이

구 분	확정급여형(DB)	확정기여형(DC)	개인형 퇴직연금(IRP)
연금수급 요건	연령 55세 이상/ 가입기간 10년 이상/ 연금수급 5년 이상		연령 55세 이상/ 연금수급 5년 이상
일시금수급 요건	연금수급 요건을 갖추지 못한 경우 일시금 수급을 원하는 경우		55세 이상으로 일시금 수급을 원하는 경우
운용주체	사용자	근로자	근로자
운용 RISK 부담	기업	근로자	근로자
중도인출	불안정	제한적 인정	제한적 인정
담보대출	적립금의 50% 가능		
퇴직급여	확정	운용 성과에 따라 변동	운용 성과에 따라 변동
제도 간 이전	어려움(퇴직 시 IRP로 이전)	직장 이동 시 이전 용이	연금 이전 시 용이

출처 : 금융감독원.

우리나라 국민연금 분류 특징으로 옳지 않은 것은?

이상의 연금분류방식에 의하면 우리나라 국민연금제도는 ① 공적연금, ② 기여식 연금, ③ 소득비례연금, ④ 확정급여형 연금으로 분류할 수 있다.

4) 사용자는 가입자별로 연간 임금총액의 12분의 1 이상에 해당하는 부담금을 가입자의 개인형 퇴직연금제도에 납입하며, 가입자는 사용자가 부담하는 부담금 외에 가입자 부담으로 추가 납입이 가능하며 운용에 대한 결과와 책임이 근로자에게 귀속된다. 규약 작성 및 고용노동부 신고가 필요 없어 제도의 도입과 운영이 간편하다.

4. 연금 재원운용 방식

연금의 재원운용 방식은 크게 적립방식과 부과방식으로 구분해 볼 수 있고 보다 세분화하여 수정적립 방식과 수정부과 방식 등으로 살펴볼 수 있다.

1) 적립방식(Capitulation System)

적립방식에 대한 설명으로 옳은 것은?

근로기간 동안 가입자가 납부하는 갹출료를 자본시장 등에 운용하여 적립된 기금을 토대로 하여 은퇴기간 동안 연금급여를 지급하는 방법이다. 적립방식의 장점은 ① 현세대와 미래세대의 공평한 보험료 부담과, ② 적립금으로부터 이익금이 재원으로 충당될 수 있으므로 제도 초기에는 보험료 부담이 낮다. ③ 정부는 막대한 적립금으로 재정을 통제하거나 활용할 수 있으며, ④ 저축 증강효과가 있다. 그러나 적립방식의 단점으로는 ① 서류상으로만 존재하고 실질기금이 없는 경우가 많고, ② 재정수지에 미치는 인구통계적 변수와 경제적 변수를 정확히 예측하기가 어렵다는 점이며, ③ 관리운영비용이 비교적 높다는 점이다.

2) 부과방식(Pay As You Go System)

일정한 짧은 기간 동안에 지출해야 하는 급여비를 그 기간 내에 보험료 수입에서 충당하도록 하는 방식이다. 갹출료 수입이 해당 연도의 연금으로 바로 지출되기 때문에 약간의 지불준비금을 제외하고는 적립금이 존재하지 않는다. 경과년도에 따라 보험료의 금액은 높아지며, 부과방식은 매년 급여비용을 매년 조달하는 방식을 취하는 1년을 수지단위로 하는 특성을 가진다.

부과방식의 장점으로 옳게 짝지어진 것은?

부과방식의 장점은 ① 생산연령세대의 노령세대에 대한 부양이라는 사회적 책임이 강하고, ② 연금의 수지 차이가 없어 기금관리 부족으로 인한 위험부담이 없으며, ③ 장기추계가 불필요하며, ④ 안전망 효과가 크다는 점이다. 그러나 부과방식의 단점은 ① 세대 간의 부담배분이 불공정하게 되고, ② 노후를 대비한 저축유인이 없고, ③ 정치적 위험이 따른다는 점이다.

〈표 11–5〉 부과방식과 적립방식의 비교

구 분	적립방식(특히 갹출)	부과방식
재분배	수평적 재분재, 시간적 재분배	수평적 재분배, 세대 간(동일세대 간) 재분배
급여 확실성	시장 수익률에 의존	정치과정에 의존
성장촉진효과	저축 증강 효과	안전망 효과
대노동시장	중립적	영향이 큼
운영비용	비교적 높음	비교적 안정

3) 수정적립 방식

수정적립 방식

발족 당시에는 평균보험요율보다 낮으나 사회 경제적인 사정(인플레이션, 임금상승, 슬라이드제)으로 인해 단계적으로 보험요율을 인상한다. 현재 우리나라는 수정적립 방식을 채택하고 있고, 보험요율은 노사 절반 부담하는 9%이다.

4) 수정부과 방식

수정부과 방식

수지균형을 꾀하는 원칙적인 생각은 부과방식과 같고 10~20년을 기간으로 수지균형이 이루어지도록 어느 정도의 적립금을 보유하여 그 기간 내에 충당하는 방식이다.

참고로 외국의 공적연금제도를 살펴보면 <표 11－6>과 같다.

〈표 11-6〉 각국 연금제도 비교

구 분	한 국	일 본	미 국	영 국	독 일	스웨덴
근거법	국민연금법 (1986)	후생연금(1944) 국민연금(1961)	사회보장법, OASDI(1935)	노령연금법 (1908)	노령보험(1883), 제국보험(1911)	국민보험법 (1946)
적용대상	국내거주 18세 이상 60세 미만	후생(하한 무, 상한 65세 미만) 국민(20~60세)	하한 무 65세 미만	16세 이상 남 65세, 여 60세 미만	16세 이상 남 65세, 여 60세 미만	16세 이상 남 65세 미만, 내외국인
최소 가입기간	10년		10년		5년	
재원 조달방식	9% (노사 4.5%), 기금운용수익	17.35% 기초연금 3자부담	사회보장세 12.4% 사회보장신탁 기금	소득차등부과, 피용자 10%, 사용자 12.2%	19.3% (각 9.6%)	18.5%(2.5% NDC), 장해, 유족포함 22%, 차등부과
재원 운용방식	수정적립방식	수정적립방식, 2000년(대장성에서 후생성)	수정부과방식	부과방식	수정적립(1957), 부과방식(1969)	부과방식(1935)
무기여연금	기초노령연금 (만 65세 이상, 노인의 70%, 2008년 시행)	무갹출복지 연금(1959)	보충적 소득 보장(SSI, 1966 5%)	80세 이상 노인(1908)		최저보장연금
급여종류	노령연금, (조기노령연금, 분할연금) 장애연금, 유족연금(유족연금차액보상금) 반환일시금, 사망일시금	노령기초연금, 장해, 유족, 사망일시금, 부가연금, 미망인연금 등	노령연금, 장애연금, 유족연금, 가족연금, 사망일시금, 분할연금, 고령자특별 급여	노령연금(기초 노령연금+국가소득비례연금), 상병급여, 유족급여, 크리스마스보너스(£10)	노령연금, 장애연금, 유족연금	노령, 장애, 유족연금, 일반보충수당, 장애수당, 공적주택수당, 육아수당, 부인보조수당
급여수준	기본연금 (균등부분+ 소득비례 부분) 부양가족연금	노령후생연금 (소득비례, 가급연금), 장해, 유족연금	정률기여와 소득재분배 기능의 정률급여 (소득비례연금)	기초연금+소득비례연금 적용제외제도	정률기여와 정률급여의 소득비례형 연금 고부담고급여	명목확정기여 방식(NDC, 1998)
소득대체율	2008~2027 50%, 매년 0.5%씩 감소 2028(40년 가입) 이후 40%	60%	35년 기준 부부 59.4%, 단독 39.6%	25%→30%→ 46%	53%	30년 가입 60%

구 분	한 국	일 본	미 국	영 국	독 일	스웨덴
지급개시 연령	만 60세, 2013부터 5년마다 1세 연장 2033부터 65세	국민연금(60세), 후생연금(65세)	67세(2003)	남 65세, 여 60세 (2020 동일)	남 65세, 여 60세	최저보증연금 (65세), 소득비례 (61세 선택)
슬라이드 방식	소비자물가 변동률	물가변동률	소비자물가변동률과 임금 인상률 중 낮은 것	소비자물가 변동률(1980)	가처분임금 변동률	
관리운영 기구	국민연금공단 2011 사회보험 징수통합제도에 의해 보험료 징수 국민건강보험 공단	후생노동성 (2001) 사회보험청	사회보장청 사회보장 사무소	사회보장성 (1998) 지방사회보장 사무소	각 연금관리 공단	사회보험 사무소
연금체계 유형	1층체계 확정급여식 사회보험	3층체계 국민연금(기초연금)+후생연금(소득비례)+적립퇴직금, 후생연금기금	단층체계 확정급여방식	3층체계 기본연금+소득비례연금 (국가, 기업, 개인)+임의적 사적 급여(근로자 40%), 보편주의	다원체계 (선별주의) 집합적 보장 제도(법정연금), 국가보장제도, 사적보장제도	2층체계 기초연금 (정액기여 정액급여) 부가연금 (ATP)

5. 현황과 체계

〈표 11-7〉 국민연금 체계도

우리나라 국민연금제도의 설명으로 옳지 않은 것은?

구성체계	국민연금제도
근거법	국민연금법
적용대상	국내에 거주하는 만 18세 이상 60세 미만의 국민 및 국내거주 외국인(사업장 가입자-1인 이상 사업장의 근로자와 사용자, 지역가입자, 임의가입자, 임의계속가입자)
최소가입기간	연금 최소가입기간 10년
재원조달방식	공적연금의 재원조달방식은 부과방식과 적립방식으로 대별될 수 있다. 우리나라에서는 그 중간형태인 '수정적립 방식'을 채택하고 있다. 2006년 현재 노사 각각 근로소득의 4.5%로 전체 9%를 갹출하고 있다. 단, 지역가입자, 임의가입자, 임의계속가입자는 전액 9%를 가입자 본인이 부담한다.
무기여연금·기여연금	대부분의 국가가 이 '기여연금' 방식을 채택하고 있고, 우리나라의 무기여연금은 만 65세 이상 노인의 70%에게 기초노령연금[5]을 지급하고 있다.

구성체계	국민연금제도
재원운용방식	국민연금기금의 장기적 안정성을 해치지 않는 범위 내에서 국민경제적 측면을 고려하여 '공공 및 복지부문에 대한 투자'를 지속하고, 주어진 허용위험 범위 내에서 수익이 극대화되도록 '기금을 운영'하는 원칙을 견지하고 있다. 기금적립금은 2012년 365조 원, 2020년 1천조 원, 2040년 2천 460조 원이 될 전망이다.
급여종류	국민연금급여는 가입자가 노령이나 질병·사망으로 인하여 소득능력이 상실 또는 감퇴되었을 때 본인이나 유족의 생계를 보장하기 위하여 지급되는데, 이에는 10년 이상 가입하고 만 60세부터 지급되는 노령연금, 가입 중에 발생한 질병 또는 부상으로 장애가 남아 있을 때 지급되는 장애연금, 가입자 등이 사망한 경우 그 유족에게 지급되는 유족연금 등이 있으며, 이러한 연금급여의 수요요건을 충족하지 못하고 중도에 자격을 상실하거나 사망한 경우에는 본인이나 그 유족에게 반환일시금이나 사망일시금이 지급된다.
급여산정방식	기본연금액 = 1.8(A+B) × (1+0.05 n/12) • 1.8 : 가입기간 20년(240개월)일 때의 급여수준을 결정하는 비례상수로서 평균소득수준(A=B)의 가입자일 때 연금월액은 월소득(B값)의 30% 수준 결정 • A(균등부분) : 연금수급 전 3년간의 평균소득월액의 평균액(소득재분배 기능) – 평균소득월액은 매년의 12. 31일 현재 사업장가입자 및 지역가입자 전원의 표준소득월액 총액을 가입자 전원의 인원수로 나누어서 산출한 액 • B(소득비례 부분) : 가입자 개인의 가입기간 중 표준소득월액의 평균액 – 본인의 가입기간 중의 표준소득월액을 연금수급 전년도의 현재가치로 환산(재평가)하여 적용 ※ 우리나라에서는 '확정급여식 연금방식'을 사용하고 있다. 연금액 = (기본연금액 × 연금종별 지급율 및 제한율) + 부양가족연금액 기본연금액 = $[\underbrace{2.4(A+0.75B)\times P1/P}_{\text{1988~1998년}} + \underbrace{1.8(A+B)\times P2/P}_{\text{1999~2007년}} + \underbrace{1.5(A+B)\times P3/P}_{\text{2008년}}$ $+ \underbrace{1.485(A+B)\times P4/P}_{\text{2009년}} + \underbrace{1.2(A+B)\times P23/P}_{\text{2028년 이후}} + \underbrace{X(A+A)\times C/P}_{\text{출산 크레딧}}$ $+ \underbrace{X(A+1/2A)\times 6/P}_{\text{군복무 크레딧}}] \times (1+0.05n/12)$ • A=연금수급 전 3년간 전체 가입자의 평균소득월액의 평균액 • B=가입자 개인의 가입기간 중 기준소득월액의 평균액 ※ 가입자 개인의 가입기간 동안의 기준소득월액을 매년 보건복지부장관이 고시하는 연도별 재평가율에 의하여 연금수급전년도의 현재가치로 환산한 후 그 합계액을 가입자의 전체 가입월수로 나누어 산정 • P=가입자의 전체 가입월수(노령연금액 산정 시에만 출산 및 군복무 크레딧을 포함한 전체 가입월수) • n=20년 초과월수(노령연금액 산정 시에만 출산 및 군복무 크레딧을 포함한 전체 가입월수) ※ 2009. 3. 1. 이후 지급사유 발생자에게 적용할 연금 수급 전 3년간의 평균소득월액(A) : 1,824,109

5) 기초노령연금은 만 65세 이상 전체 노인 중 혼자 사시는 어르신은 137만 원 이하, 배우자가 있는 어르신은 219만 2천 원 이하(2019년 기준)의 소득과 재산이 적은 하위 70%를 선정하여 지급하며, 2019년 4월부터 2020년 3월까지 일반수급자 기준 월 최대 253,750원의 연금을 받게 된다. 기초노령연금법상 연금액은 국민연금수급 전 3년간 평균소득월액(A값)의 5%를 지급하도록 되어 있다.

구성체계	국민연금제도
급여산정방식	• X : 1.5~1.2까지의 비례상수 중 노령연금 수급권 취득시점의 상수 • C : 추가가입기간 12, 30, 48, 50(균분하는 경우에는 6, 14, 24, 25) • 출산 크레딧, 군복무 크레딧[6]으로 인한 연금액 및 증가되는 가입기간은 노령연금액 산정 시에만 적용됨 ※ 우리나라는 '확정급여식 연금방식'을 사용하고 있다.
급여수준	우리나라는 모든 국민에게 '동일수준+소득비례수준'을 병행한다. 이렇게 적용 시, 중간등급소득자가 40년 가입 시 소득의 60% 수준이다.
소득비례방식·정액방식	우리나라의 방식은 '소득비례방식'이지만, 명칭은 '기본 연금'이다. 그 안에는 '균등부문+소득비례부분' 형태로 구성되어 있고, 균등부문에서 소득재분배 효과를 꾀하고 있다.
기준소득월액	최소 : 24만 원, 최대 : 3백9십8만 원
관리운영기구	국민연금공단
지급개시연령	현 만 60세. 그러나 2013년부터 매 5년마다 1세씩 연장함. 고령화추세에 의해 출생연도에 따라 수급시기 상향조정(1953~1956년생은 만 61세, 1957~1960년생은 만 62세, 1961~1964년생은 만 63세, 1965~1968년생은 만 64세, 1969년생 이후 출생자는 만 65세). 2033년 이후에는 65세
배우자 및 자녀 부양유무, 지급기간	배우자 및 자녀가 있다면 이들에 대한 급여를 제공하고, 지급기간은 자녀들이 자립을 할 수 있을 때까지 지급한다. 우리나라는 부양가족연금이 있다. 부양가족연금은 일종의 가족수당 성격의 부가급여이다.
슬라이드	급여수준의 실질가치 유지와 관련해서 연금은 일반적으로 물가수준의 변화에 연금급여를 연동시킴으로써 노후기간 동안 급여의 실질구매력을 유지시켜 준다. 우리나라 국민연금법상 연금액은 국민의 생활수준, 임금, 물가, 기타 경제사정에 현저한 변동이 생긴 때 조정한다. 특히 전국 소비자 물가변동률에 맞춘다.
연금체계유형	사회부조식(비기여방식), 사회보험식(기여방식), 사회수당식(비기여방식), 퇴직준비금(기여방식), 강제가입식 개인연금(기여연금방식) 중 우리나라는 사회보험방식이다.
이슈, 동향	자영자에 대한 소득파악 체계의 개선, 재정재계산제도의 보완, 급여제도의 개선(급여율 인하, 수요자 중심의 급여체계), 보험료율 인상, 투자방식의 다변화, 복지급여의 확대

국민연금법에 의한 크레딧 제도로 옳게 짝지어진 것은?

6) 크레딧제도는 연금의 가입연령에 있는 개인들의 생애주기에서 불가피한 사유 혹은 사회적으로 가치 있는 행위로 인하여 소득이 상실되거나 감소되어 연금제도에 가입할 수 없는 기간 동안 개인들의 연금수급권을 강화하기 위하여 수행되고 있는 다양한 형태의 지원정책

국민연금법에 의한 크레딧 제도

구 분	군복무 크레딧	출산 크레딧	실업크레딧
도입시기	2007. 7. 개정(2008. 1. 1. 시행)		2016. 8. 시행
도입목적	군복무로 인해 발생하는 소득 감소 및 상실에 대한 보상 및 향후 이들에 대한 노후 빈곤문제 완화	출산율 제고와 여성 가입자의 수급권 획득 기회를 확대하여 연금 사각지대 해소	구직급여를 받는 동안 국가에서 국민연금 보험료의 75%를 지원하여 실직 중 보험료 납부담도 경감하고 향후 국민연금액도 증액
조 건	현역병 또는 공익근무요원으로 6개월 이상 복무한 자가 노령연금수급권을 취득한 때	'08년 이후에 둘 이상의 자녀가 있는 가입자(or 가입자였던 자)가 노령연금수급권을 취득한 때	국민연금 가입자 또는 가입자였던 자 중 만 18세 이상 만 60세 미만으로 구직급여를 받는 자

6. 연금개혁의 방법과 전략

연금개혁의 방법은 수입 측면에서 적용범위를 확대하거나 재원조달을 인상하는 방법과 지불 측면에서 수급조건을 강화하거나 급여수준을 하향하는 방법이 있다.

〈표 11-8〉 연금개혁의 방법

구분	방법		
수입 측면	적용범위	⇒	확대
	재원조달	⇒	인상
지출 측면	수급조건	⇒	강화
	급여수준	⇒	하향

그리하여 수입증대의 고저와 지출억제의 고저 차원을 교차분석해 보면 다음 |그림 11-3|에서 나타난 바와 같이 재정기반 강화전략, 노후기능 확충전략, 총지출 억제전략, 연금구조 변경전략으로 나누어 고찰해 볼 수 있다.

연금개혁 전략 중 총지출억제 전략은?

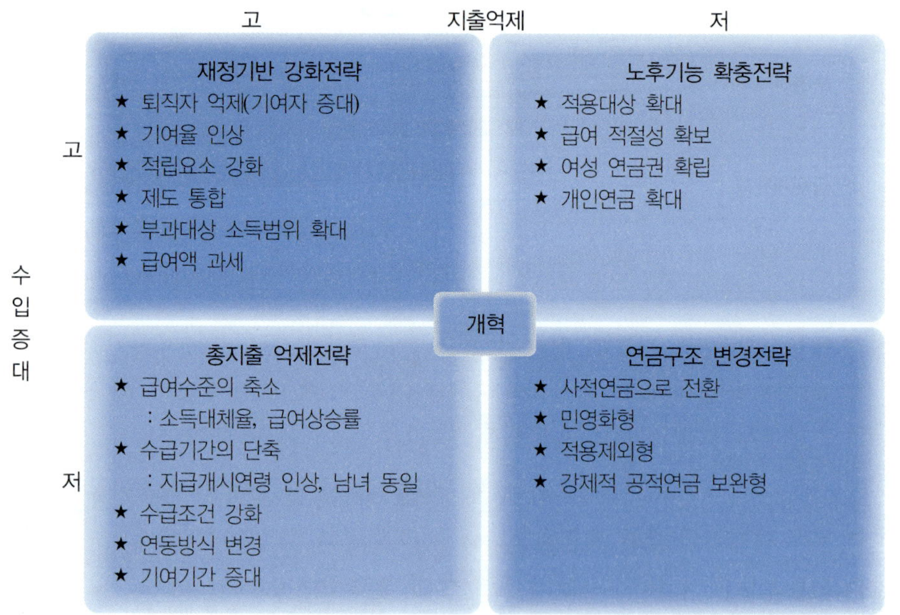

|그림 11-3| 연금개혁의 전략

제 4 절 의료보장정책

1. 의료보장의 의의

의료보장이라는 용어는 사회보장의 일반이나 의료보험과 관련하여 사용되고 있지만 의료보장을 ① 의료비의 보장이라는 견해와, ② 의료 그 자체 및 건강의 보장이라는 두 가지 견해가 있다. 전자는 경제보장이라는 측면에서 빈곤의 악순환(질병=빈곤)을 방지한다는 빈곤대책의 일환으로 보고 있고, 후자는 비경제보장이라는 측면에서 빈곤으로부터의 해방을 넘어 질병으로부터의 해방을 의미하는 것으로 보고 있다. 이와 같은 의미에서 의료보장이란 그것을 실현하는 기술적 수단이 어떠한 것이든 간에, 모든 국민이 건강하고 쾌적한 생활유지를 위하여 차별없이 그 원하는바 필요한 의료(예방, 치료, 재활의료 등의 포괄적 의료서비스)를 언제, 어디서나 무상(또는 경제적 고통을 수반하지 않는 적절한 비용부담)으로 받을 수 있는 것이라고 할 수 있겠다.

2. 원 칙

의료보장의 기저는 필라델피아 선언에서 비롯된다. 1944년 5월 제2차 국제노동자연맹총회에서 ILO가 목표로 하는 '목적과 가맹국의 정책기조'의 기본 원칙을 채택한 것이다. 여기에서 '모든 인간은 경제적 보장의 권리를 보유'하고 '보호를 필요로 하는 모든 자의 기준소득과 포괄적 의료를 제공하도록 하는 사회보장조치의 확장'이 ILO의 의무라고 선언하고 있다.

또한 달리 표현한다면 의료보장은 소득보장의 기본 원칙으로 되어 있는 최저한도의 보장이 아니라, 의료는 모든 질병을 치료하며 건강을 회복하는 데 필요하고도 충분한 것이어야 하며 그 이하도 이상의 것도 될 필요가 없다는 의미에서 최적 의료보장의 원칙이라고 말할 수 있다. 이러한 관점에서 의료보장이 추구해야 할 기본 원리는 다음과 같다.

의료보장 기본 원리 – 최적보장

① 대상과 기회 면에서 모든 국민에게 공평한 건강의 기회를 제공해야 한다는 것이다.
② 의료보장의 내용과 수준 면에서 국민의 인간다운 생활을 보장하는 것이 되어야 한다. 이것은 의료보장의 '직접성'과 통하는 것으로 모든 질병을 치료하며 건강을 회복하는 데 필요하고도 충분한 것이 되어야 한다고 할 수 있다.
③ 수단과 방법 면에서는 집단을 조직하고 능력에 비례하는 재원을 부담하는 것이다.

3. 방법과 유형

일반적인 방법으로는 첫째, 피보험자에 질병, 부상 등의 사고가 발생한 경우에 요양 또는 요양비를 급여하고 가입이 강제되며 대개는 공영보험으로서의 사회보험인 의료보험과, 둘째, 곤궁 때문에 최저한의 생활을 영위할 수 없는 생활곤궁자에 대하여 치료와 요양을 갹출금 없이 필요한 보호를 해주는 의료부조(한국의 경우 의료보호)와, 셋째, 그 비용의 전부 또는 대부분을 공비로 부담하며 급여의 범위도 치료뿐만 아니라 예방이나 건강증진도 포함하는 공공보건서비스가 있다. 오늘날 각국이 실시하고 있는 의료보장의 유형은 대체로 세 가지인데, ① 우리나라와 독일, 일본 등이 채택하고 있는 사회보험방식, ② 주로 미국에서 발전한 민간중심의 질병(건강)보험방식, ③ 철저한 의료사회화 방식을 채택하고 있는 영국 및 북구 여러 나라의 국민(영)보건서비스 방식이다. 이 유형의 특징은 의료비는 전액 국세 및 지방세로 충당되며, 의료공급은 국가책임하에 전 국민에게 평등하게 적용된다. 또한 의료시설 및 의료인의 급료는 봉급제로 국가가 책임관리하는 것이다.

〈표 11-9〉 각국의 의료보장제도의 비교

구 분		일 본		독 일	영 국	한 국	미 국	
제도 유형		사회보험방식		좌동	보건 서비스 방식 (NHS)	사회보험방식	사회보험방식	
적용 대상		전 국민(건강보험, 국민건강보험, 선원보험, 각종 공제조합)		전 국민의 93%(일정 소득 이상인 자는 강제적용 제외)	전 국민	전 국민	65세 이상의 연금수급자, 만성신장병 환자	
제도명		건강보험	국민 건강보험	질병보험제도	국민보건 서비스 (NHS)	국민건강보험	Medicare, Medicaid 입원보험	보충 의료보험
재원	피보험자	표준보수월액의 4.1% + 상여금 등의 0.5%	세대당 144.760엔 ('94년도 평균연액)	지불보수의 6.7% (구 서독지역 평균)	없음	직장의료보험은 피용자, 사용자 50%	보수의 1.45% (현역세대만 부담)	월 42.5달러
	사용자	표준보수월액의 4.1% + 상여금 등의 0.5%	–	상동	없음	공·교의료보험은 정부가 사용자 입장 50% 대 50%	상동	–
	국고부담	보험급여비의 13.0% 노인보건 갹출금의 16.4%	급여비의 50%	원칙적으로 없음	국민보건 서비스 비용의 약 90%	사립학교교직원은 정부 20%, 사용자 30%, 피용자 50%	원칙적으로 없음	노인 1인당 월 100.1달러, 장애자 1인당 월 165.5달러

참고로 각국의 의료보장모형을 재원조달, 관리운영방식, 국가별로 나누어 살펴보면 다음 |그림 11-4|와 같다.

각국의 의료보장모형

재원조달 | 관리운영방식 | 국 가

사회보험방식
- 통합방식 : 주로 제2차 세계대전 이후 제도 도입 국가 (대만, 멕시코, 코스타리카 등 중남미국가, 이란·이스라엘 등 중동국가, 필리핀 등), 핀란드, 브라질 등
- 조합방식 : 주로 제2차 세계대전 이전 제도 도입 국가 (독일, 프랑스, 벨기에 등)
- 보험료, 조세혼합방식 : 호주, 캐나다, 네덜란드, 일본(지역보험)

조세방식
- 국 세 : 영국, 이탈리아, 스페인 등
- 지 방 세 : 스웨덴, 덴마크 등

|그림 11-4| 각국의 의료보장 모형

사회보험방식의 의료보장제도를 채택하고 있지 않은 국가는?

4. 진료비 지불제도(수가제도)

진료비 지불제도의 설명

진료비 지불(수가)제도란 의료서비스에 대한 비용을 제3자(보험공단 또는 국가)가 지급할 때 어떠한 것을 기준으로 비용을 지불하는가에 대한 방식을 의미한다.

인두제

① 인두제(Capitation Fee)는 의사가 담당하는 환자 수에 비례하여 일정 금액을 지급하는 방식으로 주로 주치의 등록제도를 실시하는 국가에서 자신을 주치의로 등록한 환자 수에 따라 비용을 지급하는 방식이다. 영국의 경우 6년 인두제의 단점을 보완하기 위해 일반 객원의(GP)에 대해 인센티브제를 도입하였다.

행위별 수가제

② 행위별 수가제(Fee-for-Service)는 의료공급자의 개별 서비스 행위마다 개별 가격으로 환산하여 지급하는 방식으로 현재 우리나라가 운영하고 있는 방식이다. 행위별 수가제는 가장 시장지향적이며 의료기관의 과잉진료, 진료비 지불방식 중 비용절감 효과가 가장 낮을 뿐만 아니라 청구된 심사비를 일일이 심사해야 하기 때문에 관리가 어렵고 관리비용도 많이 드는 것으로 알려져 있다.

포괄수가제

진료비 지불제도 방식 중 포괄수가제에 대한 설명으로 옳은 것은?

③ 포괄수가제(DRG 방식 : Diagnosis-Related Group)는 질병군별로 분류하여 질병군에 따라 정액의 수가를 지급하는 방식(신장염은 얼마 등)으로 DRG는 행위별 수가제보다 진료비 절감 효과가 좋은 것으로 알려져 있다. 우리나라는 2012년 7월부터 백내장 등 7개 질병군(백내장수술, 편도수술, 맹장수술, 항문수술, 탈장수술, 자궁수술, 제왕절개분만)에 대해 당연 적용되고 있다. 포괄수가제의 장점은 동일한 질병에 동일한 급여 보장, 행정절차의 간소화, 비용절감을 통한 본인부담금을 줄일 수 있다.

④ 일괄(총액)계약제(global contract)는 의료기관의 1년간 운영비를 사전에 국가나 공단과 계약을 맺어 계약 총액 범위 내에서 의사나 약사에게 의료비나 약제비를 지불하는 제도이다. 이 제도는 현재 후불 방식에 비해 보험료 지출액을 효과적으로 관리(과잉진료, 청구시비 감소, 진료비 심사 및 조정과 관련하여 보험공급자의 불만 감소, 의료비 지출의 사전 예측 가능 등)할 수 있다는 장점이 있는 반면, 계약체결의 어려움이 상존하고 요양기관별로 진료비를 많이 배

분받기 위한 갈등유발 소지가 있으며 의료의 질 관리가 어렵고 과소 진료의 가능성이 높은 단점이 있다. 미국의 경우 의료의 질의 평가시스템의 경우 이 방식을 부분적으로 도입하고 있다. 프랑스는 2004년 사립병원을 중심으로 고수해 온 총액예산제를 폐지하고 프랑스 판 DRG라고 할 수 있는 T2A(질병별 정액에 의한 행위별 수가제) 제도를 도입했다(의협신문, 2010. 4. 2).

⑤ 성과연동지불제도(Pay for Performence)는 근거중심 진료(Evidence-Based Medicine)에 기반하고 있으며, 진료성과에 대해 인센티브를 제공함으로써 효율적인 의료서비스 제공을 위한 보건의료시스템의 바람직한 전환을 장려하는 것에 중점을 두고 있다. 성과연동지불제도는 환자 중심의 높은 가치의 진료와 질 향상을 위해 인센티브나 지불방법을 활용하는 것으로서 기존의 지불제도를 대체하기보다는 보완하는 지불제도이다. 예를 들어, 행위별 수가제가 많은 서비스를 투입하는 것에 비례해서 상응하는 성과를 얻기 어려운 약점을 보완할 수 있고, 총액예산제하에서 의료의 질이 떨어질 우려가 있는 약점을 보완하는 것이다. 그러나 이 용어는 질 측정이나 평가, 정보의 비대칭성 등에 따라 아직 표준화되어 있지 않으며 OECD 조사에 의하면 미국의 메디케어 및 메디케이드 서비스 센터(CMS) 등 일부 국가에서 시행되고 있다(의료정책연구소, 2014).

진료비 지불방식 중 성과연동 지불제도를 잘 설명하고 있는 것은?

5. 국민건강보험 체계

〈표 11-10〉 국민건강보험 체계

구성체계	국민건강보험제도
근거법	헌법 제34조, 제36조, 국민건강보험법, 국민건강보험재정건전화특별법(2006. 12. 31.까지 한시적 시행)
재원조달 방식	보험원리에 의해 1차적으로 국민의 보험료 80%(직장가입자와 지역가입자로 이원화된 부과체계 운영, 직장가입자-근로소득의 5.80%, 사용자와 근로자가 50% 부담, 지역가입자-소득, 재산, 자동차 등을 점수화)에 의해 재원을 조달하고 나머지 20%는 국고보조(정부지원 14%+담배부담금 6%)로 이루어진다.

법정급여로 볼 수 없는 것은?

지역가입자 보험료 –세대단위 –부과표준소득의 산정

<table>
<tr><th>구성체계</th><th colspan="4">국민건강보험제도</th></tr>
<tr><td rowspan="3">적용대상</td><td>구 분</td><td>직장가입자</td><td colspan="2">지역가입자</td></tr>
<tr><td>가입자</td><td>상시 1인 이상의 근로자를 사용하는 사업장에 고용된 근로자와 그 사용자, 공무원 및 교직원으로 임용 또는 채용된 자</td><td colspan="2" rowspan="2">직장가입자와 그 피부양자를 제외한 자</td></tr>
<tr><td>피부양자</td><td>직장가입자의 배우자, 직장가입자의 직계존비속(배우자의 직계존비속 포함), 직장가입자의 형제, 자매</td></tr>
<tr><td>급여수준</td><td colspan="4">1. 요양급여 : 진찰·검사, 약제·치료재료의 지급, 처치·수술 기타의 치료, 예방·재활, 입원, 간호, 이송
2. 건강검진 : 공단은 가입자 및 피부양자에 대하여 질병의 조기발견과 그에 따른 요양급여를 하기 위하여 건강검진을 실시한다.
3. 요양비 : 만성신부전증 환자, 출산비(요양기관 이외의 장소에서 출산한 가입자 및 피부양자)
4. 장애인보장구급여비 : 공단은 장애인복지법에 의하여 등록한 장애인인 가입자 및 피부양자에게는 보장구에 대하여 보험급여를 실시할 수 있다.
5. 본인부담액상한제 : 고액·중증질환자의 과다한 진료비 지출로 인한 가계의 경제적 부담을 경감하기 위한 제도
6. 임신·출산 진료비 : 임신기간 동안 지원 신청한 경우 전자바우처(국민행복카드) 형태로 진료비 일부를 지원. 2019년 기준 임신 1회당 60만 원 지급.</td></tr>
<tr><td rowspan="10">급여종류</td><td>급여형태</td><td>급여종류</td><td>지급대상</td><td>비 고</td></tr>
<tr><td rowspan="2">현물급여</td><td>요양급여</td><td>가입자 및 피부양자</td><td>법정급여</td></tr>
<tr><td>건강검진</td><td>가입자 및 피부양자</td><td>법정급여</td></tr>
<tr><td rowspan="4">현금급여</td><td>요양비</td><td>가입자 및 피부양자</td><td>법정급여</td></tr>
<tr><td>장애인 보조기기</td><td>가입자 및 피부양자 중 장애인복지법에 의해 등록한 장애인</td><td>법정급여</td></tr>
<tr><td>본인부담액상한제</td><td>가입자 및 피부양자</td><td>임의급여</td></tr>
<tr><td>임신·출산 진료비</td><td>가입자 및 피부양자 중 임산부</td><td>건강보험 부가급여</td></tr>
<tr><td>선별급여</td><td>현재 건강보험의 급여 대상이 되지 않는 비급여 항목 중 특정 항목을 선별해 건강보험에서 비용의 일부를 부담(2017년 3월 시행)</td><td>요양급여를 결정함에 있어 경제성 또는 치료효과성 등이 불확실하여 그 검증을 위하여 추가적인 근거가 필요하거나, 경제성이 낮아도 가입자와 피부양자의 건강 회복에 잠재적 이득이 있는 등</td><td>예비적인 요양급여의 성격</td></tr>
<tr><td>보험료 부과체계</td><td colspan="4">1. 보험료 부과체계
① 직장가입자의 보험료 부과방식 : 표준보수월액 × 보험요율(2019년 기준 6.46%)
노사 각각 1/2씩 부담(근로자 3.23%, 사용자 3.23%). 단, 사립학교 교직원의 경우는 국가 20%, 사립학교 30%, 가입자 50%의 3자부담 방식
② 지역가입자의 세대당 통합보험료 부과방식 : 부과표준소득(점수)*점수당 금액(2019년 기준 189.7원)
2. 보험재정에 대한 국고보조(정부지원 14%+담배부담금 6%)
3. 진료비 지불제도 : 행위별 수가제(fee free service) + 질병군별(DRG) 포괄수가제 단계별 도입</td></tr>
</table>

<table>
<tr><th>구성체계</th><th colspan="2">국민건강보험제도</th></tr>
<tr><td>관리운영 체계</td><td colspan="2">• 관리체계는 공단중심의 자치적 운영을 근간으로 하며, 의료의 사유화를 전제로 의료공급자가 국민과 보험자 간에서 보험급여를 대행하는 방식
• 의료보험조합(다보험자 방식) → 단일보험자 방식(통합방식)
• 1998년 10월 : 지역의보조합 227+공교의료보험 관리공단 통합 → 국민의료보험관리공단
• 진료비심사 기능 : 국민건강보험공단과는 독립된 조직인 건강보험심사평가원 신설</td></tr>
<tr><td>유 형</td><td colspan="2">사회보험방식(NHI : National Health Insurance)
조합원이 대표의결기구를 통해 건강보험운영에 관한 의사결정에 참여함으로써 제도운영의 민주성을 기할 수 있고, 국민의 비용의식이 강하게 작용하여 상대적으로 양질의 의료를 제공할 수 있다는 장점은 있으나, 소득유형 등이 서로 다른 구성원에 대한 단일 보험료 부과기준 적용의 어려움, 의료비 증가에 대한 억제기능이 취약하여 보험재정 안정을 위한 노력이 필요하다.</td></tr>
<tr><td>사회보장비 중 의료비</td><td colspan="2">• 건강보험제도는 1977년 국가주도의 사회보험 형태로 도입
• 우리나라는 GDP 대비 공적 의료비 지출 비중이 OECD 국가 중 최하위 수준. 우리나라는 사회보험이 국민들의 총 의료비 지출 중 약 40% 정도만 부담</td></tr>
<tr><td rowspan="3">이슈, 동향</td><td>보건의료체제 정립</td><td>민간의료공급만으로는 의료수요는 대한 적절한 대응이 어렵기 때문에, 일정 수준까지 공공의료공급체계를 확충
1. 국가정책의 수행
① 공공의료기관의 양적인 확충이 필요
② 포괄적이고 지속적으로 진료받을 수 있도록 함
③ 농촌 보건지소의 기능을 강화
2. 공공의료기관의 확대 방안
① 의료기관 간의 기능을 재정립
② 1차 보건의료 역할의 강화
③ 의료공급 측에 유인을 제공하는 방안으로 1, 2, 3차 의료기관의 기능별 진료 특성이 반영될 수 있는 수가체계를 개발</td></tr>
<tr><td>건강보험제도 강화</td><td>① 국고지원 등 재정안정화 방안
② 진료비 지불장식과 의료체계의 개편
③ 합리적 보험료 부과체계의 마련</td></tr>
<tr><td>민간의료보험 도입</td><td>의료서비스 선택권을 확대시켜 줌</td></tr>
</table>

6. 의료보장제도의 흐름과 개혁

의료제도의 경쟁원리 도입 문제점

세계 주요 선진국은 의료비 억제를 위한 정책으로서 '의료제도의 경쟁원리 도입'을 추진하고 있다. 그러나 의료시장에 경쟁원리를 도입하는 정책의 문제점으로서 ① 환자가 의료기관을 선택하는 자유가 제한된다. ② 보험자 간의 경쟁을 촉진하면 보험자가 수익 차원에서 피보험자를 선별하게 되고, 또 전 국민 의료보험이 실현되고 있지 않은 경우에는 저소득의 고령자 등이 보험에 가입할 수 없게 된다. ③ 각 의료기관에 관한 정보가 의료기관을 선택하는 사람에게 충분히 공급되지 않으면, 의료기관의 선별이 충분히 이루어지지 않는다는 점 등이 있다.

환자부담의 인상은 수요 측면에서의 정책이고 그 밖의 정책은 공급 측면에서의 정책이라고 생각할 수 있는데, 선진 각국에서 의료비가 계속 상승하는 이유가 수급량 면에 있다는 점을 고려하여 정책수립을 해야 할 필요가 있다. 또한 환자부담의 인상은 고령화에 의해 증가하는 의료비 부담을 국가가 어떻게 분담해야 하는가라는 공평성의 관점에서도 중요한 문제이다. 공급 측면에서의 정책 속에서 의료공급능력의 규제와 진료보수의 재검토는 의료비 억제에 일정한 효과를 가진다고 생각되는 반면에, 의료서비스의 질을 저하시킬 위험(risk)이 있다.

앞으로 세계 주요 선진국의 경쟁원리 도입정책의 성과 등은 충분히 검토할 가치가 있을 것이다. 즉, ① 보험자와 요양기관 간의 직접 계약제, ② 피보험자에 의한 보험자의 선택제, ③ 의료의 질의 평가시스템, ④ 보험자에 의한 의료기관에 관한 정보의 제공 ⑤ 원격진료시스템(DreamCare Plus)[7] 등은 앞으로 우리에게도 당면과제가 될 것으로 예상된다.

제 5 절 산업재해보상보험

1. 산업재해보상보험의 특징

산재보험의 특징으로 볼 수 없는 것은?
- 무과실책임주의
- 사업장 단위가입
- 자진신고 및 자진납부
- 현금급여+현물급여
- 개별실적 요율주의

① 산업재해보험은 기본적으로 업무상 자유로 재해를 입은 재해근로자에 대하여 무과실책임주의에 입각하여 사업주의 보상책임을 담보하여 주는 사

7) DreamCare Plus란 의료기관에서 의료상공유와 전자청진기/의료용 확경/심전계 등 의료장비를 이용해 원격지 고객을 직접 진료하는 '원격진료시스템'이다. 원격진료시스템은 산간, 도서 등 의료서비스 접근성이 낮은 지역의 환자를 원격지 의사가 인터넷망을 통하여 영상진료를 하고 처방전을 발행, 전송할 수 있으며 혈압, 혈당, 맥박, 체지방, 심전도, 체온, 전자청진(심음/폐음) 및 내시경 CR, CT, MRI상의 전송이 가능한 시스템이다.

업주 책임보험으로서의 특성을 가지고 있다.

② 산업재해보험의 보험관리상의 주요 특징은 사업장 중심으로 관리한다는 것이다. 즉, 타 사회보험제도와 달리 사업장 단위로만 가입이 이루어지고 개별근로자의 관리는 별도로 이루어지지 않고 있다.

③ 산업재해보험은 보험관계 성립 등 제반 행정이 자진신고 및 보험료의 자진납부를 원칙으로 하고 있다.

④ 산업재해보험은 타 사회보험제도에 비해 일선 업무담당자의 재량에 의하여 판단, 처리되는 부분이 많은 특징을 가지고 있다.

⑤ 산업재해보험은 현금급여로 제공되는 국민연금과 현물급여를 위주로 제공되는 의료보험과 달리 현금급여와 현물급여가 모두 제공되는 종합적인 보상제도로서의 특성을 가진다.

⑥ 산업재해보험에 의한 재해보상은 일반 법원을 통한 권리구제와 달리 산업재해로부터 입은 피해를 시급히 복구하여 보호하며, 행정행위에 의한 재량 또는 담당직원의 자의에 따라 좌우되지 않는 공정한 보상이 이루어지고, 업무상 재해를 당한 근로자를 적기에 확실히 보상해 준다.

⑦ 개별실적요율주의를 채택하고 있다. 즉, 개별실적에 따라 산재발생이 높은 사업장은 보험료 부담을 높이고, 산재발생이 낮은 사업장은 보험료 부담을 낮추는 방식으로 보험요율을 결정한다.

개별실적 요율주의란?

산재보험료율은 매년 6월 30일 현재, 과거 3년간의 임금총액에 대한 보험급여 총액의 비율을 기초로 재해 발생의 위험성에 따라 분류된 업종별 보험료율을 세분화하여 (보통 매년 12월 31일경 고시) 적용한다.

* 개별실적요율 = 해당 사업종류의 일반요율 ± (해당 사업종류의 일반요율 × 수지율에 의한 증감비율)

* 수지율 = 3년간의 보험급여총액 / 3년간의 보험료총액 × 100

2. 산업재해보상의 원칙

산업재해보상의 원칙을 논할 경우 우선 산업재해의 기본적 원인을 어떠한 입장(노동자와 사용자)에서 보느냐 또는 어떠한 각도에서 이해할 것인가에 따라 근본적으로 달라진다.

첫째, 산업재해 보상의 인정의 문제이다. 산재보상에 있어서는 무엇보다도 피재해근로자와 그 가족의 구제에 기본을 두어야 한다. 그렇게 하기 위해서는 우선 당면하고 있는 업무상 재해업무 외의 재해를 결정할 때, 거증책임의 전가, 의사선택의 자유보장, 업무 외 상병에 대한 기업보상의 확립 등이 필요하다.

둘째, 산업재해의 치료 및 보상에 관한 것으로서 다음의 네 가지 문제가 있다. ① 장기요양 중 또는 상병치료 후에도 장애가 남아 있어 근로능력이 저하된 경우에 해고 또는 불이익 취급을 받아서는 안 되며, 또한 직장복귀의 권리가 보장되어야 한다. ② 휴업 또는 취업제한 시 임금의 감소는 완전히 보장되지 않으면 안 된다. ③ 요양에 필요한 비용 및 치료행위 그리고 재활은 모두 보상되지 않으면 안 된다 등의 산업재해에 의하여 구체적으로 입은 손해에 대한 '보상의 원칙'이다. 나아가서는, ④ 요양 중 또는 요양 후의 후유장애에 수반하는 정신적 고통에 대한 보상(위자료)도 이루어지지 않으면 안 된다.

셋째, 유족보상의 문제로서 유족에 대한 보상은 먼저 유족이 안심하고 생활할 수 있는 임금보상이 이루어지지 않으면 안 되며, 이에 덧붙여 단지 정신적 고통에 그치지 않는 인간생활 총체로서 가정의 파괴에 대한 위자료로서의 보상(사망일시금)이 이루어지지 않으면 안 된다. 이것이 '유족보상의 원칙'이다.

산업재해의 보상에 있어서 상술한 바와 같이 3원칙이 확립됨으로써 비로소 피재해근로자와 아울러 그 가족이 인간다운 생활을 보장받을 수가 있는 것이다.

3. 산업재해보상보험 체계

〈표 11-11〉 산업재해보상보험 체계

<table>
<tr><th>구성체계</th><th colspan="2">산업재해보상보험제도</th></tr>
<tr><td>근거법</td><td colspan="2">우리나라는 1953년에 제정된 「근로기준법」 제6장에서 안전과 보건에 관한 조항을 규정한 것이 처음이며, 이후 1963년 「산업재해보상보험」이 제정되기도 하였다.</td></tr>
<tr><td>적용대상</td><td colspan="2">근로자를 사용하는 모든 사업에 적용한다. 다만, 사업의 위험률·규모 및 사업장소 등을 참작하여 대통령령이 정하는 사업은 그러하지 아니하다.
* 국외의 사업에 대한 특례 ‒ 우리나라가 당사국이 된 사회보장에 관한 조약이나 협정으로 정하는 국가나 지역에서의 사업에 대하여서는 근로자가 아닌 사람도 산재보험법에서 특별히 정한 사람은 산재보험의 혜택을 받을 수 있다. 현재 산재보험법에 특별히 정하고 있는 사람은 현장실습생, 산업연수생, 해외에 근무를 하는 근로자와 중소기업의 사업주(제121조. 개정 2010. 6. 4)
* 「예술인복지법」(2012. 11. 18. 시행)에 따라 보수를 목적으로 창작, 실연, 기술지원 등의 예술활동을 제공하는 예술인 임의가입 허용.
* 2012. 5. 1일부터 특수형태근로종사자[8])로서 택배업 및 퀵서비스업 종사자도 산재보험에 가입</td></tr>
<tr><td>산재인정 범위</td><td colspan="2">산업재해보상보험법상의 업무로 인한 부상, 질병, 장애, 신체장애, 사망 등을 말한다. 법에서 정의하는 산업재해라 함은 “근로자가 업무에 관계되는 건설물, 설비, 원재료, 가스, 증기, 분진 등에 의하거나 작업, 기타 업무에 기인하여 사망 또는 부상하거나 질병에 이환되는 것”을 의미한다. ‒ 업무수행성과 업무기인성
2018년 1월 1일부터 통상적인 경로와 방법으로 출·퇴근하던 중에 발생한 사고도 산업재해로 인정한다.</td></tr>
<tr><td rowspan="8">급여종류</td><td>요양급여</td><td>요양비 전액을 지급하며, 근로복지공단이 설치하거나 지정한 보험시설 또는 의료기관에서 하도록 한다.</td></tr>
<tr><td>휴업급여</td><td>요양으로 인하여 취업하지 못한 기간에 대하여 부상 또는 질병이 3일 이내의 요양으로 치유될 수 있으면 요양급여를 지급하지 아니한다.</td></tr>
<tr><td>장해급여</td><td>장해급여는 치유 후 신체 등에 장해가 있는 경우에 지급</td></tr>
<tr><td>간병급여</td><td>치유 후 간병이 필요하여 실제로 간병을 받는 자에게 지급</td></tr>
<tr><td>유족급여</td><td>유족에게 지급. 수급권자의 선택에 따라 유족보상연금 또는 유족보상일시금으로 한다.</td></tr>
<tr><td>상병보상연금</td><td>요양 개시 후 2년 이후에 폐질 등의 상태가 계속되면 휴업급여 대신 상병보상연금을 당해 근로자에게 지급</td></tr>
<tr><td>장의비</td><td>근로자가 업무상의 사유로 사망한 경우에 지급하되, 평균임금의 120일분에 상당하는 금액을 그 장제(葬祭)를 지낸 유족에게 지급한다.</td></tr>
<tr><td>직업재활급여</td><td>산재근로자의 재취업 촉진을 위한 직업훈련비용 및 직업훈련수당, 원직장복귀촉진을 위한 직장복귀지원금, 직장적응훈련비, 재활운동비 등 지급</td></tr>
</table>

산재보험 급여종류로 볼 수 없는 것은?

간병급여 특별급여란?

8) 특수형태근로종사자란 계약의 형식에 관계없이 근로자와 유사하게 노무를 제공함에도 「근로기준

<table>
<tr><th>구성체계</th><th colspan="2">산업재해보상보험제도</th></tr>
<tr><td>재원조달
(보험료율)</td><td colspan="2">보험료는 근로복지공단이 보험가입자로부터 징수. 전액 사용자 부담</td></tr>
<tr><td>재정방식</td><td colspan="2">보험료율은 사업 종류별로 구분·결정된다. 산업재해보상보험 기금은 보험료·기금운용수익금·적립금 등을 재원으로 고용노동부장관이 조성한다. 업종별 차등요율체계를 기반으로 개별 실적요율주의 채택(산재 발생을 줄이기 위하여)</td></tr>
<tr><td>관리운영
기구</td><td colspan="2">근로복지공단</td></tr>
<tr><td>슬라이드</td><td colspan="2">임금변동순응률제도 : 통상임금이 변동되거나 사업의 폐지·휴업·기타 부득이한 사유가 있을 때 평균임금을 증감 가능(사업의 폐지·도산 등으로 임금을 산정 확인하기 곤란한 경우에는 기준임금을 임금으로 함)</td></tr>
<tr><td>최저보상
기준</td><td colspan="2">최저보상기준금액은 최저임금법에 의한 최저 임금의 전년대비 조정률 등을 기준으로 하여 매년 고용노동부장관이 고시한 금액으로 한다.</td></tr>
<tr><td>직업병</td><td colspan="2">과거에는 인정하지 않았지만 오늘날에는 인정하고 있다.</td></tr>
<tr><td>유 형</td><td colspan="2">국가 강제사회보험의 형식이다.</td></tr>
<tr><td rowspan="3">이슈,
동향</td><td>산재보상수준은 산재예방동기에 어떠한 영향을 미치는가?</td><td>높은 산재보상 수준이 고용주들에게는 재해예방 동기를 높이는 반면, 노동자들에게는 재해예방 노력의 감소(근로자들의 도덕적 해이)로 나타날 수 있다는 지적이 많다.
■ 노동자들의 도덕적 해이
① 산업재해에 대한 노동자 스스로의 자기예방 노력이 감소된다.
② 산업재해 신고율을 높이거나 산재보험의 보상기간을 늘림으로써 산업재해율이 높아지는 것이다.</td></tr>
<tr><td>어떠한 산재보험 제도 유형이 바람직한가?</td><td>현재 우리나라는 국가 강제산재보험 유형을 채택하고 있으나 미래를 생각한다면 일반사회보험으로의 전환이 심각하게 고려될 수 있다.</td></tr>
<tr><td>산재보험비용은 누가 부담을 하는가?</td><td>우리나라는 고용주가 부담하기로 되어 있으나 고용주가 부담하는 산재보험료는 상품가격을 통해 소비자에게 전가되거나(이른바 부담의 전전), 노동자의 임금으로 전가(이른바 부담의 후전)될 수 있으므로 반드시 사용자가 전액 부담한다고 장담할 수 없다.</td></tr>
</table>

전액 사용자 부담

최저보상 기준금액

법」 등이 적용되지 않아 업무상의 재해로부터 보호할 필요가 있는 사람으로서 다음의 조건을 만족하는 사람－주로 하나의 사업에 그 운영에 필요한 노무를 상시적으로 제공하고 보수를 받아 생활할 것, 노무를 제공함에 있어서 타인을 사용하지 않을 것, 보험설계사, 우체국보험모집인, 학습지교사, 골프장 캐디, 택배업 및 퀵서비스업 종사자 등 특정 직종에 종사할 것(「산업재해보상보험법 시행령」 제125조)

제 6 절 고용보험

1. 의의와 목적

고용보험의 뿌리인 실업보험(unemployment insurance)은 실직근로자에게 실업급여를 지급하여 실업자의 생계를 지원하는 사후적·소극적인 사회보장제도이다. 반면에 고용보험(employment insurance)이란 실직근로자에게 실업급여를 지급하는 전통적 의미의 실업보험사업 이외에 적극적인 취업알선을 통한 재취업의 촉진과 근로자의 직업안정 및 고용구조개선을 위한 고용안정사업, 근로자의 능력개발사업 등을 상호연계하여 실시하는 사회보험제도로서 예방적·적극적 차원의 인력정책적 제도로서 의의가 있다. 실업보험 고용보험

이러한 고용보험의 시행목적은 다음의 네 가지로서 요약될 수 있다.

첫째, 산업구조 조정과 경영합리화의 촉진이다. 즉, 고용보험제는 가속화되는 기술진보와 시장여건의 변화에 따라 발생하는 잉여인력에 대해서 새로운 수요에 부응하는 직업훈련을 실시하고 재취업을 알선함으로써 원활한 산업구조 조정을 촉진함과 동시에 기업의 경영합리화를 도와주게 될 것이다.

둘째, 인력수급이 보다 원활하게 이루어질 것이다. 고용보험제 시행과 함께 그간 제 기능을 못 해왔던 국가의 직업안정체제를 정비, 모든 가용인력을 전산관리하여 '인력의 POOL'을 형성함으로써 직종 간, 지역 간, 인력수급 상황과 각종 고용정보를 정확히 파악할 수 있게 되어 국가의 인력정책 수립과 기업의 인력관리에 도움을 주게 된다.

셋째, 근로자의 직업능력개발을 활성화함으로써 기업의 경쟁력 강화에 크게 도움을 줄 것이다. 즉, 고용보험제는 근로자의 직업능력개발을 위한 다양한 제도적 장치를 마련하고 있으며, 실직자에게도 산업수요에 맞는 재취업훈련을 실시하여 신속히 산업인력화함으로써 기업의 인력난 해소와 실업감소에 기여하게 될 것이다.

넷째, 실직근로자의 생활안정을 도모하고 재취업이 촉진될 것이다. 즉, 고용보

험제는 실직근로자의 생계를 제도적으로 보장함으로써 생활안정을 도모하고 각종 고용정보 제공 및 직업상담 등을 통하여 재취업을 촉진할 것이다.

2. 실업의 유형과 대책

실업의 유형

자본주의 사회에서 대다수 사회 구성원들의 삶의 영위는 노동력 제공을 대가로 받는 소득에 기초하여 주로 이루어지고 있다. 노동력 판매가 실현되지 못한 실업은 해당 실직자 및 가족 구성원에게 소득 중단을 통한 경제적 불안정을 야기한다는 점에서 생활상 주요한 위험이라 할 수 있다(이인재 외, 1999 : 189). 일반적으로 실업은 자발적 실업과 비자발적 실업으로 구분되는데 사회복지정책에서 문제가 되는 것은 비자발적 실업이다. 즉, 일을 할 수 있는 능력이 있을 뿐만 아니라 일할 의사를 가지고 있지만 일자리를 갖지 못한 상태인 비자발적 실업을 말한다. 실업을 크게 구분하면, 수요가 부족하기 때문에 발생하는 실업과 그 외의 다른 요인에 의해 생기는 실업으로 나눌 수 있다. 수요가 부족하기 때문에 발생하는 실업은 경제 전체의 총수요가 부족해져 노동력에 대한 수요가 줄어들어 발생하는 실업으로서 가장 전형적인 것이 경기실업이다. 그 외의 다른 요인에 의해 생기는 실업에는 마찰적 실업, 구조적 실업, 기술적 실업 등이 있다.

첫째, 경기 실업은 주기적인 경기 변동－호황, 공황, 불황, 회복의 네 국면－의 각 국면에서 생산량이 달라지고 이에 따라 노동에 대한 수요도 달라져서 나타나게 된다. 즉, 불경기가 더욱 진행되면 신규채용을 줄이고 이미 고용하고 있던 인력을 해고함으로써 대처하기 때문에 고용은 줄어든다. 이런 과정에서 발생하는 실업이 경기 실업이다. 이와 같은 경기 실업은 경기가 다시 회복되면 줄어들 것이므로 재정정책이나 금융정책을 통한 정부의 경기부양책이 적절한 실업대책이 될 수 있다. 하지만 자본주의 경제가 지속되는 한 경기 변동은 끊임없이 주기적으로 나타날 것이므로 경기 실업이 끊임없이 발생할 것이다.

마찰적 실업기에 대한 설명으로 옳은 것은?

둘째, 마찰적 실업이란 노동자가 자신의 기술에 알맞은 직업을 찾는 과정이나 혹은 일자리를 구하는 구직자와 일손을 구하는 구인처가 모두 있는데도 불구하고 구직자는 구인처에 대한 정보가 부족하고 구인처는 구직자에 대한 정보가 부족하여 구직자와 구인처가 적절히 대응하지 못하는 경우에도 발생할 수 있는 실업이다. 따라서 마찰적 실업은 노동시장에서 정보가 불완전하기 때문에 생기는 것이다.

구조적 실업대책은 – 적극적 노동시장정책+ 사회복지정책으로 시장 개입

셋째, 구조적 실업은 노동력의 수요와 공급에 대한 정보가 완전하더라도 인구구조의 변화, 소비형태의 변화, 가치관의 변화, 지역 간 산업 간 고용조건의 변화, 지역개발의 격차 등 사회구조와 경제구조의 변동으로 발생하는 실업이다. 구조적 실업은 불완전한 고용상태를 장기화하고 다양한 사회문제를 확대하기 때문에 국가가 적극적 노동시장정책과 사회복지정책 수단을 가지고 시장에 개입한다. 따라서 구조적 실업의 경우에는 노동자들이 일자리를 찾아 쉽게 이동할 수 있도록 지원한다거나, 실직자들에게 일손이 필요한 산업에서 요구하는 기술을 재훈련받도록 지원하는 정책을 실시하거나, 사회 간접자본에 대한 투자 등이 실업대책이 된다. 우리나라의 고용보험제도는 적극적 노동시장정책의 일환으로 실시되고 있으므로 구조적 실업에 대한 대책의 일종으로 볼 수 있다.

넷째, 기술적 실업이란 종래의 제품 또는 신제품의 생산에 노동 절약적인 기계나 설비 등의 생산방식이 도입되어 감원이 이루어짐으로써 발생하는 실업이다. 따라서 기술적 실업에 대한 대책은 진부한 기술이나 미숙련 기술을 가진 근로자를 대상으로 직업전환이나 재교육 및 재훈련을 받을 수 있도록 하거나, 아예 고용을 창출할 수 있는 새로운 일자리 부문을 만들어 낼 것을 제시하고 있다.

3. 사회경제적 파급 효과

고용보험제도가 미치는 효과는 노동시장의 상황에 따라 영향을 받고 급여수준이나 관리운영기구의 운영에 따라 그 미치는 효과도 달라질 것이다. 여기서는 소득재분배 효과, 배분 효과 및 안정화 효과, 부정적 효과로 나누어 고찰해 보고자 한다.

1) 소득재분배 효과

소득재분배 효과로서 첫째, 계층 간의 소득재분배를 들 수 있다. 저소득층이 산정된 기초일액이 최저임금법에 의한 최저임금보다 낮을 때에는 최저임금액을

적용하며, 고소득층의 산정된 기초일액이 대통령령이 정하는 금액보다 초과할 때에는 별도의 기초일액이 적용되도록 규정함으로써 계층 간의 소득재분배는 촉진될 것이다. 둘째, 장기실업자로부터 단기실업자로 소득재분배가 이루어질 것이다. 왜냐하면 단기실업자에게는 기본급여 외에도 취직촉진수당이 지급될 수 있으며, 더욱이 장기실업자에게 지급되는 기본급여의 최대 지급일수가 피보험기간에 정비례하지 않고 장기간 피보험자인 근로자에게 지급기간이 상대적으로 불리하게 되어 있기 때문이다.

2) 배분 효과

고용보험제도는 직업능력개발사업을 활용하여 고용구조를 향상시킴으로써 생산기술 및 산업구조 변화로 인한 구조적 실업을 제거하여 경제시장에 기여할 것으로 판단된다. 노동력의 최저배분을 촉진하여 경제성장에 기여할 것이라는 이러한 평가는 완전고용에서뿐만 아니라 실업이 존재할 때도 적용된다.

3) 안정화 효과

고용보험의 안정화 효과에 대한 설명으로 옳은 것은?

고용보험제는 각 기업의 근로자의 고용안정을 바탕으로 기업 내부의 인력개발에 주력할 수 있도록 재직근로자에 대한 향상·재훈련을 집중 지원하게 된다. 또 자동화, 경기변동 등에 따라 일부 감원요인이 있더라도 이들을 해고하는 대신 교육훈련 등을 시켜 새로운 부문에 배치할 수 있도록 지원함으로써 근로자의 숙련형성에 기여한다.

4) 부정적 효과

고용보험의 부정적 효과
- 도덕적 해이
- 기업경쟁력 약화

고용보험제도의 도입에 있어서 가장 우려되는 것은 근로의욕의 저하와 생산비용의 증가이다. 이는 실업 시 생계가 보장되며 조기취직 시 취직촉진수당이 지급됨으로써 실업에 대한 기회비용이 감소하여 자발적으로 실업하려는 도덕적 해이가 발생할 수 있기 때문이다. 아울러 기업 측면에서는 보험료 부담으로 경쟁력이 약화될 수 있다.

4. 고용보험제도의 유형과 특징

고용보험제도의 발전과정에 의해 오늘날 각국에서 실시되고 있는 고용보험의 유형은 다음의 세 가지로 대별할 수 있다.

강제적 고용보험제도는 가장 전형적인 고용보험제도로서 영국, 일본, 미국 등 31개국이 채택하고 있다. 이 유형은 가장 전형적인 사회보험제도의 하나로서 가능한 한 모든 근로자에게 강제 적용되어야 하며, 실직을 안 한 사람으로부터 실업자에게 재분배되어야 하고, 비자발적 실업자만을 대상으로 일정 기간의 생활보장을 해주는 기능을 갖춘 제도이다. 임의적 고용보험제도는 노동조합에 의하여 임의로 설립된 실업기금으로 운영하고, 다만 정부에서 이에 대한 약간의 보조금을 받는 형태로서, 스웨덴, 덴마크, 핀란드, 스위스 등 일부 선진국에서 채택하고 있다. 실업부조제도는 실업자에 대한 자산조사를 실시하여 생활이 극히 곤궁한 자에게 실업수당을 지급하는 제도로서, 뉴질랜드, 호주 등 일부 국가에서 채택하고 있다.

한국형 실업부조제도란?

실업부조제도[9]는 고용보험 사각지대에 있는 근로빈곤층, 구직 중인 청년, 영세 자영업자 등을 지원하는 제도다. 고용보험에 가입하지 못하거나 가입했더라도 요건이 안 돼 실업급여를 받지 못하는 이들에게 실업수당 형식의 현금을 지급하고 재취업 지원 서비스를 지원한다. 현재 고용노동부가 운영하고 있는 취업성공패키지가 유사한 제도라고 볼 수 있겠다.

고용보험제도의 유형은 이와 같이 세 가지로 대별하고 있으나, 두 가지 이상의 형태가 혼재해 있는 이원적 구조(dual system)을 실시하는 나라도 있다(독일, 오스트리아, 영국, 프랑스, 스페인, 스웨덴 등).

9) 2020년 한국형 실업부조제도가 도입될 예정으로 고용보험의 실업급여를 받지 못하는 저소득층(저소득 가구의 소득 기준은 중위소득의 60% 이하) 구직자에게 소정의 취업 프로그램에 참여하는 것을 조건으로 국가가 최대 6개월 동안 최저생계비 수준인 월 50만 원을 지원하는 방식이다.

〈표 11-12〉 고용보험제도의 유형별 실시 국가

구 분	강제적 고용보험	임의적 고용보험	실업부조제도
내 용	사회보험방식에 의한 포괄적·강제적 적용	노조에 의한 자발적 실업기금에 정부가 보조금을 지급하고 조합원만 강제가입	저소득 실업자에게 국고에서 실업수당을 기간제한 없이 지급
실 시 국 가	한국, 미국, 영국, 일본, 독일, 프랑스, 캐나다, 이탈리아 등	덴마크, 핀란드, 스웨덴, 스위스 등	호주, 뉴질랜드 등

출처 : U. S. Department of Health and Human Services(2005). Social Security Programs Throughout the World.

고용보험제도의 특징에 대한 설명으로 옳지 않은 것은?

우리나라의 고용보험법은 실업 시의 생활보장과 고용보상의 융합화를 도모하는 방법, 즉 사회보장정책과 인력정책을 상호 연계시키는 1970년대 이후의 독일과 일본 등 일부 국가에서 시행되고 있는 제도를 모델로 하고 있는 것으로서 다음과 같은 특징을 지니고 있다고 볼 수 있다.

적극적 노동시장정책

첫째, 실업정책과 고용정책을 통합운영하고 고용보장제도의 실업급여인 사회보장적 기능보다는 고용안정사업과 직업능력개발사업으로 고용정책적 기능에 더 비중을 두고 있는 적극적 노동시장정책의 일환이다.

둘째, 취업촉진수당을 두고 있다는 점이다. 이는 근로자의 조기재취업을 촉진하기 위하여 급여기간이 만료되기 전에 안정된 직업에 재취직한 피보험자에게 보상하는 제도이다.

셋째, 연장급여가 고용보험제도 내에서 운영되고 있다는 점이다. 보통 연장급여는 고용보험이 아닌 공적부조인 실업부조에 의하여 행하는 것이 일반적이다.

경험요율제도 = 개별실적요율제도

넷째, 노사담합에 의한 실직사유의 허위기재를 방지하고 사용자의 고용안정노력을 유도하기 위해 과거 3년간의 해고근로자 및 실업급여 수급자의 비율 등에 따라 사업장별로 고용보험요율을 차등화하는 경험요율제도(개별실적요율제도 : experience rating system)를 도입하고 있다.

5. 고용보험 사업체계

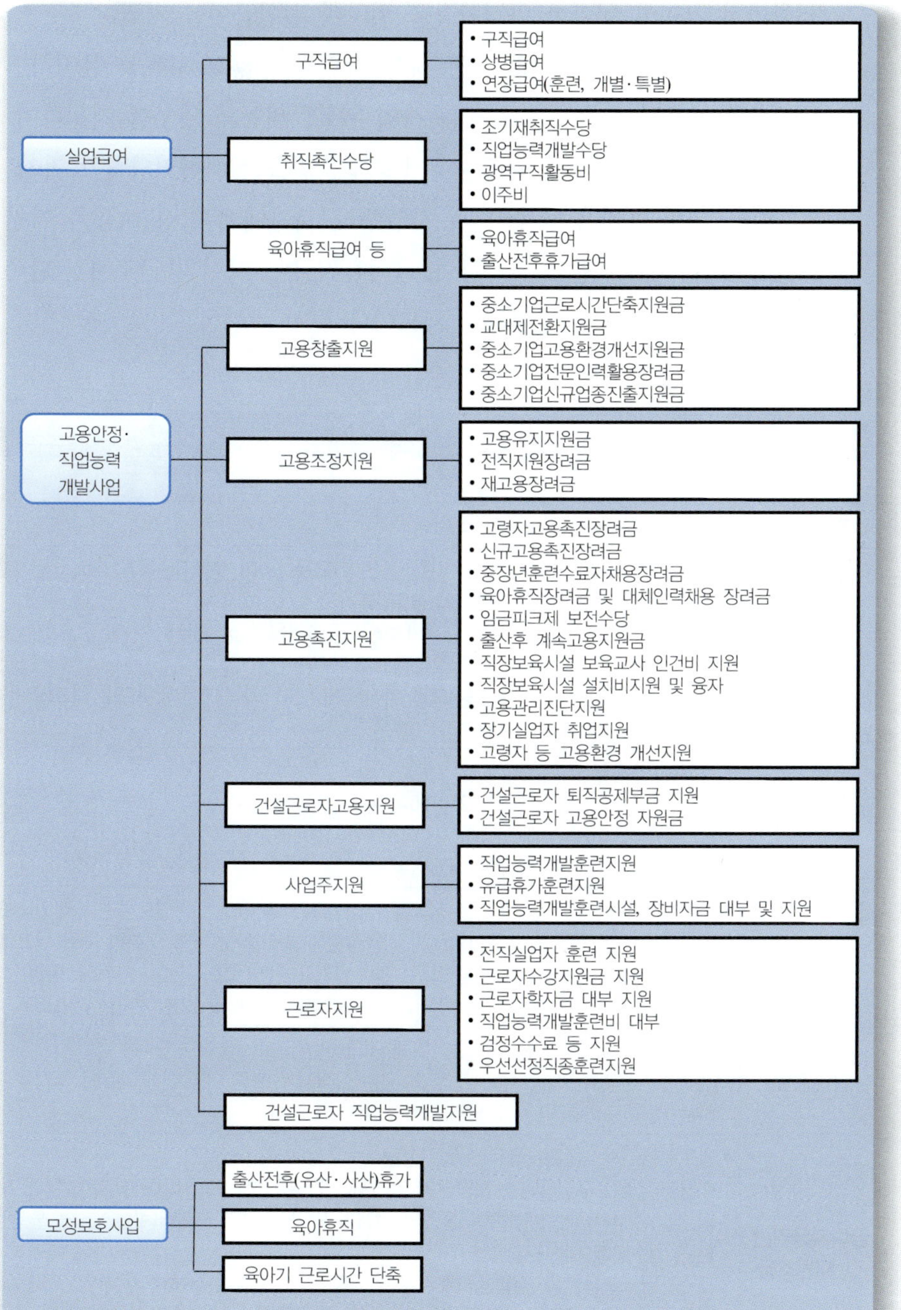

|그림 11-5| 고용보험 사업체계

실업급여로만 옳게 짝지어진 것은?
– 구직급여
– 취직촉진수당
– 육아휴직급여

① **실업급여** : 근로자가 실직하였을 경우 일정 기간 동안 실직자와 그 가족의 생활안정 그리고 원활한 구직활동을 위하여 실업급여를 지원

② **고용안정 · 직업능력개발사업** : 근로자를 감원하지 않고 고용을 유지하거나 실직자를 채용하여 고용을 늘리는 사업주에게 비용의 일부를 지원하여 고용안정을 유지. 사업주가 근로자에게 직업훈련을 실시하거나 근로자가 자기개발을 위해 훈련을 받을 경우 사업주·근로자에게 일정 비용을 지원

③ **모성보호사업** : 출산 전후 휴가급여, 육아휴직급여, 육아기 근로시간 단축급여 등 여성근로자들을 지원하는 제도이다.

실업급여의 수급조건

〈표 11-13〉 고용보험 체계

구성체계	고용보험
근거법	• 고용보험법
적용대상	• 근로자를 사용하는 모든 사업
수급조건	• 수급조건 : 실직 전 18개월(기준기간) 동안에 고용보험이 적용되는 사업장에서 근무한 기간(피보험단위기간)이 180일 이상일 것 (2000. 3. 31. 이전 이직자의 경우 12개월 중 6개월 이상 근무) • 근로의 의사와 능력을 가지고 적극적으로 구직활동을 할 것 • 개인사정(전직, 가사, 자영업 등)으로 이직하거나 본인의 중대한 잘못으로 해고되지 않았을 것
고용경력	• 스웨덴 : 6개월 • 캐나다 : 실직 전 1년 동안 420~700시간 • 오스트리아 : 26주 • 네덜란드 : 실직 전 5년 동안 6개월
대기기간	• 신속한 생활보장을 저해한다는 점에서 부정적으로 평가되나, 한편으론 반복적인 해고 – 고용의 급여활용을 제한함으로써 비용절감의 효과를 높이고, 재취업 노력 제고 효과를 가져온다는 점에서 긍정적으로 평가되기도 한다(오스트리아, 벨기에, 독일 : 대기기간이 없음, 스웨덴, 스위스 : 5일, 캐나다 : 14일, 미국, 일본, 한국 : 7일).
급여종류	• 구직급여 : 실직자의 생계안정을 위해 지급하는 급여 • 취직촉진수당 : 구직급여를 지급받고 있는 실직자가 빠른 시일 내에 새로운 직장을 구하는 것을 도와주기 위하여 지급하는 급여
급여지급기간 및 재원조달	• 급여지급기간 : 급여지급은 실업인정을 받은 날에 지급한다. 수급자격자가 구직급여를 지급받기 위해서는 1~4주('05. 12. 31. 이전에는 2주)에 1회씩 직업안정기관에 출석하여 실업의 인정을 받아야 하고 구직급여는 실업의 인정을 받은 일수분에 대해 지급 • 재원조달 : 고용안정·직업능력개발사업(2006. 1. 1. 통합)은 사업주만 부담. 보험료율은 임금총액의 0.25~0.85%. 실업급여사업은 근로자와 사용자가 각각 절반(0.8%, 전체 1.6%)씩 부담

구성체계	고용보험
급여수준	• 구직급여의 산정기초가 되는 임금일액(급여기초임금일액)은 근로기준법에 의한 평균임금을 근거로 계산되며, 산정된 금액이 그 근로자의 평균임금보다 적을 경우에는 통상임금을 기초일액으로 하고, 통상임금보다 적을 경우에는 최저임금을 기준으로 계산한다. 임금확인이 곤란한 경우에는 기준보수에 따라 급여기초임금일액이 결정된다. *구직급여의 급여수준은 평균임금이나 통상임금의 경우에는 이직일 이전 급여기초임금일액의 50%를 지급하고 최저임금의 경우에는 급여기초임금일액의 90%가 지급된다.
수급자격 박탈기간	• 실업급여의 부정수급을 막기 위해 대부분의 국가에서는 다양한 부정수급 사유에 대해 수급자격 제한기간을 설정하고 있다(자발적 실직에 대해서는 미국, 프랑스, 그리스 등은 수급자격을 박탈하는 반면, 여타 서구 국가에서는 4주에서 26주의 자격제한 후 급여수급이 이루어지게 한다).
관리운영	• 고용보험의 관리운영은 노동부장관이 직접 관장하지만 보험가입자의 관리업무 등은 사업장을 대상으로 근로복지공단에 위임하고 있다. ① 노동부 고용안정센터는 피보험자의 자격취득 및 자격상실신고 등을 맡고, ② 근로복지공단은 보험관계 성립신고와 신청, 보험료 납부 등 조사징수를 맡고 있다. 따라서 사회보험이 아니라 국가의 사업으로서의 성격을 갖는다.
사업내용	• 실업급여사업 • 고용안정·직업능력개발사업 • 모성보호사업
슬라이드제도	• 근로자가 소속된 사업과 동일한 직종의 근로자에게 지급되는 통상임금이 변동될 때 평균임금을 증가하도록 하는 것이 임금변동 슬라이드제도이다.
사회보장비 중 실업급여비	• 사회보장으로 받은 급여비중을 백분율로 보면 보건부문 공공지출이 33.2%로 가장 높으며 다음으로 법정퇴직금을 포함한 실업급여 26.6%, 노령현금급여 21.3%, 실업재해, 직업병급여 4.9% 순으로 나타났으며, 가족 현금급여가 가장 낮은 0.1%이다.
유 형	• 강제적 고용보험제도, 임의적 고용보험제도, 실업부조제도, 이원적 고용보험제도 중 우리나라는 강제적 고용보험제도이다.
이슈, 동향	• 앞으로 정보화 사회, 지식기반사회의 도래 등으로 노동시장의 구조변화는 필연적이며, 이러한 변화에 적극적으로 대응하기 위해서는 고용보험의 질적 향상을 도모해야 할 것이다. 이를 위해서 해결해야 할 과제는 다음과 같다. ① 적용대상 관리의 효율화 ② 고용안정 인프라의 구축 : 직업안정조직의 확충과 노동시장 정보체계의 구축 ③ 보험사업의 내실화와 활성화 ④ 실업급여의 관대성과 엄격성 ⑤ 장기실업자와 취약계층에 대한 보장성 강화 및 전달체계의 개선

제 7 절 노인장기요양보험

1. 목적 및 기본 원칙

노인장기요양 보험제도의 목적

노인장기요양보험제도의 목적은 고령이나 노인성 질병 등으로 인하여 일상생활을 혼자서 수행하기 어려운 노인 등에게 신체활동 또는 가사지원 등의 장기요양급여에 관한 사항을 규정하여 노후의 건강증진 및 생활안정을 도모하고 그 가족의 부담을 덜어줌으로써 국민의 삶의 질을 향상하도록 함을 목적으로 한다.

정부(2007. 4)는 국회에서 2008년 7월부터 치매·중풍 등으로 일상생활을 혼자서 수행하기 어려운 노인에게 간병·요양과 시설입소 등의 공적 요양서비스를 제공하는 것을 주요 내용으로 하는 「노인장기요양보험법」(2006. 국무회의에서는 노인수발보험법) 제정안을 통과시켰다. 동 법안이 시행됨으로써 그간 가족 책임으로 남겨져 있던 노인장기요양보호 문제를 정부와 사회가 공동으로 부담하게 됨으로써 노인을 모시고 있는 가족의 부담이 한결 가벼워질 전망이다.

노인장기요양급여의 기본 원칙으로 볼 수 없는 것은?

우리나라 장기요양급여 제공의 기본 원칙(동법 제3조)은 ① 장기요양급여는 노인 등의 심신상태·생활환경과 노인 등 및 그 가족의 욕구·선택을 종합적으로 고려하여 필요한 범위 안에서 이를 적정하게 제공하여야 한다. ② 장기요양급여는 노인 등이 가족과 함께 생활하면서 가정에서 장기요양을 받는 재가급여를 우선적으로 제공하여야 한다. ③ 장기요양급여는 노인 등의 심신 상태나 건강 등이 악화되지 아니하도록 의료서비스와 연계하여 이를 제공하여야 한다. 참고로 노인장기요양보험제도와 기존 노인복지서비스 체계를 비교하면 다음 <표 11-14>와 같다.

〈표 11-14〉 노인장기요양보험제도와 기존 노인복지서비스체계의 비교

구 분	노인장기요양보험제도	기존 노인복지서비스체계
서비스 대상	• 보편적 제도 • 장기요양이 필요한 65세 이상 노인 및 치매 노인 등 노인성 질환을 가진 64세 이하 국민	• 특정 대상 한정(선택적) • 국민기초생활보장수급자를 포함한 저소득층 위주
서비스 선택	• 수급자 및 부양가족의 선택에 의한 서비스 제공	• 지방자치단체장의 판단(공급자 위주)
재 원	• 장기요양보험료+국가 및 지방자치단체 부담+이용자 본인부담	• 정부 및 지방자치단체의 부담
서비스	• 재가급여(방문요양, 방문목욕, 방문간호, 주·야간보호, 단기보호, 기타재가급여 등) • 시설급여 • 특별현금급여(가족요양비, 특례요양비, 요양병원간병비 등)	• 시설·재가서비스를 제공하나, 서비스질에 대한 관리 미흡
시설에 대한 지원 방식	• 시설급여 및 재가급여 제공자는 비용을 수가산정 방식을 적용하여 국민건강보험공단에 청구 • 건보공단은 청구된 장기요양급여 및 비용 등의 적정 여부 심사 후 지급	• 지방자치단체를 통하여 시설 입소인원 또는 연간 운영비용을 기준으로 정액 지급(사후 정산)

2. 노인장기요양보호(수발)서비스의 유형

노인장기요양보호서비스의 유형은 공급주체와 비용부담에 따라 크게 네 가지로 구분하여 유형화할 수 있다. 즉, 장기요양보호(개호서비스)의 제공을 공식보호(국가와 시장)와 비공식보호(가족)로 구분하고 비용부담을 사적 부담과 공적 부담으로 구분하여 석재은(2005 : 224-225)은 다음 <표 11－15>에서 같이 장기요양보호 복지공급 유형을 네 가지 유형, 즉 시장의존형, 국가의존형, 가족의존형, 가족지원활용형으로 나누었다.

노인개호서비스의 유형에 대한 설명으로 옳은 것은?

〈표 11-15〉 장기요양보호 복지공급 유형

구 분		비용부담	
		사적 부담	공적 부담
보호제공	공식보호 (국가, 시장)	시장(market)의존형 − 낮은 공적 비용 부담 − 높은 공식적 보호 제공	국가(state)의존형 − 높은 공적 비용 부담 − 높은 공식적 보호 제공
	비공식보호 (가족)	가족(family)의존형 − 낮은 공적 비용 부담 − 낮은 공식적 보호 제공	가족지원활용형 − 높은 공적 비용 부담 − 낮은 공식적 보호 제공

국가의존형 시장의존형 가족의존형 가족지원활용형

'국가의존형'은 비용부담 및 보호제공의 양 측면에서 국가의 적극적 개입으로 장기요양보호에 대한 공적·사회적 책임을 극대화한 공급체계유형이다. '시장의존형'은 장기요양보호서비스를 상품화하여 시장에서 판매하고 장기요양보호수요자가 사적 비용 부담으로 이를 구매하는 공급체계가 지배적인 유형을 일컫는다. '가족의존형'은 장기요양보호 욕구를 당사자 및 가족이 모두 알아서 처리하라는 것을 기대하는 유형이다. '가족지원활용형'은 보호제공의 측면에서 가족보호 등 비공식 보호 등에 의존한다는 점에서는 가족의존형과 유사하지만, 가족보호 제공으로 인하여 희생되는 노동시장 참여 시 임금에 대한 기회손실을 고려하여 가족보호제공자에 대한 보상적 급여를 제공하거나 가족보호제공자에게 잠시나마 편의를 제공하는 임시보호 등의 공식적인 서비스 지원을 포함한다. 이 유형은 국가와 가족의 동반자적 관계(partnership)를 강조하는 복지혼합(welfare mix) 형태로서 현재 장기적인 경제 침체와 신자유주의 정부가 주류를 이루는 선진국에서 미래의 대안으로 여겨지고 있기도 하다(석재은, 2005 : 226).

이상과 같은 장기요양보호 복지공급주체 간 역할분담 유형 분류는 이념적인 분류일 뿐이며, 실제로는 한 국가에서도 여러 유형이 존재되어 나타나고 그 시기와 지배적 유형이 변동한다.

국가별로 살펴보면 다음 <표 11-16>과 같다. 일본의 개호보험은 공비와 사회보험의 재원에 의해 다양한 공사 공급주체에 의해 이루어지고, 독일은 사회보험부담으로 이루어져 있으며, 미국은 민간보험과 개인부담 중심이다. 우리나라는 일본과 유사한 유형에 속한다고 볼 수 있다.

〈표 11-16〉 노인 장기요양보호(개호)서비스의 유형

노인 장기요양보호 서비스의 유형

비용부담 / 공급주체	공비부담 중심		공비(세금)와 사회보험	사회보험부담 중심	민간보험과 개인부담 중심
	보편적	선별적			
공적 공급 중심	북구형				
공·민·비공식 부문의 혼합	영국	이전의 일본	일본의 개호보험	독일의 개호보험	
민간기업 중심					미국

3. 노인장기요양보험제도

1) 노인장기요양보험의 적용대상과 재원구조

노인장기요양보험의 수급 대상자는 65세 이상의 노인 또는 65세 미만이지만 치매나 뇌혈관 질환 등의 노인성 질병을 가진 자 중에서 혼자 일상생활을 수행하기가 어렵다고 인정되는 사람으로 국한된다.

노인장기요양보험제도의 재원구조는 요양보험료 + 국가부담 + 본인 일부부담금으로 이루어지는데 이 중 장기요양보험료율은 건강보험료액의 8.51%(2019년 기준)인데, 직장가입자는 노사가 각각 50% 부담이고 지역가입자는 본인 전액 부담이다. 보험료는 국민건강보험과 마찬가지로 소득이 있는 모든 국민들이 내고 있지만, 혜택은 국민건강보험과 달리 노인이나 노인성 질환자만 보게 되는 것이다.

〈표 11-17〉 노인장기요양보험제도의 재원구조

장기요양보험료	국가부담	본인일부부담금
60~65%	20%	재가급여 : 15% 시설급여 : 20%

※ 장기요양보험료는 국민건강보험료와 구분하되 통합징수하게 된다.

2) 장기요양인정의 신청자격과 급여종류, 관리운영기관

노인 장기요양보험의 관리운영기관으로 옳게 연결된 것은? =국민건강보험공단, 장기요양등급 판정위원회

장기요양인정을 신청할 수 있는 자는 노인장기요양보험 가입자 또는 가족, 친족, 이해관계인이 대신 신청할 수 있다.[10] 신청자에 대해서는 국민건강보험공단

이 1차로 방문하여 심신상태 등을 조사하고, 지역별 장기요양등급판정위원회에서 최종적으로 장기요양대상자(수급자) 여부를 판정하도록 한다. 하지만 신청자 모두가 수급자가 되는 것은 아니다. 장기요양 등급판정위원회에서 6개월 이상 혼자서 일상생활을 수행하기 어렵다고 인정을 받아야 한다.

등급판정기준은 기능 상태에 따라 급여대상자의 인정 여부를 결정하고, 그 인정자 중에서 1~5등급으로 분류함으로써 각 신청자마다 급여를 이용하기 전에 사전 Screen System이 도입되게 된다.

〈표 11-18〉 노인장기요양보험 등급판정기준

1등급	2등급	3등급	4등급	5등급 (등급 외 A등급)	인지지원등급
장기요양인정 점수 95점 이상	75점 이상~ 95점 미만	60점 이상~ 75점 미만	51점 이상~ 60점 미만	45점 이상~ 51점 미만	가벼운 치매환자

* 인지지원등급은 2018년 신설되었는데, 인지지원등급 수급자는 '주야간보호 서비스'만 이용할 수 있다. 추가적으로 보호자의 일시적 부재로 집에서 돌볼 가족이 없는 경우 연간 6일 범위 내에서 단기보호시설에 입소할 수도 있다. 또 인지지원등급의 경우 현재 시범사업 중인 노인복지관의 인지지원 프로그램을 이용할 수 있다.

'장기요양급여'란 6개월 이상 동안 혼자서 일상생활을 수행하기 어렵다고 인정되는 자에게 신체활동·가사활동의 지원 또는 간병 등의 서비스나 이에 갈음하여 지급하는 현금 등을 말한다. 급여의 종류는 크게 재가급여, 시설급여, 특별현금급여의 3종류로서 <표 11－19>와 같다.

노인요양시설

한편 2008년 이전 노인의료복지시설(노인전문병원 포함)인 노인요양시설, 실비노인요양시설, 유료노인요양시설, 노인전문요양시설, 유료노인전문요양시설은 2008년 4월 4일 이후 실비, 유료, 전문을 구분하지 않고 시설유형을 노인요양시설로 통합하였으며 ① 시설급여제공기관은 노인복지법상 노인요양시설 및 노인요양공동생활가정으로 시·군·구청장의 지정을 받은 장기요양기관과, ② 재가급여제공기관은 노인복지법상 재가노인복지시설이 노인장기요양보험법에 의한 재가장기요양기관의 시설·인력기준을 갖추어 시·군·구청장의 지정을 받은 장기요양기관이다.

10) 수발대상 노인 규모는 2012년 33만 명이며 정부는 2017년까지 50만 명(65세 이상 전체 노인의 7%)으로 늘릴 계획이다.

〈표 11-19〉 장기요양급여의 종류

종 류	내 용	운영기관
재가급여	• 방문요양 • 방문목욕 • 방문간호 • 주·야간보호 • 단기보호 • 기타 재가급여 • 인지활동형 방문요양*	• 재가방문요양기관 • 재가방문요양기관 • 방문간호기관 • 주·야간보호시설 • 단기보호시설 • 복지용구센터
시설급여	• 노인요양시설 • 노인요양공동생활가정	• 노인요양시설(10인 이상 요양보호사 2.5명당 1인 배치) • 노인요양공동생활가정(5인 이상 9인 이하 요양보호사 3명당 1인 배치)
특별현금급여	• 가족요양비** : 부모님 또는 가족이 요양등급(1~5등급)을 받고 가족 중 요양보호사 자격증을 소지한 돌봄자가 케어를 하면 돌봄시간에 관련 없이 하루 1시간 인정(한 달 최대 20시간)하여 일반인의 경우 약 14,000원, 월 28만 원, 피해망상이나 치매는 한 달 최대 45시간 인정 월 63만 원을 지급함. 지급방법은 가족요양보호내용을 재가방문요양센터에 송부하여 적정 여부를 판단하여 가족요양보호사에게 송금 • 특례요양비 : 노인요양시설 등에서 재가나 시설 급여에 상당한 급여를 받은 경우 지급 • 요양병원간병비 : 노인전문병원이나 요양병원에 입원할 때 지급	

* 인지활동형 방문요양(방문당) : 1~5등급 치매수급자에게 인지자극 활동 및 잔존기능 유지 향상을 위한 일상생활 함께하기 훈련을 제공하는 급여(기존의 방문요양과는 달리 빨래, 식사준비 등의 가사지원은 제공할 수 없으나, 잔존기능 유지 향상을 위해 수급자와 함께 옷 개기, 요리하기 등은 가능)

** 가족요양보호 지원조건 : ① 요양보호사 자격증 소지 ② 돌보고자 하는 가족이 1~5 요양등급 ③ 4대 사회보험 납부 직장인이 아니어야 함 ④ 재가방문요양센터에 요양보호사로 등록

장기요양급여의 종류로 볼 수 없는 것은?

장기요양급여 중 특별현금급여로만 옳게 짝지어진 것은?

가족요양 보호지원 조건으로 볼 수 없는 것은?

장기요양보험제도의 관리운영주체는 국민건강보험공단이고, 국민건강보험공단과 시군구 기초자치단체로 하는데, 국민건강보험공단은 장기요양보험제도의 보험자의 역할을 수행한다. 공단은 장기요양사업을 수행하기 위하여 두는 조직과 건강보험사업을 수행하는 조직 등과 구분하여 따로 두도록 한다. 다만, 자격관리와 보험료 부과·징수업무는 국민건강보험공단이 맡는다. 노인장기요양보험제도의 운영체계는 다음 |그림 11-6|과 같다.

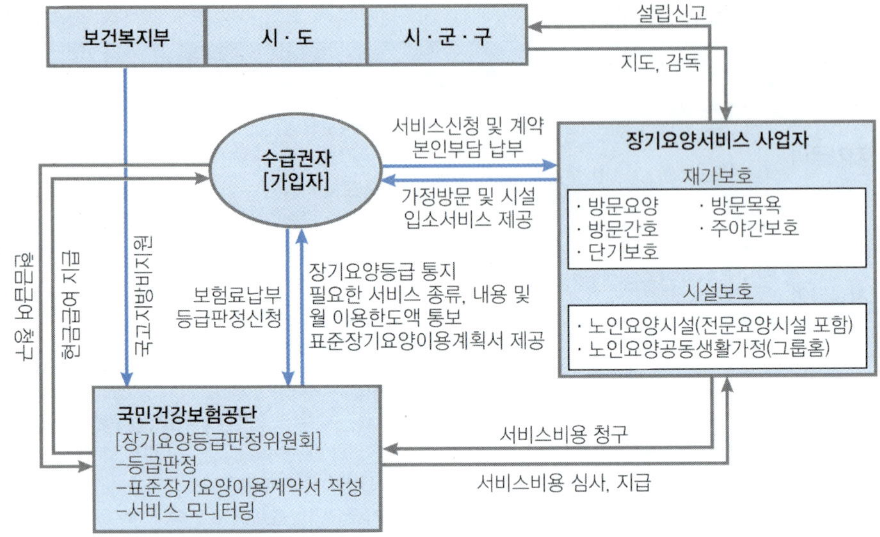

|그림 11-6| 노인장기요양보험제도 운영체계

3) 향후 발전 방향

향후 우리나라 노인장기요양 보험제도의 발전방향으로 적합하지 않은 것은?

① **수급자 중심의 통합적 재가서비스 제공** : 사회적 입원과 사회적 입소 대신 재가 서비스를 기반으로 가정과 지역사회에서 돌봄 서비스가 제공되도록 한다. 이것이 수급자의 삶의 질 향상뿐만 아니라 지속 가능성을 좌우하는 비용-효과 측면에서도 바람직하기 때문이다. 이것이 가능해지려면 주거 시설을 비롯해 지역사회의 각종 자원과 돌봄 역량을 통합적으로 결합시키도록 해야 한다. 네덜란드나 일본 같은 요양 선진국에서 이미 시행하고 있는 것으로 수급자들의 지역사회 생활(Aging in Place)에 대한 지원을 강화해 나가야 한다. 2019년부터 장기요양 통합재가급여[11]의 본 사업이 추진되면 재가 서비스의 질을 높이는 데 기여하게 될 것이다

통합재가급여에 대한 설명으로 옳은 것은?

② **장기요양 수급자의 비율을 선진국 수준으로 현실성 있게 확대** : 우리나라는 2017년 기준 전체 노인의 8%만을 노인장기요양 대상자로 포함하고 있다. 대부분의 OECD 국가들은 이 비율이 10%를 넘고, 독일은 13.4%, 일본은

11) 통합재가급여란 수급자가 장기요양기관에 한 번만 신청을 하면, 간호(조무)사·사회복지사·요양보호사가 한 팀을 구성해서 수급자에게 필요한 각종 서비스를 통합적으로 제공하는 새로운 급여의 유형

18.6%나 된다. 문재인 정부 임기 내인 2022년까지 9.6%로 늘리겠다는 것이 정부의 계획인데, 이렇게 되더라도 국제적 기준에서 볼 때 여전히 부족하다(복지국가소사이어티, 2019. www.pressian.com).

③ **전달체계의 효율성 강화** : 장기적 수혜자 확대에 맞추어 서비스 소외 지역을 중심으로 지방자치단체, 보험자를 통한 공공인프라를 단계적으로 확충하되, 입소시설보다는 재가 인프라 확충에 정책적 우선순위를 부여한다. 또한 돌봄 서비스 이용에 대한 통합적 안내자가 필요하다. 가령, 심한 뇌졸중으로 대형병원에 입원해 치료를 받은 후 장기요양 등급을 받을 만한 장애를 가진 채 퇴원하게 될 경우, 병원 퇴원 전에 이후의 돌봄에 대한 '통합적인 안내 기능'이 작동해야 한다(복지국가소사이어티, 2019. www.pressian.com).

④ **믿을 수 있는 재정관리 체계 확립** : 고령인구 규모 증가에 따른 요양수요 확대에 대비해 장기적 재정관리 체계를 마련하고 재정누수 방지 등 지출효율화와 아울러 지출규모에 걸맞은 적정 보험요율을 결정한다.

⑤ **노인성질환 예방사업의 확대** : 향후 노인성질환 예방사업의 외연확대 및 요양서비스 질 제고를 통해 예방사업이 보다 체계화·활성화 되도록 노력해야 할 것이다. 아울러 공단－지방자치단체－민간단체 간 협력 강화로 예방서비스 인프라를 확충하고, 연계대상자에 대한 사후 모니터링 강화 및 예방사업의 질 강화 등을 추진해 나가야 할 것이다.

⑥ **장기요양 재가노인의 포괄케어시스템의 구축** : 장기요양 재가노인에게 시군구 재가노인지원센터를 통하여 요양·건강서비스 및 주거지원·안전보장 등 통합 지원방안을 마련하고 안전사고 예방을 위한 barrier free(무장애) 주택개보수나 심야 응급안전돌봄서비스 지원 등을 추진해 나가야 할 것이다.

포괄케어시스템이란?

CHAPTER 12

공공부조정책

제1절 공공부조의 의의 및 개념

공공부조는 사회보험과 더불어 국민의 최저생활 보장을 목적으로 하며, 특히 생활능력을 상실한 자들에 대해서 국가가 최저생활 보장을 원리로서 자립으로의 촉진을 목적으로 하는 이른바 궁핍에 대한 최후의 제도적인 대처, 즉 1차적 사회안전망으로서 공공부조의 의의를 찾을 수 있다. 다른 이름으로 공적부조, 국가부조(national assistance : 영국), 사회부조(social assistance : 독일, 프랑스)라고도 한다. 사회보험과 공공부조의 차이점을 살펴보면 다음 <표 12-1>과 같다.

〈표 12-1〉 공공부조와 사회보험의 차이점 비교

구 분	공공부조	사회보험
주 체	국가(지방자치단체)	국가(관리운영기구)
목 적	구빈, 사후적 대책	방빈, 사전적 대책
이 념	선별주의	보편주의
원 리	평등주의	형평주의(비례원리 강조)
객 체	저소득층	모든 국민
자격요건	자산조사, 소득조사	기여금, 사회적 위험에 처한 자
재 원	일반조세	보험료
급여수준	국민적 최소한(National Minimum)	적정선
수급권의 성격	권리성 약함	권리성 강함

제 2 절 공공부조의 원리와 원칙

공공부조의 원리 중 보충성의 원리에 대한 설명으로 옳은 것은?

각국에 있어 공공부조의 원리로서 생존권 보장, 국가책임, 최저생활 보호, 무차별평등, 보충성 및 자립성장의 원리 등 6가지 원리를 도출해 낼 수 있다(신섭중 외, 1999).

첫째, 생존권 보장의 원리는 국가가 생활이 곤궁한 국민에 대하여 곤궁한 정도에 따라 필요한 보호를 하여 최저한의 생활을 보장하는 이른바 생존권 보장의 이념을 실현함으로써 국민에게 보호를 받을 권리를 보장하는 원리인 것이다. 각국의 헌법과 법률은 모든 국민은 건강하고 문화적인 최저한도의 생활을 영위할 권리를 인정하여 생존권을 보장하고 있다.

둘째, 국가책임의 원리는 1601년의 엘리자베스 구빈법(Elizabethan Poor Law)에서 기인되며, 오늘날 공공부조의 재원은 국민의 세금에 의해서 충당됨으로써 당연히 궁극적인 책임을 국가가 지는 것이다. 우리나라 헌법 제34조 제5항의 "생활능력이 없는 국민은 법률이 정하는 바에 의하여 국가의 보호를 받는다"라는 규정에서 잘 알 수 있다.

셋째, 최저생활 보호의 원리는 최저한도의 수요가 충족되는 정도의 생활을 모든 국민에게 보장하도록 하는 원리이다. 여기서 말하는 최저한도의 생활은 단순한 최저생활이 아니라 건강하고 문화적인 생활수준을 유지할 수 있는 최저한도의 생활이 국민기초생활보장법에 의하여 보장되어야 한다는 것이다.

넷째, 무차별평등의 원리는 요보호상태에 빠지게 된 원인의 여하나 인종, 신조, 성별 및 사회적 신분 여하를 불문하고 국민기초생활보장제도의 적용상 차별을 받지 않고 무차별 평등하게 보호를 받는다는 것이다.

보충성의 원리

다섯째, 보충성의 원리는 국민기초생활보장법 제3조에 의하면 "이 법에 따른 급여는 수급자가 자신의 생활의 유지·향상을 위하여 그의 소득, 재산, 근로능력 등을 활용하여 최대한 노력하는 것을 전제로 이를 보충·발전시키는 것을 기본 원칙으로 한다"고 규정하고 있다. 보충성의 원리에 있어 민법상의 부양이나 다른 법률에 의한 부조는 국민기초생활보장법에 우선하기 때문에 보충성의 원리는 ① 자산과 능력 등의 활용의무의 원칙과 더불어, ② 친족부양의 원칙과,

③ 타법 우선의 원칙[1] 등으로 구성된다고 볼 수 있다.

여섯째, 자립성장의 원리는 국민기초생활보장법에 의하여 보호를 받는 자에게 내재하고 있는 가능성을 끌어내어 육성함으로써 그 피보호자가 독자적으로 사회생활에 적응해 나갈 수 있도록 하는 원리이다.

국민기초생활보장법에 있어서 전술한 원리에 입각하여 다시 법의 실시에 있어 그 기본적인 준거가 되는 원칙으로서 신청보호의 원칙, 기준 및 정도의 원칙, 필요즉응의 원칙, 가구단위의 원칙, 현금부조의 원칙, 거택보호의 원칙 등을 일반적인 원칙으로 들 수 있다. 공공부조의 원칙

♣ 원칙 ─ 신청보호 원칙 ─ 기준 및 정도 원칙
─ 필요즉응 원칙 ─ 가구단위 원칙
─ 현금부조 원칙 ─ 거택보호 원칙

제 3 절 국민기초생활보장제도

1. 급여의 신청

수급권자 본인 등이 급여를 신청하거나 사회복지전담공무원이 직권으로 신청한다(보건복지부, 2005). 특히 보장기관은 '지역사회 민·관 연계보호체계'를 구축하여 민간사회복지사 등의 협조를 받아 국가의 보호가 필요하다고 판단되는 저소득 가구를 적극적으로 발굴하는 '찾아가는 복지'를 실천한다.

♣ 급여신청 주체 : 신청주의 + 직권주의 병행
○ 수급권자 가구의 가구원 및 그 친척, 기타 관계인이 신청
○ 사회복지전담공무원이 관할지역 내 수급권자에 대하여 직권 신청

1) 국민기초생활보장제도에서 "부양의무자의 부양과 기타 다른 법령에 의한 보호는 이 법에 따른 급여에 우선하여 행하여지는 것으로 한다"라고 규정하여 타법 우선의 원칙을 명시하고 있다.

신청주의 ① **신청주의** : 생활이 어려운 저소득 가구의 가구원, 그 친족 및 기타 관계인이 해당 가구의 급여를 신청하는 것이 원칙이다(법 제21조 제1항).

직권주의 ② **직권주의** : 사회복지전담공무원은 급여를 필요로 하는 자가 누락되지 않도록 관할지역 내에 거주하는 수급권자(생활이 어려우나 급여신청을 하지 않았거나 신청서를 작성할 수 없는 자)에 대한 급여를 본인의 동의를 얻어 직권으로 신청할 수 있다(법 제21조 제2항).

♣ 국민기초생활보장제도 용어정리

- 국민기초생활보장 수급권자 : 국민기초생활보장법에 의한 급여를 받을 수 있는 자격을 가진 사람을 말한다.
- 국민기초생활보장 수급(권)자의 부양의무자 : 국민기초생활보장 수급(권)자의 직계혈족 및 그 배우자, 수급(권)자와 생계를 같이하는 1촌 이내의 직계혈족과 그 배우자를 말한다.
- 부정수급자(不正受給子) : 사위(詐僞) 기타 부정한 방법에 의하여 급여를 받거나 타인으로 하여금 급여를 받게 한 사람을 말한다.
- 조건부수급자(條件附受給子) : 국민기초생활보장 수급자 중 근로능력이 있는 자로서 자활사업 참여를 조건으로 생계급여를 지급받는 수급자를 말한다.
- 차상위계층이란? 차상위계층(差上位階層) : 국민기초생활보장 수급자가 아닌 자로서 실제소득이 최저생계비의 120% 미만인 사람을 말한다.
- 1종 수급권자 : 국민기초생활보장법상 수급자 중 근로능력이 없는 가구로 구성된 수급자, 행려환자, 국가유공자, 독립유공자, 중요무형문화재, 광주민주유공자, 북한이탈주민, 이재민, 의사상자 등의 사람을 말한다.
- 2종 수급권자 : 국민기초생활보장법상 수급자 중 1종 수급권자에 해당하지 않는 사람을 말한다.

2. 소득·재산조사

급여를 신청한 자에 대하여 시장·군수·구청장은 사회복지전담공무원으로 하여금 즉시 수급권자 및 부양의무자의 소득과 재산 등에 관한 사항을 조사토록 하여 급여실시 여부와 급여내용을 결정한다.

'소득'은 사용되는 대상에 따라서 그 내용이 각각 다르다. 수급자 선정기준의 소득인정액 '소득'은 '소득인정액'을 의미한다. 즉, '실제소득'에서 가구 특성별 지출비용, 근실제소득 로소득공제 등을 차감하고 남은 금액이다. 부양의무자나 차상위계층의 '소득'은

소득평가액

'실제소득'을 의미한다(소득평가액=실제소득－가구 특성에 따른 지출요인을 반영한 금품－근로활동을 통해 얻은 소득에 대한 공제액).

```
소득인정액 = 소득평가액 + 재산의 소득환산액
                          └── = (재산 - 기본재산액 - 부채) × 소득환산율
            └── = 실제소득 - 가구 특성별 지출비용 - 근로소득공제
```

수급자선정 기준은 소득인정액기준과 부양의무자 기준이 있다. ① 소득인정액 기준은 수급권자 가구의 소득인정액이 급여종류별 수급자 선정기준 이하인 경우에 해당된다.

〈표 12-2〉 2023년 가구별 기준 중위소득

(단위 : 원/월)

구 분	가구규모					
	1인 가구	2인 가구	3인 가구	4인 가구	5인 가구	6인 가구
중위소득 100%	2,077,892	3,456,155	4,434,816	5,400,964	6,330,688	7,227,981

② 부양의무자 기준은 복지사각지대 빈곤층을 줄이기 위해 기초생활보장 부양의무자 기준의 단계적 완화를 추진하였다. 이에 따라 아래와 같은 경우에는 부양의무자 기준을 적용하지 않는다(보건복지부, 2019).

♣ 부양능력 있는 부양의무자가 있어도 부양을 받을 수 없는 경우

- 부양의무자가 병역법에 의해 징집·소집되거나 해외이주, 교도소·구치소·치료감호시설 등에 수용, 가출 또는 행방불명이어서 부양불능상태인 경우
- 부양의무자와 가족관계 해체 상태로 정상적인 가족기능을 상실하여 정서적·경제적 지원을 받을 수 없는 경우 등 부양을 기피하거나 거부하는 경우
- 수급(권)자가 부양을 받을 수 없다고 보장기관장이 확인한 경우
- 수급(권)자 가구에 노인 또는 1~3급 장애인 및 부양의무자 가구에 기초연금수급 노인이 포함된 경우
- 부양의무자 가구에 장애인연금 수급자 등 중증장애인이 포함된 경우
- 부양의무자 가구에 기초연금 수급 노인이 포함된 경우
- 수급(권)자가 30세 미만의 한부모가구, 보호종료아동인 경우

3. 급여의 기본 원칙과 종류

1) 급여의 기본 원칙

급여의 기본 원칙

① **최저생활보장의 원칙** : 생활이 어려운 자에게 생계·주거·의료·교육·자활 등 필요한 급여를 행하여 이들의 최저생활을 보장한다.

② **보충급여의 원칙** : 급여수준을 생계·주거·의료·교육 급여액과 수급자의 소득인정액을 포함한 총금액이 최저생계비 이상이 되도록 지원한다.

③ **자립지원의 원칙** : 근로능력이 있는 수급자에게는 자활사업에 참여할 것을 조건으로 급여를 지급한다. 수급자 가구별로 자활지원계획을 수립하고 자활사업에 참여하도록 조건을 부여한다. 조건불이행자에게는 수급자 본인의 생계급여 일부 또는 전부를 지급하지 아니한다.

④ **개별성의 원칙** : 급여수준을 정함에 있어서 수급권자의 개별적 특수 상황을 최대한 반영한다. 이를 위해 수급권자 및 부양의무자의 소득·재산, 수급권자의 근로능력·취업상태·자활욕구 등 자활지원계획 수립에 필요한 사항, 기타 수급권자의 건강상태·가구 특성 등 생활실태에 관한 사항 등을 조사한다.

⑤ **가족부양 우선의 원칙** : 급여신청자가 부양의무자에 의하여 부양될 수 있는 경우에는 기초생활보장급여에 우선하여 부양의무자에 의한 보호가 먼저 행해져야 한다. 수급자에게 부양능력을 가진 부양의무자가 있음이 확인된 경우에는 부양의무자로부터 보장비용을 징수할 수 있다.

타 급여 우선의 원칙이란?

⑥ **타 급여 우선의 원칙** : 급여신청자가 다른 법령에 의하여 보호를 받을 수 있는 경우에는 기초생활보장급여에 우선하여 다른 법령에 의한 보호가 먼저 행해져야 한다.

2) 급여의 종류

맞춤형 급여 지원대상으로 옳게 짝지어진 것은?

급여의 종류는 생계급여, 주거급여, 의료급여(의료급여법 참조), 교육급여, 해산급여, 장제급여, 자활급여(국민기초생활보장 자활사업안내 참조)가 있다(국기법 제7조).

급여는 금전지급을 원칙으로 한다. 다만, 세대주의 알코올중독 등으로 자녀를 포함한 가구 구성원의 기본적인 생계유지를 위하여 필요하다고 인정되는 경우에는 식품권, 식당이용권 등 물품으로 지급할 수 있다. 지급단위는 가구를 단위로 산정 지급하며 급여개시일은 급여신청일이 급여개시일에 해당한다. 즉, 수급자로 결정된 날이 아닌 급여신청일이 급여개시일이 된다.

조건부수급자로 결정된 자에게는 자활지원계획에 따라 자활에 필요한 사업에 참가할 것을 조건으로 생계급여를 실시한다. 조건부수급자가 자활사업에 참가한 달의 다음 달부터 매 3월마다 조건이행 여부를 정기적으로 확인하여 생계급여 지급 여부를 결정한다.

〈표 12-3〉 2019년 급여종류별 수급자 선정기준

(단위 : 원)

구 분	가구규모						
	1인 가구	2인 가구	3인 가구	4인 가구	5인 가구	6인 가구	7인 가구
생계급여수급자 (기준중위소득 30%)	623,368	1,036,846	133,445	1,620,289	1,899,206	2,168,394	2,432,255
의료급여수급자 (기준중위소득 40%)	831,157	1,382,462	1,773,927	2,160,386	2,532,275	2,891,193	3,243,006
주거급여수급자 (기준중위소득 44%)	976,609	1,624,393	2,084,364	2,538,453	2,975,423	3,397,151	3,810,532
교육급여수급자 (기준중위소득 50%)	1,038,946	1,728,007	2,217,408	2,700,482	3,165,344	3,613,911	4,053,587

3) 긴급복지지원제도

긴급복지지원제도란 갑작스러운 주 소득자의 사망, 중한 질병 등으로 생계유지가 곤란한 저소득층에게 생계·의료·주거지원 등 필요한 복지 서비스를 신속하게 지원하여 위기상황에서 벗어날 수 있도록 돕는 제도이다. 긴급복지지원제도의 대상은 위기사유[2]가 발생했거나 생계유지(소득의 경우 최저생계비 150% 이하이

2) • 주 소득자의 사망, 가출, 행방불명, 구금시설 수용 등의 사유로 소득상실
• 중한 질병 또는 부상을 당한 경우
• 가구원으로부터 방임·유기되거나 학대 등을 당한 경우

긴급복지지원제도 : 선지원 후처리 원칙

어야 하고, 단 생계지원은 최저생계비 이하) 등의 곤란의 경우 선지원 후처리를 원칙[3]으로 현장 확인 후 긴급지원이 필요한 경우 우선 지원한다. 2019년 기준 종류별 지원내용과 금액을 보면 다음과 같다.

긴급복지지원제도에서 위기 상황 주급여로 볼 수 없는 것은?

〈표 12-4〉 종류별 긴급복지 지원내용과 금액

<table>
<tr><th colspan="3">종 류</th><th>지원내용</th><th>지원금액</th><th>최장횟수</th></tr>
<tr><td rowspan="6">금전·현물지원</td><td rowspan="4">위기 상황 주급여</td><td>생계</td><td>식료품비, 의복비 등 1개월 생계유지비</td><td>1,194.9천 원</td><td>6회</td></tr>
<tr><td>의료</td><td>각종 검사, 치료 등 의료서비스 지원
- 300만 원 이내(본인부담금 및 비급여 항목)</td><td>300만 원 이내</td><td>2회</td></tr>
<tr><td>주거</td><td>국가·지방자치단체 소유 임시거소 제공 또는 타인 소유의 임시거소 제공
- 제공자에게 거소사용 비용 지급</td><td>643.2천 원 이내
(대도시, 4인 기준)</td><td>12회</td></tr>
<tr><td>복지시설 이용</td><td>사회복지시설 입소 또는 이용서비스 제공
- 시설운영자에게 입소 또는 이용비용 지급</td><td>1,450.5천 원 이내
(4인 기준)</td><td>6회</td></tr>
<tr><td>부가 급여</td><td>교육지원</td><td>초·중·고등학생 중 수업료 등이 필요하다고 인정되는 사람에게 학비 지원</td><td>초 221.6천 원
중 352.7천 원
고 432.1천 원 및 수업료·입학금</td><td>2회
(4회)</td></tr>
<tr><td colspan="2">그 밖의 지원</td><td colspan="2">위기사유 발생으로 생계유지가 곤란한 자에게 지원
- 동절기(10~3월) 연료비 : 98천 원/월
- 해산비(60만 원)·장제비(75만 원)·전기요금(50만 원 이내 : 각 1회)</td><td>1회
(연료비 6회)</td></tr>
<tr><td colspan="3">민간관리·단체 연계지원 등</td><td colspan="2">사회복지공동모금회, 대한적십자사 등 민간 프로그램으로 연계 상담 등 기타 지원</td><td>횟수제한 없음</td></tr>
</table>

출처 : www.mohw.go.kr

긴급지원의 기본 원칙
- 선지원 후처리 원칙
- 단기 지원 원칙
- 타법률 지원 우선의 법칙
- 가구 단위 지원

- 가정폭력 또는 가구원으로부터 성폭력을 당한 경우
- 화재 또는 자연재해 등으로 인하여 거주하는 주택·건물에서 생활하기 곤란하게 된 경우
- 그 밖에 보건복지부장관이 정하여 고시하는 사유가 발생한 경우
  ※ 이혼으로 인한 소득상실, 단전 1개월 경과 시

3) 긴급지원의 기본원칙(2019년 긴급지원사업안내)에는 선지원 후처리 원칙, 단기 지원 원칙(1개월간의 생계유지 등에 필요한 지원), 다른 법률 지원 우선의 원칙, 가구 단위 지원의 원칙(다만, 의료지원, 교육지원 등의 경우에는 필요한 가구 구성원에 한해서 지원 : 개인 단위 지원)이 있다.

♣ 생활보호법과 비교하여 국민기초생활보장법의 특징
- 복지권리의 개념 강조
- 인구학적 대상자 기준 폐지(조건부 생계급여자는 구분)
- 최저생계비에서 소득인정액을 뺀 만큼 급여를 줌(보충급여제도)
- 최저생계비 기준(소득인정책 개념 채택)
- 주거급여, 긴급급여 신설
- 자활지원계획 수립

국민기초생활보장제도의 특징으로 볼 수 없는 것은?

제 4 절 근로연계 복지정책

1. 근로연계복지(Welfare to Work)의 의미와 특징

근로연계복지는 1960년대 미국 닉슨 정부 시절에 만들어진 workfare가 그 어원이며 클린턴 정부에서 Welfare to Work로 변화하였다. 근로연계복지란 근로복지연계복지급여(workfare)와 적극적 노동시장정책(ALMP : Active Labor Market Policy)의 중간에 위치한다고 볼 수 있다.

근로연계복지
=workfare
=ALMP
=Welfare to Work

Welfare to Work를 글자 그대로 번역하면 '일하기 위한 복지'라는 뜻으로, 복지 급여에 의존해 사는 사람들을 일자리를 통해 노동시장으로 보내는 정책을 의미한다. 그러므로 근로연계복지는 workfare와는 달리 자활을 위한 직업훈련이 강조되며, 수급자가 선택할 수 있는 노동의 종류가 다양하고 노동조건이 workfare보다는 열악하지 않다. 그러나 노동시장개입과 대상자에 대한 선택의 기회를 제공하는 차원에서 적극적 노동시장정책에 비해 다소 소극적이라고 볼 수 있다.

미국의 근로연계 복지정책은 클린턴 정부가 미국의 복지를 전반적으로 개혁하기 위해 1996년 제정된 「개인의 책임과 노동기회의 조화에 관한 법령(PRWORA : Personal Responsibility and Work Opportunity Reconciliation Act)」이 결정적 계기가 되었다. 동법에 의해 미국의 AFDC는 1997년 1월부터 근로활동에 대한 참여를 강조하고 수급 조건을 제한하는 TANF(Temporary Assistance for Needy Families)로 전환되었

미국의 AFDC가 근로연계형 복지정책으로 변화된 제도는?
=TANF

고 일정 수준 이하의 근로소득이 있는 가구에 대해 아동의 수와 근로소득 수준에 의해 결정된 급여를 소득세 체계를 통해 환급하는 형태, 즉 EITC(Earned Income Tax Credit : 근로소득세 공제)를 시행하였다. EITC의 일반적인 목적은 빈곤층의 근로를 유인하여 일자리를 갖도록 함으로써 사회통합을 강화하고(social inclusion), 이들의 빈곤문제를 완화(redistribution or reducing poverty)하는 것이다.

근로소득세 공제(EITC)제도를 시행하는 이유에 대한 설명으로 옳은 것은?
- 일자리
- 사회통합
- 근로유인
- 빈곤문제 완화

시사점으로서 미국의 근로연계형 복지정책은 조건부수급제도의 모형으로서 '단기적으로는' 복지수혜자의 상당수를 노동시장으로 진입시키는 데 성공하였다. 예를 들어, EITC의 급여 확대는 AFDC에서 TANF로의 전환을 자유롭게 했다. 즉, AFDC를 통해 소득을 보장받아야 하는 집단이 TANF에 의해 노동시장으로 진입하게 되었고 이들은 소득에 따라 EITC를 수급하게 되었다.

영국에서 New Deal정책의 하나로 시행된 근로연계 복지정책은 1997년 집권한 신노동당의 Tony Blair가 표방한 Welfare to Work라는 구호에서 시작하였다. 영국의 근로연계형 복지정책은 미국과 비교해 인적자원개발(human resource development)을 중시하며 이를 위한 투자를 아끼지 않는 적극적 노동시장정책이며 민간비영리단체 중심의 사회적 서비스 제공 및 사회적 기업육성 정책을 병행한다.

시사점으로서 영국의 근로연계형 복지정책은 수급자의 탈빈곤과 사회적 서비스의 확충이라는 두 가지 목표를 달성하여야 한다는 점에서 한국의 자활지원정책과 유사한 구조를 가지고 있다. 한국의 근로연계 복지정책은 자활사업과 2010년 조세특례제한법(제100조) 개정에 의해 시행된 근로장려세제(EITC)가 있다.

〈표 12-5〉 근로연계형 복지정책의 특징 비교

구분	단순부조	자활연계 서비스	Workfare
특징	조건부과 없이 생계급여 지급(의무면제 및 서비스 취약)	프로그램 참여조건 (의무부과 동시에 서비스 강화)	노동시장 참여를 강제 (의무부과 및 서비스 취약)
장점	단기적 복지비용 절감 (행정 서비스 비용 낮음)	장기적 복지비용 절감 (장기적 복지대상자 축소)	단기적 복지비용 절감 (단기적 복지대상자 축소)
단점	장기적 고비용 (차상위계층까지 복지의존성 유발)	단기적 고비용 (행정서비스와 자활유인에 따른 추가비용)	장기적 고비용(노동시장 적응실패에 따른 회귀)
사례	미국의 AFDC	한국의 자활급여 영국의 New Deal	미국의 TANF

한국, 미국, 영국의 근로연계 복지정책의 특징을 <표 12-5>와 같이 비교해 보면, 한국과 영국은 자활연계 서비스인 반면에, 미국의 AFDC는 단순부조에서 노동시장 참여를 의무화하는 TANF로 변화되었음을 알 수 있다.

2. 한국의 근로연계 복지정책

1) 자활사업의 개요

자활사업은 1999년 제정(2000년 10월 시행)된 「국민기초생활보장법」에 따라 근로능력 있는 저소득층이 스스로 자활할 수 있도록 자활능력 배양, 기능습득 지원 및 근로기회를 제공하는 사업이다.

자활사업은 두 가지의 목적을 가진다. 첫째, 국민기초생활보장법에 의해 생활이 어려운 사람들의 사회 경제적인 자활 자립을 지원하는 사업으로서, 일자리 창출과 소득증대, 지역 및 사회에 공익서비스 제공, 사회공동체 실현에 목적이 있다. 둘째, 조건부 생계급여제도는 자활사업 참여를 조건으로 생계비를 지급받도록 하여 국가의 보호에 안주하는 도덕적 해이를 방지하려는 데 목적이 있다(보건복지부, 2008 : 3).

<표 12-6>에 나타난 우리나라 자활급여의 종류와 실시기관을 살펴보면, 근로능력이 있지만 비취업대상자는 보건복지부가, 근로능력이 있는 취업대상자는 고용노동부가 관장하도록 되어 있다. 자활사업 인프라로서 보건복지부는 시군구 지역자활센터, 광역, 중앙자활센터가 있고 고용노동부의 고용센터가 있다.

〈표 12-6〉 자활사업의 유형

<table>
<tr><td rowspan="4">구 분</td><td rowspan="4">자활
사업계
(a+b)</td><td colspan="7">보건복지부(a)</td><td>고용노동부</td></tr>
<tr><td rowspan="3">자활
사례
관리</td><td colspan="4">자활근로</td><td rowspan="3">사회적응
프로그램
등 기타</td><td rowspan="3">자활
공동체
(자활기업 :
1인 창업
가능)</td><td rowspan="3">고용
노동부
취업성공
패키지
사업 : 희망
리본사업*</td></tr>
<tr><td colspan="3">업그레이드형</td><td rowspan="2">근로
유지형</td></tr>
<tr><td>시장
진입형</td><td>사회
서비스형</td><td>인턴형·
도우미형</td></tr>
</table>

* 2015년부터 보건복지부의 희망리본사업을 고용노동부로 이관 운영

보건복지부의 자활근로사업으로 볼 수 없는 것은? -희망리본사업

보건복지부의 자활사업 종류로는 자활인큐베이팅, 자활근로(시장전입형, 사회적 일자리형, 인턴형, 근로유지형), 사회적응 프로그램, 자활공동체, 생업자금융자, 그리고 고용노동부의 취업성공패키지 등이 있다. 따라서 자활사업은 자활근로, 자활공동체, 희망리본 프로젝트(2015년부터 고용노동부로 이관되어 취업성공패키지와 통합), 취업성공패키지(고용노동부) 등의 프로그램을 통해 복지－고용이 연계된 탈빈곤정책(근로연계 복지정책)이다.

자활사업의 대상자는 근로무능력자인 일반수급자와 근로능력이 있는 수급자 또는 급여신청자 중에서 질병·부상 또는 그 후유증으로 치료 또는 요양이 필요한 자에 대해 근로능력 평가를 실시하여 조건부수급자, 일반수급자, 특례수급가구의 가구원, 자활급여특례자, 차상위계층, 희망참여자로 구분된다. 조건부수급자는 도덕적 해이를 방지하기 위하여 근로능력이 있는 수급자 중 자활사업 참여를 조건으로 생계급여를 지급받는 수급자이다. 조건으로 제시된 자활사업에 참여하지 않으면 생계급여가 중지된다. 자활급여특례자는 수급자가 자활근로, 자활공동체, 자활취업촉진사업 등 자활사업에 참가하여 발생한 소득으로 소득인정액이 선정기준을 초과한 자로 희망하는 경우 참여할 수 있는데, 참여하는 경우 자활·교육·의료급여를 받을 수 있다. 특례수급가구의 가구원이란 '의료급여특례', '교육급여특례', 가구의 근로 능력이 있는 가구원 중 자활사업 참여를 희망하는 수급자이다. 일반수급자는 근로능력은 있으나 집안 및 개인 사정 등으로 조건부수급자에서 제외된 수급자로 희망하는 경우 자활사업에 참여할 수 있다. 자활사업에 차상위계층은 실제소득이 최저생계비의 120% 미만인 자로 역시 희망하는 경우 자활사업에 참여할 수 있다.

조건부수급자란?

자활사업의 참여 우선순위를 옳게 연결한 것은? =조건부수급자 > 자활급여특례자 > 차상위자

자활사업 대상자 = ① 조건부 수급자 + ② 자활급여 특례자 + ③ 일반수급자 ④특례수급가구의 가구원 ⑤ 차상위자 ⑥ 시설수급자

※의무참여 : ①, 희망참여 : ②~⑥ ※수급자 : ①②③ ※참여우선순위 : ①→②→③④⑤⑥

자활지원계획이란?

시군구, 읍면동의 담당 공무원은 자활사업대상자의 관리를 위하여 자활지원계획을 수립하여야 한다. 자활지원계획은 자립과 자활을 체계적으로 지원하기

위하여 취업능력 평가, 욕구 및 참여 여건 사정 등을 통하여 적합한 자활 프로그램을 제공하고 평가한다. 예를 들어, 근로능력 양호자 및 근로능력 미약자 등 근로능력 정도에 따라 자활근로, 취업성공패키지,[4] 지역봉사, 조건제시유예 등에 배치한다. 특히 개별자활지원계획은 '행복e음의 자활지원계획 수립' 메뉴를 활용하여 처리한다.

2) 자활사업의 유형

(1) 자활사례관리

가. 개념

자활사례관리란 Gateway 과정을 포함하여 참여자에게 근로의 기회 제공, 취업알선 등 자활 프로그램 지원과, 참여자의 자활 프로그램 수행 모니터링 및 사후 평가 등 지역자활센터에서 자활참여자의 자립을 위해 수행하는 모든 과정을 말한다.

자활사례관리란?

여기서 Gateway[5]는 자활사업 참여자의 욕구, 적성, 능력, 여건에 따라 개인별 맞춤형 자립계획 및 경로 제공과 적절한 자활 프로그램 연계로 효과적인 자립을 지원하는 경로설정 프로그램을 말한다. 즉, 배치된 참여자의 상담, 기초교육, IAP, ISP 수립 과정으로 자활사례관리의 초기 과정이 Gateway이다. Gateway 과정은 2개월을 기본으로 하며, 1개월에 한하여 연장 가능하다. 아울러 Gateway 과정에서 참여자의 활동을 모니터링하고 이를 기록 평가하여야 한다.

경로설정 프로그램에 대한 설명으로 옳은 것은?

현재 보건복지부는 지역자활센터 내 자활사업 참여자 및 희망키움통장 대상자의 사례관리가 적정하게 수행될 수 있도록 센터 실정에 맞게 사례관리팀을 설치하도록 하고 사례관리자, Gateway 전담관리자, 희망키움통장 사례관리자가 배치된 60개 지역자활센터에서 시범사업으로 수행하고 있다. 사례관리팀의 운

자활사례관리팀으로 옳게 짝지어진 것은? =사례관리자+Gateway 전담관리자+희망키움통장 사례관리자

4) 고용노동부의 취업성공패키지는 2020년 7월부터 기존 일자리 안전망의 사각지대 해소를 위해 '국민취업지원제도'로 변경되어 시행될 예정이다.

5) 여기서 Gateway는 경로설정 프로그램을 말하는데, 공공부조정책에서는 Gateway Effect(관문효과)라는 용어가 있다. 즉, 관문효과란 절대 빈곤상태로의 지위변화가 행정공무원과의 빈번한 접촉에 의해 증가하는 현상을 뜻한다. 예를 들어, 긴급복지(생계) 지원제도가 한국과 미국과 같이 대상자 신청주의에 입각한 공공부조와 함께 운영될 경우 행정 공무원의 접촉빈도를 높임으로 오히려 공공부조 수급을 높이는 관문효과가 나타날 수 있다(Bane & Ellwood, 1994, 김창오, 2013 재인용).

다음은 무엇을 설명한 것인가? : 관문효과

영은 Gateway, 자활사례관리, 희망키움통장 등 자산형성 프로그램 사례관리 등을 사례관리자별로 업무를 구분하여 운영하지 않고 사례관리팀에서 통합·운영한다.

나. 자활사례관리, Gateway 업무 흐름도

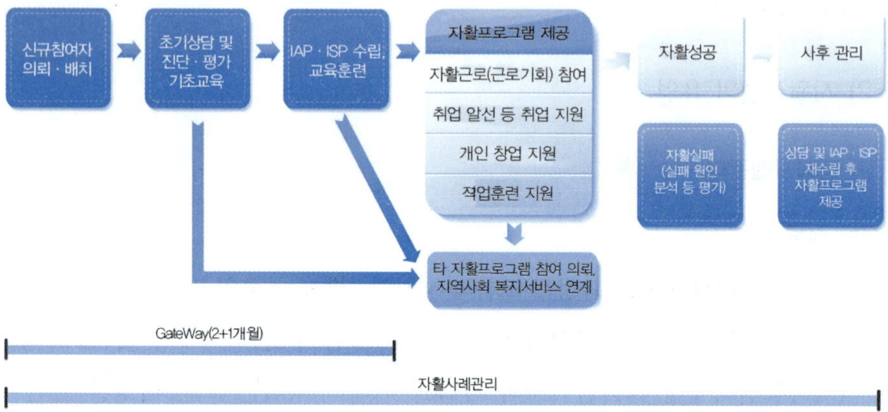

|그림 12-1| 자활사례관리·GateWay 업무흐름도

(2) 자활근로

자활근로사업은 국민기초생활보장법에 의한 저소득층에게 자활을 위한 근로의 기회를 제공하여 자활기반을 조성하는 사업으로서 기존 공공근로사업처럼 한시적인 일자리 제공이 아닌 저소득층의 자활촉진을 위한 공동체 창업 등을 위한 기초능력 배양에 중점을 두고 있다. 자활근로사업은 간병, 집수리, 청소, 폐자원 재활용, 음식물재활용사업의 5대 전국표준화사업을 중점사업으로 추진하되, 정부재정사업(정부양곡배송사업, 영양플러스, 장애통합교육보조원, 사회취약계층 주택개보수사업, 저소득층에너지효율개선사업)의 자활사업 연계 활성화 및 영농, 도시락, 세차, 환경정비 등 지역실정에 맞는 특화된 사업을 적극 개발하여 추진해 나간다.

자활근로 유형

자활근로사업은 참여자의 자활능력과 사업유형에 따라, ① 근로유지형, ② 사회서비스형, ③ 인턴도우미형, ④ 시장진입형 자활근로사업으로 구분한다. ① 근로유지형은 참여자를 근로능력 정도에 따라 유형화하여 참여자 특성에 맞는 사업으로서 노인, 장애인 등에 대한 가사도우미, 지역환경정비, 공공시설물관리 보

현재 보건복지부 자활근로사업의 인턴도우미형으로 볼 수 없는 것은?

조 등 노동 강도가 약하나 지역사회에 필수적인 공공서비스 제공사업을 중심으로 추진한다. ② 사회서비스형은 사업의 수익성은 떨어지나 사회적으로 유용한 일자리 제공으로 참여자의 자활능력 개발과 의지를 고취하여 향후 시장진입을 준비하는 사업으로 사업단형이 있다. ③ 인턴도우미형[6]은 지방자치단체, 지역자활센터, 사회복지시설 및 일반기업체 등에서 자활사업대상자가 자활인턴사원으로 근로를 하면서 기술·경력(단순 노무지원 형태를 지양하고, 수급자의 자활유도가 용이한 기술)을 쌓은 후 취업을 통한 자활을 도모하는 취업유도형 자활근로사업이다. ④ 시장진입형은 전체 자활근로사업의 20% 미만으로 운영되는데 대상사업은 시장진입 가능성이 높고 자활공동체 창업이 용이한 사업이다. 매출액이 총투입예산의 30% 이상 발생하고 일정 기간 내에 자활기업 창업을 통한 시장진입을 지향하는 사업이다. 5대 전국표준화사업으로 지정한 간병, 집수리, 청소, 폐자원재활용, 음식물재활용사업을 중점사업으로 추진하고 있다.

인턴도우미형에 대한 설명으로 옳은 것은?

(3) 자활공동체(자활기업)

자활공동체는 2인 이상의 수급자 또는 저소득층이 상호 협력하여 조합 또는 공동사업자의 형태로 탈빈곤을 위한 자활사업을 운영하는 업체를 의미한다. 자활공동체는 2012년 8월 1일부터 일하는 복지제도를 달성하겠다는 취지에서 국기법을 개정하여 자활기업으로 명칭을 변경하여 1인 창업도 가능하다. 자활기업은 총소득이 최저생계비에 미달하는 근로 가능한 국민기초수급자(조건부수급자)와 총소득의 100~120%에 해당되는 차상위계층을 대상으로 일자리 창출, 취업 및 창업지원을 위한 자활근로사업을 2~3년 시행하여 사업기반을 구축한 후 이를 바탕으로 창업을 하게 되는 기업이다.

자활공동체를 잘 설명하고 있는 것은?

자활공동체 성립요건(인정요건)을 살펴보면 ① 자활공동체 구성원 중 기초생활보장 수급자가 1/3 이상이어야 하고, ② 조합 또는 부가가치세법상의 2인 이상의

현재 보건복지부의 자활근로사업의 인턴도우미형으로 볼 수 없는 것은?

6) 인턴도우미형의 종류는 인턴형, 복지도우미형, 자활도우미형, 사회복지시설 도우미형이 있다. 여기서 인턴도우미형은 자활유도 용이한 기술습득이 가능한 업체에서 인턴으로 근무하는 형태, 복지도우미형은 지방자치단체 사회복지담당공무원의 업무수행 보조지원을 위하여 자활사업 참여자를 채용한다. 자활도우미형은 지역자활센터에서, 사회복지시설 도우미형은 사회복지시설의 보조인력으로 활용한다.

사업자로 설립되며, ③ 모든 구성원에 대해 70만 원 이상의 수익금 배분이 가능해야 하고, ④ 자활공동체 근로일수가 조건이행 기준을 충족해야 하며, ⑤ 자활근로사업단의 공동체 전환 시 사업의 동일성을 유지해야 한다.

(4) 희망리본 프로젝트

희망리본 프로젝트에 대한 설명으로 옳은 것은?

희망리본 프로젝트란 '새롭게 태어난(re-born) 당신을 응원한다'는 뜻으로 보건복지부가 지난 2010년부터 시작한 저소득층을 위한 1 : 1 맞춤형 취업지원서비스다. 대상은 65세 이하의 근로능력이 있는 수급자(일반 및 조건부 수급자), 차상위자(소득인정액이 최저생계비 120% 이하)로서 저소득층이 스스로 자립할 수 있도록 기초상담을 통해 개인별 능력, 애로사항을 파악하여 맞춤 교육, 직업능력 개발, 의식전환 및 자긍심 함양 훈련, 자녀교육, 일자리 알선 등 통합적 사례관리를 실시하는 성과관리형 자활사업이다. 이러한 희망리본사업은 2015년 고용노동부로 통합되어 운영되고 있으며, 현재 희망리본사업을 통해 탈수급을 할 경우에 지급되지 않았던 교육급여, 의료급여를 2년에 한해서 지급하고 매월 10만 원 이상씩을 희망키움통장에 3년간 저축할 경우 정부에서 매월 43만 원씩 3년간 근로소득장려금을 지원해 주고 있다.

(5) 희망·내일키움통장

우리나라 저소득층을 위한 자산형성 지원제도로 옳게 짝지어진 것은? =희망키움통장(Ⅰ, Ⅱ) +내일키움통장 +디딤돌씨앗통장

희망·내일키움통장이란 일하는 수급가구 및 비수급 근로빈곤층의 자활을 위한 자금으로서의 목돈 마련을 할 수 있도록 돕는 제도이다. 희망키움통장 I (일하는 생계·의료수급가구의 탈수급 지원)과, 희망키움통장 II (일하는 주거·교육수급가구 및 차상위계층의 생계·의료수급가구 진입 방지)와 내일키움통장(자활근로사업단 성실 참여자의 자산형성지원)은 공통적으로 본인이 매월 일정하게 저축한 금액에 정부와 지방자치단체가 지원금을 추가로 지원하여[7] 자립을 위한 목돈을 마련할 수 있도록 지원한다.

---

7) • 희망키움통장 Ⅰ : 본인 저축액 월 10만 원, 정부 지원금 월 평균 33만 원(3년 만기 시 총액 평균 1,550만 원 + 이자)
• 희망키움통장 Ⅱ : 본인 저축액 월 10만 원, 정부 지원금 월 정액 10만 원(3년 만기 시 총액 최대 720만 원 + 이자)
• 내일키움통장 : 본인 저축액 월 5만 원 또는 10만 원, 정부지원금(내일근로장려금, 1 : 1 매칭) + 내일키움장려금(사업단 유형별 1 : 1, 1 : 0.5, 1 : 0.3 차등 매칭) 및 내일키움수익금(사업단 매출에 따라 최대 15만 원)은 3년 이내 지급요건이 충족되면 일괄적으로 정산 지급한다.

희망·내일키움통장은 아동발달지원계좌사업(CDA : Children Development Accounts)인 디딤돌씨앗통장과 함께 우리나라 저소득층을 위한 자산형성지원제도이다.

3) 자활센터 : 자활사업 인프라

자활사업의 인프라로서 자활센터의 운영목적은 근로능력이 있는 저소득층에게 집중적·체계적인 자활후견서비스를 제공함으로써 자활의욕 고취 및 자립능력 향상을 지원하며, 저소득층 자활 및 생산적 복지구현을 위한 핵심 인프라로서의 역할을 수행하도록 한다. 그 종류로는 시군구의 지역자활센터,[8] 광역단위의 공동사업 추진, 자활사업 네트워크 구축 등을 통한 지역 내 자활 사업 활성화를 위한 다각적인 사업을 추진하는 광역자활센터, 자활지원체계의 총괄 조정 및 자활사업 직·간접 참여기관 간의 협력 네트워크 구축을 통하여 자활지원사업의 전문성 및 효율성을 제고하기 위한 중앙자활센터가 있다.

4) 자활사업 성과와 향후 추진방향

그동안 자활사업은 성과중심 자활사업(희망리본 프로젝트) 도입, 자활공동체 창업 등을 통해 자활성공률(취·창업률)[9]과 탈수급률[10]이 상승하는 성과를 보여왔다. 그러나 정부의 탈빈곤정책이 일자리 중심으로 전환됨에 따라 보건복지부와 고용노동부가 함께하는 적극적인 고용-복지-보건 연계정책의 필요성이 증대하고 지역자활센터 사업운영·관리의 비효율성에 대한 지적[11]과 함께 성과관리 강화 및 사업운영 효율화에 대한 사회적 요청이 고조되고 있다. 그리하여 희망리본 프

8) 시군구 지역자활센터의 자활사업 종류로는 자활주거복지사업(집수리도우미), 자활청소사업(학교, 복지, 공공이용시설 등), 자활재활용(음식물, 쓰레기 등) 사업, 자활영농사업, 자활외식사업, 사회서비스 사업(산모신생아도우미지원사업 : 아가마지, 노인돌보미사업, 중증장애인활동보조지원사업, 가사간병방문서비스사업), 사회서비스 선도사업(2012년까지 한시적인 주식회사 온케어 도우누리 : 돌봄사회서비스 네트워크화)이 있다.

9) 자활성공률 = (탈수급자 및 취·창업자) ÷ (자활사업 참여 수급자)* (*근로유지형, 사회적응 프로그램 참여자는 제외) 자활성공률은 2007년 14%에서 2011년 21.8%(보건복지부, 2012 자활지원계획).

10) 탈수급률 = (탈수급자) ÷ (자활사업 참여 수급자)* (*근로유지형, 사회적응 프로그램 참여자는 제외) 탈수급률은 2007년 6.3%에서 2011년 10.0%(보건복지부, 2012 자활지원계획).

11) 지역자활센터에 대한 성과관리가 부족하고, 고용센터 등의 유관기관과의 연계가 미흡하여 정책효과성이 저조하며, 자활공동체는 양적 확대에도 불구하고 낮은 경쟁력, 지원 부족 등으로 인해 사업운영 및 수익창출 기반이 취약하다.

로젝트는 2015년 고용노동부로 통합되어 운영되고 있다.

자활사업의 한계점

이상의 내용을 종합하여 자활사업의 추진체계와 방향을 그림으로 나타내면 |그림 12-2|와 같다.

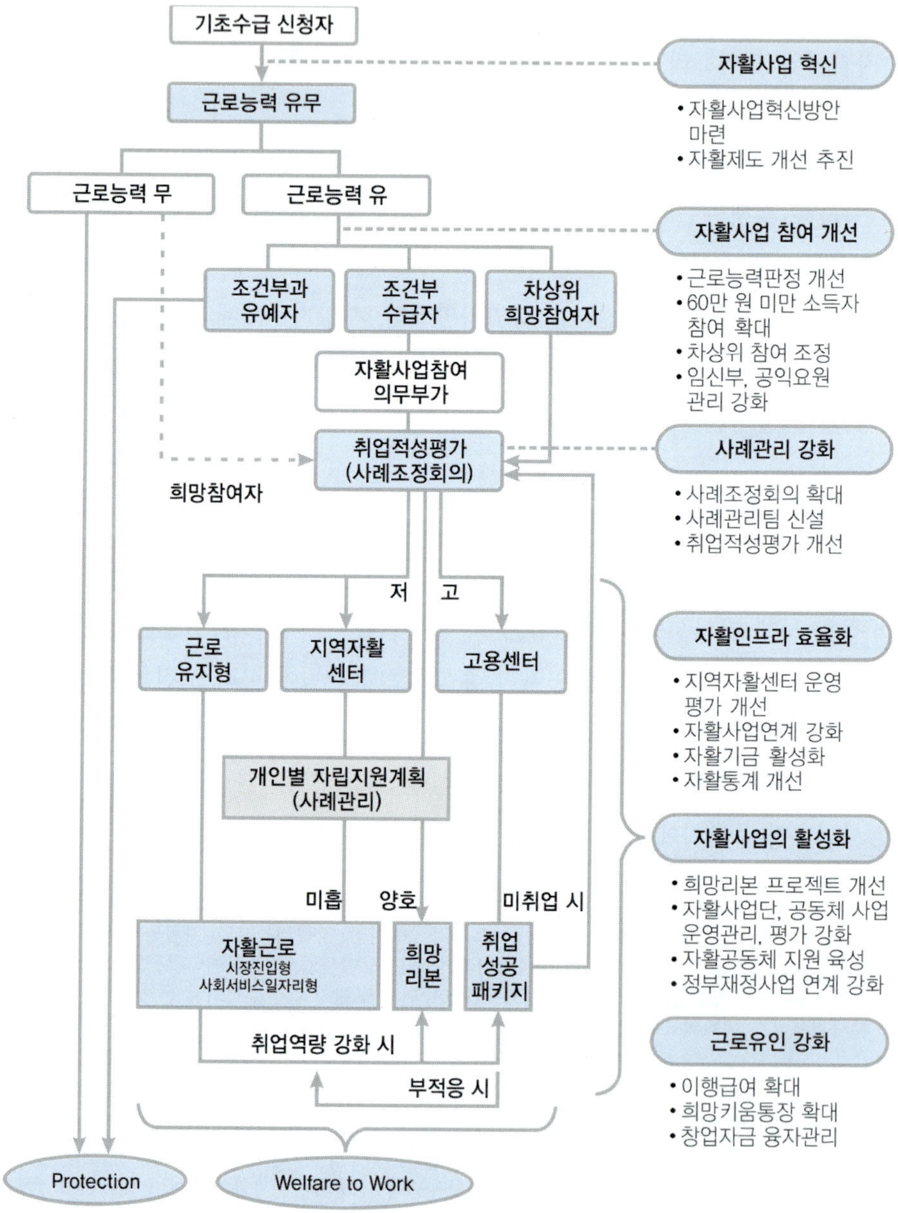

|그림 12-2| 자활사업의 추진체계와 과제

3. 한국의 근로장려세제(EITC)

근로장려세제는 열심히 일은 하지만 소득이 적어 생활이 어려운 근로자 또는 사업자(보험모집인·방문판매원)가구에 대하여 부양자녀 수와 총급여액 등에 따라 산정된 근로·자녀장려금을 지급함으로써 근로유인을 제고하고 실질소득을 지원하기 위한 근로연계형 소득지원제도(EITC : Earned Income Tax Credit)이다. 이러한 근로·자녀장려금은 저소득 근로자 또는 사업자(보험모집인·방문판매원), 자영업자 가구에게 현금급여를 지급하여 실질소득을 증가시킴으로써 조세제도를 통한 소득재분배 효과를 기대할 수 있고, 근로장려세제의 도입으로 사회안전망이 2중(사회보험, 국민기초생활보장제도)에서 3중으로 확충되어 저소득 계층의 사회적 보호를 한층 강화시킨다. 2019년 근로·자녀장려금제도는 다음과 같다(보건복지부, www.mohw.go.kr).

EITC란?
=근로연계형 소득지원제도
=조세제도를 통한 근로의욕 증진
=재정복지로서 소득재분배효과

- 소득에 따라 연간 단독 가구 최대 150만 원, 홑벌이 가구 260만 원, 맞벌이 가구 300만 원의 근로장려금을 받을 수 있다.
- 총소득이 4,000만 원 미만이면 18세 미만 부양자녀 1인당 최대 70만 원의 자녀장려금도 받을 수 있다.

〈표 12-7〉 국민기초생활보장제도 체계

구성체계	국민기초생활보장제도
근거법	국민기초생활보장법
적용대상	급여체계 개편에 따라 적용대상은 급여의 종류별로 별도로 규정. 이 외의 수급권자의 범위는 법 제14조의2에 규정
원리, 원칙	• 최저생활보장의 원칙 • 보충급여의 원칙 • 자립지원의 원칙 • 개별성의 원칙 • 타 급여 우선의 원칙(TV시청료, 주민세, 건강보험료 등)
자산조사, 소득조사	• 소득평가액 산정 : 소득은 실제소득을 조사하되, 선정기준에 적용하는 소득은 실제소득에서 가구 특성에 따른 지출비용과 근로소득공제액을 차감하고 남은 금액(소득평가액)임
재원조달방식	재정적 책임을 중앙정부와 지방정부가 분담하는 유형의 지방부담식 국가 또는 시·도가 직접 행하는 보장업무에 소요되는 비용은 국가 또는 당해 시·도가 부담
관리운영기구	중앙정부(보건복지부)와 지방자치단체

구성체계	국민기초생활보장제도
급여수준	• 모든 수급자에게 최저생계비 수준의 생활을 보장하고, 소득이 낮은 수급자에게 더 많은 혜택이 돌아갈 수 있게 하고 있다. 생계비, 주거비 등을 합한 총급여액은 최저생계비에서 가구의 소득과 다른 법에 의한 지원액을 뺀 나머지이다(보충급여지급방식). • 소득이 하나도 없는 가구의 경우에도 주민세나 TV수신료 등 다른 법에 의해 지원받는 돈이 있기 때문에 실제로 받는 돈은 최저생계비보다 적어진다.
급여종류	• 생계급여, 주거급여, 의료급여, 교육급여, 해산급여, 장제급여, 자활급여 총 7종 • 긴급복지지원제도 : 대상은 위기사유가 발생했거나 생계유지등의 곤란의 경우 선지원 후처리를 원칙으로 현장 확인 후 우선 지원한다.
보호결정	보호결정된 보호대상자에 대한 보호는 보호신청일부터 개시하도록 규정
이의제기	수급자나 급여 또는 급여변경의 신청을 한 자는 그 결정의 통지를 받은 날부터 60일 이내에 시장·군수·구청장의 처분에 대하여 이의가 있는 경우에는 당해 보장기관을 거쳐 시·도지사에게 서면 또는 구두로 이의를 신청할 수 있다.
차상위계층	부양의무자 기준을 충족하고 실제소득이 최저생계비의 120% 이하인 가구 중 소득평가액이 최저생계비의 100% 초과~120% 이하인 가구
자활근로	• 대상자 : 노동시장 취업은 어려우나 공공근로 기회 제공이 필요한 사람 • 내용 : 자활 공동체 기반 조성 사업
생활보장 위원회	생활보장사업의 기획·조사·실시 등에 관한 사항을 심의·의결하기 위하여 보건복지부와 특별시·광역시·도(이하 "시·도"라 한다) 및 시·군·구(자치구를 말한다. 이하 같다)에 각각 생활보장위원회를 둔다.
이슈 및 동향	• 일하는 수급자 및 탈수급자에 대한 인센티브 체계 강화 : 이행급여의 적극 확대, 탈수급 조건부 자산형성 프로그램인 희망·내일키움통장 확대 • 고용–복지–보건 연계 취업 프로그램의 활성화 : 보건복지부의 희망리본 프로젝트는 2015년 이후 고용노동부의 취업성공패키지와 적극적 연계 추진 • 자립지원 전달체계의 효율화와 성과관리 • 맞춤형 자활사례관리를 강화해 탈빈곤 촉진 : 고용노동부 취업성공패키지와 희망복지지원단의 통합사례관리체계와 연계

제 5 절 의료급여제도

의료급여제도는 생활유지 능력이 없거나 생활이 어려운 국민들의 의료문제를 지원하고, 질병으로 인한 빈곤을 방지하기 위하여 국가가 보장하는 공공부조제도로서 건강보험과 함께 국민들의 의료보장을 담당하는 중요한 사회보장제도이다.

1979년부터 의료보호라는 제도명으로 시작되어서 어려운 국가재정에도 불구하고 저소득층을 위한 의료보장으로서 많은 발전을 거듭해 왔으나, 의료보호 대상자들은 진료지역 및 진료일수에 제한이 있었고, 의료이용도 지정된 진료기관에 한정되는 등 의료이용에 상당한 제한이 가해졌을 뿐만 아니라 보호수준도 건강보험과 비하여 낮은 수준이었다.

2000년 10월 국민기초생활보장 제도의 도입에 따라 의료급여는 생계, 주거, 교육급여와 더불어 국민의 권리로서 보장받게 되었다. 이에 따라서 2001년 5월 의료보호법이 의료급여법으로 전면 개정되어 보장성이 강화되었고, 2007년 7월 1일 시행령 이후부터 외래 진료 시 본인부담금이 차등화되었다. 의료급여수급권자의 구분은 다음과 같다.

〈표 12-8〉 **의료급여수급권자의 구분**

구 분	대 상
1종 수급권자	• 국민기초생활보장수급자 – 근로무능력가구, 시설수급자 • 타법적용자 – 이재민, 의상자 및 의사자의 유족, 입양아동(18세 미만), 국가유공자 – 국가무형문화재보유자, 북한이탈주민, 5·18민주화운동 관련자, 노숙인 • 등록 결핵질환자, 희귀난치성질환자, 중증질환자 • 행려환자
2종 수급권자	• 국민기초생활보장 대상자 중 1종 수급권자 기준에 해당되지 않는 자

CHAPTER 13

사회수당정책

제1절 가족수당

1. 가족수당제도의 정의와 목적

각국에서는 가족이 그들의 아동을 위하여 적절한 원조를 제공해 줄 수 없을 때 가족의 기능을 강화하거나 보충하는 정책과 프로그램들에 대해 끊임없는 관심을 가져왔다. 즉, 국가 및 사회는 가정의 지원 및 아동의 건전 육성을 위하여 종합적인 대책으로서 가족복지정책을 추진해 나가는 것이 필요하게 되었다. 그러한 가족복지정책 중에서도 아동을 양육하는 가정에 대하여 국가가 양육비의 일부를 제공하는 대표적인 제도가 가족(아동)수당제도이다(박경일, 1995).

가족수당이란?

가족수당(family allowance)이라는 용어는 나라마다 달리 사용되고 있으며, 아동의 생활보장을 구체화시키는 현금급여로서 아동수당(child allowance)이라는 용어로도 통용되고 있다. 가족수당이 흔히 아동수당으로 통용되는 것은 대부분의 국가에서 아동 수에 따라 수당이 지급되기 때문이다. 그러나 본 연구에서는 '가족수당'이라는 용어를 사용하고자 한다. 왜냐하면 프랑스를 위시한 가족정책이 발달된 국가에서는 편부모를 위해서도 수당이 지급되고 있으므로 사실상 아동만을 대상으로 한 정책이라기보다는 전체 가족을 위한 복지정책의 관점에서 가족수당이라는 용어를 사용하고 있기 때문이다(박경일, 1985).

아동양육비에 따른 가계부담을 줄이고 소득과 가족수의 불균형을 시정하며, 가정의 빈곤함을 방지하는 동시에 이를 통해서 적극적인 아동의 건전육성과 자질향상을 꾀한다.

2. 가족수당제도의 특성과 장점

가족수당제도 특성과 장점

가족수당(family allowance)이라는 용어는 나라마다 달리 사용되고 있으며, 아동의 생활보장을 구체화시키는 현금급여로서 아동수당(child allowance)이라는 용어로도 통용되고 있다. 아동수당과 가족수당의 차이는 다음과 같다. 아동수당은 아동만을 대상으로 아동의 생활비를 충족시키기 위해 일정 기간 지급되는 현금을 가리키는 것이다. 가족수당은 그 대상을 요부양가족으로 확대하고 또한 현금급여 이외의 현물이나 서비스 급여도 포함하는 통합적이고 포괄적인 사회보장제도로 볼 수 있다. 가족수당은 무갹출 비자산조사로서,

가족수당의 성격으로 옳은 것은? =무갹출 비자산조사

① 급여를 하나의 권리로서 제공받기 때문에 인간의 존엄성과 국민의 연대의식을 고양하며,

② 인구적 조사만 하므로, 프로그램 운영비가 적게 들고,[1]

③ 경제적 욕구가 더 많은 가족에게 더 많은 급여를 지불하므로 수직적·수평적 형평성이 높고,

④ 가족해체의 유발 가능성이 적은 것을 장점으로 들 수 있다(Briar, 1969).

3. 주요 국가의 가족수당제도 실시현황

가족수당은 사회수당 가운데에서도 일반 아동을 대상으로 자산조사(means test)를 요건으로 하지 않고 거의 정형적인 급여가 무갹출에 의해 행해지는 소득보장제도로서 그 위치를 차지하고 있다. 이러한 가족수당제도를 최초로 창설한 국가는 1926년 뉴질랜드이며, 그 이후 1930년대에서부터 1940년대 중반까지 창설된

1) 2018년 베텔스만재단의 연구(만하임 유럽경제연구센터 시행)에 의하면 기초생활수급 가정의 자녀를 위한 교육패키지와 같은 국가의 현물 또는 재정지원금은 30% 정도가 행정비용으로 사용되고 있다. 그러므로 베텔스만재단은 가족에게 직접 지급하는 재정지원이 현물지원보다 효과가 더 확실하다고 하고 자녀에게 지원되는 가족수당 지원금은 부모가 오용할 것이라는 선입견과 달리 자녀에게 효율적으로 사용되고 있어 도움이 된다고 함. 연구결과에 따르면 자녀수당 100유로(약 12만 원)당 자녀가 보육기관에서 돌봄을 받는 비율이 2000년 이후 10% 이상 증가하는 것으로 나타났으며 이러한 비율의 증가는 부모가 취학전 교육기관을 더욱 긍정적으로 여기기 때문이라고 함(국가별 교육동향, http://edpolicy.kedi.re.kr).

국가는 21개국이었다. 1950년대 말까지 58개국으로 거의 2배 이상 증가되고, 1960년대에는 59개국, 1970년대에는 64개국에 달하였으며 그 이후 거의 변화가 없이 1989년 65개국이었다가 점차 확대되어 2005년 기준 92개국에서 실시되고 있다.

〈표 13-1〉 각국의 가족수당제도

구분	프랑스	영 국	스웨덴	독 일	일 본
도입	• 1932년 발족	• 1946년 발족(가족수당법)	• 1948년 발족 • 1983년(연장수당, 장학수당 실시)	• 1954년 발족 • 1964년 개정	• 1972년 발족 • 2000년 개정
지급 대상 아동	18세 미만 아동	16세 미만 아동 (의무교육 종료 전-학생은 19세까지)	16세 미만의 모든 아동 (학생은 20세 미만, 특수학교 학생은 23세)	16세 미만 아동. (16세 이상은 가족수당에 의존)	의무교육 취학 전 아동
소득 제한	외국인 근로자들과 해외 유학생	제한 차등지급	없음	없음	지급 제한
지급 월액	• 제1, 2 아이 : 각각 665 • 아동수당 : 995 • 가족보유수당 : 866	<2012년> • 제1아이/ 주 20.30￡ • 제2아이 이후/ 주 13.40￡ • 편부모가정 추가지급/ 주 10.30￡	• 제1아이 750크로나 • 제2아이 1500크로나 • 제3아이 2450크로나 • 제5아이부터는 한 아이당 증가	• 제1아이 DM70 • 제2아이 DM70-130 • 제3아이 DM70-220 (소득에 따라 해마다 조정되는 한계)	<2000년> • 제1아이 5,000엔 • 제2아이 5,000엔 • 제3아이 이후 10,000엔
재원	• 자영업 : 7% • 고용주 : 종업원 수의 5.4%	전액국고부담	전액국고부담	전액국고부담	국가 4/6 도·도·부·현 1/6 시·읍·면 1/6
운영	가족수당금고	정부	정부	정부	정부

4. 가족수당의 관점

여기서는 이론적으로 고려될 수 있는 가족수당에 대한 다양한 관점을 다섯 가지로 나누어 고찰하고, 사회복지학의 입장에서 어떠한 관점을 견지해야 할 것인가를 제안하고자 한다(박경일, 1995).

가족수당의 관점에 대한 설명으로 옳은 것은?

① **임금체계상의 관점** : 자본주의 국가에 있어서 임금론의 관점에서 볼 때, 가

족수당은 노동자들에게 이전소득의 성격을 주었으며, 또한 노동자들의 소득형성에 필수적인 요소가 되었다.

② **인구정책적 관점** : 이 관점에서 볼 때 저출산으로 인한 절대인구의 감소는 1인당 자원 소비량의 증가보다도 신규 노동력의 공급 부족, 노동력의 여성화, 노령화에 따른 생산성의 저하 등으로 오히려 경제성장을 둔화시킬 것이며 늘어나는 노인인구에 대한 사회적 부양 부담의 증가와 경제사회 발전의 저해요인으로 작용할 우려가 있다. 따라서 가족수당의 도입으로 출산율을 증대시킨다는 목적을 지닌다.

③ **아동복지적 관점** : 가족수당은 아동복지의 기본 이념에 입각하여 아동의 양육비를 지급함으로써 아동의 건전한 보호육성을 사회적으로 보장하는 제도로서 위치 지워져 양친의 부양의무와 조정을 꾀할 필요가 생기게 되었던 것이다.

가족수당의 관점 중 사회보장적 관점에 대한 내용으로 볼 수 있는 것은? –다자빈곤론

④ **사회보장적 관점** : 가족수당은 임금보조로서가 아니라 사회문제의 사회적 해결이라는 사회보장정책의 시각에서 국가에 의해 지급되는 소득보장급여로서 파악할 수 있다. 이 관점은 다자는 빈곤의 유력한 원인이므로 가족수와 소득과의 불균형은 부양가족의 생활비를 보장하는 가족수당에 의해 해결될 수 있다는 것이다.

⑤ **소득격차의 시정과 인간능력개발의 관점** : 소득격차는 경제의 고도성장에 유해한 것으로 지적되고 있으므로 이 관점에서부터 특히 중소영세기업, 농업종사자, 중고령층에 역점을 두어야 할 필요성이 발생한다. 그러므로 이 관점은 가계비에 있어서 최대의 부담이라고 할 수 있는 아동양육비에 주목해서 가족수당을 전 국민적으로 적용한다는 계획으로서 간주되는 것이다. 또한 이 관점은 사회보장적 관점과 유사하지만 동시에 인간능력개발 내지 장래의 우수한 생산력 확보를 목표로 한다는 점에서 보다 적극적인 의의가 있다. 즉, 이 관점은 장래의 사회에 공헌하는 아동을 양성한다는 견해이다.

이상으로서 가족수당이란 임금체계상에서 볼 때 노동력의 재생산비로서 간주될 수도 있으며, 출생률의 증대를 꾀해 미래의 노동력의 제공수단으로도 볼 수 있으며, 아동의 건전한 성장과 발달을 촉진시키고, 복지권의 실현을 위한 수단으로서 간주될 수 있다. 그리고 가족수당은 사회보장제도이므로 국가에 의한 소득보장급여로서, 또한 세대 간의 소득재분배 방법으로서도 볼 수 있으며, 소득격차를 시정하고 인간능력을 개발시키는 수단으로서도 간주될 수 있다.

결론적으로 각국은 가족수당의 관점을 사회경제적 배경에 따라 다양하게 변화시켜 나왔지만, 오늘날에는 사회보장적 관점과 아동복지적 관점을 중요시하고 있음을 알 수 있다. 따라서 향후 우리나라 가족수당정책의 목표는 아동양육 가정의 생활안정과 세대 간의 재분배를 도모하는 사회보장적 관점과 아동의 건전한 성장 발달과 복지권의 실현을 추구하기 위한 아동복지적 관점을 우선순위에 두고서 수립되어야 할 것이다.

〈표 13-2〉 사회보험 · 가족수당 · 공적부조의 비교

구 분	사회보험	가족수당	공적부조
원 리	보험의 원리 계급성 능력주의 ① 갹출 면 ② 급부 면(의료보험은 제외)	수당의 원리 계급성 평등주의	부조의 원리 개인성 평등주의
기 능	임금의 재분배 방빈(사전적, 사후적)	사회화된 임금의 분배 방빈(사전적)	조세의 분배 구빈(사후적)
적용대상	노동자, 강제가입	노동자, 자동적	빈곤자, 신청부조원칙
비 용	유상, 지불능력주의 (노사절반+국고)	무상(자본가 또는 국민)	무상, 조세지불주의(국고)
급여개시	사고의 발생	자녀의 양육사실	곤궁의 사실
수급자격	피보험자, 피부양자	자녀의 양육자	자산조사에 의한 자
급여수준	소득 : 임금수준의 40~70% 의료 : 가능한 최적서비스	양육비 일부	최저한도의 생활
급여기간	사고에 의한 장·단기, 유·무기의 그 어느 것 중 선택	장기·유기	무기(자립재활 시까지)

출처 : 박경일(1995). 가족수당정책의 형성과 발달에 관한 연구. 부산대학교 대학원 박사학위논문, p. 48.

가족수당의 설명으로 옳은 것은?

5. 한국 아동수당제도

우리나라는 가족수당이라는 용어 대신에 아동수당이라는 용어를 채택하였으며 그동안 미국, 터키, 멕시코와 함께 아동수당 미도입 국가에 속하였으나, 2018년 9월부터 아동수당제도가 시행되었다. 우리나라는 국내총생산(GDP) 대비 아동관련 공공지출 비중이 1.1%로 OECD 주요국 평균 2.1%의 절반에 불과하다. 특히 아동에 대한 현금지출은 GDP 대비 0.2%로, OECD 평균의 1/6 수준이다. 2018년 기준 합계출산율이 0.98명으로 집계, 출생통계를 작성한 이래 최저를 기록했다. 그리하여 아동수당은 출산, 양육에 대한 국가 책임을 강화하고 아이들의 미래를 위한 투자를 목적으로 지급하는 수당으로 저출산을 극복하기 위한 정책이다(정책위키 : 대한민국 정책 브리핑 www.korea.kr). 그러므로 가족수당의 관점에서 보면, 한국의 아동수당은 인구정책적 관점에서 시행되었다고 볼 수 있다.

한국 아동수당의 도입이유에 대한 설명으로 옳은 것은?

우리나라의 아동수당제도는 처음 시행 시 소득·재산 기준 하위 90%에 속하는 만 6세 미만의 일부 아동에게만 한정하여 지급하다가 2019년 1월부터 보편지급으로 전환되면서 만 6세 미만의 모든 아동으로 변화되었다. 그 후 같은 해 9월부터 연령이 확대되면서 현재는 만 7세 미만의 모든 아동에게 매월 10만 원씩 지급되고 있다.

제 2 절 장애인연금, 장애수당, 장애아동수당

1. 장애수당의 목적

장애수당의 목적

다른 사람의 도움이 없이는 일상생활을 영위하기 어려운 저소득 중증·중복장애인의 생계안정을 위하여 1990년도부터 월 2만 원씩 지급하던 장애수당은 2010년부터 장애인 연금제도가 시행되면서 장애인연금, 경증장애수당, 장애아동수당으로 분류되어 지급되고 있다.

2. 장애인연금

장애인연금제도는 중증장애인에게 근로능력의 상실 또는 현저한 감소로 인하여 줄어드는 소득과 장애로 인하여 추가로 드는 비용을 보전하기 위하여 매월 일정액의 연금을 지급하는 사회보장제도이다. 장애인연금제도의 목적은 장애로 인하여 생활이 어려운 중증장애인의 ① 생활안정 지원과, ② 복지 증진 및 ③ 사회통합을 도모한다. 대상자는 18세 이상의 등록한 중증장애인 중 본인과 배우자의 소득인정액이 선정기준액 이하인 자이다.

장애인연금 도입의 의의

따라서 장애인연금제도의 도입 의의는 중증장애인에 대한 다층소득보장체계를 구축하게 되었다. 즉, 국민연금제도의 장애연금은 국민연금 가입자가 가입 중에 장애를 입은 경우에 받는 사회보험방식의 공적연금(기여식 연금) 제도에 반하여 장애인연금은 무기여식 연금제도로서 국민연금의 사각지대를 일정 부분 해소하게 되었고 장애인연금 수급에도 최저생계비에 못 미치는 가구는 기초생활보장제도를 통해 최저생계는 필수적으로 보장하게 되었다. 장애인연금의 지급대상은 장애인복지법(제32조)에 등록된 중증장애인[장애등급이 1급 또는 2급인 자, 3급 정신지체 또는 발달장애인(자폐)으로서 다른 장애가 중복된 3급 중복장애인]으로서 장애인연금은 기초급여와 부가급여로 구성된다.

3. 장애수당, 장애아동수당

장애수당

만 18세 이상의 성인 중증장애인(1급, 2급, 3급 중복)이면 장애인연금을 신청할 수 있고 수급자격은 본인과 배우자의 소득인정액(소득과 재산 합산 금액)이 선정기준액(단독가구 100만 원, 부부가구 160만 원) 이하인 자이다. 연금 급여(기초급여+부가급여)는 2019년 기준 생계 의료급여 수급자는 284,010원이고 주거, 교육급여 수급자와 차상위계층은 274,010원, 차상위 초과자는 224,010원이다. 장애수당은 국민기초생활보장수급자 및 차상위계층으로서 만 18세 이상의 등록한 경증장애인(장애등급이 3~6급인 자)에게 지급한다. 장애수당은 장애인 본인을 기준으로 지급하므로 1가구에 지급대상 장애인이 2인인 경우에도 장애인 각자에게 지급한다. 즉, 공공부조의 원칙에서 세대별 지급이 원칙이나 장애수당은 개인별로 지급한다.

장애아동수당

장애아동수당은 국민기초생활보장수급자 및 차상위계층으로서 만 18세 미만의 등록한 1~6등급 장애인(중증, 경증)에게 지급하는 것으로, 지급액은 2019년 기준 생계, 의료급여수급자인 중증장애인에게는 월 20만 원, 경증장애인에게는 월 10만 원이 지급된다. 보장시설 수급자인 중증장애인은 월 7만 원, 경증장애인은 월 2만 원이 지급되고 보장시설 수급자가 퇴소 시에는 재가 장애아동수당을 지급받게 된다.

제 3 절 출산지원금, 양육수당, 보육료 지원

1. 출산지원금

출산수당

출산수당과 보육수당, 양육수당은 각 나라마다 저출산을 막기 위한 출산장려책으로 내놓은 슬로건이다. 선진국은 1.8명에서부터 대책을 수립하기 시작하였으나 우리나라는 2002년 1.17명, 2003년 1.19명에서야 대책을 마련하고 있다. 하지만 아직 가시적인 저출산율 회복의 성과는 나타나고 있지 않은 실정이다.

프랑스의 경우 출산수당은 수당 지급요건에 부합하면 아이 출산을 위하여 임신 9개월째부터 지급된다. 2004년 이후부터 출생한 신생아, 입양아, 혹은 양자에게 지급되던 여러 수당(출산수당, 입양수당, 기초수당, 아이돌보기 등 활동임의보충수당)들은 신생아 수당으로 대체되었다. 우리나라의 경우 모든 산모에게 출산수당을 20~30만 원씩 지급하던 것을 2013년 기준 각 지방자치단체의 조례나 재정에 자녀 수에 따라 많게는 1,000만 원에서 30만 원 등 다양하게 지원되고 있고, 2019년 임산부가 산전 진찰을 위해 사용하는 진료비는 60만 원으로 확대 지원하고 있다.

2. 양육수당

2013년 3월부터 시작되는 영유아 보육정책으로 만 0~5세 아이를 둔 모든 가정에 보육료와 양육수당이 지급된다. 먼저 어린이집과 유치원에 아이를 보내지 않는 가정의 경우 양육수당(12개월 미만 20만 원, 12~24개월 미만은 15만 원, 24~36개월은 10만 원, 36개월 이상부터 만 5세까지 10만 원)이 지급된다. 그리고 어린이집, 유치원을 이용하지 않는 취학 전 만 5세 이하 등록 장애아동은 소득수준과 관계없이 장애아동양육수당이 지급되고, 어린이집, 유치원을 이용하지 않는 취학 전 만 5세 이하 농어촌 거주아동 역시 소득수준과 관계없이 농어촌 양육수당을 지급받는다.

양육수당에 대한 설명으로 옳지 않은 것은?

3. 보육료 지원

또한 2013년 3월부터 0~5세 아동을 어린이집 등에 보낼 경우 보육료 22~45만 원(만 0세는 45.4만 원, 만 1세는 40만 원, 만 2세는 33.1만 원, 누리과정 대상인 만 3~5세는 22만 원)이 지원된다. 만 12세 이하 장애아동에게는 소득수준과 상관없이 장애아 무상보육료가 지원되고 다문화가족지원법의 다문화가구의 0~5세 아동은 다문화 보육료를 지원받는다.

한편 양육수당과 보육료를 지원받기 위해서는 주민센터에 2월 말까지 신청해야 하고 보육료를 지원받기 위해서는 보육료 지원 신청 후 아이행복카드(2015년 어린이집, 유치원 통합)를 발급받아야 한다. 정부가 이 같은 제도를 시행한다 해도 저출산율 회복 효과를 거둘 수 있을지는 미지수다.

아이행복카드 =보육료, 유아학비 지원카드 통합
예 국민행복카드는 국가바우처사업의 전자카드

따라서 우리나라에서도 아이를 낳을 것을 권장하는 수적인 대책 마련보다는 주저 없이 아이를 낳고 안심하고 육아할 수 있는 사회제도적 대책 마련과 출산의식의 변화가 더 중요할 것이다. ‘아이는 사회적 공동자산’이라 해도 과언이 아니다. 복지사회로 가는 길의 기초단계가 바로 출산율과 밀접한 관계가 있다고 볼 때, 기초공사가 부실하면 그 건물은 평생 불안하다. 따라서 문제를 만든 후에 대책을 수립할 것이 아니라 이를 사전에 예방할 수 있는 프랑스와 같은 통합적 가족수당정책이 실시되어야 할 것이다(박경일, 2009).

제 4 절 기초연금

기초노령연금

기초노령연금제도는 고령자의 사회적 기여에 대한 보답 및 국가의 국민에 대한 권리보호 의무를 실현하기 위한 목적에서 2008년부터 시행된 사회보장제도이다.

우리나라는 공공부조와 함께 노후소득보장체계를 구성하는 제도로서 1998년 7월부터 저소득층 노인을 대상으로 한 경로연금제도를 도입·실시한 바 있다. 이러한 노인복지법상의 경로연금제도는 사회보장기본법상 규정되고 있는 사회적 위험 중에서도 특히 노령의 위험에 대한 사회보장제도로서 노령수당적 성격을 가졌으며, 자산조사를 통한 저소득 노령계층에 한정하여 지급되었으므로 선별주의적 성격이 강한 제도였다. 그러나 국민연금제도의 사각지대를 해결하기 위한 정부의 국민연금개혁과 함께 2007년 4월 사회보험으로서의 성격과 공공부조로서의 성격을 동시에 가지고 있는 노후 기초소득보장제도인 기초노령연금제도가 시행되었다.

기초연금은 65세 이상 고령자로서 전체 고령자 중에서 생활이 어려운 소득인정액 하위 60%에 해당하는 고령자를 대상으로 2008년부터 기초노령연금이 지급되기 시작했으며 2014년 7월부터는 기초연금제도로 변경되었다.

현재 기초연금 대상자는 만 65세 이상의 어르신 중에서 상대적으로 형편이 어려운 70%의 노인에게 지급된다. 즉, 첫 번째 조건은 연령이 만 65세 이상이어야 하고, 두 번째는 대한민국 국적을 가지고 있는 우리 국민이어야 하며, 세 번째는 소득인정액이 선정기준액(하위 70%) 이하여야 한다. 그러나 공무원연금, 교직원연금, 군인연금, 우체국연금 등의 연금혜택을 이미 받고 있거나 배우자가 수급받는 경우에는 받을 수 없다. 현재 적용되는 기초연금액은 2018년 9월부터 최대 25만 원으로 인상되었고, 2019년 4월부터는 소득·재산 수준이 하위 20%에 속하는 경우 수급액이 최대 월 30만 원으로 인상되었다.

우리나라 사회수당의 종류로 볼 수 없는 것은?

CHAPTER 14

사회서비스정책

제1절 사회서비스정책

1. 사회서비스의 정의와 특징

1) 사회서비스의 개념

사회서비스의 개념 정의

사회서비스의 개념과 범위에 대한 명확한 규정은 상당히 어려운 일이다. 왜냐하면 우리나라에서 사회서비스(social service)는 학문적으로 사회복지서비스나 사회사업보다 광의의 개념으로서 선진국에서 사용하던 사회서비스의 개념[1)]이 2000년대 중반에 들어와 사회서비스 일자리사업이나 사회서비스 전자바우처사업 등 여러 가지 유사 용어들과 혼용되어 사용되었기 때문이다. 또한 최근까지 한국사회에서 사회서비스 개념은 대체로 공공서비스로서, 사회적 일자리로서, 보편적 사회복지서비스로서, 그리고 돌봄서비스라는 네 가지 의미로 사용되어 왔다(남찬섭, 2012).

기존 연구들에서 사회서비스는 사회복지서비스(social welfare services), 대인사회

1) 미국은 소득보장, 교육, 의료 서비스 등을 제외한 대인서비스를 사회서비스로 규정하고 있다. 영국은 소득보장, 보건, 고용 등을 포괄하는 광의의 사회서비스 개념과 지원과 보호 서비스를 제공하는 협의의 대인사회서비스 개념을 병행하여 사용하고 있다. 스웨덴은 (i) 노인을 위한 사회서비스와 간호보호서비스, (ii) 육체·신체적 장애가 있는 사람들을 위한 사회서비스, (iii) 아동과 청소년을 보호하는 개인 및 가족 보호서비스와 알코올 및 약물 남용자를 위한 사회서비스, 자산조사에 기초한 경제적 보조로 구성된 사회서비스의 세 가지 영역으로 사회서비스를 규정하고 있다(노기성 편, 2011 : 28).

서비스(personal services or human services), 사회적 보호(social care) 등 다양한 개념 및 용어로 사용되고 있다. 그러나 2012년 개정된 사회보장기본법은 학계의 논란에도 불구하고 사회서비스의 개념을 포괄적으로 규정하였다. 즉, 사회보장기본법 제3조 제4항은 사회서비스를 '국가·지방자치단체 및 민간부문의 도움이 필요한 모든 국민에게 복지, 보건, 의료, 교육, 고용, 주거, 문화, 환경 등의 분야에서 인간다운 생활을 보장하고 상담, 재활, 돌봄, 정보의 제공, 관련시설의 이용, 역량개발, 사회참여 지원 등을 통하여 국민의 삶의 질이 향상되도록 지원하는 제도'로 매우 폭넓게 규정하고 있다.

사회서비스의 기능으로 볼 수 없는 것은?

구법과 개정법을 비교해 보면 개정법에서는 사회보장의 대상인 사회적 위험의 범위를 출산과 양육, 빈곤을 포함하여 8가지로 위험의 범위를 넓혔으며, 사회보장의 구성에서도 사회복지서비스 및 관련 복지제도를 포괄하여 사회서비스로 규정하고 있다. 따라서 사회보장기본법만으로 볼 때, 사회서비스의 개념은 사회복지서비스보다 그 개념이 포괄적이라고 할 수 있다.

우리나라 사회서비스 규정 관련법으로 볼 수 없는 것은?
- 사회보장기본법
- 사회서비스이용 및 이용권 권리에 관한 법률
- 사회적기업육성법

또한 「사회서비스 이용 및 이용권 권리에 관한 법률」(제2조 제1항)에 의하면 '사회서비스'란 「사회복지사업법」에 따른 사회복지서비스,[2] 「보건의료기본법」에 따른 보건의료서비스,[3] 그 밖에 이에 준하는 서비스로서 대통령령으로 정하는 서비스를 말한다. 따라서 여기서 사회서비스는 사회복지서비스와 보건의료서비스, 그리고 기타 대통령령이 정한 서비스를 합친 포괄적인 개념으로 규정되어 있음을 알 수 있다. 또한 사회적기업육성법(제2조 제3호)에 의하면 '사회서비스'란 교육, 보건, 사회복지, 환경 및 문화 분야의 서비스, 그 밖에 이에 준하는 서비스로서 대통령령으로 정하는 분야의 서비스를 말한다고 되어 있어 현재 우리나라에서 사용되고 있는 사회서비스의 법률적 개념은 사회복지서비스보다 포괄적인 개념이라고 할 수 있겠다.

2) 사회복지사업법(제2조 제6호)에 의하면 사회복지서비스라 함은 국가, 지방자치단체 및 민간부문의 도움을 필요로 하는 모든 국민에게 상담·재활·직업소개 및 지도, 사회복지시설의 이용 등을 제공하여 정상적인 사회생활이 가능하도록 제도적으로 지원하는 것을 말한다.

3) 보건의료기본법(제3조 제2호)에 의하면 보건의료서비스란 국민의 건강을 보호, 증진하기 위하여 보건의료인이 행하는 모든 활동을 말한다.

사회서비스에 대한 설명으로 옳지 못한 것은?

【개정 사회보장기본법(2012)상 사회서비스의 정의】
(대상) 국가·지방자치단체 및 민간부문의 도움이 필요한 모든 국민에게
(분야) 복지, 보건의료, 교육, 고용, 주거, 문화, 환경 등의 분야에서 인간다운 생활을 보장하고
(기능) 상담, 재활, 돌봄, 정보의 제공, 관련 시설의 이용, 역량 개발, 사회참여 지원 등을 통하여
(목적) 국민의 삶의 질이 향상되도록 지원하는 제도

한편 사회서비스의 개념을 광의, 협의, 최협의 세 가지로 구분하기도 한다(노기성 편, 2011 : 36-37). 첫째, 광의의 사회서비스는 사회적기업육성법에 정의되어 있는 것처럼 교육·보건·사회복지·환경·문화 서비스 등을 포함한다. 둘째, 협의의 사회서비스는 광의의 사회서비스 중에서 보건·복지와 직접 관련이 있는 서비스로 한정할 수 있다. 셋째, 최협의의 사회서비스는 대부분의 사회복지서비스를 포함한다. 전통적으로 사회복지영역으로 인식된 서비스들은 대인적 서비스(personal service)이고 공적 제공이 현금이든 현물이든 어느 정도 이루어지고 있다. 여기서 장애인, 노인, 아동 및 청소년, 보육, 여성 및 가족 관련 서비스, 그리고 노숙인, 정신건강, 주민, 전자바우처로 수행되는 각종 돌봄서비스 등 기타 서비스는 사회복지서비스체계를 중심으로 대인적 서비스 형태로 서비스가 제공되고 있기 때문에 사회서비스의 정의를 충족한다고 말할 수 있다.

대인적 서비스란?

〈표 14-1〉 사회서비스의 개념

구분	범 위
광의	교육서비스, 보건서비스, 의료서비스, 사회복지서비스, 환경서비스, 문화서비스 등
협의	보건서비스, 의료서비스, 사회복지서비스
최협의	(사회복지서비스) 사회적 돌봄서비스, 노인활동보조, 건강관리서비스, 장애인활동보조, 장애아동돌봄, 보육서비스, 일상생활 지원서비스, 가사지원 및 간병 서비스, 인지·인성 발달지원서비스 등

2) 사회서비스의 특징

Bahle(2003)은 사회서비스의 주요 특성 네 가지에 따라 사회서비스를 사회적으로 중요한 욕구를 충족시키기 위한 대인서비스라고 정의한 바 있다. 그에 의하면

사회서비스의 주요 특성은 첫째, 사회서비스는 일반적으로 대인(personal)서비스이다. 둘째, 사회서비스는 개인의 사회적 욕구를 충족시킨다. 셋째, 사회서비스는 직접적인 사회적 상호관계 속에서 사람으로부터 사람에게 수행된다. 넷째, 사회적 서비스는 사적 관계를 넘어선 사회적 중요성을 의미한다.

사회서비스의 특징

상술한 사회서비스의 개념에 비추어 사회서비스의 특징을 살펴보면,

① 사회서비스는 국민의 일상생활을 지원하고, 가족과 공동체를 위한 생활서비스이다. 즉, 아동이나 노인들을 위한 돌봄서비스나 문화생활을 위한 여가서비스 등 생활지원서비스이다.

② 소득의 양극화로 인해 교육이나 의료, 케어 등 상대적인 불평등과 관련된 요구가 강한 서비스이다.

③ 사회적으로 필요하나 시장에서 최적의 양이 공급되지 못해 주로 초기에 공공부문에서 제공기반이 마련될 필요가 있는 서비스이다.

④ 이윤추구 등 경제적 동기 외에 이타주의 등 사회적 동기가 결합된 서비스이다.

⑤ 사회적 소비의 총량은 개인적 선택 외에 집단적인 의사결정이 중요한 요소로 작용하는 서비스이다(http://csi.welfare.seoul.kr 참조). 즉, 시장 실패(제15장 제5절 파트너십 참조)를 보완하기 위한 공공부문 역할 강화와 함께 민간 시장 및 산업을 육성하기 위해 사회서비스가 필요하다.

2. 사회서비스정책의 추진배경과 전개과정

1) 사회서비스정책의 추진배경

빈곤과 질병이라는 구사회적 위험에 대처하는 사회복지정책은 소득보장정책과 의료보장정책이었다. 그리하여 우리나라는 2000년대 초 국민기초생활보장제도의 확립과 함께 구사회적 위험에 대처하고자 하였다. 그러나 1990년대 말 IMF 금융위기 후, 저출산, 고령화, 빈곤 근로자, 청년실업, 양극화, 가족해체 등과 같은 새로운 사회문제가 급속히 전개되었다. 이러한 저출산 고령화, 맞벌이 부부의

증가에 따른 아동양육과 노인케어와 같은 신사회적 위험의 확산에 따라 전통적인 사회복지 대상이었던 저소득 취약계층뿐만 아니라, 일반 서민들을 비롯한 모든 사회 계층이 잠재적으로 위험에 직면하고 있다는 인식과 더불어 공급자 중심의 복지서비스 제공에서 이용자 중심의 복지서비스 제공이라는 복지패러다임의 전환에 따라 2000년 중반부터 사회서비스가 주목받게 되었다.

보건복지부(http://www.mohw.go.kr)에 의하면 사회서비스정책의 추진배경을 크게 네 가지로 구분하고 있다.

보건복지부의 사회서비스정책 추진배경

첫째, 저출산, 고령화 등 인구구조의 변화, 핵가족화 등 가족구조의 변화, 여성의 경제활동 참여 증가 등으로 새로운 사회적 위험 등 환경변화에 대한 전략적 대응이다.

둘째, 고용 없는 성장 추세 속에 사회서비스 분야가 일자리 창출의 블루오션으로 등장하였기 때문이다. 사회서비스업은 고용비율이 낮고 고용비중[4]도 낮아 일자리 창출의 잠재력[5]이 큰 분야로 이에 대한 투자 필요성이 제기되었다.

셋째, 단순한 소득보장을 넘어 인적자본 형성을 통한 예방적 복지의 필요성 때문이다. 저출산, 고령화의 가속화로 노동력 감소가 예상되는 가운데 노동공급의 양과 질을 높이기 위해 인적자원 개발을 위한 지속적 투자가 필요하며, 특히 취약계층 아동에 대한 예방적 투자로 기회의 평등을 실현하고 실업과 가난의 대물림을 방지하기 위해서이다.

넷째, 높아진 수요자의 요구에 부응하고 복지재정의 효율적 활용을 위해 사회서비스 전달체계의 개선이 필요하기 때문이다. 종래의 사회복지서비스는 공급자 지원방식으로 소비자의 선택권이 제약되고 전달과정에서 행정, 재정, 관리비용 수반 등 비효율이 발생하였다. 그리하여 소비자의 선택권을 보장하고 관리운영비용의 효율성과 투명성을 높이기 위해 사회서비스 전자바우처 제공방식을 도입하였다.

---

4) 보건 및 사회서비스업 고용비율(1인당 국민소득 26천 달러 시기) 한국 3.18, 일본 7.14, 미국 9.23, 스웨덴 16.44. 사회서비스업 고용비중(2003) 한국 12.6%, OECD 평균 21.7%.

5) 사회복지서비스업의 취업유발계수(28.8)는 서비스업 평균(18.0)은 물론 제조업 평균(8.5)을 상회하여 자체 고용창출효과가 큰 부문임(2012년 기준, 한국은행, 2014).

다섯째, 소득계층 간 양극화의 심화·확산은 상대적 취약계층의 증가로 이어져 사회서비스 수요를 점차적으로 가속화시켜 나가고 있기 때문이다.

본 저서에서는 최협의 개념인 대상별 사회복지서비스정책은 제외하고 저출산 고령화정책과 사회적 일자리정책으로서 사회적 기업, 사회서비스정책으로서 전자바우처사업과 지역사회서비스투자사업을 중심으로 살펴보고자 한다.

2) 사회서비스정책의 전개과정

사회서비스정책이란 개인 또는 사회 전체의 복지증진 및 삶의 질 향상을 위해 사회적으로 제공되는 서비스의 의사결정을 위한 지침이나 지속적인 계획이라고 정의할 수 있다. 이와 같이 정책이란 의사결정을 위한 지침이나 지속적인 계획이지만, 사회경제적 여건에 따라 혹은 정책적 필요에 의해 도입되는 정책부서에 따라 상이한 사회서비스정책을 사용하여 현재 일률적으로 사회서비스정책의 전개과정을 서술하기란 어려운 일이다. 그러므로 그동안 정부 부처에서 사용된 사회서비스 관련 정책들의 변화를 간략히 살펴보고자 한다.

1997년 외환위기 이후 우리 사회는 사회 양극화가 심화되고 상대적 취약계층이 크게 증가하게 되었다. 기존의 사회복지제도로서는 당시 사회적 위기에 직면한 개인이나 가족들을 제대로 보호할 수 없는 수준이 되자 사회복지를 통한 사회안전망에 대한 관심이 높아졌고, 사회서비스에 대한 수요도 급증하였다. 이후 지속 가능한 양질의 일자리와 사회서비스의 공급을 위해 사회적 기업의 육성을 추진하는 과정에서 사회서비스의 새로운 개념이 등장하였고, 2006년 말 「사회적 기업육성법」이 제정되었다. 2007년부터는 인증 사회적 기업이 등장하기 시작했고 이때부터 사회적 일자리사업은 '일자리사업'으로부터 '사회서비스 확충'으로 전환되기 시작하였다. 이와 같이 우리나라의 경우 사회서비스정책은 신사회적 위험의 극복과 일자리 확충과제를 동시에 해결하기 위하여 전개되었다.

사회적기업육성법

2007년 이후부터는 보건복지부가 사회서비스 전자바우처 사업을 추진하면서 사회서비스정책을 주관하였다. 그리하여 보건복지부는 사회서비스정책관실을 신설하고 사회서비스관리센터를 발족함으로써 돌봄서비스를 위주로 4대 전자바우

사회서비스관리센터

처사업을 본격적으로 실시하였다.

이와 같이 최근 10년 동안 사회서비스 관련 정책규모는 급속히 확대되었지만 이를 관리해야 하는 정책수단들이 체계적으로 뒷받침되지 못하고 정책가치나 정책방향들이 제대로 정착되지 못한 채 애매모호한 한계를 지니고 있었다(이재원, 2011). 그리하여 2012년 1월 사회보장기본법이 개정(2013. 1. 시행)되면서 여러 중앙부처에 산재되어 있던 사회서비스정책들을 보건복지부가 총괄 관리하게 되었다. 2013년에는 사회서비스 포괄보조 전환 방안을 마련하여 지역사회서비스 투자사업, 산모신생아 도우미 지원사업, 가사간병 도우미 지원사업을 지역자율형 사회서비스 투자사업으로 통합하였다. 이와 더불어 2014년에는 노인돌봄, 발달장애인부모심리상담서비스가 시행되었으며, 2015년에는 국가바우처 운영체계를 도입하면서 국민행복카드를 출시하였다.

2019년 기준 사회서비스 전자바우처사업의 현황을 정리하면 다음 <표 14-2>와 같다.

우리나라 사회서비스 전자바우처 사업으로 볼 수 없는 것은?

〈표 14-2〉 사회서비스 전자바우처 사업 현황

사업명		바우처 시작연도	대 상	선정기준	지원수준	본인부담금 (월/ 원)
노인돌봄 종합	방문·주간 보호서비스	07. 5월	만 65세 이상 노인	노인장기요양등급 외 A, B 판정자 중 중위소득 160% 이하	방문서비스 월 27, 36시간 주간보호서비스 월 9, 12회	면제 ~97,000원
노인돌봄 종합	노인단기 가사서비스	14. 2월	만 65세 이상 독거노인 또는 부부 모두 75세 이상	중위소득 160% 이하 골절(인공관절 포함) 또는 중증질환 수술자로 최근 2개월 이내의 진단서(소견서) 필요	월 24시간 (최대 2개월)	면제 ~65,000원
장애인 활동지원	장애인 활동지원	11. 11월	등록 1~3급 장애인 (만 6세 이상~ 만 65세 미만)	인정점수 220점 이상 1~3급 장애인	등급에 따라 47~118시간	면제 ~113,500원
장애인 활동지원	시·도 추가지원	10. 10월	등록 1~6급 장애인 (시도별 등급상이)	시·도별 상이	시도 및 등급에 따라 10~868시간	시도 및 등급별 상이
지역자율형 사회서비스 투자사업	지역사회 서비스투자	07. 8월	사업별로 상이	중위소득 120% 이하 (사업별로 상이)	사업별로 상이 (월 1~20회)	사업별로 상이
지역자율형 사회서비스 투자사업	산모신생아 건강관리지원	08. 2월	출산 가정	기준중위소득 100% 이하 단, 소득기준을 초과하는 대상자에 대해 시·군·구별 예외 지원 가능	등급에 따라 5~25일간 건강관리사 파견	기관별 상이
지역자율형 사회서비스 투자사업	가사간병 방문지원	08. 9월	기초수급자 및 차상위계층 (만 65세 미만)	생계·의료·주거·교육급여 수급자, 차상위계층 중 가사간병 서비스가 필요한 자	월 24, 27시간	면제 ~22,680원

<table>
<tr><td rowspan="2">장애아동 가족지원</td><td>발달재활 서비스</td><td>09. 2월</td><td>만 18세 미만</td><td>기준중위소득 180% 이하 (소득별 차등 지원)</td><td>월 14~22만원 내에서 포인트 지원 (월 8회 주 2회/ 회당 50분)</td><td>면제~ 최대 8만원 (제공기관 직납)</td></tr>
<tr><td>언어발달지원</td><td>10. 8월</td><td>만 12세 미만 비장애 아동</td><td>기준중위소득 120% 이하 (소득별 차등 지원)</td><td>월 16~22만원 내에서 포인트 제공</td><td>면제~ 최대 6만원</td></tr>
<tr><td rowspan="3">발달장애인 지원</td><td>발달장애인 부모상담 지원</td><td>14. 2월</td><td>발달장애인 자녀의 부모</td><td>발달장애인으로(장애인복지법상 지적, 자폐성 장애인) 등록된 자녀의 부모 및 보호자</td><td>월 16만원 포인트 제공(회당 50~100분, 월 3~4회 이상)</td><td>4천 원~ 최대 4만 원</td></tr>
<tr><td>발달장애인 주간활동 서비스</td><td>19. 3월</td><td>만 18세 이상 65세 미만 발달장애인</td><td>만 18세 이상 65세 미만의 장애인복지법상 등록된 지적 및 자폐성 장애인</td><td>월 44, 88, 120시간</td><td>없음</td></tr>
<tr><td>청소년 발달장애학생 방과후활동 서비스</td><td>19. 9월</td><td>만 12세 이상 18세 미만 발달장애인</td><td>만 12세 이상 18세 미만으로 일반 중·고등학교 및 특수학교에 재학 중인 발달장애학생</td><td>월 44시간</td><td>없음</td></tr>
<tr><td colspan="2">임신출산 진료비 지원</td><td>08. 12월</td><td>임신확인서로 임신이 확진된 신청자</td><td>임신확인서로 임신이 확진된 건강보험 가입자</td><td>임신 1회당 60만원 (일 한도 없음) (다태아의 경우 100만원)</td><td>면제</td></tr>
<tr><td colspan="2">청소년산모 임신출산 의료비 지원</td><td>15. 5월</td><td>만 18세 이하 청소년산모</td><td>임신확인서상의 임신확인일 기준 만 18세 미만의 청소년부모</td><td></td><td>면제</td></tr>
<tr><td colspan="2">기저귀 조제분유 지원</td><td>15. 10월</td><td>저소득층 영아 (24개월 미만)</td><td>만 2세 미만 영아를 둔 저소득층 가구</td><td></td><td>면제</td></tr>
<tr><td colspan="2">에너지바우처</td><td>15. 10월</td><td>생계급여 또는 의료급여 수급자</td><td>생계급여 또는 의료급여 수급자 가구원</td><td>1인 가구 : 91,000원
2인 가구 : 128,000원
3인 가구 : 156,500원</td><td>면제</td></tr>
<tr><td colspan="2">아이돌봄지원</td><td>17. 1월</td><td>시간제 : 만 3개월~ 만 12세 이하 아동
종일제 : 만 3~36개월 영아</td><td>기준 중위소득 150% 이하 가구</td><td>소득 유형별 상이</td><td>소득 유형별 상이</td></tr>
</table>

출처 : 사회서비스 전자바우처(http://www.socialservice.or.kr).

3. 사회서비스정책의 공급체계

한국의 사회(복지)서비스는 새로운 서비스를 새로운 방식으로 누적해 왔기 때문에 복잡한 공급체계를 가지고 있다. 그러므로 사회(복지)서비스의 공급체계는 정부의 역할을 중심으로 크게 재정지원체계(funding system)와 관리체계(regulation system)로 구분하여 살펴볼 수 있다. 재정지원체계는 공급자 지원과 수요자 지원 방식으로 구분하여 살펴볼 수 있고, 관리체계에서는 제공기관을 살펴볼 필요가 있다(김용득, 2012).

1) 공급자 지원과 수요자 지원

현재 우리나라 사회(복지)서비스는 전통적인 공급자 지원방식(국가 직영, 기관지원)과 수요자(개인별) 지원방식(전자바우처사업[6])이 공존하고 있다. 기관지원방식은 기관운영비 지원(정부는 운영비를 지원하여, 특정 이용자 집단에게 서비스하도록 하는 방식 : 복지시설과 종합사회복지관 등)과 프로그램 지원(관리운영 의탁이 아닌 특정 과제를 수행하는 데 필요한 임대료, 인건비, 사업비를 지원하는 방식 : 공동모금회 등)으로 구분해 볼 수 있고, 개인별 지원은 정부가 특정 기준에 해당하는 개인에게 서비스의 내용과 양을 결정해 주고, 이들에게 서비스를 제공한 기관에 비용을 지급하는 방식(노인돌보미, 간사간병서비스, 지역사회서비스 투자, 보육서비스의 보육료 지원)이다. 현재까지는 두 방식이 공존하고 있지만 보건복지부는 사회서비스정책에서 새로운 수요자 지원방식을 선호하는 듯하다. 그러나 학계에서는 공급자를 지원하는 기존의 사회(복지)서비스 공급 영역에 대하여 수요자를 지원하는 방식으로 대체되어야 하는지에 대한 논의가 이루어지고 있다.

공급자 지원방식에서 수요자 지원방식 전환

다음의 |그림 14-1|은 정부의 재정지원방식이 공급자 지원방식에서 수요자 지원방식으로 전환되는 것을 중심으로, 사회(복지)서비스의 네 가지 운영주체의 관계 흐름이 어떻게 변화될지를 묘사해 본 것이다. 사회(복지)서비스를 전망함에 있어, 현재 우리나라의 상황은 구체적인 제도마다 크게 다른 상황이어서 포괄적인 전망은 어렵지만 |그림 14-1| 수요자 지원방식으로 그 무게중심이 옮겨가고 있는 실정이다.

6) 공급자 지원방식과 수요자 지원방식의 비교는 제2부 제6장 제2절 급여 유형 중 4. 바우처 참조

사회복지서비스 운영주체

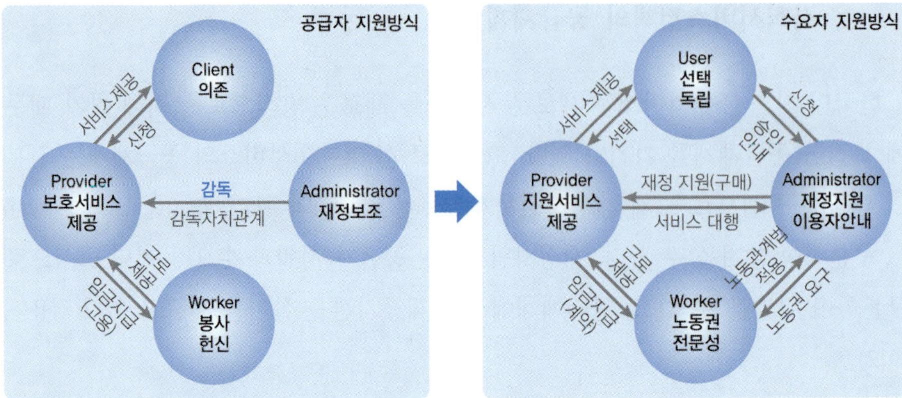

|그림 14-1| 사회(복지)서비스 운영주체의 관계흐름도

기존 방식(공급자 주도)		새로운 방식(수요자 주도)
① 공급자 지원	⇨	① 수요자 지원(바우처 방식)
② 단일한 제공기관		② 복수의 제공기관
③ 중앙정부의 직접 가격 결정		③ 시장, 경쟁을 통한 가격 결정
④ 중앙집중식·하향식		④ 지방분권식·상향식
⑤ 소규모 기관별 지원		⑤ 규모의 경제를 통한 산업화

2) 제공기관 관리

제공기관의 관리는 국가가 재정을 부담하는 서비스 영역에 공급자로 진입하는 단계에서 이루어지는 진입관리 체계와 진입한 공급자를 감독하는 평가체계로 구성된다. 대부분의 사회(복지)서비스 관련 시설은 사회복지사업법에 근거하여 시설을 신고하고, 시설평가를 받도록 되어 있다. 사회서비스바우처사업은 「사회서비스 이용 및 이용권 관리에 관한 법률」 제30조에 근거하여 서비스를 등록하고, 품질에 대한 평가를 받는다. 2012년부터 시작된 사회서비스 품질평가는 매년 시행되고 있으며 이용자의 관점에서는 ① 제공기관의 선택권 강화 및 ② 서비스 만족도 제고, 제공기관의 입장에서는 ③ 역량강화 및 서비스 품질향상이라는 목적을 가지고 있다.

특히 사회서비스 공급체계의 면에서 보면 서비스 질의 관리와 평가에 대한 획기적 개선 없이 단순히 양적 공급을 늘리는 것은 비효과적이고 비효율적인 서비스 체계의 문제점을 확대 재생산하게 될 수 있다. 사회서비스의 효과성과 효율성을 높이고 국민의 복지체감도를 획기적으로 개선하기 위해서는 사회서비스정책의 성과관리와 평가체계의 획기적인 개선이 요구된다(이봉주, 2012).

4. 사회서비스정책의 향후 추진과제

사회서비스정책의 향후 추진과제는 다음과 같다.

첫째, 보편적 서비스로서 사회서비스의 공급 확대가 필요하다. 이는 사회복지서비스의 무조건적인 확대를 의미하는 것이 아니라 미충족 정도가 높은 사회서비스의 우선적 확대(돌봄서비스 등), 수요자의 생활(농촌가구, 빈곤가구 등)을 고려한 서비스 확대 그리고, 중산층 이상의 소득수준에서도 서비스 수요가 상당히 높아 서비스에 대한 일부 비용 부담을 전제로 하는 사회복지서비스 확충을 고려해 볼 수 있다.

둘째, 현재 공급자 지원방식과 수요자 지원방식의 병존에 따르는 제반 문제를 해소하기 위해 가능한 한 바우처 방식에 의한 수요자 지원방식의 사회복지서비스를 확대할 필요가 있다.

셋째, 서비스 품질을 관리하는 감독체계가 필요하다. 최근 사회복지서비스는 양적으로 크게 확대되고 있으며, 많은 부분 지방이양이 되었는데, 사회복지서비스의 품질은 적절하게 관리되지 않고 있고 지역 간 격차도 크다. 따라서 먼저 케어서비스의 표준(care service standard)을 마련할 필요가 있다.

넷째, 사회서비스를 제공하는 인력을 관리하는 장치가 마련되어야 한다. 사회복지서비스를 필요로 하는 사람들이 최소한의 안전이 보장된 서비스를 받을 수 있도록 사회복지서비스에 신규로 진입하는 사람들에 대한 검증시스템을 확보하고, 또한 신규로 진입하는 인력을 체계적으로 훈련시키고, 지속적으로 관리할 수 있는 훈련, 관리시스템을 구축해야 한다.

다섯째, 사회복지 통합관리시스템을 통하여 통합적 관리와 원스톱 서비스를 제공할 수 있도록 해야 할 것이다. 이를 위해 여타 사회서비스 분야와의 연계성을 강화할 필요가 있다. 예를 들면, 8개 서비스를 통합하여 제공하고 있는 호주의 Centerlink, 미국과 영국에서의 고용과 복지서비스의 연계 사례나 일본의 보건과 복지서비스의 연계 사례를 참조할 수 있을 것이다. 향후 사회서비스정책은 고용, 교육, 주거, 복지, 문화, 사회체육, 환경 서비스의 통합을 추구해 나가야 할 것이다(노기성 편, 2011).

제 2 절 저출산·고령화 정책

1. 저출산 · 고령사회의 인구변화

저출산사회 =인구대체 수준 2.1 이하인 사회

"저출산 사회는 일반적으로 한 사회가 일정 시점의 인구구조를 계속 유지하기 위하여 필요한 인구대체 수준이 2.1 이하인 상태의 사회"를 말한다. 이는 가임여성(15~49세) 1명이 2명의 자녀를 낳아야 안정된 정체상태를 유지할 수 있음을 의미한다. 우리나라의 합계출산율은 1960년에 6.0명으로 매우 높은 수준이었으나 1980년대 이후 빠르게 하락하였으며 1984년에 이미 인구대체 수준인 2.1명에 도달하였다. 이러한 추세는 2000년 1.47명을 거쳐 2006년 1.07명, 2010년 1.22명, 2018년 0.98명으로 OECD 국가 중 최저 수준(세계 전체 2.69, OECD 평균 1.6, 일본 1.32, 미국 2.11, 뉴질랜드 1.90 등)이며, 출생아 수도 지속적으로 감소하고 있다. 저출산의 문제는 결국 고령화 및 고령사회에서 부양을 둘러싼 노동력 감소, 사회적 갈등의 심화, 가족관계의 해체 등을 가속화할 수 있다는 점에서 정치, 경제, 사회, 문화 전반에 걸쳐 심각한 문제를 파생시킬 수 있기 때문에 국가실천전략 차원에서 대책들이 마련되어야 한다.

초고령사회란?

이러한 저출산 현상은 인구고령화와 맞물린다. 우리나라는 2017년에 고령사회(전체 인구 중 65세 이상 인구가 14%를 넘는 사회), 2026년에는 초고령사회(전체 인구 중 65세 이상 인구가 20%를 넘는 사회)에 진입할 전망이며 2016년에는 노인인구가 유소년인구보다 많아지는 인구역전 현상이 초래될 것이다. 고령화 속도는 프랑스의 경우 노인인구가 7%에서 14%로 될 때까지 걸린 기간이 100년이 넘지만 우리나라는 18년으로 일본의 24년보다 더 짧은 기간에 고령화사회로 진입하게 될 것이다.

아울러 UN 인구추계에 따르면, 한국의 노인인구 비중은 2010년 10명 중 1명에서 2060년 10명 중 4명꼴로 세계 최고수준에 도달할 전망이다. 2013년 1월 22일 통계청과 유엔, 미래에셋은퇴연구소에 따르면 올해 우리나라의 노년부양비는 16.7%로 추정된다. 이는 생산가능인구(15~64세) 100명이 노년(65세 이상) 인구 16.7명을 부양한다는 뜻으로, 젊은이 6명이 노인 1명을 부양하고 있는 셈이다. 생산가능인구를 기준으로 한 한국의 노년부양비는 2020년 22.1%, 2030년에는 38.6%로 치솟는다. 2040년에는 57.2%로 일본(63.3%)에 육박하고 2050년에는 일본을 앞질러 2060년이 되면 101%로 근로자 1명이 노인 1명을 부양해야 할 것으로(일본의 경우 2060년 95.7% 예상) 전망된다.

2. 저출산 · 고령사회의 파급문제

저출산·고령사회의 파급문제로 볼 수 없는 것은?

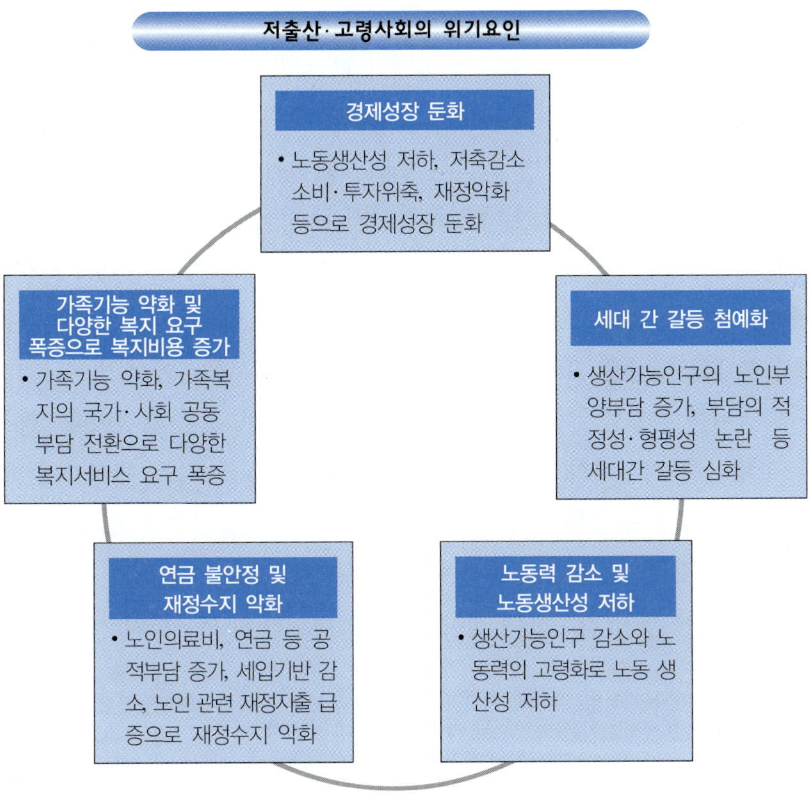

저출산 · 고령사회의 위기요인에 대한 설명으로 옳지 않은 것은?

|그림 14-2| 저출산·고령사회의 파급문제

저출산 · 고령사회의 파급문제로 볼 수 없는 것은?

이와 같이 저출산 고령사회는 ① 경제성장의 둔화와, ② 세대 간 갈등 심화, ③ 노동력 감소 및 생산성 저하, ④ 연금 불안정·재정수지 악화, ⑤ 가족기능 약화와 다양한 복지요구 폭증으로 복지비용 증가 등 정치, 경제, 사회 전반에 심각한 문제를 초래하게 될 것이다.

3. 저출산 · 고령사회의 대응전략

우리나라는 저출산 고령사회에 대응하여 2004년 고령화미래사회위원회의 「저출산·고령사회대응을 위한 국가실천전략」과 「저출산 사회 대책 기본법」(2004. 9. 7)을 마련한 바 있고, 2006. 7. 14. 저출산고령사회위원회는 저출산·고령화 문제에 본격 대처하기 위하여 「모든 세대가 함께 하는 지속발전가능사회」의 장기비전하에, 제1차 기본계획(새로마지플랜 2010)을 마련하여 '출산·양육의 장애요인 해소와 고령사회 대응기반 구축'을 추진하고자 하였다.

제1차 기본계획은 출산과 양육에 장애가 없는 환경 조성, 고령사회 삶의 질 향상 기반 구축, 저출산·고령사회의 성장동력 확보의 3대 분야의 대책과 10개 과제를 제시하였다. 그 후 2010. 9. 29. 저출산 위원회는 저출산·고령화 문제의 심각성을 다시 한번 인식하고, 범국가적인 저출산·고령사회 대응체계 강화를 위해

새로마지플랜 2015

'제2차 저출산·고령사회 기본계획(새로마지플랜 2015)'을 마련하였다. 제2차 계획은 제1차 계획과 달리, 기존 저소득층 위주 지원에서 탈피하여 맞벌이 가구와 베이비붐 세대로 대상을 확대하여 체감도를 높이고, 정부중심에서 벗어나 기업·국민들의 참여를 유도할 수 있는 다양한 정책을 마련한 것이 특징이다. '제3차 저

브릿지 플랜 2020

출산·고령사회 기본계획(브릿지 플랜 2020 : 2016~2020)'은 모든 세대가 함께 행복한 지속발전사회 구현을 비전으로 정책목표는 합계출산율을 현재 1.21명에서 2020년 1.5명으로 높여 초저출산을 탈피하고, 노인빈곤율을 현재 49.6%에서 2020년에는 39%까지 감축하는 것이다[7]. 2021년부터 2025년까지 시행되는 제4차

노인빈곤방지를 위한 노인일자리 및 사회활동 종합계획은 무엇인가? : 앙코르 라이프 플랜

7) 베이비붐 세대가 본격적인 퇴직을 하기 시작하면서 노년층 일자리 구하기 경쟁이 격화되어 노후빈곤 문제를 더욱 악화시키는 요인으로 작용하고 있다. 그리하여 정부는 2018-2022 제2차 노인일자리 및 사회활동 종합계획(앙코르 라이프 플랜)을 마련하여 보건복지부는 어르신 일자리 사업으로서 공익활동과 시장형, 인력파견형 일자리 사업을 통하여 2017년 43만 개에서 2022년까지 80만 개로 늘리기로 하였다. 앙코르 라이프 플랜의 목표는 보람 있는 일, 활기찬 노후, 행복한 사회를 모티브

저출산·고령사회 기본계획은 모두가 생애 주기에 따른 **삶의 권리**를 **보장**받음으로써 「**모든 세대가 함께 행복한 지속 가능 사회**」를 구현한다는 비전을 제시하고 **핵심 정책에 대한 과감한 투자**를 통해 **청년층과 아이를 키우는 부모**의 정책 체감도를 제고하고, **가족지원 투자**를 지속적으로 확대해 나갈 것을 기본 방향으로 설정하였다. 그리하여 함께 일하고 함께 돌보는 사회 조성, 건강하고 능동적 고령사회 구축, 모두의 역량이 발휘되는 사회, 인구구조 변화에 대응한 적응과 도약이라는 4대 추진전략과 20개 추진과제를 제시하고 있다.

제4차 저출산 · 고령사회 기본계획의 추진과제로만 옳게 짝지어진 것은?

제4차 기본계획의 정책체계도

비전: 모든 세대가 함께 행복한 지속 가능 사회

목표: 개인의 삶의 질 향상 / 성평등하고 공정한 사회 / 인구변화 대응 사회 혁신

추진전략

1. 함께 일하고 함께 돌보는 사회 조성
   ① 모두가 누리는 워라밸
   ② 성평등하게 일할 수 있는 사회
   ③ 아동돌봄의 사회적 책임 강화
   ④ 아동기본권의 보편적 보장
   ⑤ 생애 전반 성 · 재생산권 보장

2. 건강하고 능동적인 고령사회 구축
   ① 소득공백 없는 노후생활보장체계
   ② 예방적 보건 · 의료서비스 확충
   ③ 지역사회 계속 거주를 위한 통합적 돌봄
   ④ 고령친화적 주거환경 조성
   ⑤ 존엄한 삶의 마무리 지원

3. 모두의 역량이 고루 발휘되는 사회
   ① 미래 역량을 갖춘 창의적 인재 육성
   ② 평생교육 및 직업훈련 강화
   ③ 청년기 삶의 기반 강화
   ④ 여성의 경력유지 및 성장기반 강화
   ⑤ 신중년의 품격있고 활기찬 일 · 사회참여

4. 인구구조 변화에 대한 적응
   ① 다양한 가족의 제도적 수용
   ② 연령통합적 사회 준비
   ③ 전 국민 사회안전망 강화
   ④ 지역상생 기반 구축
   ⑤ 고령친화경제로의 도약

추진체계
① 연도별 중앙부처 · 지자체 시행계획 수립
② 중앙 · 지자체 인구문제 공동대응 협의체 운영 등 중앙 · 지역 거버넌스 구축

|그림 14-3| 제4차 저출산·고령사회 기본계획(2021~2025)

로 하고 있다. 앙코르 라이프 플랜은 다음 그림의 '제3차 저출산·고령사회 기본계획'의 추진전략 가운데 고령자 인력의 활용에 해당된다고 볼 수 있다.

제 3 절 사회서비스 일자리정책

1. 사회적 일자리와 사회서비스 일자리정책

1) 사회적 일자리의 필요성과 범주

사회적 일자리

사회적 일자리정책은 “사회적으로 유용하지만 수익성 때문에 시장에서 충분히 공급되지 못하는 사회서비스 부분에서의 일자리 정책”으로 정의된다. 외국의 사례에서 정확히 일치하는 개념을 찾기는 어렵지만 대체로 유럽에서 채택된 ‘사회적 기업’ 혹은 ‘사회적 경제’[8] 개념과 관련된 일자리 정책을 통칭하여 사회적 일자리 개념으로 볼 수 있다.

한국에서 사회적 일자리의 개념은 1997년 말 외환금융위기에 따른 경제위기 상황에서 추진된 실업대책과 관련해서 처음 등장하였다. 정부는 제도화된 사회안전망이 불충분한 상황에서 대량실업에 대응하여 대규모 공공근로사업을 시행하였다. 그러나 공공근로는 안정적인 일자리로 전환되기 어려운 한계가 있어 새로운 형태의 발전방안을 모색하게 되었고, 그 결과 한 단계 발전된 형태로서 자활지원사업이 출현하게 되었다. 이후 외국의 사회적 경제, 사회적 기업 사례를 모델로 제2섹터 중심의 일자리 창출 개념인 ‘사회적 일자리’가 제시되었다.

사회서비스 일자리정책의 필요성

사회적 일자리정책의 필요성은 다음 두 가지 측면에서 살펴볼 수 있다.

첫째, 노동공급 측면으로서 장기적인 경제침체로 인해 우리 경제의 성장잠재력이 둔화되고 있는 데 기인한다. 경제성장률이 높아진다 하더라도 기술의 발달 및 산업구조의 변화로 인하여 고용흡수력이 현저히 떨어지고 있기 때문에 과거와는 달리 충분한 일자리가 창출되지 못하고 있다.

둘째, 노동수요 측면으로서 ① 고령화사회의 진입과 함께 노인간병, 노인복지 등 관련 사회적 서비스에 대한 수요가 증가하고 있으나, 현재의 복지수준으로는

8) 사회적 경제로 보는 시각은 맨 처음 프랑스에서 발전한 것으로는 협동조합형 기업, 상호부조 조합 유형의 조직, 결사체의 세 가지 유형으로 분류된다. 비영리부문과 사회적 경제는 공식성, 사적 특성, 자율성, 자발성이라는 면에서 유사점을 가진다(한국노동연구원, 2003).

이를 충분히 충족시킬 수 없는 상태이며, ② 맞벌이 여성이 증가하고 가족의 해체가 가속화되는 등 여성의 경제활동 참가율이 증가하면서 과거 사적 영역에서 여성이 제공하였던 가사, 보육 및 간병 등의 서비스에 대한 새로운 수요가 창출되고 있다. 따라서 노동공급 측면에서 이러한 분야는 일자리의 수요 및 공급 간 선순환이 이루어질 수 있을 것으로 예상된다.

한편 일자리의 성격을 공익형 일자리와 비공익형 일자리로 구분할 수 있는데, 여기서 공익형 일자리에는 국가행정, 사회서비스, 사회 간접자본, 환경사업 등이 포함되고, 비공익형 일자리에는 사적인 이윤 창출 및 획득을 위한 제반 활동이 포함된다. 또한 일자리의 창출 및 운영주체는 국가, 공공, 민간으로 구분된다. 국가의 일자리에는 국가의 고유한 행정서비스를 행하는 일자리, 사회서비스에 대한 국가부문의 일자리, 빈민에 대한 공적 일자리 창출사업의 일환으로 행해지는 공공근로, 자활사업, 자활공동체, 사회서비스 일자리가 포함된다. 공공부문의 일자리에는 NPO(NGO) 등이 행하는 공익활동 일자리와 사회적 기업, 협동조합 등에서 창출·운영되는 공익·비공익형 일자리를 들 수 있다. 또한 민간부문의 일자리는 민간 영리기업에서 행해지는 사업과 관련한 일자리를 들 수 있다. 사회적 일자리의 범주를 구분해 보면 다음 <표 14-3>과 같다.

〈표 14-3〉 **사회적 일자리의 범주 구분**

	공익형 일자리	비공익형 일자리
국가	국가의 고유한 행정서비스를 행하는 일자리	
	개인 사회서비스 수요에 대한 국가차원 대응에서 생겨나는 일자리	
	공공근로 자활사업, 자활공동체, 사회서비스 일자리정책 (저소득층에 대한 공적 일자리 창출)	
공공	NPO(NGO) 등이 행하는 공익사업에서 생겨나는 일자리	
	사회적 기업, 협동조합 등에서 공익형 사업을 할 경우 생겨나는 일자리	사회적 기업, 협동조합 형태로 행해지는 비공익형 일자리
사적	민간 영리기업에서 행하는 사회서비스, 환경사업, 문화, 관광, 사회간접자본의 건설 등에서 생겨나는 일자리	시장에서 일반적인 기업활동으로 생겨나는 일자리

출처 : 한국노동연구원(2003). 사회적 일자리 창출방안 연구. 노동부, pp. 5-6. 재구성.

2) 사회서비스 일자리정책

사회서비스 일자리정책[9]은 명확히 규정되어 있지는 않지만 2000년대 초반부터 시행해 오던 사회적 일자리 정책이 사회서비스와 결합되면서 만들어진 용어이다. 2005년에 사회적 일자리 사업이 사회서비스와 연계되면서, 시행 부처가 노동부뿐만 아니라 보건복지부, 교육부, 여성부 등으로 확대되었다. 이 중 보건복지부는 노인돌봄서비스, 가사간병방문도우미, 산모신생아 도우미 지원, 지역사회서비스투자사업, 아동안전지킴이, 요보호아동그룹홈 형태 보호, 장애인복지 일자리 지원 등 다양한 사업을 운영하고 있다.

사회서비스 일자리정책의 문제점
- 중복급여
- 누락급여
- 과다급여

이러한 사회서비스 일자리정책은 각 부처별로 다양한 사업이 있으나 유기적으로 연결되지 못하고 사업의 중복 및 누락이 발생하는 등 비효율적으로 운영되고 있다는 지적이 끊임없이 제기되고 있다. 따라서 보건복지부의 자활사업과 사회서비스 일자리정책과 고용노동부의 사회적 기업 등은 서로 연계조정하여 중복급여나 과다급여, 누락급여를 방지하고 적극적 노동시장정책의 협력체계를 구축해 나가야 할 것이다.

여기서는 사회적 일자리정책으로서 고용노동부의 사회적 기업과 사회서비스 일자리정책으로서 보건복지부의 사회서비스 전자바우처사업을 살펴보고자 한다.

제 4 절 사회적 경제와 사회적 기업

1. 사회적 경제의 정의와 유형 및 지원체계

1) 사회적 경제의 개념과 특징

Global Social Economic Forum(Gsef, 2013)에 의하면 "사회적 경제는 '민주적 의사결정구조를 갖추고, 자본에 따른 수익배분을 제한하는 원칙에 따라 운영되는

9) 2009년부터 보건복지부는 개념과 용어의 혼란을 방지하기 위해 사회적 일자리정책에서 사회서비스 일자리정책으로 용어를 일원화하기 시작하였다. 고용노동부는 사회적 일자리라는 용어보다 고용서비스정책이라는 용어를 사용하고 있다.

조직들의 활동'을 의미한다. 새로운 개념인 것 같지만 공정무역(Fair Trade), 지역화폐(LETS), 생활협동조합, 사회적 기업, 마을기업, 청년소셜벤처[10] 등이 사회적 경제 활동에 속한다. 사회적 경제는 오늘날 고용문제의 대안적 형태의 일자리를 창출하고 우애의 원칙에 기초한 지역사회 네트워크 구축을 통한 사회적 지지망을 보다 공고하게 만들뿐 아니라 이런 사회적 네트워크 확장을 통해 다른 사회서비스의 소비를 촉진하는 기능도 한다는 점에서 중요한 의미를 가진다.

사회적 경제
- 우애의 원칙
- 지역사회 네트워크 구축
- 사회서비스의 소비촉진 기능
- 제3섹터 경제영역
- 공동체적 이익과 사회적 가치 추구

이와 같이 사회적 경제는 인간이 중심이 아닌 이윤만을 극단적으로 추구하는 경제체계로 인해 발생한 실업문제, 빈부격차의 문제 등을 포함한 지속가능한 사회체계에 대한 희망을 찾을 수 없는 상황에 대한 경제적 대안으로 제시된 "사회적 경제"란 공공경제와 시장경제와는 다른 제3섹터 경제영역으로서 공동체 구성원의 호혜협력과 사회연대적 관계를 바탕으로 한 사회적 경제조직들이 재화와 용역을 생산함으로써 공동체적 이익과 사회적 가치를 추구하는 민간영역의 모든 사회경제적 활동을 말한다.

♣ 사회적 경제의 특징

① 사회 구성원 또는 공공에 대한 공헌을 목적으로 하는 경제활동으로
② 이윤 배분의 사회성과 운영의 민주성이 보장되며
③ 생산의 최종 목적이 잉여 창출이 아니며
④ 생산 또는 교환, 분배, 소비와 같은 살림살이로서의 경제활동을 본원으로 하는
⑤ 호혜성과 나눔의 재분배 원리로 움직이는 경제이다.

♣ 사회적 경제의 비중과 평가

- EU 전체 GDP 중 사회적경제 비중 10%, 고용비중 6.5%
- EU 등 주요 국가들의 경우 저성장·저고용으로 경제구조가 변화함에 따라 사회적 경제를 새로운 해결책으로 평가

출처 : 2019 정부업무 평가 자료.

사회적 경제의 특징으로 볼 수 없는 것은?

10) 창의성과 혁신성을 가지고 영업활동을 통한 수익을 기반으로 사회문제를 해결하고 시민 삶의 질을 높이는 등 사회적 목적을 추구하는 진취적인 사회적 기업

2) 사회적 경제의 유형과 지원체계

사회적 경제의 유형에는 ① 공공의 이익에 부합하는 사회적 가치를 추가하면서 재화 및 서비스의 생산·판매 등 영업활동을 하는 기업으로서 사회적 기업, ② 마을 공동체에 기반을 두고 주민의 자발적 참여와 합동적 관계양에 기초해 주인 욕구와 지역문제 해결을 추구하는 기업으로서 마을기업, ③ 공동소유, 민주적 운영을 통하여 경제적, 사회적, 문화적 필요와 욕구를 이루는 사람들의 자발적 결성으로서 협동조합, ④ 사랑의 사회, 경제적 자립을 돕는 활동으로 일자리 창출이 가장 큰 목표인 '국민기초생활보장법'에 따른 기업으로서 자활기업, ⑤ 농어촌공동체회사가 있다.

사회적 경제의 유형 중 보건복지부가 정책을 총괄하는 조직은? – 자활기업

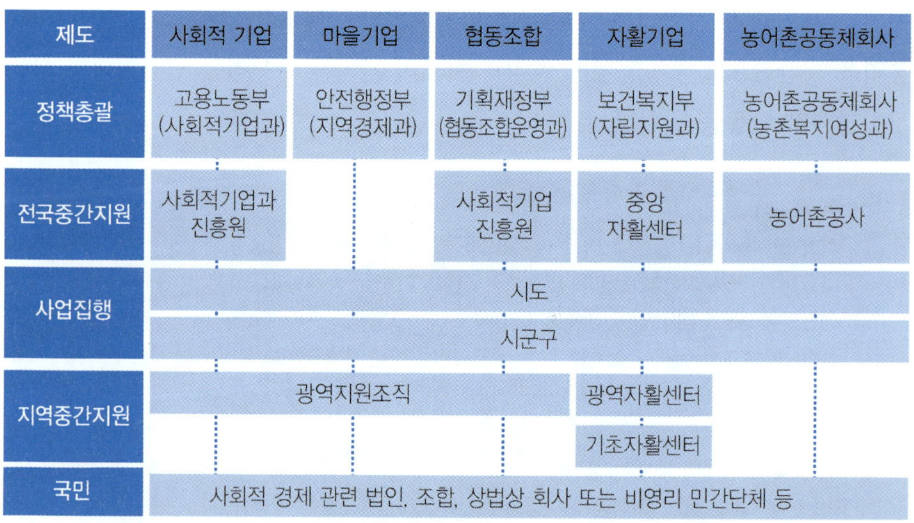

|그림 14-4| 사회적 경제의 유형과 지원 체계

출처 : 한국행정연구원.

최근 정부(기획재정부)는 2017년 사회적경제기본법을 제정하고 사회적 경제 활성화로 좋은 일자리 창출, 사회서비스 혁신, 도시재생 등 다양한 사회문제 해결과 사회적 경제 생태계 구축을 통해 사회적 경제를 시민경제 모델로 정착하고자 노력하고 있다(2019 국정과제 정부업무평가 자료).

2. 사회적 기업의 개념과 유형

1) 사회적 기업의 정의와 목적

사회적 기업
- 사회적 목표를 가진 사업
- 공공의 이익 추구
- 비영리조직과 영리기업의 중간형태
- 이윤을 지역공동체에 재투자

사회적 기업(社會的企業) 또는 social business, social enterprise는 주로 사회적 목표를 가진 사업을 말한다. OECD는 사회적 기업을 "공공의 이익을 위해 수행되며, 이윤 극대화가 아닌 특정한 사회 경제적 목표 달성을 최종 목적으로 하는 기업"으로 정의한다. 사회적 기업은 영업 활동을 수행함으로써 사회적 목적을 추구하므로 비영리조직과 영리기업의 중간 형태라고 볼 수 있다. 협의의 사회적 기업은 취약계층에게 사회서비스 또는 일자리를 제공하여 지역주민의 삶을 질을 높이는 등의 사회적 목적을 추구하면서 재화 및 서비스의 생산 판매 등 영업활동을 수행하는 기업이라 정의할 수 있다. 광의적으로는 주주나 소유자를 위한 이윤 극대화를 추구하기보다는 우선적으로 사회적 목적을 추구하면서 이를 위해 이윤을 사업 또는 지역공동체에 다시 투자하는 기업이라 할 수 있다(오은진 외, 2011 : 64).

사회적기업 육성법이란?

사회적기업육성법 제2조에 따르면 사회적 기업이란 취약계층에게 사회서비스 또는 일자리를 제공하여 지역주민의 삶의 질을 높이는 등의 사회적 목적을 추구하면서 재화 및 서비스의 생산·판매 등 영업활동을 하는 기업, 주주나 소유자를 위한 이윤 극대화를 추구하기보다는 우선적으로 사회적 목적을 추구하면서 이를 위해 이윤을 사업 또는 지역공통체에 다시 투자하는 기업을 말한다.

사회적 기업의 조직형태는 비영리법인·단체, 조합, 상법상 회사 등 다양하게 인정하고 있으며 유급근로자를 고용하여 영업활동을 통한 수입이 노무비(인건비)의 30% 이상이 되어야 한다.

사회적 기업의 목적에 대한 설명으로 옳지 못한 것은?

사회적 기업의 사회적 목적

- 취약계층(저소득자, 고령자, 장애인, 성매매피해자, 장기실업자, 경력단절여성 등)에게 일자리 또는 사회서비스를 제공한다.
- 지역사회 발전 및 공익증진에 기여한다.
- 새로운 공공서비스 수요 충족과 공공서비스 혁신 등의 사회서비스를 확충한다.
- 민주적 의사결정으로 서비스 수혜자, 근로자, 지역주민 등 이해관계자가 참여한다.
- 수익 및 이윤 발생 시 사회적 목적 실현을 위해 재투자한다(상법상 회사 이윤의 3분의 2 이상 재투자).
- 기업의 사회공헌과 윤리적 경영문화 확산, 착한 소비 문화 조성 등의 윤리적 시장 확산

2) 사회적 기업 추진배경

우리나라의 사회적 기업(social enterprise)은 취약계층에 대한 일자리 해결문제와 사회서비스 수요에 대한 공급확대방안으로 시작하였다. 즉, 1997년 외환위기 이후 급속히 증가하는 실업률과 심화된 양극화 문제를 하기 위하여 ① 지속가능한 양질의 일자리 창출 노력의 일환으로 시작되었으며, 고령화와 저출산 문제, 전통적인 가족구조의 해체 등으로 사회서비스 부문에 대한 수요가 증가하면서, ② 사회서비스부문의 고용확대 필요성에 의해 육성되었고, 기업의 사회적 책임과 사회공헌활동의 관심이 증가하면서 이익의 사회환원, 나눔경영 등 ③ 단순 이벤트성의 기부나 후원을 지양하면서 사회적 기업을 육성하기 시작하였다. 그리하여 우리나라는 2006년 사회적기업육성법이 제정되고 2007년부터 사회적 기업 인증이 시작되었다.

3) 사회적 기업의 유형

우리나라 사회적 기업의 형태는 조직형태[11]와, 사회적 목적 실현, 유급근로자 고

11) 조직형태에 따라 사회적 기업의 유형을 분류해 보면 「민법」에 따른 법인·조합, 「상법」에 따른 회사, 「공익법인의 설립·운영에 관한 법률」 제2조에 따른 공익법인, 「비영리민간단체지원법」 제2조 제2호에 따른 비영리민간단체, 「사회복지사업법」 제2조 제2호에 따른 사회복지법인, 「소비자생활협동조합법」 제2조에 따른 소비자생활협동조합, 「협동조합기본법」 제2조에 따른 협동조합, 협동조합연합회, 사회적협동조합, 사회적협동조합연합회가 있다.

용을 통한 영업활동, 사회적 재투자, 정관 등 회사의 요건 항목으로 나누어 볼 수 있다. 이 중 사회적 목적에 따라 구분해 보면, 취약계층에 일자리를 제공하는 '일자리 제공형', 취약계층에게 사회서비스를 제공하는 '사회서비스 제공형', 일자리 제공형 + 사회서비스 제공형을 동시에 충족하는 '혼합형', 사회적 목적의 실현 여부를 고용비율과 사회서비스 제공비율 등으로 판단하기 곤란한 사회적 기업인 '기타형', 2011년 신설된 지역사회 주민의 삶의 질 향상에 기여하는 '지역사회공헌형' 등 5개형으로 분류된다. 예를 들어 보면, ① 일자리 제공형으로서 메자닌 아이팩(새터민의 희망일터), ② 사회서비스 제공형으로서 휴먼케어, ③ 혼합형으로서 행복도시락, ④ 기타형으로서 아름다운 가게, ⑤ 지역사회공헌형으로서 홍성풀무나누미영농조합법인 등이 있다(한국사회적기업진흥원 http://www.socialenterprise.or.kr).

사회적 기업의 유형 중 일자리 제공형은? =새터민의 희망 일터

사회적 기업을 목표로 하나 사회적 기업의 요건을 일부 충족시키지 못한 기업은 예비 사회적 기업의 공모에 신청할 수 있다. 예비 사회적 기업은 크게 지방자치단체장이 지정하여 장차 요건을 보완하는 지역형 예비 사회적 기업[12]과 중앙부처장이 지정하여 장차 요건을 보완하는 부처형 예비 사회적 기업으로 구분하는데, 지정기간은 3년으로 하고. 유사사업(마을기업, 농어촌공동체회사, 기초자치단체 지정 예비 사회적 기업)에 참여한 경우에는 해당사업에 참여한 기간을 지정기간에 합산하게 된다. 최근 정부는 사회적 기업의 유도를 위하여 보건복지형 예비 사회적 기업이 특화 지원기관으로서 선정되면 다양한 혜택[13]을 제공하고 있다.

---

12) 사회적 목적 실현, 영업활동을 통한 수익창출 등 사회적 기업 인증을 위한 최소한의 법적 요건을 갖추고 있으나 수익구조 등 일부 요건을 충족하지 못하고 있는 기업을 지방자치단체장이 지정하여 장차 요건을 보완하는 등 향후 사회적 기업 인증이 가능한 기업

13) 예를 들어, 자활기업의 경우 자활복지개발원이나 지역자활센터 등을 통한 컨설팅과 정부재정일자리 우선배정 및 공공기관 우선구매 등 인센티브를 부여해 준다. 사회서비스 바우처 제공기관(시·도별 가사간병방문서비스, 산모신생아건강관리서비스, 지역사회서비스투자사업 관리 및 지원기관)의 경우 예비 사회적 기업으로 지정받은 후 지역사회서비스중앙지원단에서 컨설팅을 제공해 주며 보건산업분야기업의 경우, 보건산업진흥원에서 컨설팅 등 전반적인 인큐베이팅을 지원하고 제약, 의료기기, 화장품, 정밀의료, 재생의료, 보건 관련 수출이나 해외진출 등을 지원해 준다.

♣ 보건복지형 예비 사회적 기업 특화 지원기관 운영

- (자활기업) 자활복지개발원, 지역자활센터 등을 통한 컨설팅, 정부재정일자리 우선배정 및 공공기관 우선구매 등 인센티브 부여
- (사회서비스 바우처 제공기관) 예비 사회적 기업으로 지정받은 후 지역사회서비스중앙지원단에서 컨설팅 제공
  * 시 · 도별 가사간병방문서비스, 산모신생아건강관리서비스, 지역사회서비스투자사업 관리 및 지원기관
- (보건산업분야기업) 보건산업진흥원에서 컨설팅 등 전반적인 인큐베이팅 지원
  * 제약, 의료기기, 화장품, 정밀의료, 재생의료, 보건 관련 수출 · 해외진출 등

제 5 절 사회서비스 바우처사업

1. 바우처의 개념과 도입배경

바우처?

바우처(voucher)란 어떤 재화와 서비스를 구매할 수 있는 이용권으로서 서비스를 필요로 하는 사람에게 일종의 교환권(이용권)을 발급하여 서비스를 받을 수 있도록 하고, 서비스의 비용은 교환권으로 지불하는 방식이다. 그리고 'e-바우처(전자바우처)'란 서비스를 구매·지불할 수 있는 서비스 이용권을 금융기관 시스템을 활용한 신용·체크카드 등 금융카드로 구현한 형태이다.

사회서비스 전자바우처 도입배경으로 볼 수 없는 것은?

우리나라 사회서비스 전자바우처의 도입배경은 ① 기존 사회복지서비스는 공급자 지원 방식으로 이루어져 수요자의 선택권이 제한되어 시장 창출에 한계가 있었고, ② 수요자 중심의 직접지원 방식으로 바우처(서비스 이용권) 제도의 도입, ③ 수요자 직접지원 방식으로 공급기관의 허위·부당 청구 등 도덕적 해이를 최소화하기 위해 ④ 자금흐름의 투명성, 업무 효율성 확보, 정보 집적 관리를 통한 사회서비스 발전기반 마련을 위한 것이었다.

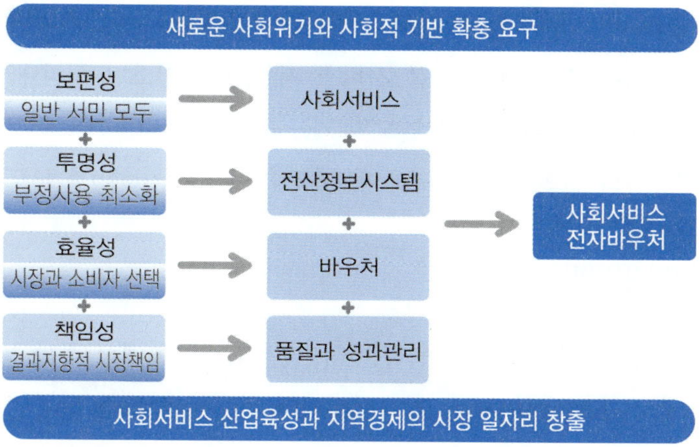

|그림 14-5| 사회서비스 전자바우처 사업의 전략 목표와 가치

2. 바우처의 적용사업과 운영방식

1) 바우처의 적용사업

2019년 현재 국가바우처사업은 사회서비스사업 8종(노인돌봄종합서비스, 장애인활동지원사업, 산모·신생아 건강관리지원사업, 가사간병방문지원사업, 지역사회서비스투자사업, 발달재활서비스, 언어발달지원사업, 발달장애인 부모상담지원사업)을 비롯하여 건강보험

사회서비스 전자바우처 적용사업으로 옳게 짝지어진 것은?

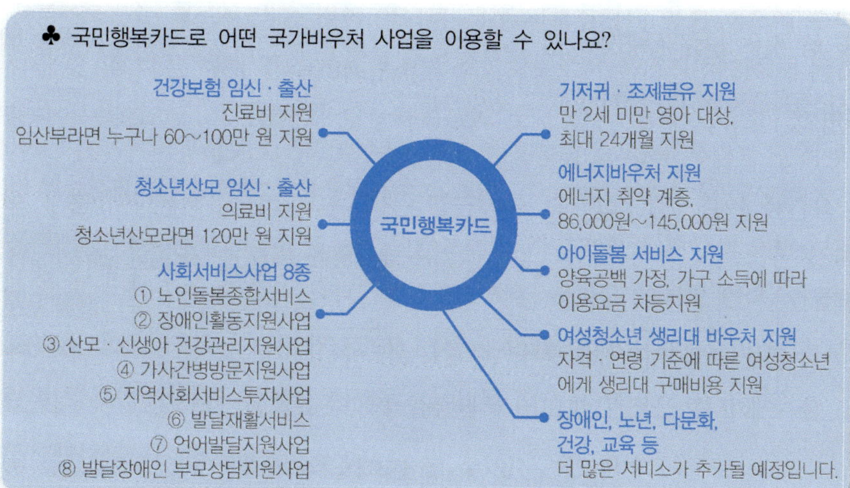

임신·출산 진료비 지원, 청소년산모 임신·출산 의료비 지원, 기저귀·조제분유 지원, 에너지바우처 지원, 아이돌봄 서비스 지원, 여성청소년 생리대 바우처 지원이 있다. 과거에는 바우처마다 별도의 카드를 사용했지만 2015년부터 국민행복카드로 이용자의 편의(보육료 지원의 아이행복카드는 호환 가능함)를 도모하고 있다.

2) 바우처의 운영방식

전자바우처 전담기구 =사회보장정보원

이용자 선정은 서비스 이용을 원하는 국민은 읍, 면, 동에 신청하고 시, 군, 구에서 소득 및 욕구조사 후 이용자로 선정되어 바우처 카드를 발급받는다. 일정 요건을 갖춘 제공기관은 시, 군, 구에 등록 후 서비스를 제공한다. 전자바우처 전담기관은 사회보장정보원이며 이용자 자격정보, 이용실적 정보, 지불결제 정보를 대상자 중심으로 통합 관리하는 자동화 시스템이 구축되어 있다. 그리고 대상자로 선정되어도 본인부담금을 납부하지 않으면 바우처가 발생하지 않는다. 즉, 도덕적 해이를 방지하기 위해 본인부담금 납부가 바우처 생성의 전제조건으로 되어 운영되고 있다.

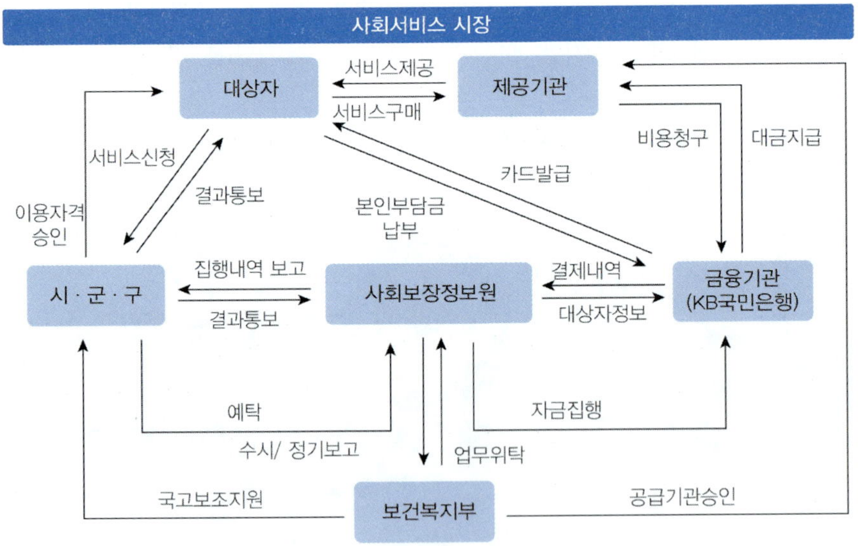

|그림 14-6| 전자바우처 업무 흐름도

제 6 절 사회성과사업(SIB : Social Impact Bond)

2010년 세계 최초로 시도된 영국의 피터버러 교도소 재소자 재수감률 감소 프로젝트를 시작으로 2018년 기준 전 세계에는 108개의 SIB 프로젝트가 진행 중에 있으며 한국은 아시아 최초로 2016년 서울시가 실행하고 있다(박정환, 2018).

> "A fence at the top of the cliff is preferable to an ambulance at the bottom."
> (절벽 위에 펜스를 치는 것이 절벽 아래 구급차를 대기시켜 놓는 것보다 낫다)
>
> 영국의 유명한 자선단체 Community Links의 공동설립자이자 SIB의 설계자 중 한 명인 데이비드 로빈슨(David Robinson)의 말이다. 이 말에서 알 수 있듯이 SIB(Social Impact Bond)는 기본적으로 사회문제가 발생하기 전에 사전에 개입하여 예방하는 것을 목적으로 추진되는 대정부 사업이다.

사회성과사업의 추진배경으로는 저출산 · 고령화 등으로 급증하는 공공서비스 수요에 대비하여 재정 부담을 최소화하고 충분한 서비스를 고품질로 제공하는 방안이 필요하게 되었으며 사회적 투자자(공익재단, 기부자 등)의 자발적 투자를 촉진하기 위해 사회적 가치와 경제적 이익을 함께 달성할 수 있는 투자 대상이 필요하게 되었다. 그리하여 사회성과사업이란 민간이 투자를 받아 사회적 성과를 창출하고 정부가 민간이 달성한 사회적 성과를 사후에 구매하는 사업[14]을 말한다. 예를 들어, 사회성과연계채권을 활용하는 방식으로 민간 투자자금으로 공공사업을 수행한 뒤 성과목표 달성 시 정부가 예산을 집행하여 투자자에게 원금 및 이자를 상환하여 성과를 구매하는 방법이다.

사회성과사업이란?

사회성과사업의 효과는 정부 예산의 효율성 증가 및 사회적 투자 활성화 등에 기여하는 것이다. 즉, 정부는 성과달성 시에만 예산을 집행하므로 예산 효율이 증가하고, 민간의 창의적 아이디어를 활용하여 사업 효과의 제고가 가능하며 투자자는 사회공헌을 실천하면서 수익을 창출할 가능성이 높다(행정안전부, 2017).

사회성과사업의 효과로 옳게 짝지어진 것은?
- 정부예산의 효율성 증가
- 사회적 투자 활성화
- 민간의 창의적 아이디어 활용
- 사회공헌 실천

14) 여기서 사회성과란 복지, 교육, 고용, 주거, 문화, 환경 등 지역사회 문제 예방 및 해결을 통해 증진된 사회적 편익을 말한다. 사회성과연계채권이란 운영기관이 보상계약에 기반하여 민간 투자자와 체결한 투자계약 또는 민간투자자에게 발행하는 투자계약증권을 말한다.

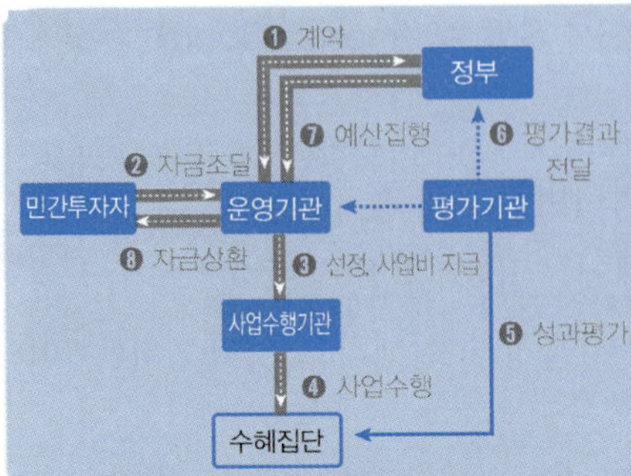

❶ 정부는 운영기관과 계약 체결
❷ 운영기관은 민간투자자로부터 사업자금 조달
❸ 운영기관은 사업수행기관 선정 후 관리
❹ 사업수행기관은 사회문제 개선을 위한 서비스 제공
❺ 사업 종료 후 독립된 평가기관이 사업성과 평가
❻ 평가기관이 성과 평가결과를 정부와 운영기관에 전달
❼ 정부는 성과 평가결과를 바탕으로 운영기관에게 예산집행
❽ 운영기관은 투자자에게 투자원금 및 이자 상환

사회성과사업의 운영구조는 운영기관이 민간 투자금을 확보하고 수행기관을 선정·관리하여 서비스를 제공하며 성과 달성 시 정부로부터 보상을 획득하는 방식이다. 이 때 사회성과사업의 운영기관은 자치단체와 보상계약을 체결하고 계약에 따라 투자 유치, 수행기관 선정·관리 등 보상사업을 총괄·관리하는 중간지원기관이며 수행기관은 운영기관과 계약을 체결하여 보상계약으로 정한 사업을 직접 수행하는 사업자를 말한다. 현재 행정안전부는 사회성과사업의 아이디어 공모전을 실시하고 있으므로 사회복지기관이나 시설들은 부족한 재원을 활용할 수 있는 방법으로서 적극적으로 참여해 볼 수가 있겠다.

♣ 새로운 복지사업인 '사회성과연계채권(SIB : Social Impact Bond)' 1호 사업이 아시아 최초로 서울에서 이뤄진다.

'서울시 공동생활가정 아동교육 사회성과보상사업'의 첫 대상은 62개 아동복지시설(그룹홈)에서 생활하는 경계선지능 및 경증지적장애아동 100여 명이다. 사회성과 지적능력 향상을 위해 자립능력 향상과 사회 부적응행동 감소를 사업성과지표로 설정해 교사평가척도(TRF)검사 결과가 상승하고 아동 지능이 정상 수준으로 개선돼야 사업 성공을 인정한다. 사업종료 후 제3의 평가기관의 성공적 평가가 나오면 서울시가 사업비와 인센티브가 주어지며, 성공인원 비율에 따른 원금 무보장형 방식이다. 서울시는 앞으로 위기청소년을 대상으로 학력취득 지원 및 취업률 향상, 노숙인과 새터민들의 안정적인 사회정착 지원 등 다양한 분야를 대상으로 제2호, 제3호 사회성과보상사업을 추진할 계획이다.

출처 : 뉴스토마토(2016. 4. 24).

제5부 발전론

"다음 그림에는 9명의 사람 얼굴이 있습니다. 어디에 있는지 모두들 관심과 애정을 가지고 찾아보십시오. 그러면 보일 것입니다. 이 그림에서 9명의 얼굴을 찾아내는 정열과 애정으로 21세기의 사회복지정책의 발전을 논해봅시다."

〈9명의 사람 얼굴 찾기〉

정답 : 할아버지 얼굴, 지팡이 짚은 농부 얼굴, 엄마 얼굴, 아이 얼굴, 오른쪽 위 기둥, 맨 왼쪽 기둥 위 정면 얼굴, 왼쪽 위의 마주보는 얼굴, 앞을 보는 얼굴, 새를 바라보는 얼굴
(※ 궁금한 사람은 010-3564-8266으로 연락주세요)

CHAPTER 15

사회복지정책의 전망과 방향

본 장에서는 사회복지정책의 발전을 이념적·세계적·거시적 차원에서 향후 어떠한 정책방향으로 나아가야 할 것인가를 살펴보고자 하였다. 그리하여 향후 사회복지정책은 사회적으로 배제되는 인간이 없는 사회를 만들어 나가야 하고, 시민들이 상호 신뢰하고 연대하여 정의롭고 정이 넘치는, 즉 사회자본을 축적해 나가야 할 것이다. 아울러 자본주의와 사회주의의 각각의 장점을 흡수한 제3의 길과 공·사가 협동하여 복지정책을 추진해 나가는 복지거버넌스(복지협치) 그리고 공·사 부문과 개인과 단체가 상호이익을 추구하기 위해 협조하는 파트너십의 방향으로 나아가야 할 것이다.

제 1 절 사회적 배제

1. 사회적 배제가 대두된 배경

사회적 배제

사회적 배제는 1970년대 프랑스의 사회부장관이었던 르네 르느와르(Rene Lenoir)에 의해 처음 제기되었으며, 당시에 장애인, 학대받는 아동, 약물 중독자, 문제가정의 구성원 등 사회보험제도의 보호를 받지 못하는 집단을 지칭하는 개념으로 사용되었다. 1980년대 중반 이후 근로빈곤층과 장기실업층의 존재를 놓고 신빈곤 논쟁이 대두되자 사회당정부는 이를 사회적 배제라는 개념으로 표현하였고,

따라서 장기실업과 청년실업, 인종문제, 이민문제 등도 사회적 배제의 범주에 포함되었다.

그리하여 1980년대 중반 이후 유럽공동체 내부에서 단일한 시장을 성립시키기 위해서는 사회적 통합이 필요하다는 지적이 제기되었고, 사회적 배제가 핵심적 정책 개념으로 제시되었으며, 이후 유럽연합은 회원국들 간 빈곤과 불평등 문제가 유럽 통합의 가장 큰 장애라고 인식하면서 사회적 협약을 통해 사회적 배제를 철폐하기 위한 공동의 노력을 하자고 합의하였다.

EU에 의한 사회적 배제의 정의[1]를 보면 "사회적 배제는 과정과 결과로서의 상태를 가리키는 역동적인 개념이다. 또한 사회적 배제는 오로지 소득만을 가리키는 것으로 이해되고 있는 빈곤의 개념보다 명확히 사회적인 통합과 아이덴티티의 구성 요소가 되는 실천과 권리로부터 개인 또는 집단이 배제되는 메커니즘, 혹은 사회적 교류의 참가에 개인 또는 집단이 배제되는 메커니즘이 가지고 있는 다차원적인 성격을 강조한다. 그것은 노동생활에의 참가라는 차원조차 초월하는 경우가 있다. 즉, 주거, 교육, 보건, 나아가 사회적 서비스에 접근이라는 영역에서도 느껴지고 나타나는 것이다." 이러한 EU의 정의는 ① 결과만이 아니라 배제되는 과정을 문제로 삼고 있고, ② 시민권을 지탱하는 다양한 권리나 제도를 사람들이 향수할 수 없는 상황을 의미한다. 사회적 배제에 대한 빈곤, 박탈, 배제의 개념을 협의와 광의로 정리하면 다음과 같다(福原宏幸, 2011).

1) 사전적 의미에서 배제란 어떤 대상으로의 진입을 막거나 그 대상과의 교류를 막는 일이다. 사회경제적 활동에서 그 대상은 소득이나 자산, 주거, 교육, 기술, 고용 등 구체적인 범주가 될 수도 있고 시민권 법이 보호하는 평등, 인간적 대우 등 추상적 범주일 수도 있으며(박능후, 1999) 특정 제도나 사회체계, 국가 그 자체가 될 수도 있다(강신욱 외, 2005 : 44).

〈표 15-1〉 광의의 사회적 배제와 협의의 사회적 배제

차 원	광의의 사회적 배제		
	빈 곤	물질적·사회적 박탈	협의의 사회적 배제
국 가	• 생존권 보장 결여	• 생존권 보장이 결여	• 시민적 권리보장 (생존권 포함)의 결여
지역·커뮤니티	• 경제적 빈곤	• 표준적 생활을 위한 자원의 박탈(집단 차원) • (≒지역의 사회관계자본의 결여)	• 커뮤니티 내부에서의/ 외부와의 네트워크·연계의 해체 • (≒지역의 사회관계자본의 결여)
개인·가족	• 경제적 빈곤	• 표준적 생활을 위한 자원의 박탈(개인 차원) (≒개인의 사회관계자본의 결여)	• 사회참가와 연계의 결여 (≒개인의 사회관계자본의 결여)

• 협의의 사회적 배제 : 개인(및 커뮤니티)의 사회와의 연계의 희박, 결여
• 광의의 사회적 배제 : 횡적 확대 – 빈곤, 박탈도 포함하여 넓게 취급(확대 개념), 종적 확대 – 커뮤니티 차원, 국가적 차원의 문제도 포함하여 취급(매크로적 관점에서 취급)

2. 사회적 배제에 대한 정책적 도입

복지국가의 건설 당시에는 국민최저선(national minimum)이라는 잣대를 일률적으로 설정하고 한 개인(가구)의 소득이 이에 미달할 경우 국가의 예산으로 채워주면 빈곤의 문제는 해결될 수 있으리라는 생각을 가졌으며, 특히 전후 복지국가의 총 설계자라고 할 수 있는 Beveridge는 국가(사회)보험제도가 발전하면서 공공부조제도는 소멸될 것이라고 판단하였다. 그러나 이후의 제도발전은 이들 초기 복지국가 건설자들의 생각이 너무 단순하였다는 것을 증명하고 있다. 즉, 복지국가 체제 하에서 소득이전 프로그램으로 기본 생계를 유지시킨다 하더라도 그 개인이나 가구가 빈곤에 빠지게 된 원인이 제거되지 않을 경우에는 오히려 국가의존(welfare dependency)에 빠지게 되어 빈곤의 문제가 만성화·세습화되는 결과를 초래하게 되는 것이다.

프랑스의 사회적 배제 – 사회적 결속의 증진

이러한 복지국가 체제에 대한 반성으로 1980년대 중반 프랑스의 사회당 정부가 사회적 배제를 '장기적이고 반복적인 실직(long-term and recurrent unemployment)' 뿐만 아니라 가족의 위기, 1인 단독가구의 증가, 사회적 고립화, 그리고 계급연대의 퇴조에 따른 전반적인 사회적 유대(social bond)의 불안정성을 통칭하는 용어로

사용하였다. 이 이후에 프랑스 정부의 사회적 배제에 대한 대응양식은 '사회적 위험에 대한 보장'을 넘어서서 '사회적 결속(social cohesion)의 증진'이라는 새로운 사회정의에 입각한 정책을 구상하고 실행하고 있다(Silver, 1994 : 533).

유럽사회헌장

또한 경제·정치·사회적 차원에서 완전 유럽통합을 달성하는 과정에서 가장 큰 걸림돌 중의 하나가 회원국의 빈곤과 불평등 문제라고 인식하고 있는 유럽연합(European Union)에서는 유럽사회헌장(The European Social Charter, 1989)의 서문에 '사회적 배제'라는 개념을 처음으로 사용한 이후에 유럽지역 내에 거주하는 시민들의 사회적 배제를 극복하기 위해서 많은 노력을 기울이고 있다.

그리하여 급속한 경제·사회적 변화[2)]에 직면한 유럽연합은 빈곤해소와 사회적 배제 극복을 목표로 하여 사회통합 국가행동계획(NAPs/inclusion : National Action Plans for social inclusion)을 매 2년 주기로 작성하였다. 빈곤해소와 배제 극복을 위한 유럽연합의 국가행동계획은 ① 모든 사람에 대한 고용참여와 지원, 권리, 재화 및 서비스에 대한 접근을 촉진, ② 배제의 위험을 방지, ③ 가장 취약한 사람들을 지원, ④ 모든 관련기관의 동원이라는 4대 목표를 설정하였다.

따라서 사회적 배제 개념은 빈곤을 포함한 전반적인 사회문제를 나타내는 새로운 개념으로서 유럽뿐만 아니라 세계적으로 많은 주목을 받고 있으며 사회문제에 대한 새로운 포괄적인 접근법으로 자리매김하고 있다는 사실을 알 수 있다(문진영, 2004 : 255-256).

3. 한국의 사회배제를 넘어서기 위한 전략적 모색

사회적 배제의 전략적 모색

첫째, 탈빈곤을 넘어 탈배제를 위한 총체적 접근과 계획이 필요하다. 단순한 탈빈곤을 넘어 탈배제로 나아가기 위한 대안적 사회모델의 구축으로 고민의 영역을 확장해야 한다. 총체적 접근과 계획의 수립을 위해서라도 빈곤문제와 관련

2) 2000년을 전후하여 유럽연합 각국들이 공통으로 직면한 사회적 상황은 첫째, 급속한 경제변화와 세계화로 인한 노동시장 구조의 변화, 둘째, 지식기반사회와 정보통신기술의 급속한 발전으로 인한 충격, 셋째, 인구고령화와 그에 따른 서비스 수요의 증가, 넷째, 이민증가로 인한 인종의 다양성 증가, 다섯째, 지속적으로 증가하는 가족해체, 한부모가구, 가족생활의 탈시설화 경향, 여섯째, 여성의 노동시장 참가율 증대에 따른 남녀격차의 감소 등이다.

된 각종 제도와 법안의 연계, 사회복지 전달체계의 통합성 확보가 필요하며, 중앙 정부 차원에서 이러한 과제를 총괄할 수 있는 시스템이 요구된다.

둘째, 잔여적 복지에서 보편적 복지로 : 복지 확대를 위한 전략이 필요하다. 복지의 총량을 확대하기 위한 전략으로 빈곤층에 대한 제도적 보호정책 못지않게 보편적 서비스의 확대가 필요하다. 이는 복지에 대한 국민의 이중의식을 돌파하며 장기적으로 탈배제로 나아갈 수 있는 경로라고 할 수 있다. 이를 위해서는 현재 잔여적 성격의 복지를 보편적 복지로 확대하기 위한 계획이 필요하다.

셋째, 권리로서의 복지와 빈곤층의 필요(need)에 기초한 복지체계의 구축이 필요하다. 기본적으로 복지의 제공은 필요(need)에 기초해야 한다. 그러기 위해서는 복지가 예산의 제약 때문에 위축되지 않도록 사회복지예산을 대폭적으로 확보해야 하며, 빈곤층의 다양한 욕구를 보장할 수 있도록 복지서비스를 다양화할 필요가 있다.

넷째, 탈배제를 위한 프로그램의 강화가 필요하다. 급여 제공에 머물지 않는 빈곤층에 대한 탈배제 프로그램을 강화해야 한다. 즉, 빈곤층의 사회적 관계망을 복원·확장하고 자존감을 회복하며, 미래에 대한 희망을 가질 수 있도록 해야 한다. 생활설계 프로그램 등 사례관리를 강화하고, 가사·돌봄서비스, 간병서비스 정서적 서비스, 주민교육서비스, 상담·정보제공 등의 서비스를 밀착해 제공할 수 있어야 한다. 소득보장, 고용지원정책 등 거시적인 접근과 함께 미시적 접근이 병행되어야 빈곤층이 사회적 배제를 딛고 진정한 자립·자활의 길로 나아갈 수 있을 것이다. 이를 위해서는 중앙정부 차원에서 탈배제를 위한 프로그램을 적극 개발하고 이를 확산하려는 노력이 중요하다.

탈배제

제 2 절 사회자본의 형성

1. 사회자본 이론

최근 약 10년 동안 '사회자본(social capital)'은 경제학, 정치학, 사회학 등 여러 사회과학 분야에서 가장 인기 있는 연구주제로 부상하여 왔다. 경영학에서 사회자본은 기업조직의 해체를 방지하고 네트워크를 구축하는 기반으로 또한 생산의 혁신을 주도하는 수단으로 묘사된다. 정치학에서 사회자본은 시민사회의 성숙과 민주주의 발전을 가져오는 원동력인 동시에 집합행동의 무임승차 문제를 해결할 수 있는 묘책이 되기도 한다. 한편 사회학에서 사회자본은 개인이 사회적 관계를 통해 다른 사람의 관심이나 도움을 얻을 수 있는 자원을 동원하는 능력으로 묘사되기도 하고 또한 신뢰와 호혜성에 기초한 공동체의 건설에 필수적인 전제조건으로 인식되기도 한다.

사회자본의 개념을 사회과학에 도입한 사람은 Coleman으로서 그는 집단과 조직 내에서 공동 목적을 위해 함께 일할 수 있는 사람들의 능력을 사회자본이라고 정의하였다. 그렇지만 NGO라는 맥락에서 사회자본의 개념을 시민사회에 연결시킨 사람은 Putman이다. 그는 상호 간의 이익증진을 위한 조정과 협조를 용이하게 하는 네트워크, 규범, 그리고 사회적 신뢰 등과 같은 사회조직의 특색을 사회자본이라고 규정하며, 시민 참여 네트워크(network of civic engagement)와 호혜성의 규범(norm of reciprocity)으로부터 생성되는 신뢰를 사회자본의 가장 중요한 요소로서 간주하였다. 특히 정치·경제·사회생활의 질을 향상시키는 데 있어 사회자본이 중요한 이유는 그것이 개인의 사익추구 동기 때문에 발생하는 집합적 행동의 딜레마를 극복하여 공동선의 구현을 용이하게 하기 때문이라고 하였다.

Putman
– 네트워크
– 규범
– 사회적 신뢰

몇몇 경험적 연구에 따르면 사회자본이 경제발전이라든지 형평 그리고 빈곤의 개선과 같은 정책영역에 많은 영향을 미치고 있다는 결과가 점증하고 있다고 주장한다. 즉, 결사체 가입 및 자발적 활동, 사회신뢰 및 네트워크, 정보공유, 협력적 행위 그리고 집합적 결정이 일어날 수 있도록 비공식적 환경을 제공해 준다는 것이다(Grootaert, 1996; The World Bank, 1999). Fukuyama(1995)는 기술이나 시장

사회자본의 특성으로 볼 수 없는 것은?

질서, 인적자본 등이 경제발전에 많은 영향을 미치기는 하지만, 경제발전에서 가장 핵심적인 것은 신뢰와 같은 형태로 존재하는 사회자본이라고 주장하고 있다. Knack과 Keefer(1997)는 사회자본을 구성하는 신뢰와 사회규범의 경제발전에서 사회자본의 역할을 좀 더 자세히 기술하고 있다.

① 신뢰가 높은 사회에서는 거래과정에 대한 감시비용이 감소하며 불신과 위법에 의한 소송이 줄어들며 정부나 중앙은행과 같은 공식기구의 시장에 대한 개입이 감소하고 경영자에게 혁신에 좀 더 몰두할 수 있는 시간과 기회를 제공하게 되어 결과적으로 경제적 발전과 사회적 및 경제적 비용을 절감하는 효과를 가져온다는 것이다.

② 시민적 협력의 사회규범은 자기이익에 대한 제약요인으로 작용하여 사회구성원들로 하여금 다양한 형태의 공공재 생산에 공헌하도록 한다는 것이다. 또한 협력적 사회규범은 무임승차에 대하여 매우 불리한 효과를 부과함으로써 집합적 행위의 외부효과를 차단한다.

③ 신뢰와 규범은 간접적으로도 경제적 효과를 가져다준다고 주장한다. 즉, 많은 시민들이 정치과정에 참여하고 정책에 대한 지식을 공유함으로써 정치인과 관료들에 대한 잠재적 견제로 작용하여 경제정책의 질과 정부성과의 향상을 가져다줄 수 있다는 것이다.

Putman의 사회자본 개념

Putman에 따르면 시민들이 결사체와 사회네트워크 속에서 면대면(face to face interaction)을 통해 서로 신뢰하는 것을 배우고 신뢰와 호혜주의의 규범이 사회 전체로 전파되어 공동의 목적을 추구하는 집합적 행위를 할 수 있는 능력을 갖추게 된다는 것이다.

2. 사회자본에 관한 논의

사회자본의 논의

서구 선진국가들의 경험을 통한 사회자본가들의 확신, 즉 경제발전 및 민주주의에 있어서 사회자본의 역할에 대한 확신은 그들로 하여금 동아시아의 경제적 및 민주화 물결에도 관심을 갖게 하여 동아시아 및 한국의 사례가 사회자본의 이론적 논리를 뒷받침하는 사례로 등장한 바 있다. 한 예로 Putman(1993)은 「미국의 전망(The American Prospect)」이라는 저널에 실린 그의 글에서 동아시아의 경제기적이 그 사회의 높은 신뢰수준과 네트워크에서 기인한다고 주장한다. Putman은 이에 더하여 일본의 전통적 계조직[3)]을 자발적 협력에 의한 사회의 효율성 증대의 사례로 제시하는가 하면 한국과 일본의 높은 교육에 대한 기대와 규범이 사회에 대한 국민들의 교육수준을 높여주었다고 주장한다.

요약컨대, 사회자본 이론가들은 근대사회과학의 핵심적 주제인 근대화 과정에서 시민사회네트워크 그리고 사회신뢰의 중요성이 이미 충분히 입증되었고 동아시아 및 한국의 경제기적과 민주화도 전통적으로 내려온 사회네트워크와 높은 수준의 신뢰, 즉 사회자본의 역할에 의한 바 크다고 주장한다(Putman, 2002).

그러나 Fukuyama(1995)는 한국사회의 일반적 신뢰는 주변국인 일본을 비롯한 서구선진국에 비해 상당히 낮은 수준이라고 평가하였다. 또한 그는 사회자본에서 중시하는 결사체활동(associational activity) 혹은 자발적 활동(voluntary activity)이라는 측면에서도 통계청의 한국의 사회지표조사에 따를 때 우리나라는 서구 선진국에 비해 상당히 낮은 14.3% 정도의 국민만이 자원봉사활동에 참여하고 있다고 하였다(통계청, 2006).

사회자본의 문제점

사회자본가들은 결사체 활동이 경제발전 및 민주주의에 긍정적인 영향을 미친다고 주장하지만 이들 결사체 활동의 부정적인 측면을 우려하고 있는 견해가 많다. 특히 Olson(1982)의 견해는 2차적 집단들이 네트워크가 크게 발달할수록 국가의 경제를 저해한다고 경고한 바 있다. 즉, Olson은 집단적 이익을 추구하는 개인들이나 기업집단들의 형태는 카르텔을 형성하고 로비집단을 조직하여 이들의 활동이 경제를 비효율적으로 만들고 정치를 통치 불가능한 상태로 이끌어 국가경제의 쇠퇴를 가져올 수 있다고 주장한다.

3) 저자의 생각으로 Putman이 한국의 전통적 계에 대해 잘 몰라서 일본의 예를 들고 있는 것 같다. 실제 한국의 계의 원류는 신라시대부터 만들어져 민간의 자발적 협력체로서 오랫동안 지역사회 주민의 상호협력과 부조에 커다란 순기능적 기여를 해왔다.

제 3 절 제3의 길(The Third Way)

1. 개념과 특징

사회주의 국가가 붕괴된 이후, 1990년대에 집권한 유럽의 좌파정권(영국의 Tony Blair, 독일의 Schroder, 프랑스의 Jospin 총리 등)들은 좌파 이데올로기와 신자유주의적 요소를 접목한 Anthony Giddens의 이론을 근거로 한 이른바 '제3의 길'을 제시한다. '새로운 진보주의'라는 말로도 표현이 가능한 제3의 길은, 최근 신자유주의가 제기한 세계화, 지식경제의 등장, 신개인주의와 탈물질주의의 부상, 복지국가의 역기능 확산, 생태계 문제의 악화 등 새로운 환경의 변화를 좌파적 사회민주주의가 어떻게 수용해야 하는지에 대한 고민을 담고 있다.

제1의 길
=사회민주주의적 기획
제2의 길
=신자유주의적 기획

'제1의 길'이 '요람에서 무덤까지'로 대표되는 복지국가를 목표로 한 사회민주주의적 기획이라면, '제2의 길'은 시장의 자유를 극대화하고 국가의 간섭을 최소화하려는 신자유주의적 기획이다.

블레어 정부의
복지정책

대표적으로 영국 노동당의 블레어(Tony Blair) 정부는 대처와 메이저의 보수당 정부로부터 물려받은 복지축소정책에서 복지정책에 대한 딜레마에 봉착하게 되었다. 보수당과는 달리 노동당은 과거부터 보편주의적 복지정책을 추진해 온 전통이 있는데, 복지개혁을 추진함에 있어 과거의 잔여적인 제도로 회귀하느냐 그렇지 않으면 보편주의를 지속하느냐 하는 갈등이 그것이다. 블레어 정부는 제3의 길이라는 프로젝트를 통해 기존 제도로 인한 복지의 의존성을 줄이는 대신 복지 수혜자의 기회를 보다 증진시키는 것과 모든 사람들에게 복지혜택을 제공하되 현재의 경제·사회적 상황을 고려하여 새로운 복지제도를 구상한다.

'제3의 길' 은 '제1의 길'에 대해서는 시장의 효율성을 강조하고, '제2의 길'에 대해서는 사회적 평등을 부각시키는 전략으로 새로운 종합을 모색하고 있는데, 주된 개혁과제는 다음과 같다.

제3의 길의
개혁과제

① 정부개혁 및 공공부문의 일방적 축소가 아니라 쇄신과 강화를 목표로 하는 개혁

② 긴축재정과 균형예산의 유지

③ 낮은 인플레이션과 안정적 경제성장을 돕는 건전한 거시경제 운용

④ 복지국가의 문제점과 결점에 대처하기 위한 구조개혁

⑤ 적극적인 고용창출을 위한 활발한 노동시장 정책의 채택

⑥ 권리와 책임의 동반, 확고한 인류 평등주의 및 공공기관 혁신의 토대로서의 시민사회 개혁

참고로 제3의 길의 프로그램과 내용은 다음 <표 15-2>와 같다.

제3의 길의 주요 정책과 프로그램

〈표 15-2〉 '제3의 길' 프로그램

급진적 중도	내 용
새로운 민주국가 (적이 없는 국가)	권력의 지방이양, 이중 민주화, 공공영역의 쇄신-투명성, 행정적 효율성, 직접민주주의 메커니즘, 위험성 관리자로서의 정부
활발한 시민사회	정부와 시민사회의 동반자 관계, 지방주도를 통한 공동체 쇄신 제3부문의 관여, 지방 공공영역의 보호, 공동체에 기반한 범죄 예방, 민주적 가족
민주적 가족	정서적·성적 평등, 관계에 있어서 상호 권리와 책임 공동양육, 평생양육 계약, 아이들에 대한 타협적 권위 부모에 대한 아이들의 책무, 사회적으로 통합된 가족
신혼합경제	new mixed economy. 공공부문과 민간부문의 상승효과. 공익을 염두에 둔 시장의 역동성 이용, 규제와 탈규제 사이의 균형, 사회생활의 균형
통합으로서의 평등	포용으로서의 평등, 제한적인 능력지배, 공적 영역(시민 자유주의)의 부흥, '노동 사회를 넘어서' 적극적인 복지(복지국가 대신에 적극적인 복지사회 맥락에서 작도하는 사회투자국가 건설)
사회투자국가	인적자본에 투자, 평생교육 강조, 가족친화적 정책 복지재정을 국가뿐만 아니라 기업, 여러 기관들과 결합하여 조달하고 분배
적극적 복지사회	제3부문(자원부문)의 복지서비스 제공에서 적극적 역할. 시민사회의 적극적 발전을 위한 복지서비스 개선
세계주의적 민족	안정화 세력으로서 민족역할을 재정립
세계적 민주주의	범세계적 규모로 작동하는 민주주의, 범세계적 경제 불평등 해소, 생태적 위험성을 통제하기 위한 조건

출처 : A. Giddens(1998). 한상진· 박찬욱 공역. 제3의길. 서울 : 생각의 나무 참조.

활발한 시민사회

신혼합경제

사회투자국가

적극적 복지사회

세계적 민주주의

2. 제3의 길에서의 복지개혁정책

제3의 길은 정책적 측면에서 살펴보면, 경제적 효율과 사회적 형평을 두 축으로 삼으면서, 경제성장과 복지국가를 동시에 유지하면서 발전시킨다는 것을 기본 방향으로 설정하고 추진해 가는 정책노선이다. 복지정책적 측면에서 살펴보면 국민들이 단순히 소비적인 복지의 수급자만이 아니라 노동시장에서 생산적인 활동에 참여할 의무를 가진 개체라는 개인주의(individualism)를 추구하면서, 다른 한편에서는 공정한 기회균등과 분배적 정의를 실현함으로써 공동체적 사회연대를 달성하려는 집합주의(collectivism)를 자본주의체제 내에서 동시에 추구하고 있다. 이는 영국의 블레어리즘 또는 블레어노믹스와 독일 Schroder의 '새로운 중도' 노선과 맥을 같이한다.

또한 제3의 길 복지정책(the third way welfare policy)은 사회보장과 재분배에 관심을 기울이는 동시에 경제적 부의 산출에도 많은 관심을 기울이고 있다. 이러한 맥락에서 제3의 길은 경쟁력과 부의 산출을 중시하는 '신혼합경제'를 옹호하며, 베버리지 시대의 소극적 복지수급자(the passive welfare beneficiary)와는 대조적으로 적극적 복지시민(the active welfare citizen)의 위상정립에 정책의 초점을 맞추고 있다. 그리고 기존의 좌파와 우파가 각자의 대립된 이념을 합리화하고 구체화하는 정책이 아니라 국가의 부를 창출하고 국민의 삶의 질을 향상시킬 수 있는 정책대안이라면 적극적으로 이념체제와 관계없이 정책대안으로 채택하여 실시하는 정책이다. 즉, 제3의 길 복지정책은 궁극적으로는 기업가와 근로자가 모두 혜택을 받는, 가진 자와 갖지 않은 자가 공존 공생할 수 있는 토대를 마련하는 복지정책인 것이다.

블레어 정부의 복지개혁정책을 구체화시킨 것이 1998년 사회보장녹서(Green Paper)이다. Green Paper의 구체적인 내용은 다음과 같다. 블레어 정부의 복지개혁 내용

첫째, 노동을 통한 복지정책(welfare to work)을 수행한다는 것이다. 즉, 새로운 다섯 개의 고용특정지역(Employment zones)을 설정하여 청년 실업자와 장기 실업자를 노동시장에 적극적으로 참여시켜 노동 가능 연령 무직자들을 2년 이상 실

업상태로 남아 있지 않도록 한다는 것이다.

둘째, 새로운 복지 파트너로서 공적 사회보험 이외에 사적 보험을 적극 장려하여 연금 이외에 다양한 사적 노후 준비를 마련할 수 있는 제도를 개발한다는 것이다.

셋째, 사회복지서비스의 질을 높이고 인적자원 개발을 증진시킨다는 것이다.

복지서비스는 단지 급여만이 중요한 것이 아니고 개인의 능력을 극대화시키는 것이 중요하다는 것이다. 따라서 이러한 목표를 성취하기 위해서는 교육, 보건, 직업, 주택, 아동보호 등을 포함한 다양한 서비스가 제공되어야 한다. 예를 들어, NHS(국민보건서비스) 제도는 보건정책에 있어 많은 성과를 거두었지만 이 제도는 질병의 예방보다는 치료에 초점이 맞추어져 있어, 전체 인구의 건강수준은 높아졌지만 건강 증진속도에 있어서 부자와 빈민 사이에 커다란 격차를 발생시켰다는 비판을 받고 있다. 블레어 정부는 치료보다는 예방에 초점을 둔 의료서비스 체제를 강화하고, 빈민들에게 보건시설의 접근을 용이하게 한다는 계획하에 지역별 건강센터를 통해 복지 전달체계의 효율성을 강화하였다.

이러한 제도의 기반에는 정부와 민간단체 그리고 개인의 협력을 강화하도록 하였다. 즉, 근본적인 복지제도의 책임은 정부에 두면서 최대한 민간 부문과 개인들의 노력을 함께 유도하여 정부의 개입을 축소하는 효율성을 가져오는 것이 제3의 길 정책의 기조이다. 이는 정부와 비정부기구가 동반자적 관계를 유지하면서 함께 복지수준 향상에 적극 나서는 것을 핵심으로 하는 '복지다원주의'로 설명되기도 한다.

고전적인 사회민주주의가 케인즈적 경제개입과 복지정책을 강조하였다면, Giddens가 제시한 '제3의 길'은 생태위기와 복지국가 위기를 겪고 있는 유럽 좌파들이 찾을 수 있는 현실적인 문제해결책이다.

제3의 길의 비판점

그러나 새로이 등장한 '제3의 길'이 현재 전 지구적 자본주의 시대의 모든 문제를 해결할 수는 없다. 따라서 '제3의 길'이 새로운 대안일 수 있는가에 대해서는 아직 논란이 분분하다. 무엇보다도 '제3의 길'은 기존의 좌파와 우파를 '넘어서는(beyond)' 것이 아니라 좌파와 우파 '사이에서(between)' 진동하는 절충주의에 불과하다는 비판이 비관적 전망의 기저에 깔려 있다. 단지 현실적으로 다른 대안이 없는 상태이기 때문에 '제3의 길'이 대중적으로 받아들여지고 있다는 것이다. 또한 뚜렷한 철학적 근거도 없으며 자본주의의 근간인 자유경쟁을 포기하면서 사회 전체에 평등한 부와 권리를 주겠다는 논리는 달콤한 '허상'에 불과하다는 반론이 제기되고 있다.

3. 사회투자국가

Giddens의 사회투자국가의 특징으로 볼 수 없는 것은?

Giddens가 세계화라는 새로운 환경 속에서 사회적 평등과 민주주의를 계속 발전시킬 수 있는 전략을 모색한 끝에 Myrdal의 관점을 살려 사회투자국가론을 만들었다. 단순한 소비차원을 넘어 인적자원 개발과 사회적 자본 확충에 집중하는 새로운 성격의 복지국가, 이것이 사회투자국가이다. 사회투자국가의 특징은 크게 6가지로 나타낼 수 있다.

첫째, '과세와 지출' 대신 사회투자를 강조한다. 투자는 수익을 정정하는 개념이므로 복지지출은 명확한 수익을 낳는 것이어야 한다.

둘째, 경제정책과 사회정책의 통합성을 강조한다. 사회지출은 수익을 창출할 투자이기 때문에 곧바로 경제정책의 한 요소가 된다.

셋째, 사회투자의 핵심은 인적자본 및 사회적 자본 투자이다. 인적자본 투자의 핵심 대상은 아동이다. 사회적 자본은 좋은 인적자원을 만들어 내는 사회적 맥락, 경제활동의 포괄적 기반이다.

넷째, 사회지출을 소비적 지출과 투자적 지출로 나누어 소비적 지출을 가능한 한 억제한다. 대신 자산조사를 통해 찾아낸 특정한 목표집단을 대상으로 투자적 지출 프로그램을 만든다.

다섯째, 시민의 권리는 의무와 균형을 이루어야 한다. 경제적인 기회 제공, 복지 제공이 국가의 의무라면, 유급노동을 통해 스스로를 부양하는 것은 시민의 의무이다. 복지를 대가로 근로의무를 부과하고, 여기에 불응하면 급여를 삭감 또는 박탈하는 근로연계복지정책이 대표적이다.

여섯째, 결과의 평등보다는 기회의 평등을 중시하며, 불평등의 해소보다는 사회적 포용에 더 관심을 가진다. 즉, 소득재분배(평등촉진)보다 기회의 재분배(사회적 포용 촉진)를 강조하여 시장 실패자에 대한 사후 소득보장보다는 새로운 지식기반경제에 적응해 시장에서 승리자가 될 수 있게 도와주는 인적자원 개발 투자에 주력한다.

제 4 절 복지거버넌스와 지방분권화 및 주민참여

1. 거버넌스의 대두 배경과 의미

거버넌스에 대한 설명으로 옳은 것은?

1970년대 후반부터 선진국에서는 이미 비대해진 정부와 이로 인한 만성적인 재정적자를 해소하기 위하여 신보수주의 정책들을 강력하게 추진하여 왔으며, 이러한 신보수주의 정책은 '작은 정부'와 함께 '민영화', '지방화'라는 커다란 흐름을 만들어 내는 중요한 계기가 되었다.

보다 구체적으로 1980년대 들어와 국가의 위기는 국가의 역할과 위상에 대해 본격적인 재구조화의 추세를 불가피하게 하였고 그러한 재구조화는 수평적인 측면과 수직적인 측면에서 전개되었다. 우선 국가의 수평적 재구조화의 중요한 흐름은 시장과 정부, 국가와 시민사회의 관계 재설정이다. 즉, 시장과 정부의 관계에서는 시장중심의 질서, 기업가적 정부, 민영화(privatization)의 문제이고, 국가와 시민사회의 관계에서는 시민사회의 자율성과 신사회운동의 등장, 참여민주주의에 대한 시민의 욕구 등으로 나타났다.

그리고 국가의 수직적 재구조화의 중요한 흐름은 지방분권과 지방이양으로 나타났다. 이러한 분권화 경향은 중앙과 지방의 관계변화와 더불어 종래 소위 정부(government)에서 거버넌스(governance)로의 방향 전환을 가져오게 만들었다. 즉, 거버넌스는 일반적으로 세계의 변화에 따른 새로운 행정 개념으로, 기존의 통치(governing)나 정부(governance)를 대체하여 여러 분야의 다양한 주체(정부, 지방자치단체, 국민, 시민단체 등 사회 구성원 모두)들이 함께 참여하여 정책을 만들고 실현해 나가는 것이라고 볼 수 있다.

그리스어인 Kubernan(to pilot or steer)에서 기원한 거버넌스(governance)는 조종(piloting), 규칙제정(rule making), 키잡이(steering)와 동일한 의미를 지니고 있다. 이러한 '거버넌스'란 한 조직 혹은 사회가 스스로의 방향키를 조정하는 과정으로 볼 수 있다. 이 개념은 초기에는 국가행동의 효율성과 효과성에 관련되는 권력의 행사를 의미했지만 최근에는 사회를 가장 효과적이고 효율적으로 관리하는 방법으로서 더욱 중시하게 되었다. 그리하여 "거버넌스란 공동의 목적을 실천하기 위해 정부, 민간 부문, 그리고 시민, 사회단체 등이 네트워크를 형성하여 권한을 배분하고 의사결정을 하는 방식"이라고 할 수 있다.

거버넌스의 개념은 학자에 따라, 학문영역에 따라 매우 다양하게 정의되고 있다. 최근의 거버넌스 논의는 ① 정부가 자체적인 관리 개혁 노력을 포함한다는 점, ② 민주적이며 참여적인 공동체를 대상으로 한 네트워크 형성을 필수로 한다는 점, ③ 행정이 경영지향적 구조와 관리스타일을 가지고 거버넌스를 주도해야 한다는 점, ④ 거버넌스의 공간은 전 지구적 차원부터 지역공동체의 차원까지 포함될 수 있다는 점을 포괄하고 있다.

거버넌스의 특징으로 볼 수 없는 것은?

이러한 관점에서 이상적인 거버넌스는 '관리 혁신을 추구하는 정부가 공동체 내의 자발적 조직 및 시민을 정책 참여의 네트워크로 연결하여 공동체의 효율성과 민주성이 극대화될 수 있도록 구성된 체제'라고 할 수 있을 것이다.

2. 거버넌스의 차원과 사회 거버넌스

거버넌스는 참여하는 행위 주체들의 활동영역 및 이를 규정하는 수준에 따라 크게 글로벌 거버넌스(global governance)와 국가 거버넌스(national governance), 그리고 지방 거버넌스(local governance) 차원으로 분류할 수 있다.

글로벌 거버넌스는 세계를 대상으로 하는 거버넌스로서 국가 정부와 지방 정부, 그리고 세계적으로 활동하는 자발적 조직들의 정책 네트워크 구성을 의미한다. 국가 거버넌스는 중앙정부와 지방자치단체, 그리고 국내의 자발조직이 포함된 정책네트워크를 의미한다. 지방 거버넌스란 지역적 차원에서 관과 민의 협력적 관계와 네트워크를 통한 공동의 문제해결 또는 조정 방식으로 규정될 수 있다.

그동안 대부분의 학자들의 경우 국가 거버넌스를 중심으로 연구하는 경향이 있고 지방 거버넌스는 국가 거버넌스의 하위 개념으로 이해되었기 때문에 지방 거버넌스의 중요성은 소홀히 다루어졌다. 그러나 1990년대 이후 진행된 정보화, 세계화, 지방화의 진전과 시민사회의 성장은 지역사회의 환경 변화를 불러왔고, 이에 따라 각 지역사회는 보다 적합한 의사결정 기구를 필요로 하게 되었다. 그리하여 지역정책 결정이나 지역문제 해결을 위해 수직적 관계가 아닌 수평적 관계에서 지역사회 구성원이 함께 참여하고, 만들고, 해결하며, 책임을 지는 공동 의사 결정방식, 즉 지역사회 차원에서의 거버넌스가 필요하게 되었다. 그리하여 지방 거버넌스라는 용어는 점차 지역사회 거버넌스(community governance)라는 용어로 변경되어 사용하게 되었다.

동네 거버넌스란?

또한 최근 선진국에서는 지역사회 거버넌스 형성을 위한 활동 영역으로서 효과적인 단위를 '동네'로 보고, 다양한 동네 거버넌스에 관한 담론[4]이 확산되고 있다. 동네 거버넌스란 동네라는 '지역사회의 하위수준에서의 집합적 의사결정 또는 공공서비스 전달을 위한 장치들' 또는 '동네주민들이 자신의 동네에서 어떤 일이 이루어져야 하는가에 대한 의사결정에 참여하는 과정' 등으로 정의되고 있다. 이러한 동네 거버넌스는 주민자치를 위한 이론적 근거로 '자율 거버넌스'와 '공동 거버넌스'로 구분할 수 있는데, 자율 거버넌스는 주민들이 지역공동체를 자발적으로 형성하고 스스로 지역문제를 해결해 나가는 과정을 포착하는 것이라면, 지역공동체 조직 또는 대표를 통해서 행정과정에 참여하면서 지역문제를 해결해 나가는 현상을 '공동 거버넌스' 개념으로 간주할 수 있다.

지역사회 거버넌스의 특징은?

지역사회 거버넌스의 특징은 지방정부를 중심으로 한 제도적이고 공식적인 관계보다는 공공기관, 기업, 시민집단 간에 있어서 비공식적인 네트워킹을 통하여

4) 부산복지개발원(BSWDI)은 부산의 복지건강분야 소지역 간 격차 실태 분석(부산복지 issue report 통권 6호, 2015. 7. 20)에 이어 소지역 간 격차 해소 및 동네생활복지 강화를 위한 방안을 제시한 바 있다. 구체적으로는 커뮤니티 웰빙을 위한 선진적 사례를 제시하고 공동체를 쇠퇴시키는 다양한 위기적 현상과 이를 위한 대안으로 동네중심의 역량을 강화시키는 정책적 방향에 주목하여 소지역 간 격차 해소방안으로는 ① 취약동네 복지 강화 전략, ② 취약동네 건강 강화 전략, ③ 취약동네 공동체 강화 전략, ④ 복지·건강 격차 해소 정책 추진체계의 네 가지 내용을 중심으로 제시하고 있다. 이 중 취약동네 복지 강화 전략으로는 복지 수요가 높은 주민센터를 동 복지센터로 전환 운영, 복지관 미설치지역 동네복지 분소 설치로 복지 생태계 구축, 취약지역 정신보건지원서비스 강화, 동네 공동돌봄 지원, 고령친화동네 운영 5가지를 제안하고 있다.

정책을 반영, 조정, 통합해 나가는 데 있다. 최근의 지역사회 거버넌스는 사회의 공통문제에도 관심을 기울이지만, 특히 지역의 특성에 따라 다양한 형식과 내용을 가지고 개방성과 참여성, 이를 바탕으로 하는 각 부문(지방 정부, 기업, 사회단체) 간의 지속적 상호협력성이 특징이라고 볼 수 있다.

한편 지역사회 거버넌스가 행위주체들의 활동 영역에 따른 개념이라고 한다면, 1990년 후반 이후 유럽을 중심으로 사회 거버넌스(social governance)의 개념이 등장하면서 복지, 보건의료, 사회보장 관련 제도와 같은 비영리 분야에서도 거버넌스를 적용하는 논의가 이루어졌다. 즉, 사회 거버넌스는 비영리기관을 효과적으로 관리하고 컨트롤하기 위한 규정 및 방식에 관한 체계(system)이며, 다양한 이해관계자들에게 영향을 주거나 사회 영역에 속해 있는 이해관계자(조직의 구성원, 자원 공급자, 수요자, 공동체 구성원 등)에 대해 역할과 책임을 다해야 한다는 사회적 책임(social responsibility)을 강조하는 개념이라 할 수 있다.

사회 거버넌스란?

3. 지방분권화와 사회복지 시사점

지방분권화 추진배경의 외부적 요인으로는 세계화, 정보화에 따른 사회변동의 결과로 나타난 경쟁의 가속화에 대응하기 위한 지방의 역할을 강조하는 데 있으며, 국민국가의 역할이 과거와 같은 중앙집중기능으로는 더 이상 효율적인 통치방식으로 작용할 수 없다는 것이다. 내부적 요인으로는 분권형 국가체제로의 전환이 요구되고 있다. 이러한 배경으로 추진되고 있는 지방분권개혁은 정부 간 역할의 재조정, 권력 및 자원의 지리적 재배치, 지역정치의 혁신 등을 통해 새로운 국가발전전략으로 자리매김할 필요가 있다.

사회복지정책에서 주목해야 할 점은 지방분권이 사회복지의 발전에 미치는 영향과 과제는 무엇인가? 라는 점이다. 사회복지에 대한 지방분권의 영향에 대해서는 규범적인 차원에서 긍정과 부정이 교차하고 있다. 지방분권이 사회복지에 미칠 영향을 요약하면, <표 15-3>과 같이 정리할 수 있다(류진석, 2003).

〈표 15-3〉 지방분권의 영향과 과제 : 사회복지 부문을 중심으로

지방분권화의 긍정적 영향으로 볼 수 없는 것은?

분권화의 영향	긍정적 영향	•지방의 자율성과 지역상황에 기초한 개별적 대응 •직접적인 서비스 집행체계 구축 용이 •지역 간 경쟁으로 정책이전과 확산 •분권형 복지사회의 실현
	부정적 영향	•지역 간 불균형 초래(수평적 불균형) •행정수준의 전국적 통일성 저해 •지방정부 재정책임 전가 •복지수준의 불균등 발전

4. 지방분권과 복지거버넌스

지역사회의 주요 축을 이루는 기업·언론·학계·NGO 등과의 네트워크를 통하여 공동으로 관리하는 이른바 로컬 거버넌스(local governance) 도입의 필요성이 증대되고 있는 것이다. 이러한 로컬 거버넌스의 도입을 통한 지역사회 소유의 지방정부(community-owned government)가 될 수 있게 함으로써 지역사회가 중앙정치의 예속으로부터 벗어나 지역민주주의에 기초한 지역정치가 활발하게 전개되는 '민주주의의 출발점이자 종착점'이 되어야 한다(박경일·이상주, 2005).

로컬 거버넌스

무엇보다도 중요한 것 중의 하나는 모든 시민은 자신이 몸담고 있는 지역사회에서 주인의식과 책임의식을 갖고 공동체 발전을 위해 헌신하는 것이며, 나아가 더불어 잘 살아가는 건강한 시민사회를 만드는 노력을 경주해야 한다고 생각한다. 그리하여 각 지방자치단체는 21세기를 향해 다음의 5가지 TY, 즉 Amenity(쾌적성, 윤택함－자연, 산림, 공간, 청결), Community(훈훈한 공동사회성－안전, 안심, 고향, 연대), Properity(경제성, 풍요－자산보유, 지역경제발전, 여유 있는 생활, 레저), Identity(독자성, 특색, 개성－축제, 전통, 문화, 철학), Globality(국제성, 지구규모성－명소, 세계 속의 지역사회)를 지닌 지역사회로 발전해 나가야 할 것이다(박경일, 1995).

〈표 15-4〉 복지거버넌스의 원리와 체계

복지거버넌스의 원리와 체계

원 리	복지 Governance 체계
이 념	수요자 중시, 이용자 참가, 파트너십 구축, 서비스 질 중시, 자율성, 책임성
목 적	삶의 질 향상, 고객만족
대 상	지역주민의 수요(생활상의 문제)

방 법	Advocacy, 우선순위의 결정, 지역복지계획 수립(복지수요조사)
인 력	전문성, 기획능력 강화, 협동성
공급주체	정부, 기업, 종교, Informal Sector, Voluntary 조직
재 원	분권교부세, 자주재원마련(목적세), NGO에 재정지원
성과관리	평가시스템, 인증제, 인센티브 제공
파트너십	NGO의 조직화(통합된 의존), 기업 내 봉사단체 조직화
경 영	보조금(조치) → 계약제도
전달체계	중앙집권 → 지방분권 사회복지사무소, 사회복지협의회, 지역사회복지협의체, 각 사회복지위원회 등
분권화	위임사무의 지방이양, 사회복지기관 및 NGO에 위탁운영과 재정 지원

출처 : 박경일·이상주(2005).

5. 거버넌스의 발전방향과 주민참여 전략

한국건강증진개발원(2014)에 의하면 지역사회 참여는 사회적 소외계층을 포함한 주민에게 효과적인 역량강화 전략이 될 수 있다고 하였다. 그리하여 참여형 건강증진 사업은 지역사회 건강증진을 위해 지역주민에게 건강증진사업에 참여 기회를 제공하며, 점진적으로 주민 주도의 지역사회 건강증진 거버넌스를 구축해 나갈 수 있고, 보건소는 서비스 제공자에서 지역사회 조력자(facilitator)로 역할을 전환함으로써 지역사회의 전반적 변화를 유도해 나갈 수 있다고 하였다.

보건소사업의 거버넌스 발전방향으로 옳게 연결된 것은?

우리나라 보건소사업에서 거버넌스의 발전 방향을 간략히 살펴보면 다음과 같다(박경일, 2015). 지역주민의 건강증진과 예방을 위하여 거버넌스의 활동영역은 지방 거버넌스에서 점차 지역사회의 하위단위인 동네 거버넌스로의 접근을 추진해 나간다. 거버넌스의 활동 방향은 접근 초기에는 보건 의료 복지 사회체육 등의 주민 대표나 협의기구의 참여를 통한 사회 (혹은 공동) 거버넌스의 개념으로 출발하여 점차 주민들이 자기 동네의 문제를 스스로 발견하여 해결해 나가는 자율 거버넌스의 개념으로 실행해 나가도록 한다.

거버넌스 차원으로서 활동 영역과 방향 : 지방 거버넌스 ➡ 동네 거버넌스, 사회(공동) 거버넌스 ➡ 자율 거버넌스

한편 한국지역사회복지학회(2020. 11. 13)는 '코로나 언택트 시대, 복지 거버넌스의 위기와 해법을 조망한다'를 주제로 온라인 토론회를 개최했다. 학회는 사회서비스 방향과 지역사회 역할을 논의하면서, 코로나19 위기 속에서 지역사회 복지시설은 주민의 안전한 생활을 보장하기 위해 긴급 돌봄 서비스를 제공하는 등 신속하고 침착하게 대응해 왔다. 그러나 초기 재난 대응 지침의 부재, 코로나19 팬데믹의 장기화로 보다 근본적인 사회서비스 개선방안 마련이 요구되고 있다고 하였다.

발제자인 홍 교수는 코로나19 장기화로 우리 사회에 많은 변화가 있었다며, 양방향 맞춤식 원격교육 등 교육 방식의 변화, 재택근무 · 화상회의 · 웹 세미나 등 일하는 방식의 변화, 디지털 진단 및 원격의료 활성화, 전자상거래 · 비대면 비접촉 물류와 배송 활성화, 홈엔터테인먼트, 랜선 공연 등 집콕 문화활동 등을 대표적인 예로 들었다. 그리고 사회복지 분야에서 사회적 전환기의 과제는 "환경 · 불평등 · 고령화 · 사회갈등 · 경제 등 문제의 영역이 복잡 · 다양해짐에 따라 복지 분야의 좁은 시각만으로는 해결이 어렵다. 이제는 거대 사회 담론 차원에서 사회 전환기 과제를 바라보고 해결하려는 노력이 필요하다". 아울러 "학문적으로 사회복지 실천의 관점도 다시 돌아볼 필요가 있다. 실천 학문은 기본적으로 인간의 행동과 삶을 환경적 이슈와 연결 지어 문제를 해결하고자 하는 학문적 지향을 가지고 있지만, 실제 실천의 노력 차원에서는 그 연결성이 부족했던 것 같다"고 지적했다. 그리하여 열악한 환경에 있는 주변적 집단의 삶에 관심을 가지고 공공선을 향해 어떻게 연대하고 협력할 것인가를 고민하며 시민성과 공동체 의식 회복을 위해 노력해야 한다고 강조했다.

♣ '언택트 시대 사회서비스, 지역복지공동체 구축'이 답이다

홍선미 교수는 '뉴노멀 시대, 사회복지 현장의 대응 전략'으로 △ 온 · 오프 하이브리드서비스 제공방식 적극 도입 △ 시설 이용 방식의 집단 프로그램으로부터 다양한 개별 맞춤형 사회서비스 확충 △ 지역사회 전달체계 내 민간기관의 책임성과 공공성 확대 △ 지역중심 민관 거버넌스에 기반한 지역복지공동체 활성화를 제시했다. 또한 "ICT를 활용한 스마트복지시대가 가속화되고 있다"며 "현장의 사회복지종사자들이 스마트복지에 익숙해지도록 많은 교육과 함께 새로운 방식에 대한 오픈 마인드가 필요하다". 그리고 "초연결 사회에서 온라인 플랫폼을 활용해 어떤 서비스를 제공할 것인가를 고민해야 한다"며 "사례관리 및 서비스 제공 업무 전환으로 디지털 복지생태계를 구축해야 한다"고 제언했다.

출처 : 복지타임즈(2020. 12. 11). http://www.bokjitimes.com.

제 5 절 파트너십

1. 파트너십의 의미와 주체

미국의 경제개발위원회(committee for economic development)는 파트너십이란 '공·사 부문과 개인과 단체가 상호이익을 추구하기 위하여 협조하는 것'이라고 하였고, Langton(1983)은 '어떠한 사회문제를 해결하기 위하여 정부·기업·비영리단체·시민이 자원을 분담하고 협력하는 일'이라고 하였다.

파트너십의 이해

파트너십은 사용하는 사람에 따라 다양한 의미를 갖는데, 예를 들어 연결망(network), 조정(coordination), 협조(cooperation), 제휴(coalition-building), 제3자정부(third-party government), 계약(contracting), 협력(collaboration) 등과 같은 의미로 사용되기도 한다.

파트너십은 참여하는 주체들이 독자적으로는 달성할 수 없거나 달성하기 어려운 일을 서로 자발적으로 정보와 자원 등의 교환을 통해 해결하기 위한 것이다(김태영, 2002). 즉, 둘 이상의 행위자 간의 상호적 필요성과 자원의 교환, 협력을 통한 이익의 인식에 의해 파트너십이 발생하는 것이다.

따라서 정부와 NGO 간에 이러한 파트너십이 형성되기 위해서는 몇 가지 구체적인 조건들이 필요하다. 먼저, 둘 이상의 자율적인 참여자가 있어야 하며, 둘째 일회적이 아닌 지속적인 상호작용이 있어야 한다. 셋째, 각 참여자는 물질적 또는 비물질적 자원을 제공할 수 있어야 한다. 넷째, 각 참여자는 활동의 결과에 대해 책임을 공유해야 하며, 다섯째, 그 활동목적이 시민 다수의 이익과 공익성을 지녀야 한다. 마지막으로 참여자들은 상대의 특성을 인식하고 그것을 존중할 수 있어야 한다.

2. 파트너십의 출현 배경

공·사 파트너십의 필요성은 이론적·역사적으로 본다면, 시장기능의 실패로 인해 정부기능이 확대되었으나 경제위기하에서 정부 역시 실패[5)]하게 되었고, 그에 따라 비영리부문의 중요성이 부각되었으나 비영리부문의 한계가 드러나면서 이들 세 부문의 생산적 결합에 대한 관심이 높아진 것으로 정리할 수 있다.

구체적으로는 <표 15-5>에서 보는 바와 같이 정부의 실패, 시장의 실패, 비영리부문의 한계로 인해 공·사 파트너십이 등장하게 되는 영역은 시민들이 필요로 하고 있지만 정부나 시장 혹은 민간이 독자적으로는 쉽게 해결할 수 없는 문제들을 협력해 해결해야 하는 경우라고 할 수 있다. 그 대표적인 경우가 사회복지 영역이라고 할 수 있는데, 사회복지 영역에서 공·사의 파트너십 관계가 보다 쉽게 형성될 수 있는 것은 민간비영리 조직은 이윤추구를 목적으로 하지 않고 다수를 위한 공익을 추구하기 때문이다(이태수, 2005).

시장실패의 내용으로 볼 수 없는 것은?
비영리부문의 한계

〈표 15-5〉 공·사 파트너십의 출현 배경

시장실패[6]	정부실패	비영리부문의 한계
• 공공재의 공급 불충분 • 외부효과에 대한 내용 불가능 • 독점의 존재 • 수익증가와 비용 감소 추구 • 정보의 비대칭성 및 불완전성 • 소득분배의 불공평성	• 정부조직의 내부성 • 파생적 외부효과 • 비용과 수익의 절연 • 조직 내부의 비능률성 • 독점성 • 권력과 특혜에 의한 가치 배분의 불공평성 • 정보의 불충분	• 불충분성 • 온정주의 • 특수주의 • 비전문주의

공·사 파트너십의 장점으로 옳게 짝지어진 것은?

사회복지서비스를 제공하는 데에 있어서 공·사 파트너십은 다음과 같은 장점들을 지니고 있다.

5) 정부실패는 복지국가가 시장실패에 개입하는 영역을 확대하면서 새로운 위험을 초래하였는데, 그것은 국가개입이 시장실패를 수정함으로써 얻는 효용보다 그 부작용이 커서 보다 많은 사회적 비용을 유발하는 것을 지칭한다. 요약하면, 사회복지재정의 증대는 경제성장에 유해하고 근로의욕을 저하시키게 된다는 것이다.

6) 시장실패는 크게 다음과 같이 세 가지로 유형화시킬 수 있다. 첫째, 시장의 구조적 전제가 파괴되는 경우로서 시장의 기능장애. 예를 들어, 독점이 초래하는 시장지배력 그리고 불황이나 실업문제 등이 여기에 속한다. 둘째, 시장이 효율적으로 작동할 수 있도록 하는 제반 가정이 무너지는 경우로서 시장의 내재적 결함. 예를 들어, 외부효과와 공공재 및 불확실성 등이 여기에 해당된다. 셋째, 시장이 이상적으로 작동되더라도 해결되지 못하는 문제로서 시장의 외재적 결함. 예를 들어, 소득분배나 가치재의 공급 등과 같은 문제가 이 부류에 속한다. 아무튼 어떤 유형의 시장실패이든지 그 핵심은 분권화된 민간시장체제에서는 어떤 재화가 전혀 공급될 수 없거나 또는 공급이 가능하다고 하더라도 그 수준이 바람직하지 못하거나 사회적 최적이 아니라는 것이다(전상경, 2005 : 19).

① 정부가 민간 비영리조직에 보조금을 지원함으로써 정부가 직접 서비스를 제공하는 데 따르는 문제점들을 피하면서 신속하게 서비스를 제공할 수 있다. 이것은 특히 실험적인 사업이나 시범사업 등에서 두드러지게 나타난다.
② 정부는 민간비영리 조직과 계약을 통한 서비스 매입방식을 사용함으로써, 접근이 곤란한 집단이나 소수집단이 처한 특수한 상황에 맞는 프로그램을 제공할 수 있다.
③ 정부는 지역사회에서 이미 활동하고 있는 민간비영리 조직들이 가진 각종 자원과 전문지식에 의존함으로써 정부가 서비스를 제공하는 경우보다 특수집단의 상황에 훨씬 더 부합된 서비스를 제공할 수 있다(문순영, 2001).

Midgley 교수는 복지 파트너십의 주체(institutions)를 크게 5~6가지로 나누고 있다. 그것은 정부, 민간, 비영리조직, 영리조직과 더불어 비공식 원조망, 기업복지, 나아가 개인과 가족 노력까지 포함한다. Midgley 교수는 이 모든 것이 사회복지(social well-being)에 기여하고 있다면서 그러나 파트너십을 이야기할 때는 그 중 정부, 비영리 및 영리조직 간의 협력관계를 지칭한다고 하였다.

3. 공·사 파트너십의 최근 동향

복지공급주체의 다원화 전략에 입각한 파트너십 구축과 민간참여를 강조하는 흐름은 최근 여러 국가들에서 뚜렷이 나타나고 있다. 영국의 노동당 정부는 고질적인 실업대책을 해결하기 위한 새로운 해법으로 실업자들로 하여금 제3섹터에서 일할 수 있는 기회를 제공해서 새로운 직업기술과 인간관계 기술을 익히면서 봉사활동을 통해 공익에 기여하도록 하는 정책을 적극 추진하고 있다. 영국은 장기 실업의 문제를 해결하기 위해 고용주집단(employer groups)과 밀접한 파트너십을 구축하고 정부가 고용주 집단에게 보조금을 지급하고 고용주는 장기실업자에게 현장 직업훈련을 제공하는 프로그램이 한 예이다.

미국의 클린턴 행정부도 레이건-부시 공화당 행정부가 추진해 왔던 자원봉사 진흥책을 더욱 강화시켜 '국가봉사단'을 조직해서 청년 실업자들의 공익 봉사활동을 유도해, 생계비와 학비를 지원하는 등 민간과의 파트너십 구축을 위한 적극적인 정책을 폈다. 또한 다양한 공공복지기금을 기업과 사회단체, 자조집단 등에게 제공하고, 이들 조직들은 취약계층에게 임금보조, 직무실습 등의 프로그램을 제공하도록 하는 프로그램을 실시하고 있다. 네덜란드나 뉴질랜드 등도 이 프로그램을 도입하고 있는 실정이다.

각국의 현황을 간략히 살펴보면 다음과 같다. 영국은 뉴딜 프로그램(New Deal Program)을 통하여 장기실업의 문제를 해결하기 위해 정부는 고용주 집단과 밀접한 파트너십을 마련하고 있다. 정부는 고용주 집단에게 보조금을 지급하고, 고용주는 장기실업자에게 현장직업훈련 프로그램(OJT)을 제공한다. 미국의 경우 미국의 Welfare to Work 지원금을 통하여 다양한 공공복지기금이 기업과 사회단체, 자조집단 등 여러 NGO, NPO들에게 제공되며, 이들 조직들은 취약계층에게 임금보조, OJT, 직무실습 등의 프로그램을 제공한다. 네덜란드에서는 사회부조제도에 있어 지방정부의 책임과 의무가 강화되고 있다. 지방정부는 지역실정에 적합한 자활 및 노동시장 프로그램을 개발하도록 요구된다. 마지막으로 뉴질랜드의 경우는 정부는 기업, 지역사회 단체들과 파트너십을 설정하도록 의무화되어 있으며, 지역사회 임금 프로그램 역시 정부-기업-자원조직 간의 파트너십 구축을 전제로 하고 있다. 이렇듯 대부분의 경우 중앙정부는 지역 수준의 파트너십 강화를 위해 포괄적 교부금(block grant)을 다양한 인센티브와 함께 제공하고 있음을 알 수 있다.

제 6 절 제4차 산업혁명 시대 사회변화와 복지정책적 대응

1. 제4차 산업혁명이란 무엇인가?

제4차 산업혁명은 인공지능으로 자동화와 연결성이 극대화되는 산업 환경의 변화를 의미한다. 이 용어는 2011년 독일 정부가 '인더스트리 4.0' 정책을 추진하기 위해 제4차 산업혁명과 관련된 개념을 사용한 데서 시작되었다. 그런데 클라우스 슈밥(Klaus Schwab) 회장이 2016년 1월 스위스 다보스에서 개최된 세계경제 포럼(WEF)에서 주제를 '제4차 산업혁명의 이해'로 강연하면서 세계인의 관심을 끌었고 기술 또는 국가의 이슈를 뛰어넘는 지구적 차원의 사회 이슈로 인식되었다. 이러한 4차 산업혁명에 대해 세계경제포럼(WEF, World Economic Forum, 2015)이 내린 정의를 보면 "4차 산업혁명이란 3차 산업혁명을 기반으로 한 디지털과 바이오산업, 물리학 등의 경계를 융합하는 기술혁명으로 지능형 사이버 물리 시스템이 생산을 주도하는 사회구조로의 혁명"이라고 하였다.

제4차 산업혁명 이해
- 초연결
- 초지능화
- 가상화
- 디지털유기체
- 지능정보화 사치

따라서 학자에 따라 4차 산업혁명에 대해 제시하는 키워드는 조금씩 다르지만, 대체로 기계학습과 인공지능의 발달이 주요 수단으로 꼽힌다. 4차 산업혁명을 통하여 인공지능(AI), 로봇, 사물인터넷(IoT), 자율주행자동차, 3D 프린팅, 나노기술, 바이오기술, 소재과학, 에너지저장, 퀀텀컴퓨팅 등이 대표적인 신생 기술로 기술발전이 가속화될 것으로 예견하고 있다. 또한 이러한 기술의 가속화는 사회구조의 초연결, 초지능화, 가상화와 같은 기술혁명을 주도하면서 디지털 유기체 생태계(Digital Organic Ecosystem)를 구성하게 될 것으로 전망되고 있다(한국연구재단, 2018 : 13).

인류의 역사를 바꾼 혁명은 새로운 에너지의 등장과 생산수단의 변화에서 비롯됐다. 그동안의 산업혁명 역사를 살펴보면, 1784년에 영국에서 시작된 1차 산업혁명은 증기기관의 발명으로 인한 기계 생산이 가능해진 노동집약적 산업이고, 2차 산업혁명은 전기를 이용한 대량 생산이 가능해지면서 자본집약적 산업이 구축되었다. 3차 산업혁명이 컴퓨터를 활용한 자동화된 생산 시스템을 구축하게 되면서 정보집약적 특성을 가진 것이라면 4차 산업혁명은 차세대 산업혁명으로서 정보통신기술의 융합을 말한다.

이러한 4차 산업혁명의 변화[7]에 따른 내용과 특징을 자동화와 연결성에 초점을 맞추어 발전과정을 정리해 보면 다음 <표 15-6>과 같다.

---

7) 5차 산업혁명은 창조융합지식교육으로 기존 교육방법에 비해 시간과 교육비의 획기적 감소로 교육효율을 높이며 나노기술의 발전으로 에너지 효율과 바이오 산업의 발달로 인류문제를 해결하는 혁명. 6차 산업혁명은 농촌에 존재하는 모든 유·무형의 자원을 바탕으로 농업(1차 산업)과 식품, 특산품 제조가공(2차 산업) 및 유통·판매·문화·체험·관광을 서비스(3차 산업) 등과 연계함으로써 새로운 부가가치를 창출하는 활동으로서 농촌융복합산업을 말한다. 7차 산업혁명은 정신과 의식 분야에서 인간의 궁극적인 삶의 목표를 모두가 공존하는 세상이 만들어 가는 혁명을 말한다.

5차 산업혁명이란?
6차 산업혁명이란?
7차 산업혁명이란?

〈표 15-6〉 산업혁명, 자동화와 연결성의 발전과정

구 분	내 용	참 조
1차 산업혁명 (1784)	• 1784년 영국의 Henry Cort가 기계를 발명한 것이 자동차의 단초로 여겨짐 • 석탄과 석유와 같은 고에너지 연료의 사용을 통해 증기기관 및 증기기관차의 시대가 시작되었으며 연결성이 혁명적으로 증가되고 다리, 터널, 항만 등의 기반사설 건설이 촉발되었음	 기계적 생산, 증기기관
2차 산업혁명 (1870)	• 2차 산업혁명을 통해 자동화는 대량생산으로 발전되었음 • 품질기준, 운송방법, 작업방식 등의 표준화는 국소적인 기능의 자동화를 기업/ 국가수준의 자동화된 대량생산으로 발전시킴 • 2차 산업혁명은 자동화를 통해 대량생산이 가능하게 되면서 시작되었고, 노동부문에서의 효율적이고 생산적인 연결성을 촉진하였음	 대량생산, 전기에너지
3차 산업혁명 (1969)	• 1969년 인터넷의 전신인 알파넷이 개발되며 디지털 및 정보통신 기술시대의 서막을 알림 • 디지털 시대의 향상된 계산능력은 보다 정교한 자동화를 가능하게 하고, 사람과 사람, 사람과 자연, 사람과 기계 간의 연결성을 증가시켰음	 전자장치, IT
4차 산업혁명 (현재)	• 4차 산업혁명은 자동화와 연결성이 극대화되는 변화를 뜻함 • 인공지능(AI)이 적용된 자동화의 최전선에서는 언어와 이미지를 포함하는 빅테이터를 분석하고, 처리하는 등 인간만이 가능하다고 여겨졌던 업무들 중 상당 부분도 로봇이 대체할 것으로 전망됨 • 국제적이면서도 즉각적인 연결을 통하여 새로운 사업 모델이 창출될 것임(공유 경제, 연결 경제 등)	 인공지능, 빅데이터

출처 : UBS while paper, 장필성(2016). Science & Technology Policy. 해외혁신동향. 과학기술정책연구원 재구성.

이러한 신기술의 등장과 비약적 발전은 생산성 향상과 근로시간 감소로 산업의 혁신을 가져오면서 다양한 경제·사회적 변화를 수반하게 된다. 예상하지 못했던 다양한 분야에서 삶의 편의성이 증가하여 안전한 생활환경이 갖추어지고 맞춤형 서비스가 제공되는 대신, 그에 따른 새로운 사회문제가 발생하여 일자리가 감소하고 이에 따른 빈부격차가 심화될 것이다.

4차 산업혁명의 도래에 따라 발생하는 새로운 사회문제와 사회적 위험의 증가는 사회복지 지출을 증가시킬 것이다. 즉, 기계의 급격한 노동 대체로 인한 대량실업과 대량빈곤이 발생할 가능성이 크고 이로 인한 소득양극화와 빈부격차 심화는 우리 생활을 위협하게 될 가능성이 높다(김현진, 2017). 그렇다면 앞으로 우리가 맞이하게 될 4차 산업혁명의 변화와 부작용에 대해 어떻게 대처해 나가야 할 것인가는 대단히 중요한 과제가 될 것이다.

2. 4차 산업혁명으로 인한 변화

4차 산업혁명으로 인한 변화에 대한 설명으로 볼 수 없는 것은?
- 기술근로자 중시
- 양극화 현상
- 일자리 소멸
- 인간수명의 증대
- 정보의 격차
- 부의 격차

미래 기술혁명은 효율성과 생산성 향상으로 '공급자 기적'이 일어날 것이다. 하지만 4차 산업혁명은 더 큰 사회적 불평등, 빈부격차, 특히 노동시장의 붕괴를 초래할 수 있다. 자동화로 기계가 사람을 대체하면서 저기술, 저임금 근로자와 고기술, 고임금 노동자 간 격차가 커지고 '기술 근로자'가 각광을 받게 된다. 특히 일자리 감소[8]가 골칫거리로 등장하게 된다. 다보스포럼 '미래고용보고서'는 향후 2020년까지 인공지능, 로봇으로 인해 전 세계적으로 710만 개의 일자리가 소멸되고 200만 개의 일자리가 창출되어 결과적으로 510만 개의 일자리가 감소(WEF, 2016)할 것으로 분석했다. 이렇게 되면 사회 불만 세력이 늘어나게 되고 양극화[9]에 대한 불만이 증폭되어 사회문제로 등장하게 된다. 또한 4차 산업혁명은 우리가 일하고 여가활동을 하고 자기 계발을 하고 일상생활을 하는 모든 삶의 패턴을 바꿔놓게 된다. 개인의 건강상태를 숫자로 나타내는 수치화된 자아(Quantified-Self)가 되어 인간수명이 크게 늘어나게 된다(최은수. 2016. 1. 17. https://post.naver.com. MBN). 국가는 이러한 점들에 주목해 적절한 대응책을 강구해야 한다.

8) 미국 내 현재 존재하는 모든 직업(jobs)들 중 47%가 향후 10~20년 이내에 소멸될 전망이고 직업인의 47%가 컴퓨터로 인해 일자리가 위험해질 것으로 전망되고 있다(Frey & Osborne, 2013). 또한 전 세계 7세 아이들 65%는 지금은 없는 직업을 가질 것이라고 한다(중앙일보, 2016). 이렇게 일자리가 감소하는 이유는 인간을 능가하는 컴퓨터에 의해 고용 없는 성장이 심화되고, 기술수준이 높은 근로자에 대한 수요가 증가하는 반면, 저학력 저기술 근로자에 대한 수요는 감소하여 중간지대가 공동화되는 양극화 현상이 가속화될 것이기 때문이다(Klaus Schwab, 2016).

9) 다양한 격차(지식의 격차, 사회자본의 격차, 세대격차, 부의 격차, 상상력 격차)로 인한 양극화 현상이 발생할 것이고 이로 인해 거시적 글로벌 문제가 동시에 전개될 수도 있다.

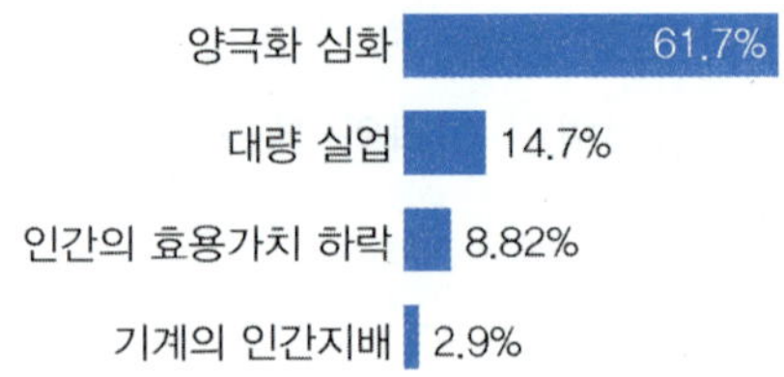

|그림 15-1| 4차 산업혁명에 따른 가장 큰 부작용은 무엇인가

제2차 사회보장 계획에 나타난 사회복지정책의 환경변화에 대한 설명으로 옳지 못한 것은?

한편 우리나라의 제2차 사회보장계획(2019~2023)에서는 사회복지정책의 환경 변화를 크게 네 가지로 구분하여 기술하고 있다.

첫째, 경제·사회구조 변화이다. ① 고령화 심화 및 가족기능이 약화될 것이다. 지속적인 출생아 감소 및 기대수명 증가[10]로 생산가능 인구는 급격히 줄어드는 반면, 1인 가구의 비중 증가로 가족내 부양능력이 저하될 것이다. ② 맞벌이 가구 증가에 따라 돌봄 등 사회서비스 확대 필요성과 성차별적 고용여건 개선 등 성평등에 대한 사회적 요구가 증가해 나갈 것이다. 따라서 사회서비스 확대 및 격차 완화를 통한 사회보장 포용성 제고가 필요할 것이다.

둘째, 생산가능인구 감소와 세계경제 성장둔화 등 대내외 여건 악화로 성장률이 저하될 전망이다. ① 대내적 요인으로서 생산가능인구 감소 및 사회안전망 부족으로 구조조정이 지연되어 잠재성장률이 저하될 전망이다. ② 대외적 요인으로서 세계경제의 성장률 둔화[11] 및 글로벌 경제 강국의 다극화 등 대외 불안요인이 증대될 것이다. 따라서 경제활동참여 확대, 창의적 인재교육을 통한 생산성 제고가 필요할 것이다.

셋째, 4차 산업혁명으로 고용구조 및 근로형태의 다양성이 증가하고 노동이동이 확대될 것이다. ① 자동화·플랫폼 기반 서비스 확산 등에 따른 고용 및 근로형태가 다양화할 것이다. ② 신기술·산업 등장의 가속화, 대외 경쟁력 확보 부문의 변화 등으로 일부 직종·산업에서는 구조조정이 불가피한 반면, 인공지능(AI),

10) 연령별 인구구조의 변화 전망을 보면 생산가능인구(15~64세)는 2016년 3,763만 명에서 2040년 2,943만 명, 2065년 2,062명으로 줄어들 것이다. 1인 가구 비중(%)은 2015년 27.2%에서 2025년 31.9%, 2035년 34.6%, 2045년 36.3%로 증가해 나갈 것이다.

11) OECD 2017년 전망에 의하면 2020년 OECD 평균 3.1, 한국 2.4에서 2040년 OECD 평균 1.8, 한국 1.7, 2060년 OECD 평균 1.5, 한국 1.3.

사물인터넷(IoT), 3D 프린팅의 기술발달은 헬스케어의 비약적 발전과 일자리 창출에 기여할 것이다. 따라서 적극적 노동시장정책의 확대와 고용보험 등 일자리 안전망 확충이 필요할 것이다.

넷째, 네트워크 사회로서 정보통신기술 발달과 새로운 소통방식이 확산될 것이다. ① 정보통신기술 발달로 정보 비대칭성이 완화되고 있으며, ② 정부 정책결정 과정에 국민참여 확대에 대한 요구가 증가함에 따라 정책결정 과정에서 시민참여형 민주적 거버넌스 구축이 필요할 것이다.

3. 제4차 산업혁명 시대 복지패러다임의 변화와 구축전략

1) 사회적 신뢰 기반의 혁신적 사회안전망 구축

우리나라는 전통적인 사회적 위험(old social risk)에 대응해 사회안전망을 구축함과 함께 21세기 들어 서구 복지국가의 새로운 사회적 위험(new social risk)이 심화됨에 따라 다양한 정책적 변화를 모색하고 있는 상황이다. 그러나 이러한 상황과 더불어 4차 산업혁명과 지능정보사회[12)]의 변화가 가져올 사회적 가치의 변화와 '상상이 현실이 되는 사회적 위험(Imaginary Social Risk)'에 대응하기 위해 복지패러다임을 전환하고 사회보장체계의 혁신적 전략을 수립해야 하는 상황에 직면하고 있다. 따라서 지능정보사회의 사회적 위험에 대응하기 위한 복지 패러다임의 전환 및 대응전략 모색의 필요성으로서 '인간 중심의 지능정보사회'를 목표로 사회적 신뢰 기반의 혁신적 사회안전망 구축이 필요하다(최현수·오미애, 2017). 이를 위해

첫째, 인간 중심의 지능정보사회를 실현하기 위한 사회적 신뢰 기반의 사회안전망 구축과 권리와 의무의 상호 존중 및 행동 가치와 윤리 규범 중시 등 사회적 신뢰 기반을 구축해 나가야 할 것이다.

12) 지능정보사회(Intelligent Information Society)란 고도화된 정보통신기술 인프라(ICBM)를 통해 생성, 수집, 축적된 데이터(Big data, 빅데이터)와 인공지능(AI)이 결합한 지능정보기술이 삶의 다양한 분야에 보편적으로 활용됨으로써 새로운 가치가 창출되고 발전하는 사회를 의미함(제4차 산업혁명에 대응한 지능정보사회 중장기종합대책 2017. 1. 16. 보도자료).

둘째, 지속 가능한 생산과 혁신적 성장을 촉진할 수 있는 유연한 사회보장체계(flexicurity)를 구축해야 한다. 보다 구체적으로 제언하면,

① 인공지능과 빅데이터를 기반으로 한 사회변화 예측 및 자가 진화에 따른 정책적 판단과 조정이 가능한 유연한 사회보장제도로의 혁신이 필요

RTI 시스템이란?

② Real-Time Information(RTI) System 기반 소득파악 및 정보 연계를 통한 사회보험 사각지대 해소와 공공부조 운영체계 혁신

③ 복지정책 수급률, 예산 집행 비율 등 다양한 변화 인지에 기초한 선정 기준 자동 조정과 Real-Time Analytics(RTA)를 통한 정책 목표 달성 및 효율적인 집행 지원 시스템 구축

④ 빅데이터 연계와 인공지능 활용을 통해 복지 대상을 판별하고 위험요인을 예측한 결과를 기반으로 다양한 영역의 보건복지서비스 추천 시스템 및 신청이 연계된 복지전달체계 구축

⑤ 사회보험, 공공부조 등 기존 사회안전망 관련 법·정책·운영체계의 혁신적인 재구조화

셋째, 인공지능으로 인한 일자리 양극화로 심화될 소득·부의 양극화에 대한 대응 전략으로 재분배 정책 강화를 위한 보편적 사회수당 확대 또는 기본소득 도입[13)]과 다양한 사회서비스의 확장 및 융합을 모색해 나간다.

한국사회복지협의회는 4차 산업혁명, 복지 패러다임 바뀐다라는 글을 기고하면 4차 산업혁명 시대 복지키워드로서 다음 7가지를 제안한 바 있다. 여기서 여러 가지의 복지 키워드 중에서 미래과학기술포럼보고서(2018)는 스마트 복지를 4차 산업혁명 대응계획의 한 분야로 채택한 바 있다.

13) 제2부 제6장 제5절 기본소득 참조.

4차 산업혁명 시대 '복지 키워드 7'

① 맞춤 복지 : 빅데이터를 활용해 생활 전반에 걸쳐 최적의 개인 맞춤형 서비스 제공
② 유연 복지 : 특정 시설이나 장소에 구애받지 않고 서비스 수요와 공급을 연결
③ 스마트(smart) 복지 : 인공지능, 빅데이터 등 신기술을 활용해 신속·정밀한 서비스 제공
④ 생산 복지 : 경제와 경영을 복지와 융합하여 새로운 사회적 경제 효과 창출을 통한 지속가능한 복지환경 조성
⑤ 투명 복지 : 이용자 중심의 빅데이터 활용으로 서비스 중복·누락 및 부정수급 방지 등 투명성 제고
⑥ 사회혁신 복지 : 새로운 아이디어를 통해 사회서비스의 효율성과 효과성을 높이는 '사회혁신생태계' 구축
⑦ 공감 복지 : 로봇이 대체할 수 없는 인간의 따뜻한 마음으로 사랑과 정성을 나누는 '나눔문화' 조성

출처 : 한국사회복지협의회. 4차 산업혁명, 복지 패러다임 바뀐다. 복지저널 제107호 2017.7.

2) 복지기술의 도입

복지기술에 대한 설명으로 옳게 짝지어진 것은?

복지기술이라는 개념이 처음 나타난 곳은 덴마크다. 덴마크에서는 2008년 세계적인 경기침체와 함께 고령화에 의한 노인 복지 비용 증가에 따른 재정 부담 해소 방안으로 첨단 기술에 주목하게 되었고, 이를 계기로 '복지기술(Welfare Technology)'이라는 개념을 처음 도입하게 되었다. 덴마크 정부는 "고령화 및 저출산 등의 사회적 변화로 급증하는 복지 수요를 충족하기 위해 일상생활의 영역에 ICT기술을 접목시켜 생활의 편리를 돕는 복지서비스의 혁신"(Danish government, 2013)으로 복지기술을 정의하고 있다. 복지기술을 정의하기 위해서는 우선적으로 복지와 기술 중 무엇에 초점을 둘 것인가를 결정해야 한다. 앞에서 언급한 것처럼, 4차 산업혁명이 ICT를 통한 새로운 삶의 영위라고 본다면 궁극적인 목적은 복지에 있다는 점이다. 즉, 복지서비스를 지속적으로 제공하고 개발하기 위해 ICT는 그 해결 방안을 제공한다는 점, 즉 하나의 solution(해결책)이라고 말할 수 있다.

KT에서는 AI 케어 로봇 시니어15)를 개발하여, 24시간 케어서비스를 제공하고 있다. 케어 로봇 시니어는 먼저 대상자를 1시간 단위로 모니터링하여 움직임/

얼굴 인식을 수행하며, 음성과 행동에 대한 분석을 통해 이상 징후(미감지 4회 발생)를 감지하면 보호자/생활관리자 및 119에 응급콜을 실시한다.

㈜로보케어에서 개발한 탁상형 인지훈련 로봇 '보미'는 고령자 및 치매의 위험이 있는 노인을 대상으로 로봇을 이용한 두뇌 향상 콘텐츠를 제공하여 뇌기능 활성화와 치매예방에 도움을 주는 1:1 탁상형 인지훈련 로봇이다. '보미'는 만세하기, 박수 치기 등 사용자의 모션을 인식할 수 있고, 22종 아바타와 팔을 조합하여 다양한 감정 표현이 가능하다.

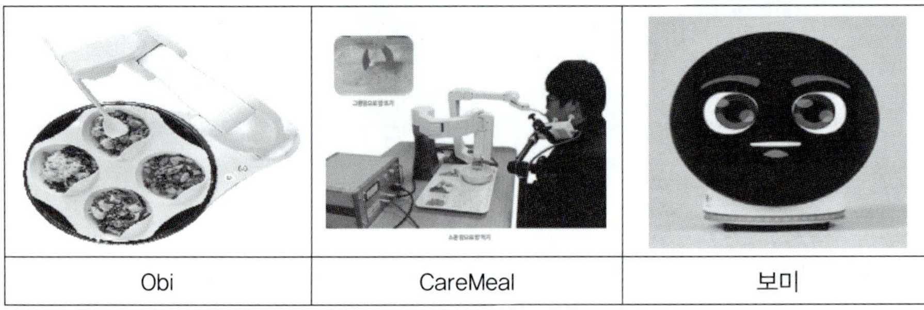

[그림 15-2] 식사 보조 로봇 예시 Obi CareMeal

자료 : 1) Obi(2022). Obi 홈페이지. https://meetobi.com/에서 2022. 9.29. 인출.
2) NT Robot(2022). NT Robot 홈페이지. CareMeal.http://www.ntrobot.net/shop_contents에서 2022. 9. 30 인출.
출처 : 오미애김세진·박나영·안수인·조용찬.2022.보건복지 분야 디지털 기술의 적용 가능성과 전망. 한국보건사회연구원.

국가별 복지기술의 강조점에 대한 설명으로 옳지 못한 것은?

현재 북유럽, 미국뿐만 아니라 우리나라에서도 복지기술이라는 용어를 쓰지만 국가별로 복지기술을 정의하는 강조점에는 차이가 있다. 가령, 덴마크와 핀란드에서는 건강과 돌봄을 강조하고, 스웨덴에서는 돌봄을, 노르웨이에서는 지방자치 정부의 역할을 강조하고 있다. 반면 영미권에서는 장애인과 노인에 대한 보조기술을 강조한다. 우리나라의 경우, 인간 삶의 만족도를 높일 수 있는 하나의 방안으로 '생활밀착형 ICT융합서비스'로 개념화하는 경향이 있다. 특히 우리나라의 경우는 아직 복지에 초점을 두기보다는 ICT를 통한 인간의 편리성에 강조점을 두고 있다. 특히 '복지'라는 말을 고려한다면, ICT 등 4차 산업혁명으로 인한 변화를 제대로 감지하지 못하고 접근하는 데 어려움을 지니는 노인 또는 장애인 등의 취약계층에 대한 접근을 고려하는 것은 매우 중요하다. 이런 의미에서 복지

기술은 단순히 인력부족의 문제를 ICT를 통해 대체한다기보다는 ICT의 혜택을 누리지 못하는 취약계층의 복지 관련 문제를 보완하기 위한 또 다른 노력으로 보는 것이 더 적합할 것이다(임정원, 2017).

한편 노인돌봄에서 디지털 기술의 적용은 제론테크놀로지(Gerontechnology)라는 개념으로 설명될 수 있다. 제론테크놀로지는 노년학(Gerontology)과 기술학(Technology)의 합성어로 '고령자의 건강하고 독립적인 삶을 보장하기 위한 기술, 노화에 관한 융합 연구'를 의미한다(박선미, 김수범, 2019). Bjering, Curry & Maeder(2014)는 제론테크놀로지는 ① 건강, ② 주거, ③ 개인의 이동능력과 교통, ④ 의사소통, ⑤ 일과 여가를 포함한 삶의 다차원적 영역에서 적용될 수 있음을 제시하고 있다(오미애 외. 김세진·박나영·안수인·조용찬. 2022).

3) 공유복지의 확대

(1) 공유경제의 이해

공유복지를 이해하기 위해서는 공유경제(Share Economy)를 먼저 살펴볼 필요가 있다. 현대적 의미의 공유경제 개념을 정립한 사람[14)]은 2008년 Lawrence Lessig이다. 그는 재화와 서비스의 반대급부로 화폐가 교환되는 상업경제(Commercial Economy)에 대비되는 개념으로 화폐 대신 인간관계나 자기만족감이 교환의 매개가 되는 공유경제를 제시하였다. 그리하여 현대적으로 정립된 공유경제 개념의 특징은 ① 교환이 이루어지지만 ② 화폐를 교환의 매개로 하지 않으며 ③ 교환의 동인은 자기만족감이거나, 복잡한 형태를 띤 이타성이다.

공유경제의 특징으로 옳게 짝지어진 것은?
– 비화폐적 교환
– 이타성

최근 공유경제의 사례로 제시되고 있는 우버, 에어비앤비, 타다 등은 플랫폼을 통해 공급자와 사용자를 연결해 주는 중개·알선 서비스이고 심지어 모바일 플랫폼을 사용할 뿐인 일반 임대사업이 공유경제 관련 산업으로 지칭되는 등 공유경제 개념이 과거 Lessig이 제안한 공유경제의 개념과 달리 혼용되고 있다. 따라서

14) 공유경제라는 용어는 1984년 마틴 와이츠먼(Martin Wietzman)에 의하여 최초로 창안되었다. 그후 레식이 정립한 공유경제는 혈연 및 지역공동체 안의 시혜적 선물 교환에서도 발견되지만, 인터넷의 발달과 함께 위키피디아 운영, 인터넷 아카이브 구축, 오픈소스 소프트웨어 개발 등에서 유용하게 기능하고 있다.

현재 통용되고 있는 공유경제는 상업경제의 다른 사업 모델로 혼용되고 있으며, 동료생산, 협력경제, 연결경제 등 여러 가지 대체 용어들이 제시되고 있다.

공유경제의 순기능과 역기능?

이처럼 공유경제는 ① 자본 접근성을 낮추고, ② 다양성을 제고하며, ③ 자본 계층으로의 진입을 용이하게 하고, ④ 소유에 대한 인식을 변화시키는 경제적 효과를 가지고 있을 뿐만 아니라 ⑤ 지속가능성·공동체의식 제고 등 사회적인 순기능도 기대할 수 있지만, 동시에 기존 제도 및 시장과의 충돌을 비롯하여 노동의 외부화 등과 같은 부작용을 노출하고 있기도 하다(정석완, 2018).

(2) 공유복지의 개념과 플랫폼[15] 구축

공유복지(shared welfare)는 사회복지시설과 사회복지사가 가지고 있는 각종 데이터, 정보, 지식 등의 복지자원을 공유해 복지서비스의 질적 향상을 꾀한다는 사회복지계의 최신 트렌드다. 사회복지실천현장에는 유형의 자산보다 무형의 자산(지식, 프로그램 등)을 더 많이 보유하고 있다. 기관이 소유하고 있는 이런 무형의 자산이 공유되어서 다른 사람이나 기관, 타 지역에서 잘 활용될 수 있다면 더 큰 집단지성으로서 더 향상될 수 있는 가능성을 가지게 될 것이다(전재일, 2017).

이러한 공유복지의 개념은 서울복지재단의 '공유복지 플랫폼 WISH(2014)', 부산복지개발원의 '부산형 공유복지 플랫폼(2018)' 등으로 점차 현실화되고 있는 추세이다. 공유복지플랫폼 wish는 사회복지 관련 복지지식·경험·정보를 발굴하여 기관과 개인을 연결하고 공유하는 체계(https://www.facebook.com/welfareWISH)로서 각종 복지 관련 데이터와 정보, 지식 등 현장에서 실제 적용 가능한 각종 콘텐츠들을 손쉽게 공유하고 활용할 수 있을 것으로 전망한다.

공유복지 플랫폼 wish?

공유복지플랫폼 WISH(https://wish. welfare.seoul. kr) 홈페이지는 '지식공유활동가', '지구공(知求共)', '같이(가치)공유', '복지 Trend', '복지톡톡(talk-talk)', '공유히어(here)로' 등 6개의 메뉴로 구성되어 있다. 이러한 공유복지플랫폼 WISH는 사회복지 현장에서 다양한 형태로 존재하는 복지 지식, 경험, 정보를 발굴하고 공유

15) 플랫폼[flat(편평한) + form(모습)]은 합성어로서 "많은 사람이 쉽게 이용하거나 다양한 목적으로 사용되는 곳" 혹은 소프트웨어분야에서는 기술환경이라고도 하며 위키피디아에서는 "제품개발을 가능하게 하는 기술이나, 현재 또는 미래의 개발을 지원하는 프로세스"라고 함.

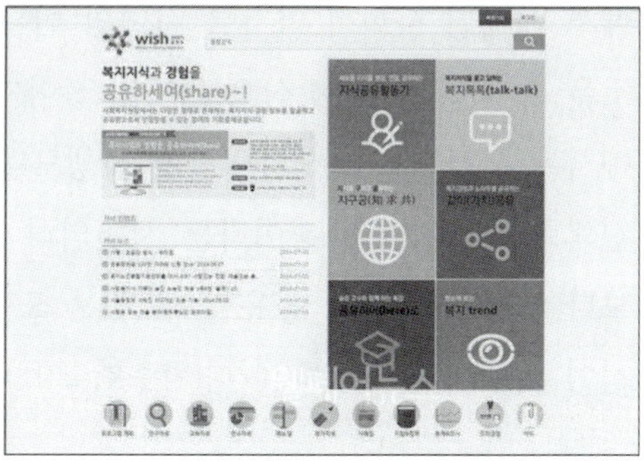

공유복지
- 복지지식 네트워크 구축
- 역량 강화
- 사회복지서비스의 질적 향상
- 자원연계효율성 강화
- 시민복지체감도 향상

함으로써 인정받을 수 있는 참여의 기회를 제공하고 지식을 연결하여 새롭게 확산되도록 무형자산의 공유(1단계)를 시작으로 점차 유형자산까지 공유콘텐츠를 확대(2단계) 함으로써 공유문화 확산과 지역사회복지 역량강화에 기여하고자 한다. 이처럼 공유복지플랫폼 WISH는 사회복지현장의 복지지식 네트워크 구축과 역량 강화에 일조할 뿐만 아니라 궁극적으로는 우리 사회복지서비스의 질적 향상에도 기여할 수 있을 것으로 기대하고 있다(웰페어뉴스, http://www.welfarenews.net). 나아가 WISH에서는 공유복지 경진대회도 개최하고 있으므로 대학생들의 참여를 통하여 창의적인 아이디어도 제안해 볼 수 있다.

부산형 공유복지플랫폼(baswc.websolid.co.kr)은 읍면동을 지역적 기본단위로 하고 읍면동 지역사회복지협의체를 기본주체로 하여 읍면동 사이의 격차조정과 균형발전을 위한 자원제공 플랫폼이다. 그 목적은 민간협력을 통해 발굴한 다양한 자원을 읍면동 지역사회보장협의체 간 협약을 통해 공유함으로써 지역사회문제해결 역량을 키워주고자 하는 것이 1차 목적이다. 나아가 자원공유를 통해 민간협력의 원리를 확장하여 읍면동 간 격차조정과 자치구군 내 균형발전을 달성하고자 하는 것이 2차 목적이다. 공유복지의 작동원리는 지역사회(읍면동)를 기반으로 지역사회보장협의체를 중심으로, 공공(행정복지센터)과 민간(사회복지관 등)이 지원한다. 부산형 공유복지플랫폼의 기대효과는 공유복지플랫폼을 활용한 지역복지 문제해결 및 복지체감도 증진, 공공, 민간, 공공복지기관과 지역주민의 정보공유 및 참여와 나눔의 소통체계 구축하여 자원 연계 효율성을 강화해 나가는 것이다.

이와 같이 공유복지는 기업과 정부기관을 통해 축적된 빅데이터와 공공데이터의 개방을 통하여 꼭 필요한 곳에 낭비됨이 없이 최적의 서비스를 전달할 수 있는 시스템과 촘촘한 복지정책을 마련하는 데 크게 기여할 수 있다. 또한 유휴 공공시설과 자원은 시민에게 공유됨으로써 효율성이 높아지고 시민의 복지체감도 도 함께 올라갈 것이다. 그리고 금융분야 공유서비스인 크라우드 펀딩은 제도권에서 배제된 사회적 약자를 시민의 이름으로 도울 수 있게 함으로써 하나의 새로운 복지재원 마련방식으로 자리 잡아가고 있다. 그러나 향후 선순환 공유를 위해서는 우선적으로 생활밀착형 상생모델을 더 많이 발굴해 나가야 하고 사회적 신뢰회복과 자발적 참여라는 시민의식 성숙이 수반되어야 할 것이며 시민들이 보다 쉽게 안심하고 공유할 수 있는 도구와 시스템을 개발하는 방향으로 그 초점이 맞추어져야 할 것이다(박주홍, 2018).

인공지능(AI)으로 디지털복지 사례를 찾아봅시다!

4) 디지털 복지

한국사회는 코로나19 이후 급격히 디지털전환이 진행되고 있으며, 이는 특정 영역에 국한되기보다는 사회 모든 영역 및 시스템에 영향을 미치고 있다. 복지영역 또한 디지털전환에 따라 대상자의 형평성, 기존 체계의 변화 등으로 인하여 디지털 격차 및 소외, 서비스의 디지털화, 디지털 포용과 같은 새로운 이슈에 직면하고 있다. 즉 고령층, 저소득층, 장애인 등 디지털 기기 활용 및 활동 참여에 상대적으로 취약해지는 디지털 소외 문제 발생이 가장 대표적이며, 기존 서비스 제공 및 전달 체계와 '디지털'과 연계와 기존의 가치와 이념을 어떻게 유지할 것인가에 대한 고민이 증대되고 있다. 그리하여 최근 사회복지 영역에서 디지털 전환과 관련하여

- '디지털 소외' 혹은 '디지털 약자' 관련된 '포용'의 가치를 어떻게 실현할까?
- 기존의 복지영역에 디지털 기술을 어떻게 적용할 것인 가에 대한 고민이 증대하고 있다.

따라서 최근 중앙정부(2020)에서는 '스마트 복지' 구현을 국정과제로 설정하면서 디지털과 복지를 연계한 '디지털 복지' 도입에 대한 논의가 이루어지고 있으며, 이를 통해 국민의 삶의 질과 사회서비스 질의 향상을 기대하고 있다.

이러한 디지털 복지의 등장은 고령인구의 증가, 욕구의 다양성 증가에 비해 재정적 제약이 지속화되면서 사회서비스를 제공하는 혁신적 대안 모색과정에서 디지털 기술과 다양한 복지서비스와 결합되면서 디지털 복지(Digital Welfare)가 등장하였다(Larsson, A. & Teigland, R., 2020). 디지털 복지(Digital Welfare)는 '공공영역에서 제공되는 서비스의 효율성 증진, 비용 효과성 증진, 대상자의 요구에 적극적

으로 부응하기 위한 방법'으로 수단적 측면에서 개념으로 정의되고 있다(Larsson, A. & Teigland, R., 2020).

디지털 복지의 사례를 살펴보면 싱가포르는 저소득층, 노인 등 디지털 취약계층의 접근성 문제, 리터러시, 포용성 문제를 해결하기 위한 대안으로 정부(공공)에서 「Digital Readiness Blueprint」 정책을 추진하고 있다. 호주 정부는 2015년부터 모든 국민들이 온라인 환경에 적응하고 원활하게 이용할 수 있도록 온라인 학습 지원과 디지털 격차 해소, 디지털 활용의 자신감 부여 「Be Connected」 프로그램을 추진하고 있다. Be Connected는 ① 디지털 역량 개발 ② 팟 캐스트 ③ 무료 프리젠테이션(웨비나) 학습 등 자신의 역량과 흥미에 따라 영역과 분야를 선택하여 참여하는 개방형 형태로 운영하고 있으며 ① 디지털 역량 개발(증진)을 위해서 인터넷 접근, 인터넷(영상) 통화, 앱 관리 등 디지털 활용·응용 등 일상생활의 편리성을 증진할 수 있는 내용으로 구성되어 있다(최조순, 2022).

〈표 15-7〉 디지털 역량개발을 위한 주제 및 내용

주제	내용	주제	내용
온라인 보안	• 비밀번호 관리 • 바이러스 백신 사용 • 온라인상 개인정보 보호	온라인 시작하기	• 인터넷 사용 • 검색엔진 활용법 • 이메일 사용법
인터넷 뱅킹	• PC 등 인터넷 뱅킹 사용 방법 • 스마트폰 등 모바일 뱅킹 사용 방법	다른 사람과 연결	• 영상통화(Skype, FaceTime, Zoom 등) 사용방법
MYGOV 활용법	• MYGov 설정 및 연결방법 • MYGov로 메디케어 청구 방법	Wi-Fi 및 모바일 연결하기	• Wi-Fi 접속 방법(외부) • 모바일 네트워크 활용 방법
사진 편집	• 사집편집 프로그램 활용 방법 • 사진관리 및 저장	클라우드 사용법	• PC에서 클라우드 사용하기 • 휴대폰에서 클라우드 사용하기 • 스마트기기에서 클라우드 사용하기
SNS 활용법	• 소셜미디어 활용하기 • 소셜미디어 관리	스마트 홈	• 스마트 홈 서비스 소개 및 활용 • 스마트TV 활용하기
스마트폰 사용하기	• iPhone 사용 및 활용법 • 안드로이드 폰 사용 및 활용법	스마트 패드 사용하기	• iPad 사용 및 활용법 • 안드로이드 태블릿 사용 및 활용법
온라인 취미	• 온라인 관광(여행) 하기 • 온라인 저널(블로그 등) 사용법	온라인 구매	• 온라인 구매 및 판매하기 • 온라인 결제 방법 • eBay 사용 및 활용법

출처 : Be Connected 홈페이지(https://beconnected.esafety.gov.au/topic-library), 2022년 9월 13일 접속

4. 제4차 산업혁명에 대한 정부의 대응방안과 활용사례

1) 4차 산업혁명에 대한 정부의 대응방안 : 스마트복지

미래창조과학부(2016. 10)의 지능정보사회 종합대책에 의하면 저출산 고령화, 재해재난, 높은 의료비용에 대응하기 위해 노령인구 경제참가 확대, 선제적 재해재난 대응, 개인 맞춤형 의료서비스[16)]가 제안되었다. 이후 관계부처 합동(2017. 11) 혁신성장을 위한 사람 중심의 「4차 산업혁명 대응계획」에 의하면 4차산업혁명위원회를 구축하여 각 부처 간 세부추진 전략과 과제를 마련하였다. 또한 한국연구재단의 미래과학기술포럼(2018. 5. 30)에서는 공공서비스의 지능화로 스마트 복지를 제시하고 있다. 즉, 공공분야의 지능화로 사회문제 해결 및 편리하고 안전한 공공서비스를 제공함으로써 국민의 삶의 질을 높이고 혁신성장을 위한 선도적 시장을 창출한다.

〈표 15-8〉 4차 산업혁명 대응 계획의 분야와 주요 내용

분 야	주요 내용
스마트 건강	개인 맞춤형 정밀의료 확산, 지능형 의료로봇 상용화, 인공지능 기반 신약개발 혁신 등 예방부터 간병까지 스마트 의료·바이오 구현
스마트 도시	스마트 도시 선도모델 실증 확산, 딥러닝 기반 교통신호 최적제어 시스템 보급 등 도시 문제 해결 혁신 플랫폼인 스마트 도시 확산
스마트 복지	지능형 돌보미 로봇 개발, 근력 강화 웨어러블 로봇 확산, 치매환자 지능형 모니터링 등 사회적 약자의 지능형 일상생활 보조 서비스 확산
스마트 환경	미세먼지 정밀 에보, 스마트 상하수도 시스템 구축 등 환경오염 예측 정확도 제고 및 무인 관리로 대응체계 고도화
스마트 안전	노후 SOC 관리, 지능형 CCTV 분석 기반 범죄예측·사전대응 강화, 산불·병충해 대응 고도화 등 안전체계 지능화로 사고예방 및 피해 최소화

출처 : 한국연구재단의 미래과학기술포럼(2018. 5. 30). 지능연결사회 대비 과학기술자가 바라본 미래 기술. 미래과학기술 포럼보고서. http://www.nrf.re.kr/search/

16) 한국연구재단, 미래과학기술포럼(2018. 5 : 13)에서 100세 시대 핵심 이슈는 맞춤형 서비스가 부각될 것으로 예측하고 있다. 즉, IT와 의료기술을 접목한 기술 개발이 활발하게 이루어져 노후생활과 고령자의 노동 및 일자리를 지원하는 로봇 서비스가 확대되고 보건의료 빅데이터를 기반으로 다양한 질병을 선제적으로 대응하는 기술을 개발 중이다.

스마트 복지란?

보다 구체적으로 스마트 복지의 내용을 살펴보면 다음과 같다.

스마트 복지란 AI 기반의 스마트 복지시스템을 구축, 사회적 약자가 겪는 일상의 어려움을 해결하는 돌보미 로봇, 지능형 치매관리 등을 통해 복지사각지대 제거 및 차세대 복지 산업의 동반성장을 말한다. 스마트 복지를 보다 구체적으로 살펴보면,

① **노인·장애인**

노인·장애인의 간병·간호와 신체활동을 지원하는 지능형 로봇 개발·보급으로 간병부담 완화 및 노동력 손실 방지를 지원한다. 예를 들어, 보행 등 신체활동 지원 웨어러블 슈트를 개발하고, 재활병원·요양시설 등의 거동 불편자, 재활치료 환자 등을 대상으로 실증·보급을 추진한다.

② **치매**

사회적 부담이 큰 치매 극복을 위해 원인규명·예방·조기진단·치료·돌봄 등에 걸친 체계적이고 종합적인 치매 생활보조 기술혁신을 지원한다. 예를 들어, VR/ AR/ 게임 기술을 활용하여 치매예방·치료가 가능한 기능성 콘텐츠 개발 및 보급('20~, 치매안심센터 등)을 추진하며 혈액·유전체 등 빅데이터 활용 AI 기반 등 치매 R&D 중장기계획을 마련한다.

③ **장애아동**

장애아동과 가족의 일상생활 보조 지원을 위해 로봇·IoT 등 웨어러블 기기 활용 맞춤형 운동·재활, 보조의사소통기기 활용한 사회참여 적응 훈련 모델을 개발하고 실증한 후 장애인 이용시설에 확산 추진한다. 예를 들어, 안구마우스 등을 활용하여 의사를 표현할 수 있도록 보조하는 기구를 개발한다.

④ **취약계층 복지**

빅데이터 분석을 활용하여 사회취약계층을 발굴·지원하는 "찾아주는 복지서비스"로 복지사각지대를 해소한다. 예를 들어, 소득·체납정보 등 빅데이터 기반 사회취약계층 발굴 및 차세대 사회보장정보시스템을 구축한다.

2) 4차 산업혁명 시대 사회복지정책의 빅데이터 활용사례

사회복지정책에서 빅데이터 활용사례로 볼 수 없는 것은?

첫째, 2016년도에 기초연금선정 기준 시에 빅데이터를 사용해 조건에 부합하는 대상자를 선별하고 정책 시뮬레이션을 통해 그 결과를 바탕으로 최적화된 서비스 선정기준까지 도출해 낸 바가 있다.

둘째, 국민건강알림서비스에서는 4단계 건강위험 예보 발령이나 개인 건강기록 시스템(진료내역과 의약품처방, 건강검진정보 데이터)을 통해 맞춤형 건강서비스가 제공되고 있다. 또한 병원 약국 찾기 서비스에서는 위치기반 서비스와 연동하여 내 주변의 병원이나 약국 응급의료기관의 위치를 제공해 주는 서비스로서 전국의 의료정보 데이터를 수집하여 제시되고 있다.

e아동행복지원시스템이란?

셋째, 2016년부터 빅데이터를 활용해 학대 위기아동을 예측하고 지원하는 상시 발굴 시스템(e아동행복지원시스템)을 운영하고 있다. 2018년 3월부터 개통된 이 시스템은 '장기결석 여부', '영유아 건강검진·예방접종 실시 여부', '병원기록' 등의 정보를 모아 일정 수준 이상의 요건을 충족하면 보호가 필요한 아동으로 추정하여 각 읍·면·동으로 자동 통지하도록 하는 시스템이다. 이후 읍면동 공무원이 가정을 방문해 학대 정황을 발견하면 신고하고 이후 모니터링을 지속하는 방식이다.

넷째, 빅데이터를 활용한 복지사각지대 발굴시스템 구축이다. '송파 세 모녀 사건'을 계기로 복지사각지대를 보다 효율적으로 발굴하기 위한 보조적 수단으로서 2015년 12월부터 빅데이터 기반 발굴시스템을 구축하여 운영 중이다. 즉, 단전, 단수 등 공공 및 민간기관의 빅데이터를 수집·분석하여, 복지 지원이 필요할 것으로 예측되는 사회취약계층을 발굴하고 고위험군으로 예측된 명단을 지방자치단체에 제공한다. 지방자치단체는 제공된 명단에 대한 상담·조사를 실시하여 복지지원이 필요한 대상자에게 공공 및 민간 복지서비스 제공하고 발굴 가구에 대한 지원이력을 정보시스템(행복e음)을 통해 지속적으로 관리해 나가고 있다.

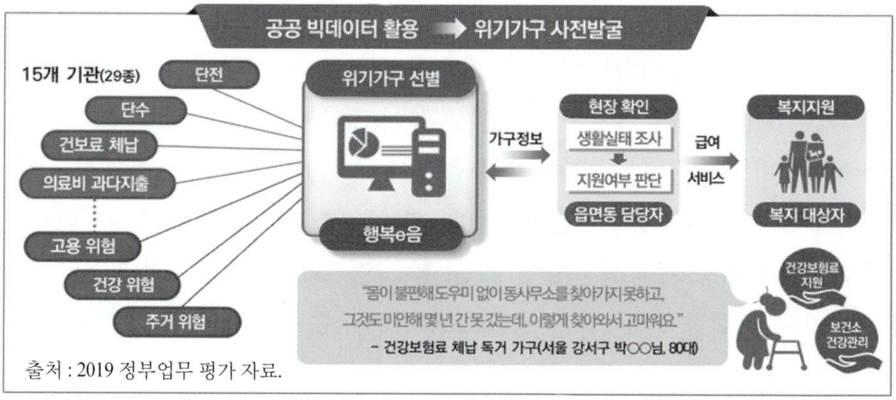

출처 : 2019 정부업무 평가 자료.

복지서비스 영역에서 디지털 기술 활용방법을 생각해 봅시다!

3) 보건복지 분야 디지털 기술의 적용 가능성과 전망

디지털 기술은 시대의 환경 변화에 대응하여 새로이 개발되고 적용되고 있다. 코로나19 이전의 기술은 시장과 사회 변화를 주도하고 시장 창출 및 사회문제 해결을 위해 활용되었다면, 코로나19 이후의 기술은 시대적 요구가 기술개발을 촉진하고 있으며 비대면 사회, 위험 대비 등의 목적성을 띠고 있다. 디지털 기술은 숫자로 정보를 처리하고 저장하고 전송하는 장치를 연구, 개발하는 것에 관한 기술을 의미한다. 디지털 전환으로 디지털 기술의 중요성은 더욱 커졌으며, 사회 전반에 걸쳐 모든 영역에서 디지털 기술이 활용되고 있다(오미애·김세진·박나영·안수인·조용찬. 2022:3).

복지·돌봄 분야 정책과 관련해서 국내에서도 과학기술과 ICT·IoT·AI를 활용한 복지·돌봄 혁신이 추진되면서 고령자의 일상생활 및 안전 지원을 위한 사업이 진행되고 있다. 보건복지부의 R&D 사업에서도 취약계층 돌봄 등 사회문제 해결을 위한 실용화 중심의 기술개발이 진행되고 있다. 디지털 기반 미래 헬스케어 정책 관련 추진현황으로, 보건복지부는 데이터 기반의 바이오·디지털 헬스 글로벌 중심국가로 도약하기 위해 미래의료 및 바이오 디지털 혁신생태계 조성을 목표로 3대 정책 방향을 제시하였다.

노인돌봄의 경우, 사회적 변화와 욕구를 반영하여 정부 차원에서도 다각적 측면에서의 접근이 이루어지고 있다. 노인돌봄에서 디지털 기술 적용의 목적은 디지털 기술이 적용된 다양한 도구들을 활용하여 노화에 따른 기능상태의 악화에도 불구하고 노인이 지역사회에 계속 거주(Aging in Place)하게 하며, 돌봄서비스 제공자의 부담을 감소시키는 것이다. 윤석열 정부에서는 100대 국정과제 중 '(4차 산업혁명 기반) 다양한 기술을 활용한 생활밀착형 돌봄 확산 기반 조성'을 제시하여 돌봄서비스 제공에서 기술의 적용을 강조하고 있다. 세부적으로는 ① 활동 감지센서 등을 활용한 응급안전안심서비스와 보건소 AI-IoT 기반 건강관리사업 등을 확대한 스마트 기술 활용 돌봄 확산, ② 고령친화산업과 연계하여 돌봄로봇 등 복지기술 R&D를 강화하고 복지관, 요양시설 등을 리빙랩[17]으로 지정하는 등 돌봄기술 개발 지원을 과제로 제시하고 있다.

사회복지사가 리빙랩을 어떻게 활용할 수 있을까?

일례로서 강남종합사회복지관과 강남대학교 미래복지융복합연구소는 복지서비스의 새로운 지식·기술을 개발하고, 지역사회의 복지안전망을 촘촘히 하고자 하는 목적으로 Wel-Tech 기반 리빙랩 구축 및 운영을 위한 협약을 체결한 바 있다(2020.12). 여기서 복지관 관장은"복지기술이 단순한 기술적 도구로 사용되는 것이 아니라 복지서비스의 질적 향상을 이끌어낼 보완적 기제로 사용되어질 것으로 기대된다"는 이야기로 사회복지서비스의 방향을 제시한 바 있다. 또한 최근 보건복지부 주관 '2023년 디지털사회복지실천사례'공모전에서 개금종합사회복지관은 디지털 사회관계망 형성을 도와주는'개금안테나'앱을 개발해 최우수상으로 선정된 바 있다. 해마다 증가하는 고독사를 예방할 수 있도록 설계된 개금안테나 앱은 LTE 패드에 탑재해 시니어 건강신호등 기능을 통해 노인분들의 몸 상태를 복지관 담당자가 실시간 모니터링 함으로써 고독사 발생 제로(0건)를 달성할 수 있었다. 뿐만 아니라 각 가정에서 전기, 가스, 생활 안전 자가 점검을 통한 위험예방 활동과 복지관 담당자와의 다이렉트 영상통화, SNS(카카오, 유튜브) 채널을 통해 양방향 소통에 기여하는

17) 기존 공급자 중심의 R&D가 한계를 드러내면서 사용자 참여와 현장지향성을 강조하는 리빙랩이 중요한 변화의 아이콘으로 등장하고 있다. 리빙랩은 '우리 마을 실험실', '살아있는 실험실', '일상생활 실험실'이라는 뜻으로, 특정 지역의 생활공간을 설정하고 공공-민간-시민 협력을 통해 문제를 해결하는 수단이자 방식이다(성지은 외, 2017). 최근 국내에서도 사회 주체(주민, 사용자 등) 주도형 혁신모델이자 지역·현장 기반형 혁신의 장으로서 리빙랩이 도입·적용되고 있다. 대표적인 국내 보건복지 리빙랩은 '한국시니어리빙랩'으로 고령자가 스스로 안전하고 건강한 노후를 보내기 위해 소비의 주체로 제품과 서비스 개발 및 평가에 참여한다. 최근에는 웨어러블 기기를 활용하여 개인위생, 건강 등을 관리하는 기기를 개발하였으며, 고령자를 위한 스마트홈 기능 등에 리빙랩 방식이 적용되고 있다. 또한 환자를 중심으로 지역사회와 다양한 이해관계자들에 대한 리빙랩을 적용하고 있다(Kim et al., 2020; 배기련 외, 2022).

것으로 나타났다(펜앤드마이크. 2023.7.21. http://www.pennmike.com). 이와 같이 향후 보건복지 분야 디지털 기술의 적용 가능성은 더욱 더 확대되어 나갈 전망이다.

5. 제4차 산업혁명 시대 사회복지정책의 교육 방향

경영학에서 디지사이트(digisight)라는 용어가 있다. 디지사이트(digisight)는 디지털(digital)과 인사이트(insight)의 합성어로 디지털 기술의 지원으로 확장되고 깊이를 더하는 인간통찰력을 의미한다(주재훈, 신민석. 2023). 우리 예비사회복지사들도 고객만족과 서비스 질 향상을 위해 제4차 산업혁명 시대 사회복지정책 분야에서 디지털 기술을 활용할 수 있는 자신의 복지 역량과 통찰력을 적극적으로 개발해 나가야 할 것이다.

디지털 리터러시 해소를 위해 사회복지사가 할 일은?

2023 한국사회복지교육협의회 춘계학술대회 주제도 '인공지능 시대 미래 사회복지교육의 도전과 대응"이다. 여기서 근대적 복지국가 기반이었던 국가-시장-시민사회의 구조가 아날로그 시대의 사회복지정책 기반에서 디지털 시대의 사회복지정책 기반으로 변화되어야 한다고 하였고(김수영. 2023), 전문성을 바탕으로 디지털 기술 문해력(digital literacy)[18]을 교육해야 한다고 하였다(조남경. 2023). 나아가 223편의 연구를 텍스트네트워크, 워드클라우드를 활용하여 분석한 "4차 산업혁명시대의 사회복지교육 방향"에 대한 연구(남희원, 백정원, 임유진. 2020)에서도 사회복지사의 전문성은 지키되 미래 인재상과 연계한 융합인재 양성 및 융복합 교과목 개설이 요구된다고 하였다. 즉 사회복지 기본 전문지식과 기술에 융합할 수 있는 다양한 테크놀러지 기술접목에 대한 안목, 전문 분야별 교육 연계가 필요하다. 이는 인공지능, 빅데이터, 드론, 사물인터넷, 등 주요 기술들을 다룰 수 있는 능력을 습득함으로 미래사회에 대비하는 것이 필요하다. 이렇듯 제4차 산업혁명 시대에 생활하고 있는 사회복지사들에게도 사회복지정책 분야에서 활용가능한 디지털복지 역량 강화와 복지기술을 접목한 융복합 교과과정을 개발하고 교육해 나가야 할 것이다.

---

18) 디지털리터러시협회는 디지털 리터러시를 "디지털 기술과 미디어를 활용하여 디지털 데이터, 정보, 콘텐츠를 탐색, 소비, 분석, 활용, 관리, 생산하고, 건강한 디지털 시민으로서 지혜롭게 소통하고 관계를 맺으며, 개인과 사회의 발전을 균형 있게 도모하는 역량"으로 정의하고 있다(www.cdledu.org).

제 7 절 생태복지(Ecowelfare)

1. 생태복지의 등장배경

생태복지의 등장배경에 대한 설명으로 옳은 것은?

2008년 방한한 미래학자 앨빈 토플러는 IT 다음은 생태학이라는 화두를 던져 경제 및 정책 결정자에게 커다란 반향을 불러일으켰다. 1970년대부터 국제사회는 환경문제에 관심을 가지게 되었고, 1992년 리우환경회의로부터 환경문제에 대한 논의가 본격화되기 시작하였다.

생태복지의 세계적 담론은 산업화, 도시화론은 생태계를 파괴하고 지구온난화를 가속화시키며 인간복지의 악화를 초래하였다. 그리하여 쾌적한 삶, 건강한 삶, 수준 높은 삶을 위해 생태복지가 세계적으로 논의되기 시작하였다(최재천 외, 2009). 그리하여 UN은 생태계의 건강성과 지속가능한 인간복지 간의 상호관계와 소통의 문제들을 전 세계적으로 담론화하고 생태계 파괴에 다른 인간복지 환경의 악화를 미연에 방지하기 위한 사전대응 시스템을 구축하고 있다. 또한 인간복지와 생태계를 연계하여 지속가능한 미래형 복지를 추구하고자 '밀레니엄 에코시스템(MEA : Millennium Ecosystem Assessment) 평가단'이라는 국제 전문가 연대그룹을 2001년에 발족하였다.

국내 생태복지 개념의 출현은 기후변화에 대응하고 물질적 부의 축적에 걸맞은 삶의 질 향상을 실현시키려면 후대응 복지체계에서 선대응 복지체계로 전환해야 할 필요성이 강조되었다. 따라서 지속 가능하고 미리 준비하는 건강복지 체계를 창출하고 생태환경 요소를 복지 체계에 통합 시행하여 쾌적한 삶, 건강한 삶, 환경 친화적인 삶에 대한 국민들의 변화된 기대에 부응할 수 있는 신개념의 복지 체계를 확립해야 한다는 주장이 제기되면서 등장하게 되었다.

2. 생태복지의 개념

생태복지와 관련해 학자들이 사용하고 있는 용어들을 살펴보면, Humphrey(2003)는 녹색복지(Green Welfare), Fitzpatrick(2003)은 생태사회복지(Ecosocial Welfare), 한국환경정책·평가연구원(2014)은 환경복지(Environmental Welfare), 산림청(2013)은 산림복지(Forest Welfare)라는 용어를 사용하고 있다.

환경복지의 개념

한국환경정책·평가연구원(김종호 · 추장민, 2014)은 환경복지를 모든 국민이 사회적 지위 및 거주 지역에 상관없이 동등하게 인간다운 삶을 영유하기 위하여 건강하고 안전하며 쾌적한 환경에서 생활할 수 있도록 하는 것으로 정의하였다.[19] 환경복지의 개념은 환경정책에 대한 새로운 접근을 논의하는 과정에서 정책적 수요에 따라 대두되었다. 정책적 흐름에서 살펴보면, 초반에 사회복지정책의 친환경적 전환 측면에서 환경복지 또는 생태복지에 대한 논의가 시작되었고 이후 환경취약계층 및 취약지역을 지원하는 과정에서 환경정책 내에 복지정책이 도입되면서 환경복지 개념이 점차 구체화되고 있으며 일부 에너지 및 기후변화 복지정책에 있어서 에너지복지 또는 기후복지 등의 용어가 활용되고 있다. 우리나라는 환경복지 개념이 대두된 이후 다양한 환경복지 정책을 추진하고 있으나,[20] 주로 환경정의의 측면에서 취약계층 보호, 취약지역 불평등 해소 등에 초점을 두거나 환경서비스 제공보다 환경 질 개선에 더 중점을 두고 수행되었다(신용성 외, 2017).

산림복지서비스 이용권 지원사업이란?

산림청(2013)은 산림복지를 협의와 광의[21]로 구분하여, 협의의 산림복지는 산림을 기반으로 산림문화·휴양, 산림치유 및 교육 등의 서비스를 창출·제공함으로써 국민의 복리증진에 기여하기 위한 경제적·사회적·정서적 지원과 관련된 활동이므로 출생부터 사망까지 전 생애주기에 걸쳐 숲을 통해 숲태교, 유아숲체험, 산악 레포츠, 산림치유, 산림복지서비스 이용권 지원사업[22] 등 다양한 혜택을 국

19) '모든 국민이 건강하고 쾌적한 환경에서 생활할 권리'를 가지고 있다고 하는 헌법 제35조의 정신에 기초하여 정의함.

20) 우리나라는 환경복지라는 분야가 별도로 존재하지는 않지만 각각의 환경 분야별로 정책적 수요에 따라 환경복지정책을 수행하고 있다. 환경부는 2014년 이후 정책목표를 '국민행복을 완성하는 고품위 환경복지'로 설정하고 환경복지 수준을 향상시키기 위해 노력하고 있고 2017년 업무계획으로 환경서비스 확대를 통한 정책성과 체감도 제고를 목표로 하여 생활환경, 자연생태, 에너지, 자원순환 분야에서 관련 정책을 추진하고 있다.

21) 광의의 산림복지는 지속가능한 산림경영을 기반으로 국민의 안녕과 복리증진을 위해 산림의 직·간접적 편익을 창출·수급하는 활동으로서 조림·숲가꾸기를 통해 맑은 물 공급, 대기정화 등 산림의 공익적 편익을 증진하는 것이라고 하였다.

22) 경제적, 사회적, 지리적 어려움으로 산림복지 혜택을 누리지 못하는 산림복지 소외계층(기초생활수급자, 장애수당, 장애인연금 수급자, 차상위 계층에게 산림복지시설(산림복지단지, 삼림욕장, 유아숲 체험원, 자연휴양림, 치유의 숲 등)의 이용, 산림복지 프로그램의 참여 등 산림복지서비스를 이용할 수 있도록 일정 금액(1인당 10만 원 바우처 이용권)을 지원하는 제도.

민들에게 제공하는 것이라고 정의하고 있다. 해외의 산림복지 사례로서 독일의 숲유치원, 노르웨이의 Green Care 프로그램,[23)] 미국의 센트럴 파크, 일본의 산림 테라피 기지 등이 있다.

생태복지의 개념 – 생태위기의 개선 목표 – 사전예방적 대응 – 다양성 인정 – 지속가능성 추구 – 환경친화적 인간복지

최재천(2009)은 환경복지보다 생태계[24)]에 중점을 두기 위해 자연환경과 인간환경까지 포함하는 개념으로 생태복지(Ecowelfare)라는 용어를 사용하고 있다. 궁극적으로 생태복지의 지향점은 지구상의 모든 생명을 가진 존재들의 다양성을 유지하고, 이전 세대로부터 물려받은 환경과 삶의 질을 보장하는 자산을 최대한 손상시키지 않고 다음 세대에 물려주는 지속가능성을 유지하며, 사회의 소득불평등, 환경불평등을 해소하고자 한다. 이를 통해 사전대응 방식으로 인간복지(human wellbeing)[25)]와 생태계복지(ecosystem wellbeing)를 동시에 추구함으로써 인간과 자연의 조화를 이루고자하는 것이다. 따라서 생태복지는 생태위기의 개선을 우선적인 목표로 추구하며 건강한 자연은 그 자체로 복지의 중요한 원천이 된다는 입장에서 인간과 자연의 조화를 추구하는 접근법이다. 즉, 생태복지는 "생태계와 함께하는 환경친화적 인간복지"라고 말할 수 있다.

---

23) 숲과 농장을 활용하여 알코올, 약물중독, 사회성 부족, 집중력 장애 등의 성인 학생들에게 농업, 임업, 원예치료, 동물사육, 레크리에이션 등의 생산 체험활동을 제공함.

24) 생태계(生態系, ecosystem)는 상호작용하는 유기체들과 또 그들과 서로 영향을 주고받는 주변의 무생물 환경을 묶어서 부르는 말이다. 가장 중요한 개념은 모든 자연환경상에 있어 모든 생물이 그물처럼 연계되어 있다는 점이다. 인간계의 생태학적 개념이란 인간과 자연이 함께 공존하는 것이라고 볼 수 있으며 작은 미생물에서부터 거대한 동물들에 이르기까지 모든 작용이 서로 밀접한 위치에 있음을 상징한다. 생태계의 예로는 크게 육상 생태계, 연안 생태계, 육수 생태계로 나뉜다(위키백과사전).

25) 밀레니엄 에코시스템 평가단에서는 인간의 행복과 불행은 ① 행복한 삶을 위한 물질적 풍요, ② 선택과 행동의 자유, ③ 건강, ④ 사회관계, ⑤ 사회안전망 등을 포함하는 복합적인 구성요소들에 의해 좌우된다고 하였다. 이렇듯 생태계와의 관계 속에서 인간복지에 영향을 미치는 다섯 가지의 주요한 범주 가운데 건강(Health)이 인간복지에서 가장 중요한 범주에 속한다고 하였다(MEA, 2005).

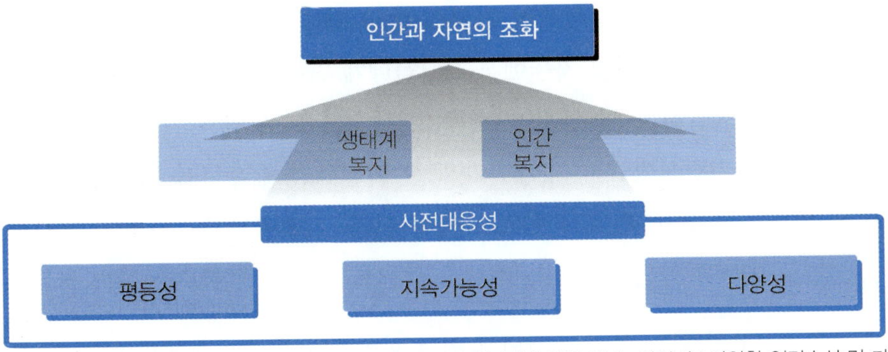

평등성이란 모든 생태적, 사회적 자원을 재분배함으로써 사회 구성원의 삶의 질을 골고루 향상시키고자 하는 것을 의미함

지속가능성 : 세대 간의 형평성에 관한 이념을 포함하고 있는 것으로, 이전 세대로부터 물려받은 환경과 삶의 질을 보장하는 자산을 최대한 손상시키지 않고 다음 세대에 물려줘야 한다는 것을 말함. 또한 건강한 생태계에 기반한 인간복지의 실현만이 저비용, 고효율성 지속가능한 복지임을 의미.

다양성 : 다양한 인간속성 및 다양한 생물들이 공존할 수 있는 생태환경 및 인간사회를 추구함

3. 생태복지의 특징

생태복지의 특징에 대한 설명으로 옳지 않은 것은?

생태복지의 실현은 생태계의 건강성을 전제로 하며, 다양한 생태적 속성과 원리에 기초해 친환경적인 인간 복지를 추구하기 때문에 저탄소, 저비용, 고효율, 지속 가능성, 통합성, 순환성 등을 내포한 다음과 같은 특징을 지닌다(최재천 · 박영철, 2015).

첫째, 생태 자원을 발굴하여 기존의 복지 자원과 상호 연계하여 활용함으로써 생태적으로 건강한 삶의 질을 추구하는 융합적 복지

둘째, 생태계에 기반을 두어 미리 준비하는 저비용 고효율성 복지

셋째, 개별적인 생태 콘텐츠와 복지 콘텐츠를 연계하고 네트워크화 하여 생애주기 전반을 살피는 복지 구현

넷째, 가족, 공동체 및 지역 단위의 유·무형의 생태 자원 및 복지 자원을 발굴하고 생태복지 네트워크를 구축함으로써 혜택을 입체적으로 체감할 수 있는 복지

다섯째, 지역의 자연 경관을 해치지 않고 지역 내 모든 경제적 자원을 활용하여 주민들에게 행복감을 제공하는 복지

여섯째, 지역 특유의 자연 환경과 전원 풍경, 지역공동체 문화, 지역 특유의 수공예품, 문화 유적 등 다양한 차원에서 사람들에게 만족감과 행복을 제공하는 생태적 요소들을 발굴하고 이를 지역주민의 행복 자원으로 활용하는 복지

일곱째, 생산 기반시설 위주의 개발과 도시 지향적 행복 추구를 뛰어넘어 지역 생태 환경에 기반을 둔 지역 중심의 특화된 복지

생태복지사회는 자연의 한계를 무시한 물질적 풍요가 결코 지속되지 않는다는 전제하에서 유효하다. 자연이 파괴되고 있는 현실에서 혼자만 행복한 삶을 살 수는 없다. 자연의 추억을 우리 후손에게서 빼앗아 가는 것은 죄악이다. 그러므로 생태적으로 지속가능한 사회는 혼자서는 살 수 없는 사회구성의 본질과도 일맥상통한다. 사회적 불평등의 완화와 생태적 형평성의 추구는 상호보완 관계이다. 웰빙에 대한 높은 관심은 이를 반영한다. 우리 인간도 자연의 요소이자 생태계 지속성의 바로미터인 것이다.

최근 코로나19 등의 감염병 및 이상기후 현상 등으로 일, 가족, 자연이라는 영역에 걸쳐 금융, 돌봄, 인종, 생태환경 등의 위기를 가져오면서(한상진, 2022:24) 생태복지(Ecowelfare)의 개념이 더욱 강조되어지고 있다. 우리나라 학계에서도 복지국가 패러다임에 대한 이러한 생태복지의 비판적 논리가 주목받고 있으며(곽병훈, 2013:116,132), 생태환경 요소를 복지체계에 통합 시행하여 쾌적한 삶, 건강한 삶, 환경 친화적인 삶에 대한 국민들의 변화된 기대에 부응할 수 있는 신개념의 복지체계 확립이 강조되고 있다(박경일, 2020:469). 사회복지실천 현장에서도 생태복지 관점을 지향한 녹색복지국가, 산림복지, 동물복지, 녹색마을 만들기 생태복지 관광 등 다양한 프로그램을 개발·추진하고 있다. 환경부(2021)는 자연과 공존하는 생물보전과 생태복지를 증진을 위해 야생동물 보전과 동물복지 강화, 함께 누리는 자연 치유와 휴식 확대, 자연에 기반한 탄소중립 기여 등을 중점 추진과제로 채택한 바 있다.

참고문헌

강남훈(2018). 해외 기본소득 실험의 의의와 한계. **국제사회보장리뷰 2018 봄호**, 62-70.

______(2019). **기본소득의 경제학**. 박종철출판사.

______(2019). 부산형 기본소득 도입방안 마련을 위한 포럼. 부산복지개발원.

강신욱 외(2005). 사회적 배제의 지표개발 및 적용방안 연구. 한국보건사회연구원. 연구보고서 2005-10.

강정석(2015). 정부업무평가에서 빅데이터 활용방안 연구. 한국행정연구원. KIPA 연구보고서 2015-07.

강혜규(2004). 행정환경의 변화와 지방사회복지 행정체계 개편의 과제. 한국사회복지행정학회 2004년 추계학술대회 및 Workshop, pp. 1-36.

고경환(2012). 2012 OECD 공표로 본 우리의 사회복지지출 특징과 시사점. 한국보건사회연구원.

곽병훈(2013), 생태복지의 관점에서 본 복지국가의 구조적 모순과 사회정책적 함의, **국가정책연구**, 27(4), 115-137.

관계부처 합동(2017. 11). 혁신성장을 위한 사람 중심의 4차 산업혁명 대응계획. 한국연구재단. http://www.nrf.re.kr/search

관계부처 합동(2020. 12). 제4차 저출산·고령사회 기본계획(2021-2025).

김교성(2002). 소득이전의 빈곤완화 및 빈곤이행 효과에 관한 연구. **한국사회복지학**, 48. 나남출판, pp. 113-149.

김기태·이승윤(2018). 한국 공적 상병수당 도입을 위한 제도 비교연구 및 정책제언. **사회복지정책**, 45(1).

김동국(1994). **서양사회복지사론**. 유풍출판사.

김보영. 2015. “베버리지 복지국가에서 캐머런 정부까지: 복지국가 패러다임의 변화에 있어 싱크탱크의 역할과 전략에 대한 영국 사례연구”. 한국사회복지학, Vol. 67, No. 2. pp. 259-284.

김상균(1983). 사회과학으로서의 사회정책연구와 사회정책발달론. **사회사업학회지**, 5. 한국사회사업학회.

김수영(2023). 인공지능 시대, 사회복지 교육의 윤리적 이슈와 쟁점. 2023 한국사회복지교육협의회 춘계학술대회.

김연명 편(2002). **한국복지국가 성격논쟁**. 인간과 복지.

김용대·조광현(2013). 빅데이터와 통계학. **한국데이터정보과학회지**, 24(5), 959-974.

김용득(2012). 사회(복지)서비스의 추동과 조절 그리고 전망 : 이용자, 공급자, 종사자, 정부의 지향성을 중심으로. 2012년 한국사회복지행정학회 추계학술대회.

김은정(2011). 이용자 선택제도와 사회서비스 제공주체 구성의 변화와 전망－정부, 비영리단체, 영리조직 구성 비율의 변화와 의미. 한국사회서비스학회 2011년도 춘계학술대회 자료집, pp. 39-63.

김이배(2015). 부산복지 전달체계 혁신전략 수립 연구. 부산복지개발원. 2015-26.

김정현(2017). 립스키(M. Lipsky)의 일선관료제 이론에 근거한 동 단위 공공복지 기능의 영향요인 : 서울특별시 찾아가는 동주민센터 사례를 중심으로. **보건사회연구**, 37(4), 443-475.

김종호·추장민(2014). 환경복지 지표 및 기준개발에 관한 연구. 한국환경정책·평가연구원. KEI.

김주희·박병현(2018). 새로운 사회적 위험에 대한 사회보장 전략에 관한 연구 －AHP를 통한 전문가 인식을 중심으로－. 한국사회복지정책학회. **사회복지정책**, 45(3), 5-38.

김진욱(2005). 한국 복지국가 공급체계의 혼합구성. 2005년 한국사회복지학회 추계공동학술대회. **한국사회복지의 딜레마**, pp. 35-36.

김창오(2013). 긴급생계지원제도는 빈곤예방에 효과적인가 － 성향점수와 도구변수 방법의 적용. 통계청. 대학원생 논문대회 우수논문집.

김태성(2003). **사회복지정책 입문**. 청목출판사.

김 헌(2017). 읍면동 복지허브화를 위한 민관협력교육 체계화방안.

김현진(2017). 4차 산업혁명과 사회복지패러다임의 변화. 부산복지포럼 Vol.18. 부산복지개발원.

김형용(2012). 지역사회기반 조직과 사회서비스 : 사회서비스 공급체계에 대한 비판과 대안 찾기. 2012년 한국사회복지행정학회 추계학술대회.

김형용(2023). 사회서비스 시장화 전략은 왜 주문되었을까?. 서울시복지재단. 복지이슈TODAY Vol.124. 2023년 7월호

김혜원(2010). 한국사회적기업 정책의 형성과 전망. 동향과 전망—75, 한국사회연구소.

남찬섭(2012). 개정 사회보장기본법의 사회서비스의 의미와 개념적 긴장. **한국사회복지학**, 64(3), 79-100.

노기성·김 진·김용득·이영범·이재원(2011). 사회서비스정책의 현황과 과제 : 사회복지서비스를 중심으로. 한국개발연구원.

남희원·백정원·임유진(2020). 4차 산업혁명시대의 사회복지교육. **한국산학기술학회논문지**, 21(7), pp. 46-53.

노화준(1999). **기획과 결정을 위한 정책분석론**. 박영사.

도모노 노리오, 이명희 역(2007). **행동경제학**. 지형.

도세록(2011). 사회복지통계 생산현황과 발전방향. 보건복지포럼, 39-49.

류기형·남미애·박경일·홍봉선·이경희·장중탁(2004). **자원봉사론**. 양서원.

민소영(2019). 공공부문 사례관리 서비스 통합을 위한 전달체계 탐색. **사회복지정책**, 46(2), 143-173.

박경일(1989). 일본의 연금개혁에 관한 연구 : 1989년 신연금제도의 형성과정을 중심으로. 한국사회복지학회. **한국사회복지학**, 13, 79-115.

______(1995). 문민정부의 사회복지정책 추진방향 분석과 발전과제. 사회복지개발연구원. **사회복지개발연구**, 1(2), 94-115.

______(1995). 지방자치단체의 정책시스템과 복지정책 체계화의 전략과 과제. 동국대학교 지역정

책연구소. **지역발전연구**, 1.

______(1996). 프랑스, 영국 가족수당정책의 형성과정에 관한 비교연구. **사회보장연구**, 12(2).

______(2008). **가족수당정책론**. 양서원.

______(2008). 보건, 의료, 복지서비스의 연계방안. 방문건강관리사업 전문인력교육자료.

______(2015). 보건소 사업에서 거버넌스 발전방향과 주민참여전략. **대한보건간호, 제116호**, 23(4).

박경일·이상주(2005). 울주군 복지거버넌스와 민-관-기업의 파트너십. 지역발전연구. 동국대학교 지역정책연구소.

박경일·박승기·조수경·오승환·권진아·김안나(2019). **사회복지 프로그램 개발과 평가**. 양성원.

박광준(1990). **페비안 사회주의와 복지국가의 형성**. 대학출판사.

박병현(2003). **사회복지정책론**. 현학사.

박선미·김수범(2019). 초고령사회 대응을 위한 ICT활용 사례 연구. 서울시디지털재단.

박주홍(2018). 꼭 필요는 하지만 쉽지는 않은 공유, 부산복지 이슈레포트 통권 제30호.

배기련 외 5(2022). 보건복지 분야를 중심으로 본 국내 리빙랩 연구의 현황: 주제범위 문헌고찰. **보건사회연구**, 42(4), pp.248-265.

백승기(2009). **정책학 원론**. 대영문화사.

부산복지개발원(2018). 지표로 보는 이슈 : 한눈에 보는 기본소득. 부산복지 ISSUE REPORT. 통권 제28호.

보건복지부 한국건강증진개발원(2015). 지역사회 통합건강증진사업 안내.

보건복지부(2005). 희망한국21-함께하는 복지.

__________(2013). 지역자율형 사회서비스 투자사업 안내.

__________(2017) 읍면동 맞춤형 복지 업무 매뉴얼, 읍면동 복지허브화를 위한 맞춤형 복지팀의 기능과 역할.

__________(2022). 2022년 노인보건복지사업안내(Ⅱ).

보건복지부·한국보건사회연구원(2011). 미래 지속가능한 복지를 위한 혁신과제 연구.

사회보장정보원(2015). 사회보장정보시스템을 활용한 복지사각지대 발굴방안 연구.

산림청(2013). 산림복지종합계획.

석재은(2005). 장기요양보호정책의 한국적 모형에 관한 탐색적 논의 : 국가, 시장, 가족의 역할 분담과 정책 설계. 2005년 한국사회복지학회 추계공동학술대회. **한국사회복지의 딜레마**, pp. 217-246.

성지은 외 6(2017). 국내 리빙랩 현황 분석과 발전 방안 연구. 과학기술정책연구원.

송근원·김태성(1999). **사회복지정책론**. 나남출판.

스웨덴대사관(2006). 스웨덴 복지모델의 성공요인-정치구조 및 환경 측면.

신경희(2011). 지역기반 제3섹터 조직의 복지활동과 발전방안. 서울시정개발연구원.

신동면(2001). 한국의 복지혼합(welfare mix)에 관한 연구. **한국사회복지학**, 45, 220-249.

신복기·박경일·이명현·권진아(2017). **사회복지행정론**. 공동체.

신섭중(1993). **한국사회복지정책론**. 대학출판사.

신용승·추장민·윤성지(2017). 환경복지 구현을 위한 국민체감형 환경서비스 개발 방안. 한국환경정책·평가연구원. KEI.

신종호외 6. 2021. "대학 수업에서의 AI 기반 적응형 학습 시스템 활용에 관한 탐색적 연구". 교육정보미디어연구. 2021, vol.27, no.4, pp. 1545-1570.

신지현·변진석·박은혜(2017). Kingdon의 정책흐름모형을 통해서 본 「아동학대범죄의 처벌 등에 관한 특례법」 제정과정. **사회복지정책**, 44(3), 283-308.

심준섭·김민종(2006). 정책실무자의 판단과 의사결정 : 휴리스틱스와 바이어스. **한국공관리학보**, 20(2). 33-68.

안해균(2004). **정책학원론**. 다산출판사.

안홍순(2006). **사회복지정책 : 실천이론과 제도**. 서현사.

양승일(2019). **사회복지정책론**(제2판). 양서원.

양안나 외 6(2018). 50+ 제3섹터 일자리 진입모델. 서울시50플러스재단.

양재진(2018). 기본소득은 미래 사회보장의 대안인가?. 한국사회정책학회. **한국사회정책**, 25(1), 45-70.

여성가족부(2018). 청소년백서.

오미애·김세진·박나영·안수인·조용찬(2022). 보건복지 분야 디지털 기술의 적용 가능성과 전망. 한국보건사회연구원.

오세영·윤 건·오 균(2017. 12). 증거기반정책을 위한 정부의 통계 구축 및 활용에 대한 현황 조사. 한국행정연구원 사회조사센터.

오은진·김난주·장원봉(2011). 사회서비스분야 여성서비스 일자리 창출을 위한 정책과제 : 돌봄 여성노동자를 위한 사회적 기업. 한국여성정책연구원.

원석조(2019). **사회복지정책론**(제8판). 공동체.

유근춘·김태은(2015). 사회보장과 경제선순환 국제비교 연구. 한국보건사회연구원.

유아킴 팔메(1997). 스웨덴 사회복지의 유형과 그 발전상－OECD 가입국과의 비교－. 크리스찬 아카데미 사회교육원.

윤 건(2012). 증거기반 공공기관 개혁정책 수행을 위한 과제. 서울대학교 행정대학원 BK21사업단.

윤영진·장승옥·지은구·김은정(2009). 사회복지공급체계와 재정지원방식. 보건복지가족부 연구보고서.

의료정책연구소(2014). 지불보상제도에 대한 체계적 분석, 고찰. 대한의사협회.

이명현(2014). **복지국가와 기본소득: 논쟁과 전략의 탐색**. 경북대학교출판부.

이봉주(2012) 지역복지기관의 사회서비스 관리와 평가 : 무엇을, 왜, 어떻게. 2012년 한국사회복지행정학회 추계학술대회.

이영글·박성준·함영진(2019). 복지사각지대 발굴에 미치는 영향요인 : 읍면동 복지허브 모형 간

차이를 중심으로. **사회복지정책**, 46(1), 135-159

이인재 · 류진석 · 권문일 · 김진구(2001). **사회보장론**. 나눔의집.

이재원(2011). 사회서비스 전자바우처 프로그램 전개과정과 활성화 과제. 서울시정개발연구원.

이진열 · 박경일 · 윤기혁(2020). 생산적복지기관의 희소성 메시지, 기관신뢰, 사회적 가치가 크라우드펀딩 참여의도에 미치는 영향. (사)아시아문화학술원. **인문사회 21**, 11(3), 1603-1616.

임정원(2017). 4차 산업혁명과 사회복지대학 교육의 변화. 부산복지포럼 Vol.18. 부산복지개발원.

저출산고령사회위원회(2010). 새로마지플랜 2015.

정석완(2018). 공유경제 개념의 변화와 한국의 공유경제. 산은 조사월보. 제756호. 2018.11.

장필성(2016). 2016 다보스포럼 : 다가오는 4차 산업혁명에 대한 우리의 전략은?. Science & Technology Policy. 해외혁신동향. 과학기술정책연구원.

정형선(2007). 사회투자정책의 방향 및 주요 과제. 한국사회복지학회.

조남경(2019). 질적, 양적 연구를 넘어? 사회복지 빅데이터 연구방법의 모색, **한국사회복지학**, 70(1). p. 7-25.

______(2023). 사회변화와 사회복지교육의 방향. 2023 한국사회복지교육협의회 춘계학술대회.

조성한 외(2006). **사회복지정책론**. 법문사.

주재훈 · 신민석(2023). **디지사이트**. 경기 : 드러커마인드.

진재문(2004). 지역사회 사회복지행정의 로컬 거버넌스(Local Governance) : 가능성과 한계. **사회복지정책**, 18, 133-156.

클라우스 슈밥 외(2016). **4차산업혁명의 충격**. 흐름출판.

최영준 · 곽숙영(2012). 한국 복지국가 형성에서 정책이전의 역할－이론과 실제. 세계정치 17. 서울대학교 국제문제연구소, 249-290.

최재천 외(2009). 생태복지의 개념 및 적용모델 개발. 보건복지가족부 건강증진연구사업. 정책과제, 08-6.

최재천 · 박영철(2015). 생태복지의 이해. 자연환경해설사 양성교육 교재.

최조순(2022). 디지털 전환 시대, 디지털기반 복지 도입 방향. 복지이슈 FOCUS 제19호. 2022.09.

최종혁 · 김수완(2017). 공공복지전달체계에서의 복지기술 활용에 관한 연구 : 사회보장정보시스템(행복e음)에 대한 사회복지공무원 인식을중심으로. **사회복지정책**, 44(4), 181-213.

최지연 · 김태완(2018). 글로벌 법제논의의 현황과 전망 －보편적 복지로의 기본소득 법제화를 중심으로－. 한국법제연구원.

최현수 · 오미애(2017). 4차 산업혁명 및 지능정보사회의 사회적 위험과 복지 패러다임 전환 필요성. 한국보건사회연구원. 보건복지 ISSUE & FOCUS 제333호. 2017.4.10.

충남발전연구원(2014). 충청남도 주민자치를 위한 동네 거버넌스 실천과 전략. 충남리포트 제131호.

한국보건사회연구원(2019). 비전 2040 사회보장 및 제2차 사회보장기본계획 연구.

한국법제연구원(2015). 증거기반 과학행정 구현을 위한 데이터 정비방안 연구. 정부3.0추진위원회.

한국보건사회연구원(2019). 비전 사회보장 2040 및 사회보장 기본계획 연구.

한국사회복지협의회(2017). 4차 산업혁명, 복지 패러다임 바뀐다. 복지저널 제107호 2017.7.

한국은행(2017). 국제경제 리뷰. 제2017-14호.

한국정보화진흥원(2015). 데이터 증거기반(Evidence-Based)의 과학적 정책 수립 방안. IT & Future Strategy 제6호(2015. 9. 15).

한상진(2022), 기후 및 감염병 위기에 맞서는 생태복지 체제로의 전환-탈식민 사회정책의 접근, **한국민족문화**, 83, 161-188

한수정 외(2023). **문화예술교육론**. 경기 : 어가.

한영란(2015). 통합건강증진사업에서 지역자원 연계방안. 특강자료.

행정안전부(2017). 사회성과보사업(SIB) 추진안내서.

현외성(2004). **사회복지정책론**. 양서원.

홍성대(2011). 복지사각지대 해소 방안으로서의 사례관리 활성화를 위한 법·제도적 과제. **입법과 정책**, 3(2), 127-149.

홍선미(2020. 11. 13). '언택트 시대, 사회서비스 방향과 지역사회의 역할'. 한국지역사회복지학회 '코로나 언택트 시대, 복지 거버넌스의 위기와 해법을 조망한다'. 온라인 토론회.

加藤寛·丸尾直美 編(2001). 福祉シツクスの設計：第三の道を求めて. 東京：有斐閣.

福原宏幸(2011. 2. 22). 사회적배제(포용)에 관한 개념적 정리. http://www.kantei.go.jp/jp/singi

古川孝順(1998). 社會福祉-21世紀のパラダイム. 東京：誠信書房.

古澤武司(1999). 現代福祉シスラム論. 東京：有斐閣.

官城孝(2000). イギリスの社會福祉とポラソタリーセクター：福祉多元化における位置と役割. 中央法規出版株式會社.

武川正吾(1999). 福祉社會の社會政策. 法律文化社.

________(2004). 현대 일본의 지방분권과 사회복지-지역복지와 로컬 거버넌스. 제1회 서울사회복지정책포럼. 한국사회복지정책학회. pp. 7-13.

三浦文夫(1995). 社會福祉政策研究. 全國社會福祉協議會.

右田紀久惠 外(1989). 福祉財政論. 京都：ミネルヴァ書房.

伊藤淑子(2001). 現代日本の 社會サ-ビス. 東京：日本經濟評論社.

正村公宏(2000). 福祉國家かう福祉社會へ. 東京：筑摩書房.

板東慧(2000). 社會價値の轉換：現代社會政策と新ただハラダイム. 東京：勁草書房.

坂田周一(2005). 社會福祉政策. 東京：有斐閣アルマ.

横山壽一(2011). 김현훈·김도훈·최태자·심명숙·노희선 공역. **일본 사회보장의 재구축**. 공동체.

厚生省大臣官房政策課(1994). 21世紀福祉ビジヨソ：少子·高齢社會に向けて.

Anderson, J. E.(1975). *Public policy-Making*. New York : Praeger Publisher Inc.

Atkinson, A. B.(1991). A National Minimum? A History of Ambiguity in the Determination of

Benefit Scale in Britain. In Thomas and Dorothy Wilson(Eds.)(1991), *The State and Social Welfare : The Objectives of Policy*. London : Longman Inc.

Bahle, T.(2003). The Changing Institutionalization of Social Services in England Wales, France and Germany : Is the Welfare State on the Retreat?. *Journal of European Social Policy, 13*.

Barker(1991). *Social Work Dictionary*(2nd ed.). NASW.

Beveridge, W.(1942). Social Insurance and Allied Services. *The Beveridge Report*. Cmnd 6404. London : HMSO.

Bonoli, G.(2007). Time Matters : postindustrialization, New Social Risks and Welfare State Adaptation in Advanced Industrial Democracies. *Comparative Political Studies, 40*(5).

Brian W. Hogwood & Lewis A. Gunn(1984). *Policy Analysis for the Real World*. Oxford University Press.

Briar, S.(1969). Why Childrens Allowances. *Social Work, 14*.

Briggs Asa(1961). The Welfare State in Historical Perspective. *European Journal of Socialogy, 2*, 221-258.

Chambers, D. E.(2000). *Social Policy and Social Programs－A Method for the Practical Public Policy Analyst*. Allyn and Bacon.

Davies, P.(1999). What is evidence-based education?. *British Journal of Educational Studies, 47*(2), 108-121.

DiNitto, D. M.(1995; 2000). *Social Welfare : Politics and Public Policy*. Boston : Allyn and Bacon.

Dolowitz, David. P. & Marsh, D.(2000). Learning from abroad: the role of policy transfer in contemporary policy making. *Governance, 13*(3), 5-24.

Dunn, W. N.(1994). *Public Policy Analysis : An Introduction*. Englewood Cliffs, New Jersey : Prentice Hall.

Dye, T.(1975; 1984). *Understanding Public Policy*. New Jersey : Prentice Hall Inc.

Esping-Anderson, G.(1990). *The Three Worlds of Welfare Capitalism*. Polity Press.

Esping-Anderson, G., et al.(2002). *Why We Need a New Welfare State*. Oxford University Press.

Evers, A., & Wintersberger, Helmut(Eds.)(1990). *Shifts in the welfare mix : their impact on work, social services and welfare policy*. Westview press.

Foundation, P. M.(2014). Evidence-based Policymaking : A guide for effective government.

Flynn, John P.(1985). *Social Agency Policy : Analysis and Presentatin for Community Practice*. Chicago : Nelson-Hall Inc.

Furniss, Norman & Tilton, Timothy(1977). *The Case for the Welfare State*. Indiana University Press.

George Vic & Wilding Paul(1994). *Welfare and Ideology*. Pearson Education Limited.

George, Vic & Taylor-Gooby, Peter(1996). *European Welfare Policy : Squaring the Welfare Circle*. Macmillan Press LTD.

Gidron, B., Kramer, R. M., & Salamon, L. M.(Eds.)(1992). *Government and The Third Sector*. San Francisco : Jossy-Bass Publication.

Gil, D. A.(1992). *Unravelling Social Policy*(5th ed.). Rochester : Schenkman Books.

Gilbert, N., & Terrell, P.(1998). *Dimensions of Social Welfare Policy*. Allyn and Bacon.

Gilbert, N(1985). *Capitalism and the Welfare State : Pilemmas of Social Benevdence.* Yale University press.

Gilbert, N., Specht, H., & Terrell, P.(1993). *Dimensions of Social Welfare Policy*(3rd ed.). Englewood Cliffs. NJ : Prentice-Hall.

Glennerster, H.(1985). *Paying for Welfare*. Oxford : Blackwell.

Gough, I., & Kim, J. W.(2000). Tracking the Welfare Mix in Korea. IFIPA unpublished working paper university of Bath.

Grand, Julianle, & Bartlett Will(Eds.)(1993). *Quasi_Market and Social Policy.*

Hefferman, E. J.(1992). *Social Welfare Policy : A Research and Action Strategy*. New York : Longman Publishing Group.

Higgins, J.(1981). *The State of Welfare : Comparative Analysis in Social Policy*. Oxford : Basil Blackwell.

Hogwood, B. W., & Gunn, L. A.(1984). *Policy Analysis for the Real World*. Oxford : Oxford University Press.

Humphrey M.(2003). Green Welfare : The Ideological Context, In Fitzpatrick, T., & Cahill(Eds.), *Environment and Welfare. Towards a Green Social Policy*. New York : Palgrave Macmilan.

Jackman & Miller(1998). Social Capital and Politics. *Annual Review of Political Science, 1.*

J. A. Muir Gray(1997), Evidence-based healthcare: how to make health policy and management decisions, 2ed., Edinburgh, Churchill Livingstone, 2001; Thomas A. Schwandt, Evaluation as Practical Hemeneutics. *Evaluation, 3*(1), 69-83.

Jassen, Bruce. S.(1984). *The Theory and Practice of Social Welfare Policy*. Wadsworth Publishing Co.

John W. Kingdon(1984). *Agenda, Alternatives and public Policies*. Little, Brown and Company.

Jones, C.(1985). *Patterns of Social Policy*. London : Tavistock Publications.

Kahn, A., & Kamerman(Eds.)(1989). *Privatization and the Welfare State*. NJ : Princeton University Press.

Kahneman, D., Slovic, P., & Tversky, A.(Eds.)(1982). *Judgment under uncertainty : Heuristics and biases.* Cambridge : Cambridge University Press.

Karmerman, S. B., & Kahn, A. J.(1978). *Family Policy : Government and Families in Fourteen Countries*. N.Y. : Columbia Uni. Press.

Korpi & Palme(1998). The Paradox of Redistribution and Strategies of Equality : Welfare State Institutions, Inequality, and Poverty in the Western Countries.

Kramer, R. M.(1981). *Voluntary Agencies in the Welfare State*. Berkeley, CA : University of California Press.

____________(1981). *The Right to Welfare*. New York : Free Press.

Larsson, A. & Teigland, R.(2021). *Digital Transformation and Public Service: Societal Impacts in Sweden and Beyond*, Routledge.

Lawrence Lessig(2008). *Remix : Making Art and Commerce Thrive in the Hybrid Economy*. Penguin Press.

Marsland, David(1996). *Welfare or Welfare State? : Contradictions and Dilemmas in Social Policy*. New York : St. Martin's Press.

Midgley James, Tracy Martin B., & Livermore Michelle(2000). *The Handbook of Social Policy*. Sage Publications, inc.

Millennium Ecosystem Assesment(MEA, 2005). *Ecosystem and Human Wellbeing : A Framework for Assessment.* Island Press.

Mishra, R.(1977). *Society and Social Policy : Theoretical Perspective on Welfare*. London : Macmillan Press.

Parker, R.(1986). The Study of Changing Social Policy. In P. Hall, H. Land, R. Parker, & A. Webb(Eds.), *Change, Choice and Conflict in Social Policy*. Hampshire : Gower Publishing Co. Ltd.

Paul G. Schervish, Virginia A. Hodgkinson, Margaret Gates, & Associates(1995). *Care and Community in Modern Society : Passing On the Tradition of Service to Future Generations*. Jossey-Bass Publishers · San Francisco.

Pinker, R.(1979). *The Idea of Welfare*. London : Heineman.

________(1991). On Rediscovering the Middle Way in Social Welfare. In Thomas & Dorothy Wilson(Eds.), *The State and Social Welfare : the Objectives of Policy*. London : Longman.

Piven & Cloward(1993). *Regulating the Poor*.

Prigmore, C. F., & Atherton, C. R.(1979). *Social Welfare Policy*. D. C : Heath and Company.

Rhodes, R. A. W.(1997). *Understanding Governance : Policy Networks, Governance, Reflexivity and Accountability*. Buckingham, Philadelphia : Open University Press.

Richard Common(2002). *Public Management and Policy Transfer in Southeast Asia*. England : Ashgate Publishing Ltd.

Richard M. Coughlin(1989). *Reforming Welfare : Lessons, Limits, and Choices*. University of

New Mexico Public Policy Series.

Robson, W. A.(1976). *Welfare State and Welfare Society*. George Allen & Unwin.

Room, G.(1995). Poverty and Social Exclusion : the New European Agenda for Policy and Research, pp. 10-28. In G. Room(Ed.), *Beyond the Threshold : the Measurement and Analysis of Social Exclusion*. Bristol : Policy Press.

Rose, R.(1985). The State's Contribution to the Welfare Mix. University of Strathclyde. *Studies in Public Policy, 140.*

______(2005). *Learning from comparative public policy : A practical guide*. London and New York : Routledge.

Salamon, Lester M.(1995). *Partners in Public Service*. Baltimore : Johns Hopkins University Press.

Segal E. A., & Brzuzy, S.(1998). *Social Welfare Policy, Programs, and Practice*. Peacock Publishers, Inc.

SSA(2003-2005). Social Security Programs Throughout the World. Social Security Administration.

Taylor, M.(1992). The Changing Role of the Nonprofit Sector in Britain : Moving toward the Market. In B Gidron. R. M. Kramer & L. M. Salamon(Eds.), *Government and The Third Sector*. San Francisco : Jossy-Bass Publication. 11.

Taylor-Gooby, P.(2004). New Risks and Social Change. In P. Taylor-Gooby(Ed.), *New Risks, New Welfare : The Trannsformation of European Welfare State*. Oxford University Press.

Timms, N., & Timms, R.(1982). *Dictionary of Social Welfare*. London : Routledge & Kegan Paul Ltd.

Titmuss, R. M.(1958). *Essays on The Welfare State*. Unwin University Books.

__________(1974). *Social Policy : An Introduction*. London : George Allen & Unwin Ltd.

Townsend, P.(1979). *Poverty in the United Kingdom*. Harmonds Worth, Penguin.

Tracy Daniel Connor(1995). *Volunteer Management Handbook*. NY : Jhon Wiley & Sons, Inc.

Wilensky, H. L., & Lebeaux, C. N.(1965). *Industrial Society and Social Welfare*. New York : The Free Press.

Wolfenden, J.(1978). *The Future of Voluntary Organization*. Crom Nelm.

국가법령정보센터(www.law.go.kr)

국민건강보험공단(www.nhis.or.kr)

국민건강보험공단 노인장기요양보험(www.longtermcare.or.kr)

국민연금공단(www.nps.or.kr)

국민행복카드(www.voucher.go.kr/)

고용노동부(www.moel.go.kr)

부산형 공유복지플렛폼(baswc.websolid.co.kr)
보건복지부(www.mohw.go.kr)
복지타임즈(http://www.bokjitimes.com)
복지포털 복지로(www.bokjiro.go.kr)
사회서비스 전자바우처(www.socialservice.or.kr)
서울복지재단 공유복지플랫폼 WISH(wish.welfare.seoul.kr)
아동수당(ihappy.or.kr)
위키백과사전(ko.wikipedia.org)
저출산고령사회위원회(www.betterfuture.go.kr)
청와대(www.president.go.kr)
한국경제(https//www.hankyung.com).
한국사회복지저널(www.ksw-news.com)
한국사회적기업진흥원(www.socialenterprise.or.kr/index.do)
한국연구재단. 통합검색 자료(www.nrf.re.kr/search"http://www.nrf.re.kr/search)
희망내일키움통장(www.hopegrowing.com)

NT Robot(2022). NT Robot 홈페이지. CareMeal.http://www.ntrobot.net/shop_contents에서 2022. 9. 30 인출.

Obi(2022). Obi 홈페이지. https://meetobi.com/에서 2022. 9.29. 인출.

찾아보기

【제6판】

사회복지정책론

|저자| 박경일

|1판 1쇄| 발행 2007년 3월 5일
|2판 1쇄| 발행 2008년 3월 15일
|2판 7쇄| 발행 2011년 1월 15일
|3판 1쇄| 발행 2013년 3월 8일
|3판 4쇄| 발행 2015년 1월 20일
|4판 1쇄| 발행 2016년 3월 10일
|4판 5쇄| 발행 2019년 7월 30일
|5판 1쇄| 발행 2020년 3월 10일
|5판 4쇄| 발행 2022년 7월 22일
|6판 1쇄| 발행 2023년 9월 15일
|6판 2쇄| 발행 2025년 1월 15일

|발행인| 김동훈
|발행처| 공동체

|주소| 경기도 고양시 일산동구 호수로 358-39, 동문타워 I 905호(백석동)
|전화| 031)814-3000(대표)
|팩스| 031)814-3100
|홈페이지| http://www.compub.co.kr
|전자우편| compub@naver.com
|출판등록| 2005년 10월 6일
|등록번호| 제396-2005-36호

|ISBN| 979-11-6725-440-5
정가 25,000원